除了野蛮国家，整个世界都被书统治着。

Serge Gruzinski

一部全球化历史

世界的
四个部分

LES QUATRE
PARTIES DU MONDE

Histoire d'une
mondialisation

人民东方出版传媒
People's Oriental Publishing & Media
东方出版社
The Oriental Press

[法]塞尔日·格鲁金斯基 著　李征 译　李雪涛 校订

图书在版编目（CIP）数据

世界的四个部分：一部全球化历史 / （法）塞尔日·格鲁金斯基 著；李征 译 . — 北京：东方出版社，2022.10
ISBN 978-7-5207-2819-5

Ⅰ. ①世… Ⅱ. ①塞… ②李… Ⅲ. ①世界史 Ⅳ. ① K1

中国版本图书馆 CIP 数据核字（2022）第 096519 号

Originally published in France as:
Les Quatre parties du monde, by Serge Gruzinski
©2004 Éditions de La Martinière, une marque de la société EDLM, Paris

Simplified Chinese edition arranged through Dakai L'Agence.

中文简体字版专有权属东方出版社
著作权合同登记号 图字：01-2022-2029号

世界的四个部分：一部全球化历史
（SHIJIE DE SIGE BUFEN: YIBU QUANQIUHUA LISHI）

作　　者：[法] 塞尔日·格鲁金斯基
译　　者：李　征
策　　划：姚　恋
责任编辑：杨　磊
装帧设计：董茹嘉
出　　版：东方出版社
发　　行：人民东方出版传媒有限公司
地　　址：北京市东城区朝阳门内大街 166 号
邮　　编：100010
印　　刷：天津图文方嘉印刷有限公司
版　　次：2022 年 10 月第 1 版
印　　次：2022 年 10 月第 1 次印刷
开　　本：640 毫米 ×960 毫米　1/16
印　　张：47
字　　数：550 千字
书　　号：ISBN 978-7-5207-2819-5
定　　价：158.00 元
发行电话：（010）85924663　85924644　85924641

推荐语

　　《世界的四个部分》首先令我想起罗马圣依纳爵教堂的著名天顶画《圣依纳爵的荣耀》（1691—1694）的壮丽画面：四个分别代表"亚洲""非洲""欧洲"和"美洲"的寓意人物，作为四根主要柱础，支撑着整个建筑向着无穷天穹开放。尽管安德里亚·波佐的原始意图试图褒扬耶稣会传教事业在全世界的扩散，但这一视野的真正基础，事实上来自本书作者所论述的"伊比利亚的世界化"，可以追溯到西班牙—葡萄牙世界帝国从菲利普二世时代开始合并为一体之际（1580—1640）的世界格局——一个以中美洲的墨西哥城为中心，旁涉世界四大洲的"全球帝国"的形成。鉴于这一历史时期恰与著名历史学家布罗代尔的名著《地中海与菲利普二世时代的地中海世界》同框，故格鲁金斯基这一以"世界化"为视野的著作，可谓超越了他的同胞的西方中心主义局限，而成为法国历史学界最新荣耀的证明。

　　尤为重要的是，格鲁金斯基在书中试图发展一种不同于今天欧美文化为主导的"全球化"（Globalization）新理念，即一种基于世界各种文化的杂交和混血的"世界化"（mondialisation），其叙述方式可谓构成了另一种"全球史"的方法论视角。尽管如此，正如格鲁金斯基自述，这种新视角在具体论述过程中，总是难以避免作者自身立场与身份的局限，即仍然是一种"欧洲解释"。这就意味着，在新的"全球史"著述中，未来出现更多的具有上述"世界的四个部分"甚至更多不同立场的叙述，是完全应该的，也是可以期待的。

——李军，中央美术学院人文学院教授

《世界的四个部分》是一部真正意义上的全球史研究著作，其覆盖范围在很多方面都超过了布罗代尔的著作，这不仅仅是在空间上，也表现在观念方面。格鲁金斯基通过不断的反思，寻求更广阔的学术视野，避免今天的学科划分所带来的羁绊。他鼓励人们放弃民族国家历史的狭窄边界，因为民族国家史就像一件紧身衣，将人们的视野限制在单一的民族中心主义和声调之中，而忽略其他地方的声音。他在这部著作中，通过将新开拓的空间西方化，并将其整合到天主教王国的原有的宇宙观之中，伊比利亚的统治同时代表着这一宇宙观对新征服土地的物质和文化特性的适应——"混血"，从而超越"征服者"与"被征服者"、"我们"与"他者"的二元对立。

——李雪涛，北京外国语大学历史学院教授

罕见的印第安土著史家的记述文献、布罗代尔式的宏大总体史视野、巴洛克式／后现代式的文化意象拼接、对全球化和西方化的重新阐释：这场对第一波伊比利亚全球化的巡礼跨时空、跨文化，给我们打开了新的历史世界。

——刘北成，清华大学历史系教授

这是一部拿起就不想放下的著作。格鲁金斯基教授创造性地运用图像、艺术品及土著历史学家的文献，以富有想象力的笔触，淋漓尽致地诠释了十六世纪由伊比利亚人所引发的西化、混血和全球化的故事。这是一部从史料到方法都真正摆脱了欧洲中心主义的史学名著，还原了早期全球化历史的厚重性、复杂性、多样性，为全球史、跨国史研究树立了典范。

——刘家峰，山东大学历史学院教授

法国历史学家塞尔日·格鲁金斯基致力于消解长久以来基于主动—被动、征服—殖民论述的世界史的方法论视角，重新审视历史中的多样主体和复杂意识。在《世界的四个部分》一书中，他将其视角偏移，不再以欧洲为中心，而是聚焦于伊比利亚时期"世界的四个部分"之间（欧洲、亚洲、非洲和美洲）的杂交与融合的历史，向我们揭示的是另一种"全球化"——"伊比利亚全球化"，一种基于世界各个部分的交流与互动过程的全球化，而非一种欧美思想体系在世界其他地方的模仿复制，后者是我们今天所熟悉的"全球化"。伊比利亚全球化当然伴随着征服—殖民的进程，但简单地将全球化历史与各个帝国的历史相混淆是错误的。

历史作为认识世界的一种工具，反思过去有助于我们更加清醒地面对当下的全球状态，作者的视角偏移为我们提供了若干的新方法去阐释当下的全球化现象。

——施展，外交学院教授

献给德西奥·德·阿伦卡尔·古斯曼

（Décio de Alencar Guzmán）

致中国读者

    首先，有个问题需要澄清。今天欧洲历史学家已经意识到，将世界史简化为欧洲史不仅不再可能，而且也是不适宜的，即使我们依然是欧洲中心主义（像卡尔·马克思那样具有批评精神与普遍主义精神的人也没能摆脱它）的持有者。同时，也不能再以过去几个世纪里我们所使用的方式、方法向世界上的其他国家讲述世界史。

    那么，对于至今至少五个世纪以来在欧洲确定与书写并在世界其他地方传播开来的那些历史学知识、经验，应该加以抛弃吗？我没有放弃我所拥有的知识、经验与研究手段，而且还一直力图从外部，尤其从拉丁美洲的角度来认识欧洲历史，并不断重新审视我对历史认知的贡献与局限。作为欧洲人，我应该优先阐述欧洲霸权的起源、机制与各种特征，以及欧洲霸权在全世界常常显示出来的具有扩散性与破坏性的运作方式。我力图在著述中保持这样一种整体视角。

可以说,《世界的四个部分》一书只是对 16 世纪给出的一种欧洲阐释,仅此而已。但是,我用了约 50 年的时间来研究西班牙殖民美洲(尤其针对西班牙殖民墨西哥)的历史,这使得我得以更好地理解什么是欧洲殖民,更好地理解欧洲殖民在美洲土著、混血族群那里所引发的各种反应与反抗。我很早就了解到在土著社会、传教士所属的教会、西班牙王国代表与欧洲商人之间所形成的各种关系。这使我必须和历史事件保持一定距离,摆脱新大陆的界线,将那个年轻的殖民社会置于社会、经济与政治的背景中,那是它所拥有的特有的社会、经济与政治环境,同时它也朝向西欧、菲律宾与中国,朝向黑奴的非洲、西属秘鲁(在波托西拥有矿藏)以及葡属巴西。由此,我首先对西化的过程进行了充分的反思(《想象的殖民化:西属墨西哥的土著社会与西化(16—18 世纪)》[1]),思考了欧洲图像的影响(《图像的战争:从哥伦布到〈银翼杀手〉(1492—2019)》[2])、混合的机制(《梅斯蒂索人的心智:殖民化与全球化的思想动力》[3]),然后才撰写了本书。

全球化沿着伊比利亚人[4]的道路从 16 世纪开始发展,在 19 世纪、20 世纪上半叶达到顶峰。伊比利亚全球化转变为欧洲人主导进而为西方人主导的全球化。今天,种种迹象显示全球化的火炬正在来到东方,

---

1　Serge Gruzinski, *La Colonisation de l'imaginaire*: Sociétés indigènes et occidentalisation dans le Mexique espagnol (XVIe-XVIIIe siècle) , Paris, Gallimard, 1988.(有英文版、意大利文版、葡萄牙文版和西班牙文版译本。)

2　Serge Gruzinski, *La Guerre des Images de Christophe Colomb à《Blade Runner》(1492-2019)*, Paris, Fayard, 1991.(有英文版、意大利文版、葡萄牙文版和西班牙文版译本。)

3　Serge Gruzinski, *La pensée métisse*, Paris, Fayard, 1999.(有英文版、葡萄牙文版、西班牙文版和中文版译本。)

4　即西班牙人与葡萄牙人。——译者注

中国将在全球化中承担起主导作用。对于西方人来说，很难接受西方人所自我建构的这个世界即将结束，也很难放弃西方人在距今500年间所建立的霸权。我作为16世纪历史的研究专家对这一结果并不感到十分惊讶，因为早在文艺复兴时期伊比利亚人就发现了中华帝国，并为中华帝国的技术成就、城市建设与中华帝国的富庶而感到惊讶与垂涎。在16世纪，明朝时期的中国对于当时伊比利亚商人来说是世界上最大的市场，对于天主教传教士来说，则是最大的潜在信众群之所在地。

面对当代出现的重大转折，16世纪历史的研究专家可以做些什么？研究西方全球化的伊比利亚根源可以带给我们哪些思考？我深信对历史的分析有助于我们更加清醒地面对全球的当下状态，它提供给我们若干方法去阐释全球化现象。要知道，全球化现象曾长期被史学家所忽视，或者说，对全球化现象的研究基本被限制在发展生产力的视角下。

按照西方传统的历史范畴划分方法，现实通常被分割成经济、政治、宗教与文化等不同层面。这种研究方法并不适合阐述具有如此广度与复杂性的全球化发展过程。此外，将全球化历史与世界历史或各个帝国的历史相混淆是错误的，尽管现在这种混淆在很大一部分西方史学家那里广泛存在。

全球化到底是什么？从研究16世纪伊比利亚的扩张出发，可以得出结果——全球化是由各种原动力与力量所形成的一个整体所建立的，这些原动力与力量将世界的不同部分连接、整合并组织起来。在15世纪、16世纪，欧洲、非洲、美洲与亚洲逐渐相互连通，这种情况是空前的。与各个帝国各自的原动力不同，这些融合成一体的力量组并非产生于明确的、有意识的政治企图，亦非源于直接可辨的纲领性计划。伊比利亚全球化并不是天主教帝国的国王们派遣哥伦布、麦哲伦去探索世界所导致的结果，也不应将伊比利亚全球化与西班牙、葡萄牙的殖民扩张以及他们的经济、军事动机相混淆。当伊比利亚人通过印度、菲律宾与亚洲世界相联系时，是区域力量（中国、日本、莫卧儿帝国）将伊比利亚人融入他们的运转与活动中，而不是伊比利亚人将区域力量融入自身的运转与活动中。全球化将一直处于分离状态的不同的地缘政治、不同的经济空间连接起来，并使之同步。

在全球化运动中，尤其在我称之为"伊比利亚全球化"的运动中，显示出世界范围内的两种原动力——西化与全球化，它们在一个扩张的空间中持续地展开并发挥作用。西化与全球化都承载着社会组织、政经控制、意识形态控制（针对想象、智识、信仰等）的各种形式，它们逐渐在世界的各个部分扎根，同时也遭遇到或大或小的抵制。西化首先表现为各种欧洲模式在欧洲之外的投射与传播的一种持续进程，它旨在经过适应、和解或强加、毁灭的过程，改变地区现实。西化不断地与新的社会环境相互作用，有时通过对话与调解，而更为常见的是通过暴力与战争。西化企图塑造或重塑地区空间的所有组成元素，尤其针对精神（皈依基督教）、行为（工作组织）与生活方式（家庭、性、消费）。西化在各地生根，同时导致了各种"混合"（Métissages）[1]，

1　编者按：Métissages 是作者着重分析的一种现象，指的是不同社会与个人之间因激烈碰撞和接触而产生的杂交、融合。有学者提议译为"混血"，取其引申义来说明这些混合是被伊比利亚帝国视为低等的、杂交的、不纯粹的。也有译者译为"混生"，强调混合生成。由于混合发生于各个领域，包括社会和社会之间的混合、技术与技术之间的混合，器物与器物之间的混合等。若是分开译，有的地方译为混血，有的地方译为混生，有的地方译为融合，较为杂乱。考虑到普遍适用性及替换操作难度大，本书暂保留"混合"这一译法。

西化以不同的方式因地因时地控制并引领这些混合。

西化产生了哪些后果？杂交混合的社会、诸说混合的基督教……一并转化成西欧的外围空间，这些外围空间对于西欧来说，是可以提供预见性参考的新的社会经验的实验场，如西班牙帝国的殖民社会、巴拉圭的耶稣会传教区就属于这种外围空间。

全球化这一原动力总是伴随着西化，而且它是西化的基础。全球化旨在欧洲以外建立起欧洲支配性的根基，它们扎根海外，在原则上围绕着语言与宗教方面严格的正统观念以及智识、教义与法律方面的完美连续性构筑起来，不受其他任何影响。它们并非一成不变，位于大洋彼岸的欧洲大地上发生转变，它们就跟着产生演变、更新。如智识模式与政治模式的变化、宗教方面的参照资料的变化，甚至还包括艺术风格上的变化。此外，在一些总是与殖民权力的各种因素相连的特殊领域，如语言（拉丁语、西班牙语、葡萄牙语）、时间表达、法律法规（单纯源于罗马）、罗马天主教教义、哲学推理（亚里士多德哲学及之后的启蒙思想潮流），欧洲支配性也在美洲世界扎下了根，同时排斥那里一切新情况的影响。欧洲所形成的欧洲中心主义的力量持续上升，这股力量使欧洲支配性在海外的根基得以抵御住外部世界的影响，并使其持续地被带回欧洲，在那里重新找到根源，重新定位。

在16世纪、17世纪，西化与全球化在世界各地显现出来，二者错综复杂地相互交织。我认为，这两种原动力在当代全球化中具有它们的对等物。而且，这两种原动力为阐释我们所实验的各种变革机制提供了可能，因为它们为全球化的未来提出了一些基本问题：全球化如何展开？它的形成路径、发展节奏与速度、机能障碍与挫折、失败是怎样的？全球化面临哪些抵制？在这个意义上，研究伊比利亚全球化对于 21 世纪来说是具有价值的。

在本书中，有诸多问题没有涉猎。如我在《那里是什么时间？——现代黎明前的美洲与伊斯兰教》（关于 17 世纪的奥斯曼帝国与墨西哥）[1] 与《鹰与龙——全球化与 16 世纪欧洲在中国和美洲的征服梦》（关于中国与墨西哥）[2] 中进行的区域研究。欧洲历史话语的全球化与欧洲范畴（如时代观念）的强制性孕育了我在《时间机器——当欧洲开始书写世界史》[3] 中的探索。此外，由于我的一些著述被用于中等学校的教学，这促使我写作了《历史何为》[4]。我相信，在 21 世纪，无论在欧洲还是在世界的其他地方，教授如下这种历史的需要是迫切的：该历史可以提供给新一代人必不可少的方法与手段，使其可以在这个全球化的世界上纵横驰骋。

近期我的研究主要聚焦"地区"与"全球"这些必须要"历史化"（即作为历史学家去重新思考）的范畴。此外，还关注"全球化的内部"在伊比利亚人殖民的美洲是如何建构起来的。这一"全球化的内部"是全球化推力在特定时间、特定地点的地区体现，它是我的论著《与一个新西班牙混血儿的谈话》[5] 的主题。

1　Serge Gruzinski, *Quelle heure est-il là-bas ?Amérique et islam à l'orée des Temps modernes,* Paris, Le Seuil, 2008.（有英文版、土耳其文版和西班牙文版译本。）

2　Serge Gruzinski, *L'Aigle et le Dragon. Démesure européenne et mondialisation au XVIe siècle,* Paris, Fayard, 2012.（有英文版、葡萄牙文版、西班牙文版、德文版和中文版译本。）

3　Serge Gruzinski, *La Machine à remonter le temps : Quand l'Europe s'est mise à écrire l'histoire du monde,* Paris, Fayard, 2017.（有西班牙文版译本。）

4　Serge Gruzinski, *L'Histoire pour quoi faire ?,* Paris, Fayard, 2015.（有意大利文版、西班牙文版和中文版译本。）

5　Serge Gruzinski, *Conversation avec un métis de la Nouvelle-Espagne,* Fayard, 2021.

　　亲爱的中国读者，我们虽未曾谋面，我无法与您及今天构思并书写历史的中国同行、学生们展开对话，但是我希望未来的一代人可以在面对并整合我们的知识时，相对于以揭示任何一个历史真实为目标，能够更多地带给 21 世纪的世界以创造性的飞跃，正如欧亚两个大洲在过去数个世纪中经历的一次次复兴所带来的飞跃一样。

[法] 塞尔日·格鲁金斯基（Serge Gruzinski）

法国国家科学研究中心名誉研究主任

法国高等社会科学研究院博士生导师

2020 年 7 月 13 日于巴黎

目录

CONTENTS

第二部分　世界的连接

第 4 章
墨西哥城
——世界与这座城市

第 5 章
"在你那里，西班牙与中国连接起来"

第 6 章
海上的桥

第三部分　世间物

导　论：

圣母像与纽约世贸中心双子大厦

　　世界发生混合，进而全球化，而 2001 年 9 月 11 日纽约世界贸易中心毁于一旦。双子塔楼被袭击的几小时之后，在阿根廷首都布宜诺斯艾利斯市中心的一家老餐馆里，一名服务生为我们拿来菜单时面色沮丧，他刚刚失去 4000 比索（相当于 4000 美元），这在危机时代可算是不小的一笔财富。他后悔没有将下面 3 组数字连在一起 2—86—56，从而在博彩中错失良机：

　　2= 双子塔楼

　　86[1]= 倒塌

　　56[2]= 爆炸……

　　在纽约恐袭事件被实况转播的时候，该事件对于阿根廷的博彩者来说已经不再仅仅是一则可以使自己在赌马中获胜的可靠消息。恐袭造成的惨剧发生后，全球各大媒体在接下来的数小时中对此纷纷转播，

　　1　纽约世贸大厦北楼遇袭后爆炸起火，大火从 86 层开始燃烧，之后大厦倒塌。——译者注

　　2　纽约世贸大厦南楼遇袭后爆炸起火，造成南楼在遇袭 56 分钟后开始坍塌。——译者注

而南半球的一家老餐馆里的一名服务生则因没有中彩而沮丧，二者之间的神秘关联使我百思而不得其解。

贝伦杜帕拉 [1] 的圣母像

　　一个月后，2001 年 10 月 13 日（星期六）与 14 日（星期日），在距离纽约、布宜诺斯艾利斯数千里之外，两百万巴西人涌上贝伦杜帕拉的炎热街道。这场声势浩大的宗教游行，从亚马孙地区的这个大城市展开，抗议对双子大厦的袭击，浩浩荡荡的队伍祈求圣母玛利亚赐予人类和平。

　　和每年一样，在令人眼盲的强烈阳光下，数十万善男信女参加了拿撒勒圣像节，向拿撒勒的圣母致敬。圣母像从贝伦杜帕拉附近的小镇伊科拉西出发，经河运，到达贝伦杜帕拉，圣母像被安置于巴西海军战舰上，由一百多只大大小小的舰艇护卫。这一东正教圣像被教会领袖、主教、总主教、枢机主教所围绕，得到了该市市长的献礼。大量的白花、黄花还有焰火、军乐、炫目的白色阳光、太阳高照……许了愿或履行承诺的男人与女人们在数小时中抓住那根巨大的绳子，绳子拉着一辆小轿车，圣母像端坐其上。在新千年的伊始，在神父庄重的目光下，在各大企业的热情资助下，古老的虔诚崇拜将帕拉州各个阶层的民众联系起来，并融合在一起。帕拉州的教会与政府、工业家与劳工党站在一起，唯恐减损这种将巴西亚马孙地区人民团结在一起的群众热情。

　　1　巴西港口城市，为区别于其他同样名为"贝伦"的城市，被巴西人称为"贝伦杜帕拉"（Belém do Pará，即帕拉州的贝伦市）。——译者注

针对世贸中心恐袭事件的最大型的抗议活动就此在西方的边缘地带展开。这次抗议活动采用的仪式与器物如同古代宗教庆典活动所采用的仪式与器物一样古老，圣母玛利亚的神圣形象与作为物神象征的绳子[1]都来自遥远的巴洛克时代的葡萄牙。这一赎罪仪式并未引起国际媒体的注意，他们对森林里的印第安人更感兴趣，而对于这一年年举行的、源于殖民时代的、混合的、无法归类的仪式活动却漠不关心。

同年 10 月 14 日（星期日），拿撒勒的圣母像被运抵老码头。美好时代建成的巨大仓库作为橡胶的黄金时代的遗产，如今已经转变成帕拉州资产阶级的休闲中心。同旧金山、伦敦的码头一样，贝伦杜帕拉的老码头也有商店、酒吧与餐厅组成的商业街区，在它们的穹顶之下清凉的冷气中，展现着精致消费的优雅与魅力。20 世纪初，对这些遗迹的极佳修复为帕拉州首府植入了它所缺乏的后现代装饰艺术。巨大的玻璃门窗使消费者可以将广阔的河景尽收眼底，对岸河边的森林将这里与周边的世界隔离开来。在商业中心内部，空调释放的冷气构成了一道不可见的屏障，使其与沉闷的港口、贫困的城市形成对比。一些经营本地工艺品的商店的气氛有些许异国情调，而"金苹果"[2]餐厅的名字只会让人联想到贝伦杜帕拉的老码头是"第一世界"的窗口。

也许我是唯一一个为这一宗教庆典的活力感到惊讶的人，它产生于巴洛克时期处于殖民扩张中的西葡帝国，西班牙与葡萄牙当时力图在世界范围内——从墨西哥到日本、中国、印度、非洲直至位于南美大陆西部的安第斯地区传播对圣母玛利亚的崇拜。在贝伦杜帕拉正如在

---

1 "解结圣母"在南美国家广受尊敬。——译者注
2 金苹果是希腊神话中著名的宝物。在西方国家，它被视为财富、权力的象征。——译者注

巴西的其他地方，教会在宣讲基督教时，不得不加以调整，以便更加适合巴西的印第安人、黑人以及亚马孙地区的印第安人—欧洲白人的巴西混血儿。圣母像在巴西的现代化浪潮（始于 19 世纪）中安然无恙，在 2001 年 10 月 13—14 日举行的宗教庆典中，圣母像是数百年来的混合与古老的全球化的生动体现。它甚至参与了对所谓"21 世纪的第一次战争"（指 9·11 事件）的抗议活动。

欧洲的关注

朝圣的 3 个星期后，2001 年 11 月 3 日，让·鲍德里亚在《世界报》上发表了一篇文章，称 9·11 事件是"罕见的、无法预料的事件"。他认为（没有指出恐袭制造者的"混合"身份）"这些恐袭制造者都吸收了现代性与世界性，这却没有改变他们毁掉它们的脚步"，他们对证券投机、信息技术与飞行技术驾轻就熟，借助新闻媒体网络的轰动效果，利用了向全球实时转播的图像。全球化产生了各种各样的混合，即使那些用来反对全球化、进而力图摧毁全球化的各种伎俩也是混合的。通过联合使用"所有可以使用的现代手段"，恐怖分子达到了前所未有的象征性成效。

对这种"通过象征力量改变真实力量"的伎俩，西方只能针对其理性与祛魅性进行反对，哲学家鲍德里亚如是说。但是，西欧与美国只是西方的一部分。贝伦杜帕拉的两百万朝圣者通过游行显示了西方世界并不等同于对什么都感到麻木、厌倦、茫然的那个欧洲，也不等同于具有疯狂的虔敬主义的美帝国。

拉美的"陈旧过时"的庆典仪式因而非常值得我们关注。双子大厦的覆灭在全球的天空与电视银屏上制造了战争威胁的阴云，拿撒勒的圣母像在贝伦杜帕拉则展现了它驱除战争威胁的魔力。稳坐于玻璃与镀金木质壁龛里的圣母像激发了参加朝拜的人们的热情。在巴西与阿根廷，无论是圣母的崇拜者还是布宜诺斯艾利斯的赌马者，都以自己的方式力图使9·11的悲剧变得可以被较为容易地接受。在赌博的狂热中，在崇拜圣母的宏大的传统仪式中，大众力图"思考世界"，前者将一个在遥远的地方发生的悲剧事件与自己的日常生活相联系，后者则将一个震动全球的事件与一个地区性的崇拜仪式相联系。在贝伦杜帕拉与布宜诺斯艾利斯，影响到全世界的恐惧性冲击波以无法预料的、奇特的或乏味的方式发生了转变。全球性的东西在调整与混合的基础上，融入了地区性。贝伦杜帕拉人尊崇新巴洛克的圣母为神的陈旧的宗教仪式、布宜诺斯艾利斯的赌马者的过时的现代性，二者的行为都可以被视为对9·11恐袭事件的自发反应，几乎可以说，没有受到任何媒体的鼓动，因为贝伦杜帕拉的朝圣是自发的庆典活动……

我在旅行中偶然收集的这些蛛丝马迹是本书的出发点。它们使我从欧美之外的一个地方出发，思考全球化，那里作为西方世界的一个外围空间，为西方人提供了一个充满异国情调与原始性的取之不尽的宝库。如何解释在世界范围内人、社会的普遍混合同全球化之间的联系？这些混合在哪里止步？围绕着贝伦杜帕拉的圣母像，不同的时代、大众、信仰、传统与现代性相互交织。当时，在亚马孙河边，离开那些争先恐后地聚集物神绳子周围的混杂的、流着汗的人群，老码头商业中心里释放着消过毒的冷气，那里是幻想着可以分享"第一世界"的快乐的幸运儿们的天堂。世界上有诸多方式进入全球化，比如，来到"缺牙齿的印第安人—欧洲白人的巴西混血儿"中间，又比如，在距离此处两步之遥的地方，跨进老码头商业中心的大门。世界上的事物并不都是可以融合的。到处可以看到，在面对来自西方的生活方式时，混合常常遭遇到困难与障碍。

为了探究全球化与各种混合之间的复杂联系，我沿用了我在《梅斯蒂索人的心智》一书中使用的研究路径。贝伦杜帕拉的种种反应使我置身于长久以来全球历史宏大的、谜一般的印记中，它促使我追溯那个同时关乎欧洲、非洲、亚洲、美洲的古老时代。全球化早在那个几乎被我们忽视的时代就发生过吗？如今，早期全球化的印记仍然遍布贝伦杜帕拉的大街小巷。

本书的探究思路可以概括如下：从墨西哥、巴西以及印度与非洲的沿海地带出发，研究全球化；避免落入种族中心主义陷阱，以便使视角偏移；探究全球现象的参与者；最后，将那些被时间所分离的地区、人、观念与想象加以聚合。简而言之，通过本书可以看到，对于理解数百年来在西化、混合与全球化之间所发生的事情来说，历史依旧是一个神奇的工具箱。

第一部分　伊比利亚全球化

经由菲利普二世[1]之王土，可以走遍世界。

——洛佩·德·维加（Lope de Vega）:《第八奇迹》, 1618 年

1　西班牙国王，1556—1598 年在位。——译者注

第 1 章

东风、西风
——印第安人可能是现代的吗？

被迫思考今天中国人与冰岛人在做什么的人是现代的。

——彼得·斯劳特戴克:《犯罪时间与艺术作品的时间》

(*L'Heure du crime et le temps de l'œuvre d'art,* 2001, p. 217.)

"1610 年 9 月 8 日（星期三），一则新闻从西班牙传到墨西哥，人们得知法兰西国王亨利四世[1]遇害身亡。凶手是国王的一位年轻侍从，他不是骑士、贵族，而是一个平民。凶手在大街上杀害了国王，当时国王正在教廷主教的陪同下，乘坐他的旅行马车出行。为了杀害国王，该侍从放了一封信在他的马车上，这样国王要读信就得俯身。他杀害国王时，无人知道他的动机是什么。国王在城中巡游，视察为即将举行的王后加冕礼而布置的道路装饰是否得体。"[2]

亨利四世遇刺是法国历史上的重要事件之一，令人惊讶的是，在距离法兰西王国数千里之外的墨西哥城，一位土著编年史作者用阿兹

1　1589—1610 年在位，法国波旁王朝第一代国王。——译者注

2　Domingo Chimalpahin, *Diario,* paléographie et traduction de Rafael Tena, Mexico, Conaculta, 2001, p. 213.

特克人的语言对此进行了记载。此人就是查科[1]贵族多明戈·弗朗西斯科·德·圣安东·穆农·齐马尔帕赫恩·库赫特勒瓦尼津（Domingo Francisco de San Antón Muñón Chimalpahin Cuauhtlehuanitzin），他特意在1610年9月8日的日记中记录了这一事件。

法国国王之死

刺杀国王的细节现在已为人所知。1610年5月14日刚到下午，法国国王乘坐马车去看望财政总监苏利。他从卢浮宫出来，在德·埃佩尔农公爵、蒙巴宗公爵、德·拉福尔斯公爵与拉瓦尔丹元帅的陪伴下，他决定外出视察为王后玛丽·德·梅迪契举行盛大的入城仪式而布置的道路装饰的进展情况。前一天，玛丽·德·梅迪契已经在圣德尼得到加冕。在铁器店街，发生了交通堵塞，使得国王行进的队伍不得不停下。当小型的国王护卫队散开后，一个棕发男人出现了，他靠在埃佩尔农公爵的身上，刺了亨利四世国王三刀。待王的随行人员反应过来，为时已晚，亨利国王失去意识并辞世。

长期以来，亨利四世一直是哈布斯堡王朝的敌人。他当时正准备出征讨伐哈布斯堡王朝的神圣罗马帝国皇帝，因而得到齐马尔帕赫恩的关注。在齐马尔帕赫恩的记述中，法国国王遇刺事件位于另外两个事件之间：其中一个与亨利四世遇刺事件一样具有国际反响，另一个则纯粹属于地区性事件。1610年7月31日，齐马尔帕赫恩在《日记》中记录了墨西哥耶稣会教堂的祝圣仪式与依纳爵·德·罗耀拉（Ignace

---

1　查科-阿梅卡梅卡（Chalco-Amecameca）是位于墨西哥谷以南的印第安领地。

de Loyola,1491—1556,皈依天主教的贵族,1534 年在巴黎建立耶稣会)的封圣仪式[1]。那天,长长的仪式队伍从主教教堂出发,来到圣奥古斯丁教堂,再到圣埃斯皮里图医院教堂,最后到达耶稣会教堂。巴斯克人参加了此次对于全世界基督教会具有普遍意义的宗教仪式:"他们身着军装,在圣事前鸣火枪。"正如齐马尔帕赫恩所记载,"那时距离圣依纳爵在世界之都罗马去世已有 55 个年头"。齐马尔帕赫恩还描述了此次仪式的奢华:"场面相当隆重,似乎过去任何一次封圣仪式都无法与之相比"[2],同时阐述了举行这次仪式的必要性与迫切性。

9 月 18 日,齐马尔帕赫恩在记录了亨利四世遇刺事件后,还记录了一个比较不重要的事件——多明我会修士托马斯·德·里维拉的圣职授任礼。托马斯是一位混血僧侣,与齐马尔帕赫恩出自同一贵族,是查科—阿梅卡梅卡领主胡安·德·桑多瓦尔·特库安萨亚卡津·特奥瓦图茨特利的后代。墨西哥大主教加西亚·盖拉亲自主持了该弥撒。这个小事件显示,如有需要,墨西哥也可以是一座混合之城[3]。

齐马尔帕赫恩这位印第安编年史作者近距离关注其家乡的杰出人物,关注他居住的城市所发生的事情。墨西哥城于 1521 年被科尔特斯征服,它在成为新西班牙王国首都之前是墨西哥王朝的首都。在 17 世

---

1 "这个星期六在墨西哥城,罗马教皇保罗五世为依纳爵·德·罗耀拉举行了封圣仪式"。(Chimalpahin, 2001, p. 211.)

2 *Ibid.*, pp. 211, 213.

3 此外,还涉及两位当地要人的葬礼,一位是印第安人米盖拉·桑切斯·韦特津(don Miguel Sánchez Huetzin),另一位是墨西哥总督的女婿——西班牙人胡安·阿尔塔米拉诺(don Juan Altamirano)。在这两个葬礼之间有一场婚礼,是小安东尼奥·瓦莱里亚诺(don Antonio Valeriano le Jeune)与他的远房表姐芭芭拉(doña Bárbara)的婚礼。新郎系当地土著文人之子,该文人曾统治墨西哥城印第安人 20 多年,享有盛誉。*Ibid.*, p. 215.

墨西哥城地图
1628 年
墨西哥城城市博物馆

纪前夕，它是西班牙世界最繁荣的大都市之一。齐马尔帕赫恩记录依纳爵·德·罗耀拉的封圣仪式并不使人感到惊讶，该庆典发生的宏大背景涉及墨西哥与"世界之都"罗马之间的关系。与此相比，更使人好奇的是，齐马尔帕赫恩记录了一则来自当时与西班牙存在竞争关系的、在宗教上有异端嫌疑的遥远王国——波旁王朝统治下的法国的新闻，它从法国经由西班牙传到了墨西哥。

对一场犯罪的解读

如何解释对同一则新闻的不同接受？ 19 世纪的法国历史文献将亨利四世的统治时期视作现代法国诞生过程中的一个关键阶段。亨利四世遇刺事件敲响了他所主张的宽容与和平的政治的丧钟。拉瓦亚克的犯罪行为是宗教狂热的一种表现。20 世纪，在 1968 年的五月风暴尚未到来的索邦大学，罗兰·穆斯尼耶教授在该刺杀事件中看到专制主义的发展[1]。20 世纪末，该事件被美国后现代批评重新思考，来自法国方面的评述则相对较少。它被视为现代性的一个标志性事件，处于伊拉斯谟与蒙田主导的人文主义第一阶段与笛卡尔理论、理性主义主导

---

1 "在 17 世纪，国家如果想要保证自身的独立、强大与生存，就不得不实行专制主义。当时，专制主义的实行对于法国来说乃是生存下去的必要条件。拉瓦亚克（Ravaillac）的犯罪行为可以说助益了专制主义在法国的成功，助益了法国的稳定与发展。但是，事实上，拉瓦亚克并不想看到一个实行专制主义的、限制教皇权力的、主张法国教会自由的法国，也不想看到一个具有爱国热情与民族性的法国、一个将主权建立在罗马教皇与神圣罗马帝国皇帝的对立面上的法国，这正是他刺杀亨利四世的原因"。Roland Mousnier, *L'Assassinat d'Henri IV, 14 mai 1610*, Paris, Gallimard, coll.《Trente Journées qui ont fait la France》, 1964, pp. 271-272.

的第二阶段之间[1]。史蒂芬·图尔明认为,"在亨利四世遇刺事件与笛卡尔思想的接受之间"存在着深刻联系。作为文艺复兴的失败与结束的征象,亨利四世遇刺事件与 30 年战争象征着伊拉斯谟、拉伯雷与蒙田的怀疑论被义无反顾地抛弃了,同时以激烈的方式宣告了法国进入古典时代、笛卡尔的现代性的时代。

亨利四世遇刺事件的反响超越了西欧的界线[2],触动了美洲的研究者,也触动了索邦大学教授。无论专注于事件的叙述,还是对事件的后现代解读,这两种切入角度都将世界局限在西欧范围内[3]。

历史文化与种族中心主义的长期传统几乎并没有促使我们考虑他者的视角,更很少留意西班牙统治时期墨西哥的一位印第安编年史作者的视角。从欧洲可以思考世界的其他部分,难道不可以从世界的其他部分思考欧洲吗?墨西哥视角同法国视角、欧洲视角一样具有意义。那么,亨利四世遇刺事件在墨西哥产生了哪些影响?首先,传播到齐马尔帕赫恩那里的事件是什么?在诸多细节上,他记录的版本与标准版本相去甚远。教廷主教并不在亨利四世的陪同者中,玛丽·德·梅迪契王后已经在前夜得到加冕,亨利四世是在聆听他人读信的过程中而非在接过谋杀者手中的信件时遭到致命一击[4]。拉瓦亚克是一介"平

---

1 Stephen Toulmin, *Cosmopolis. The Hidden Agenda of Modernity,* Chicago, The University of Chicago Press, 1990, p. 46.

2 *Ibid.*, p. 53.

3 布鲁诺·拉图尔在其著述《我们从未现代过——对称人类学研究》中按照传统习惯,认为"现代的建构"开始于 17 世纪的英国。Bruno Latour, *Nous n'avons jamais été modernes. Essai d'anthropologie symétrique*, Paris, La Découverte, 1997, p. 26.

4 亨利三世在阅读由雅克·克雷芒(Jacques Clément)递给他的信件时死去。Mousnier, 1964, p. 199.

民"，正如齐马尔帕赫恩所写，而并非"亨利四世的一名侍从"[1]。齐马尔帕赫恩强调了拉瓦亚克的平民出身[2]，他也强调过墨西哥城印第安人的首位平民总督安东尼奥·瓦莱里亚诺的出身。平民出身指明了拉瓦亚克的身份，他曾是"教士与侍者"，他的父母"大部分时间都靠施舍过活"[3]。亨利四世遇刺事件的消息从巴黎传出，传到马德里、塞维利亚，最后传到墨西哥城，在途中几经被改变，即使齐马尔帕赫恩所记载的事件的主体部分还是忠实于事实的。该消息的传递显示出信息穿越大西洋的速度——不到 4 个月（5 月 14 日至 9 月 8 日）它就传到了新西班牙王国的中心。

这则新闻在墨西哥城产生了哪些影响？继亨利三世遇刺的 20 多年后，法国第二次遭受君主被杀的惨剧[4]。对于墨西哥城的精英来说，一位合法的天主教君主被谋杀致死除了带来恐惧以外，说不定还使某些人感到隐秘的满意，因为亨利四世虽然皈依了天主教，但他远未使其他的天主教力量信服。他难道没有准备重新拿起武器来反对西班牙皇帝的盟友？[5] 当然，对于法国事务显示出兴趣，这一现象在墨西哥并不是那时新出现的。1600 年，印刷厂主安东尼奥·里卡多在墨西哥出版了一本关于巴黎围城的书——《恩里科·德·波旁围困巴黎》，该书全部或部分地出自议事司铎、诗人贝尔纳多·德·拉·维加[6]。与围困巴黎

1　Mousnier, 1964, p.15.

2　Chimalpahin, 2001, p. 212.

3　Mousnier, 1964, p. 10.

4　1589 年 8 月 2 日，亨利三世遇刺身亡。

5　国王亨利四世曾为阻止利奥波德大公夺取紧邻荷兰的战略要地，准备对克莱沃公国与于利希公国进行军事干预。

6　Joaquín García Icazbalceta, *Bibliografía mexicana delsiglo XVI*, édit. par Agustín Millares Carlo, Mexico, FCE, 1981, p. 509.

同样引起轰动的亨利四世遇刺事件吸引了齐马尔帕赫恩的注意，他热衷于欧洲王朝的历史，并呈现在他的著作《历史描述》(第八卷)一书的后部[1]。

亨利四世遇刺事件的接受以及对该事件的叙述在欧洲和西方统治的印第安世界之间的传播中被歪曲，这些并不是我的关注点。我更愿意将其作为出发点，追问法国国王之死的消息在墨西哥的反响所体现的洲际特征，追问新西班牙与世界的其他地区之间保持的联系。

印第安人可以是现代的吗？

为什么一个"封闭"在其土著语言与世界中的编年史作者认为有必要记录发生在巴黎的一个悲剧事件？个人的好奇并不能解释一切。齐马尔帕赫恩的《日记》也许是另一种"现代性"的标志，该"现代性"并不与迈向专制主义的不可阻挡的脚步相混淆，更少与欧洲思想的理性化(蒙田被笛卡尔所接替)相联系。这种"现代性"使一种精神状态、敏感性以及对世界的认识显露出来，它们产生于自身在统治全世界的野心下与其他社会、文明的交锋。

印第安人可以是现代的吗？也许应从追问齐马尔帕赫恩的判断出发，给予"现代"一词特殊意义。当他谈及土著的各种习俗惯例(诸如与日食、月食相连的历法与信仰)时，他总是将它们与印第安人的"先人们"相联系。他没有忠实地继承美洲印第安传统，而是作为皈依了基督教的查科文人，意欲摆脱过去的影响，但过去的影响从未因此

1　Domingo Chimalpahin, *Octava relación*, édit. par José Rubén Romero Galván, Mexico, UNAM, 1983, pp. 183-199.

被磨灭。这正是他使自己变得"现代"的方式。齐马尔帕赫恩对 1611 年 6 月 10 日发生的日食的解释弥足珍贵[1]。他对日食的解释也见于他的《日记》。按照欧洲"占星家"与"哲学家"的话来说，齐马尔帕赫恩给出了现象的阐释[2]。齐马尔帕赫恩直率地批评了他的先人们："我们的祖先信仰多神教，他们对此（日食）一无所知，正因于此，他们因日食而感到慌乱不安。"[3] 同时，齐马尔帕赫恩也并没有忘记提及欧洲的学者们的计算错误：与预计在当日 11—14 时之间发生日食不同，日食在 14 时 30 分才出现，并引起墨西哥城全城人的恐慌。与先人的无知、欧洲人的错误都保持距离[4]，这是此种"全球化的现代性"的一个标志，我将在下面诸章节中勾勒出它的样貌。

在欧洲之外，并不只有墨西哥城的居民对法国君主感兴趣。在同一时代，太平洋的另一边，一些日本画家描绘了在世界上的其他君主陪同下的法国国王亨利四世[5]，以他们的方式加入了对欧洲事物的全球

---

1 Chimalpahin, 2001, p. 220. "太阳的脸被遮住，或如古人所说：太阳被吃掉了"。*Ibid.*, p. 229.

2 *Ibid.*, pp. 235-237.

3 *Ibid*, p. 231. Jesús Galindo Trejo,《Eclipse total de sol de 1611 según el Diario de Chimalpahin》, in *Estudios de Cultura Náhuatl*, v.21, Mexico, UNAM, IIH, pp. 163-177, et Chimalpain Cuauhtlehuanitzin (Domingo Chimalpahin), *Primer Amoxtli Libro, Tercera relación de las différentes histoires originales,* édit. par Victor. M. Castillo F., Mexico, UNAM, 1997, p. LII.

4 他谴责西班牙医生，认为他们杀死了墨西哥大主教加西亚·盖拉。*Ibid.*, p. 261.

5 见于东京三得利美术馆收藏的一件色彩绚丽的屏风上。画上的这些人物与一本讲述罗马皇帝的书中的插画相似，这些插画受到简·范德斯特拉特（Jan van der Straet）或乔万尼·斯特达拉诺（Giovanni Stradano, 1523—1605）的画作影响。正如耶稣会士安东尼奥·普雷内斯蒂诺在 1578 年 11 月写下的信中所说，日本人需要"以身着盔甲的骑士、海战与陆战为主题的画作"。Money L. Hickman,《Painting》, dans Money L. Hickman et *al., Japan's Golden Age*: *Momoyama*, New Haven et Londres, Yale University Press, 1996, p. 146.

传播。身穿红袍的国王跃居黑马之上，头顶是金色的天空。左面是皇帝查理五世，右面是奥斯曼土耳其帝国君主与埃塞俄比亚（或刚果？）国王。四位君王分别代表了世界上不同的王国，但缺少美洲。受到佛兰德斯版画的影响，画面中的场景在位于灰暗水流之上的桥上展开。这座桥将世界的不同部分连接起来。正如这幅东京的屏风画与齐马尔帕赫恩的《日记》所显示，法国的形象与消息从巴黎传播到墨西哥，从安特卫普传播到长崎，从地球上的一地传播到另一地。在同一时期（1600—1614）制作的其他屏风上，日本爱好者可以描绘对勒班陀海战（1571 年 10 月 7 日）的戏剧性诠释，也可以追问地理学家奥特柳斯如何用多色的巨大构图绘制了地图[1]。同齐马尔帕赫恩一样，日本艺术家及他们的贵族顾客通过西班牙统治下的低地国家与伊比利亚二者所输出的各种表象来观察、理解世界。针对这一点，齐马尔帕赫恩应深有体会，因为他看到了亲身来到墨西哥城的日本人。

被寄予希望的日本

在 17 世纪的头十年，墨西哥城对大西洋彼岸发生的事并非无动于衷，这是因为墨西哥城属于的那个世界超出了墨西哥谷的所有部分，那个世界无视墨西哥与西印度群岛的界线，而且向全球的"四个部分"

---

1 《Bataille de Lépante et carte du monde》, Kobe, Kosetsu Art Museum,（17 世纪上半叶）;《Carte du Japon et du monde》, attribuée à Kano Eitoku,（16 世纪末）, Fukui, Temple Jotoju-ji;《Carte du mondeet les quatre grandes cités》, musée de Kobe; 也可参见福冈市博物馆的展品对世界上不同种族的人的各种呈现（17 世纪上半叶）。对勒班陀战役的分析与再现，可参见 Jacques Proust, *L'Europe au prisme du Japon*, Paris, Albin Michel, 1997（pp. 107-112, 英文版）. Money L. Hickman, 1996, *Ibid.*, pp. 144-146.

马背上的西方国王
17 世纪初
东京三得利美术馆

勒班陀海战
17 世纪初
日本香雪美术馆

开放，并由一个王即菲利普三世来统治，齐马尔帕赫恩在他的纳瓦特尔语中称他为"世界之王"。齐马尔帕赫恩的所有作品都含有大量评注，勾画了一种全球想象，这一想象的坐标对于我们来说常常是出乎意料的。他在记载了法国国王遇刺事件的两个月后，1610 年 11 月 15 日，将目光转向日本，并在《日记》中记下"罗德里戈·德·比韦罗从日本来，日本离中国较近，他来到墨西哥城……他在海上迷了路，在回返墨西哥的途中，失去了船上的全部货物，但是一场暴风雨将他的船抛到了日本海岸。罗德里戈来到日本君王面前，与其交谈，他成了君王的朋友，于是，日本君王借给罗德里戈一笔钱财，罗德里戈将它带到墨西哥城，还带来几个日本人"[1]。

一个月后，针对游历墨西哥城的日本使团，齐马尔帕赫恩叙述了罗德里戈·德·比韦罗与日本人的商谈，当地人从未见过日本人——他们骄傲地在墨西哥城的路上鱼贯而行[2]。"所有人（这些日本人）都穿着他们在日本穿的衣服，上着背心，腰间系着一条腰带，腰带上带着钢制武士刀，是一种佩剑。他们还戴着头巾，他们穿的便鞋制革细腻，称为麂皮，材料如同手套。他们看起来并不胆小怕事，也不是安静、谦卑之人，而且具有凶残无情的鹰性一面。他们的脑门光亮，因为剃光了半个脑袋。这些日本人的头发从鬓角往后梳，绕到颈背，他们头发很长，任由头发齐肩，平时只是修剪发梢。他们有些像女性，因为他们遮住头部。头发在颈背后不太长，在脑后扎成小辫子。由于剃光

1　Chimalpahin, 2001, p. 217. 关于罗德里戈·德·比韦罗（Rodrigo de Vivero），见本书第十一章"早期的全球化精英"。

2　针对日本与新西班牙之间联系的综述佳作：Lothar Knauth, *Confrontación transpacífica. El Japon y el Nuevo Mundo hispánico*, 1542-1639, Mexico, UNAM, 1972.

了半个头，他们给人感觉头上有个剃光的圆顶。这些日本人没有胡子，脸部很女性化，因为看上去既光滑又白皙。这就是日本人在外表上的特征，他们不太高，所有人都可以看清楚他们。"[1]

这并不是齐马尔帕赫恩第一次对日本群岛表现出兴趣。1597 年 12 月，他在《日记》中记录了一则对于西方人来说骇人听闻的消息：1597 年 2 月一批基督教徒在长崎被处决[2]。六名被剥去衣服的西班牙天主教方济各会修士被日本人处决，"他们在被处决时，双手被钉在十字架上，其他·些基督徒也被日本人一起处死，这些都是按照日本国王的命令执行的"[3]。殉教者的遗体在一年后即 1598 年 12 月被运抵墨西哥城[4]。该事件在新西班牙天主教堂的画作中留下了一些印记。譬如，库埃纳瓦卡修道院的一些大型壁画，它们在创作上借鉴了产自澳门的一些绘画作品[5]。的确，如果说西班牙王国有统治世界的野心，那么当时日本的统治者丰臣秀吉拥有亚洲最强的军队之一，他也并不缺少宏伟计划。1591 年，丰臣秀吉使印度总督知晓他想要占领中国的企图，而在另一封给马尼拉总督的信中宣称他已经征服了琉球群岛，而且此后

1　Chimalpahin, 2001, pp. 219-221.

2　Georges Elison, *Deus Destroyed. The Image of Christianity in Early Modern Japan*, Cambridge et Londres, Harvard University Press, 1988, p. 136. 该事件在日本远未产生同样的反响，参见 Mary Elizabeth Berry, *Hideyoshi*, Cambridge et Londres, Harvard University Press, 1982, p. 225.

3　Chimalpahin, 2001, pp. 69-71.

4　这是齐马尔帕赫恩在 1598 年详述的七个事件之一。Chimalpahin, 2001, pp. 71-73.

5　Elena Isabel Estrada de Gerlero,《Los protomártiresdel Japón en la hagiografía novohispana》, in *Los pincelesde la historia. De la patria criolla a la nación mexicana,1750-1860*, Mexico, Banamex, Conaculta, 2001, p. 80.

欲征服中华帝国。此前一年，他甚至将印度纳入他的征服计划[1]。

16 年之后，1614 年 3 月 4 日，第二个日本使团庄严地进入新西班牙首都，并赴罗马拜访"圣父保罗五世，而且他们服从圣教会，因为所有日本人都想成为基督徒"[2]。诸多细节使齐马尔帕赫恩感到好奇，如这些日本使者手持的"又细又黑的木杖"。"木杖被他们当作长矛使用吗？它具有什么象征意义？在日本这是代表贵族的标志吗？"[3]齐马尔帕赫恩这位墨西哥土著发现了来自遥远国度的新事物，这一次该事物并非来自欧洲。而此前一年，1613 年 4 月，巴黎人曾争先恐后地涌向大街去观看巴西使团，与墨西哥居民观看日本使团一样，出于同样的好奇心。前有巴西印第安人踏上巴黎的土地，后有亚洲人登陆墨西哥，地球是如此之小！不同的人、不同的社会走上了同步轨道。

齐马尔帕赫恩在《日记》中很少谈到法国，证明到那时，亨利国王的王国远远没有独占世界的注意力。齐马尔帕赫恩更多地将目光转向被寄予各种希冀的大洲——中国和日本所在的亚洲，那里的人们对天主教的皈依被认为是具有潜在可能性的。1614 年日本使团的到来激起了广泛的热情。人们认为，这些新的基督教徒似乎摆脱了魔鬼的掌控与狂热崇拜的陷阱："所有日本人都想成为基督徒"[4]，齐马尔帕赫恩写道："使上帝感到欢喜的是，一切顺利，在那些日本人身上看到了上帝的恩典，正如他们所求的那样。如果他们完全出自真心，上帝定会

1　Dans Kuwata Tadachika, *Toyotomi Hideyoshi Kenkyu*, Tokyo, Kadokawa Shoten, 1975, pp. 239, 253-255, cité dans Berry, 1982, pp. 208, 212. 关于西班牙人对丰臣秀吉的政治决策的反应，参见 *Ibid.*, note19, p. 278.

2　Chimalpahin, 2001, pp. 365-367.

3　*Ibid.*, p. 365.

4　*Ibid.*, p. 365.

帮助他们，拯救他们，让他们在他的庇佑下得永生。阿门。"墨西哥城的人们在对西班牙国王利好的框架下去想象日本当局的意图，不断地向日本人建议"不要发动战争，要更好地认识自己"。宗教与贸易前景吸引了这两个王国。和平不是使"日本人得以来到墨西哥城进行贸易了吗？"[1]1614 年 4 月 9 日，20 名日本人在圣弗朗西斯科教堂受洗，那时距离在墨西哥土地上最早的基督教洗礼不到 100 年。当时谁会想到后来在德川幕府时代日本会将天堂之路与贸易之路同时关闭，重新使日本孤立于西方之外，不再关心上帝，也不再关心新西班牙？[2]

齐马尔帕赫恩笔下的世界

齐马尔帕赫恩笔下的世界与欧洲文人笔下的世界是相似的，这位土著文人的视角相当西班牙化。他在《历史描述》（第二卷）中写到，世界由四个部分组成，阿兹特克的发源地是神秘的城邦阿兹特兰。他对世界的描述几乎原封不动地出现在 1606 年海因里希·马丁在墨西哥城出版的著述《时代汇编》里[3]，"目前我们在世界上发现的大陆一共分成四个部分——欧洲、亚洲、非洲与新大陆"[4]。印第安人齐马尔帕赫恩眼中的世界拥有一个"世界之都"——罗马，还有一位"世界的领主"——西班牙国王。他最关注的地域是西班牙与罗马，另外，出于

1　Chimalpahin, 2001, p. 369.

2　关于齐马尔帕赫恩对"贸易"的观照，参见他 1613 年 5 月 11 日（星期六）的《日记》。*Ibid.*, note 57, p. 331.

3　Chimalpain Cuauhtlehuanitzin (Domingo Chimalpahin), 1997, pp. LX-LXXII.

4　Domingo Chimalpahin, *Las ocho Relaciones y el Memorial de Colhuacan*, texte établi et traduit par Rafael Tena, Mexico, Conaculta, 1998, I, p. 65.

非常个人的原因，也涉及意大利与法国——那是圣安东尼·阿巴德的僧侣们的大本营，齐马尔帕赫恩与其不无关联[1]。在谈及这些宗教人士的足迹时，他的笔触总是伸向更加遥远的大陆——"东方、希腊、大亚美尼亚与小亚美尼亚、俄国与被称为'牧师约翰的王国'的埃塞俄比亚"。齐马尔帕赫恩笔下的美洲包括新墨西哥、加利福尼亚、佛罗里达、古巴、圣多明各、危地马拉、洪都拉斯、秘鲁，亚洲则包括菲律宾、宿务、摩鹿加群岛、日本、中国[2]。他的这张地图在《日记》的注释中显现，但是缺少诸如西非、马格里布与印度这些地区。不过齐马尔帕赫恩在他的其他著述中填补了这些缺失，如他描写的非洲包括"从非斯、摩洛哥、突尼斯与特莱姆森"、利比亚、佛得角群岛与"黑人的土地"到好望角[3]，在强大的亚洲，有"葡属印度"、"庞大的中国"、"索菲的波斯"、鞑靼帝国与土耳其帝国[4]。齐马尔帕赫恩记录下来的大量文献与他对世界的某些地区的真实兴趣相连。作为16世纪欧洲国家历史的见证者，他透过文艺复兴时期王侯们的盛大婚礼勾勒出该时期欧洲国家的历史。他所关心的是这些婚礼仪式所涉及的传承规则，而非床笫之事[5]。

1　Chimaphain, 2001, p. 393. 在他提及的欧洲城市中，有意大利的卢卡、帕维亚与基耶蒂、德国的班贝格、法国的欧坦与维埃纳（pp. 357, 375）。他笔下的德国是女总督玛丽安娜·里德尔（Mariana Riederer）统治的德国，她是瓜达尔卡扎尔侯爵、新西班牙总督之妻。

2　*Ibid.*, pp. 63, 71, 135, 303,167.

3　Chimalpahin, 1998, I, p. 69.

4　*Ibid.*, p. 67.

5　Domingo Chimalpahin, *Octava relación*, édit. par José Rubén Romero Galván, Mexico, UNAM, 1983, pp. 185-199. 如西班牙当局曾经鼓励表演康塔塔，这种声乐体裁的歌词、音乐与动作特征体现了异教徒的影响。

齐马尔帕赫恩是一个特例吗? 他于 1579 年出生在墨西哥谷,属于外省的印第安小贵族。他很早就来到新西班牙首都,接受了良好的教育,他很有可能跟随天主教方济各会修士进行了修习,经常出入教会圈子。从 1593 年开始,齐马尔帕赫恩以学徒身份负责位于佐洛科(Xoloco)的圣安东尼·阿巴德修道院的勤杂工作,该修道院在墨西哥城以南[1]。这个小教堂与常规议事司铎安托南相关,齐马尔帕赫恩梦想着安托南在新西班牙定居。齐马尔帕赫恩的职务使他有足够的闲暇时间进行历史著述,他有时做"田野调查",有时阅读,有时写作。虽然并非闻名遐迩,齐马尔帕赫恩的社会出身还是受人尊敬的,职业则相对卑微。齐马尔帕赫恩不属于墨西哥贵族,也不属于土著显贵阶层。掌握墨西哥城印第安人的统治权的那些人有理由比齐马尔帕赫恩更好地获取墨西哥城、西班牙及世界上其他地区的信息,他们中的许多人都有机会在西班牙与墨西哥之间旅行。齐马尔帕赫恩作为编年史作者有书写的诉求,这解释了他的参考文献的丰富性、他的兴趣的多样性以及他的知识的广博与局限。但是,这一局限本身也构成了他的见证的价值。他利用了各种土著资源,与历史学家相比,他更多的是信息的辑录者,他坚持不懈地记录所有在墨西哥城传播的东西:图书、手稿、谈话、传闻。针对柏拉图、第欧根尼、索福克勒斯、拉克坦提乌斯、圣奥古斯丁等人的大量的古典文献,他以同他的欧洲同行一样坚定的信念迫使那些混血儿与克里奥尔人接受这些古典思想。齐马尔帕赫恩的一个习惯在当时相当普遍,即抄袭同代人的著述。《时代汇编》

---

1 Chimalpahin, 1998, I, p. 11. 约 1607 年,齐马尔帕赫恩开始撰写历史著作,持续了 30 多年之久,他于 17 世纪中叶辞世。齐马尔帕赫恩的手稿现散存于法国国家图书馆(巴黎)、剑桥大学图书馆、人类历史博物馆(墨西哥城)与纽伯里图书馆(芝加哥)。

（1606）是他非常喜欢的一个文献，这一天文学著作为他提供了世界历史与世界地理方面的大量资料。

这就是齐马尔帕赫恩的著述给我们的印象比较忠实可靠的原因，他以他的方式想象整个世界。作为新西班牙首都的居民，齐马尔帕赫恩对他所处时代的事物一直保持着好奇心，并获取到相当数量的信息。他虽然无法得到总督亲信、高级教士、宗教裁判所法官与听证会法官这些人所获取的政治信息，也不知道葡萄牙、意大利与西班牙商人之间传播的知识。但是在直接与自身相关的主题（包括他的领主的历史、世界历史与圣安东尼修会）之外，他接收了富裕阶层感兴趣的所有信息，包括墨西哥人用来消遣的那些信息与那些使他们感到畏惧的信息：当地的流言蜚语[1]、节日庆典、皇家入城仪式、地震[2]、洪水、日／月食、墨西哥谷大火山的阵雪[3]等。

"世界王国"

印第安人齐马尔帕赫恩是一位混合的作家。他的精神与他的笔混合了至少来自两个地区（美洲印第安社会与西欧）的传统、思想与词语；当他探究墨西哥黑人对各种信息的反应时，甚至还涉及第三个地区；当他在文本中使用日本词语与谈及日本服饰时，还涉及第四个地区[4]。他指称西班牙国王的方式反映了这些混合。他在《日记》中将菲

1　如依纳爵·德·罗耀拉行宣福礼引发的讽刺作品。

2　Chimalpahin, 2001, p. 243.: "一场前所未有的强烈地震"。作者对其进行的描述撼动人心。

3　Ibid., p. 253.

4　Ibid., p. 219. 如 "钢制日本武士刀"（gadana tepoztli）。

利普二世称为"世界之王"[1]。齐马尔帕赫恩习惯运用他的混合思想[2]，结合并循环使用他的纳瓦特尔语词语，这些词语来自过去以及前西班牙的宇宙论，用来阐述一种新颖的权力形式——西班牙国王从统治"世界王国"[3]（即西葡帝国）开始所拥有的权力。1566年，墨西哥贵族巴勃罗·纳扎雷奥（Pablo Nazareo）在给国王菲利普二世的拉丁语信件中，渲染了国王的异国情调，声称他"统治了中华新世界"[4]。同年，奥古斯丁·安德列·德·乌尔达内塔毫不犹豫地声称西班牙拥有"中国的最大的、最好的一部分以及琉球群岛和日本群岛"[5]。十几年后，西班牙西北部的加利西亚人贝纳迪诺·德·埃斯卡兰特也声称"这个大国（指中国）成为我们西班牙国王征服的地区"[6]。

这种复杂、多样且多变的混合的存在和发展与其所处环境不无关联。齐马尔帕赫恩首先回应了他所在的墨西哥城、他的圣安东尼·阿巴德教堂以及僧侣与神父组成的他经常出入的优越而开化的圈子的期待。作为墨西哥城居民，他与墨西哥谷南部的家乡关系紧密，他所来自的土著领主查科—阿梅卡梅卡家族曾经长期统治那里。这一点没有阻碍齐马尔帕赫恩在思想上穿越海洋，他在世界与上帝的历史框架下

1　Chimalpahin, 2001, p. 73.

2　Serge Gruzinski, *La pensée métisse*, Paris, Fayard, 1999.

3　Chimalpahin, 2001, p. 75.

4　Francisco del Paso y Troncoso, *Epistolario de Nueva España*, Mexico, Antigua Librería Robredo, de José Porrúa e Hijo, X, 1564-1569, Lettre de don Pablo Nazareo (et *al.*) à Philippe II, Mexico, 17 mars 1566, p. 108.

5　Lourdes Triaz-Trechuelon,《Filipinas y el Tratado de Tordesillas》, in *Actas del Primer Coloquio Luso-español de Historia de Ultramar*, Valladolid, 1973, pp. 229-240.

6　Bernardino de Escalante, *Discurso de la navegación que los Portugueses hacen*, Séville, Viuda de Alonso Escrivano, 1577, p. 98.

书写他的领主与墨西哥城的历史[1]，他对他所处的世界具有敏锐的洞察。

在对菲利普二世之死的叙述中，齐马尔帕赫恩用纳瓦特尔语谈到"世界的领主"的概念，清晰表达了自己属于西葡帝国的意识，认为西葡帝国这一天主教君主国是一个政治体系，它将西班牙属地与葡萄牙属地在菲利普国王的统治下结合成一体。从1580年起，一个王朝统治着欧洲的一部分、非洲海岸、果阿、澳门、菲律宾，还统治着从火地岛到新墨西哥的美洲。这个王朝的舰队是大西洋的主人，在印度洋和太平洋上穿梭往来。预料到西葡帝国会有新的扩张，这个帝国的臣民甚至倾向于将它在"世界的四个部分"的挺进转化为该帝国对世界的领主权或对世界的霸权。齐马尔帕赫恩对菲利普二世之死的描述方式也见于西班牙[2]与意大利的其他人的笔下。如与齐马尔帕赫恩同代的意大利名人托马索·坎帕内拉，他是西葡帝国的外部观察家。17世纪初，这位卡拉布里亚的僧侣激动地宣扬"西班牙帝国"的辽阔，它"使人赞叹，显示出勇敢、坚定……它控制着不同的大洋，在如此短的时间内就完整地环游世界，比提尔人、迦太基人与所罗门人显示出更多的技艺与胆量"[3]。

如果说齐马尔帕赫恩拥有对世界的一种书本上的认知，这种认知来自欧洲对"世界的四个部分"的构想，那么其他大洲对于他来说则更多是一个想象的空间。他的个人经历与存在逐渐使他融入墨西哥城。这座城市有近十万居民，有西班牙人、葡萄牙人、佛兰德斯人、印第

1　Chimalpahin, 1998, pp. 15-18.

2　这位国王拥有"至高无上的君主地位"，dans Gregorio López Madera, *Excelencias de la monarchia y reyno de España*, Diego Fernández de Córdova, Valladolid, 1597, chap. II.

3　Tommaso Campanella,《Dell'altro emisfero, cioè del Mondo Novo》, in *Monarchie d'Espagne et Monarchie de France*, édit. par Germana Ersnt, Paris, PUF, 1997, chap. XXXI.

安人、混血儿以及非洲黑人[1],另外还有法国人、意大利人和几百至一千名从菲律宾、中国或日本来的亚洲人。在这个殖民社会,种族关系一直是个问题,如1609年种族问题险些激化,1612年西班牙人非常担心会被他们的非洲奴隶杀得一个也不剩[2]。

因而,在研究齐马尔帕赫恩与新西班牙时,要考虑到全球维度。对西属墨西哥的文化渗透现象、宗教上的诸说混合、混合的图像的研究使我们看到各个世界之间的碰撞与交织[3]。在文本与绘画作品中,大量的人与物将来自欧洲与其他地区的东西并置或混合[4]。混合艺术这种复杂游戏证明了流动的强度,它穿过时间与空间的距离,常常使我们看到难以理解、出乎意料的混合景观。

"相互关联的历史"[5]

当欧洲中心主义(如果不是排外主义)为了阻碍或干扰对非欧洲历史的解读而为异国情调与原始性喋喋不休时,我们应当怎样构想不

1　齐马尔帕赫恩在书中对1609年失败的叛乱的再现反映了黑人所引发的恐惧,但他本人并不一定承受了这种恐惧。Chimalpahin, 2001, p. 197. 同样的担忧表现在1612年(*Ibid.*, pp. 279-283),并有所保留(pp. 287-291)。

2　1609年,*Ibid.*, p. 197; 1612年,*Ibid.*, p. 289.

3　Serge Gruzinski, *La colonisation de l'imaginaire. Sociétés indigènes et occidentalisation dans le Mexique espagnol. XVIe-XVIIIe siècle*, Paris, Gallimard, 1988.

4　Serge Gruzinski, *La guerre des images, de Christophe Colomb à Blade Runner, 1492-2019*, Paris, Fayard, 1990; Carmen Bernand et Serge Gruzinski, *Histoire du Nouveau Monde*, II. *Les métissages*, Paris, Fayard, 1993.

5　我在这里又一次使用了我在如下文章中的一些观点:《Les mondes mêlés de la Monarchie catholique et autres〈connected histories〉》, *Annales, Histoire, Sciences sociales*, 56e année, n°1, janvier-février 2001, pp. 85-117.

同大洲之间、不同历史环境之间的流动与相互联系？

西欧历史学家的著述几乎无法帮助我们看到西欧局限之外的东西，而拉美历史学家则常常被 19 世纪延续下来的各种界限所束缚，也不能给我们带来多少新鲜的空气[1]。世界史专家也许可以鼓舞我们超越旧的国家视野，但他们的方法有时还是无法摆脱种族中心主义[2]。欧洲种族中心主义在智识上被认为有霸权主义的企图，它是大西洋彼岸合法攻击的对象[3]。这些批评攻击引人思考，而且它们大都是有价值的。但是，还有另一个更加有力的原因，在今天有利于我们的想象的拓展：全球化进程改变了我们思想的惯用方式。我们回溯过去的方式已经不可避免地发生了变革。世界的不同部分之间的各种交换与交流得到了发展，世界的不同部分从根本上质疑西欧及其观念的中心性。技术的变革、往来联系的加快以及各种形式的艺术创作不断地将我们引向这些质疑。以近几年的亚洲电影生产为例，它们颠覆了西方人关于传统与现代性的一切观念。"虽然中国已经现代化了，但却并没有抛弃它的传统与独特性，它可以'自然地'承载明确的价值观，电影的现代性

1　西尔维奥·扎瓦拉（Silvio Zavala）在墨西哥，塞尔吉奥·布阿尔克·德·奥兰达（Sérgio Buarquede Holanda）在巴西，二者是例外，他们都具有国际视野。

2　尤其，只要他们的观点从西欧出发，或从无意识地受西欧历史影响的问题性出发，那么潜在的欧洲中心主义就会玷污他们的分析。Janet Lippman Abu-Lughod contre l'*eurocentrism* dans *Before European Hegemony: The World System AD 1250-1350*, New York, Oxford University Press, 1989.

3　在美国，从 20 世纪 80 年代开始，"文化研究""底层研究"与"后殖民研究"都揭示了一种历史，这种历史只是西方、西方范畴、西方幻象对世界的其他部分的投射。这种情况的产生并非没有原因，也并非不存在虚伪性，而且美国大学在思想意识与语言上的欧洲中心主义对于欧洲和拉美的历史学家来说也是无法接受的。关于这一点，参见 Walter D. Mignolo, *Local Histories/Global Designs. Coloniality, Subaltern Knowledges and Border Thinking*, Princeton, Princeton University Press, 2000, pp. 17, 37, 101, 102, 316, 317.

倾向于这些明确的价值观。这是一个奇特的希望，而这希望并不仅仅属于电影"[1]。

人们对那些长期通过强化边界来规避流动与交流的国家历史编纂通常持怀疑态度。如有些史书仍将当时的葡萄牙和西班牙分离开来，并将这种封闭性描绘到夸张的地步[2]。一代又一代史学家在伊比利亚半岛的这两个国家的历史之间人为制造的距离使得我们在今天很难理解西班牙的一些伟大著作[3]为何先在葡萄牙里斯本获准出版，然后才在卡斯蒂利亚出版，也很难理解为何葡萄牙人在西班牙统治下的美洲可以行使责任[4]。这种分隔在拉丁美洲的划分上产生了影响，如将巴西从西属美洲分离出去，19世纪的独立运动中，拉丁美洲的完整性碎裂了，取而代之的是一个个民族国家。距离现在更近的、更加骗人的是相异性的修辞，包括对他者的关注、对他者的言说及对他者持有的观念等，它们与沉闷、封闭的地区历史文献一样，构成了令人生畏的桎梏。夸张的、物化的甚至用想象拼凑起来的差异性与距离抹杀了不同种族的

1   Jean-Michel Frodon,《En haut du manguier de Fengshan, immergé dans l'espace et le temps》, in J.-M. Frodon (sous la dir.) , *Hou Hsiao-hsien*, Paris, Cahiers du Cinéma, Coll. Essais, 1999, p. 25.

2   西班牙与葡萄牙之间关系的破裂也影响到伊比利亚人统治下的美洲历史：David A. Brading, *The First America, The Spanish Monarchy, Creole Patriots and the Liberal State, 1492-1867*, Cambridge, Cambridge University Press, 1991. 这部优秀的综论撇开葡属美洲不谈。

3   如印卡·加尔西拉索·维加的一些作品：Garcilaso de la Vega, *La Florida del Inca*, Pedro Crasbeeck, Lisbonne, 1605; Garcilaso de la Vega, *La Primera parte de los Comentarios reales*, Pedro Crasbeeck, Lisbonne, 1609. 还有马特奥·阿莱曼的作品：Mateo Alemán, *Guzmán de Alfarache*（第二部分）, Pedro Crasbeeck, Lisbonne, 1604.

4   巴西布道士、纳瓦拉（西班牙北部省）耶稣会士何塞·德·安奇塔为葡属美洲人撰写了卡斯蒂利亚语、葡萄牙语的双语《宗教剧》。José de Anchieta, *Obras completas*, III, *Teatro*, São Paulo, Loyola, 1970.

世界地图
17 世纪初
日本神户市博物馆

人的同时存在、不同社会的同时存在所体现出来的连续性，抹杀了那些同时发生的过往[1]。而微观历史的潮流与微观种族历史的潮流也并未帮助我们拓展视域。

　　怎样将表面上似乎不可调和的几个元素置于一处？国王亨利四世遇刺事件、西班牙统治下的墨西哥的一位印第安人的书写、墨西哥城居民对德川幕府时代日本的兴趣。换句话说，怎样开展对"全球的开放"（皮埃尔·肖尼语）[2]与"文明的连接"（费尔南·布罗代尔语）[3]的研究？费尔南·布罗代尔在《地中海与菲利普二世时代的地中海世界》一书中阐述基督教的欧洲与伊斯兰教的土耳其之间的联系、伊比利亚半岛与巴尔干半岛之间"文明的连接"[4]时，提出了"不同文明、文化之间的联系与交流问题"[5]。为了理解印第安人齐马尔帕赫恩对德川幕府时代的日本与亨利四世时代的法国产生兴趣的原因，应该跨越大洋的边界，从世界史中吸取教训。虽然世界史研究在自我封闭的时代是有益的，而且世界史的宏观历史视角对我们感兴趣的那些地域的状况与

1　对美洲的混合种族历史的认识继续为这些疏忽付出代价。参见我针对《剑桥美洲土著人历史》（*Cambridge History of the Native Peoples of the Americas*）发表的书评：《Histoires indiennes. Avancées et lacunes d'une histoire éclatée》, in *Annales, Histoire, Sciences sociales*, Paris, Armand Colin, 57e année, n°5, septembre-octobre 2002, pp. 1311-1321.

2　Pierre Chaunu, *L'Expansion européenne du XIIIe au XVe siècle*, Paris, PUF, Nouvelle Clio 26, 1969a, et Pierre Chaunu, *Conquête et exploitation des Nouveaux Mondes*, Paris, PUF, Nouvelle Clio, 26bis, 1969b. 面对强势的欧洲中心主义，皮埃尔·肖尼提出"文明与文化的全球关系史"。1969a, p. 332.

3　Fernand Braudel, *La Méditerranée et le monde méditerranéen à l'époque de Philippe II*, Paris, Armand Colin, 1990, II, p. 506.

4　Chaunu, 1969a, p. 365.

5　Braudel, 1990, II, p. 506.

人都给出了深度研究[1]，但是，我们不应该机械地借鉴世界史的研究路径。我所主张的偏离中心的文化史研究路径专注于世界的不同部分之间的互相影响以及不同文明之间的交叉碰撞，采用这种研究路径可以有大量的发现。该文化史研究扎根于艺术与文化领域，将文化史的研究框架扩展至"共享的历史"[2]之外的更加广阔的空间，阐释世界的不同部分是怎样互相连接起来的。

齐马尔帕赫恩这样一位墨西哥编年史作者与欧洲、亚洲、非洲大陆之间的联系显示，文艺复兴时期的流动与交流并不局限于欧洲及其邻国奥斯曼帝国，而是涉及全球。新墨西哥的一个印第安教堂祭坛后部的巴洛克风格装饰屏、齐马尔帕赫恩的纳瓦特尔语的文本中插入的一个日本词语都是微小的表象，对它们的诠释涉及世界的一个部分与另一个部分之间（并不限于西欧与世界的其他地区之间）的连接与碰撞的方式。如欧洲艺术与美洲印第安人艺术之间、西欧神话与新大陆神话之间的联系反映出复杂的机制。这些现象在当时仍在建构中的相当广阔的历史领域内发展，该历史领域被亚洲与葡萄牙史学专家桑杰·苏布拉曼亚姆（美）称为"相互关联的历史"[3]。对这些"相互关联的历史"的追溯与挖掘可以挫败比较史学的种种偏见，对历史的"相互关联"的研究承认历史是多样而复杂的，而且涉及相互之间丰富的

1　这足以说明可以提出"不受国家和时间限制的一种新的'文化史'"吗？ Lisa Jardine et Jerry Brotton, *Global Interests. Renaissance Art between East and West,* Londres, Reaktion Books, 2000, p. 7.

2　*Ibid.*, p. 85.

3　《Connected Histories : Notes towards a reconfiguration of Early Modern Eurasia》, in Victor Lieberman (éd.), *Beyond Binary Histories. Re-imagining Eurasia to C. 1830*, Ann Arbor, The University of Michigan Press, 1997, pp. 289-315.

联系与交流。齐马尔帕赫恩笔下将世界的不同部分汇集到一起，包括日本所在的亚洲、罗马与巴黎所在的欧洲、查科—阿梅卡梅卡深处的墨西哥，他们所涉及的大规模历史进程远远超出了作者的观照，也超出了西方历史论域的常规范围。乍看来任务是简单的，事实上，它涉及重新挖掘世界的不同部分之间、不同的社会之间所发生的各种联系，有些类似于电工的工作，修复时代与历史学家所分离开的那些东西。

"一个观察剧场"：西葡帝国（1580—1640）

首先，要确定从哪个空间、以什么规模、在什么范围内切入并分析这些"联系"或"关联"。通过观察 16 世纪下半叶的壁画、访问当时墨西哥印第安画家的画室[1]，我发现古代寓言、样式主义风格、意大利古代遗迹中奇形怪状的装饰物的风尚与技艺充当了美洲印第安人信仰与基督教信仰之间的黏合剂。透过各种图案、主题、形态与色彩，可以看到在阿兹特克涂鸦画家、土著贵族与西班牙僧侣之间形成了数不胜数的"互相关联的历史"中的一个代表，折射出殖民社会在拉丁美洲的建立过程。现在我要做的是，开启对一个更加广阔的视域的探究，它较少地依据今天对世界的划分（西欧、拉丁美洲、墨西哥、秘鲁、西班牙世界等），而更多地着眼于在过去曾经存在过的某些全球性的政治集合体。

齐马尔帕赫恩将他所置身于的一个全球性的政治集合体呈现在我们面前，这个集合体被当代人称为"西葡帝国"，它将世界上的四个大

1　Gruzinski, 1999, pp. 107-199.

洲结合在一起，将菲利普二世统治下的广阔疆域结合在一起。从 1580 年开始，"（西、葡两个）王国的联盟"将葡萄牙及其海外领地纳入西班牙哈布斯堡王朝的菲利普二世的版图中，分散在全球各地的那不勒斯、新西班牙、秘鲁等王国以及果阿、马尼拉、巴伊亚的萨尔瓦多、利马、波托西、安特卫普、马德里、米兰、那不勒斯等城市被置于同一个权杖之下。从菲利普二世逝世之后直到 1640 年，他的继任者菲利普三世与菲利普四世一直统治着这个广阔的空间。

　　在这长达半个世纪的时间里，整个伊比利亚半岛、意大利大部分地区、荷兰南部、西班牙与葡萄牙统治的美洲、加利福尼亚到火地岛、西非海岸、印度与日本的一些区域、近海与远海构成了"菲利普的世界"。在那里，每半小时就有一场弥撒举行。这个全球化的大家庭首先呈现为一个王朝的、政治的与思想意识的结构体，它的领导者与追随者常常被分割开来。罗马帝国与中世纪的遗产、蓬勃发展的"宗教征服"、煽动人心的救世主降临说在这里占据了与联姻同等重要的地位。联姻使西班牙帝国的国王（指联合执政的阿拉贡的费尔南多二世及其妻卡斯蒂利亚的伊丽莎白）与哈布斯堡王朝的君主获益。这些联姻的建立或解除中不乏偶然性原因。从 15 世纪末开始，联姻使三个王国（阿卡斯蒂利亚、阿拉贡与葡萄牙）达成联盟[1]。菲利普二世虽然没有中世纪欧洲帝国传统中所赋予皇帝的权力，但是他的统治却也显示出针对世界的抱负——旨在地理扩张的基础上建立起他的"最广阔的王

1　针对查理五世的帝国，参见 Jean Michel Sallmann, *Charles Quint. L'Empire éphémère*, Paris, Payot, 2000, 作者将美洲属地纳入到他对查理五世的帝国的反思中；Pierre Chaunu et Michèle Escamilla, *Charles Quint*, Paris, Fayard, 2000.

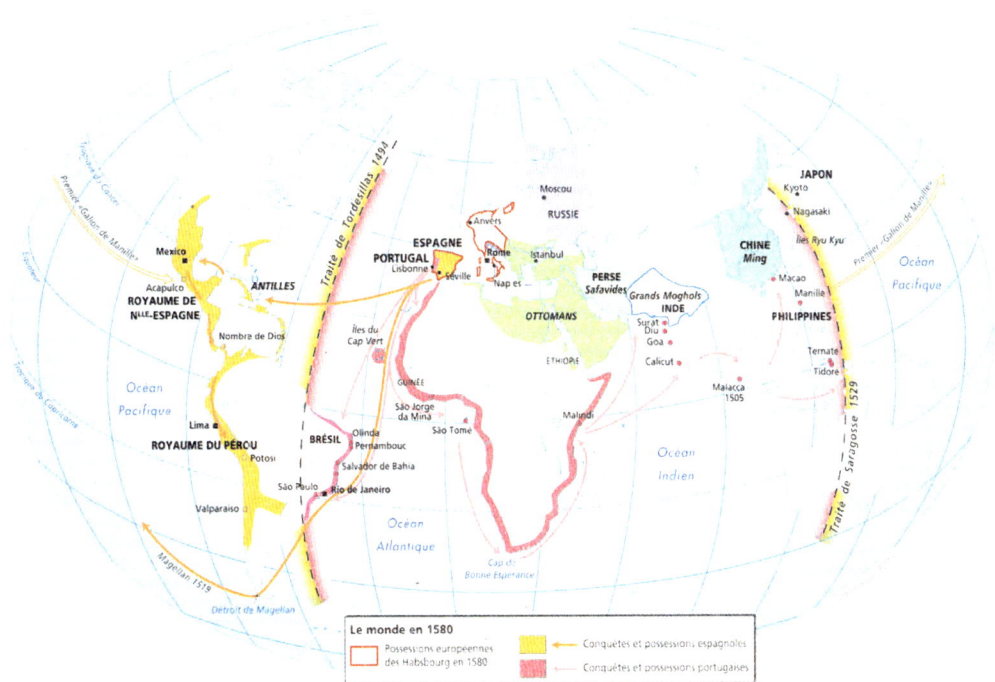

1580 年的世界

国"[1]。历史学家已经较多地探讨过这些问题，经济史学家也参与了讨论，提出西葡帝国曾经是第一个经济—世界的摇篮[2]。但是，这些著述并不能使人忘记同样具有世界维度的诸多方面。如服务于王室与基督教会的那些机构与组织的全球活动[3]。这一关系网络由托钵修会、耶稣会、意大利银行家与在西班牙因受迫害而改信天主教的犹太商人组成[4]，他们在西葡帝国的官方活动之外，也将世界的四个部分连接起来。此外，彰显菲利普国王统治的文学、雕塑、建筑、音乐创作虽然从表面上看并不具有强烈的战略意义，但是它们也表现出相当的丰富性，尤其样式主义伴随着建筑艺术同时在多个大洲繁荣发展。

　　西葡帝国以其涵盖的全球空间显示出特殊性。对于研究者来说，西葡帝国在全球的空间过于碎片化，过于分散，比较难以把握。因而，在以卡斯蒂利亚语与地中海西部为中心的那些研究中，这一空间通常被回避[5]。意大利的研究虽然常常具有启发性，但是在其针对该"帝国

1　Pablo Fernández Albaladejo, *Fragmentos de monarquía.* Madrid, Alianza Universidad, 1993, pp. 177-178; 针对菲利普二世与其子菲利普三世的"国际政策"，参见 Geoffrey Parker, *The World is not Enough. The Grand Strategy of Philip II*, New Haven, Yale University Press, 1998; Paul C. Allen, *Philip III and the Pax hispánica,1598-1621*, New Haven, Yale University Press, 2000; 针对西葡帝国的敌人——荷兰，参见 Jonathan I. Israel, *The Duch Republic. Its Rise, Greatness, and Fall 1477-1806*, Oxford, Clarendon Press, 1995.

2　这一维度的研究在 20 世纪 70 年代产生了一些优秀著作，如伊曼纽尔·沃勒斯坦（Immanuel Wallerstein）的作品。

3　西班牙与葡萄牙的"赞助"体制将这些国家的教会以及西班牙与葡萄牙的属地置于西葡帝国的控制之下。

4　Sanjay Subrahmanyam, *L'Empire portugais d'Asie, 1500-1700*, Paris, Maisonneuve et Larose, 1999, pp. 152-153 ; Nathan Wachtel, *La Foi du souvenir. Labyrinthes marranes*, Paris, Seuil, 2001.

5　尽管其标题与抱负给读者带来了印象，杰弗里·帕克（Geoffrey Parker）的著作给予非洲、亚洲与美洲的地位还是很低的，对菲利普二世之子的葡萄牙政策与那不勒斯政策也涉及甚少。

体系"的著述中，却同样忽视了伊比利亚统治下的美洲、葡萄牙与葡属亚洲的重要性[1]。的确，该领域的研究并非易事。正如费尔南·布罗代尔笔下的地中海一样，西葡帝国是一个"……复杂的角色，体型庞大，超出一般，甚至不在通常的考量与范畴中"[2]。它不仅是一个全球性的集合体，建立在一片片拼凑起来的部分之上，而且这些片段的数量、多样性及相互之间的连接性都对研究者发起挑战。西葡帝国这一集合体与查理五世的王朝一样，持续时间都很短暂。它在 1640 年葡萄牙起义发生后便不复存在[3]。

西葡帝国的情况在过去没有先例，它在地理上也没有丝毫的统一性。它同时扎根于不同的大洲[4]。西葡帝国还体现出另一种独特性，它增加了与世界上其他伟大文明之间的面对面的交流：在美洲与墨西哥、安第斯的旧王朝之间的交流，在亚洲与奥斯曼土耳其、莫卧儿帝国的印度、明朝的中华帝国、安土桃山时代和德川幕府时代的日本之间的交流，在非洲与几内亚王国、曼迪曼萨帝国、马里帝国和埃塞俄比亚帝国之间的交流[5]。除了在美洲，西葡帝国从菲律宾到非洲海岸到处都面对着它的敌人中最不可征服的敌人——伊斯兰教。

1　Aurelio Musi, *L'Italia dei viceré. Integrazione e resistenza nel sistema imperiale spagnolo*, Cava de' Tirreni, Avagliano Editore, 2000.

2　Braudel, 1990, I, p. 11.

3　葡萄牙的反叛与在西属美洲内部出现的强烈的地区身份认同（墨西哥瓜达卢佩的圣母崇拜热、秘鲁利马的圣罗斯崇拜热是其证据）一样，都为以民族—国家为中心的其他政治组织开辟了道路。

4　当时的人们致力于使海洋与航海成为西葡帝国的发展动力，参见 Campanella, 1997, chap. XXXII,《Della navigazione》, pp. 356 sq.

5　Francisco Bethencourt et Kirti Chaudhuri, *História da expansão portuguesa*, I, Lisbonne, Círculo dos leitores, 1997, pp. 66-69.

在西葡帝国的空间，首先表现为全球性的流动与交流。它通过不同种族、社会与文明之间的混合展开[1]。在世界的不同部分，伊比利亚人的统治使各种不同的政府组织形式、经济运行方式与社会组织形式互相连接并混杂在一起。它们不同的时间性也被连接起来。原本并无共存基础的各种宗教机构与信仰体系被置于互相对峙的状态中。罗马基督教不仅与伊斯兰教相对立，而且与伊比利亚人称为"偶像崇拜"的信仰也构成对立，后者包含美洲与非洲的宗教信仰以及亚洲的重要宗教信仰[2]。此外，还有反对犹太教徒、新教徒的斗争，这一斗争存在于西葡帝国的全球流动中。从果阿、墨西哥城到利马，宗教裁判所的大日课经颂祷不得不与各种社会环境展开较量，那些存在于广阔空间的不同社会环境则不可避免地改变了宗教裁判所之活动的形态与意义[3]。

混合与全球性统治

混合在很大程度上构成了西葡帝国本身，它在西葡帝国无处不在。社会、经济、宗教尤其政治现象上的混合与文化进程上的混合同样多，甚至比后者的混合更多[4]。"文化"研究没有考虑到文化发展所涉及的领

---

1 "地中海只是因为人员流动及其建立的联系与通路才成为统一体"。F. Braudel, 1990, I, p. 338.

2 针对这一主题，参见 Carmen Bernand et Serge Gruzinski, *De l'idolâtrie, une archéologie des sciences religieuses,* Paris, Seuil, 1988.

3 关于墨西哥的情况，参见 Solange Alberro, *Inquisition et société au Mexique, 1571-1700*, Mexico, CEMCA, 1988.

4 "文化的"这一形容词将它所作用于的一切事物最小化、外围化。Gruzinski, 1999, p. 223.

域的多样性。那么如何将混合与混合产生的权力关系二者分割开来？
权力控制的程度事实上是相当不同的，它有时加快混合的发生，有时
则使混合停止并结束。混合可以是地区的（墨西哥城）、区域的（新西
班牙）、殖民的（与宗主国的关系），也可以是全球性的（西葡帝国）。
在西葡帝国及其充满混合的世界中，多样且多变的各种统治形式相互
作用[1]。这些联系在何种程度上处于一个充满野心的整体策略中？教会、
王室、伊比利亚的政府机构是否酝酿了一个与大量的“地区历史”[2]相
对立的庞大的全球计划？或者说我们在这里面对的是一个更加复杂的
现实？正是在这样的历史背景下，我延续了我在过去的著述中进行的
思考，探究在那些被具有全球野心的帝国所统治的社会里，各种混合
是如何产生、增加与扩散的[3]？这些混合具有哪些局限性？也许这些问
题在今天具有相当的重要性，因为普遍的联系、“文明的冲突”、不同
社会的混合这些问题关乎当代状况，尤其在我们谈论全球化与“美帝

1　英美世界史专家“认为世界的各个部分相互联系、相互影响”，在这一点上，我
与他们观点一致。Janet Lippman Abu-Lughod,《The World System Perspective in the
Construction of Economic History》, in Philip Pomper, Richard H. Elphick, Richard T. Vann (éd),
World History. Ideologies, Structures and Identities, Oxford, Blackwell, 1998, pp. 70, 96.

2　Mignolo, 2000.

3　这并不涉及各种文化的环球之旅，也不意味着将所谓“关联的历史”与结合的游
戏相混淆，如美国历史学家在其著作（John E. Willis Jr., *1688, A Global History*, Norton &
Company, New York, Londres, 2001）中所提出的那样。更不是如“世界史”那样去构建
一种世界性的历史亦或英美世界的所谓“全球史”（Global History）。认为有一种世界史
可以从一种统一的观点出发，将不同社会的历史纳入一种整齐划一的叙事中，这种观念
与重建“关联的历史”的计划是对立的。同时，也并非缩减为在长时段中展开的个案研
究的世界史（如 Philip D. Curtin, *The World and the West. The European Challenge and the
Overseas Response in the Age of Empire*, Cambridge, Cambridge University Press, 2000）。

国"、追问不同社会与生活方式的同质化时显现出来[1]。

没有什么可以证明西葡帝国的发展进程是 20 世纪末的各种变革的源头。寻找源头是西方历史编纂中的古老顽念,它虽未失去它的魅力,却早已显示出局限性。齐马尔帕赫恩的例子鼓励我们带着历史学家的手段与编年史作家的好奇心去考察"世界的四个部分",鼓励我们构建历史的其他形式,从档案、图像与文本中提取出另一个过去。这一过去交织着"互相关联的历史",即使这一过去并不比它的历史版本更加具有揭示意义,更加真实可靠,它至少也可以引起我们更多的追问。这些追问含有时间与空间带来的批评的距离,常常与我们的当下相重叠,涉及经济、工艺、关系与交流等领域,这些领域通常为当代全球化研究专家所独占。

1　Michael Hardt et Antonio Negri, *Empire*, Cambridge, Harvard University Press, 2000, pp. XI-XVI; David Held et Anthony Mc Grew et *al.*, *Global Transformations : Politics, Economics and Culture,* Polity Press et Stanford University Press, 1999. 基于对马克思的重新阐释基础上的一部全球化研究论著 : Alex Fiuza de Mello, *Marx e a globalização*, São Paulo, Boitempo Editores, 1999.

第 2 章

"不停地在世界各地穿梭"

与秘鲁、摩鹿加群岛、中国

与波斯、斯基泰、摩尔岛

及其他或远或近的民族

与法国、意大利及其财富

与埃及、开罗、叙利亚

与塔普罗巴奈岛、切森尼斯城

与西班牙、北非

亚洲、埃塞俄比亚、非洲、几内亚

大不列颠、希腊、佛兰德斯、土耳其,

(墨西哥)与所有这些地区都有贸易往来。[1]

全球财富及全球纵横交错的商业路线构成的这一版图在今天来看,还是会令人感到惊讶。这一段诗歌节选自《伟大的墨西哥》,赞颂了

1　Bernardo de Balbuena, *La grandeza mexicana*, édit. par Luis Adolfo Domínguez, Mexico, Porrúa, 1990, p. 79.

17世纪初的墨西哥城。其作者是西班牙人贝尔纳多·德·巴尔布埃纳。该诗题献给他亲爱的伊莎贝尔·德·托瓦尔·伊·古斯曼夫人，1604年在新西班牙首都出版。随着诗歌的展开，巴尔布埃纳的想象将我们引向令人头晕目眩的环球之旅中，将墨西哥城这一美洲大都市置于全球中心：

> 秘鲁的白银、智利的黄金
>
> 来到我们的手中，
>
> 如同特尔纳特岛的调味的丁香
>
> 与蒂多雷岛的肉桂、
>
> 康布雷的布、杭州的货品、
>
> 西西里的珊瑚、叙利亚的甘松香、
>
> 阿拉伯的乳香与忽鲁谟斯的石榴石、
>
> 印度的宝石、英勇的斯基泰人、
>
> 红宝石与精致的绿宝石、
>
> 果阿的象牙、暹罗的乌木。
>
> 西班牙的珍品
>
> 来自菲律宾、澳门与两个爪哇的
>
> 天下无双的财富。[1]

在巴尔布埃纳的笔下，来自遥远地区的异彩纷呈的东西一件接着一件，一件比一件美妙诱人，它们围绕着墨西哥城。在17世纪初，齐

1　Balbuena, 1990, p. 77.

马尔帕赫恩所在的这个城市树立起自身形象。它既不是世界的阴暗尽头，也不是西方的一个在失败中停滞的外围空间，而是与世界的其他部分不断交流、联系的富庶的大都会[1]。在那里，可以看到充满柔情的诗人的梦想、土著人的天真单纯，还是伊比利亚全球化的地区投射？

伊比利亚人的流动

借助探险、发现与征服，西班牙与葡萄牙王朝在整个 16 世纪加速进行军事、宗教与经济行动，状况空前。西班牙与葡萄牙突破了"各种限制，敢于在远海穿梭……他们揭开了大自然与水的秘密，后者此前并没有被探察过"[2]。在 17 世纪初，多明我会修士托马索·坎帕内拉认为这一行动被大大加速，"为了保持新大陆与我们之间的联盟，必须在海上建立舰队，在新大陆与我们之间穿梭往来，从一个海岸到另一个海岸之间运输商品与贸易的货物，不断地环游世界……。西班牙国王需要上千艘船只与供他领导的大量人员……以便迅速夺取新大陆、非洲及亚洲的卡利卡特、中国、日本的岛屿与海岸"[3]。

葡萄牙人和西班牙人在扩大政治与物质上的占有的同时，还不断地积累新的经验与新的知识。他们对奴隶、贵金属与各种信息的难以抑制的饥渴只有福音传道的热情才可以与之相提并论。数十万的男人与女人迁徙流动，移居国外或遭受贩卖（指贩卖黑奴）。伴随着人员

---

1 Balbuena, 1990, p. 79.

2 Luís de Camões, *Les Lusiades, Os Lusíadas,* trad. par Roger Bismut, Paris, Robert Laffont, 1996, chant V, 41-42, p. 209.

3 Campanella, 1997, p. 356.

的流动，器物、信仰与思想的不可控制的快速流动开始了。伊比利亚的机构、组织在欧洲之外大量增多，欧洲人在 16 世纪的新大陆建立的城市与乡镇达到几百个[1]。从事葡萄牙历史研究的专家卢塞尔—伍德（A.J.R. Roussel-Wood）清楚地感受到这一原动力，并谈到"处于移动中"的世界[2]，这是说明问题的。

这一全球范围的流动将当代想象投射到长期被认为无法进入的地域，诗人路易斯·德·卡蒙斯与贝尔纳多·德·巴尔布埃纳、哲学家托马索·坎帕内拉、传教士沙勿略都参与到这一流动中。当卡蒙斯谈到"那些使信仰的疆域与王朝的疆域得到扩张的国王留下的光辉记忆"[3]时，使用了"扩张"一词。"扩张"一词对于描述西班牙人与葡萄牙人所推动的一系列迁移只给出了一种片面与单向的看法，虽然这样避免了欧洲中心论的影响。这种深度流动加快了全球的运转[4]。它产生的影响并不限于人的思想与精神，譬如，它还将世界上其他部分的病菌传播到美洲深处[5]。当西班牙与葡萄牙两个王国之间的联合发展缓慢而行将瓦解时，伊比利亚人这时已经入侵到其他许多地区，一名叫克里斯托巴尔·德·阿肯拿的亚马孙地区的狂热之人唱起赞美歌："一个新大

1　"截至 1580 年，西属领地内有 225 个人口密集的城市，到 1630 年，这个数字增加到 331 个"，in Louisa Schell Hoberman et Susan Migden Socolow, *Cities and Societies in Colonial Latin America*, Albuquerque, University of New Mexico Press, 1986, p. 3.

2　A. J. R. Russel-Wood, *A World on the Move: The Portuguese in Africa, Asia and America, 1415-1808*, Londres, 1992.

3　Camões, 1996, chant I, 1, pp. 2-3.

4　在 16 世纪 70 年代，面对葡萄牙人的进攻，成千上万的巴西图皮纳姆巴斯印第安人离开伯南布哥，一些人到达了位于亚马孙地区中心的马代拉河。Russell-Wood, 1998, p. 181.

5　瓦斯科·德·加马（Vasco de Gama）率领的舰队船员被列入印度梅毒带入者名单。Russell-Wood, 1998, p. 186.

陆、新的民众、新的王国、新的使命、新的生活方式。换句话说,逾1300多古里(1古里约合4公里)的水路,从源头到口岸,到处都是新事物"[1]。

伊比利亚的流动鼓舞了一支又一支舰队与军队朝向未知世界的出发,它为古老的千禧年说、各种梦想与神话注入了一股新的力量。随着视野的变化、批评中心的偏移,全球化使古代知识被相对化,同时也使古希腊、古罗马被全球所了解[2]。由于美洲的前伊比利亚社会与古代世界的社会被置于同一层面,多明我会修士巴托洛梅·德·拉斯·卡萨斯的书写将一个被重构的古希腊、古罗马的影响范围扩大到全球各地,它突破了被人文主义者所珍视的古代人的边界。葡萄牙人加西亚·达·奥尔塔与加斯帕尔·达·克鲁斯、西班牙人冈萨雷斯·德·门多萨认为面对希腊与罗马,古老的中国的存在是不可被忽视的。流动使近代西欧人原本确信的东西被质疑,包括对过去与现实的认识、对器物与思想的认识以及各种想象都被重新质疑。

托马索·坎帕内拉作为西葡帝国的思想家,从航海学出发提出关于"天主教的流动"、救世主说与千禧年说的演变关系的伟大理论。在他之前,加利西亚·贝纳迪诺·德·埃斯卡兰特在其书写的葡萄牙扩张史中考察了"葡萄牙人在东方的航海"。葡萄牙人安东尼奥·加尔旺则描述了从里斯本向东方、从卡斯蒂利亚向西方的探险旅行,通过

---

1 Cristóbal de Acuña, *Nuevo descubrimiento del Gran Rio de las Amazonas*, Madrid, Imprenta del Reino, 1641,《Al lector》.

2 Bartolomé de las Casas, *Apologética Historia Sumaria*, 1555-1559, Mexico, UNAM, édit. de Edmundo O' Gorman, 2 vol., 1967. 书中谈及画家弗朗西斯科·德·奥兰达的对称手法,但是仅限于艺术领域。

提香：西班牙拯救了宗教
1566—1575 年
马德里普拉多博物馆

这双重的流动，逐渐将全球掌握在手中 [1]。这种流动并不仅仅显示在航海上，还有更为隐秘的表现，如在齐马尔帕赫恩的日记中谈到的在亨利四世的法国与相去甚远的德川幕府的日本之间所发生的流动。加西亚·达·奥尔塔医生想要了解从红海到摩鹿加群岛的亚洲，托马索·坎帕内拉则致力于在想象中环游世界，他们都面临巨大困难。洛佩·德·维加在他的一部戏剧中对他的读者说："我们可以经由菲利普的疆域游遍世界" [2]。

人的流动

在文艺复兴时期，在世界的四个部分之间有数万人互相交流、往来 [3]。他们是这一广泛展开的流动的最初参与者。形形色色的发现者与征服者、传教士与政府人员、商人与冒险家，这些人环游在不同社会之间，背井离乡，在欧洲与美洲之间的大西洋上穿行。在1506—1600年，大约有25万移民从伊比利亚半岛来到新大陆，在此后50年间，又有20万移民从伊比利亚半岛来到新大陆 [4]。同样，有25万至30万非洲奴隶来到这里，他们主要来自塞内冈比亚、刚果与安哥拉。1600年

1　António Galvão, *Tratado dos descobrimentos,* Porto, Livraria Editora, [1563] 1987.

2　《La octava maravilla》, in *Décima parte de las comedias de Lope de Vega,* Barcelone, 1618.

3　Susan Migden Socolow, *The Women of Colonial Latin America*, Cambridge, Cambridge University Press, 2000.

4　Magnus Mörner,《La imigración europea y la formación de las sociedades ibéricas》, in *Historia general de América latina,* III-2, *Consolidación del orden colonial*, sous la direction de Allan Kuethe, Paris, UNESCO, Editorial Trotta, 2001, p. 417.

已经有 5 万非洲奴隶行走在巴西的土地上[1]。

对于某些人来说，移居影响了他们的整个存在[2]。西班牙编年史作者冈萨洛·费尔南德斯·德·奥维耶多在西班牙与希腊群岛之间至少往来了 5 回。的确，西班牙人、葡萄牙人"在这些地区如同绝望者一样寻找生活必需品，为了应付航程上各种无法预料的艰难险阻"[3]。他们的流动并不局限于欧洲与美洲之间，由于伊比利亚、卡斯蒂利亚、葡萄牙的舰队在"世界各处"[4] 来来去去。一个流动带动另一个流动，一个范围内的发现带动另一个更加广阔的范围内的发现。埃尔南·科尔特斯对太平洋的探险犹如连续不断的开场戏，这位征服者刚刚掌控了墨西哥的中心，就已经计划穿越"南海"（指太平洋），以便打通朝向香料岛屿的通道。科尔特斯虽然从未到达过亚洲，但是他有过对秘鲁、北美西北海岸的探险。

相比之下，基多·德·拉贝扎里的见识则要少一些，他缺乏科尔特斯的资产与疯狂的野心，却表现出更加惊人的流动性。基多离开塞维利亚去墨西哥销售图书。在墨西哥，他投身矿业，之后在 1542 年加入鲁伊·洛佩斯·德·维拉罗伯斯对"波农群岛"（Les îles du Ponant）的探险。虽然探险失败了，但是他在横跨太平洋的途中得以幸存。在经由里斯本与塞维利亚的漫长旅行后，他重返墨西哥，参加了对佛罗里

1　Herbet S. Klein,《Los esclavos africanos》, dans *Ibid.*, pp. 516, 519.

2　针对墨西哥大街上的流浪者的出现，参见 Norman F. Martin, *Los vagabundos en la Nueva España*, Mexico, Jus, 1957.

3　Francisco Rodrigues Silveira, *Reformação da milícia e governo do estado da Índia oriental,* édit. par Benjamin N. Teensma, Luís Filipe Barreto, George Davison Winius, Lisbonne, Fundação Oriente, 1996, pp. 151-152.

4　Bernardino de Escalante, *Discurso de la navegación*, Séville, Viuda de Alonso Escrivano, 1577.

达的两次探险。此后，他又作为洛佩斯·德·黎牙实比舰队上的菲律宾财务官，展开对亚洲的航行（1564）。在亚洲群岛，他在与中国潮州人林凤组建的劫掠船队的战斗中结束了他的航海生涯。拉贝扎里并不满足于环游世界，他还将姜引入墨西哥，"生姜根茎是印度的优质香料之一。他秘密从葡属印度将它带出，在印度，他与他的几位同伴曾被囚禁……他将三株生姜作物带回墨西哥，而今天生姜作物多到可以布满整个世界"[1]。1574 年，拉贝扎里还献给菲利普二世一张中国地图，上面呈现了中华帝国与日本，这些一手信息建立在中国人对其亚洲邻国的构想的基础上[2]。

菲律宾吸引了西方人的环球之旅，17 世纪初，一位身着道袍的奥古斯丁教派僧侣在马尼拉的一所修道院里如同狮子一样凶残镇压在该城暴动的中国人，"他杀戮了三千多名菲律宾群岛上的中国人，并吓跑了其余原本想留下的中国人"。"他是（西班牙的）埃斯特雷马杜拉的子孙，在佛兰德斯地区当过兵，在土耳其腹地曾被土耳其人囚禁 20 多年，在那里，他靠着勇敢与机智成功脱身。"[3] 除了按照编年史顺序记录的航海生活史之外，当时著名的文本还讲述了那些小心谨慎

1　Diego Muñoz Camargo,《Descripción de la ciudad y provincia de Tlaxcala》, in *Relaciones geográficas del siglo XVI : Tlaxcala*, René Acuña, Mexico, UNAM, 1984, p. 283.

2　Knauth, 1992, pp. 46-47, et note 50. 关于日本，"由于这个国家离日出的地方近，而得此名。过去也称之为'臣服于倭的国家'"。

3　Gaspar de San Agustín, *Conquistas de las islas Filipinas (1565-1615)*, édit. par Manuel Merino, Madrid, CSIC, Instituto Enrique Florez》, Madrid, [1698] 1975, pp. 710-711.

的印刷厂厂主的惊险之旅，如费尔南·门德斯·平托[1]与佩德罗·奥尔多涅·德·塞巴洛斯[2]曾在航行中遇到巨大冰山，这种探险旅行使数千生命死于非命。在这些书籍中，存在大量数字，犹如它们的作者力图填满一个含有各种记录的虚构之书。佩德罗·奥尔多涅·德·塞巴洛斯写道，"我从9岁起……直到47岁，一直在从一个地区走向另外一个地区，我在3万古里的旅行中看世界"[3]。费尔南·门德斯·平托写道，"在21年里，在印度、埃塞俄比亚、阿拉伯半岛南部、中国、鞑靼、望加锡、苏门答腊及这一东方群岛的其他省份，我13次被俘，17次被卖掉"[4]。德国人汉斯·斯塔登还曾居住在巴西的食人部落里，虽然与前面几位在全球游走的巨人相比，斯塔登的人生显得没有那么辉煌，但是根据他的经历写成的书却取得了巨大成功（1557）[3]。探险经历使这些人扬扬得意，"我们西班牙人几乎在陆地、海洋、岛屿与王国都没有留下什么，然而这一点的前提是他们既没有到过，也没有了解过

---

[1]　Fernão Mendes Pinto, *Peregrinação*, Pedro Crasbeeck, Lisbonne, 1614. Réedit. par Imprensa Nacional, Casa da Moeda, 1998. 卡斯蒂利亚语译本（1620）获得极大成功（Valladares, 2001, p. 34）。Mendes Pinto, Rui Manuel Loureiro,《A China de Fernão Mendes Pinto, entre a realidade e a imaginação》, in Antonio Vasconcelos de Saldanha et Jorge Manuel dos Santos Alves, *Estudos de história do relacionamento lusochinês. Séculos XVI-XX*, Lisbonne, Instituto Português do Oriente, 1996, pp. 137-177. 葡萄牙海难文学的发展与航海探险之间的联系不可分割，参见 Bernardo Gomes de Brito, *História trágico-marítima*, édit. par Ana Miranda et Alexei Bueno, Rio de Janeiro, Lacerda Editores/Contraponto, 1998.

[2]　*Viaje del mundo hecho y compuesto por el licenciado Pedro Ordóñez de Ceballos*, Madrid, Luis Sánchez, 1614.（我使用的版本为 Miraguano Editores, Ediciones Polífemo, Madrid, 1993）

[3]　Ordóñez de Ceballos, 1993, p. 10.

[4]　Mendes Pinto, 1998, p. 13.

[3]　Hans Staden, *Nus, féroces et anthropophages. Véritable histoire et description d'un pays habité par des hommes sauvages…*, [1557], Paris, A. Métaillé, 1979.

那些地区"[1]。

流动是全球化的要素。无论在利马、墨西哥城还是果阿，一位总督的到来、一位大主教或法官的启程或是这些人的去世都是值得记录下来的重要事件。在《日记》中，齐马尔帕赫恩记录了这些影响了新西班牙的生活节奏并将新西班牙与欧洲、南美洲连接起来的迁移流动。1594 年，墨西哥城大主教启程去秘鲁王国视察，次年，总督路易斯·德·维拉斯科在经过对新西班牙约 6 年的统治之后，离开了新西班牙，来到诸王之城利马。西班牙人与葡萄牙人每次航行都到达了距欧洲数千公里之外的地区。1596 年春，舰队从墨西哥首都出发，一部分船只驶向中国，另一些船只则驶向加利福尼亚，还有新墨西哥、哈瓦那与佛罗里达。同年，中国教区的大主教伊格纳西奥·德·米亚斯为主持宗教裁判所的火刑判决仪式，在墨西哥停留[2]。

"一个移动向着另一个移动，一个移动迈向多个移动，一个移动迈向更具才能的另一个移动"[3]。人员流动总是推动欧洲人、非洲人、亚洲人与美洲印第安人驶向更远处，同时，人员流动将两个半球、世界的四个部分连接起来。距离的遥远、旅途与移居中的危险、大自然的各种障碍都丝毫没有使他们丧失勇气。的确，当时并没有孤独的问题。通常旅行都是成队进行，长时间的人员流动一般都有旅伴、朋友、亲

1　Escalante, 1577, fol. A5.

2　Chimalpahin, 2001, pp. 53, 61, 63, 105, 165. 1605 年齐马尔帕赫恩记录了一队奥古斯丁派教徒从西班牙出发去往中国传教，途经墨西哥城。

3　Sloterdijk, 2000, p. 35.

葡萄牙船队抵达果阿
17 世纪
奥地利维也纳应用艺术博物馆

属、伴侣、奴隶或仆人同行[1]。即使最勇猛的航海家也不是单独行动的。在航行中，士兵、僧侣、商人、艺术家与文人也投身对美洲、亚洲这些遥远地域的探险。拉丁语也越过重洋，而且它并不仅仅存在于传教士的祈祷书中。艺术家们可以接受去其他地域传播他们的科学，如托梅·迪亚斯·卡亚多在 1542 年被派往果阿教授拉丁语[2]。1550 年，36 岁的西班牙人文学者塞万提斯·德·萨拉萨尔居住在墨西哥城，他致力于建立大学并开创了修辞学教学。安特卫普人西蒙·佩雷恩斯（Simon Pereyns）也定居新西班牙，佛兰德斯的霍恩人若昂·巴普蒂斯塔则在奥林达与巴伊亚的萨尔瓦多的耶稣会学院作画[3]。

16 世纪下半叶，当一艘西班牙殖民者运输掠得的金银的武装商船经常性地将阿卡普尔科与马尼拉连接起来，新的一代又一代人通过数次环游全球打破了迁移距离与迁移能力的纪录。这正是方济各会修士马丁·依纳爵·德·罗耀拉的情况，他的传教活动使其从远东来到南美洲[4]。并不是只有欧洲人从一个大洲迁移到另一个大洲，美洲的印

1　Louise Bénat Tachot,《La navigación hispánica en el Atlantico: aspectos laborales y técnicos (siglos XVI-XVII)》, in Eduardo França Paiva et Carla Maria Junho Anastasia (édit.), *O trabalho mestiço. Maneiras de pensar e formas de viver, séculos XVI a XIX*, Belo Horizonte, Anablume, Universidade Federal de Minas Gerais, 2002, pp. 79-97.

2　他很有可能是加西亚·德·奥尔塔著作中的一首讽刺短诗的作者。Garcia de Orta, *Colóquios dos simples* (1563), cf. *Do mundo antigo aos novos mundos. Humanismo, classicismo e noticias dos descobrimentos em Evora (1516-1624)*, Lisbonne, Comissão Nacional para as Comemorações dos Descobrimentos Portugueses, 1998, p. 125 ; Luís de Matos, *L'Expérience portugaise dans la littérature latine de la Renaissance*, Lisbonne, Fondation Calouste Gulbenkian, 1991, pp. 16-18.

3　Serafim Leite, *Artes e oficios dos jesuitas no Brasil (1549-1760)*, Lisbonne et Rio de Janeiro, Edições Brotéria, 1953, p. 125; Serafim Leite,《Pintores jesuítas do Brasil (1549-1760)》, in *Archivum Historicum Societatis Iesu*, Rome, vol. XX, 1951, pp. 209-230.

4　见本书第 11 章。

第安人与混血儿有的也迁移到了欧洲。后者中有许多都是作为奴隶迁移到那里。也有几位比较富有的则情况不同,如混血儿穆尼奥斯·卡马戈来到菲利普二世的宫廷,为了将他书写的史书献给国王。又如墨西哥皇帝蒙特祖马的孙子迭戈·路易斯·德·蒙特祖马在西班牙成婚,后于 1607 年 10 月去世,墨西哥城的印第安贵族对他表示了哀悼[1]。墨西哥城的印第安贵族不得不习惯于接收来自伊比利亚半岛王室的各种消息。在同一时代,公主伊莎贝拉·青浦·奥克之子印卡·加尔西拉索·德·拉·维加居住在马尼拉安达卢西亚的小镇上,混血儿迭戈·瓦拉德斯则半生都在意大利中心生活在教皇身边。在美洲克里奥尔新居民中,许多人都去西班牙接受教育,然后工作或出版图书,其他人则离开欧洲去往亚洲。费利佩·德·赫苏斯与宿务主教佩德罗·德·阿古托则一去不复返,前者于 1597 年在长崎殉教,后者于 1608 年在其所在的菲律宾教区去世[2]。

西葡帝国的臣民知道在他们之前就有人已经穿越了大洋。文艺复兴时期不像现今的时代如此健忘,一些流动使另一些流动成为记忆。在果阿,葡萄牙医生加西亚·达·奥尔塔在其《印度草药与药理对话录》中多次谈到中国人对印度洋的伟大探险。在新西班牙与秘鲁,学者们在关于美洲移民问题的争论中,制定了旅行候选人及远程探险名单。希伯来人的移居、迦太基人的探险、希腊人在亚特兰蒂斯的出现、汉诺的长途之旅,亚洲人的横渡太平洋都激励了这两个大洲的优秀人才[3]。

---

1 Chimalpahin, 2001, pp. 125-127.

2 *Ibid.*, p. 207.

3 Teresa Martínez Terán, *Los Antipodas. El origen de los indios en la razón política del siglo XVI*, Puebla, Universidad Autónoma de Puebla, 2001.

对既往历史的搜寻并不仅仅关乎人的移居。当获得机会欣赏到来自世界不同部分的艺术作品时，葡萄牙艺术家弗朗西斯科·德·奥兰达被他们之间的相似性所感染，于是表达了一种设想：古希腊、古罗马艺术曾在全球有过早期的传播。建立在他所能够观察到的来自中国、印度、摩洛哥、巴西与秘鲁的样本的基础上，他提出数个世纪以前，古希腊、古罗马艺术就已经在其航迹上被广为传播，"古希腊、古罗马画家的创作原则早已传播到全世界"[1]。艺术的统一性在今天看来是对未来的一种威胁，而在 16 世纪中叶，奥兰达却将其视为一种与过去相连的现象。文艺复兴时期的人们在面对世界的史前史，包括远程的迁移、横跨大洋的移居、跨大洲的影响时，更加敏感。而且，这些现象与《圣经》和基督教会对全世界基督教徒所教化的传统是一致的。

追寻宝藏

另一个人员流动的征象是商品的巨大流通，它们从世界的一个地方被转运到另一个地方。《伟大的墨西哥》中有多处对此的夸张描绘，使该书如同奢侈品商店年终庆典的商品名录。在那里，可以看到美洲的金银、摩鹿加群岛的香料、中国的丝绸与瓷器、果阿的象牙、佛兰德斯的钟表、罗马的雕刻……商品琳琅满目到令人感到麻木而厌烦。墨西哥城是货物集散地，在那里聚集了世界上最精致、考究和美妙的东西。从世界的一头到另一头的商品流通构成了当时编年史中老生常谈的一个主题。在巴尔布埃纳之前的半个世纪，葡萄牙医生加西

1　Francisco de Holanda, *Da pintura antiga*, Lisbonne, Casa da Moeda, 1983, p. 88.

亚·达·奥尔塔在果阿指出葡萄牙人对大型贸易的热情，"葡萄牙人已经在世界的大部分地区航行过，他们只对能给他们的商品带来利润这件事感兴趣。他们思考应该将什么东西带到要去的地方，再将什么东西带回来"[1]。葡萄牙在非洲与亚洲展开扩张，西班牙此后在美洲开始殖民，他们在海上投入舰队，承载着这些大洲自愿或被迫向欧洲提供的商品与贵金属。美洲白银穿越了大西洋，装满了欧洲的钱箱，在它们没有秘密地流向中国之前。亚洲香料取道印度洋，绕过非洲，驶向大西洋南部，然后汇聚到里斯本与安特卫普这两处货物集散地。来自非洲的奴隶作为人的商品进入贩卖黑奴的运转中，将几内亚、安哥拉、佛得角与葡萄牙统治的巴西、西印度群岛及东方大陆连接起来。

海路上运载了越来越多的珍稀器物，它们最终进入王公贵族的收藏以及欧洲人家里的艺术品鉴室。在里斯本的店铺里，加利西亚人贝纳迪诺·德·埃斯卡兰特为中国工匠制作的工艺品而着迷，"这些植物、鸟与野兽的伟大画家将它们呈现在床、桌、盘子、圆盘摆件及其他的小玩意儿上。我们把它们从中国带到葡萄牙"[2]。

在墨西哥城，巴尔布埃纳喜欢上珍珠、安第斯的粪石（鹿科动物的结石）、马拉巴尔的琥珀、波斯的地毯、"菲律宾群岛上胆小的中国人售卖的精致餐具"、印度的宝石、暹罗的乌木[3]。在整个16世纪，来自亚洲的商品征服了美洲市场，它们还找到了墨西哥、利马、巴伊亚的萨尔瓦多、安特卫普、里斯本、罗马、塞维利亚的买主。美洲印第

1 Garcia da Orta, *Colóquios dos simples e drogas da India*, édit. par le comte de Ficalho, Lisbonne, Imprensa Nacional, 1891-1895.

2 Escalante, 1577, p. 49.

3 Balbuena, 1990, pp. 78,77.

用餐的葡萄牙贵族夫妇
果阿
约 1540 年
慕尼黑土宫博物馆

安人也放弃了自己的财宝。1539 年，墨西哥城的印第安贵族将一幅用羽毛制成的奢华镶嵌画献给了教皇保罗三世。16 世纪末，他又将一些珍贵的物件献给卡斯蒂利亚宫廷，包括两只"石质豹猫"，一些"华丽的斗篷……其中一件上面饰有红日……另一件镶着豹猫皮边饰，上面点缀着纯绿宝石"[1]。这些都是献给国王菲利普二世的礼物。在欧洲，在商品贸易链儿的另一头，珍宝不断积累起来。在佛罗伦萨，好奇且富有的梅迪契家族收藏了许多墨西哥器物，包括手绘的手抄本、绿松石镶嵌画、带有多色羽毛的主教冠、玉与黑曜石[2]。它们的占有者对于这些器物的出处并不在意。在 1539 年与 1553 年佛罗伦萨的财产清单上可以看到，显然来自美洲印第安人的物件"印第安羽毛""印第安面具"却被注明来自亚洲。从佛罗伦萨到蒂罗尔，形容词"印第安的""摩尔的"足以标志着相关器物来自遥远地区[3]。

齐马尔帕赫恩估算了运往欧洲的贵金属的数量，并思考了这些器物的到达所产生的强烈影响[4]。与之相比，奇珍异宝的流通并不仅仅是次要的、附加的东西。运达的货物数以百计甚至数以千计，尤其瓷器的数量甚多。16 世纪初，里斯本的王家商店收到巨大数量的器物，在 1511 年至 1514 年间，总计大约有 700 批。"瓷器从东方上船，运往里斯本，再从那里运到欧洲的他处，瓷器以 20 件为一批计数，如果每艘

1　Chimalpahin, 2001, p. 41.

2　Detlef Heikamp, *Mexico and the Medici*, Florence, Editrice Edam, 1972, p. 35, in *ASF, Guardaroba Medicea, vol.37, Giornale della Guardaroba di Sua Eccelentia Cosimo de' Medici*, c.13 v.1559, giugno 13.

3　Heikamp, 1972, p. 10.

4　参见皮埃尔·乔努（Pierre Chaunu）、弗雷德里克·毛罗（Frédéric Mauro）与米歇尔·莫里诺（Michel Morineau）在法国历史学领域的著作。

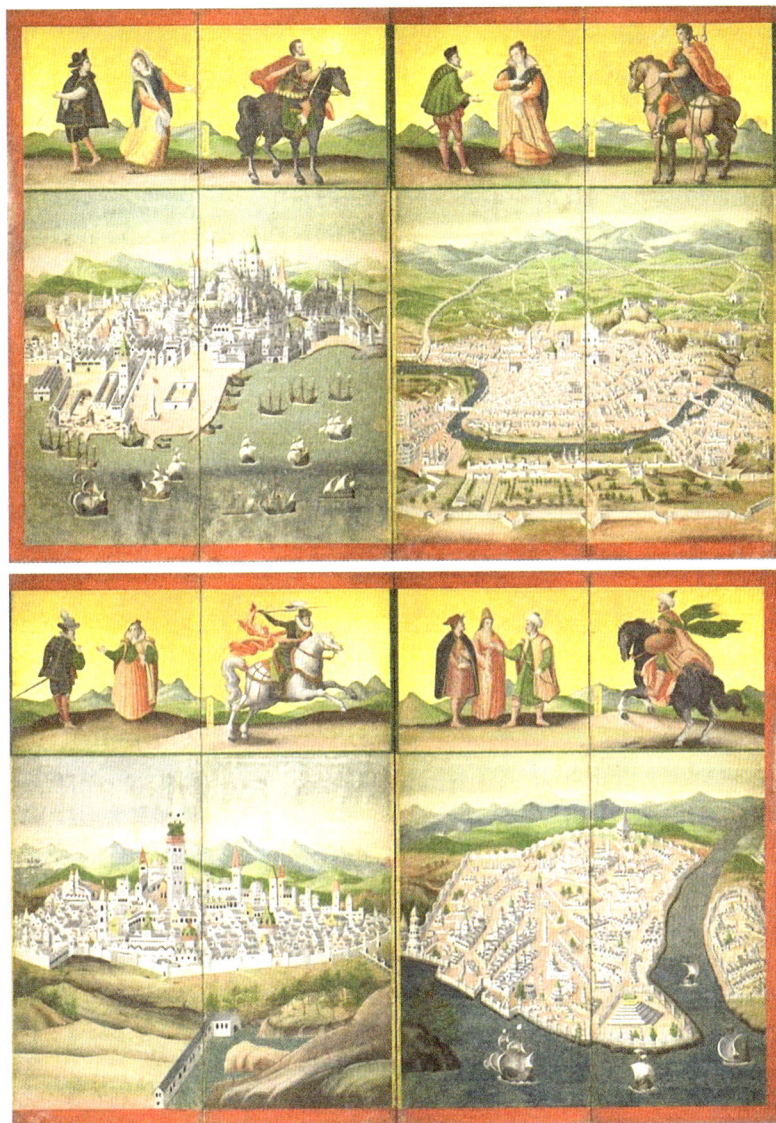

里斯本、塞维利亚、罗马、伊斯坦布尔
17 世纪初
日本神户市博物馆

船运载 2000 到 3000 批瓷器，那么每艘船平均运载 5 万件瓷器……这涉及系列产品或专供出口的日常用品。"[1] 1580 年，里斯本市拥有至少 6 家中国瓷器商店，坐落在新商业街[2]。

这些东西影响了有才智的人们，并被描绘下来，如果他们在运输途中没有被法国海盗或英国海盗劫走的话。多明我会修士加斯帕尔·达·克鲁斯在 1569 年出版的关于中国的著述中，谈到从中国进口的用金线绣的龙的绣品[3]被用来装饰葡萄牙的教堂。这些大批量的舶来品带动了新的时尚潮流。1565 年，亚历山大·法尔内塞与马尼埃尔的孙女玛利亚公主的婚宴上使用了青花瓷餐具。宴会上的佳肴由印第安厨子制作，甚至提供给宾客恒河、印度河以及非洲与摩鹿加群岛的大河的水作为饮品[4]。1563 年，被派驻特伦托会议的葡萄牙大使批评教会使用银质餐具过于奢华，认为使用中国瓷质餐具更合乎教会当时的改革之风。几年后，罗马教皇听取了他的意见，和这位葡萄牙人一样，吃午餐时使用中国餐具。

反过来，欧洲艺术、绘画、雕塑与雕刻、威尼斯的玻璃制品、意大利的珍贵织物开始征服世界。16 世纪末，一位中途停靠在菲律宾的

---

1 *XVII Exposição de Arte, Ciência e Cultura do Conselho da Europa-Os Descobrimentos Portugueses e a Europa do Renascimento, Núcleo Jerónimos II, catálogo da exposição*, Lisbonne, Jerónimos, 1983, cité dans Francisco Bethencourt et Kirti Chaudhuri, *História da expansão portuguesa*, II, Lisbonne, Círculo de leitores, 1998, p. 549.

2 *Ibid*., p. 550. 1573 年，即将前往阿卡普尔科的两艘马尼拉武装商船运载了"包括中国镀金瓷器在内"的 22300 件器物，参见 Charles Ralph Boxer, *O grande Navio de Amacau*, Lisbonne, Fundação Oriente, 1989, p. 2.

3 Gaspar da Cruz, *Tratado das coisas da China*, édit. par Rui Manuel Loureiro, Lisbonne, Cotovia, Comissão Nacional para as Comemorações dos Descobrimentos Portugueses, [1569-1570] 1997, p. 181.

4 Bethencourt et Chaudhuri, 1998, II, p. 549.

西班牙使者献给日本幕府将军一些礼物，其中包括美洲或欧洲的银质餐具，引起轰动，还有马尼拉总督从柬埔寨得到的一头"黑"象[1]。这种类型的记录相当多。由于易于长途运输，欧洲艺术品所走过的旅程常常令人吃惊。它们所经过的驿站之多表明路程上经历的复杂性，西班牙圣母玛利亚教堂的安达卢西亚画就是一个例子：一幅关于塞维利亚的圣母的西班牙画作启发佛兰德斯人简·韦里克斯创作了一个雕刻作品。这一雕刻作品绕了地球半圈儿，被耶稣会传教士带到日本有马地区。在那里，1597 年，尼科洛神父对它进行了复制。日本的复制品此后到了澳门，当时葡萄牙人与耶稣会在中国的一些港口活动。不久之后，利玛窦神父将日本的复制品带到北京，赠予中国文人程大约（明代）。程大约以该雕刻为主题创作了墨谱，并收入他编纂的《程氏墨苑》（1606）中[2]。正如塞维利亚的圣母形象依次经过西班牙人、佛兰德斯人、日本人、意大利人与中国人之手，许多器物都经历了在世界的四个部分之间的旅行，全然没有被西葡帝国的疆界所限制。

宗教的传播与神秘的穿越

伊比利亚全球化的其他内容还包括向欧洲的回归。方济各会修士在长崎的殉教[3]激发在澳门居住的画家创作了一幅油画，该画作将这一惨剧展现给葡萄牙人与中国人，在当地的宗教仪式上展出。画家们对

1　Knauth, 1972, pp. 138-139.

2　程大约的这件作品的复制品可见于如下著作：Michael Sullivan, *The Meeting of Eastern and Western Art*, Berkeley et Los Angeles, University of California Press, 1989, p. 52.

3　*Los pinceles de la historia, De la patria criolla a la nación mexicana, 1750-1860*, Mexico, Museo nacional de Arte, 2001, p. 80.

它进行了多次复制，这些复制品被带到墨西哥与西班牙。在罗马，它被制成雕刻，耶稣会将这些雕刻传播到全世界。塞维利亚的圣母、在日本的殉教者这些形象迅速从东方传到西方，从西方传到东方。

1598 年 12 月，长崎的殉教事件发生一年多之后，墨西哥城收到在澳门创作的画作。齐马尔帕赫恩在日记中做了如下记录："圣何塞教堂里挂起四幅画，西班牙人与本地人都来欣赏。下午，那些在日本被剥去衣服、处死的神父们的尸体被运到中国，僧侣们将装着他们遗骸的箱子扛在肩头。"在奢侈品与贵金属之外，某些东西承载了强烈的宗教信仰，它们也穿越大洋，漂洋过海。1578 年，墨西哥城庆祝从罗马运抵的"圣徒遗骨"[1]。耶稣会从罗马教堂得到了大量的圣徒遗骨与殉教者遗骨，共计 214 块，为此举行了庄严的宗教仪式。1579 年，在墨西哥城出版的一份文书[2]中显示了其中的细节，延长了庆典仪式的喧闹。圣骨被视作"珍宝"，它的迁移使其来到的地方变得神圣，同时也使耶稣会在世界的四个部分的使命变得更加崇高。"信仰将圣骨带到印度是合乎教规的。"墨西哥城进入应许之地之列，圣徒们迁移到这里[3]，当时不信基督教的德国则堕入异端的罪恶中。在耶稣会士的想象中，圣骨的迁移可以引起天体的运动。为这次迎接圣骨临时搭建的一座建筑上，悬挂起一幅绘画，清晰地表现了这一点："这些比太阳更灿烂的新的明灯进入美洲。"与圣骨一起，整个天空移向美洲，甚至背离了自然的法则：

---

1 Chimalpahin, 2001, pp. 73, 25.

2 *Carta del padre Pedro de Morales*, Mexico, Antonio Ricardo, 1579, édit. par Beatriz Mariscal Hay, Mexico, El Colegio de México, 2000.

3 *Ibid.*, pp. 52, 49, 51, 97.

长崎的殉教者
1622 年
罗马的耶稣教堂

> 固定了天体的星座
>
> 离开它从前的位置，
>
> 它抛弃了东方的城市，
>
> 为了使西方闪耀发光。[1]

被置于全球视域中的圣骨迁移在"一个地极和另一个地极"之间发出回响，文书的作者如是说。他使用意大利语这种文艺复兴时期的通用语言以及耶稣会士的通用语言宣告了宗教工作的大陆分派，"圣骨与一些特殊的人将从果阿去往日本，从墨西哥城去往中国"。

这一迁移拉近了印度与日本、墨西哥与中国之间的距离，巩固了耶稣会在葡萄牙统治的亚洲与菲律宾群岛上建立的根基。传教士与殉教的候选人准备使明朝时期的中国与日本皈依基督教。对于无法理解该信息的人来说，为该庆典竖立起来的一座凯旋门上的一位哲学家的塑像照亮未来：不仅这些圣骨将来到此地，而且教皇陛下还将派遣来更多人，以便使圣骨从此地迁移到中国……是时候让圣骨从此地去到更远的地方了[2]。

正如人、商品一样，古代与中世纪的圣骨被迁移向世界的另一头。它们的旅行循着《旧约》中预言的节奏："他们的声音传遍全地。"[3]（《诗篇》18），我们可以在一幅以死亡为主题的画作中读到这一句，该画展现了在一座讲道台上，骸骨占据了传道者的位置。20年后，即1598年，

1　Hay, 2000, p. 97.

2　*Ibid.*, pp. 103, 54.

3　Hay, 2000, p. 96. 另一节诗文为"芦苇中的城市"——墨西哥—特诺奇蒂特兰建立起直接表述："豺狼的巢穴变成芦苇与纸莎草的丛林。"*Ibid.* p.37.

该预言化为现实，在日本殉教的方济各会修士的遗骸从新西班牙来到欧洲。至此，实现了殉教者遗骸的环球之旅，这在此前从未有过。它在宗教信仰上将东方与西方、西方与东方连接起来，更新了罗马基督教的地理分布：其中墨西哥城这一从前的异教徒之大都市此时成为一个必经的神圣驿站。6 年后，即 1604 年，巴尔布埃纳表达了他为这一全球化而感到的欣喜：

在你（指墨西哥城）那里，

西班牙连着中国，

意大利连着日本……

在这股西班牙热情中爆发了同样一种能量，它推动了耶稣会的全球性目标，虽然在诗人巴尔布埃纳的梦想中，与信仰相比，他更加向往的是物质财富与美女。

"中国的消息刚刚到"

"中国的消息刚刚到。"[1]信息与传闻从一个地域传播到另一个地域。墨西哥城的佛兰德斯人隐秘地关注荷兰所发生的事件，议论西班牙航船与奥朗日亲王的航船在荷兰港口城市米德尔堡与弗利辛恩附近海域展开的战争竞赛[2]。1585 年，在尼加拉瓜古城格拉纳达，一个佛兰德斯

---

1 Chimalpahin, 2001, pp. 110-111.

2 Mexico, A.G.N., *Inquisición*, vol.165, exp. 5.

裁缝既关注"佛兰德斯地区的国家大事"[1]，又为墨西哥宗教裁判所而忧心忡忡。

从 16 世纪上半叶开始，表面上看起来不太重要的一些事件却显示出在美洲与亚洲之间流动已逐渐开始，这种情况是空前的！美洲与亚洲之间的这一重要联系对于当时伊比利亚人要建立的全球化可以说意义非凡。16 世纪 30 年代末，一个异乎寻常、令人不安的消息传到马六甲要塞：据说将有一支探险队从距离马六甲要塞约 1 万公里的墨西哥海岸出发。但这并非是西班牙船只第一次试图穿越太平洋以到达亚洲[2]。葡萄牙人将卡斯蒂利亚（西班牙中部地区名）人在这一地区的竞争视作洪水猛兽，而这一次碰巧墨西哥人的探险正如先前的探险者所做的尝试一样失败了。两艘船中一艘遇难，另一艘船上幸存下来的胡安·卡马乔和米盖尔·诺波[3]则落入摩鹿加群岛（印度尼西亚东部的岛屿省份）总督安东尼奥·加尔旺手中。卡马乔是帕洛斯（西班牙西南部港口）的一名水手，诺波是 30 多岁的一个尼斯人。加尔旺审问诺波时，诺波向他讲述了西班牙人在美洲的太平洋海岸为探险所做的准备工作。加尔旺作为葡萄牙人，在亚洲边界的这一地区履职，从未到过西印度群岛。他突然意识到，可以在美洲策划些什么以及什么可能使他的葡萄牙主子在亚洲陷入危险境地。从这些幸存者的口中，加

1　Mexico, A.G.N., *Inquisición*, vol.126, exp. 7.

2　1521 年，麦哲伦在那里经历的探险代价惨重。1527 年洛艾萨的探险队也抵达了摩鹿加群岛。Carlos Prieto, *El oceano pací-fico: navegantes españoles del siglo XVI*, Madrid, Alianza Editorial, 1975, pp. 61-62.

3　Sousa Viterbo, *Trabalhos náuticos dos Portugueses. Séculos XVI e XVII*, Lisbonne, Imprensa Nacional, Casa da Moeda, 1988, p. 122: 这位萨博亚公爵的军需官来自法国尼斯乡村，在卡斯蒂利亚长大。

尔旺得知德瓦尔侯爵埃尔南·科尔特斯亲自在特旺特佩克地峡(墨西哥东南部)的墨西哥港口督建了这两艘船。诺波向加尔旺提供了两艘船的吨位、装备以及航线与起程港。他还告诉他"危地马拉总督"乔治·德·阿拉瓦拉多与刚就职的墨西哥总督门多萨所做的其他准备工作。在审讯中,加尔旺清晰地感受到太平洋上的卡斯蒂利亚人的进步与发展所带来的威胁,这一威胁是具体的、惊人的,让他深感不安,改变了他对东方地域的视野范围。这位来自葡萄牙的总督已经可以想象"在南方"建造起来的武装商船组成的舰队向着"中国、琉球群岛、摩鹿加群岛行驶,去发现另一个新大陆"[1]。当葡萄牙人经过好望角与印度洋抵达东方[2],西班牙人正力图在相反的方向上,从新大陆出发,体现出自己的竞争力。西班牙人那时还未曾发现在双向上穿越太平洋、抵达菲律宾的道路。但是这些信息已经超越那巨大海洋形成的障碍,打破了物质与精神的边界,为了实现世界的不同部分的汇合。信息通过官方信件、私人书信、游记、被俘的闯入者(如上面提到的摩鹿加群岛的被俘船员)从一个大洲传到另一个大洲。葡萄牙与西班牙的管理网络由天主教会、各个修会、商人、在西班牙因受迫害而改信天主教或伊斯兰教的犹太人[3]与老基督徒等组成,该网络将世界的不同部分连接起来。1547 年,奥古斯丁教派修士杰罗尼莫·德·桑铁斯特邦通

1　Sousa Viterbo, 1988.

2　参见编年史:Antonio Galvão, *Tratado dos descobrimentos*, Porto, Livraria Civilização, 1987.

3　如迪奥戈·费尔南德斯·维埃拉,他约 1530 年生于葡萄牙波尔图市,先后居住在伯南布哥、墨西哥城与马尼拉,家庭关系网络从巴西延伸到里斯本,再到果阿。John Russel-Wood, *Um mundo em movimento. Os portugueses na África, Ásia e América (1415-1808)*, Algés, Difel, 1998, p. 167; Nathan Wachtel, *La foi du souvenir. Labyrinthes marranes*, Paris, Seuil, 2001.

知墨西哥总督，由维拉罗伯斯领导的探险队已经抵达马六甲，他本人则到达了葡萄牙人占领的科钦（印度港口城市）[1]。他们旅程的时长在今天看来是漫长的。但是，如果把他们的旅程与当时的情况联系起来看，却有着革命性意义。要知道，在15世纪末以前这些地区相互之间几乎没有任何交流与联系。而在此之后，有了一次次、定期的人员流动，有时为期数月，有时为期数周。1592年5月，曾任墨西哥城大主教的佩德罗·莫亚·德·孔特雷拉斯于3个月前在卡斯蒂利亚辞世的消息传到墨西哥城。6年之后，西班牙国王菲利普二世的死讯历时4个月传到墨西哥城。在这位国王的统治时期，储君诞生的消息曾历时5个月传到新西班牙的首都（即墨西哥城）。官方信息与私人信息在墨西哥与欧洲之间往来传递。如果是官方信息，民众都会知晓。例如，关于大主教的死讯，齐马尔帕赫恩曾记载，"5月29日墨西哥城的所有教堂都敲响了丧钟，声音此起彼伏，持续了18天"。1599年2月国王菲利普二世去世，丧钟再次响起，"西班牙人收到守斋的命令，并穿上丧服"[2]。墨西哥城不仅收到来自宗主国的消息，还经常收到来自秘鲁、马尼拉、加勒比海湾甚至还有来自从非洲出发的葡萄牙贩卖黑奴船的消息。1605年12月8日，齐马尔帕赫恩在其《日记》中又谈到亚洲发生的事件："有消息称，一年前中国死了（许多）人[3]。当时正值圣弗朗索瓦节，发生了战斗，西班牙人几乎没有伤亡，当地有许多中国人死亡。"[4]的确，1605年马尼拉的中国人的暴动被血腥镇压，暴动者死亡23人。

1　Knauth, 1972, p. 39.

2　Chimalpahin, 2001, pp. 101-103, 43, 75.

3　西班牙当时用"中国"一词指代狭义上的菲律宾与中华帝国合在一起所构成的远东部分。

4　Chimalpahin, 2001, p. 105.

墨西哥城只是与马尼拉展开人员流动的诸多地区之一。在通向西班牙的路线中，有太平洋上的路线，有从墨西哥出发的路线，后来又增添了陆地上的路线，增添了从亚洲通向西班牙的路线。在对暴动的中国人进行屠杀之后，马尼拉总督决定向卡斯蒂利亚派遣两名奥古斯丁教派修士，"取道东印度……经过果阿、波斯、巴比伦、土耳其与意大利"，同时决定向中国派遣两位使节，途经澳门，"为了详述此次发生的有关中国人的事件，并了解中华帝国如何看待该事件"[1]。结果不虚此行。菲律宾总督收到了中国航船带来的中国漳州和月港地区的"总督"的 3 封信，信中告知已收到马尼拉的公函[2]。这一地区事件因而可以说在全球范围内被知晓，其传播甚至多次超出了当时西班牙天主教大帝国的疆域，到达或穿越了当时世界上几乎所有的大帝国——葡萄牙帝国、波斯帝国、奥斯曼帝国与中华帝国。当然，这些交流联系的网络的有效性与可靠性尚有严重缺陷：从马尼拉出发去西班牙的修道士们在 3 年里"历经千难万险"[3]才到达伊比利亚半岛。将一则地区信息送入传播轨道、关注该信息在广袤的中国的接受——二者体现出伊比利亚人的视野在当时所达到的令人惊讶的开阔程度。

对于那些满足于从西欧海岸为出发点去想象全球的人来说，马尼拉也许在"世界的尽头"，但是马尼拉难道不也是一个朝向中国、日本、朝鲜与东南亚的前哨吗？葡萄牙统治的摩鹿加群岛、西班牙统治的菲律宾与墨西哥是信息在全球范围内传播的主要驿站。信息的源头可以是马尼拉，也可以是巴黎。1606 年 10 月，新西班牙首都评述了另

1　San Agustín, 1975, pp. 709-711, 712, 713.

2　*Ibid.*, p. 715. 与日本当局的联系、与中国当局的联系都是常规性的。

3　*Ibid.*, p. 713.

葡萄牙人在澳门
1577 年

一条亚洲新闻，它立即鼓舞了新西班牙臣民："西班牙人已征服摩鹿加群岛，该岛现在属于西班牙菲利普三世国王所有。我们还获悉，基督徒们俘虏了统治摩鹿加群岛的国王。"[1]

齐马尔帕赫恩在日记中将菲利普的欧洲、摩鹿加群岛的亚洲与墨西哥的美洲联系在一起。这个句子表明墨西哥城成为传播到全球各地的消息的必经中转站之一。墨西哥可以说位于远东与西欧之间数千公里距离的中间位置。多明戈·德·圣安东·穆农·齐马尔帕赫恩居住在圣安东尼奥·阿巴德隐修处，他一直在那里收集伊比利亚人在挺进广袤空间的过程中传来的消息。

西葡帝国并没有垄断消息。它的疆域使大量消息在西葡帝国被传播开来，即使在最敏感的领域。从 16 世纪初开始，奥斯曼帝国就对新大陆产生兴趣[2]。基于这个原因，1513 年著名的皮里·雷斯世界地图向伊斯坦布尔展示了对巴西的发现："一艘葡萄牙船只在驶向印度的途中，遭遇逆风，使其远离海岸。一场暴风雨又使其偏向南方航行。看到对面的海岸……岸边的人们全部都是裸体的。这些人射出用鱼骨做箭头的箭。"[3]新大陆地图带给伊比利亚人的最凶恶的敌人当时大西洋海岸线相当清晰的图像。在葡萄牙统治的亚洲，"印度政厅"[4]（Estado da

---

1　Chimalpahin, 2001, p. 111. 蒙特斯克拉罗斯总督派出的远征军会集了 800 名士兵，200 人在新西班牙集结，其余的人在伊比利亚半岛上集结。远征军在佩德罗·德·阿库纳的指挥下于 1606 年 1 月 15 日离开马尼拉，带走了 3209 个男人，其中有 1400 名士兵。San Agustín. 1975, p. 714, 719. 远征军在同年 4 月最终攻占了蒂多雷岛与特尔纳特岛。消息传来，马尼拉在 5 月 31 日举行庆祝活动，5 个月后墨西哥城也为之举办庆典。

2　Gregory C. McIntosh, *The Piri Reis Map of 1513*, Athens, Londres, The University of Georgia Press, 2000.

3　McIntosh, 2000, p. 45.

4　16 世纪葡萄牙在亚洲的帝国。——译者注

India）却隔墙有耳。"扎莫林（土王萨穆德里）……与其他人立即得知葡萄牙舰队得到命令驶向马拉巴尔及他处……在达布拉与苏拉特（印度），此时他们知道葡萄牙舰队出发去监视那些到达麦加与那些从麦加出发的船只。"[1] 在其他地区，祖先的疆域也得到极大地扩张。巴西成为莫卧儿帝国的目标，而墨西哥则使日本群岛不得安宁。16 世纪末，日本当局谨慎地关注新西班牙的动向，期待在那里找到一个新的贸易伙伴，并谋求向"南方野蛮人"的疆域开放，或在西班牙征服日本的情况下能够战胜悲惨的命运。日本当局对欧洲事务相当了解，如葡萄牙王位的争夺者安东尼奥的行踪，还有西班牙、英国与土耳其之间的冲突[2]。葡萄牙人超越了西葡帝国的疆域，他们之中有叛教者、商人，还有雇佣军，他们将自己对伊比利亚世界的认识传播到世界各地。

1　Diogo do Couto, *Diálogo do soldado prático*, édit. par Reis Brasil, Lisbonne, Publicações Europa-América, 1988, p. 21.

2　Knauth, 1972, p. 135.

第 3 章

另一种现代性

（国王应该）派一些佛兰德斯的与德国的伟大数学家

去环游世界，

去测量星星的位置、它们的轮廓……

还有海的深度。

——托马索·坎帕内拉：《西班牙帝国》，1598 年

数字是说明问题的。1605 年，卡斯蒂利亚的书店将首版的《堂吉诃德》的大部分运往新大陆，约 300 本运至新西班牙，100 多本给了印度的卡塔赫纳。在哈瓦那与圣玛格丽塔外海，由于船舶失事，造成一部分书籍被毁，有至少 72 本到达了利马的书商米盖尔·门德斯手中。从那里出发，这些书被发往库斯科与安第斯山的偏远山区。同样，洛佩·德·维加的《戏剧》的首版也被运往南美洲 [1]。从 16 世纪开始，世界的其他部分常常收到欧洲文学作品，并习惯于阅读这些作品，包括经典的与新创作的作品、名作与普通作品。伊比利亚人的流动在欧洲

1　Irving A. Leonard, *Los libros del conquistador*, Mexico, FCE, 1996, pp. 215-236, 234.

图书史上掀起了一场革命[1]。

环游世界的书

如果没有书籍的流通，齐马尔帕赫恩的学术参考书目、巴尔布埃纳的文字讽喻，还有充斥在 1578 年墨西哥城迎接圣骨仪式上的各种引文都是难以想象的。欧洲图书跨越大洋的传播是文艺复兴时期一切知识载体的移动的最具体的彰显。但是，图书不仅输出了欧洲的现代性，而且还催生了伊比利亚人与世界其他地区的人之间的联系。

16 世纪初，欧洲图书也对伊比利亚人所到的地区展开征服之旅，它们与西班牙征服者、传教士及王国的代表们一起穿越了大西洋。此前，欧洲图书已经随葡萄牙人到达了非洲与印度沿海。之后它们随同葡萄牙与意大利的耶稣会士到达日本与中国。这些图书在它们的历史上首次在全球所有的海洋上像船舰一样流通往来。很难估算出当时这些图书出口的具体数量。有文献显示 8000 多本图书在 1558 年至 17世纪末从西班牙出发被运往西印度群岛。但是大概要将这一数字增加10 倍，因为要考虑到走私以及不在伊比利亚政府部门控制内的图书出口[2]。欧洲资源的流动并不仅仅是机械的、无意识的迁移。这一流动带动了一系列次级效应以及对欧洲的回归，这些都是难以预料与协调应对的。例如，欧洲文学经典借助翻译在欧洲之外的他处被再生产。约1520 年，当杜阿尔·德·雷森德作为葡萄牙国王派出的送货人来到摩

1　Carlos Alberto González Sánchez, *Los mundos del libro. Medios de difusión de la cultura occidental en las Indias de los siglos XVI y XVII*, Séville, Universidad de Sevilla, 2001.

2　González Sánchez, 2001, p. 203.

亚伯拉罕·奥特利乌斯：寰宇全图
1571 年
安特卫普

鹿加群岛，带来了他在漫长的旅程中所翻译的西塞罗的作品[1]。另一位
葡萄牙人昂立·加西是矿石、掘银技术的专家，他来到西班牙统治的
美洲时，带来了卡蒙斯与彼特拉克的作品，他在两个半球之间的旅途
中将它们翻译成了卡斯蒂利亚语。

如同图像一样，欧洲图书也展开了环球之旅，超越了西葡帝国的
疆界。安特卫普地理学家亚伯拉罕·奥特利乌斯的地图集《寰宇全图》
的一件样书抵达日本，后来又被利玛窦献给中国皇帝[2]。西奥多·德·布
雷描绘古罗马辉煌的《罗马城市地形图》（法兰克福，1597）[3]以及格
奥尔格·布劳恩与弗朗斯·霍根伯格描绘城市样貌的《世界城市地图》
（科隆，1575—1583）也都经历了相似的命运[4]。这些图书被输出，并与
它们的读者一起环游世界。这些书籍陪伴着它们的主人穿越大洋。人
们借助阅读来消磨在船上的时间，自己独自阅读，或大声读给旅伴。
作者的流行性、书商的商业利益都可以造成在距欧洲数千公里之外的
世界的不同部分的人们与欧洲人阅读着同样的书籍。图书爱好者分散
在非洲、亚洲与美洲，他们构成了对同一主题、同一宗教典籍、拉丁
文经典或畅销小说感兴趣的读者群。1583年马尼拉的一个西班牙人的
书房[5]中藏有23本文学书，其中有杰罗尼莫·德·乌雷亚翻译的阿里
奥斯托的《疯狂的罗兰》与雅各布·桑娜扎罗的《阿卡迪亚》。穿越海

1　*Do mundo antigo aos novos mundos,* 1998, p. 124.

2　Sullivan, 1989, p. 44.

3　Gauvin Alexander Bailey, *Art on the Jesuit Missions in Asia and Latin America, 1542-1773,* Buffalo, Toronto, Londres, University of Toronto Press, 1999, p. 93.

4　Sullivan, 1989, p. 45.

5　它不是该群岛上唯一的藏书馆。1583年的火灾使主教萨拉扎（Salazar）的藏书馆
化为灰烬。Léonard, 1996, p. 201.

洋的书籍并不都是后人记住的那些书。今天，在比利牛斯山脉这边，谁还记得乔治·德·蒙特马约尔的《狄安娜》及其续篇。在塞万提斯的西班牙，仔细阅读了《堂吉诃德》的本堂神父认为，对于"在此类书籍中荣列第一"[1]的这一名作不应给予热情。宗教裁判所的刽子手在巴伊亚的萨尔瓦多的葡萄牙人手中（1591）与菲律宾的西班牙人手中（1583）都看到了这本带有田园生活色彩的畅销小说[2]。1582年在西班牙出版的《狄安娜》的第四部分在一年后就出现在马尼拉，这足以说明书籍流通速度之快，甚至常常优于现今的情况。

西班牙人、美洲混血儿与印第安文人这些读者的数量在 16 世纪末相当多，他们构成了一个市场，吸引了伊比利亚半岛书商的注意。《堂吉诃德》首版的相当一部分都被运往海那边的美洲与秘鲁，这些书当时刚刚出版，书商们知道可以卖上好价钱。而且"差书"也被出口，还卖得相当不错。各种困难以及西班牙官方禁止某些图书流入市场所带来的风险促使书商们为摆脱这些困难与危险，从大西洋彼岸通过他们的网络秘密发出书籍。如《（瓦塔布尔刊本）圣经》就是这种情况，它从梅迪纳·德尔·坎波到墨西哥城，经过了曲折的历程。杰罗尼莫·孔特雷拉斯的《丛林探险》这本出现在《禁书索引》中的图书将两个大洋连接起来，它被运往马尼拉。16 世纪 90 年代初，葡萄牙人统治的巴西接收了与《狄安娜》同样可疑的一些书籍，如奥维德的《变形记》、乔治·费雷拉·德·瓦康塞洛斯的《欧弗罗齐娜》（1555），

1　Leonard, 1996, p. 194.

2　Ronaldo Vainfas (édit.), *Confissões da Bahia*, São Paulo, Companhia das Letras, 1997, p. 207 ; Léonard, 1996, pp. 193-194. 马尼拉的一位西班牙人特雷比尼亚（Trebiña 或 Treviño）也拥有亚历山德罗·皮科洛米尼（Alessandro Piccolomini）翻译的西班牙语版亚里士多德普及读物与索利曼撰写的罗德岛征服史（p. 196）。

这些都是里斯本宗教裁判所的禁书[1]。在这些图书所到之处，教廷圣职部的特派员们不得不睁大眼睛，"书籍是履行船只检查的主要原因之一，尤其船上的货物箱非常重要"[2]。

在书籍流通的同时，欧洲语言也发生了全球化。16 世纪是古代语言如拉丁语与希腊语以及现代语言如卡斯蒂利亚语、葡萄牙语与意大利语展开传播的时代。在墨西哥城，圣克鲁斯·德·特拉特洛尔科帝国学院的土著学生从 1536 年开始学习拉丁语，果阿也是如此。到了16 世纪末，池田学院的日本学生也开始学习拉丁语，1596 年有 93 个学生[3]。新的读者群的出现反映了书籍的全球流通并不仅仅跟随海路的开辟与旅行而展开。

美洲与亚洲的印刷

欧洲图书的就地生产需要运输贵重设备、建立印刷厂、熟练掌握了新的工作语言并对世界各地具有好奇心的印刷工人[4]。墨西哥城接收了伦巴底人如乔瓦尼·保利、都灵人如安东尼奥·里卡多、鲁昂人如皮埃尔·奥恰特。在果阿工作的有佛兰德斯人，如约翰内斯·德·恩德

1　Vainfas, 1997, pp. 99, 300.

2　Léonard, 1996, p. 201. 参见 Emma H. Blair et J. A. Robertson, *The Philippine Islands, 1493-1803,* Cleveland, 1903-1909, vol. 5, p. 272, et Leonard, 1996, p. 377.

3　Bailey, 1999, p. 69.

4　Clive Griffin, *Los Cromberger, la historia de una imprenta del siglo XVI, en Sevilla y México,* Madrid, Cultura Hispánica, 1991, pp. 91-116.

姆，还有卡斯蒂利亚人，如胡安·冈兹莱与胡安·德·布斯塔曼特[1]。他们与土著助手们合作，后者很快就熟悉了活版印刷术[2]。

在墨西哥城，人们第一次体会到就地生产适合于福音传教的书籍的必要性。从 1538 年开始，在塞维利亚的克伦伯格家族提供的技术与资金的支持及墨西哥主教与总督的鼓动下，美洲第一家印刷厂建立[3]。40 多年后，在利马，从墨西哥城来的皮埃蒙特人安东尼奥·里卡多也建立了印刷厂[4]。在亚洲的果阿，晚于新西班牙首都近 20 年后，耶稣会学院出版社出版了该社的首部图书《哲学推论》[5]。1561 年，耶稣会出版了土著语言——孔卡尼语的图书《基督教教义》[6]。1588 年（万历十六年），澳门使用欧洲活字印刷术出版了第一本图书——玻尼法爵神父的《公教儿童教育》[7]，4 年前，意大利耶稣会士罗明坚采用木版印刷的方式出版了一本中文基督教教理书。1584 年，第一家欧洲出版社在日本着

1　Marcelo Francisco Mastrilli, *Relaçam de hum prodigioso milagre*, édit. par Manuel de Lima, Lisbonne, Biblioteca Nacional, [Rachol, 1636] 1989, p. XXXIX. 在墨西哥城，彼得罗·巴利出版了一些纳瓦特尔语、扎波泰克语与密克斯语文本，他是法国血统的西班牙萨拉曼卡人。Joaquín García Icazbalceta, *Bibliografía mexicana del siglo XVI*, édit. par Agustín Millares Carlo, Mexico, FCE, [1886] 1981, p. 37.

2　到访果阿的日本人康斯坦蒂诺·多拉杜（Mastrilli, 1989, p. XVI）；关于墨西哥城，参见方济各会修士胡安·包蒂斯塔（Juan Bautista）提供的土著人名单；Angel María Garibay K., *Historia de la literatura náhuatl*, II, Mexico, Porrúa, 1971, pp. 223, 225.

3　García Icazbalceta, 1981, p. 24.

4　*Ibid.*, pp. 37-38.

5　该著作于 1556 年由果阿圣保罗学院出版。Mastrilli, 1989, p. XI.

6　Francisco Bethencourt et Kirti Chaudhuri, *História da expansão portuguesa*, I, Lisbonne, Círculo de leitores, 1998, p. 425.

7　Bethencourt et Chaudhuri, 1998, II, p. 474.

陆[1]，后来在耶稣会士的努力下，出版了 80 多部图书[2]。西班牙统治下的菲律宾的出版活动相对较少：马尼拉到了 1593 年才出版《西班牙语与塔加拉语基督教教义》[3]。16 世纪中叶至 1636 年出版了 23 部图书[4]，葡属印度则在墨西哥城（约 300 部图书）与日本（逾 80 部图书）之后位列第三[5]。这些技术中转站在世界的两头同时建立起来。果阿在 16 世纪 50 年代出版了第一部哲学书，墨西哥城则出版了奥古斯丁教派信徒阿隆索·德·拉·维拉·克鲁斯的一些伟大著作：《逻辑汇编》（1554）、《辩证法》（1554）与《物理思辨》（1557）。

墨西哥城主教府于 1556 年兴建，果阿主教府则于 12 年后兴建[6]。日本与墨西哥之间也存在并行性与共时性：1594 年葡萄牙人曼努埃尔·阿尔瓦雷斯的拉丁语语法作为重要的语言学工具分别在墨西哥与日本出版[7]。

来自伊比利亚半岛的出版物激发了地区语言撰写的基督教文学的

1　Charles R. Boxer, *The Christian Century in Japan, 1549-1650*, Lisbonne, Carcanet, 1993, pp. 190-198. 日本出版社出版的第一本书是《圣徒的行为》(*Sanctos no Gosagueo no uchi Nuquigaqi*)，1591 年在足利出版，它被一幅样式主义绘画所装饰。同年，《十字架的历史》(*L'histoire de la Croix*) 在日本出版，书上的装饰画呈现了圣母子。

2　在天草、足利，尤其在长崎，耶稣会士既出版日本经典图书的缩本，也出版路易斯·德·格拉纳达的日译本与托马斯·耿稗思的《效法基督》(*Imitatio Christi*) 的日译本。

3　Vicente Rafael, *Contracting Colonialism. Translation and Christian Conversion in Tagalog Society under Early Spanish Rule*, Ithaca et Londres, Cornell University Press, 1988, pp. 48, 26. 1610 年，托马斯·品平的出版社出版了《塔加拉语语法》。

4　Mastrilli, 1989, pp. XIII-XV.

5　巴西直到 19 世纪才有真正的出版社。

6　*Constituciones del arçobispado y provincia de la muy ynsigne y muy leal ciudad de Tenuxtitlan*, Mexico, Juan Pablos, 1556 ; *Constituciones do arcebispado de Goa,* Goa, João de Emdem, 1568.

7　García Icazbalceta, 1981, p. 415. Bethencourt et Chaudhuri, 1998, II, p. 474.

《陛下的规约》

1563 年

墨西哥城

出版热，它加速了欧洲文本、思想与信仰的传播。优先的目标是对土著人在思想、观点上的灌输。在这个意义上，墨西哥城大主教胡安·德·祖马拉加所做的努力预示了果阿大主教与日本耶稣会士瓦利尼亚诺的努力。在亚洲，果阿、澳门与日本的天草，基督教教理书与词典相继出版，它们与阿隆索·德·莫利纳、马尔图里诺·吉尔伯蒂在墨西哥用纳瓦特尔语、普雷佩查语撰写的宗教教材、词典构成对应。

欧洲语言的全球化伴随着另一种侵入形式。经典作品的片段与基督教的大量文本被逐渐翻译成美洲印第安语言与亚洲语言，从而进入直到那时对欧洲传统来说全然陌生的社会中。埃索普的《寓言》在墨西哥城被翻译成纳瓦特尔语，在长崎被译成日语。由耶稣会士尼科洛的日本门徒创作的画作装饰的日本版《寓言》到了利玛窦神父手中，他将其献给了中国朝廷的一名官员[1]。这一翻译潮流使之前从未被书写过的美洲印第安语[2]被以语音方式书写下来，以书的形式或以散页文本的形式获得物质存在。的确，这尤其针对纳瓦特尔语、玛雅语、盖丘亚语、巴西的图皮语以及佛罗里达的提穆库亚语[3]。伊比利亚的流动在世界的不同部分推动了拉丁语文字与欧洲印刷文字的传播。在美洲开创的这一传播动力，在果阿被推进，之后到达远东。日语也被转写成拉丁语文字。塔加拉语作为菲律宾语言的一种也被转写成拉丁语文字。由于印刷厂厂主、拉迪诺人托马斯·品平是一位双语的菲律宾人，他

1　Sullivan, 1989, p. 48.

2　除了古玛雅语之外。

3　亚洲则不是这种情况，即使遥远的菲律宾的塔加拉语也有一套书写体系。

在1610年·出版了他撰写的卡斯蒂利亚语教材，使用了拉丁字母[1]。词语、文字随书籍一起旅行。欧洲语言中的"livre"一词（卡斯蒂利亚语为"libro"）在塔加拉语中转为"librong"，纳瓦特尔语中的"amoxtli"一词在过去指古代象形文字，在新西班牙则意为"图书"。

就地图书印刷使用地区语言，凸版印刷，运用拉丁语语法[2]这种欧洲所有语言的模板，并按照安布罗修斯·卡莱皮努斯词典的模式编撰了词典作为参考。在美洲与亚洲，渴望与未来的基督徒进行交流的僧侣们增加了各种"技艺"，作为进入世界上各种语言的钥匙：方济各会修士阿隆索·德·莫利纳的《墨西哥语与卡斯蒂利亚语艺术》、耶稣会士若昂·罗德里格斯的《日语艺术》（长崎，1608）[3]。如下这些词典则体现了更多的雄心：阿隆索·德·莫利纳的卡斯蒂利亚语—纳瓦特尔语、纳瓦特尔语—卡斯蒂利亚语词典1571年在墨西哥城出版[4]，80年后《拉丁语—日语词典》在日本的天草出版[5]。在伊比利亚半岛的出版社与书商寄到世界的四个部分的大量图书之外，还有来自欧洲的最早的词汇书、宗教著作与文选，它们也出现在美洲与亚洲。这些图书回应了在全球进行福音传道的需要，通过这些图书，欧洲的印刷术与文

1　Rafael, 1988, p. 56. Manuel Arigas y Cuerva, *La primera imprenta en Filipinas*, Manille, Germania, 1910 (cité dans Rafael, 1988, p. 57, note 6). 品平有可能跟随胡安·德·维拉这位中国的基督教徒学习了职业技能，他印刷了卡斯蒂利亚语与塔加拉语双语的教理书。他的这些活动大约在 1539 年停止。

2　针对南美洲，参见如下语法书：Fray Domingo de Santo Thomas, *Grammatica o arte de la lengua general de los indios de los reynos del Peru*, Valladolid, Francisco Fernández de Córdoba, 1560, édit. par Rofolfo Cerrón-Palomino, Madrid, Ediciones de Cultura Hispánica, 1994.

3　再版的缩本于 1620 年在澳门出版。

4　*Vocabulario en lengua castellana y mexicana*, Mexico, Antonio de Espinosa, 1571.

5　Boxer, 1993, p. 195.

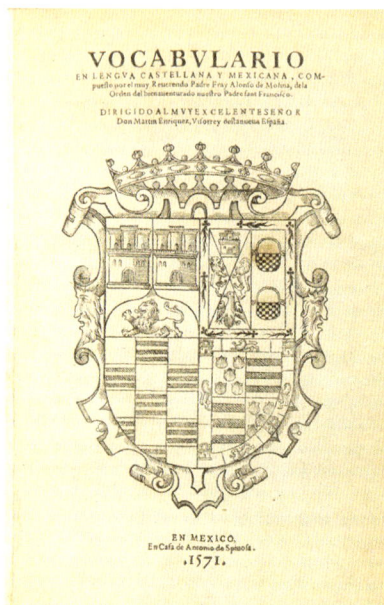

潘蒂特兰（墨西哥）的漩涡
摘自《佛罗伦萨手抄本》
1578 年
佛罗伦萨劳伦图书馆

学传播到世界各地。

新知识回流欧洲

伊比利亚的流动受到欧洲的推动，其美洲驿站与亚洲驿站通常仅仅承载了地区的作用。在这一背景下，美洲与亚洲的印刷品向西欧回流，则长期为例外现象。葡萄牙医生加西亚·达·奥尔塔 1563 年在果阿出版的印度植物学概论《印度草药与药理对话录》值得关注。该著作以作者与一个对印度草药感兴趣的西班牙人之间的对话展开，面向欧洲读者，用以更正并丰富他们对印度植物的了解。此著作取得了令人震惊的成功。1567 年，它被夏尔·德·埃斯克鲁斯（克鲁修斯）翻译成拉丁语，之后又被阿尼巴尔·布里冈蒂译成意大利语（威尼斯，1575），而且很早被引用到欧洲出版物中，如早期出现在胡安·弗拉戈索的著述中（出版于埃纳雷斯堡的阿尔卡拉，1566），还有克里斯托沃·德·阿科斯塔的著述（布尔戈斯出版，1578）[1]。异域的"蹩脚药"来到欧洲市场，而且被西方作为药用植物所采用，激发了人们极大的

1　Clusius, *Aromatum et simplicium aliquot medicamentorum apud Indos nascentium historia*…, Anvers, 1567. 1574, 1579, 1593, 1605, 1605-1611 年再版。Anibale Briganti, *Due libri dell'Historia de i semplici, aromati et altre cose che vendono portate dell'Indie Orientali alla medicina di don Garzia dell'Orto, medico portughese*…, Venise, 1575 (rééditions à Venise en 1580, 1582, 1589, 1605 et 1616); Juan Fragoso, *Catalogus simplicium medicamentorum*…, Alcalá de Henares, Compluti, 1566; Cristóvão de Acosta, *Tractado de las drogas, y medicinas de las Indias Orientales, con sus plantas debuxadas al vivo por C. A., médico*…, Burgos, Martín de Victoria, 1578 ; 该著作的拉丁文译本 : *Aromatum et medicamentorum in Orientali India nascentium liber*…, Anvers, C. Plantin, 1582 (in A.J. Andrade de Gouveia, *Garcia d'Orta e Amato Lusitano na ciência do seu tempo*, Lisbonne, Instituto de Cultura e Lingua Portuguesa, Biblioteca Breve, pp. 79-82).

兴趣，带动了巨大的商业利益，使相关信息没有被迅速传播。于是出现了逆向的流动，新知识从遥远地域的驿站传播到欧洲。

加西亚·达·奥尔塔的作品在欧洲的成功很特殊，不过这并不是一个孤立的情况。从 16 世纪下半叶开始，西班牙医生们在墨西哥出版了诸多面向欧洲读者的书籍。弗朗西斯科·布拉沃在其《药品使用》（1570）中针对一个外科问题公开指责他的塞维利亚同行尼古拉斯·莫纳德斯，并在伤寒问题上提出对意大利人弗拉卡斯特的异议[1]。胡安·德·卡德纳斯的《印第安人的问题与奇妙的秘密》（1591）[2]是关于新大陆的新奇事物的文选，坚定地要摆脱"对西方的所有外省所拥有的独特佳品的遗忘"[3]。但是，布拉沃与卡德纳斯都远远没有加西亚·达·奥尔塔的才智，他们两人都没有能征服欧洲市场，没有得到在伊比利亚半岛与大陆上传播所必需的支持。

与美洲或亚洲的印刷品相比，西葡帝国编纂的手稿更多，后者承载了信息向西欧的回流，带来的文献空前丰富。欧洲文人可以看到的文本中常带有图像，如传教士贝纳迪诺·德·萨哈贡与迭戈·杜兰关于墨西哥的著作、佩德罗·西扎·德·莱昂与瓜曼·波马·德·阿亚拉关于古代秘鲁的编年史、耶稣会士诺布雷加与安奇塔关于巴西的信件，路易斯·弗雷斯关于日本的著作。寄往欧洲的这些手稿有的到了西欧的出版社，而非摆上大型图书馆的书架——在这种情况下，它们常常被人们所遗忘。对于耶稣会士的信件，耶稣会总是精心安排它们的传

1　Germán Somolinos d'Ardois,《Médicos y libros en el primer siglo de la Colonia》, in *Boletín de la Biblioteca Nacional*, Mexico, UNAM, XVIII, n° 1-4, 1967, pp. 108-109.

2　García Icazbalceta, 1981, p. 398.

3　Juan de Cárdenas, *Problemas y secretos maravillosos de las Indias*, édit. par Angeles Durán, Madrid, Alianza Editorial, 1988, p. 32.

播[1]。如恩里克·加西的一些卡斯蒂利亚语译著，他翻译的卡蒙斯与彼特拉克1591年在马德里出版，贝尔纳多·德·巴尔布埃纳的史诗《贝尔纳多凯旋志》在他在墨西哥完成20多年后，于1624年出版[2]。同样，弗朗西斯科·埃尔南德斯撰写的关于墨西哥的拉丁语《自然史》经过许多波折后，在罗马校对并出版[3]。美洲印第安—欧洲混血儿如加尔西拉索·德·拉·维加、迭戈·瓦拉德斯的著作也获得印刷的殊荣，前者在里斯本，后者在罗马与佩鲁贾[4]。

　　除了印第安人、美洲印第安—欧洲混血儿或欧洲人撰写的手稿之外，同一流动将奇特的器物带到欧洲，它们使西欧学者面对其他的表达方式：如中国书籍及中国表意文字、墨西哥象形文字、秘鲁结绳文字。16世纪70年代，葡萄牙凯瑟琳王后有两本中国书籍，是"印刷版的历史书"[5]。在里斯本，贝纳迪诺·德·埃斯卡兰特有看中国书籍的

1　参见针对巴西的优秀研究成果：Jean-Claude Laborie, *Une correspondance missionnaire au XVIe siècle: l'écriture jésuite du Brésil, 1549-1568*, Lille, Université Charles de Gaulle-Lille III, décembre 1999, thèse de doctorat, 2 vol.

2　Balbuena, 1990, p. LX.

3　该著作于1651年在罗马问世。García Icazbalceta, 1981, pp. 232-233, et David Freedberg, *The Eye of the Lynx. Galileo, His Friends and The Beginnings of Modern Natural History*, Chicago, University of Chicago Press, 2002. 此前，在1615年就有卡斯蒂利亚语的缩译本由多明我会修士弗朗西斯科·西梅内斯在墨西哥城出版。弗朗西斯科·埃尔南德斯的知识即使在形式上不够完善，却重新越过大西洋呈现在新西班牙人的面前，而在欧洲他的作品则缺乏读者。García Icazbalceta, 1981, p. 233.

4　这些手稿并不限于在伊比利亚半岛、低地国家与罗马获得印刷。在那不勒斯王国首都，1607年出版了路易斯·杰罗尼莫·德·奥雷（Luis Jerónimo de Oré）的《秘鲁仪式手册》（*Rituale, seu Manuale peruanum*），系一本用多种美洲土著语言（盖丘亚语、艾马拉语、莫切语、普基纳语、瓜拉尼语与图皮语）编纂的教理书。Luis Gerónimo de Oré, *Relación de la vida y milagros de San Francisco Solano*, Lima, Pontificia Universidad Católica del Peru, 1998, p. XXX.

5　Escalante, 1577, p. 62v°.

阿隆索·德·莫利纳：
《墨西哥语与卡斯蒂利亚语艺术》
1571 年
墨西哥城

特权，他从中吸取灵感，在写作的关于葡萄牙人航海的论著中引入了一些表意文字[1]。有的墨西哥手抄本经过海盗或皇家图书馆人员之手从欧洲王室流向私人工艺品收藏室。它们有的在罗马被复制，如《里奥斯手抄本》。画家卢多维科·布蒂在佛罗伦萨创作的壁画上画满了热带鸟类与墨西哥战士，简单地将美洲元素与亚洲元素混合在一起[2]。在贝纳迪诺·德·埃斯卡兰特的作品问世的 10 多年后，方济各会修士迭戈·瓦拉德斯在他的印刷版《基督教修辞学》中引入墨西哥象形文字，并探讨了这些文字的记忆法。安东尼奥·德·埃雷拉的印第安编年史封面上饰有从墨西哥手抄本上借鉴来的图画，该手抄本现被收藏在巴黎。

全球维度

16 世纪的流动并不限于西方向世界的其他部分的流动。伊比利亚的扩张增强了反向流动的影响，后者突破了香料与贵金属领域。信息、文本、译本等来自世界各地的东西丰富了西欧、中欧甚至还有东欧的图书馆与收藏室。针对美洲、非洲与亚洲的最早的重要文本与伊比利亚人一起展开旅行。如洛佩斯·德·戈马拉与费尔南德斯·德·奥维耶多的著作在整个欧洲、奥斯曼帝国及葡萄牙统治的亚洲被阅读，它们是新大陆最著名的编年史作者，而加西亚·达·奥尔塔与阿尔布开克的作品则在美洲被品评。洲际联系并不局限于与欧洲的单独联系，即使伊比利亚半岛是其中占主导地位的地点之一。

在西葡帝国内部，产生了其他的流动。葡萄牙人、非洲大陆的黑

---

1   Escalante, 1577, pp. 61, 61v°.

2   Heikamp, 1972, p. 46.

白混血儿对印度、巴西的东西颇感兴趣。安德列·阿尔瓦雷斯·德·阿
尔马达在其著作（1594）中谈到加勒比海地区与"印度政厅"。巴西的
葡萄牙人无法忽视他们的非洲邻居，他们从那里获得他们的奴隶；新
西班牙则觊觎秘鲁的白银，欲征服其北部疆域。

在墨西哥城，印第安人齐马尔帕赫恩不是将目光投向亚洲的唯一
一人。关于菲律宾的第一本政治史书由安东尼奥·德·莫尔加于 1609
年在墨西哥出版[1]。

人与物的流动由于在世界的不同部分得到扩展与加强而达到全球
规模。伊比利亚的支配性的真实的与想象的边界、朱利奥·塞萨尔·卡
帕乔在他对那不勒斯的赞颂中提到的"西班牙帝国的无限动力"[2]的边
界都不断被打破。如果说赫拉克勒斯之墩原本建立在"加的斯的海
边"，之后被查理五世所毁，而后又在地球的另一端——菲律宾群岛被
重建[3]。这种全球化解释了当时人针对"世界的四个部分"为何留下了
大量的参考文献。涉及的数字是相当巨大的。16 世纪 30 年代，葡萄
牙人安东尼奥·加尔旺撰写了关于东南亚的潜在财富的报告，而且在
谈到距离时并没有表现出很大担忧，似乎对漫长、困难的旅程已司空
见惯："从苏门答腊到摩鹿加群岛，要穿越的距离不过 400 古里……那
里的海水如同潟湖一样平静；距离中国一样远，距离列古缴士岛稍微
远一些。"[4]

1　*Sucesos de las islas Filipinas*, Mexico, Geronymo Balli, 1609 (édition moderne,
Ediciones Polifemo, Madrid, 1997).

2　Giulio Cesare Capaccio, *Il forastiero. Dialogi*, Naples, Gio. Domenico Roncagliolo,
1634, p. 316.

3　Morga, 1997, p. 8.

4　Viterbo, 1988, p. 120.

40 年后，宇宙地理学家洛佩斯·德·维拉斯科估算了美洲海岸线的长度，它所涉及的数字是卡斯蒂利亚乃至伊比利亚半岛的规模所不可比拟的："这一疆域从北到南有 3150 古里的距离，从东到西也一样，陆地从北到南长 2200 古里，宽 1000 多古里。"[1] 他的《印度群岛地理通论》（1574）相当惊人，表现出对信息、数字、规模、名字、疆域的难以抑制的欲望。在读这本书的时候，令人感到世界在无限延伸。在浏览了对臣服于卡斯蒂利亚王国的这些疆域的描述后，读者可以发现关于巴西的一章，之后是关于波尼恩特岛与香料岛的另一章，还有一章关于菲律宾。在关于"中国沿海区域地理"的结语中，还描述了日本，最后讲到新几内亚与所罗门群岛[2]。采用全球维度，并不是一个简单的算术练习。欧洲人当时需要习惯于那些与人员流动的各方面相联系的人类的新经验。如果说当时狭义上的环游世界者仍然是个别现象，那么那些学会在墨西哥、秘鲁、菲律宾与卡斯蒂利亚之间，或是在果阿、非洲、巴西与里斯本之间进行活动的传教士、商人、官员则相当多。

视域的变动

"我们刚刚发现另一个世界……"。[3] 通过在欧洲及世界的其他部分开疆拓土，人与物的流动同时创造了前所未有的远与近，不仅涉及器物世界，还涉及各种想象与生活方式。

1　Juan López de Velasco, *Geografiá y descripción universal de las Indias*, édit. par Marcos Jímenez de la Espada, BAE 248, Madrid, Atlas, 1971, p. 1.

2　*Ibid.*, pp. 286-309.

3　Michel de Montaigne, *Essais*, édit. par Pierre Michel, Paris, Le Livre de Poche, 1965, III, livre III, chap. VI, p. 140.

　　昨天未知的事物变为今天熟悉的事物，无法抵达的地区此后变为可以到达的地区，遥远的地区变为可以突然侵入的地区。在鲁昂的码头或在卡斯蒂利亚的奴隶市场，欧洲人与巴西印第安人相遇。面对过去难以想象的距离，宇宙志学家们看到各种习俗惯例跨越了海洋的阻挡与文明的边界，新的消费形式亦是如此。16 世纪，在美洲印第安人中拥有众多爱好者的扇子与烟草在世界的另一头——欧洲拥有了新的爱好者群体。在相反方向上，新大陆的印第安人发现欧洲昂贵而令人心醉的美酒，如西班牙葡萄酒。而非洲黑人则不得不习惯食用巴西的木薯。

　　科学与医学领域体现出迁移的广泛性与迁移速度的加快。学者、走私犯、商人这些中间链条向我们彰显了人员流动的另一种具体表现，它使一些人走向另一些人。"米却肯之根"或称"印度大黄"的植物在墨西哥的科利马地区生长。16 世纪 40 年代初，在被征服 20 年后，这种植物吸引了西班牙人的注意，他们将它引入墨西哥城，然后又将它运往大西洋彼岸。塞维利亚医生尼科拉斯·包蒂斯塔·莫纳德斯[1]对这种植物进行了实验，并描述了它的传播过程，建立起它的今天所谓的

　　1　尼科拉斯·包蒂斯塔·莫纳德斯（Nicolas Bautista Monardes, 1493—1588）于 1545年在塞维利亚出版如下著作：*Dos libros, el uno que trata de todas las cosas que traen de nuestras Indias Occidentales, que sirven al uso de la médicina, y el otro que trata de la Piedra Bezaar y de la Yerva Escuencora*，该书在 1565 年和 1569 年再版。1571 年，接下来的第二部分出版，1574 年出版了第三部分，使书的内容得到扩充。1565、1569、1571 与1574 年的更新补充了信息，并进行了校正与删减。该著作的意大利文、拉丁文、英文与法文译本使它在 16 世纪下半叶、17 世纪的一部分在欧洲传播开来。我使用的版本如下：*Herbolario de Indias,* (établi par Ernesto Denot et Nora Satanowsky, avec uneprésentation et des commentaires de Xavier Lozoya), Mexico, Instituto Mexicano del Seguro Social, 1992.

"可追溯性"[1]。它对大量患者的有益的效果使这位塞维利亚医生在对它的抵抗之后终于信服，并开始使用它，"米却肯之根在全世界"获得令人惊讶的成功。"人们在新西班牙、秘鲁、西班牙、意大利、德国与佛兰德斯地区用印度大黄来催泻。用拉丁语与西班牙语在整个欧洲为其建立起长期联系……西班牙人购买各种植物，然后将它们作为商品发往西班牙……由于已经被广泛使用，所以供货量很大，作为一种重要商品，它的销售带来很大的金钱收益。"[2] 这些新事物的传播经过了商品化的过程。伊比利亚的人员流动不仅具有科学与猎奇的意义，而且还具有商业价值。

伊比利亚的人员流动也具有想象的意义。1577 年，贝纳迪诺·德·埃斯卡兰特在他的关于葡萄牙扩张的著作中表达了迅速使中国皈依天主教的愿望，提到旅行的方便以及这一帝国在距离上的相对接近[3]。按照他的说法，只要穿过太平洋，从墨西哥的阿卡普尔科港或纳维达港出发，任微风一吹，10 月出发，次年 4 月便可到达！似乎距离的遥远并没有使西葡帝国的对手们感到畏惧。16 世纪末，日本的统治者丰臣秀吉被日本对朝鲜的征服所鼓舞，煽动了对抗卡斯蒂利亚的军事报复："即使这些地区很遥远，但是只要有人胆敢违抗我的命令（西班牙驻菲律宾总督没有同意丰臣秀吉派兵支援他们征服大明帝国的请求，译者注），我也要向那里派出优秀的舰长去征服他们。"[4]

贝纳迪诺·德·埃斯卡兰特的乐观主义向我们展现了伊比利亚人所

1　该植物来自墨西哥中心西北部的科利马，在约 1540 年通过热那亚人帕斯夸尔·卡塔尼奥到了这位塞维利亚医生的手里。

2　Monardes, 1992, pp. 100, 101.

3　Escalante, 1577, p. 98.

4　Knauth, 1972, p. 133.

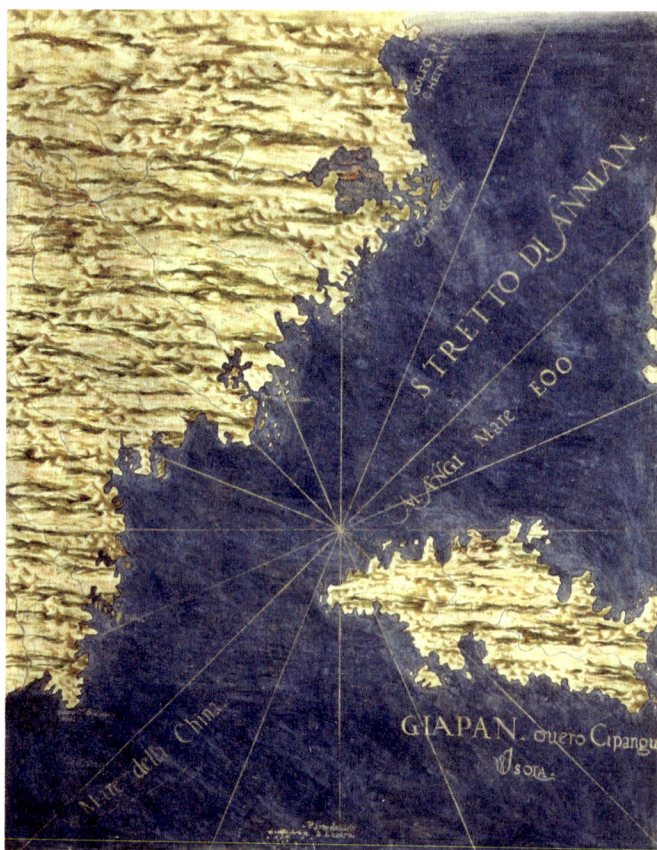

斯特凡诺·本斯纽里：中国海、中国台湾与中国东海岸
1575—1584 年

垂涎的那些广阔而并不明确的空间。1493 年，卡斯蒂利亚与葡萄牙通过亚历山大教皇的谕旨，次年又通过《托尔德西里亚斯条约》瓜分了已知与尚待发现的世界，将它们平分成两个部分，在距离佛得角群岛以西约 370 古里的地方画线为界。可以说，两国专家从未对这一子午线的确切位置达成一致，被划定范围的全球空间继续停留在带有模糊性的、具有争议的边界线的抽象面貌上。穿越大西洋的西班牙人、葡萄牙人、意大利人与佛兰德斯人中的大多数既不是引水员，也不是宇宙地理学家，他们对划分新疆域的各种界线持有相当模糊的概念。伊比利亚王国的轮廓在他们的头脑中也并不一定更清晰，因为葡萄牙的第一张地图可以追溯到 1561 年[1]。葡萄牙人在安达卢西亚、埃斯特雷马杜拉、加利西亚之间的流动自然而然地向大西洋彼岸延伸。任何有形的疆界都束缚不了人员、器物的流动，尤其在南大西洋与拉普拉塔河，卡斯蒂利亚人与葡萄牙人在那里自由地来往通行。因而，人员来往并不一定需要伴随着对帝国的具体描述，也较少地依赖信息的对称传播。这在相当程度上揭示了哥伦布果敢的探险旅行，解释了科尔特斯与大主教祖加对亚洲怀有的热情。对事物的赞赏很可能耽搁行程。很少有最新的地图进入流通，埃尔瓦什的一位葡萄牙贵族也可以轻易地启程前往西班牙统治的佛罗里达或果阿[2]。这样，就可以更好地理解为何有

1　Maria da Graça A. Mateus Ventura, *Portugueses no descobrimento e conquista da Hispano-América. Viagens e expedições (1492-1557)*, Lisbonne, Edições Colibri, 2000, p. 170.

2　这解释了针对西班牙帝国的这一部分我们为何拥有一部 1557 年在埃武拉出版的葡萄牙语著述的原因。María da Graça A. Mateus Ventura, *Relação verdadeira*…, Lisbonne, Comissão Nacional para as Comemorações dos Descobrimentos Portugueses, 1998.

大批里斯本人参与对西属美洲的发现与殖民的原因[1]，而且利用这种灵活性，不必等待葡萄牙与西班牙两个王国的结盟，宇宙地理学家胡安·洛佩斯·德·维拉斯科在对西印度群岛的描述中包含了葡属巴西。出于同一原因，加尔默罗会修士巴斯克斯·德·埃斯皮诺萨描述了一位墨西哥的西班牙人在亚马孙地区的探险，这一文本长期被用葡语写作的巴西历史著述所忽视。为了展现欧洲全球化全然遵循的另一个过程，应该更多地显示民族国家及其对应的疆域[2]。

除了对界线的模糊认识之外，对距离（这里指与太平洋的距离）与需要克服的障碍（这里指去往中国）的认识也是模糊的。这些"不足"不仅源于"技术的落后"、时代的局限，还受到文艺复兴时期思想的深刻影响。世界如同一个未完成的创造物，古老的变形概念则继续给予人与物的流动一种几乎无限的延伸，直到 17 世纪，欧洲的科学才对其建立起确定的法则与界线。对全球的稳定呈现的缺失促使学者、人文主义者建立了对动态、变动的世界的认知，在那里，有人员的流动，还有想象的流动[3]。因此，当时的地图包含未知事物与已知事物也就并不令人惊讶了。

1　葡萄牙王国的臣民进行殖民征服、商业贸易、引进奴隶、建立关系网络、接受土著领主与奴隶轮流服劳役制度，而它们并不是西班牙驻卡塔赫纳、拉普拉塔河地区、墨西哥城的殖民政府给出的任务。Ventura, 2000.

2　英国人简·阿特·斯图尔特（Jan Aart Scholte）认为一种具有地方主义的世界观在19世纪被夯实。《What is "global" about globalization?》, in David Held et Anthony McGrew (édit.), *The Global Transformations Reader. An Introduction to the Globalization Debate*, Cambridge, Polity Press, 2002, pp. 84-91.

3　M. Jeanneret, *Perpetuum mobile*, Paris, Macula, 1998, pp. 87, 85.

地区 / 全球与"祖国"/"世界"

  曾停留在卡斯蒂利亚、佛兰德斯与意大利草药商手中的"米却肯之根"突然在欧洲随处可见，它不再是被墨西哥科利马地区的江湖医生默默使用的一种地区性植物，而是被载入了自然史与欧洲医学史册。伊比利亚人的流动使人与物都发生了持续的转变。各种证据显示出 3 个空间的存在：人与物所来自的地方（有时也指回到的地方）、定居或固定下来的地方、迁移去的地方。第一个空间被称为"祖国"，它也是周游世界与各大洲后要回到的地区，"如同鸟离开的巢，那里是它的祖国"，佩德罗·奥德涅斯·德·塞巴洛斯写道。这位义无反顾的环球旅行者于 1614 年回到他在西班牙的故乡哈恩[1]。28 岁的医生胡安·德·卡德纳斯从 14 岁开始居住在墨西哥城，他无法忘记"亲切而美好的孔斯坦蒂纳（西班牙安达卢西亚地区塞维利亚省的一个市镇），那里是塞维利亚的休闲之地，是西班牙的花园，那里有欧洲宜人的森林"，还有"令人感到幸福的乡村、山川与牧场"[2]。葡萄牙人弗朗西斯科·罗德里格斯·西尔维拉熟悉印度洋沿岸地区，他不能忘记他的家乡拉梅戈。在到访过亚洲之后，他归隐了故乡[3]。

  面对伊比利亚半岛上的"家乡"，该空间逐渐扩大至整个大陆的维

---

1 Ordóñez de Ceballos, 1993, p. 5. 他的一位朋友补充说："你的城市与你在哈恩的巢"（p. 6）。

2 Cárdenas, 1988, p. 201.

3 Silveira, 1996, p. XX. 在他的文本中，"葡萄牙民族"的使用并不涉及与一个特定疆域的物质联系，而更多地是与一个历史和成就的共同体的联系。此外，似乎除了西班牙人中很乐意提到"巴斯克民族的"巴斯克人之外，葡萄牙人比西班牙人更加倾向于使用"祖国"一词来指代一个集体归属的地域空间。如 Lorenço de Mendoça, *Suplicación a su magestad... en defensa de los Portugueses*, Madrid, 1630, fo.1, v°2.

度。麦哲伦、埃尔卡诺与皮加费塔使此后人们可以乘船就能环游世界。
从那时起，一个物质现实在真正的物质维度上被体验到。在同一时代，
哥白尼通过捍卫日心说，认为地球是普通的，它仅仅是许多天体中的
一个。在 16 世纪下半叶，通过在太平洋上开辟最早的常规性联系路径，
西班牙王国对菲律宾的征服以及对归途的发现最终打破了"南海"的
障碍。"在地球上"[1]——这一伟大的话语在西、葡两个王国联合的几年
前被充分运用到伊比利亚人的流动上。伊比利亚人对全球通道的逐渐
掌握将特殊的成就与奇幻的冒险转变成带有巨大风险的常规行动[2]。正
如托马索·坎帕内拉指出的，得益于航海技术的发展与进步，西葡帝
国可以"在如此短的时间内环游整个世界一周"[3]。

对外征服[4]与展开航海、西班牙帝国传统的转变与伊比利亚扩张主
义、基督教的世界性野心与财富的诱惑打造出另一种对世界的认识，
使世界被视作由相互联系起来的不同大洲构成的一个整体，而这些大

---

1 Escalante, 1577, p. A5.

2 17 世纪初，佛罗伦萨人弗朗西斯科·卡莱蒂提供了关于一位商人的环球之旅的航
海行程与时间的珍贵日志。Francesco Carletti, *Ragionamenti di F. Carletti fiorentino sopra
le cose da lui vedute…*, Florence, L. Magalotti, 1701, édit. par P. Collo, Turin, Einaudi, 1989.

3 Campanella, 1997, chap. XXXI, pp. 338-339.

4 埃尔南·科尔特斯的《书信》是在麦哲伦完成环球之旅不久之后写的，它们写
给皇帝而非卡斯蒂利亚国王。一个美洲"帝国"第一次落入罗马皇帝后裔——"无
敌的皇帝、强大的恺撒"的掌控之中，使新大陆与西欧连接在一起。Hernan Cortés,
Cartas y documentos, édit. par Mario Hernández Sánchez Barba, Mexico, Porrúa, 1963, pp.
114-115. 关于科尔特斯对建构新的帝国概念的贡献，参见 Pablo Fernández Albaladejo,
Fragmentos de Monarquia, Madrid, Alianza Universidad, 1993, p. 174, et Victor Frankl,
《Imperioparticular e imperio universal en las cartas de relación de Hernán Cortés》, in
Cuadernos Hispanoamericanos, t. 165, 1963, pp. 443-482, 460-465. 针对"世界"与"土地"
二词的司法层面的探究，参见 Anthony Pagden, *Lords of the World. Ideologies of Empire in
Spain, Britain and France c.1500-c.1800*, New Haven, Yale University Press, 1995.

洲臣服于同一位君主[1]。想象的流动性也汲取了救世主降临说与千禧年说的憧憬，它们奠定了克里斯托弗·哥伦布的行为基础，也奠定了西班牙帝国的国王们与葡萄牙国王曼努埃尔所推行的政策的基础，之后它们也出现在与查理五世及其继任者菲利普皇帝形象相连的思辨中。如方济各会修士门迪埃塔的墨西哥编年史、托马索·坎帕内拉的《西班牙帝国》与卡蒙斯的《葡国魂》，后者称"整个天国已决定使里斯本成为第二个罗马"[2]。这种对世界与自身命运的观点在当时也以其他形式在奥斯曼帝国、莫卧儿帝国直至日本宫廷中传播[3]。全球的这一形势使我想到伊比利亚流动并不是世界舞台的单一现象，即使伊比利亚流动是唯一一个在全球范围内展开的流动。

正是在这一背景下，词语"世界"（mundo）出现在许多作者的笔下。如墨西哥城的德国宇宙地理学家海因里希·马丁关注新西班牙与"世界的其他部分"[4]；塞维利亚的医生莫纳德斯在讲述植物在新的地区进行的传播时，表达了"对它们的使用并不局限在我们西班牙，而且全世界都在使用它"[5]；情报搜集者热那亚的"医院骑士团"团长托马索·坎帕内拉在《太阳城》中扬扬得意地称自己"完成过环球之旅，

1　针对塞巴斯蒂安主义在西葡帝国中的葡萄牙部分的传播，参见 Jacqueline Hermann, *1580- 1600. O sonho da salvação*, São Paulo, Companhia das Letras, 2000.

2　Camões, 1996, p. 237, chant VI, 7.

3　Mary Elizabeth Berry, *Hideyoshi*, Cambridge, Harvard University Press, 1982, p. 212. 在日本，丰臣秀吉的母亲曾经梦见她的儿子的功德将"光照四海、他的权威将遍及万民"。

4　Henrico Martínez, *Repertorio de los tiempos e historia natural de la Nueva España*, édit. par Francisco de la Maza, Mexico, SEP, [1606], 1948.

5　Monardes, 1992, p. 2.

周游了全世界"[1]；马特奥·阿莱曼决定在墨西哥城出版拼写方面的专论时，提到"这是为了使昨日所征服的新地域的人们被世界所了解，用新的、正确的方法去书写他们，并面向全世界读者"[2]。此后，编年史作家们的书写着眼于全世界，而不局限于《创世纪》、先知、托勒密与中世纪的世界，而是世界的"四个部分"——欧洲、美洲、非洲、亚洲，它们分布在两个半球，当时正处于被占领、被测量、被征服的状态中[3]。

　　文艺复兴时期的学者与手工业者总是提出对世界的令人震惊的观点，他们围绕着小小的地球与壮美的世界地图的具体表述并不难理解。世界地图与浑天仪使世界通过其有形的完整轮廓被看到与欣赏。在布鲁塞尔的伯纳德·范·奥利的工场制造的一件巨大挂毯《朱庇特与朱诺庇佑的土地》上[4]，葡萄牙帝国在美洲、非洲与亚洲的扩张在令人心动的白色与淡蓝色构成的美丽地球上展现得一览无遗。文学、绘画与来自宇宙地理学家的科学也为"世界"一词注入了新的内容。葡萄牙与卡斯蒂利亚的诗人们创造的英雄描述了他们所走过的广袤土地：

　　　　在巨蟹座统治的地带，

　　　　在那阳光照耀的严寒的北方边界

1　《Girai il mondo tutto》, in Tommaso Campanella, *La Città del Sole*, édit. par Luigi Firpo, Bari, Laterza, 1997, p. 3.

2　José Toribio Medina, *La imprenta en México (1539-1821)*, II, Mexico, UNAM, 1989, II, p. 40.

3　João dos Santos, *Etiópia oriental*, édit. par Luís de Albuquerque, Lisbonne, Biblioteca da Expansão Portuguesa, [1609] 1989.

4　Bruxelles, 1520-1530 (Jerry Brotton, *Trading Territories. Mapping the Early Modern World,* Londres, Reaktion Books, 1997, p. 17-19).

伯纳德·范·奥利:
朱庇特与朱诺庇佑的土地
1520—1530 年
马德里国家遗产博物馆

> 与同样令人生畏的酷热的赤道带之间，
>
> 是壮丽华美的欧洲，
>
> 它的周围有大西洋含盐的海浪
>
> 南方则是地中海。
>
> 太阳升起较早的那边，
>
> 与亚洲毗邻，
>
> 将二者分离开的是喀尔巴阡山脉的蜿蜒而寒冷的江河
>
> 它们流向阿佐夫海，
>
> 那凶猛野性的大海见证过希腊人的胜利
>
> 而获胜的特洛伊人在今天的水手看来
>
> 只存在于记忆中……[1]

卡蒙斯则走得更远，他想象国王约翰三世被带入一场梦中："他似乎上升到很高的地方，以至于触碰到'第一领域'，在那里他面对着不同的世界、一个个人口稠密的国度，那里的人们奇特而野蛮。"[2] 其他才华逊于卡蒙斯的人，如卡斯蒂利亚人贝尔纳多·德·巴尔布埃纳，却同样富有想象力，他想象自己经历了空中的环球旅行，并在旅行中飞向天国。

> 在巴西，到处荒芜，
>
> 有安第斯山脉、埃尔多拉多与黄金国

1　Camões, 1996, chant II, 5, p. 94.

2　Chant IV, 69, p. 177.

以及充满险阻的达连沙漠

虽然那里有芬芳的花朵……[1]

今天"全球"（global）一词将我们推向宇宙空间，让我们置身于地球之外来观看这个"地之船"[2]，这一说法被范·奥利、卡蒙斯、巴尔布埃纳这些艺术家所使用，他们毋庸置疑地持有"这一新的观察视角"。

无论过去还是现在，"地区"与"全球"之间的关系一直都不容易厘清。16 世纪，"祖国"与"世界"之间的联系发生改变，伴随着伊比利亚人的流动，这两个词语的内涵与涉及的范围都发生了变化。在新的地域扎根的欧洲人对"地区"一词的理解也产生变化，而"全球"一词则越来越多地向"地球的四个部分"之意靠拢。在墨西哥，入侵者在重新定义该地区时显得很受限制。基于时间与空间的距离，16 世纪西班牙殖民者与他们原来所属的群体之间保持的关系是疏离的、断裂的：对于他们中的一部分人来说，他们远在卡斯蒂利亚、安达卢西亚或巴斯克地区[3]的"故乡"只是一个记忆。他们在加勒比地区建立的关系也只是昙花一现的关系。在印第安人土地上建立的根基显示出美洲的"新的现代性"，它作为从伊比利亚半岛移植过来的制度性实体而存在。西班牙殖民者建立了维拉克鲁斯市，首次正式以卡斯蒂利亚的

1　Bernardo de Balbuena, *El Bernardo*, édit. par Noé Jitrik, Mexico, Secretaría de Educación Pública, 1988 (1ère édition Mexico, 1624), p. 137.

2　Bruce Mazlich,《Crossing Boundaries : Ecumenical, World, and Global History》, in Philip Pomper, Richard H. Elphick, Richard T. Vann (éd), *World History. Ideologies, Structures and Identities*, Oxford, Blackwell, 1998, p. 47.

3　Carmen Bernand et Serge Gruzinski, *Histoire du Nouveau Monde*, I, *De la découverte à la conquête*, Paris, Fayard, 1991, p. 137.

方式在墨西哥的土地上实现了重新区域化。日常的亲身经历、与当地人的联系、印第安妻子、混血的孩子使这一"新的地区性"包含了人的混合，它更多地将原来的"祖国"与这一"新的地区性"分离开来，当然这并没有抹杀记忆和怀旧的影响。此外，在新地域扎根的失败有时也表现为向出发地的回归。

在土著社会中，全然不同的另一种秩序所引发的一系列混乱、动荡也影响了当地人与他们所在的普韦布洛村落之间的关系。印第安共和国结合了伊比利亚的制度与美洲印第安人的传统，印第安共和国的建立与西班牙人新城的发展改变了当地的生活环境与参照。但是，尤其对非西方空间的重新划分、宗教团体的进入与征服驯化的各种政策的实施启动了地区化进程，同时，将人口流放到新的地方。命令这些土著人离开自身根植的地区，常常遭到土著人的强烈抵抗，最终导致大屠杀的发生。在这一时代，印第安人发现在他们的群体与阿纳瓦克（指墨西哥谷，那片土地曾经是墨西哥人的空间）的背后，存在着他们无法摆脱的来自遥远地区的势力的世界性统治。

与上述常常在悲惨的境遇下展开的迁移，以及印第安精英为适应伊比利亚人的环境所做的努力形成对比的是对新空间的热情接受。如贝尔纳多在《伟大的墨西哥》中颂赞这一新空间的伟大，巴西萨尔瓦多的加布里埃尔·索雷兹·德·苏扎则赞美葡萄牙在巴西拥有"世人所知的世界上最大、最美的大海湾"[1]。个体的流动围绕 3 个中心展开：出发地、定居地（位于世界上的他处）、全球（个体在那里得到发展）。"地区性"并非如二元论观念那样，而与"全球性"形成对立。对空间

1　Gabriel Soares de Souza, *Tratado descritivo do Brasil em 1587*, édit. par Francisco Adolfo de Varnhagen, Recife, Fundação Joaquim Nabuco, Editora Massangana, 2000, p. 103.

与时间的判断取决于个体在生命中对这 3 个坐标的结合方式。对于这些几乎到处流动的个体来说，可以借用弗雷德里克·詹姆逊近期对后现代性的窘境给出的阐释："它意味着我们作为个体进入一个多维度的整体中，它从根本上说是由不连续的现实构成的整体。"[1] 后现代性所遭遇的这一窘境很有可能并非像这位北美社会学家所认为的那样是"新的，而且，从历史上看是很特殊的"。伊比利亚人以及与他们的行动相关联的欧洲人、美洲印第安人、亚洲人、混血人都与 20 世纪末"后现代派"一样体现出流动性、变化性与开创性。

另一种现代性

在全球视野显现、洲际空间压缩、人与物的无界限流动的背景下，伊比利亚人的现代性并没有在伊比利亚半岛上发展，而且它与现在通常所说的现代性几乎不具有一致性。它没有取道从意大利到法国这条去往英国及北方国家的必经之路，从而避免了来到一直被视为过时、蒙昧主义的南欧[2]。这一现代性也没有通过建立民族国家或走向专制来确立，更没有通过科学与笛卡尔的理性主义的成功加以实现。它把其他地域、其他政治形态（西葡帝国）、其他想象和其他参与者都卷入其中，这些参与者中不仅有欧洲人，还有印第安人（如齐马尔帕赫恩）、菲律宾人、日本人、非洲黑人—欧洲白人混血儿。因而，大大地超越

1　Fredric Jameson, *Postmodernism or the Cultural Logic of Late Capitalism*, Durham, Duke University Press, 1991, p. 413.

2　后现代批评并非更加高明。斯蒂芬·图明（Stephen Toulmin）在《宇宙政治——被隐藏的现代性纲领》（1990）一书中质疑对现代性的中规中矩的研究，指责这些研究从未对地理上的定义与限定提出疑问。

了西欧的界线。

西班牙史学家曾提出欧洲政治现代性应归功于世界帝国的古老设计，西葡帝国作为世界帝国的古老设计也许是其中最为完善的一个[1]。但是，这一对西葡帝国经验的必要重估只是提供了通常意义上的现代性的修正版系谱。它并未摆脱欧洲知识史的种族中心主义框架。西欧守旧派、现代派与后现代派专家继续相互对峙，他们将世界上的其他地方视为异国情调的背景装饰与器物，从来不把它们视为参与者。印第安精英、新大陆的混血儿与克里奥尔人从来没有发言权。虽然，大卫·布拉丁揭示了 16 世纪西属美洲庇护了丰富的知性生活，现代性依然局限在欧洲中心主义的视角下[2]。在西葡帝国，伊比利亚人的统治与其他文明、其他生活方式相遇。如果我们从西葡帝国的疆域出发探讨现代性，那么现代性的内涵本身就会从根本上发生改变。似乎这个"另一种现代性"与它的摆渡人及其所在的中间地带是相互关联的。在那里汇合了地区力量与全球力量、世界的象征体系与观念体系、占领与适应或抵抗的策略，产生了历史上前所未有的社会与群体以及大量的混合，也形成了阻止这些混合的各种障碍[3]。不同地域的人们在相互接触的过程中发生改变，他们之间关系的拉近导致大规模游牧生活的开始，并直接使"领土的谬论"（territorial fallacy）遭到质疑，"领土的

1　Anthony Pagden, *Peoples and Empires. A Short History of European Migration, Exploration and Conquest from Greece to the Present,* New York, The Modern Library, 2001.

2　David Brading, *The First America. The Spanish Monarchy, Creole Patriots and the Liberal State, 1492-1867*, Cambridge, Cambridge University Press.

3　关于"中间地带"的概念，参见 Michael Adas,《Bringing Ideas and Agency Back》in *Representation and the Comparative Approach to World History*, Pomper, 1998, p. 99.

谬论"是诸多社会、思想意识的基础[1]。按照彼德·斯洛特戴克（Peter Sloterdijk）的说法，"无限的流动"是"现代的一个基本进程"，它"特别适宜用来描写文明的进程"[2]，而且总是承载着"令人不安的甚至不幸的内涵"，伊比利亚的原动力则毋庸置疑地建立了现代性最震动人心的一个征象，它被西葡帝国的边缘地带所庇护[3]。

1　Arjun Appadurai,《Globale ethnische Raüme》, in Roland Robertson, *Globalization: Social Theory and Global Culture*, Londres, Sage Publications.

2　Peter Sloterdijk, *La mobilisation infinie. Vers une critique de la cinétique politique*, Paris, Christian Bourgois, 2000, pp. 57, 45 (édit. originale: *Eurotaoismus Zur Kritik der politischen Kinetik*, Suhrkamp Verlag, Francfort, 1989).

3　尚待探究的是，伊比利亚流动性在何种程度上预示了今天波及全世界的流动性，从大型汽车的迁移性到健身房里的跑步机，从珠江（中国）上迅速发展的新兴城市到大卫·林奇的电影《妖夜慌踪》中夜色里隐蔽的数公里的沥青路。针对 18 世纪的流动性的研究，参见 Daniel Roche, *Humeurs vagabondes. De la circulation des hommes et de l'utilité des voyages*, Paris, Fayard, 2003.

第二部分　世界的连接

把全世界连接起来。

——贝尔纳多·德·巴尔布埃纳:《伟大的墨西哥》，1604 年

第 4 章

墨西哥城
——世界与这座城市

外形不同，行为不同

面貌不同，身材不同

不同的思想、不同的人

……男人和女人

不同的肤色、不同的职业，

不同的语言、不同的血统

不同的意图、不同的目的、不同的愿望

信仰与主张亦不相同，

所有人，取道迥异

消失在这个巨大城市的人海中，

如同巨人变为侏儒[1]。

1604 年，墨西哥城重新成为人多杂乱的地方，如同它在被征服之前那样。新西班牙首都的大街小巷车水马龙，人来人往。"哦，人潮汹

1　Balbuena, 1990, pp. 64-65.

涌!"贝尔纳多·德·巴尔布埃纳惊呼。需要用诗人的全景视角来描述
这伟大的"布朗运动",所有人在它的推动下,被卷入茫茫人海。不同
血统、不同肤色的人相互混杂,不同语言与不同活动、不同语言与不
同思想相互混合。不同的人与物彼此联系,这种情况是空前的。

从地球的一头到另一头,伊比利亚人面对来自不同历史背景的社
会,当他们不去毁掉它们时,便与其相混合。城市如同一个个熔炉,
在世界的四个部分之间建立起联系。尤其美洲、非洲与亚洲的那些殖
民大都市,墨西哥城、利马、波托西、萨尔瓦多(巴西)、马尼拉、果阿、
圣地亚哥(佛得角)是共存、对抗与混合相交织的特殊舞台。还有那
些通商口岸诸如印度洋沿岸的第乌,那是"一个良港,极美,许许多
多的商人来来往往,他们有的是威尼斯人、希腊人、土耳其人,还有
的是波斯人、安纳托利亚人和阿拉伯人"[1]。秘鲁王国首都利马从 16 世
纪最后十年开始成为半非洲性的城市,它在 17 世纪延续了这种情况[2]。
人的流动与相互之间的冲突所产生的影响同样波及南欧的大型港口,
如里斯本、塞维利亚、加的斯、热那亚、那不勒斯,那里上演着其他
方式的相遇与混合。人的流动与相遇产生的影响也涉及西葡帝国的北
方中心安特卫普,在那里,鲁本斯画过黑人的头部,教堂的祭台上则
装饰着奇特的玉米穗。

土著技艺的流动

墨西哥与利马截然不同,西班牙城市被移植到这个大型的印第安

1　Orta, 1895, II, p. 339.

2　H. S. Klein, 2001, p. 513.

墨西哥城总督府外观
17 世纪
马德里美洲博物馆

人城市，它在西班牙人入侵前可能是世界上人口最多的城市。这一特殊情况使一系列连锁反应显得更加惊人，它们逐渐改变了土著社会[1]。伊比利亚全球化对当地日常生活的各个领域无一例外地产生了影响。从工作领域开始：印第安人在几十年中学习欧洲技艺，由于他们继承了当地古老的手工业传统，学习欧洲技艺就更加迅速，而且他们对来自伊比利亚半岛的新事物表现出好奇。从西班牙占领初期开始，欧式器物便从他们的手中制作出来。印第安人选择的西班牙人的第一个行当是裁缝，"因为它不太难"。有的人选择制作椅子与乐器，"他们制作芦笛与优质的大喇叭"。还有的人学习卡斯蒂利亚的纺织技术。1543年，方济各会修士、编年史作者莫托利纳充满热情地写道："印第安人铁匠、锁匠、马嚼子制作者、刀剪匠多得数不清。"西欧的铁制工具在这里替代了传统工具，此前不久，印第安人"还在使用木剪刀，现在替代手钻与木工钻的是各种方形凿子；为了制造所有这些工具，他们在铸铜时加入锡。……自从西班牙的木匠们带着他们的工具来到这里，印第安人就开始像西班牙人那样做工"[2]。

"本地人"获得了欧洲技术，熟悉了新的材料：来自西班牙的羊毛、皮革、铁、纸与染料[3]。他们开始习惯于原本他们不了解的行为、工作形式与生活方式。在某些情况下，新行当打破了工作的性别分工：

1　Serge Gruzinski, *Histoire de Mexico*, Paris, Fayard, 1996, pp. 224-291.

2　Toribio de Benavente, dit Motolinía, *Memoriales*, édit. par Edmundo O'Gorman, Mexico, UNAM, 1971, p. 243.

3　17 世纪初，兄弟会的账簿总是将卡斯蒂利亚的染料与当地的染料区分开来。James Lockhart, *The Nahuas after the Conquest. A Social and Cultural History of the Indians of Central Mexico. Sixteenth to Eighteenth Centuries*, Stanford, Stanford University Press, 1992, p. 278.

纺织业不再单纯由女性担当，而是被交给那些懂得使用从大西洋彼岸进口来的纺织机的人。

得益于教会人士的支持（通常教会人士只献身于传教事业），印第安人以充满悖论又令人意外的方式学习了欧洲技术。僧侣们常常强调印第安人在这些"手工行当"中的"灵巧能干"，他们还意识到这些土著人在手工业传统上的价值，称赞他们的手艺[1]，这是因为土著人在欧洲新技术的传播与在对西班牙人到来时就已存在的欧洲新技术的适应[2]中发挥了决定性作用。这一点在僧侣们的预料之中，他们知道自己在精神与思想上已经控制了这些信基督教的、顺从的劳动者。在墨西哥城圣弗朗西斯科大修道院中的圣何塞本地人教堂工场，僧侣们对这些刚刚皈依基督教的印第安人进行培训。这个教堂是"新西班牙第一个也是唯一一个培训各种职业技能而并不仅仅针对与教会相关的职业技能的神学院，方济各会修士胡安·德·托尔克马达说，它也提供针对世俗世界的职业技能的培训服务"[3]。

与僧侣们截然不同，初来乍到的西班牙工匠坚持以一切方式保护"他们的职业秘密"。他们"无论如何也不愿意因败在印第安人手上而流浪街头"。然而，土著人却战胜了这些抵制，发现了西班牙人本想隐藏的手艺，"他们将这些职业技能学到手"。他们窥伺西班牙工匠，获取一切可以帮助他们理解新技术的东西，包括"打造黄金"的技艺，还有制造皮革的技艺，而后，土著人自己制造出摩洛哥皮革，并用这

1　如在金银加工领域。Motolinía, 1971, p. 241.

2　僧侣们在这里使用了"完善"（perfeccionarse）一词。Ibid., p. 240.

3　如杂务修士、佛兰德斯人皮埃尔·德·甘德负责向印第安人讲授技术。Juan de Torquemada, *Monarquia indiana*, Mexico, UNAM, 1977, V, p. 316.

土著裁缝
选自《佛罗伦萨手抄本》
1578 年
佛罗伦萨劳伦图书馆

种材料制作各种东西，有低帮皮鞋、便鞋、高帮皮鞋、绳底鞋等[1]。

　　并非所有印第安人都有这样的机会，因为西班牙殖民者对大部分土著劳动力只有无情的剥削，他们将土著劳动力仅仅视作奴隶。土著工匠的反应体现了伊比利亚流动性的一个较不被关注的维度：被征服者通过主动学习，对新的工作组织的植入有着积极的参与。方济各会修士为他们提供了帮助，临时充当了信息提供者。"这些东西在哪里有售？如果我们可以得到技术，即使西班牙人隐藏他们的制作过程，我们自己也可以制作出摩洛哥皮革"。僧侣们向那些不断提问的、收集被西班牙工匠扔掉的材料样品的印第安人指明他们可以获得这些材料的地方。"很快，印第安人就掌握了这一职业技能，没用多少时日，他们自己也成了能手。"[2] 这些土著工匠并不满足于获得欧洲技术，他们还凭借掌握的本领降低价格，并"与在新西班牙高价售卖产品的卡斯蒂利亚工匠展开竞争"。西班牙化的工匠越来越多，换句话说，来自欧洲的职业技能的本土化加速。1539 年，多明我会修士巴托洛梅·德·拉斯·卡萨斯证实了这一点，"无论是此前这里已有的职业技能，还是从卡斯蒂利亚引入这里的职业技能，这些人都掌握得很好，甚至比卡斯蒂利亚工匠还要臻于完善"[3]。但是，印第安人没有能够长时间地保护好他们自己的相对自主权。16 世纪 40 年代，技艺的迁移开始有利于入侵者一方。在被土著人偷走技术后，西班牙工匠摇身一变，成为剥削者、老板。对于方济各会修士来说，此事以一个出乎意料的反转结束：

　　1　Motolinía, 1971, pp. 241, 243.

　　2　Las Casas, 1967, I, p. 36 ; Brígida von Mentz, *Trabajo, sujeción y libertad en el centro de la Nueva España*, Mexico, CIESAS, Miguel Angel Porrúa, 1999.

　　3　Las Casas, 1967, I, p. 36; Brígida von Mentz, *Trabajo, sujeción y libertad en el centro de la Nueva España*, Mexico, CIESAS, Miguel Angel Porrúa, 1999.

通过传授欧洲知识与技艺，僧侣们本以为加强了他们对印第安人的影响、控制，结果他们向印第安人敞开了"西班牙人共和国"的大门，并将这些新的劳动力纳入生产领域与殖民地市场。印第安人是如此出色的学徒，以至于欧洲老板乐于配备给这些人新的工具，让他们代替自己去劳作：印第安建筑工人"完整地完成工作，委托给西班牙人的建筑工程是由他们来完成的。……在各行各业制造出最优质产品的是印第安人，西班牙老板大都乐于将活计交予土著人，并对他们发号施令；印第安人总是能完美地完成工作，无人能够超过他们"[1]。

语言的混合

在墨西哥城的土著人工场中发生了什么？ 1604 年巴尔布埃纳的诗句欣然美化了殖民地劳工界的工作状况：

> 他们将黄金拉丝，细而易动的长丝
>
> 闪闪发光
>
> 它们经过许多巧手的长久打造……
>
> 在烘炉里燃烧的火焰之间
>
> 是否有蝾螈在嬉戏玩耍[2]
>
> 旁边摆放着他们美妙的玻璃器皿。[3]

1　Torquemada, 1977, V, p. 318.

2　传说蝾螈能够生活在火中。——译者注

3　Balbuena, 1990, p. 80.

怎样才能具体了解土著劳动者对新技术与新的工作状况的反应？纳瓦特尔语文献向我们展现了他们如何挖掘自己语言的所有资源，以便找到新器物的对应名称，并在工场中与西班牙人交流。在墨西哥城正如在西葡帝国的其他地方，欧洲人并未强制土著人使用西班牙语或葡萄牙语，即使这两种语言是地方当局、教士、商人、混血儿与土著精英这些伊比利亚人的合作者所使用的语言。但是，任何语言、任何群体都没有摆脱全球化的影响。随着时间的推移，在街道上，在市场、工场或家里，欧洲人（不仅包括那些向土著人传教的教士）逐渐掌握了印第安人语言的基础。他们编写的会话教材（如 1611 年在墨西哥城出版的佩德罗·德·阿里纳斯编写的教材）体现了这一反向学习的热度，通过对印第安人语言的学习，新来的人熟悉了地区语言[1]。由于地区语言与伊比利亚语言之间的联系，二者都发生了改变。伊比利亚语言因其在伊比利亚、非洲与加勒比地区的经历而臻于完善，借用了大量的地区词语来指代当地事物；地区语言则经历了一些不易觉察的变化。但是，用纳瓦特尔语书写的信件、卖契与遗嘱却为整个 16 世纪及17 世纪上半叶所发生的社会、经济与宗教上的变革提供了大量线索。

尤其新的词汇在工场中形成，这些工场构成了语言的实验场。最初，印第安人使用土著词语来指代新材料。他们在面对新事物时调动了纳瓦特尔语的各种资源。如 Tepoztli（铜）被用来指"铁"，然后又成为金属通称，同时指代各种工具，因为中美洲社会此前并不了

1　Pedro de Arenas, *Vocabulario Manual de las lenguas castellana y mexicana*, Mexico, Henrico Martínez, 1611 (édit. par Ascensión H. de León-Portilla, UNAM, Mexico, 1982). 关于西班牙人的文化适应问题，参见 Solange Alberro, *Les Espagnols dans le Mexique colonial. Histoire d'une acculturation*, Paris, Armand Colin/EHESS, 1992.

解铁，也不了解钢。印第安人创造新词来指代来自欧洲的器物：如
"tlatlapaloni"（用于开启的工具）指钥匙，"tlatemmelahualoni"（用于
将某物的侧面校正为直线的工具）指代木工水平仪；"ehuatlepitzaloni"
（在火上吹的皮制用具）指代皮风箱；"tlequiquiztli"（火喇叭）指代火
器[1]等。另一些词汇则完全来自西班牙语。"tepoztli"（铁或金属）一次
派生的新词大量增加，将我们带到殖民者开设的锻造工场，面对那里
"炽热的熔炉"——巴尔布埃纳如是说[2]。在那里，铁匠们（tepotzpitzqui）
在铁砧（tepoztlatzotzonaloni）上做工，锻造钉子（tepozhuitztli）。在印
刷工场（tepoztlacuilo）或木工作坊，土著人从那时起，既懂得使用斧
子（tepozquauhxexeloni），也会使用凿子（tepoztlacuicuihuani）[3]。词意
的迁移与一连串新词的出现发生在 16 世纪三四十年代，这是先驱者的
时代，土著人发现了欧洲技术，接受方济各会的教育，并出现了土著
手工业者的偷艺。这些现象体现了土著劳工与仆人在语言上的最初反
应，他们在日常生活中面对新事物，能够将新事物吸收到土著语言中[4]。

　　16 世纪下半叶，土著劳动力因流行病的肆虐而日渐稀少，这种情
况开启了另一个阶段。起初的造词不得不让步于西班牙语的词语，最
终接受这些词语[5]。莫利纳的纳瓦特尔语—西班牙语词典揭示了应"在
由西班牙语与墨西哥语构成的两部分内容中加入当地人创造的词语，
这些词语指代的东西在过去并不为当地人所使用，而今他们对这些

1　Lockhart, 1992, p. 266.

2　Motolinía, 1971, p. 241.

3　*Ibid*., p. 273

4　印第安人学习饲养卡斯蒂利亚雌火鸡、小鸡与主人的宠物猫。

5　如 "*quauhtemacatl*"（马车）一词就是这种情况，它很早就被 "*carreta*" 一词所取
代。参见 Lockhart, 1992, pp. 267-269.

东西已习以为常。如‘nitelcalçascopina’指‘脱鞋’或‘脱掉别人的鞋’”[1]。从那时起，从西班牙语借用的词语持续增多。对于土著人来说，新的器物与工具变得熟悉，以至于以前用加入修饰语"caxtillan"（卡斯蒂利亚的）来标记它们源于卡斯蒂利亚不再成为必要。从那时起，"amate"显然指代欧洲的纸张，而不局限于在过去药典中指代的龙舌兰纤维。大量的西班牙语词语在这时进入土著工匠的语言与土著人的日常语言中：如 hache（斧头）、cuchillo（刀）、escoplo（凿子）、camisa（衬衫）、zaragüelles（裤子）、silla（鞍子）、chirimía（芦笛）。西班牙语中关于服装的词语逐渐在墨西哥城传播开来，此时，这里的印第安人已开始制作伊比利亚式服装，他们自己也开始穿欧式服装，或将传统服饰如男士斗篷（tilmatli）、女式宽松短袖衫（huipil）与伊比利亚服饰相结合。同时，印第安人熟悉了基督教历法的相关词语（年、月……）、伊比利亚半岛的计量单位（干量单位"法内加"、湿量单位"阿尔穆德"、干量单位"里弗尔"）、钱币的名称（古银币"托明"、古币"梅迪欧"）。

通过大量的探索，语言上的适应促使印第安人习惯了卡斯蒂利亚语以及它所引入的西班牙世界。语言的西班牙语化是伊比利亚流动性的形式之一，它产生了一些连锁反应。这些连锁反应摆脱了各种控制，更多地在不受任何监督的范围内，语言的西班牙语化伴随着对西班牙语的习得、掌握或转用：如西班牙语词语 tomín（托明，一种重量单位）被印第安人借用，首先用来指代一种钱币，最终变为钱币与钱的通称。与此截然不同，卡斯蒂利亚语中的"金钱"（dinero）一词从未进入纳

1　Alonso de Molina, *Arte de la lengua mexicana y castellana*, Mexico, 1571,《Aviso nono》（序言中有纳瓦特尔语／卡斯蒂利亚语段落）。

瓦特尔语[1]。即使说语言不是社会的镜子，也不能认为上述这些转变没
有对社会构成反映。印第安人对西班牙语迅速的借用、语言的实用主
义让人想到土著工匠对 16 世纪上半叶从欧洲输入的技术的习得与利用
方式。印第安语言发生了变革，同时，越来越多的印第安人开始为欧
洲老板工作。语言的习得有利于土著人进入新的工作领域，或反过来，
对技术的适应影响了说与写的方式？答案因不同代的人、不同的领域
而不同。没有"前西班牙时代"经验的印第安劳动者与那些在"前西
班牙时代"已经接受过坚实的训练的工匠，在面对伊比利亚的技术与
词汇时，他们的反应是不同的。与在墨西哥城的工地上一起干粗活的
十几位同胞相比，那些在以西班牙语为日常语言的西班牙人家里工作
的土著仆人所经历的"文化浸淫"要多得多。

　　这些语言上的转变逐渐形成，但其中也有名副其实的语言摆渡者
的贡献。除了会讲纳瓦特尔语的西班牙人（如编写会话教材的佩德
罗·德·阿里纳斯）之外，僧侣们也常常充当有能力的居间者与翻译。
西班牙化的印第安精英如方济各会修士、信息收集者贝纳迪诺·德·萨
哈贡、编年史作者齐马尔帕赫恩，他们足够了解印第安世界与西班牙
世界，因而能够胜任这种角色[2]。同样，混血儿基于自身的双重血统天
然地成为印第安人与西班牙人这两个群体之间的媒介。还有那些在工
地上干粗活的最卑微的土著劳动者，他们为听懂老板说的话，并使自
己说的话被听懂，使用了一些方式，也不应被忽略。语言上的交流与
创造并不一定要求主体为学术人才，但是，卑微之人的创造通常很难

1　Lockhart, 1992, pp. 278, 199, 291-292, 198.

2　谈到一些纳瓦特尔人，他们"即使不是双语人，对西班牙语也有一定的接触与掌
握"（*Ibid.*, p. 302）。

留下痕迹。

从市场到工场—监狱

如果西班牙人只是采取粗暴的强制手段，那么当时他们的殖民很快就会垮台。大批土著工匠受到新事物的吸引或被对话的本能所推动，逐渐摆脱了印第安贵族与集体权威所设置的传统社会框架。随着土著工匠们能够运用卡斯蒂利亚语，并能够提供价格远远低于其欧洲竞争对手的优质产品，他们适应了新的市场状况。那些前西班牙时代的习俗惯例迫使他们不得不完成的任务此时越来越使他们难以忍受[1]，因为对于他们来说，此后一切工作都应该有报酬。工作——"手艺"——强有力地打破了两个群体之间在空间、语言与法律上的原有界限：只要印第安人向西班牙人展示他们的工作能力与实力，任何物质障碍都不能阻止印第安人在西班牙人城市谋生。

但是，伊比利亚全球化对人与事物产生的作用并不是整齐划一的，它的影响因印第安人与这些侵入者之间形成的关系的不同而不同。如印第安人与工场老板、修道院上层人物、王室代表之间的关系，甚至还有与西班牙人家庭中反复无常又任性的女主人之间的关系。伊比利亚全球化对印第安人的影响还因生活环境的不同而不同。在集市或马路的角落售卖自己的商品的印第安人相对于在西班牙人的环境中工作的印第安人，保留了较为自主的边缘地带。在市场上，欧洲人很快就

1　Lockhart, 1992, p. 198: 工匠们要求将他们制作的一个教堂的祭台视为他们个人的主动行为的成果，而非贡献的一项义务（1550）；画家们要求获得报酬，而土著领主们则认为他们只是履行了他们应尽的义务（1570）。

习惯于在那里购买生活必需品，印第安人的古老习俗与伊比利亚人的风俗习惯相混合。顾客可以在这里看到传统商品，还可以看到欧洲舶来品，如衬衫、衣领、蜡烛、吉他、香皂、小麦面包及其他东西[1]。集市是社交空间，它唤起西班牙诗人们的想象：

> 让我们尽情娱乐，
> 先生们，大家请，
> 去集市吧，那里正在开放
> 商品琳琅满目，什么都有。[2]

卖家有的是美洲印第安人—欧洲白人混血儿，有的是黑白混血儿，还有西班牙人，他们都毫不犹豫地加入其中。印第安女人在这里持续发挥积极作用，1592 年，她们强烈反对墨西哥城的市场改革[3]。

劳动力的流动使印第安人更加受限于奴隶轮流服劳役制度的约束，这种殖民体制使劳动者被分配到墨西哥城的主要工场及教士、王室代表的家里，轮换做工。在工场做工或在显贵家里做用人，从事城市建筑工作与维护工作都不断地使土著人与西班牙世界的技术接触，他们不得不适应新的工作节奏、新的习俗规约，并满足征服者对质量与收益的要求。

1　Lockhart, 1992, p. 188.

2　Fernán González de Eslava, *Villancicos, romances,ensaladas y otras canciones devotas*, édit. par Margit Frenk, Mexico, El Colegio de México, 1989, p. 33. 诗人冈萨雷斯·德·埃斯拉瓦（1534—1603？）通过借用中世纪寓意画描绘了理想化的墨西哥集市：他笔下的市场是兼具罪恶与美德的市集。*Ibid.*, p. 384.

3　Lockhart, 1992, p. 196.

米盖尔与胡安·冈萨雷斯:
奴隶轮流服劳役
1698 年
马德里美洲博物馆

在这些封闭的工场中工作的印第安人，在学习和调整的过程中经历了残酷的折磨。织布、制帽工场与面包房绝对堪称监狱，常有人死在里面，侥幸活下来的也近乎生活在奴隶的状态下[1]。他们遭受的这种封闭又因与他们自己的家庭、群体的分离而雪上加霜，这与通常只从同一群体招募印第安人的奴隶轮流服劳役制度不同。西班牙工场老板似乎不会侵害个体流动的自由，这些劳役似乎为那些没有金钱来源的印第安人、"一直自荐要生活在西班牙人家里的自由人"[2]提供了生计。西班牙王室一次又一次地收到揭发，声称西班牙老板被他们的雇工束缚了手脚。印第安人生活在混杂的环境中，他们身边有美洲印第安人—欧洲白人混血儿、黑白混血儿、黑人，还有来自欧洲的惯犯，该空间成为混合的熔炉，充斥着最卑贱的人。

面对伊比利亚流动及融入殖民就业领域所带来的各种碰撞与调整，印第安人从来不是被动的。只要有可能，他们就想方设法顶住压力，以改变、适应与抵抗的方式加以应对。当然，印第安人在西班牙人征服墨西哥后，被"合法"雇佣而不是以奴隶身份进入城市重建工作的毕竟是少数。只有少数一部分土著人，在方济各会修士的指引下，成为合乎欧洲人要求的合格劳动力。这些人组成"裁缝、纺织梳理工、木工、补鞋匠、泥瓦工及其他行业群体"[3]，土著当局与西班牙当局对他们都非常关注，因为这些人对他们来说"必不可少"。如果说"有资格的劳动力"与其他劳动力之间的差异在前西班牙时代业已存在，那么

1　Silvio Zavala (édit.), *Ordenanzas del trabajo. Siglos XVI y XVII*, I, Mexico, CEHSMO, 1980, p. 221.

2　*Ibid.*, 185.

3　Silvio Zavala et Maria Costelo (édit.), *Fuentes para la historia del trabajo en la Nueva España*, VI, CEHSMO, 1980, p. 437.

此后这一差异又夹杂了熟练掌握欧洲技术的劳动力与其他劳动力之间的新的差异。

墨西哥城平民阶层

在整个 16 世纪，上述这些调整与变化经历了缓慢的发展过程。在西班牙人入侵前夕，如果我们承认在墨西哥—特诺奇蒂特兰城的城市及郊区居住近 40 万人口这一统计数字的话，它就是当时全世界城市中人口最多的城市。这些土著居民（macehual）包含不同的社会阶层：平民、直接向领主交税的奴隶（被视为国王与贵族的财产）、农奴（出于债务或犯罪由自由人沦为社会最底层人）[1]。所有这些人都处于贵族阶层的统治之下，贵族阶层将该社会构想为一头鹰的形状，将这些人分别视为鹰的"尾巴"与"翅膀"。平民[2]是"可以被保护的""可以被委派任务的"人，"平民愿意被统治"。方济各会修士阿隆索·德·莫利纳为翻译"附庸或平民"，咨询了为他提供信息的土著人，他们建议他使用更加具有蔑视色彩的表达方式，如"草民""连一天或两天都无法糊口的人"。

西班牙当局起初保留了二元社会观念，设置了一个司法与体制框架，将"印第安人共和国"与"西班牙人共和国"两个政治实体并置，二者都处于西班牙国王及其代理人即总督的统治之下。墨西哥—特诺

1　Friedrich Katz, *Situación social y económica de los Aztecas durante los siglos XV y XVI*, Mexico, UNAM, 1966; Manuel M. Moreno, *La organización política y social de los Aztecas*, Mexico, INAH, 1971; Alfredo López Austin, *Cuerpo humano e ideología. Las concepciones de los antiguos Nahuas*, Mexico, UNAM, 2 vol., 1980.

2　该词指代下等人，具有贬义。参见 López Austin, 1980, I, p. 451.

奇蒂特兰城在前西班牙时代的四个分区变为圣塞巴斯蒂安区、圣玛利亚区、圣胡安区与圣巴赫罗区[1]，一位墨西哥贵族被任命为印第安居民的总督。从 1530 年到 1565 年，由蒙特祖马皇帝的继承者们担任这一职务，强大的蒙特祖马皇帝曾经抗击过埃尔南·科尔特斯率领的西班牙军队。土著贵族在担当征服者与当地人之间的沟通桥梁的前提下可以保留其领袖地位。在各种调整与妥协的前提下，土著贵族将这一权力一直维持到 16 世纪中叶。

以前的状态可以维持下去吗？尽管莫利纳的信息收集者们养成了观看事物的传统视角，旧的统治阶级也努力维系自己仅剩的一些特权，然而，西班牙的统治势力发起的变革还是迅速而不可逆转地到来了。在 4 个旧有分区的中心扎根的欧洲城市首先构成了对前西班牙时代的中心的补充，此后完全取而代之，与此同时，对土著劳动力的持续需求迫使特诺奇蒂特兰的大量平民去工作，而且有时居住在"印第安人共和国"之外。对城市的重建使墨西哥谷与更远地区的大批劳动力涌向这里。但是，尽管有这些外来人口的涌入，墨西哥—特诺奇蒂特兰城的印第安人口还是在 16 世纪持续下降。在 16 世纪 60 年代初，有居民逾 75000 人[2]（是被征服前该城人口的 1/5 ~ 1/3），另外，还有大约 2000 名欧洲白人—美洲印第安人混血儿与 1000 名黑白混血儿[3]。之后，印第安人口加速下降：1569 年有 35000 人，16 世纪 80 年代则降至不

1　Peter Gerhard, *A Guide to the Historical Geography of New Spain*, Cambridge, Cambridge University Press, 1972, p. 182.

2　Charles Gibson, *The Aztecs under Spanish Rule. A History of the Indians of the Valley of Mexico, 1519-1580*, Stanford, Stanford University Press, 1964, p. 377.

3　Gibson, 1964, p. 380. 当时该城市的印第安人是西班牙人的 10 倍，1560 年那里有 3000 个西班牙家庭。

到 25000 人。伊比利亚的扩张带来的人员流动使成千上万的病毒与细菌传播开来，它们对于缺乏免疫力的土著人来说是灭顶之灾。整个美洲大陆包括其中那些还没有欧洲人到来的地方都受到了这一灾难的打击。疾病的灾难冲淡了记忆，也削弱了各地的抵抗，这一灾难的力量比侵略者的大炮与狗还要强大。

欧洲的危机与墨西哥城的骚乱

距离墨西哥城数千里之外的地方发生的危机动摇了墨西哥城古老的土著社会。1559 年，法国与西班牙为结束意大利战争，签订《卡托—康布雷齐条约》，应对法、西两国遭遇的严重的财政问题。尤其西班牙陷入灾难性窘境[1]，荷兰、意大利、伊比利亚半岛的王国都没有给予西班牙足够的援助[2]。热那亚与德国的银行一直都比较严苛，但还有一个权宜之计——压榨印第安人，用这个方法来替代紧缩政策[3]。

对印第安人实施压榨政策，这归功于杰罗尼莫·德·瓦尔德拉玛，他从 1560 年起成为印度群岛理事会成员，1562 年 12 月被任命为新西班牙巡视官。瓦尔德拉玛是印度群岛理事会这一机构中为数很少的穿

---

1 Ralph H. Vigil, *Alonso de Zorita, Royal Judge and Christian Humanist, 1512-1585*, Norman, University of Oklahoma Press, 1987, p. 191.

2 Ivan Cloulas, *Philippe II*, Paris, Fayard, 1992, pp. 174-175; Geoffrey Parker, *La gran estrategia de Felipe II*, Madrid, Alianza Editorial, 1998, pp. 258-259.

3 *Historia de España, V. La frustración de un imperio (1476-1714)*, Barcelone, Labor, 1989, p. 88.

越大西洋亲自到访美洲的官员之一[1]。一经抵达，这位巡视官就对原本
一直不用纳税的、服务于贵族的土著群体开始征税。印第安人精英遭
受到双重削弱，一方面失去了将一部分贡税保留给自己的权利，另一
方面减少了自身对数以千计的任人剥削、奴役的印第安人的影响力[2]。
此后，西班牙帝国单方面地将税收制度固定下来。

　　菲利普二世的财政困难造成其他牺牲者，他们是更加脆弱的
人——墨西哥城及其周边郊区的平民。此前这些平民并不需要以金钱
或以玉米向西班牙王国纳贡，因为他们为城市提供劳动服务——服徭
役[3]。巡视官"出于人的原因与基督教的原因"[4]，终止了这一制度。按人
头计算的征税制度从 1565 年 9 月 8 日开始生效[5]。这一举措促使平民
反对印第安人总督路易斯·德·圣玛利亚·西帕克，后者完全没有保
护平民的利益。平民的反抗失败后，达成妥协，墨西哥阿兹特克领袖
们可以不下台，前提是要充当土著人与严苛的征服者之间的热情的居

1　Ernesto Schäfer, *El consejo real y supremo de las Indias, Su historia y organización y labor administrativo hasta la terminación de la Casa de Austria*, Séville, Imp. M. Carmona,1935, I, pp. 111, 131.

2　Gibson, 1964, pp. 200, 390. 1566 年 3 月，贵族佩德罗·德·蒙特祖马将自己遭受的
"巨大痛苦"禀告国王。Francisco del Paso y Troncoso (édit.), *Epistolariode Nueva España 1505-1818*, X, Mexico, Antigua Libreria Robredo, de José Porrúa e Hijos, 1940, p. 129; 在同一天，墨西哥城的印第安人显贵纷纷抱怨自己的极端贫困，要求免于赋税。*Ibid.*

3　墨西哥城此后必须交付约 20178 比索和 10589 法内加玉米。参见 José Miranda, *El tributo indígena en la Nueva España durante el siglo XVI*, Mexico, El Colegio de México, 1980, pp. 133-135; Del Paso y Troncoso, 1940, X, p. 1. 墨西哥城的印第安人建造、修复教堂与公共建筑，他们还维护运河与街道，保障了城市的供给。

4　Miranda, 1580, p. 138; Lettre du docteur Ceynos, 1565, dans Joaquín García Icazbalceta, *Colección de documentos para la historia de México*, Mexico, Porrúa, 1971, II, p. 240.

5　Francisco de San Antón Muñón Chimalpahin, *Relaciones originales de Chalco Amequemecan*, édit. par Silvia Rendón, Mexico, FCE, 1965, p. 268.

间人。这种状态迫使平民完全服从于贵族与西班牙王室，然而土著首领们作为交换条件，不得不担当起西班牙的附庸角色。1565 年 9 月，在西班牙统治下，印第安人男女首次发起反抗，用石块袭击位于圣胡安·特诺奇蒂特兰区的总督府，反抗他们的"本地长官"。"由于他们缴不起贡税而为税务问题感到愤怒，他们振臂高呼，要使总督明白这一点。"10 月 11 日，特拉特洛尔科区的人们也紧随其后攻击了该区的首领府。4 年后，1569 年 6 月，一场叛乱又一次震动该城，约 30 名印第安人因拒绝缴纳赋税而被投入监狱。

就这样，源于另一个大洲的政治与战争在西班牙产生的冲击波影响到墨西哥，促使墨西哥城纳贡的印第安人涌上街头。在西班牙人统治的时代，土著人第一次因反对税收制度团结起来，一起反抗他们的传统领主。这些反抗者中的大多数是西班牙征服美洲后出生的，他们对"本地领袖"被侵略者捉弄、刁难已司空见惯，这是偶然的吗？16 世纪 60 年代，墨西哥城平民仍然主要在"印第安人共和国"内部发声，即使此后他们在日常生活中也要与美洲印第安人—欧洲白人混血儿、黑白混血儿及西班牙人打交道。

在印第安平民越来越强烈的反抗声中，阿兹特克贵族度过了黑色的 10 年。1565 年 12 月 27 日，墨西哥城总督路易斯·德·圣玛利亚·西帕克去世。他是奥伊佐特"皇帝"之孙，是统治墨西哥城的蒙特祖马家族的最后一位代表。这一重大事件在半个多世纪后呈现在土著编年史作者齐马尔帕赫恩笔下，针对这位末代帝王的去世对土著人的影响，齐马尔帕赫恩写道："他去世时，阿兹特克人已在墨西哥—特诺奇蒂特兰城生活了 241 年，西班牙人进入该城只有 47 年……。有 27 位领袖领导过阿兹特克民族，最后一位即第 27 位，是路易斯·德·圣玛利

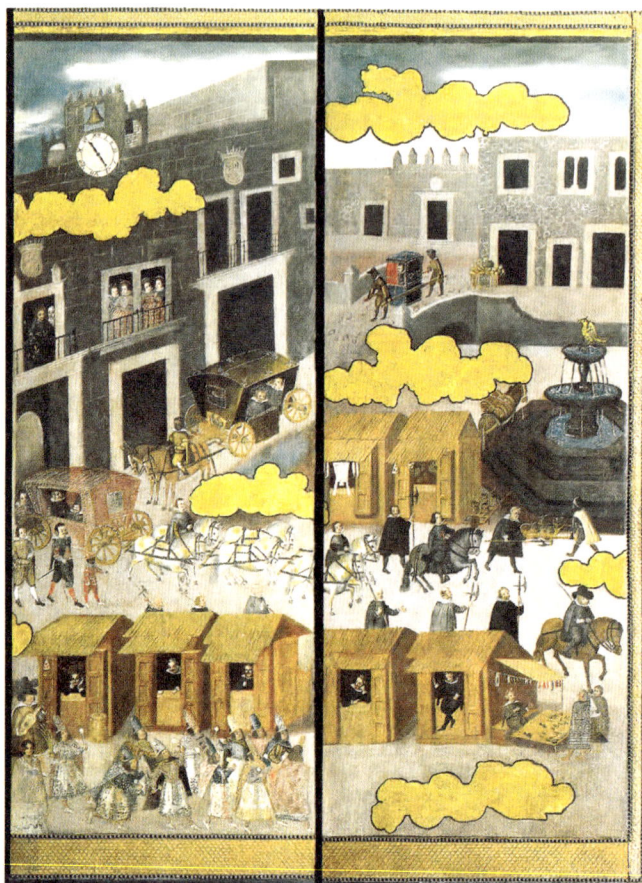

墨西哥城总督府景象

1660 年

墨西哥城罗德里戈·里韦罗湖古物馆

亚·西帕克。"[1] 路易斯的去世标志着墨西哥在朝代、政治、种族与社会上的一次断裂。"路易斯去世后，再没有一位属于墨西哥本地人的仲裁者或领导者，此后的统治者有的并不具有土著贵族血统……无论贵族、平民甚至还有美洲印第安人—欧洲白人混血儿都可以担当此任。"[2]

　　旧的权力当局的危机还产生了另一个影响。它强化了方济各会修士的地位。方济各会修士在西班牙人征服美洲后就扎根在墨西哥城与特拉特洛尔科城的印第安人区，引发了 1569 年在市区的一场反抗事件：圣玛利亚·拉·雷东达教区的印第安人袭击了前来主持弥撒的大主教教区的神父，他们用石块和棍棒击打那些跟随这些神父的世俗人士，险些杀死代表世俗权力的市政长官。为了强调教会对世俗拥有的权力优势，大主教教区宣布僧侣对该城市所有印第安人（不论是不是属于方济各会教区）拥有绝对权力[3]。也许因为被征服者的子孙们认为自己被宗教势力保护，因而他们毫不犹豫地袭击世俗权力的代表——市政长官与大主教教区的代表们[4]。在西班牙人征服美洲近半个世纪后、天主教反宗教改革运动大行其道之时，墨西哥城印第安人显示出令人惊讶的激进性：他们几乎并不为自己拒绝教会对世俗的调停、为公开破坏教会的活动而感到有什么不安，但是，此后，他们的重组是在僧侣们的领导下而非在阿兹特克贵族的领导下进行的。前西班牙时代的平

1　Chimalpahin, 1965, pp 270, 272, 274.

2　16 世纪 60 年代，在殖民时期，贵族及"印第安人共和国"的杰出人物的逝世涉及科约阿坎的领主胡安·德·古斯曼·伊斯特洛隆茨基、科尔特斯的对手之子佩德罗·德·蒙特祖马。*Ibid.*, pp. 278, 279.

3　*Descripción del arzobispado de México hecha en 1570*, Mexico, José Joaquín Terrazas e Hijas, 1897, pp. 272-273.

4　在暴力的基础上，还加入了对大主教权力的被动抵抗。*Ibid.*, p. 279. 此外，他们在没有神职人员在场的情况下进行的宗教仪式使他们"看起来像异教徒"。*Ibid.*

民时期彻底结束。这些群体中的大部分人都信仰基督教。平民的反抗
表明，他们不得不适应其所面临的城市生存状况，那里日渐西班牙化，
伊比利亚人统治的影响不断扩大。

城市里新的参与者

16 世纪下半叶，墨西哥城的社会下层不再与印第安大众等同，即
使后者一直是前者中的大多数。这一转变在很大程度上源于伊比利亚
流动带动的地区与洲际的人口流动。最初表现为印第安人、欧洲白
人—美洲印第安人混血儿"如一些西班牙人一样"来到首都找工作[1]。
这些流动人口使墨西哥城的土著当局感到不安，他们面对这些闯入者
无论如何想要保护他们所统治的印第安子民。而且不可能将这些从他
处来到这里的"怪异之人"与"有手艺的墨西哥阿兹特克人"相混同，
因为后者是有资格的劳动力，他们每个人每天能赚到 6 个或 8 个雷亚
尔，甚至更多。新来的"怪异之人"不被允许在郊区田地里工作，虽
然新来的人通常在那里工作。1629 年，圣胡安与圣地亚哥的长官向总
督抱怨，对这些怪异的印第安闯入者束手无策，"我们不知道他们住在
哪里，因为每晚他们都改变住处，抓不住他们……他们因为怕被发现，
就搬到抓不到他们的其他村镇生活"[2]。这些无法控制的个体反抗强迫性
劳动，"如果想强制他们在奴隶轮流服劳役制度下工作，只能把他们绑
起来押往那里"[3]。

---

1 Zavala, *Ordenanzas,* 1980, I, 185.

2 Zavala, *Fuentes,* 1980, VI, p. 437.

3 *Ibid.,* p. 438.

　　事实上，这些"闯入者"并不是只与圣胡安·特诺奇蒂特兰、圣地亚哥·特拉特洛尔科的印第安群体相混合，他们与异质人口也走得很近——从 16 世纪下半叶开始，欧洲白人—美洲混血儿、黑人、黑白混血儿同时存在，他们生活在西班牙群体与土著人群体的边缘。与平民不同，城市舞台上的这些新来的参与者摆脱了原来所在群体的一切控制，也摆脱了神职人员的灌输。他们无论在"印第安人共和国"还是"西班牙人共和国"都无法真正立足。美洲印第安人—欧洲白人混血儿中的少数，即所谓"奢华的混血儿"[1] 不太费力就融入了西班牙与印第安精英阶层。而大部分混血儿则生活在城市社会的边缘，他们贫困，很多是非法的私生子，缺少保护人，围绕着美洲印第安人－欧洲白人混血儿为核心，聚集了新型的城市平民，与欧洲旧体制下的城市平民不无相似。他们从未建立起一个自主的群体并为当权者所承认，他们不断地吸收那些从西班牙人群体与土著群体中逃走的自由分子。他们在平民阶层的不同群体之间扮演了具有吸引力的角色，加速了各种混合。

　　黑人、黑白混血儿的情况本与上述情况大不相同，随着奴隶到来的节奏不断加快，他们在西葡帝国时代的墨西哥城占据的空间不断扩

　　1　S. Gruzinski,《Passer les frontières. Déplacer lesfrontières à Mexico (1560-1580)》, in Serge Gruzinski et Rui Loureiro, *Passar as fronteiras. II Colóquio internacionalsobre mediadores culturais, Séculos XV a XVIII*, Lagos, Centro de Estudios Gil Eanes, 1999, pp. 207-227.

大[1]。17世纪初，约14万名黑人与黑白混血儿生活在新西班牙[2]。1625年，多明我会修士、英国人托马斯·盖奇看到这里有"大量的黑人与黑白混血儿男女"[3]。奴隶身份与肤色构成的印记使他们成为一个在司法上确定、在身体特征上显而易见的群体，但是在这个群体中，也萌发了拥有自主权的愿望，这一愿望常带有反抗西班牙人与印第安人的强烈挑衅色彩。行会定期在奴隶工作的家庭与工场之外举行会议，届时这些非洲人可以讲他们自己的语言。黑人与西班牙人之间的关系在17世纪第一个10年结束时变得更加紧张[4]。1611年，一场由1500名黑人参加的骚乱在墨西哥城爆发，他们在总督府与宗教裁判所的围墙下抗议黑人所遭受的虐待。据说他们选择了一位国王和一位王后领头，国王与王后以安哥拉语指引这些黑人，计划在次年的圣星期四（复活节前的星期四）发动起义，一举消灭西班牙人。当局野蛮镇压了黑人的骚乱。非洲人的行会组织被解散，集会与携带武器被禁止，显示财富的各种符号也被禁止：有色人种女性不得不放弃佩戴首饰，也不得穿戴丝织品。这次失败也许使墨西哥城的黑人、黑白混血儿接近美洲印第安人—欧洲白人混血儿、印第安人，但是这些在语言、着装习惯与防卫手段上具有差异的人们无法形成一个有组织的种族共同体。

除了黑人之外，有几千名亚洲人穿越太平洋到达墨西哥的阿卡普

1 Jonathan I. Israël, *Race, Class and Politics in Colonial Mexico 1610-1670*, Oxford, Oxford University Press, 1975, p. 67.

2 Gonzalo Aguirre Beltrán, *La población negra de México, 1519-1810*, Mexico, FCE, 1946, pp. 213-219; D.M. Davidson,《Negro Slave Control and Resistance in Colonial Mexico, 1519-1650》, in *Hispanic American Historical Review*, XLVI, 1966, pp. 236-237.

3 S. Gruzinski, *Histoire de Mexico*, Paris, Fayard, 1996, p. 262.

4 Luis G. Obregón, *Rebeliones indígenas y precursores dela Independencia mexicana*, Mexico, Navarro, 1952, pp. 331-340.

尔科与纳维达。16 世纪末，墨西哥与菲律宾之间建立起定期联系，有从菲律宾岛上来到墨西哥的，有从中国、日本来的，还有从葡属印度来的。17 世纪 20 年代，每年有 600 多名菲律宾奴隶被输入新西班牙[1]。即使天主教会力图对他们与印第安人相似地看待——将他们称作印第安—支那人，亚洲人还是和美洲印第安人—欧洲白人混血儿一样，无法在土著群体中找到自己的位置。而且，他们从未建立起一个完整的群体，从而增加平民中包含的群体类型。这些自由的支那人（Chino）中许多是流动商贩与理发师，具有按照自己的意愿生存的能力，他们毫无阻碍地在"印第安人共和国"与"西班牙人共和国"之间穿行，强化了往来的流动性与边界上的通道[2]。事实上，他们中有许多是西班牙人—菲律宾人混血儿、西班牙人—中国人混血儿、西班牙人—日本人混血儿。墨西哥城被西班牙人统治时期的历史并不可以被简化为土著人突然的去传统化或逐渐西班牙化的历史。美洲印第安人—欧洲白人混血儿、黑人与亚洲人也行走在新西班牙首都的大街小巷。

混合的曲折路径

与印第安人群体不同，印第安人—欧洲白人混血儿、黑白混血儿与这些不受约束的移民只有在"为人所知"[3] 的主人或西班牙工匠家里居住下来才成为可以被监管的人。因此，17 世纪初当局为何要不断追踪那些无业且独居的人就不难理解了。那些年颁布的措施及它们的重

1　Israël, 1975, p. 75.

2　*Ibid.*, p. 76, n.55.

3　Zavala, *Ordenanzas,* 1980, I, p. 223.

复体现了西班牙王室与墨西哥市政当局的担忧，还反映了新的人口状况的出现。这些充满了偏见的刻板、老套的措施使得正在形成的社会结构的流动性与复杂性显露出来。在 1621 年 12 月 7 日颁布的法令中，体现了总督迭戈·卡里洛·门多萨·皮门特尔（赫尔韦斯侯爵）对墨西哥城中出现的由西班牙人、美洲印第安人—欧洲白人混血儿与黑白混血儿构成的大量人口而感到的不安，显然这些人"对于共和国来说是有害的"，他们中有"不同行业"的工匠、"游手好闲者"，还有"流浪汉"。总督要求"了解他们到底是什么人"[1]。这些"居无定所"之人造成社会安全上的隐患，而非只是引起人们一时的厌恶；这一情况造成的困扰与这一全新的社会阶层的流动性成正比。

当局为这些人的各种违法行为、不可靠的信仰、流浪及暴力行为而感到遗憾。黑人与自由的黑白混血儿是"专门作恶的人，他们有作恶的癖好，接受的基督教教化很少，他们接待其他逃跑的奴隶，将其长时间藏起来，他们有暴力行为与不法行为……而这种人在不断增多，混乱也在增多"。相比之下，美洲印第安人—欧洲白人混血儿也好不了多少：他们是"违法分子、无业游民，品行不端"[2]。此外，"贫穷的白人"，甚至还有老板们定期雇佣的劳动者，这些人都成为可疑的人。西班牙人想要清查这些个体，了解他们住在哪里，记录下来他们的职业和平时做什么事。没有被登记在册的人自然而然地被视为无业游民，他们被强制派往太平洋彼岸服务 6 年。从 1622 年 9 月开始，总督将没有职业或没有找到工作的所有人都放逐到菲律宾，这有些类似于葡萄牙人为清除轻罪犯人与游手好闲的人，而将他们流放到巴西、印度或

1　Zavala, *Ordenanzas,* 1980, I, p. 224.

2　*Ibid.,* p. 227.

非洲一样。

西葡帝国将其社会问题置于全球维度下进行解决。通常，它的很多法令在没有显示出异乎寻常的迫切性的大部分情况下，最终都只是一纸空文，它们面对的毕竟是复杂的殖民社会。尽管 1623 年总督要求核查黑人、黑白混血儿与美洲印第安人—欧洲白人混血儿工匠的才能，对"通过考核的人给予相应的职业证书"，该项举措还是无法实施。因为无法避免欺诈，许多证书有被伪造的危险。此外，这些个体本来就从未参加过任何职业资格考试，因而不能提供任何证明其职业正当性的东西。

在这些难以掌控的人群中，基本看不到那些一直被世俗当局、教会当局与土著当局牢牢掌控的印第安人群体。而且，应将他们与居住在西班牙人城市的在俗教区的、每天与上文谈到的混合阶层接触的那些人加以区分。当时已经有许多不同类型的平民阶层在墨西哥城居住，彼此之间并未混合。首先，有的印第安人正在走向西班牙化，但他们更有力地融入"印第安人共和国"；其次，有的印第安人被更深地同化，他们定居于"西班牙人共和国"；最后，来自非洲、亚洲、欧洲的劳动者，他们的存在体现出脆弱性、混合性与无根性。从非洲与伊比利亚半岛来到此地的奴隶到更加边缘化的个体，如临时工、犯罪者、无业游民，这些人都困扰着权力当局。平民阶层的异质性反映了城市空间的分化：印第安人群体的城市空间有印第安人的教堂与市镇政府，西班牙人的城市空间则位于市中心，那里有他们的住宅、作坊与工厂；街道、广场与运河上的人常与无业游民类似；"无人区"则缺乏任何管控，它们位于城市的边缘地带，黑工场、妓院与各种可疑交易猖獗于此。

平民参与政治

17 世纪 20 年代，印第安人人口继续下降。因而，纳贡的人数减少，这促使西班牙人放弃已经过时的奴隶轮流服劳役制度，允许自由的土著人按照自己的意愿出卖他们的劳动力[1]。从那时起，摆脱旧的群体约束、在混合的大众中立足的印第安人大量增加。也是在这一时代，双语制令人惊讶地普及开来[2]，纳瓦特尔语进入新的变化发展阶段，它融合了它所不具有的卡斯蒂利亚语发音，并借用了许多动词与虚词。

在这样的背景下，墨西哥城的历史上发生了一件特殊事件——1624 年暴乱[3]。1621 年就职的总督赫尔韦斯侯爵不仅负责安全问题，他还负责在墨西哥推行菲利普四世政府的新政，该政府由具有至高无上权力的奥利瓦雷斯公爵—伯爵领导。奥利瓦雷斯想改革政府，并在更加坚实有力的财政支持的基础上，实施富有野心的对外政治。新大陆与新西班牙的财富要贡献给西葡帝国的复兴。赫尔韦斯侯爵是西葡帝国的主要设计师之一，作为"典型的右翼清教徒与完美的政治家"[4]，这位总督想要改革政府部门，以整治因腐化堕落与不良管理给新西班牙造成的混乱。很快，他的措施招致墨西哥城精英的反对。赫尔韦斯对黑人、无业游民的镇压以及对居住在西班牙王国的葡萄牙人的敌视激

1　Israël, 1975, p. 177. 墨西哥城的市政当局强烈支持这一观点。AGI, México, 31,《Copiadel parezer de la ciudad de México sobre el repartimientode yndios》, novembre 1632.

2　Lockhart, 1992, p. 304.

3　1692 年的骚乱是 17 世纪震荡墨西哥的城市人民运动，参见 Israël, 1975, pp. 135-160; Gerónimo de Sandoval,《Relación del levantamiento que hubo en México […]lunes 15 de enero de 1624》, in Genaro Garcia, *Documentosinéditos o muy raros para la historia de México*, Mexico, Porrúa, 1974, pp. 263-273.

4　Israël, 1975, p. 136.

起了另一些人的仇恨。他与天主教会之间的关系也充满了变数：赫尔韦斯侯爵与墨西哥城大主教胡安·佩雷斯·德·拉·塞尔纳公开发生冲突，他想把后者从新西班牙驱逐出去。后者则要挟赫尔韦斯侯爵要开除其教籍，停止他的教权，赫尔韦斯威胁这位大主教，要取其性命。克里奥尔人权贵、听证会法官、大主教教区与世俗神职人员团结起来，一起反对赫尔韦斯这位马德里的代表。

由于这一危机使首都神职人员产生分裂，宗教领域笼罩在紧张、沉重的气氛下。耶稣会士、教区神父与天主教加尔默罗会修士决定加入大主教一方，反对圣方济各会僧侣及他们的多明我会、奥古斯丁教派同盟者。平民也行动起来保卫大主教。1624 年 6 月 15 日周一上午，印第安人、黑人与美洲印第安人—欧洲白人混血儿、贫贱者、蔬果售卖者向马约尔广场上总督秘书的车子投石块，将其视为路德派教徒与犹太教徒。众人随后又袭击了总督府。一位观察者写道，"人们发动叛乱……起义爆发"。这群人具有混合性，因而很难确定他们属于哪些人种群体。3 天前，总督府的卫兵曾使先头的示威人群散去，并逮捕了两名带头闹事者，一名为美洲印第安人—欧洲白人混血儿，另一名为菲律宾人。事件当天，除了起先参加骚乱的美洲印第安人—欧洲白人混血儿、黑人、黑白混血儿与印第安人之外，又加入了西班牙人。不可忽视的是，"反叛者中有大量白人"[1]。年轻人很多[2]。在大主教教区的神父对印第安人发表演说、鼓动他们反对总督时，在方济各会修士力图将他们带回理性时，使用的都是纳瓦特尔语。神父们侮辱圣方济各

1　García, 1974, pp. 268-269.

2　Thomas Gage,《Nouvelle relation des Indes occidentales》, in *Voyage dans la Nouvelle-Espagne, 1676*, Paris,Genève, Slatkine, 1979, pp. 237-238. 法译本于 1676 年重印。

会僧侣、将他们视作异教徒时，也使用的纳瓦特尔语。可以说，当时这一语言仍是新西班牙首都的通用语言，尽管这种语言一直在经历各种变化。

　　尽管参加游行的民众是多种族组成的平民，其中还包括权贵人士，它仍堪称墨西哥城的第一次群众游行，这不仅表现在参加者之众上（从 2 万人到后来的 3 万人），还表现在组织上 [1]。奥利瓦雷斯领导的政治改革如何导致不同群体团结起来，要求总督下台？民众的这一次游行首先体现了被操纵、干预的所有迹象。总督府的人向闹事者散发传单，告知总督的和解性决定，这一点显示了示威运动参与者完全可以读懂从天而降的传单。他们其中的一些人甚至想请求宗教裁判所法官的支持，法官们暂时使这些人平静下来。与大主教关系密切的教士的直接介入没有让人产生任何怀疑。为了使总督动摇，牧师和低级神职人员组织了"停止宗教信仰"活动，他们很有可能煽动他们门下的基督教徒反对赫尔韦斯侯爵。有几位神父甚至亲自参加了对总督府的袭击，打火枪 [2]。方济各会修士则支持总督，向敌视他们的特权与独立性的大主教一方宣战。各种迹象使人相信，最早参与骚乱的印第安人住在西班牙人城，在骚乱当日白天，来自印第安人教区的土著人对前者给予了协助，有传闻说，"圣地亚哥的印第安人发生暴动，他们拿着弓、箭和木柴，在总督府四处点火" [3]。僧侣们在掌控他们的土著信徒上的相对无力显示出一个大型的平民阶层的出现，圣胡安与圣地亚哥的

1　Israël, 1975, pp. 154, 123 (n. 55), 151.

2　García, 1974, p. 268.

3　*Ibid.*, p. 269.

印第安人也加入了这一阶层[1]。

大主教的密使或总督的敌人是否从头到尾秘密策划了针对赫尔韦斯侯爵的抗议？该事件的后续体现出操纵势力的强大。示威队伍的壮大使人们似乎摆脱了束缚，"听证会的法官们处于巨大混乱中，因为人们不再服从任何宣告、任何命令"[2]。叛乱者用新的暴力行为回应总督的让步。只有佩德罗·科尔特斯（即德瓦尔侯爵）这位墨西哥最杰出的贵族代表的介入以及方济各会修士的宗教仪式才成功平息了闹事者的叛乱，使他们撤出了广场。听证会、市政府与克里奥尔贵族最终与总督府携手合作，重新操控局势。但是，总督府自卫队并未立即清空广场，也没有正面接触叛乱民众，后者之前洗劫了总督府及总督拥护者的住宅。不清楚是出于恐惧还是出于什么其他原因使自卫队及其领导者表现出这种态度[3]。

1624 年的骚乱对于墨西哥城的市民来说是一场卓越的锻炼，使他们习得了反抗，体验到什么是群众运动，并学会了对各种象征符号的使用。皇家旗帜从一个建筑物移动到另一个建筑物：总督府阳台上的皇家旗帜被取下，在大教堂上竖立起来，之后又在市政府上竖立起来[4]。群众举起标语，高呼"基督万岁，国王万岁！"以传统方式将上帝与君主混合在一起。为使当权者失去威望，闹事者将赫尔韦斯的忏悔

---

1 僧侣们失去影响，这一点表现在俗间神职人员的行动上，也表现在耶稣会为从大主教那里得到他从方济各会修士手中抢走的印第安人教区而施加的压力上。教会领域的紧张状态在混合的城市平民阶层的形成中发挥了一定的作用。

2 García, 1974, p. 268.

3 这种无能在几个月后重复出现，1624 年 10 月，群众转向另一方，在赫尔韦斯侯爵短暂地重返职位时，群众为他欢呼喝彩。

4 Israël, 1975, pp. 152, 154.

神父这位方济各会修士视为异教徒。赫尔韦斯侯爵本人也没有被他们放过："这个异端的路德派教徒去死吧！"这种使群情激愤的宗教推动力再加上墨西哥城中到处在墙上张贴的抨击文章与嘲讽话语颇具煽动性。这一切形成了相当少见的政治批评氛围，使该城平民熟悉了一些行为、口号与诉求，而这些在此前对于他们来说是全然陌生的。

墨西哥城反抗西葡帝国？

1624 年的叛乱首先是政治性的。有些人甚至认为它是一场革命[1]。显然，它既非源于经济原因而爆发，也非为了解决经济问题而发动，因为叛乱者并未针对广场上的食品店与杂货摊[2]。这第一次尝试却写下浓墨重彩的一笔：在新西班牙，墨西哥城民众第一次走上城市街头，意欲推翻总督。在西葡帝国，马德里推行的改革与整顿计划第一次被地方力量破坏。可以说，这次叛乱清晰地建立起对西班牙在西葡帝国进行的整体重组的反抗。它意欲使赫尔韦斯侯爵这位西葡帝国的代表下台。这位 64 岁的军人在西葡帝国的巨大舞台上是一位重要人物：他参与过 1580 年对葡萄牙的入侵，加入西班牙无敌舰队，先后在佛兰德斯、西西里、米兰与阿拉贡身居要职。赫尔韦斯是那些在职业生涯中获得了对西葡帝国及世界的整体认识的帝国精英的代表，但墨西哥城的人们却对他比昔日曾抓住过他的荷兰人更加固执、不留情面。在墨西哥城，叛乱者高呼"让你（指赫尔韦斯）的恶劣政府见鬼去吧！"赫尔韦斯最终宣布废除 3 年来实行的各项措施。对总督府这一皇家权

1　Israël, 1975, p. 160.

2　*Ibid.*, p. 159, n. 79.

力象征的攻打与洗劫、对侯爵本人的各种威胁——"抓住总督！"[1] 都表
达了对奥利瓦雷斯、赫尔韦斯侯爵及其顾问这些帝国官僚实行的政策
的否定与抛弃[2]。当时欧洲冲突将西班牙卷入其中，墨西哥自然也受到
影响：荷兰人在太平洋沿岸威胁阿卡普尔科，而且还在墨西哥湾水域
游荡。阿卡普尔科于 1624 年 9 月遭到他们的袭击，4 年后载着巡察官
卡里略与前任总督的舰队被皮特·海因与荷兰西印度公司的船队拦截。
奥利瓦雷斯的新政在欧洲与美洲前沿继续实施，如 1625 年西班牙人收
复了巴西萨尔瓦多，他们将荷兰人逐出巴西首都，算是对他们在墨西
哥城遭遇的失败的补偿。

　　新西班牙的影响波及西班牙帝国在全球范围内的重组。在西班牙
帝国的殖民地，菲利普二世的孙子菲利普四世的决定并不比菲利普二
世的决定更容易执行。墨西哥城不是个平静的地方。1565 年，那里的
平民曾发起对印第安人统治者的反抗。近 60 年后，墨西哥城平民再次
向总督府发动袭击，他们集结了该城市的新的参与者——欧洲人、黑
人、黑白混血儿、美洲印第安人—欧洲白人混血儿与亚洲人。每次叛
乱都反映了欧洲与新西班牙之间的联系，西葡帝国的政治加快了社会
与种族的重组。社会与种族的重组促进了新的群体、新的集体行为的
产生[3]。地区的演变发展与全球的影响在墨西哥城汇合，混合的影响与

1　García, 1974, p. 268.

2　在总督的顾问中，"有一位来自中国的检察官，他将出席巴拿马的听证会"（García, 1974, p. 271），还有舰队的官员；受总督信赖的巴托洛梅·德·布尔吉略斯曾在日本管理一个大使馆（Israël, 1975, p. 145）。赫尔韦斯侯爵的敌人们还属于在菲律宾谋求职位的洲际关系网络。赫尔韦斯的决策所针对的葡萄牙人也在这一骚乱中发挥作用（Israël, 1975, p. 123）。

3　关于这位伯爵—公爵的政策，参见 John H. Elliott, *The Count-Duke of Olivares. The Statesman in an Age of Decline*, New Haven et Londres, Yale University Press, 1968.

伊比利亚全球化的影响相互交织。

从那不勒斯到利马，从里斯本到马尼拉，其他城市的人们也受到西葡帝国改革的影响。之后，1647 年马萨尼埃罗在那不勒斯发动叛乱，它既是对奥利瓦雷斯的一系列帝国政策的反击，也是对人民之间的联盟的彰显，后者将工匠、行会集结到"贫困、无职业资格认定的无产者"[1]一方。"那不勒斯人民的团结一致虽然是有限的、暂时的，却不可抹杀马萨尼埃罗的历史功绩"。此外，不可忽视的是，导致这场叛乱的外部原因。在那不勒斯正如在墨西哥城，暴动使异质群体聚合起来，改变了社会面貌，而且，这两大城市的叛乱均发生在跨大洲的背景下，它们与西葡帝国意欲展开的全球统治密不可分。

1　Aurelio Musi, *La rivolta di Masaniello nella scena politica barocca*, Naples, Guida Editori, 1989, p. 118

第 5 章

"在你那里，西班牙与中国连接起来"

17世纪初，人们站在墨西哥城的角度如何理解这个世界？墨西哥城精英受到发生在遥远地方的事件的影响了吗？他们对来自大西洋彼岸的争论与信息感兴趣吗？他们想与西班牙及"世界的其他部分"维系怎样的关系？贝尔纳多·德·巴尔布埃纳的回答很简洁：

> ……墨西哥城，你将世界平分为二。
>
> 在你那里，西班牙与中国连接起来，
>
> 意大利与日本连接起来，
>
> 总之，整个世界充满联系与规则[1]。

世界的分界线

在巴尔布埃纳热情的笔下，墨西哥城处在遍及全球的商人网络的中心。它成为世界的四个部分之间彼此相遇的地点：东面有信仰天主

1　Balbuena, 1990, pp. 91, 79.

教的欧洲的大片土地、西班牙与意大利；西面有中国和日本，那里带来了商业与宗教上的惊人前景。诗人巴尔布埃纳用到"连接""汇合"[1]"相互联系"与"共同规则"这些词语。将墨西哥城视为世界的分界线的这一新的地理认知承载了无限的财富。东方与西方的财富在这个城市汇合，保证了它的奢华与繁荣[2]。

数年后，1612 年，加尔默罗会修士安东尼奥·巴斯克斯·德·埃斯皮诺萨谈到"（墨西哥城）与西班牙、秘鲁、菲律宾、危地马拉、尤卡坦半岛、塔巴斯科及整个新加利西亚与比斯凯王国都维系了频繁的贸易往来"[3]。这里，与世界其他国家之间的联系被用"*correspondencia*"一词来表达，它夸张地表现了交换、商业联系的概念，似乎在墨西哥城的影响中商业是第一位的。1625 年，多明我会修士、英国人托马斯·盖奇对墨西哥城有过更细致的判断，但与西班牙的谄媚者们是一致的："贸易使墨西哥城成为世界上最富有的城市之一，在北海（指大西洋）上，每年有 20 艘从西班牙出发的远洋船到达这里……它们不仅载有宗主国的优质商品，而且还有其他基督教国家的优质商品……通过南海（指太平洋），墨西哥城与秘鲁的所有商业区展开贸易，而且还与东印度群岛进行贸易，在那里的葡萄牙人所居住的地方（如日本和中国，以菲律宾为中途停留地）发掘最珍贵的财富。"这也解释了当时

1　这些词语可参见词典：Sebastián de Covarrubias, *Tesoro de la lengua castellana o española,* Barcelone, Editorial Alta Fulla, [1611] 1993, pp. 744, 470, 976; *Diccionario de Autoridade*s, Madrid, Real Academia Española, 1732, pp. 295, 331.

2　Balbuena, 1990, p. 91.

3　Antonio Vázquez de Espinosa, *Compendio y descripciónde las Indias Occidentales*, Madrid, Biblioteca de Autores Españoles, Atlas, [1629] 1969, p. 110.

墨西哥城里有"技艺超群的中国金银工匠"[1]的原因。

> 墨西哥城是我们所有人的家乡、所有人的栖息之地，
> 那里是西班牙的瑰宝，是广袤世界的中心[2]。

墨西哥城是洛伦佐·乌加特·德·洛斯·里奥斯在其写给巴尔布埃纳的赞歌里想象的墨西哥城？还是多题材作家阿里亚斯·德·维拉罗伯斯以"黄金时代新大陆的罗马……新威尼斯、新雅典"所描述的墨西哥城？[3]的确，墨西哥城从伊比利亚全球化的发展所引起的中心偏移中获益，催生了人们对世界的新视域，使西方人的视域不再限于欧洲范围。这一点的影响可见于印第安人官方编年史作家安东尼奥·德·埃雷拉的《通史》中的地图。美洲大陆是这个世界地图的中心；右面只有西欧的西海岸，另一侧则是延伸至中国与日本沿海地区的广阔的太平洋。在新大陆的中心，目之所及不可避开的是新西班牙的首都、帝国的城市——墨西哥—特诺奇蒂特兰[4]。1618 年前后出版的彼得鲁斯·贝尔蒂乌斯地图也是如此。

1　Thomas Gage, *Nuevo reconocimiento de los Indias occidentales*, Mexico, SEP/80, [1648] 1982, p. 179; Vera Valdés Lakowsky, *De las minas al mar. Historia de la plata mexicana en Asia: 1565-1834*, Mexico, FCE, 1987.

2　*Ibid.*, p. 9. 也可参见同一时期的 Baltasar Dorantesde Carranza, *Sumaria relación de las cosas de la Nueva España*, Mexico, Jesús Medina, [1604], 1970, p. 115："这里是西班牙、法国、意大利、罗马和佛兰德斯"。

3　Arias de Villalobos,《Canto intitulado Mercurio》, in *Obediencia que México [...] dió a Philippe IV*, Mexico, Diego Garrido, 1623.

4　Antonio de Herrera, *Historia general de los hechos de loscastellanos en las islas i Tierra Firme del Mar Oceano*, Madrid, 1601.

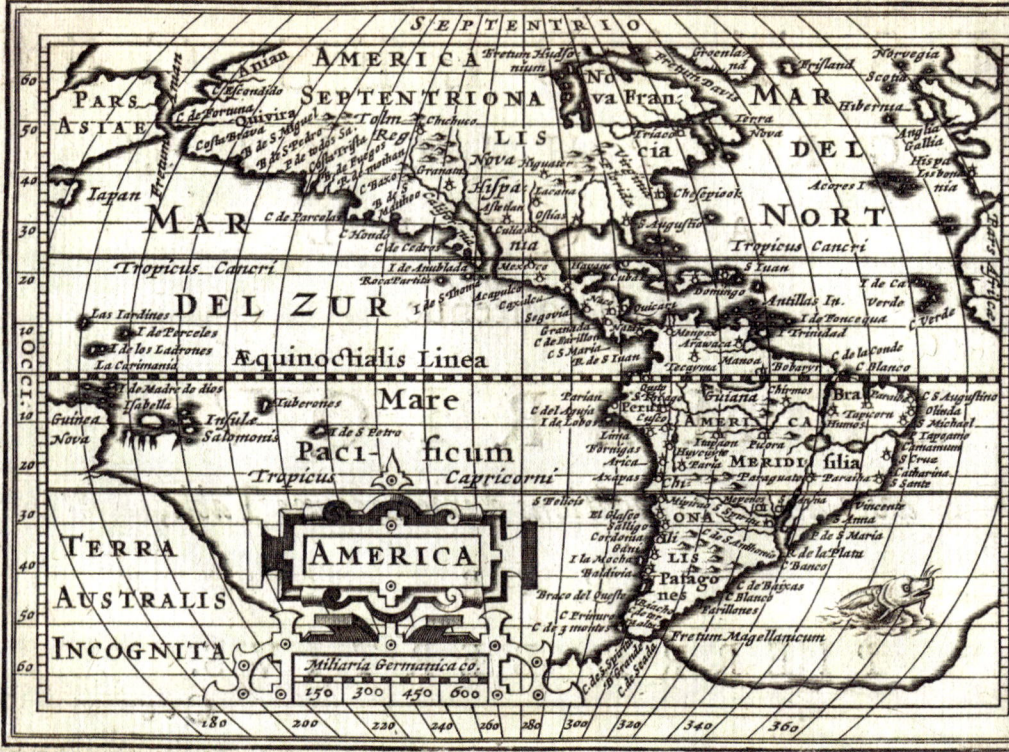

彼得鲁斯·贝尔蒂乌斯：美洲，地理表
选自安东尼奥·德·埃雷拉：《西印度群岛描述》
1618—1619 年
阿姆斯特丹

而且，墨西哥城并非是将自身所在地区转变成西葡帝国中心的唯一一个城市。里斯本的称赞者解释说，特茹河港是西葡帝国为向世界各地"运输其武器与船舰而设置的最佳港口"，里斯本"在欧洲所有城市进而在全世界的所有城市中应被赋予重要性"[1]。帝国的另一个首都那不勒斯的捍卫者也竞相提出，帕特诺珀拥有世界上最美妙的风景，它汇集了"世界上所有的好东西"，一句话，"那不勒斯是整个世界"[2]。我们甚至还可以在西葡帝国中心城市的名单上加上利马、波托西和果阿，它们都笼罩在全球的巴洛克风格中。此外，还可以思考这些半真实、半虚构的所谓中心城市的不断增加是否构成了伊比利亚全球化的驱动力之一。

人的连接

从非洲输入的奴隶、菲律宾的"印第安人"、日本密使、即将出发去亚洲的传教士，这些人遇到来自秘鲁与加勒比海地区的访客与商人。墨西哥城人熟悉了来自"世界其他部分"的人的面孔及各种产品。新西班牙并非只与卡斯蒂利亚建立联系。葡萄牙人，特别是新的基督教徒（指西葡帝国中原本信仰犹太教或伊斯兰教，后皈依天主教的教徒）在新西班牙建立侨民群体，这些人并非默默无闻，他们有好有坏。新西班牙王国还与整个西印度群岛建立了关系。那些有才能的讲道者从

1　Luís Mendes de Vasconcelos, *Do sítio de Lisboa, Diálogos*, édit. par José da Felicidade Alves, Lisbonne, Livros Horizonte, [1608], 1990, pp. 34-35.

2　Giulio Cesare Capaccio, *Il forastiero. Dialogi*, édit. par Franco Strazzulo, Naples, Franco di Mauro [Gio. Domenico Roncagliolo, 1634], 1993, pp. 940, 932.

世界的一个部分去往世界的另一个部分，如胡安·罗德里格斯·德·莱昂，他是博学者安东尼奥·德·莱昂·派内格的兄长。胡安出生在里斯本，他被"尊崇为最博学的教士之一"[1]，他起先住在利马，并获得了圣马科斯大学博士学位。他在安第斯地区的那些大城市布道，然后进入马德里宫廷，他在那里的讲道为其赢得声誉。得益于墨西哥城大主教的保护，他在新西班牙定居下来，并得到普埃布拉富有的大教堂的议事司铎的职位[2]。墨西哥城人也在那里，这一点我们没有料到。1612—1615年，船长罗克·德·查韦斯·奥索里奥到访巴西北部。这位军人"生于墨西哥城，他的祖辈是西班牙征服者"，他对亚马孙三角洲与大帕拉地区的河流展开探险。他甚至学习了"图皮南巴斯语"。回到墨西哥后，他出色而忠诚的履职使其得到"墨西哥城附近"[3]富足的塔库巴与特拉潘特拉区的土地。新西班牙拥有太平洋的资源，它很早就开始被开发利用。广袤的太平洋也许与加勒比海水域、大西洋相比，较少有人涉足，但是正是通过太平洋，新西班牙与安第斯地区的联系得已建立，也正是通过太平洋，从新西班牙出发可以抵达亚洲。

人们在不同大洲之间的往来建立起关系网络，这为信息与智识提供了持续的资源。对于奔赴亚洲的西班牙传教士来说，新西班牙是途中的必经一站。而在回欧洲的途中，他们通常被禁止走葡萄牙人的路线。于是，他们重新穿越墨西哥，在漫长的旅程中，从阿卡普尔科经墨西哥城到维拉克鲁斯。根据指派，在墨西哥城履职的教士、王室代

1　José Toribio Medina, *La imprenta en México (1539-1821)*, II (1601-1684), Mexico, UNAM, 1989, p. 184.

2　Magdalena Chocano Mena, *La fortaleza docta. Eliteletrada y dominación social en México colonial (siglos XVI XVII)*, Barcelone, Bellaterra, 2000, p. 307.

3　Vázquez de Espinosa, 1969, p. 60.

表在安第斯山脉、拉普拉塔河、巴拿马地峡、加勒比海、菲律宾之间迁移[1]。西班牙商人、葡萄牙商人、塞维利亚与加的斯的送货商使用了欧洲与美洲、美洲与非洲，甚至还有美洲与亚洲之间的其他关系网络。此外，印第安人的财富与相对的和平也吸引了文人与艺术家。墨西哥城接收的画家如安特卫普人西蒙·佩林斯、宇宙志专家如汉堡人海因里希·马丁、拉曼查诗人如贝尔纳多·德·巴尔布埃纳，还有小说家如塞维利亚人马特奥·阿莱曼，后者创造了以流浪、冒险经历为题材的流浪汉文学。

信息与书籍

如人的往来一样，书信的往来在墨西哥城、伊比利亚半岛、加勒比海地区、南美洲、马尼拉、中国、日本之间维系了信息的分散流动[2]。这些信息交换并不总是涉及全球时事，但是它们体现出新大陆可以了解到大西洋彼岸发生的事情，而且常常包括最微小、隐秘的细节。通过一些佛兰德斯人（他们没有完全断绝同信奉异教的同胞与亲属的联系），新教国家的消息也传到墨西哥城。墨西哥城被迫改信天主教而暗地里依然信奉原来宗教的犹太人则是其他领域的代理人，他们与葡萄牙世界及遥远的荷兰有联系。在更加符合惯例的方面，行政联系与教会的联系带来官方与半官方的信息，它们涉及政治生活、宫廷、欧

1　同样在葡萄牙帝国，人员也在流动。从巴西到黑非洲、葡属印度、摩鹿加群岛，再到日本南部。参见 Russel Wood, 1992.

2　参见如下图书中收录的私人信件：Enrique Otte, *Cartas privadas de emigrantes a Indias 1540-1616*, Mexico, FCE, 1996.

洲战争、福音传教的进展与潜在希望。在相反的传播方向上，各种报告与信件向欧洲会合，使西班牙王室知晓其领地的状况。

17世纪初，对来自世界各地的信息感兴趣的墨西哥城精英还可以在庞大的图书馆里找到符合自己品味的图书。在墨西哥城，基督教各个主要修会[1]与耶稣会的藏书、个人的藏书、总督的藏书涵盖了各种可供参考的图书。它们打开了读者对世界的想象，还使他们足不出城便知世界大事。而且，印刷厂厂主、书店老板与大量从事近程与远程大宗图书贸易的书商也提供了很多书籍。1573年前后，宗教裁判所进行的一项调查提供了拥有许多书籍（其中含有禁书）的人与机构的详细清单[2]。许多僧侣、神父、高级官员，还有个人、学生、学校教师、公证人、医生、药剂师、商人、裁缝、铁匠、车夫，甚至还有一些贵妇，他们构成了墨西哥城读者的众生相。他们几乎所有人都拥有包括伊拉斯谟的大量著作在内的一些可疑图书。对寄到墨西哥城书店的图书进行的清点，加上宗教裁判所对一些图书的查封，完成了这次局部性查验。荷马、亚里士多德、斯特拉波、托勒密、老普林尼等人的伟大经典作品都是富有盛誉的书目，此外还有中世纪与文艺复兴时期所更新的宇宙志文献。充满悖论的是，这些图书似乎比对世界的新的描述一类的图书产生了更多的影响。不论在罗马还是在新西班牙，古希腊、古罗马文化都被推崇备至，以至于美洲印第安人—欧洲白人混血儿也感到需要以暗喻方式将特拉斯卡拉的印第安土地的历史介绍到阿塔克

1　关于圣克鲁斯·德·特拉特洛尔科修会的藏书，参见 Miguel Mathes, *La primera bibliotheca académica de América*, Mexico, Secretaria de Relaciones Exteriores, 1982.

2　Francisco Fernández del Castillo, *Libros y libreros en elsiglo XVI*, Mexico, FCE, 1982, pp. 554, 473-495.

斯国王统治下的波斯[1]。在这些主要著作之外，还有欧洲出版的新东西。

当时怎样了解到欧洲及全世界较近期的历史？通过西班牙的出版物就可以，如冈萨洛·德·伊莱斯卡斯的不可绕开的《教皇和天主教历史》（从最早的教皇直到卜尼法斯八世的历史）[2]、意大利的出版物如保罗·乔夫的《世界编年史》（该学者的这部长篇巨著被欧洲与美洲的图书馆收藏[3]），后者关注"之前五十年里世界各地发生的各种事情"，这一庞大的创作计划方便了著述的展开。

其他的著述也体现了作者们的抱负与读者们的好奇心，如胡安·德·皮内达的《教会君主国与世界通史》[4]、乔瓦尼·博特罗的《世界的描述》[5]、奥古斯丁教派修士杰罗尼莫·罗曼·伊·萨莫拉（系拉斯·卡萨斯的作品的伟大的阅读者）的《世界共和国》[6]、佩德罗·梅西亚的《帝国历史与恺撒》[7]、安东尼奥·德·埃雷拉的《世界通史》[8]。还有那些用"托斯卡纳方言"撰写的著述，如可能是由保罗·乔夫撰写的《世界历史》[9]。在这一系列著作中，出现了一些禁书，在当时大多被撤

---

1 Muñoz Camargo, 1984, p. 33.

2 González Sánchez (2001), pp. 248, 216 (1583), 224 (1605): 5 册。该著作于 1569 年在萨拉曼卡出版。

3 *Ibid.*, pp. 103, 220 (1584), 224 (1605): 16 册；Fernández del Castillo, 1982, p. 407. 很有可能涉及如下书目：*Segunda Parte de todas las cosas sucedidasen el mundo en estos cincuenta años de nuestro tiempo*, Salamanque, 1563. 同一作者的另一著作也有传播：*Historia de Europa en toscano* (Fernández del Castillo, 1982, p. 407)

4 González Sánchez, 2001, 12 册；*Ibid.*, pp. 230, 217 (1583).

5 *Ibid.*, pp. 103, 223 (1605).

6 *Ibid.*, p. 253. 该作品出版于西班牙的麦地那·德尔·坎波。Francisco del Canto, Medina del Campo, 1575.

7 *Ibid.*, p. 250；Fernández del Castillo, 1982, p. 379.

8 González Sánchez (2001)., p. 228 (1603).

9 *Ibid.*, p. 241.

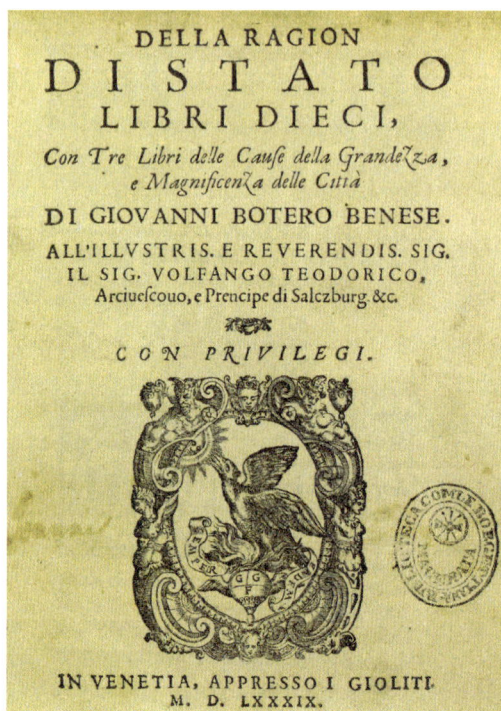

乔瓦尼·博特罗:《世界的描述》
1595 年
维琴察

出图书流通领域。如胡安·卡里翁的《世界编年史合集》一书，1573年弗朗西斯科·德·特拉扎斯手中有一木，另一本则在教士弗朗西斯科·鲁伊斯手中[1]。1580 年后，人们可以通过阅读那些论述葡萄牙王国与西班牙王国之间结盟的图书来了解葡萄牙，如伊西德罗·韦莱斯克斯的著作、弗朗西斯科·迪亚斯·德·巴尔加斯的《论葡萄牙战争》[2]。

　　意大利半岛并非仅仅被诸如保罗·乔夫[3]、弗朗西斯科·吉沙尔丹、乔瓦尼·博特罗这些著名的意大利历史学家所了解。马基雅维里的著作[4]被宗教裁判所与西班牙帝国思想家所不耻，在墨西哥，它们被人们私下阅读。意大利的战斗英雄是美洲的西班牙殖民者的远亲，后者的子孙不断歌颂他们的壮举与功绩。其中最为著名的如冈萨洛·埃尔南德斯·德·科尔多瓦，很少有机会触摸到佩剑的美洲西班牙人对这位伟大的船长颇感兴趣。他们通过阅读见多识广的保罗·乔夫的《冈萨洛·埃尔南德斯·德·科尔多瓦的生活与编年史》来想象他的赫赫战功[5]。又如人们阅读安东尼奥·弗洛雷斯的《弗朗西斯科·吉沙尔丹的历史》，它"尤其论述了这位伟大的船长在那不勒斯王国的探险"[6]。还有人阅读保罗·乔夫的令人激动的《赫尔南多·德·阿瓦洛斯船长、佩斯

1　González Sánchez, 2001., p. 473 et 476, 题目为"世界编年史合集"。*Crónicas todas de lmundo*, p. 478.

2　*Ibid.*, pp. 218 (1583), 219 (1584).

3　诺塞拉主教写作了如下著作：*Commentario de lecose de' Turchi a Carlo Quinto*, Venise, 1538. 书中有佛罗伦萨人安德里亚·坎比尼（Andrea Cambini）针对土耳其人与奥斯曼帝国的起源的评论。

4　Fernández del Castillo, 1982, p. 325.

5　González Sánchez, 2001, p. 228.

6　*Ibid.*, p. 234.

卡拉侯爵的历史》[1]。那些想全面了解那不勒斯王国历史的读者则阅读潘道夫·卡莱努西奥的《那不勒斯王国史》[2]。那不勒斯是西班牙帝国最美好的地方之一，16 世纪初这里有许多西班牙人享有盛誉。其他一些作品引导印第安人读者在书中游历意大利半岛的其余部分，如弗朗西斯科·吉沙尔丹书写了佛罗伦萨的历史[3]，亚历山德罗·安德里亚在《罗马战役》中书写了罗马[4]，此外，还可以阅读马耳他岛的历史[5]。托马斯·塞利乌斯书写的《悼词》中讲述了另一位伟大的船长亚历山大·法内塞（1545—1592）的一生[6]，他从意大利到佛兰德斯，展现了欧洲的其他战争。《佛兰德斯的叛乱》恰好对之进行了补充[7]。

英国历史则没有同样的待遇。对该岛事务感兴趣的读者不得不阅读耶稣会士佩德罗·德·里巴迪内拉的《英国教会分裂史》[8]。这一反对新教徒的布道书出版于 1588 年[9]，讲述了天主教徒在亨利八世与伊丽莎白统治下的英国所遭受的迫害。齐马尔帕赫恩也许在其中找到关于亨利八世与欧洲朝代史的参考内容。

关于土耳其世界，在勒班陀战役胜利后，印第安文人阅读了葡萄牙编年史作者杰罗尼莫·科尔特·雷亚尔在《天主赐予奥地利的胡安

1　González Sánchez, 2001, p. 235.

2　*Ibid.*, p. 227.

3　*Ibid.*, p. 228.

4　*Ibid.*, p. 226.

5　Fernández del Castillo, 1982, p. 441.

6　González Sánchez, 2001, p. 239.

7　Fernández del Castillo, 1582, p. 407.

8　González Sánchez, 2001, p. 239.

9　*Ibid.*, p. 128.

在勒班陀湾的辉煌胜利》[1]中讲述的该事件。虽然这次胜利并没有产生什么实际后果，但是对它的"宣传"却是全球性的，从墨西哥传播到日本后，画家们纷纷以这一战役为主题创作色彩绚烂的屏风画。

当时在墨西哥城能读到哪些关于亚洲的图书？首先，有关于圣地的图书[2]，还有关于亚洲大陆历史的图书，如鲁伊·冈萨雷斯·德·克莱维霍的《帖木儿帝国史》[3]，又如胡安·冈萨雷斯·德·门多萨写作的关于中国的畅销书《中华帝国之风物与礼俗》（罗马，1585）[4]。针对西班牙统治的亚洲，不可绕开的一本书是耶稣会士佩德罗·奇里诺的编年史《菲律宾群岛描述……》（罗马，1604）[5]。在墨西哥城，西班牙王室效忠者安东尼奥·德·莫尔加的《菲律宾群岛大事记》一书更容易找到（墨西哥城，1609）[6]。该书针对西班牙人在菲律宾群岛的统治有生动的细节描写，摆脱了耶稣会士在历史编纂中通常使用的简化模式。西班牙人统治的亚洲只是亚洲的一小部分。了解葡萄牙人杰罗尼莫·科尔特·雷亚尔[7]的著述并阅读《对第乌的第二次围攻的真实历史与大事记》中描述的夺取第乌这一葡萄牙扩张中的关键一步，可以初步认识

1　*Felicíssima victoria concedida del cielo al señor don Juand'Austria en el Golfo de Lepanto, Ibid.*, p. 227.

2　*Las Tierras de Jerusalem*, in Fernández del Castillo, 1982, pp. 471, 379.

3　González Sánchez (2001), p. 215 (1583). 1582 年该书在塞维利亚出版，使西班牙读者了解到卡斯蒂利亚的亨利二世于 1403 年派往鞑靼帝国的使团。Valladares, 2001, p. 6, n.18.

4　*Historia de las cosas mas notables, ritos y costumbres delgran reyno de la China, Ibid.*, p. 235.

5　*Relación de las islas filipinas y de lo que en ellas han trabajado los padres de la Compañía, Ibid.*, p. 233.

6　Antonio de Morga, *Sucesos de las Islas Filipinas*, Madrid, Gerónimo Balli, 1609. 我参考的是如下版本：Ediciones Polifemo, Madrid, 1997.

7　González Sánchez, 2001, pp. 245, 227.

葡萄牙人统治的亚洲。印度总督阿方索·德·阿尔伯克基的《评述》对世界的这个部分的历史给出了一种整体观点[1]。针对药用植物，如果看不到加西亚·达·奥尔塔在遥远的果阿出版的不朽著作，就不得不阅读克里斯托瓦沃·德·阿科斯塔在布尔戈斯出版的、带有精美插图的《论东印度群岛的药物与药用植物》。该作品吸引了墨西哥城医生与他们的许多患者的兴趣[2]。葡萄牙文学中的杰作如卡蒙斯的《葡国魂》（定期在墨西哥城书店有售）难道不令人梦想在东方的探险吗？[3]耶稣会士约翰内斯·彼得鲁斯·马菲的《印度历史》是传播较广的一本编纂集，通过收录的一些伟大的文本，详述了长期以来葡萄牙人在世界的这一部分的军事行动，该书取得巨大成功[4]。而以新大陆本身为主题的著述，墨西哥读者则难以取舍。其中重要的作者有费尔南德斯·德·奥维耶多、洛佩斯·德·戈马拉[5]、拉斯·卡斯，有关于美洲发现的记述（《发现印第安人》）、关于智利的史诗（《阿劳卡纳》），有墨西哥编年史（加布里埃尔·拉索·德·拉·维加的《征服墨西哥》[6]），还有安第斯地区编年史（《征服秘鲁》《征服智利》），以及保罗·乔夫的散文（《哥伦布

1　*Verdadera historia y admirable suceso del segundo cercode Diu, Comentarios do Grande Afonso Dalborquerque, capital geral da India...,* Lisbonne, 1557 et 1576; *Laconquista de la India de Portugal*, dans Fernández del Castillo, 1582, p. 394.

2　González Sánchez, 2001, pp. 213 (1583), 226, 242, 223 (1605). 该作者指出，这一著作一共出版的 7 册书中有 3 册于 1604 年被记载在利马的佩德罗·杜兰戈·德埃斯皮诺萨（Pedro Durango de Espinosa）的清单上（p. 226）。继 1588 年被翻译成拉丁文出版后，它于 1589 年被翻译成意大利文出版。*Leistorie delle Indie Orientali* , Florence, 1589.

3　*Ibid.*, p. 227.

4　*Historiarum Indicarum libri XVI, Ibid.*, p. 229; Alonso de Orozco, une *Historia de la reinade Saba* (p. 238).

5　Fernández del Castillo, *Conquista de México*, 1982, p. 398.

6　Fernández del Castillo, 1982, p. 349.

发现圣多明各海岸》[1]）。

　　无论在诗人笔下，还是在历史学家笔下，墨西哥人对亚洲的好奇都少于对西班牙的好奇，多于对葡萄牙、英国、法国与意大利的好奇。此外还有不涉及历史学、地理学抱负的大量著述，它们对世界的构想也不可忽视。如《奥兰陀的疯狂》《古斯曼·德·阿尔法拉奇》这两部作品，二者在内容与思想上全然对立，一个是史诗，另一个属于流浪汉文学[2]。

世界的人文景象

　　墨西哥城人并不局限于通过与旅行者之间的贸易以及阅读书籍来了解世界。西班牙帝国举行的轰动一时的几场庆典仪式使墨西哥城不同种族的精英与群众也加入进来，至少涉及 4 场比较重要的庆典仪式：1539 年为法国与神圣罗马帝国在尼斯签订和平条约（1538 年 6 月 18 日）而举行的仪式、查理五世的葬礼（1559）、为庆祝勒班陀战役胜利而举行的仪式（1571）[3]、为接受耶稣会士带回的圣骨而举行的仪式（1578），这些奢华的庆祝仪式向新西班牙首都居民阐释了世界。

1　*Historia de C. Colón cuando vino a descubrir la costa de Santo Domingo*, in *Ibid.*, p. 373.

2　*Ibid.*, pp. 445, 269.

3　Domingo Chimalpahin, *Las ocho relaciones y el memorial de Colhuacan*, édit. par Rafael Tena, Mexico, Conaculta, 1998, II, p. 241.

迭戈·费尔南德斯:《秘鲁历史》
1571 年
塞维利亚

16 世纪 30 年代末，在特拉斯卡拉[1]和墨西哥城，西班牙人、印第安人、美洲印第安人—欧洲白人混血儿都对洲际时事非常敏感，或者确切地说，对天主教会与西班牙帝国的全球事务非常敏感。面对伊斯兰教及其威胁，他们借助群众戏剧的威慑力量，调动几千名工匠[2]，使用了大量群众角色、音乐、舞蹈、人工装饰。"大型布景装置，像大楼一样高"，它营造的特殊效果给人以深刻印象：1539 年，在墨西哥城市中心，人们为帆船而惊叹，"它们在广场上模拟在水上的行驶"，仿佛在一场疯狂的航海竞赛中一般。在为庆祝查理五世与弗朗索瓦一世签订和平条约举行的仪式上，有战斗表演，它谴责了穆斯林敌人，反复灌输给观众从西班牙皇帝与天主教会角度出发的历史观。这也是按照西班牙王室的意图对国际关系进行集体性阐释的一次机会。印第安群众了解到西班牙帝国皇帝的同盟者与敌人，他们参与到新西班牙加入世界舞台的进程中，他们在西班牙皇帝一方，而且这一方还包括法兰西国王、匈牙利国王，在表演中，他们"都头戴王冠"[3]。

查理五世的葬礼则更为矫揉造作。有图像、铭文、音乐、公开的仪式，全部经过精心策划。墨西哥城的居民被邀请参观为该葬礼而构思的绘画与各种具有寓意的装饰。人文学者塞万提斯·德·萨拉萨尔于

---

1 欧洲基督教国家与地区（卡斯蒂利亚、莱昂、德国、罗马、意大利、法国、匈牙利）的军队与墨西哥（包括华斯台卡人、坎波拉人、密克斯特克人、塔拉斯克人、危地马拉人）、秘鲁、古巴、圣多明各的军队并肩作战。他们一起抗击苏丹的军队、叙利亚人、大马士革人、加利利人、犹太省（罗马行省）人、撒玛利亚人。Motolinía, 1971, pp. 106-109.

2 Bartolomé de Las Casas donne le chiffre de 50 000 artisans（Las Casas, 1967, I, p. 334）.

3 Motolinía, 1971, pp. 109-110.

1560 年在墨西哥城出版的著作[1]中记录了该葬礼的一些蛛丝马迹，展现了查理五世在大西洋彼岸所获得的荣耀。在圣弗朗西斯科修道院教堂，竖立起追思台，上面装饰着绘画与铭文，它们记述了这位伟大帝王的功绩与德行。博学和想象力丰富的塞万提斯·德·萨拉萨尔与天才和全心投入的建筑师克劳迪奥·德·阿西涅加相结合，完成了这项政治宣传工程，向 4 万多公众阐释了他们与西班牙王室之间存在的或被认为存在的联系，"即使他们与国王本人之间的距离相当遥远"[2]。

这项群众活动产生了巨大影响。总督命令全城居民无论身份与种族，一律服丧。该信息的一部分明确针对印第安人贵族，他们借此机会集结起来。其中，最显赫的成员克里斯托瓦尔·德·古斯曼、安东尼奥·科尔特斯、赫尔南多·皮门特尔都参加了丧礼，戴重孝。行走在他们身后的是 200 多位土著领主，态度"沉默而忧伤"，送葬队伍中足有 2000 多位贵族[3]。

该仪式向这群悲伤的贵族与其余的参加者阐释了什么？通过铭文、象征、徽标与绘画各种表现形式，向印第安人与西班牙人讲述了以查理五世一生为中心的欧洲关系史。在一幅展现帝国世界的画作上，它分成新世界与旧世界，由一位帝王所统治。旧世界由西班牙、欧洲列强与欧洲之外的列强所代表，而查理五世的影响遍及各处。在主礼拜堂的柱子下面，两幅画作展现了英国、法国与奥斯曼土耳其帝国对查理五世的臣服[4]。在追思台上，一幅画展现了宗教战争中查理五世的敌

1　*Túmulo imperial de la gran ciudad de México*, Mexico, Antonio de Espinosa, 1560. De larges extraits dans García Icazbalceta, 1981, pp. 161 et *sq.*

2　*Ibid.*, pp. 164, 178.

3　*Ibid.*, p. 180.

4　*Ibid.*, p. 169.

查理五世的追思台
选自《帝国灵台》
1560 年
墨西哥城

人们的命运：在追思台的入口，查理五世在台阶上的祭台前上香，被
征服的路德派教徒在焦急地等待，他们是被缚住的萨克森·让—弗雷
德里克公爵与德国黑森诸侯[1]。塞万提斯·德·萨拉萨尔对该画的解释
为："显示了查理五世皇帝为侍奉上帝而使两位强势的贵族臣服于自
己，并迫使他们认识到我们神圣的信仰。"[2]可以想象，墨西哥的王公贵
族在看到这些绘画时对两位德国贵族的命运应该不会无动于衷。

全球形象建立起一个重要的装饰元素。在追思台入口处的三角楣
上有信息女神的图像（也许是一个雕像），"她的上臂与脚上都有翅膀，
她的身上有眼睛、舌头，她从一个开放的球上飞起，吹奏着小号"[3]。上
方的一段拉丁语铭文讲述了查理五世皇帝在两个大洲的征服与成功，
他被称为奥古斯都·马克西姆斯的、印第安的、土耳其的、非洲的、
日耳曼的恺撒。他的凯旋胜利者形象被加以呈现，谨慎地避开了他的
失败与溃逃的经历，透过帝国与天主教会的历史，展现了 16 世纪的面
貌。这里所传递的信息很清楚，是反新教、反土耳其、反法国的。印
第安人与西班牙人不会对攻占突尼斯、拉古莱特视而不见，也不会对
被赶走的黎波里的元首德拉古特充耳不闻，而且还应对克利夫公爵领
地发生的事有所了解。此外，还应知晓帝国胜利的华章——使弗朗索
瓦一世在帕维亚耻辱败北。

另一幅画展现了"新世界"，它不可避免地涉及教皇亚历山大六世

1　这位德国诸侯在易北河上的米尔贝格战役（24 avril 1547）后被俘，该战役结束
了查理五世和路德派王侯之间的施马尔卡尔登战争。莫里斯·萨克斯在此次冲突中作为
皇帝的忠实支持者，接受了从让 - 弗雷德里克那里夺来的萨克森选帝侯职位。Émile G.
Léonard, *Histoire générale du protestantisme*, Paris, PUF, 1961, I, pp. 230-231.

2　Cervantes de Salazar, 1569, p. 170.

3　*Ibid.*, p. 169.

对世界的划分。他将新大陆交予"天主教徒"费尔南多二世，另一位受益者——葡萄牙国王却令人奇怪地在画面中缺席。西班牙皇帝对新大陆的权力是毋庸置疑的。这幅画肯定了他在政治与宗教信仰上的合法性，描述了教皇将他的赠与同向"这些不信基督教的国家"的福音传教联系起来。而且，新大陆不仅包括新西班牙，因为它将墨西哥印第安人与秘鲁印第安人集合起来。

在圣何塞小教堂对面悬挂的一幅画上，两位显赫的王公贵族跪倒在查理五世脚下，"他们是新大陆的皇帝蒙特祖马与阿塔瓦尔帕。他们的脸上洋溢着欢乐，这让世人知道，他们之所以被征服，是为了征服曾经征服过他们的魔鬼"[1]。这一展现"愉快的臣服"的画作是对历史事实的赤裸裸的伪造，它遵从帝国的意识形态。但是，它针对阿兹特克印第安人贵族的这种阐释弱化了印第安人失败的屈辱，使印第安人对西班牙王室的归属合法化，将其呈现为当地印第安人领主的明确意愿。这里，"政治正确"旨在减轻印第安人的不满，并抹去不堪的记忆。塞万提斯·德·萨拉萨尔专注于欧洲事务，他懂得阐述地区的政治诉求。

从非洲到中国

1559 年，查理五世的葬礼激发了帝国的双重视域，在构想与实践上将一新一旧两个世界在查理的权杖下结合起来。新西班牙进入基督教国家之列，这赋予它同欧洲的相互联系的优先权，同时也削弱了它与世界其他部分的联系。对非洲的展现主要局限于北非、同穆斯林之

1　Cervantes de Salazar, 1569, p. 168.

间的战争，还有越来越多的黑奴来到新西班牙。即使墨西哥城居民拥有一些关于非洲大陆的书籍[1]，他们对非洲大陆表现出的沉寂还是与他们对世界其他地区表现出的兴趣形成鲜明对比。非洲没有引起墨西哥人的兴趣，亚洲却使他们着迷。1578年，迎接天主教圣徒遗骨的庄严仪式在宗教信仰上将世界的另一个合作者与墨西哥连接起来：果阿、中国与日本所在的亚洲。耶稣会的这一举措取道墨西哥而没有选择伊比利亚半岛，不可小视。向亚洲的扩张体现了决定性的中心偏移，它使墨西哥城成为伊比利亚全球化的主要参与者之一。

事实上，西班牙人在征服墨西哥后就一直想染指亚洲。在他们不断扩大的视域中，这一神秘的他处具有不可抵抗的诱惑，但是与新西班牙对它的真实呈现不具有可比性。侵占墨西哥的西班牙殖民者基于物质、宗教、智识与技术上的动机，对太平洋展开冒险，他们长期以来都在探索返回美洲大陆的航线。从他们占领新西班牙的初期开始，广阔的太平洋及其富饶的岛屿就吸引着他们，对一个大陆的入侵所引起的流动总是带动更多的流动。这一进程存在于一种全球动力中，对墨西哥与中美洲的征服开始于1519年，那正是西班牙皇帝将五艘轮船组成的一支舰队派往摩鹿加群岛麦哲伦的麾下之时。攻占新的领地后，这些船舰得以抵达摩鹿加群岛——出产香料的富足土地，而不需取道途经好望角的葡萄牙人的航线。

将太平洋地区并入墨西哥很早就是埃尔南·科尔特斯的一个执念。在皇帝的激励下，这位果敢的战争指挥者、西班牙殖民者也许并未为转而驶向更遥远的地区而感到恼火。他选中了太平洋。科尔特斯在他

1　A.G.N., vol. 165, exp. 6, en 1598; 豪尔赫·德·布鲁萨斯拥有《非洲编年史》一书。

的第五封《描述信》(1526 年 9 月) 中提出，"为了使陛下拥有香料之地，使香料成为自己的财产，而不是像西班牙国王那样，通过物物交换才能获得香料"，应赴"香料之岛与其他岛屿"探险，如有必要，可以发起武力征服。这位西班牙殖民者甚至提出要"亲自"[1] 参加这一征服行动。他欲与亚洲的君主们建立的关系是他与许多同代人共有的精神状态的反应。1527 年 5 月 28 日，墨西哥城沦陷近 6 年，科尔特斯在"摩鹿加群岛地区"写信给蒂多雷岛国王，信中提到后者对那些在麦哲伦探险旅行中死里逃生的人的友好接待。他确信地重复着亚洲与西班牙帝国相距之近："我以西班牙皇帝的名义站在这片土地上，它与您所在的地方如此之近……正如我已经说的，我所在的这片土地距离蒂多雷岛，比西班牙帝国中的任何一个王国距离蒂多雷岛都更近"[2]。而且科尔特斯声称新西班牙的财富、"西班牙皇帝的其他王国与领地"的财富都可以供这位亚洲领主支配，并提供"人力、弹药和武器，用来捍卫和保护蒂多雷岛领主的土地"。返回墨西哥后，科尔特斯恳求蒂多雷岛国王赶快"派人来看这里的事物，并告诉自己（指科尔特斯）蒂多雷岛那边最需要的东西，以便提供给他们"。同一天，他以"基督教徒的伟大皇帝与君主"的名义给宿务国王发出一封书信，信中再次提出亚洲距离墨西哥之近的论据："我们之间如此之近，因而我们之间的交流往来用时很短。"墨西哥城与宿务、蒂多雷岛之间距离几千公里，它们之间发展要经济关系——"贸易的运气"[3] 与外交关系，并不是源于所谓地理上的接近。西班牙殖民者的野心、对发财与探险的追求连

1　Cortés, 1963, p. 320.

2　*Ibid.*, p. 475.

3　*Ibid.*, pp. 477, 476.

同亚洲对于欧洲人来说的古老的吸引力都拉近了墨西哥与这些遥远地域的距离。如同想象力可以使各个大洲流动起来一样。的确，当时海上联系仍是将世界的各个部分连接起来的最佳途径：水上交通没有障碍，不需要征服或绕开陆上的列强。

从阿卡普尔科到马尼拉

太平洋不会被轻而易举地征服。萨韦德拉·塞隆的探险所取得的成功是模棱两可的：只有唯一一艘船——"佛罗里达号"到达了蒂多雷岛。它未能重新穿越太平洋，科尔特斯的表兄于 1529 年 10 月 19 日因所乘船舶遭遇海难而身亡[1]。科尔特斯与西班牙王室并没有放弃太平洋征服计划。1529 年 11 月 5 日颁布的一项皇家法令赋予西班牙殖民者在"上述岛屿、陆地与地区探索、征服与居住的权利"，还包括新西班牙在太平洋、大西洋上的岛屿、陆地与地区，前提是这些地方"尚未有统治者"。

科尔特斯此前从西班牙皇帝那里接受了德瓦尔侯爵的领地，它集中了新西班牙的广阔土地。科尔特斯拥有太平洋广大的沿海地区及一些港口，西班牙殖民者想要将这些港口转变成朝向世界的其他部分、朝向美洲大陆的西北方、南方和亚洲的航海基地：坐落在特旺特佩克地峡的特旺特佩克有科尔特斯的造船厂；瓦哈卡沿岸上的华图尔科成为去往秘鲁的水路航线的起点。不久以后又增加了阿卡普尔科、圣地亚哥（曼萨尼约）、萨卡图拉与查米特拉这些港口。1532—1535 年，

1　Miguel León-Portilla, *Hernán Cortes y el Mer del Sur*, Madrid, Cultura Hispánica, 1985.

科尔特斯为探察太平洋水域展开了 3 次探险旅行。第一次驶向加利福尼亚，因一场叛乱而失败，两艘船中的一艘连同探险队长迭戈·赫尔塔多·德·门多萨一起失踪。第二次没比第一次好多少。第三次（1535）在科尔特斯本人的亲自率领下启航，到达了圣克罗伊岛，将其命名为加利福尼亚。虽然没有取得任何明确的经济成果，但是对墨西哥西北沿海的一部分和加利福尼亚半岛的海角进行了探察。第四次则于 1539 年启程，由费尔南多·德·乌洛亚率领，去找寻西波拉的巨大财富，并充实对当地海湾与半岛的认识：这一地区的地图绘制使科学成果得到具体体现。

每一次资金投入都是巨大的。科尔特斯要求的回报是清晰的：在发现的土地上所得的十分之一的黄金、宝石、珍珠，那里的统治者的世袭头衔与职务，三分之一岛屿的所有权与司法权。他在 1533 年写给西班牙皇帝的陈情书中，列举了他的所有要求，并承诺将勘探范围扩大到 400 古里的海岸线，他毫不犹豫地以太平洋的发现者自居，将努涅斯·德·巴尔博亚丢进历史的尘埃中[1]。当时，太平洋已成为驶向秘鲁的通道。将哈利斯科与中美洲、安第斯山脉地区连接起来的前西班牙时代的交通路线被照搬过来，这一海路开始采用从华图尔科经由巴拿马到达利马港口卡亚俄的航线。科尔特斯通过这条路线将两艘航船与支援力量送到"他的远亲"弗朗西斯科·皮萨罗那里：士兵、物资、炮兵部队、武器与珍贵的礼物。其中一艘船从秘鲁折返，穿越太平洋，到达摩鹿加群岛，船上载着被杀死的船员。而落入葡萄牙人安东尼奥·加尔华奥之手的幸存者们则使亚洲的这一地区了解到新西班牙的西班牙人的各项计划与企图。

1　Bartolomé Bennassar, *Cortés*, Paris, Payot, 2001, p. 206.

巨大的障碍阻止了新西班牙的西班牙人向亚洲的挺进，因为风与水流阻挡了所有船只向美洲的回返。到了 1566 年，才确定航线，米盖尔·德·莱加兹皮率领的船队的远征使亚洲真正开始进入美洲的势力范围。对菲律宾的占领为西班牙人与新西班牙人的野心提供了一个亚洲基地，他们的东方之梦终于转变成现实，即使返航的漫长旅程中伴随着大量死亡。

16 世纪 60 年代末，亚洲人登陆新西班牙：珍贵的商品与最早的一批菲律宾人进入阿卡普尔科港。从马尼拉启航的西班牙人的武装商船的每次航行都强化了同太平洋地区之间的联系。从那时起，从墨西哥城到利马，商人们的视野开始转向西方，并习惯于窥伺这些载着奇妙货物的西班牙武装商船的返航。约 1580 年，贸易已经相当繁荣；"只要中国开放贸易"[1]，就可以扩大商贸往来。并不只有商人、传教士觊觎中华帝国，新西班牙的矿主密切关注中国的汞储藏，认为它可以以最具竞争力的价格被运抵墨西哥，这样做有打破与中国之间的贸易平衡的危险。1582 年，墨西哥克雷塔罗的长官提出，在当地小镇上发展蚕文化是无用的，"已经从菲律宾运来这么多的生丝"[2]。3 年后，澳门的葡萄牙人与中国的基督教徒在墨西哥城被欣然接待[3]。作为给予他们的特殊待遇，免除了他们的日常赋税。之后，日本也向新西班牙首都派遣了使者。

同墨西哥城与马尼拉之间的经济、宗教与行政联系的具体体现相比，亚洲对于新西班牙来说的吸引力更为强大。亚洲集中了各种想象、

1　Bartolomé Bennassar, 2001, p. 55.

2　Garcia Icazbalceta, 1981, p. 264.

3　Paso y Troncoso, 1940, XII, pp. 133-134.

梦想与计划，它们是西班牙帝国持续前进的原动力[1]。证据显示，中国人愿意用他们珍贵的丝织品交换黄金与雷亚尔，新西班牙的民政当局与教会当局将这一点与福音传道的迫切性相对立：贸易将打开中华帝国的港口，并为"数千崇拜偶像者的皈依做好了准备"。正如 1585 年墨西哥城大主教所说，大宗贸易的道路如同通向上帝的道路，都是难以企及的："即使以大量金钱为诱饵，贿赂中国皇帝手下的大臣，为了使这些贪婪之人乐于开始与我们展开贸易，走向上帝为陛下您的神圣意图打开的道路"[2]。该世纪末宗教信仰的巨大工场正是在这里，亚洲的这一庞大帝国的基督教化成为西班牙帝国想要完成的一项"伟大的事业"[3]。从梦想到战争的无情现实，是墨西哥城的财政为 1606 年重新征服摩鹿加群岛提供了资金，也为新西班牙的士兵提供了资金，这些士兵构成了被派往大洋彼岸的部队中士兵的大多数[4]。

梦想中的亚洲

对亚洲的兴趣有时表现得不那么粗暴，而是具有逸事性，甚至有些魔幻。但是，惊世骇俗、耸人听闻的虚构的东西的吸引不也是推动伊比利亚全球化的原动力吗？ 1591 年胡安·德·卡德纳斯撰写的关于

1　1545 年，多明我会修士多明戈·德·贝坦佐斯自荐陪同墨西哥城大主教、方济各会士祖马拉加去往中国。Peter Gerhard, *Sintesis e índice de los mandamientos virreinales 1548-1553*, Mexico, UNAM, 1992, pp. 19-20.

2　*Ibid.* p. 134. 在给菲律宾的宇宙志学家杰米·胡安的信中，体现出对科学领域的观照（p. 136）。针对汞的问题。*Ibid.* p. 185.

3　*Ibid.*, p. 132. 这也是以更低的成本维持西班牙在菲律宾的部队的方法。1585 年 1 月，统治新西班牙的大主教莫亚·德·孔特雷拉斯操持向中国皇帝与广州总督赠予礼物之事宜。

4　Valladares, 2001, p. 21.

新世界[1]的秘密的著作在墨西哥城出版，开篇就充满了对印度的神奇事物的描写。书中通过引用作者的一位葡萄牙同行——果阿的医生索利斯的话，列举了果阿的河流奇观："值得注意的是，这一河流的岸边有一棵树，它的树叶如果落在水上就会变成鱼，如果落在沙上就会变成类似蝴蝶的鸟。"作者还带着我们在霍尔木兹"这个东印度小岛"上发现刺激性欲的螃蟹。此外，摩鹿加群岛的一棵树颇令人赞叹，它的果实因长在东面或长在西面而决定它是毒药还是美味的食物。作者还称，日本的一些狗当感到自己老之将至，就会投向大海，为了可以变成鱼。当卡德纳斯的读者读到关于发掘出来的粪石的内容以及粪石的治疗功效时，甚至可以在亚洲与西印度群岛之间进行自然史的一些比较[2]。在向亚洲的流动中，不可分离地混入了精神信仰的观照、战争与宗教的推力、物质的觊觎及奇闻异事的猎奇心理。

1604 年，克里奥尔人巴尔塔萨·多兰特斯·德·卡兰扎在为墨西哥的西班牙殖民者撰写的编年史中，热衷于揭示新大陆与奇异而令人着迷的印度之间的联系，古代人对印度相当尊崇。很早就转化为众多证据的一系列征象表明，这里涉及的是唯一且同一个大陆，"我所讲的关于印度群岛的富饶与有利条件的一切，证明印度群岛是真实的印度的最后一个部分"[3]。这些猜想存在于受神话与传统知识持续影响的世界观中。在 17 世纪初的墨西哥城，那些好奇的人们（如巴尔塔萨）的头

1　Cárdenas, 1988.

2　*Ibid.*, pp. 35, 183.

3　*Ibid.*, p. 59.

脑中装满了经典著作[1]，他们乐于将新的知识与旧的知识相混合，将自己从亚里士多德、老普林尼或印第安人编年史作者那里学到的东西[2]同那些经常路过新西班牙的旅行者给他的感受相混合。一位西班牙殖民者的儿子巴尔塔萨·多兰特斯·德·卡兰扎所想象的东方依然是居住着奇幻居民的地方，如印度与塔普罗班的一些地区有"纯金或镀金的山，山里有狮身、鹰头、鹰翼的怪兽，还有巨型蚂蚁及其他野兽"[3]。借助当局的支持，从国王的财务官管辖的维拉克鲁斯港常常可以收集到信息，巴尔塔萨·多兰特斯·德·卡兰扎毫不费力地在亚洲与欧洲、亚洲与美洲之间比较了各自的优势，进而看到广袤世界的无限的多样性："海平线是圆弧形的，地平线是平直的。只要改变海平线或地平线的位置，从天到地的面貌就会完全改变，地上有动物、植物，还有石头，发于斯，长于斯；正是因为这个原因，那里孕育的自然、财产、习俗、行为与风物各不相同，不断分化"[4]。20 多年前（16 世纪末），蒙田就曾写道："世界充满多样性与差异性。"[5]

　　巴尔塔萨·多兰特斯·德·卡兰扎既不是医生，也不是宇宙志专家，更不是身经百战的领航员。他对世界的认识证明了一个自修广泛的克里奥尔人的思想的广度与深度，他有可能接受过耶稣会学院的教

1　他们常常引用这些经典著作，但是他们真的读过吗？当时，阅读这些伟大的经典有助于思考世界，它们的作者包括：亚里士多德、托勒密、普林尼、狄奥多罗斯、斯特拉波、彭波尼·梅拉、马克罗比乌斯、梭伦、伊本·西耶、希波克拉底与圣托马斯·阿奎那。

2　López de Gomara (p. 137). Balbuena, *Bernardo,* 1624. 巴尔布埃纳的这一著作谈及地中海（克里特岛）与梦想的亚洲（波斯王、契丹公主安吉莉卡）。

3　Dorantes de Carranza, 1970, p. 75.

4　*Ibid.*, pp. 59, 82, 83

5　Montaigne, 1965, I, livre II, chap. II, p. 409.

育[1]，但他在隐修院与大学之外思考。可以想象他在墨西哥城教会的大型图书馆里，浏览经典，或在闲时，在维拉克鲁斯港口码头，看到宗教裁判所特派员开箱取出的船载的图书。他在自然奇观目录中感到兴奋，喜欢引用诗人的语言与神话，总之，利用他手中的一切资源与他得到的一切论据。他被要求为新大陆的亚洲身份给出一个无可辩驳的证据，他于是提出美洲与亚洲这两个地区拥有同一种动物，具体来说，美洲与印度都有红颈绿鹦鹉种群[2]。每个人有每个人的梦想。在同一时代，印度的葡萄牙人对世界的另一个部分怀有奇幻的想象，他们与美洲克里奥尔人一样，都对遥远地域充满幻想。在《葡国魂》的一节中，诗人路易斯·德·卡蒙斯描写了一个无法企及的西方的落日景象，描述了太阳之套车的下潜：

> 在那边，环绕着特米斯提坦的大湖旁，
> 在西方的边界。[3]

诗中的墨西哥城，只剩下湖，还有该城市有些残缺的土著名称——特诺奇蒂特兰。但是，墨西哥城被重新置于古代神话的背景下，同多兰特斯·德·卡兰扎笔下的印度一样，它也被希腊化、罗马化。伊比利亚全球化有时只是一个由各种想象组成的粘合体。

1　Dorantes de Carranza, 1970, p. 104.

2　*Ibid.*, p. 61.

3　Camões, 1996, chant X, 1, p. 391.

田园景象：城堡与音乐家们
17 世纪初
日本永青文库美术馆

关于印第安人的起源的争论

美洲居民是从哪里来的，他们是如何到达这里的？从征服墨西哥开始，或者说，从发现美洲开始，针对印第安人的来源、美洲与亚洲之间的联系的讨论就开始了[1]。在整个16世纪及17世纪的一大部分，墨西哥城的文人圈为这一讨论做出了贡献。印第安人来源的神秘性引发人们想象，世界的各个部分从相当久远以前就开始了相互之间的交流与往来。印第安人的存在难道不正暗示了文艺复兴时期的葡萄牙人、西班牙人与意大利人所开辟的人们与外界的联系比世人所知的还要早吗？在欧洲作家、美洲印第安人—欧洲白人混血儿作家、印第安作家中，有许多人曾经在僧侣、耶稣会士同事身边工作过，这些出身不同的人都力图确定他们的种族、出生或寄居之地与亚洲地区之间的联系。他们在论证中总是将《圣经》中的材料、古希腊古罗马人的认识与印第安编年史相对照，如果没有遵守宗教裁判所所要求的各种限制，这种混合性描述就会导致严重的冲突。

有一位名叫胡安·苏亚雷斯·德·佩拉尔塔的克里奥尔人，约1535年出生在墨西哥城，他强调印第安人的亚洲来源，但并没有因此排除其他假设[2]。印第安人可能来自亚洲，但美洲大陆如此广阔，以至于它不会仅仅被"某一个单一移民族群的人们"所居住，"拉布拉多海角、纽芬兰与佛罗里达所居住的人与麦哲伦海峡的人是一个族群的人，

1　Teresa Martínez Terán, *Los Antipodas. El origen de los indios en la razón política del siglo XVI*, Puebla, Universidad Autónoma de Puebla, 2001.

2　*Tratado del descubrimiento de las Indias y su conquista*, Madrid, Alianza Editorial, 1990 (1589).

这种情况是不可信的，人们宁愿相信上帝派一些人去一个地方，派另一些人去了另一个地方"[1]。1589 年，苏亚雷斯·德·佩拉尔塔重新使用了印第安人来自西方的观点，阐述了印第安人的犹太人身份。他依据埃斯德拉斯的书，强调"印第安人源于 10 个以色列部落的希伯来人"[2]。那些了不起的部落被萨尔马纳萨尔王所困，使他们避免与外邦人接触。于是他们穿过幼发拉底河，经过阿萨雷斯地区，"沿着朝向东方的漫长道路，到了大西洋沿岸"，最终抵达西印度群岛。苏亚雷斯·德·佩拉尔塔提出如下证据：墨西哥人的崇拜仪式与希伯来人的崇拜仪式相似，印第安语词语 "aji" 在希伯来语中意为 "一个强有力的事物"[3]，杰罗尼莫·德·耶佩斯认为 "秘鲁是一个希伯来语名字"[4]，伟大的地理学家奥特利乌斯在他的《寰宇全图》第十二幅上揭示了 "阿拉塞特之地，远在中国北部海岸"，"如果没有海峡阻隔，阿拉塞特之地就会与新西班牙的土地连接在一起，在太平洋的北方地区"[5]。

1606 年，一位居住在墨西哥城的德国宇宙志学家海因里希·马丁[6]也持有相似的观点。他解释说，古代航海条件不允许从海路到达新大陆："（这一大陆）在东、西两侧都有广阔的海洋，海洋将其与其他可居住的大陆分离开来[7]。……我们也无法想象他们是从空中飞来还是游水而来的……"马丁的话带有些许日耳曼式的幽默。有一种假设，印

1　Madrid, Alianza Editorial, 1990, p. 50.

2　*Ibid.*, p. 40.

3　这里涉及来自圣多明各的一个词汇 "*taino*"。

4　*Ibid.*, p. 46.

5　苏亚雷斯·德·佩拉尔塔（Suárez de Peralta）也提及印第安人的迦太基来源说，他以亚里士多德的权威性为依据，还援引了萨哈贡的话。*Ibid.*, p. 46.

6　Martínez, 1606.

7　*Ibid.*, p. 103.

第安人从陆路而来：他们的亚洲祖先也许取道神秘的阿尼安海峡，"在高纬度地区，这一大陆与亚洲大陆、欧洲大陆之间的距离不远"[1]。与马丁不同，马丁内斯则在这一要点上捍卫了一种更加独特的立场，强调印第安人来自欧洲。根据其个体经验，他认为印第安人来自波兰王的公国领地库兰德，"这个地方的居民与新西班牙的印第安人拥有相同的举止、肤色、活力、身体特征"。他的观点没有征服他的所有读者。

印第安编年史作者齐马尔帕赫恩也曾思考阿兹特兰的印第安人的来历："难道不是上帝之意与神灵感应使他们从那里出发，乘着小船穿越大海来到阿兹特兰岛，生活在水域中央？"[2]但是，按照这种上帝授意说，他们从哪里来？面对西班牙人与日耳曼人的观点，齐马尔帕赫恩表现出怀疑："我们并不确信古代人（指古代印第安人）是从哪里出发的。……为使我们的内心平静，应相信那个地方在位于不同地方的三个大洲中的一个上：也许在亚洲，也许在非洲，也许在欧洲；由于这三个大洲在不同的地方，虽然古代奇奇美加人从三个大洲中的一个大洲出发，去阿兹特兰，但是阿兹特兰在另一个地方，即第四个大洲上，它被称为'新世界'。它与其他三个大洲一样。在那里，有阿兹特兰、墨西哥—特诺奇蒂特兰，我们印第安人就在那里住了下来。"

齐马尔帕赫恩公开谴责德国人海因里希·马丁的观点，"一位名叫亨利科·马丁内斯的学者是宗教裁判所在墨西哥城的翻译，他游历过多国，声称了解欧洲的外省库兰德的居民，那里是波兰王的领地，他认为我们这些新西班牙的居民与他们非常相似，身体相似，精神与脾性也相似，（我们的祖先）奇奇美加人与他们相似，都很胖。但是有谁

---

1 Martínez, 1606, p. 104. 他还提出了麦哲伦海峡一侧的南部陆地上有一条通道的假设。
2 *Ibid*. p. 50.

知道呢？只有上帝知道是否我们与这些人当初分开了，是否在那里分开，是否其中有一些人来到了阿兹特克岛"[1]。齐马尔帕赫恩还解释了他之所以否定与维斯帕先皇帝毁灭耶路撒冷相连的犹太人血统假设的原因：当时，古代的奇奇美加人已经在阿兹特兰居住了 80 年[2]。

在同一时代，年轻的美洲印第安人—欧洲白人混血儿费尔南多·德·阿尔瓦·伊克斯特尔克斯奇特尔也加入争论中来。作为西班牙人的儿子、印第安公主的外孙，他把一生都贡献给特斯科科王国的历史研究。在其著作《众物概述》中，他首先追溯了土著传统，认为托尔特克人最早来到该地区，"在穿越了广阔的陆地与大海之后"，经历了一场毁灭性的洪水。人们修建了巨大的城楼，在土地上分散开来居住，语言混杂[3]。他在 1608 年前撰写的《特斯科科王国简史》[4]中，清晰呈现了这一久远的历史。印第安人的第一位国王奇希梅切特尔将"西部区域"的人们带到了新大陆。"他从大鞑靼（欧洲地理学家所认为的亚洲民族的一个组成部分）出来，他们在巴比伦尼亚的土地上相遇……与这位国王周游了世界的大部分之后，他们到达了此地。"《特斯科科王国简史》采用了第二太阳纪的印第安传统，同时给它加上了《圣经》与亚洲的外衣，为描述土著历史的一个关键时期，较少地加入欧洲的阐释，而更多地给予它世界维度的阐释。美洲印第安人—欧洲白人混血儿阿尔瓦·伊克斯特尔克斯奇特尔考察了印第安人的说法（"他们所有人共同持有的普遍观点"）以及他们的"绘画"[5]中显示

1　Chimalpahin, 1998,《Cuarta relación》, p. 309.

2　*Ibid.*, pp. 313-315.

3　Alva Ixtlilxóchitl, 1975, I, p. 263.

4　*Ibid*, I, p. 229.

5　*Ibid.*, I,《Compendio histórico del reino de Texcoco》, p. 417.

的证据。在其他文本中，他介绍了沿海地带的信息，印第安人的祖先
们从那里登陆，他们可能沿海路而来[1]。不可忽视的是，其他印第安人
作者、美洲印第安人—欧洲白人混血儿作者、克里奥尔作者，甚至还
有伊比利亚半岛的作者[2]都将印第安文献置于与欧洲文献同等重要的位
置。对太平洋地区与亚洲地区的认识因而也进入对印第安人与古代墨
西哥人的认识中。一个细节反映了 17 世纪墨西哥对日本的熟悉：当阿
尔瓦·伊克斯特尔克斯奇特尔描述图拉的古代居民托尔特克人时，他指
出，"他们穿着与日本人相同的宽大衣服"[3]，如同当时菲律宾的这些邻
居（指日本人）比他们的美洲印第安人祖先在他们心里距离他们更近。

美洲印第安人—欧洲白人混血儿眼中的世界

　　费尔南多·德·阿尔瓦·伊克斯特尔克斯奇特尔并不是表达了对世
界与亚洲的认识的唯一一位美洲印第安人—欧洲白人混血儿。迭戈·穆
尼奥斯·卡马戈是西班牙殖民者与特拉斯卡拉印第安女人生下的儿子，
特拉斯卡拉的这位印第安女人因为曾经在西班牙征服美洲时为西班牙
人提供过帮助而闻名。16 世纪 80 年代初，卡马戈的视域与克里奥尔

　　1　在《通史简述》（*Sumaria relación de la historia general*）中，托尔特克人在第四太
阳纪时代到达科尔特斯海沿岸的休伊特拉普兰（387年）。然后，他们沿着萨利斯科沿岸，
在墨西哥南岸的华渡口登陆（*Ibid.* p. 530）。这种说法被《奇奇美加种族历史》（*Historia
de la nación chichimeca*）所引用："阿纳瓦克的这片土地在今天被称为新西班牙……在
许多国家的海岸航行后，直至来到今天太平洋上的加利福尼亚所在的这个地方"（*Ibid.,*
II, p. 10）。另一些移民——奥尔梅克人从东方走向"波托坎（Potonchán）地区"（*Ibid.,*
II, p. 7）。

　　2　Dorantes de Carranza, 1970, pp. 3-9; Torquemada, 1975, I, p. 113.

　　3　Alva Ixtlilxóchitl, 1975, I, p. 523; II, p. 13.

人的视域没有什么不同[1]。他所在的新西班牙已经属于新世界，这个新世界的西面边界指向加利福尼亚、菲律宾直至中国[2]。洛佩斯·德·莱加兹皮对菲律宾群岛的占领在卡马戈的眼中是该国历史上的一个重要事件。穆尼奥斯·卡马戈谈到这一点时，摘录了一些奇闻异事，展现了对大西洋的穿越如何使环球之旅成为可能，还带动了曾经难以想象的流通往来。卡马戈讲述了莱加兹皮探险队的一位成员基多·德·拉贝扎里斯如何在一次荒诞的环球之旅后将姜引入墨西哥。

在南方，穆尼奥斯·卡马戈关注中美洲、危地马拉、尼加拉瓜与秘鲁，那里得益于卡塞雷斯的一位埃斯特雷梅涅人迭戈·德·坎波斯建立起来的海上联系，成为可以进入的地方。法兰西斯·德瑞克经由麦哲伦海峡进入太平洋海域，他在秘鲁与新西班牙沿岸的大肆劫掠给人以深刻印象，他认为那是"世界上发生的一件大事"[3]。对于特拉斯卡拉的一位美洲印第安人—欧洲白人混血儿来说的重要历史性事件与欧洲人所认为的重要的历史性事件是不同的，但是它们与洲际关系、新航线的发现者有着系统性关联。海路拉近了南美洲与墨西哥之间的距离，而且就德瑞克事件来看，这些海上航线是脆弱的，它使人联想到16世纪中叶的另一段历史记忆。当时秘鲁陷入内战，墨西哥城的人们去那里援助西班牙王室及西班牙王室代表拉加斯卡。秘鲁的平定使他们"如此引人注目的增援"[4]变得没有用处，但是该事件对于两个美洲之间已经形成的连带性来说，具有重大意义。

1　Terrazas, *Crónica de este Nuevo Mundo* de Francisco, Muñoz camargo, 1984, p. 49.

2　*Ibid.*, p. 278.

3　*Ibid.*, pp. 280, 283.

4　*Ibid.*, p. 284.

穆尼奥斯·卡马戈以口语传统与谈话为依托，他与克里奥尔人巴尔塔萨的父亲安德列斯·多兰特斯交谈，与埃斯特巴尼科·埃尔·内格罗、卡巴萨·德·瓦卡交谈，多兰特斯、内格罗与瓦卡都穿越过美国南部[1]。他还从科学著述中汲取资源——塞维利亚的领航员阿隆索·德·查韦斯[2]，还了解到他收藏的经典图书，如托勒密、可敬的贝德、伊西多尔·德·塞维利亚的作品[3]。他的地区资源包括"墨西哥城的编年史作者"，他列举了他们的名字：塞万提斯·德·萨拉萨尔、杰罗尼莫·鲁伊斯·德·拉·莫塔、阿隆索·佩雷斯，他们都住在墨西哥城。这位美洲印第安人—欧洲白人混血儿的世界视域与一位西班牙人的世界视域有何不同？穆尼奥斯·卡马戈将两个地理学发现相叠加——16 世纪的大发现与古代纳瓦特尔人的大发现。当他讲述墨西哥居民的来源时，奇奇美加的印第安人与西班牙探险队在向大陆北部挺进中遇到的西博拉、蒂格克斯、基比拉、索诺拉的居民是互相混合的。古人的七大洞穴在西博拉的七大城市产生回响[4]。卡马戈通过将土著人记忆的片段与卡贝萨·德·瓦卡、从科罗拉多的探险中死里逃生的人们带来的信息相衔接[5]，构想了新西班牙的北方边界。伊比利亚全球化开辟的视角与前西班牙时代的坐标相交错，卡马戈预示了阿尔瓦·伊克斯特尔克斯奇特尔与齐马尔帕赫恩观看世界的方式，它并没有与古代思想相

1　Alvar Núñez Cabeza de Vaca, *Naufragios y comentarios,* Mexico, la Nave de los locos, [1542] 1977.

2　著有如下作品：*Exámenes de pilotos, de maestros de la carrera de Indias,* 1561.

3　Muñoz Camargo, 1984, pp. 107-108.

4　*Ibid.,* pp. 277, 138, 140.

5　穆尼奥斯·卡马戈多次谈到佛罗里达，在那里，潘菲洛·德·纳尔瓦兹（西班牙殖民者）的舰队与船员失踪，之后，弗朗西斯科·德·索托的舰队与船员失踪。*Ibid.,* pp. 280-283.

割裂，而是将自己对世界所持的观念自然而然地嵌入前人对世界所持的观念中。

印第安人的观念

土著社会被以千种方式与西方人的统治相对照。西欧的影响与压迫给土著人的存在方式、生活节奏及其信仰打上了深刻烙印。除了穿越过大西洋或太平洋的印第安人之外，居间的西班牙人、教士、商人、行政官员、土著居民村落的领主们也体验到这些持久的转变。通常，土著人并没有亲身到过西欧或亚洲，而是通过器物、书籍、登陆而来的男人、女人，或者通过事件传播到当地的消息来了解它们。当然这不包括诸如查理五世葬礼、1578 年迎接罗马教廷圣徒遗骨这种实地举行的盛大仪式。

印第安人精英对接收到的信息与器物做出如何反应？他们从中留下了什么？他们在与西班牙王室建立的关系中、在撰写的编年史中、在绘画中、在私下里以其古人的方式进行的歌舞庆祝仪式中，是如何进行表达的？印第安编年史中记载了"新世界"（用 yancuic / Nueva España[1] 指代"新西班牙"，用 yancuic Cemanahuac 指代"新世界"，用 yancuic Tlapan[2] 指代"新大陆"）是说明问题的。16 世纪中叶，印第安君主写给菲利普二世的拉丁文信件就开始采用新的权力地理。土著贵族承认他们属于新世界，"属于印第安世界"（in hoc Indiarum orbe），

---

1 Fernando Alvarado Tezozomoc, *Crónica mexicáyotl*, édit. par Adrián León, Mexico, UNAM, [1609] 1975, p. 4.

2 Chimalpahin, 1998, I, pp. 64, 68-69.

属于新西班牙地区（in partibus Novae Hispaniae[1]）。这一新世界被菲利普二世的光辉与崇高的尊严所照亮[2]，这颗王家之星的光芒一直照耀到印第安人。太阳的隐喻以传统的方式表现了土著贵族与西班牙王室之间建立的联系，其中，与至高无上的权力相连的炽热的、太阳的能量观念对于纳瓦特尔人的思想来说并不是陌生的。古代文本讲述了为使泰佐佐莫克老国王重新获得被衰老所夺去的力量，而将他置于太阳的火焰上[3]。

印第安精英们采用新大陆的观念，同时声称自己为西班牙征服美洲大陆做出了贡献："我们毁掉了各种崇拜的偶像，臣服于西班牙帝国的国王，并将印第安人世界全部奉上"，墨西哥城贵族在 1566 年 3 月 17 日的一封信件中写道。他们想在新大陆与西欧之间所建立的关系中成为完全的参与者。印第安精英以他们自己的方式参与亚洲之梦，当他们向菲利普二世预设的头衔——"中国国王"致敬时。土著人的这些想法在特拉斯卡拉市政府大厅里悬挂的绘画中体现出来。特拉斯卡拉是印第安的一个大城市，曾与科尔特斯领导的征服墨西哥的军队有过密切合作。这些绘画以新大陆为主题，以秘鲁与新西班牙的联合为主题。画中展现了克里斯托弗·哥伦布将一个"新大陆"以及他所征服与发现的所有岛屿献给查理五世皇帝。哥伦布这位热那亚人拥有"一艘张开所有帆的帆船、一个罗盘、一个星盘……因获得胜利而显出的得意神采"[4]。被征服的君主蒙特祖马与阿塔瓦尔帕出现在他们各自的

1　Ignacio Osorio Romero, *La enseñanza del latín a los indios*, Mexico, UNAM, 1990, p. 33.
2　*Ibid.*, p. 11.
3　光亮源于前西班牙时代的一种观念，它被与显示神性的能量联系在一起。
4　Osorio Romero, 1990, pp. 20, 47.

征服者旁边；科尔特斯与皮扎尔将他们征服的地区献给君王：第一幅画上是一个印第安女人，代表新西班牙，她"带着大量金钱"；第二幅画上是一个印第安男人，代表秘鲁[1]。

齐马尔帕赫恩的著述显示了一位 17 世纪印第安文人以何种方式用纳瓦特尔语记载了世界大事。在他的各种著述、日记中，可以找到上文提到的所有大事件。1559 年（罗索 2 年），"如同古人说的那样，人们将年代这样固定下来"，当"罗马皇帝查理五世逝世的消息从西班牙传来"时。他描述了墨西哥城为查理五世举行的庄严葬礼上的情形：西班牙贵族戴重孝，行进的队伍中打着四个大城市的旗帜——墨西哥旧城、墨西哥—特诺奇蒂特兰、塔库瓦、特斯科科与特拉斯卡拉。1566 年，齐马尔帕赫恩讲道，米盖尔·洛佩斯·德·莱加兹皮出发赴菲律宾，"他是最后一个试图到达中国的人"。许多年后，墨西哥城为奥地利的胡安在勒班陀战胜土耳其人的捷报而震惊（1571）："这一年，基督徒们在西班牙与土耳其海域取得巨大胜利，奥斯曼土耳其帝国（Huey Turco）在这一冲突中被击败。"齐马尔帕赫恩面向不太熟悉这一事件的土著读者，将这一战役称为"海战"[2]。

编年史、信件与绘画只提供了与官方话语一致的即定信息，但是还有进入印第安精英想象的另一种方式。在 16 世纪下半叶，墨西哥城及其周边地区的贵族创作并演唱一些歌曲，歌中表现了教皇与皇帝所居住的地区的半奇幻、半真实的地理环境。旅行主题尤其包括海上穿越之旅，体现了他们如何构想墨西哥贵族与他们的欧洲主子们之间所建立的联系。这种在精神上近乎神秘的、强有力的关系在歌曲、舞

1　Muñoz Camargo, 1984, pp. 47-48.
2　Chimalpáhin, 1988, II, pp. 211, 219, 241.

蹈中显示出来，在那里，前西班牙时代的主题与墨西哥主题错综复杂
地混合在一起。在"流水之歌"中，印第安思想阐释并探讨了新大陆
与西欧之间潜在的关系。在一场艰难的、充满危险的穿越之旅后，是
皇帝（"佩拉托"）将贵族召集到跟前。是他急派了印第安人赴罗马：
"去参见罗马教皇。"这些印第安人到达了圣城，那是天国所在的彼世，
有"多彩的山洞"，"有宝贵的词语，它们可以产生生命"。罗马住着
圣塞西勒，她是音乐的主宰，在罗马，教皇的宫殿中绘有蝴蝶。卡斯
蒂利亚（Caxtillan）也如同彼世的一个变体般存在，"那里可以使牺牲
的受害者起舞"。根据 1597 年写作的《鸟之歌》，正是在卡斯蒂利亚，
我们看到了佩德罗·蒙特祖马。但是佩德罗·蒙特祖马·特拉卡修潘
津——老蒙特祖马的儿子在歌中已展开一场西班牙之旅：

> 你好，我的子孙、我的亲王们！伟大的君主、"蜂鸟"、"绿
> 松石天鹅"、佩德罗·蒙特祖马，他去啜饮那玉水之花——那
> 里！——从卡斯蒂利亚的流水中溢出。
> 他展开翅膀，飞起来，我们的子孙佩德罗·蒙特祖马，他去
> 啜饮那玉水之花——那里！——从卡斯蒂利亚的流水中散开 [1]。

应该将巴尔布埃纳诗句中的其他想象编成目录："在你那里（指墨
西哥城），西班牙与中国连接起来。"墨西哥城新的基督徒在世界的四
个部分有亲属，这使他们与秘鲁、巴西、非洲、亚洲、北欧及地中海
欧洲之间存在联系。"佛兰德斯人"包括佛兰德斯人、荷兰人、德国人，

1　John Bierhorst, *Cantares mexicanos, Songs of the Aztecs,* Stanford, Stanford Universiy Press, 1985, pp. 341, 331, 415.

他们与低地国家以及被路德派异端所侵入的地区存在联系[1]。他们并没有比当时被迫改信天主教而暗地里依然信奉原来宗教的犹太人更多的理由去赞赏西班牙帝国的德行。还有，巴斯克、安达卢西亚、加利西亚或葡萄牙的水手在其他地域生活，那是他们在风中、海难中、暴风雨中筑就的地方。而黑奴被从非洲或伊比利亚半岛输出，他们操着各种语言，带着不为人知的记忆来到墨西哥人的土地上。这些想象源自大量人员在各大洲之间往来的所见之物。

在对世界的多重视角下，显露出一个世界范围内的网状结构，它不断地被编织，被消解，通过边缘性的方式，如记述、谈话、真实体验、书籍、信件、图表、从他处带回的器物、集体想象与个人记忆。人们可以从果阿或波托西的角度来审视这个世界，也可以从塞维利亚或安特卫普来观看这个世界。伊比利亚全球化在它在美洲与亚洲的堡垒中，扩大了人们的视野，同时，也造就了那里的人与社会。

1　Eddy Stols et Rudi Bleys (édit.), *Flandre et Amérique latine, 500 ans de confrontation et de métissage*, Anvers, Fonds Mercator, 1993.

第 6 章

海上的桥

世界的不同部分的人们之间是如何互相连通的？这个现实问题是伊比利亚全球化的核心。1614 年，安东尼奥·德·古韦亚这位十分了解霍尔木兹海峡与波斯的葡萄牙主教使用了桥的形象。他在波斯湾撰写的一本书中，建议使用波斯湾作为葡萄牙曼努埃尔国王的徽章，因为他为文艺复兴时期的欧洲开辟了通向印度的道路。古韦亚认为他建立了亚洲与欧洲之间的通道，他写道："欧洲又一次与亚洲相连接，得益于这位谨慎的君主……长年差人在欧洲边缘的里斯本与亚洲的著名地区印度之间组织的航船往来。"[1] 古韦亚将施克斯在海勒斯庞特设置的"只存在了一个季节"的船之桥与 1497 年瓦斯科·德·加马所建立的联系进行对照，后者是葡萄牙人"118 年以来，冒着大海的狂暴、气候的严酷、暴风雨的洗礼、劲敌的抵抗"成功开辟出来的。

在意大利，多明我会修士托马索·坎帕内拉在另一个层面上思考什么可以将西班牙帝国的各个王国团结起来，同时，他鼓吹"天然联

---

[1] Antonio de Gouveia, *Trophea Lusitana,* édit. par José Pereira da Costa, Lisbonne, Fundação Calouste Gulbenkian, 1995, p. 44.

盟与政治联盟"，认为应发展三种联系：心灵的联系、身体的联系与财富的联系，因为"这些联系越多，就会使统治得到更好的统一与强化"[1]。从葡萄牙的曼努埃尔到西班牙帝国的国王，伊比利亚全球化在世界的四个部分展现出来，并改变了数万人的存在。他们中的许多人适应了异域生活，这些地方承载了他们所离开的地区的记忆，也承载了一个处于扩张中的世界的模糊形象。从安第斯山脉地区结冰的高山到菲律宾那令人窒息的密林，一些人承受着地球上的另一个地区的统治，而他们对那个地区直到那时依然是全然未知的。

伊比利亚的连接性

墨西哥城、那不勒斯、里斯本、印度只是全球联系的地图上的一些标识，我们强调这些地区的人在身体、物质、心理与观念上的混合特征，强调这些地区跨大洲的广度，强调它们所带动的各种各样的互动影响[2]。这些连通从 15 世纪葡萄牙人着手勘查非洲海岸、西班牙人征服新大陆开始就不断增多。如卡斯蒂利亚最早的中国专家之一贝纳迪诺·德·埃斯卡兰特所写，伊比利亚人在世界各地来来往往，他们"在海上，在岛上，在各个王国……，他们发现不同的人、不同的法律规则、不同的迷信、不同的统治方式、不同的风俗习惯，所有这些都令人叹

1　Campanella, 1997, pp. 218, 214.

2　这里，"联系"的观念与史学家桑杰·苏布拉曼亚姆所提出的"相互关联的历史"的观点一致。Sanjay Subrahmanyam, 1996.

为观止"[1]。西班牙人与葡萄牙人的行动甚至超出了访问或征服的地域的边界：他们对于中国的好奇、对中国的广袤地域与各种成就的理解证明了这一点。伊比利亚人建立的联系旨在持久的发展，这些联系彻底改变了地区历史与经济。其中，有的联系产生了有害的后果，如来自欧洲与非洲的流行性传染病使一大部分美洲印第安人失去生命。

这些联系首先使人想到最早的相遇产生的冲击。它们常常是在鲜血与恐怖中展开的：土著人被屠杀，还有航船失踪、船员遇害。1517年与1518年，到达墨西哥海岸的西班牙人最早的两次探险都遭到失败。到了第三次，得益于赫尔南·科尔特斯的力量，过去属于墨西哥人的墨西哥谷才成为新西班牙。为给予自己在美洲的进攻以法律框架，西班牙人发出指令[2]，要求印第安人臣服，使随之而来的战争合法化，进而使他们所建立的联系制度化（它并不总是以对土著人的镇压来完成的）。征服者们常常为自己的鲁莽大胆、对他人的蔑视、对当地的不了解付出了生命的代价。除此之外，还以其他方式将世界的四个部分联系起来。如物物交换、贸易、联盟，如果没有这些渠道，科尔特斯永远无法夺取墨西哥。这位西班牙殖民者在与印第安不同社会阶层所建立的关系中极好地控制了各方面的运作，与他相比，瓦斯科·德·加马却没有他这样顺利。这位葡萄牙人加马由于对当地背景、情况不了解，对各种障碍存在误判，而且没有找到恰当的谈判对象，从而遭到一系

---

1 《Dédicace à l'archevêque de Séville》, in Bernardino de Escalante, *Discurso de la navegación que los Portugueses hazen a los reinos y provincias del oriente y de la noticia que se tiene de las grandezas del reino de la China*, Séville, Viuda de Alonso Escrivano, 1577 (édition facsimilé, Laredo Universidad de Cantabria, 1991), p. A5.

2 Patricia Seed, *Ceremonies of Possession in Europe's Conquest of the New World 1492-1640*, Cambridge, Cambridge University Press, 1995.

列失败[1]。与印第安女人马林切的合作方便了科尔特斯在墨西哥的挺进，而葡萄牙航海者加马则没有拥有如此忠诚的女性伴侣的运气。

但是，无论最初建立的联系如何，它都不足以将世界的不同部分连接起来[2]。因而需要在另一维度上建立联系。它们首先表现在机构、法律规则、习俗惯例、技术、信仰及生活方式的迁移上。伊比利亚的民事机构与教会机构被移植到美洲、亚洲，较少地移植到非洲，这将新的领地与里斯本、马德里、罗马这些欧洲大城市稳固地连接起来。对帝国的不同区域的行政划分伴随着王室代表们的到来[3]。天主教会强化了这一联系，通过它的教区、修会省、教育机构（墨西哥城大学、利马大学、耶稣会学院）、教会法庭，关于后者，宗教裁判所圣职部分布在4地——墨西哥城、利马、卡塔赫纳与果阿[4]。这些分布在世界各地的天主教会机构体现了天主教的在场，促进了欧洲与世界其他部分之间不断地往来：传教士、天主教会高层人物，还有外交使节，如安东尼奥·德·古韦亚主教，有时还有天主教教士中的冒险家。

民事机构扎根殖民地，它们也产生了同样的影响。印度群岛理事会从遥远的卡斯蒂利亚掌控着一个涵盖了一部分美洲大陆与一小块亚洲的行政部门。在里斯本，葡萄牙理事会处理非洲、东方与巴西事务。西葡帝国的王室代表在各个王国之间的迁移也拉近了他们在美洲、亚

1　Sanjay Subrahmanyam, *Vasco da Gama*, New Delhi, Cambridge University Press, 1997.

2　在亚洲，最早的接触总是先于较早的联系，如瓦斯科·德·加马在卡利卡特遇到讲卡斯蒂利亚语的突尼斯商人时所显示的那样。Valladares, 2001, p. 108.

3　如下这部针对印度群岛理事会成员的先驱性著作指出，在命名过程中，这一遥远地域与西班牙王国之间的连接性被强化：Ernesto Schäfer, *El consejo real y supremo de las Indias*, Séville, Imprenta Carmona, 1935-1947, 2 vol.

4　Francisco Bethencourt, *História das Inquisições. Portugal, Espanha e Italia, Séculos XV-XIX*, São Paulo, Companhia das Letras, 1995.

洲、非洲的殖民地之间的距离，使西葡帝国在行政区域上形成并置的局面。齐马尔帕赫恩在《日记》中多次谈到一位塞维利亚法官安东尼奥·德·莫尔加并不是偶然的，他先后在菲律宾、墨西哥城供职，之后成为基多（厄瓜多尔）听证会主席[1]。王室高级官员的流动主导了西印度群岛与东印度群岛的政治生活。

如何从世界上广大地区之间的联系中辨识出与一个特定地区的殖民化的关系更加紧密的那些联系？伊比利亚全球化为地区范围内的殖民统治增添了全球化背景，无论它是事实上已经展开的、存在于宏大计划中的（如向亚洲的挺进、对中国展开的福音传教、对伊斯兰世界展开的战斗），还是没有边界的想象（将全球与西葡帝国相等同，甚至忘记了是什么将他们与西欧相连接）：

哦，（墨西哥城）人民如此富有而卓越，

以至于他们对另一个大陆失去了渴望；

因而享有这个大陆的人

也就失去了对另一个大陆的记忆。[2]

将各个大陆连接起来

新发现的大陆与伊比利亚人所在的欧洲之间的联系是以不同的节奏展开的。从 15 世纪下半叶开始，对非洲的大西洋海岸的勘查、瓦斯科·德·加马、佩德罗·卡布拉尔、克罗斯托弗·哥伦布的探险旅行、

1　Chimalpahin, 2000, pp. 373, 407.

2　Balbuena, 1990, p. 76.

麦哲伦、埃尔·卡诺与皮加费塔的环球之旅、其他的旅行以非凡的方式扩大了伊比利亚人的视域。三次远征（1517 年、1518 年与 1519 年）与仅仅 4 年的时间就使墨西哥成为新西班牙。然而为了在西班牙人统治的美洲与远东之间建立定期联系，则耗费了近半个世纪的探索，经历了种种失败：从 1519—1522 年麦哲伦环球之旅到 1564 年洛佩斯·德·莱加兹皮的探险旅行[1]。卡斯蒂利亚人还顽强地寻找通向亚洲的新航线，葡萄牙人对此十分忧心。16 世纪 30 年代，摩鹿加群岛的统治者惊呼，"西班牙人只想着一件事，就是找到返回新西班牙的路线"[2]。1564 年 11 月，150 名水手、200 名士兵与 5 名僧侣奉墨西哥城市长、巴斯克人米盖尔·洛佩斯·德·莱加兹皮的命令，从哈利斯科海岸的纳维达起航，到达菲律宾。次年，得益于航海家安德列斯·德·乌尔达内塔的才干，"圣佩德罗号"在航行了 130 天后回到阿卡普尔科[3]，与太平洋地区的关系终于得以建立。摩鹿加群岛在商业上的重要性、当时广义上的"中国"的影响力、与其统治相连的外交、技术与地图绘制术相关的方方面面都使这一世界的尽头处于伊比利亚全球化的核心[4]。

我们可以透过诸如佩德罗·萨门托·德·甘博亚的探险旅行中所体现出来的积极主动、偶然性与临时应对方式观察这些早期全球关系的建立过程。作为一个新类型的"联系的代理人"的努力的成果，他的

---

1 O. H. K. Spate, *Storia del Pacifico I, Il lago spagnolo*, Milan, Einaudi, 1987.

2 Sousa Viterbo, *Trabalhos náuticos dos Portugueses. Séculos XVI e XVII*, Lisbonne, Imprensa Nacional, Casa da Moeda, 1988, p. 119.

3 Carlos Prieto, *El oceano pacífico: navegantes españolesdel siglo XVI*, Madrid, Alianza Editorial, 1975, pp. 86, 91-92; Knauth, 1972, p. 43.

4 关于对欧洲地图绘制术的影响，参见 Jerry Brotton, *Trading Territories. Mapping the Early Modern World*, Londres, Reaktion Books, 1997, pp. 119-150.

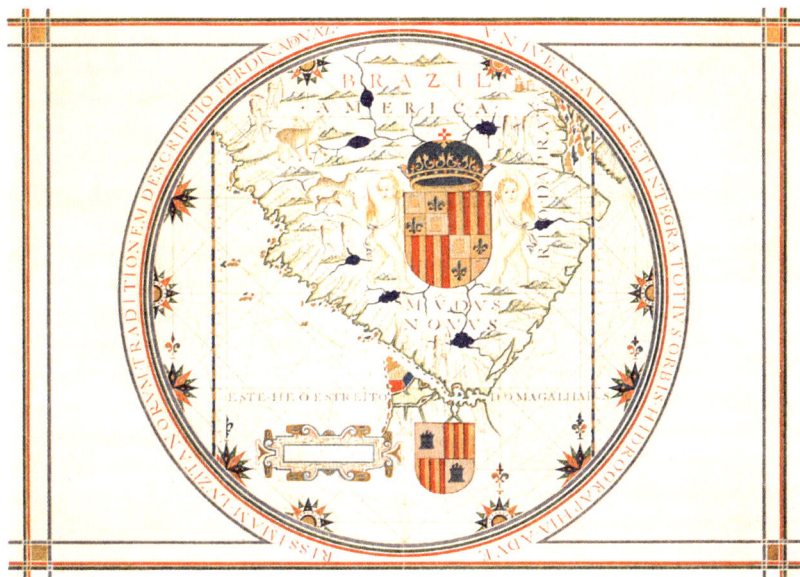

费尔考·瓦斯·杜拉多：南美洲
1580 年
慕尼黑巴伐利亚州立图书馆

探险旅行几乎一步一步地说明了在相距遥远的不同海路空间与陆路空间之间是如何建立起联系的，包括太平洋、南大西洋、拉普拉塔河地区、巴西、西非、亚速尔群岛与伊比利亚半岛之间的关系。的确，佩德罗·萨门托·德·甘博亚是非同寻常之人。他于 16 世纪 30 年代出生，在阿尔卡拉、塞维利亚接受教育，出征过米兰与佛兰德斯，以上这几点在他的自传中并不确定，他在 1555 年前后到达墨西哥。由于一些隐秘的原因，他不得不逃离到危地马拉与秘鲁。1564 年，利马的宗教裁判所差人逮捕了他，当时他服务于总督涅瓦伯爵，宗教裁判所怀疑他掌握着具有神奇力量的戒指。这些坎坷并没阻止他在 1567 年至 1569 年间在阿尔瓦罗·德·门达尼亚的领导下启程去所罗门群岛，然后供职于总督弗朗西斯科·德·托莱多门下，后者意图巩固西班牙人在秘鲁的统治。佩德罗·萨门托·德·甘博亚的《印加人历史》及其作为宇宙志专家的能力（他计算了塞维利亚与利马之间的时差，并观察了 1578 年的日食）使他成为地区当局愿意倾听的一位学者与难得的专家。

航海家的历史被视作冒险小说，它们充满了令人悲伤的或有巨大吸引力的混乱的情节。如甘博亚在一次旅途中不得不在英国停靠时，他与英国女王伊丽莎白曾用拉丁语交谈。萨门托·德·甘博亚加入了一场对南太平洋地区的探险旅行，于 1568 年到达所罗门群岛。西班牙王室意欲不惜任何代价加强西班牙人在太平洋的广阔水域的在场，并对麦哲伦海峡展开进攻。起初，麦哲伦海峡并未对西班牙帝国显现出关键作用，去往秘鲁可以取道巴拿马或拉普拉塔河，去往菲律宾可以穿越新西班牙。可怕的暴风雨不停地袭击这一遥远的、不宜居住的地区，使得这一海上通道成为海上地狱。

16 世纪 70 年代末，英国人入侵南太平洋地区，使西班牙与秘鲁王国惊慌不安。如何拦住伊丽莎白女王的信奉异教的水手，不让他们进入秘鲁沿海地带？如何保护载有白银的武装商船驶向巴拿马地峡？对两个大洋之间的通道的保护突然成为迫切的需要，这为向那里大量投入人员与船只说明了理由[1]。菲利普二世从埃斯库里亚尔（西班牙）、里斯本、巴达霍斯（西班牙），总督从利马，封锁了这一地区。在秘鲁，弗朗西斯科·德·托莱多认为萨门托·德·甘博亚是可以掌握局势的合适人选，于是派他负责占领这一海峡，在最佳地点筑起堡垒，巩固对这一海峡的控制。

第一次远征于 1579 年 10 月 11 日起航。出乎预料的是，萨门托·德·甘博亚探险队从利马经南大西洋到塞维利亚途中，穿过了葡萄牙人去往亚洲的海路。在穿越南大西洋的过程中，水流使他的航船向东方偏航。4 月 10 日，航海家们在阿森松岛前方抛锚，"该岛位于去往印度的航线上"，在那里，他们只找到小猪和大乌龟。没有活着的人，有葡萄牙人在埋葬从印度返航中死去的葡萄牙人的尸体时留下的大量十字架。其中一个十字架上记载着："海军上将琼·德·卡斯特尔·罗德里戈率领五艘航船从印度出发于 1576 年 5 月 13 日到达此地。""在其旁边，可以看到另一块牌子上记录了从秘鲁出发、穿越了连接太平洋与大西洋的麦哲伦海峡的第一艘轮船到达此地。"[2] 后来，水流与风将甘博亚及其麾下人士带向塞拉利昂，在那里，他们面对的是令人不安的非洲，那里存在着各种各样的危险——贫民窟、发烧、坏血病、毒

1　Pedro Sarmiento de Gamboa, *Viajes al estrecho de Magallanes*, édit. par María Justina Sarabia Viejo, Madrid, Alianza Editorial, 1988, p. 199.

2　*Ibid.*, pp. 151, 152.

箭与法国私掠船。1580 年 5 月 23 日，当时葡萄牙与西班牙之间的联盟尚未实现，远征队来到佛得角的圣地亚哥这一位于塞内加尔沿岸的葡萄牙属地，"当地船只前来询问，想要知道这艘船上有什么人、来自哪里。当我们告诉他们我们来自秘鲁，我们经过了麦哲伦海峡，他们就不说话了，因为他们不愿相信我们，认为这不可能"。"第一次相遇"的场面上演了无数次，而这一次却几乎是在伊比利亚人之间进行的。佛得角的葡萄牙人艰难地认出这艘神秘的大船上的船员中的西班牙人，他们的皮肤因风吹日晒而变得黝黑，船上还有一些"梳着长辫子的男人"——他们是在船上服役的秘鲁与智利的印第安人[1]。

此外，关系的建立对信息的流通具有直接作用。在圣地亚哥，西班牙人探听英国人与法国人在整个南大西洋的活动。萨门托记录了一些微小的细节："我目前的使命在于和所有人一起在各处调查这一问题。"[2]遥远的小酒馆中的对话甚至也会传入他的耳朵：一艘葡萄牙大船上的阿拉伯语向导向萨门托讲述自己在艾阿蒙特（西班牙）附近的葡萄牙边境遇到两位英国商人，他们向他讲述了法兰西斯·德瑞克的计划。从巴西而来的领航员、船长刚刚告诉他，英国人在里约热内卢地区与巴纳伊巴湾、"伯南布哥以北"出现。最终，在战斗中捕获的法国私掠船使他了解到法国人在圣多明各与波多黎各之间的加勒比地区的活动。佛得角的圣多明各出乎意料地成为非洲、印度与美洲的战略信息的收集中心。萨门托忠于使命，不断通过从他那里出发、经由巴拿马的航船向秘鲁总督传递他在探险旅行中收集到的各种信息。

这位航海家之后朝向西班牙航行。他从利马出发，经麦哲伦海峡、

1　Gamboa, 1988, pp. 169-170.

2　*Ibid.*, p. 186.

巴西与非洲来到位于亚速尔群岛的一座岛上的安哥拉港，看到世界闻名的舰队之一——来自印度的葡萄牙舰队的到达，"五艘来自印度的大船，其中 4 艘来自果阿与科钦，一艘来自马六甲。4 艘大船载有这一地区的香料、草药、瓷器与织物"，4 艘大船中的一艘载有 8000 担（1担等于旧制 100 法斤）香料。萨门托·德·甘博亚一直收集新近的消息，他向水手们打听"菲律宾的卡斯蒂利亚人"的情况。这些葡萄牙人告诉他马尼拉的西班牙人如何介入了婆罗洲王的事务。甘博亚将这些信息记录下来，以便西班牙国王采取措施，"陛下通过新西班牙而得到的可靠信息可以更好地了解这些事务，我将我之所知进行叙述，因为君主们应该被忠实地告知一切和他们相关的东西"[1]。

　　萨门托·德·甘博亚利用西班牙帝国、葡萄牙与西班牙新近结盟的一切资源。他如果没有在陆地与海上的这些经验，就只是一位关注世界的宇宙志专家。甘博亚还受到伊比利亚帝国的运转机能不良（官僚系统的运转缓慢与滞重、各种意外情况、贪污腐化的毒害、病态的敏感性、无度的竞争）的影响。他的顽强与明智弥补了这些问题带来的负面因素。甘博亚首先是一名技术专家，不断地显示出在"世界上繁多的、互相迥异的不同地区"得到的科学训练与实地经验[2]。他毫不犹豫地指责伊利亚人的优越感——"航海家们不应过于信赖西班牙制造的时钟，此外，他还更正葡萄牙人的地图，虽然这些葡萄牙人是该领域享有盛名的专家，他以能够精确地计算经度（当时这种计算仍是相当随意的）而自豪。甘博亚也是一位政治家。他认为对麦哲伦海峡的了解与占领二者均关系到"西班牙王国与印第安人王国"的安全。

1　Gamboa, 1988, p. 189.
2　*Ibid.*, p. 39.

"西班牙与印度群岛的共同利益"[1] 与这个地方相关。他在西班牙与阿尔贝公爵、圣克鲁斯侯爵之间的关系、他在非洲与佛得角的葡萄牙统治者之间的关系、在美洲与巴西当局、秘鲁的政府门之间的关系帮助他完成了西班牙王室所确定的那些目标。他本人认为将世界的不同部分互相连接起来不仅是一个外交事务,而且也是一个军事事务与科学事务。

甘博亚处处仔细观察、分析,他辨认沿海地带,关注麦哲伦海峡的冰山,观察遍及这些偏远地区的印第安人,记录他们的习俗惯例——可以为后来的探险旅行提供方向标,正如土著人在山丘上点燃的火可以使人们从很远的地方就能看到它腾起的烟。在非洲沿岸、佛得角群岛,他展开测量,积累素描与平面图,而且在一位意大利工程师安东内利的陪同下,撰写了尚待巩固的通道清单[2]。

世界的不同部分之间的联系很少是安安静静地发生的。萨门托·德·甘博亚在两次探险之旅中,不得不面对种种失败。困难一方面来自他的对手们,一方面来自船员的腐化堕落。为了换些钱,这些船员总是在每个中途停靠港准备卖掉最贵重的货物。无情的竞争使他与第二次探险的负责人相对立,这位负责人名叫迭戈·弗洛雷斯,相对于冒生命危险去世界的尽头,此人更多地专注于破坏探险计划[3]。当人们安静下来之时,暴风雨、流行性传染病、法国私掠船、遇到的土著人时常成为航海者的噩梦[4]。

1　Gamboa, 1988, pp. 39, 38, 42, 228, 221.

2　*Ibid.*, pp. 109, 116, 125, 209-210.

3　*Ibid.*, p. 206.

4　*Ibid.*, pp. 130-132, 212.

互相关联的故事与历史

信件的往来为理解其他联系提供了另一些珍贵的资源，它们比较平凡，但是反映了个体如何对伊比利亚全球化导致的各种断裂与变化做出反应。显然，这些珍贵的资源仅仅涉及那些懂得书写而且可以为信件在不同大洲之间的流通支付资费的欧洲人、美洲印第安人—欧洲白人混血儿。不是所有人都有写信的才能，很多人求助于他人代笔写信，并支付酬劳，他们并不都避讳这一点。如利马的西班牙人弗朗西斯科·德·梅扎，对留在塞维利亚的妻子说："你清楚，我既不识字，也不会写，而且我谁也不信任。"[1]

塞莱顿·法瓦利斯在写给他住在马德里的父亲西蒙的信中谈到从西班牙去往西印度群岛的旅途中经历的种种考验[2]。穿越大西洋并不是旅途中最糟糕的一段经历，这位年轻人后来到达了卡塔赫纳的迪奥斯港，在那里，热带气候夺走了船上许多人的生命，他们是旅途上的第一批受害者，"我们非常害怕，因为在那里有许多人死去"。从那里出发，他继续巴拿马之行，"极端艰难的旅程……我曾有上千次感到自己会因船舶遇难而丧生"。在中美洲的查格雷河上，新的不幸降临，"我穿的混合纤维衣服腐烂了……路上不知是哪种虫子叮咬了我的左手，使我差点失去这只手和连着的胳膊，它们肿了，变成长靴的尺寸，我无法伸直胳膊，手也蜷缩了"。到达巴拿马后，塞莱顿向他在利马的

1　Enrique Otte, *Cartas privadas de emigrantes a Indias 1540-1616*, Jerez, Junta de Andalucia, 1988, p. 416; James Lockhart et Enrique Otte, *Letters and People of the Spanish Indies. The Sixteenth Century*, Cambridge, Cambridge University Press, 1976.

2　Otte, 1988, p. 431,《Celedón Favalis a su padre Simón Favalis en Madrid》, Los Reyes, 20 mars 1587.

舅舅打听情况，有幸结识了舅舅的一位塞维利亚朋友。旅途中常常有
意外的相遇，这位塞维利亚人告诉他，他的舅舅将经由巴拿马赴西班
牙。但是，来自卡塔赫纳的消息却称他的舅舅回到了秘鲁，而且已从
那里乘另一艘船即将出发赴新西班牙。塞莱顿在巴拿马再航行2000多
公里就可到达利马，"这是一段更加艰难的旅程，路上我常常感到自己
将会饿死或渴死。……那船载荷太重，以至难以前行，吃水过深，不
得不减少船只压载"。在哥伦比亚港的中途停靠使他发现了"印第安小
麦"——玉米饼，他立即就对这种食物感到讨厌："对于没有习惯吃这
种东西的人来说，它是很差的食物，吃完身上就会立即生出疱和疹子。"
大雨下个不停，扰乱了剩下的航程；既没有安稳的床，甲板上也没有
可躲雨的地方，反复发烧，没有可靠的食物，只有用黄金的价格买来
的一只母鸡，勉强用来补补身子，恢复些力气。到了维耶霍港——"秘
鲁海岸的第一个港口"停靠时，塞莱顿犯了思乡病："我从未像在那个
平安夜一样忧伤、郁闷。我记得那夜我是怎样挨过的，我身处远离家
乡的大海之上，不知用什么来庆祝圣诞，只有一点点奶酪和玉米，再
没有其他像样的东西了。"[1] 感谢上帝，从派塔到利马的陆上旅程上有良
人相伴，而且没遇上什么大问题。但是，非常不幸，首都利马刚在地
震中遭到毁坏，卡亚俄港被海啸破坏。塞莱顿的舅舅本应与塞莱顿在
此会合，可塞莱顿却一直寻不到他的踪迹。为等待舅舅回来，塞莱顿
姑且在利马住了下来。

　　西班牙帝国居民之间的通信往来体现出人们试图以此对抗距离、
运输的不稳定、缓慢以及遗忘所带来的联系的滞后与中断。寻求与伊

1　Otte, 1988, pp. 431-433.

比利亚半岛上的亲人、孩子、朋友保持联系，这就总是需要按照大西洋的时间来调整人们的时间，以便适应新的、跨大洲的时间性，新的时间性被伊比利亚半岛与美洲之间往来的船队所支配，被它们出发与到达的时间所影响，它们的出发与到达常常受到战争、私掠船、暴风雨与飓风的干扰。贵金属与商品的大量流动引起人员、信息的流动，甚至影响到隐秘的情感变化。船队与车队的到达使远距离的爱情为之振奋，使被放弃的联系得到修补；而当靠岸的船只并没有带来期待已久的信件时，船队与车队的到达则给等待中的人们带来失望，使他们的憧憬落空，使人面对煎熬的寂静。胡安·桑切斯从波托西给远在西班牙米兰迪利亚（米兰迪利亚距离梅里达不远）的妻子的信中写道："我请胡安·迪埃兹·帕洛莫代笔给你写信已有 3 年，还寄给你 110 比索的钱。我非常希望你都收到了。我很惊讶没有收到你的信，我不知道你现在是死是活。我求你给我写信。我从我父亲与兄长那里也一封信未收到。"贵族青年弗朗西斯科·德·拉·卡尔扎达从波托西给他在老卡斯蒂利亚的姐姐的信中写道："自从我到了秘鲁王国后，我给你和我的侄子普雷斯佩罗·德·维索写了不少于 15 封信。而从你那里只收到 2 封信，从我侄子那里只收到 1 封信。你们的信对我来说非常宝贵，我将它们保存完好，生怕它们离开我，愿上帝可以让我带着财产回到西班牙。"[1]

寄到西班牙的大量信件中的话语没有样式主义诗歌的程式化，也没有当时流行的田园小说的感伤主义，它们反映了印度群岛的人们已经习惯了面对遥远距离，在焦灼的情感中去爱、去希冀与失望："我不

---

[1] Otte, 1988, pp. 518, 526.

停地向主耶稣祷告，可以如我所愿——我们可以重新相聚。"我们有时不得而知，那些侨民的内心深处是更想回到伊比利亚半岛，还是想让近亲来到美洲大地上。"我最希望看到的是，你能来到（秘鲁）王国……我请你不要畏惧漫长的旅途"，胡安·德·玛塔·巴拉霍纳在给他兄长的信中写道。"我强烈希望我的一位兄长可以陪伴我，这样，我就可以在我的事务中信任他，因为我们两个在一起可以很好地脱身"，迭戈·德·罗哈斯在波托西给住在马德里的母亲的信中写道[1]。

　　虽然通过其他船只进行了双重寄发，运输的不可预测性、长久的延迟、信件的错投还是使书信联系相当混乱，使人长久痛苦。只有到了电话与电子邮件的时代，才催生了消除各大洲之间空间距离与时间距离的幻想。伊比利亚人的流动使一些家庭分散在帝国的各个角落。米盖尔·德·阿文达诺在波托西银矿区写信，请求将他的兄长马特奥派遣到他身边——"他的见解对我来说有着无法言说的重要性"，但他的兄长却奔赴了佛兰德斯。1583 年 6 月 15 日，胡安·维尔杜戈·德·卡德纳告诉父亲他在一场愚蠢的意外中失去了一条胳膊：一个同伴放火枪，击中了他，夺去了他的一条胳膊直至肩膀。这场小型悲剧发生在菲律宾的中心，被记载在一封信中，信件从马尼拉寄出，要穿越太平洋与大西洋才能到达卡斯蒂利亚的小镇阿雷瓦洛，天主教徒伊莎贝拉在那里度过了她的青年时代[2]。一个西班牙人在拉普拉塔的圣地亚哥·德尔·埃斯特罗写信给留在西班牙的儿子，告诉他，他有个舅舅在米兰。在圣非（阿根廷），另一个西班牙人为基多（厄瓜多尔）的叛

1　Otte, 1988, pp. 519, 530, 537.

2　*Ibid.*, pp. 537, 523, 583.

乱而担忧，他将此事写在信中，寄给住在马德里的兄长 [1]。依靠商品运输与流通方式，情感的流动超越了大洋与大洲间的遥远距离，创造了脆弱的邻近性，但这并不一定是幻想中的邻近。

埃武拉的玛丽亚与马六甲的佩德罗

大量的贫困人口被伊比利亚人的流动所裹挟，他们是无力的受害者或渴望捡拾强大的掠夺者们所留下的残存利益的外来者。

非洲奴隶离开几内亚沿海来到巴西、加勒比地区、安第斯山脉地区或新西班牙，他们无法写信给非洲大陆上的亲人。葡萄牙被流放的罪犯从里斯本被驱逐到巴西、非洲或亚洲，这些人的境遇也没比非洲奴隶好多少，他们中很多人在航船上死于坏血病 [2]。

上述这些人中的大部分都没有留下声音。玛丽亚·巴尔博萨得益于宗教裁判所圣职部带给她的利益，不再是在大洲之间偏航了的无名身影。这个欧洲女性出生在美丽的白色城市埃武拉，是黑白混血儿，这座青色天空下的城市以葡萄牙人文学者之城而著称，城里有一所向葡萄牙人及整个帝国鼓吹反宗教改革的耶稣会大学。玛丽亚·巴尔博萨的一生显示了伊比利亚全球化的另一个方面。她在葡萄牙因被控施行巫术，而被放逐到安哥拉。在非洲，她继续施魔法，拉皮条，于是被处以鞭笞。她穿越大西洋来到巴西北部的伯南布哥，她在那依旧冒

1　Otte, 1988, pp. 561, 562.

2　Geraldo Pieroni, *Os excluídos do reino. A inquisição portuguesa e o degredo para o Brasil colónia*, Brasilia, Editora Universidade de Brasilia, 2000.

波托西银矿
选自彼得鲁斯·贝尔蒂乌斯:《地理表》
1618—1619 年
参见安东尼奥·德·埃雷拉:《西印度群岛描述》
阿姆斯特丹

着被责罚的危险，但是"出于对其丈夫的尊重，没有责罚她"[1]。这位黑白混血女人遭遇的苦难暴露了伊比利亚流动性在社会与宗教上被掩盖的一面。玛丽亚·巴尔博萨"走过了世界上的很多地方，由于她走到哪里（包括伯南布哥、里奥格朗德、费恩考·德·诺罗尼亚、安哥拉与埃武拉城）都被驱逐"。1610 年，她住在巴伊亚（巴西），她又一次因被指控犯有同样的一连串罪行（卖淫、拉皮条、施巫术）而被抓。她当时庇护着一名叫伊莎贝尔·罗伊斯的来自佛得角的年轻、漂亮的寡妇，后者穿越南大西洋为了到达巴伊亚的萨尔瓦多。在那里，她向葡萄牙男性与该城的美洲印第安人—欧洲白人混血儿卖淫，因为"这些巴西男人出价相当不错"。玛丽亚·巴尔博萨被指控"显然是这个有着许多坏女人的地区的最有害、最可耻的女人"，于是她又一次被驱逐，流放到巴西南部更遥远的地方。得益于当地统治者迪奥戈·德·梅内塞斯的仁慈，她得以留在巴伊亚，但是被投入监狱。她在那里勾搭上一个非洲拜物教巫师，他可以为她提供做法事用的草药。由于她的过分行为，当局将她遣送到里斯本的宗教裁判所接受审判。

在跨海旅途中，一场新的悲剧事件使其颠沛流离的生活更加复杂。她乘坐的船在与埃斯皮雀尔海角同纬度的葡萄牙沿海地区被海盗截获。这个不幸的女人被抛弃在直布罗陀的海滩上，她设法摆脱困境，独自前往里斯本，由于没有任何生计来源，她向宗教裁判所的法官们求助，"问他们是否可以送她一件大衣蔽体，因为她是一个体面的女人"[2]。她

1　Laura de Mello e Souza, *O diabo e a Terra de Santa Cruz*, São Paulo, Companhia das Letras, 1987, p. 335.

2　Souza, 1987, p. 338.

在判决中被判定的身份是她最喜欢的恶名之一——"海上恶鬼"[1]，秘鲁的西班牙人的信件、佩德罗·萨门托·德·甘博亚的回忆录也使用这一词语来定义伊比利亚人的流动。宗教裁判所判决她不可以再进入巴西，认为穿越大西洋的旅行可以归结为在葡萄牙乡村的一次远行。巫术像基督教一样迅速地在全球传播开来，而且身心在各大洲之间流浪的女巫们懂得采用海上迁移的方式来保护自己。

玛丽亚·巴尔博萨所经历的大部分流动迁移都是非自愿的。这个有色人种女性被葡萄牙宗教裁判所的洲际网络所控制。从埃武拉经安哥拉与巴西到达里斯本，玛丽亚·巴尔博萨与宗教裁判所的法官们玩了猫与老鼠的游戏，体现出伊比利亚全球化的正面与反面。充满悖论的是，玛丽亚·巴尔博萨正是通过身体与魔幻草药的结合、通过她作为巫婆与老鸨的行为将欧洲、非洲与美洲联系起来，并全然违反了天主教会意欲实行的法则。反面的是，也是得益于玛丽亚·巴尔博萨及她这类的人，圣职部调整了各种方法与策略，使之有助于它更加有效地在全球范围内发挥作用。

在西葡帝国的各个角落建立起私人之间的无数联系。没有什么空间不可穿越，没有什么迁移不可想象。迭戈·奇诺是与玛丽亚·巴尔博萨[2]相似的人。他也是一个混血儿，他的父亲是西班牙人，母亲是马六甲人。他在约 1607 年出生于葡萄牙人统治的马六甲，童年时代被带到澳门，又从那里到了马尼拉，从葡萄牙人的势力范围到达西班牙人的势力范围。在西班牙人统治的菲律宾首都，他成为巴托洛梅·特诺里奥的奴隶，特诺里奥将他送给听证会的一名成员的儿子，后者将他带

1　Souza, 1987, p. 337.

2　Archivo General de la Nación (Mexico), *Inquisición*, vol. 372, exp. 20.

往新西班牙。在那里，迭戈娶了梅特佩克的一名印第安女人为妻，并从中致富，在塔库巴开了一间店铺，之后逃到米却肯，在那里遇到奇奇美加的印第安人，他们给他一些魔力粉——"通过它，可以得到一切他想要的东西"。1632 年，宗教裁判所将他抓捕，并判决他犯有亵渎神明罪。他濒临绝望，宗教裁判所的法官们谈到他因为失去了全部财产——牛、马，而陷入"深深的忧郁"。迭戈·奇诺与梅特佩克的印第安女人如果有孩子的话，他们应为马来、西班牙与美洲印第安血统。马六甲的迭戈这位穷苦的混血儿，如同黑白混血女人玛丽亚·巴尔博萨一样，在各大洲之间漂泊不定，他的惊险历程包含了伊比利亚人的流动的一切要素，伊比利亚人的流动裹挟了数千人的身体与精神——从奴隶走向亚洲之路到横跨太平洋的漫漫历程，从血统的混合、信仰的混合到跨大洲的魔法女巫与圣职部。

从新墨西哥到安第斯山脉地区，从非洲到印度，从马六甲到菲律宾森林，欧洲人、亚洲人、非洲人与美洲人交换、即兴利用、混合他们手中的一切东西，其中包括伊斯兰教在内的一切宗教。秘密联系的建立将不同信仰相互混合，也将不同血统、来自不同地区的介入者们相互混合。马尼拉的西班牙人行进在仪式队伍中，"手持一个十字架与火把""一个瘤牛角……并吟唱连祷文"[1]。在非洲，葡萄牙人、黑白混血儿在几内亚与塞拉利昂的巫师那里初步学会了一些可疑的法事，并了解到拜物教。在美洲，西班牙人、美洲印第安人—欧洲白人混血儿喜欢新墨西哥的印第安人或尤卡坦的玛雅人崇拜的那些偶像[2]。1587年，胡安·德·洛里亚在巴利阿多里德（西班牙）被控"按照印第安人的方

1　Archivo General de la Nación (Mexico), vol. 298, exp. 5 [1613].

2　*Ibid.*, vol. 304, fol. 186r°, 191r°; vol. 587, exp. 22; vol. 213, exp. 10.

式"行割礼。当时，宗教裁判所的打手窥视、发现、追捕、有时抓获那些被认为有罪的人。书记官们和法官们谨慎收集的证据使我们了解到各种习俗从一个大洲向另一个大洲的传播扩散。利马与墨西哥城位列"最多产的熔炉"，此外，在马尼拉，那里是中国人、日本人、柬埔寨人、暹罗人与马来人的熔炉[1]，果阿及其周边更是人们频繁进出的地方，佛得角群岛也是如此。16 世纪末，巴伊亚的萨尔瓦多地区有很多圣职部的来访者，而在印第安人的卡塔赫纳，宗教裁判所则捕获来自世界各地的巫师：葡萄牙女人、利马的黑白混血儿、的黎波里的希腊人、加埃塔的意大利人。这些信仰与习俗的确与土著文化的责任和纯正性无关，但是它们也建立起一种与伊比利亚全球化不可分割的全球现象。

从这个角度看，叛教者们也许不是很说明问题，因为从地中海[2]到印度与菲律宾，伊比利亚人皈依伊斯兰教，可以说更多地是走向了穆斯林世界的不归路，而不是一种相互联系的开始。他们的迁移在西葡帝国与其邻国之间建立了许多接触。服务于非洲与亚洲的国王们的（外国）雇佣兵是另一些"联系的代理人"。在几内亚，葡萄牙士兵与他们的长铳队士兵、奴隶一起加入对该地区土著人的战斗[3]。某些人变得非洲化了，如阿连特茹的一个葡萄牙人，还有一个名叫保罗·帕尔哈的黑白混血儿，这两个人是一场海难的受害者，他们加入苏姆巴人

1　Ribadeneyra, 1601, p. 14.

2　Bartolomé et Lucile Bennassar, *Les Chrétiens d'Allah. L'histoire extraordinaire des renégats, XVIe-XVIIe siècles*, Paris, Perrin, 1989.

3　安德列·阿尔瓦雷斯·德·阿尔马达在他的如下著作中提及萨尔瓦多·奥曼·达·科斯塔（Salvador Homem da Costa）：*Tratado breve dos rios de Guiné do Cabo Verde*, édit. par António Luís Ferronha, Lisbonne, Grupo de Trabalho do Ministério da Educação para as Comemorações dos Descobrimentos Portugueses, 1994, pp. 125, 128.

几内亚新地图
约 1625 年

葡萄牙士兵在西非
16 世纪
贝宁王宫

的行列："他们穿着和苏姆巴人一样的衣服，持有同样的武器，他们以士兵身份到达塞拉利昂，在那里，他们和我们的人重新会合。"这些临时的服役人员从非洲君主们那里得到慷慨酬劳。葡萄牙人群体在一些不受监管的地区定居下来，如本托·科雷亚·达·席尔瓦，他是"圣多美岛人"，他在那里"与亲属、朋友聚集在一个村子里居住，他是该村的首领，手下有 3000 多黑人听命于他。"约 500 名被剥夺了领受圣事权利的人"[1]统治着 3000 多名黑人。除了他们之外，还有另外数千人定居在亚洲的各个王国[2]。"现今，印度位于世界上陆地的最边缘……"[3]在东方，葡萄牙人可以自如地"采用……其他种族的风俗习惯、服装与仪式礼节"[4]，不止一位观察者如是说。他们中的许多人，无论是否是叛教者，都在葡萄牙统治的亚洲部分周边的帝国、王国漂泊不定，取得过一定的成功。另一些人在中国被囚禁多年。某些人擅长书写，如加利奥特·佩雷拉[5]、费尔尼奥·门德斯·平托撰写了一些著述。数量相对较少的西班牙人自愿或被迫在东南亚居住。每次探险旅行都将一定数量的遇难船只上的人员、囚犯与逃亡者留在那里。在 1606 年 4 月占领特

1　Almada, 1994, pp. 117, 129, 105.

2　*Ibid.*, p. 91; A.J.R. Russell-Wood,《Os portugueses fora do império》, in F. Bethencourt et K. Chaudhuri (dir.), *História da expansão portuguesa*, Lisbonne, Circulo dos leitores, I, 1998, pp. 256-281; María Augusta Lima Cruz,《Degredados e arrenegados portugueses no espaço índico nos primórdios do século XVI》, in *Povos e culturas*, 5, Lisbonne, Universidade Católica Portuguesa, pp. 41-61; Dejanirah Couto,《Quelques observations sur les renégats portugais en Asie au XVIe siècle》, in *Mare liberum, Revista de História dos mares*, n° 16, décembre 1998, pp. 57-85.

3　Diogo do Couto, *O soldado prático*, édit. par Reis Brasil, Lisbonne, Publicações Europa-América, 1988, p. 89.

4　Silveira, 1996, p. XXXVI.

5　Cruz, 1997, p. 33.

尔纳特岛后，投降条约迫使该岛国王除了交出落到他手里的荷兰人之外，还要交出"为其效劳的那些逃跑的西班牙人"[1]。所有这些散居在世界各地的欧洲人以各自的方式将西欧的生活方式与其他生活方式连接在一起。但是，宗教信仰的转变并不能使人忘记自己的种族，那些永久性地远离自己的祖国的叛教者总是带着他们原来所处的世界的片段。

混合场

在混沌或秩序化、和平状态或剧烈动荡状态的背景下，人们之间的相遇走向了身体、肤色、饮食、语言与信仰方面的混合。一顿饭或一夜的时间，性与饮食就可将不同的人互相连接起来，即使是以短暂的方式。到访者、入侵者与土著人分享了他们在这些地区常带有愉悦、暴力、野蛮特征的经历，并留下了印记——吃穿上的习惯、子孙后代、疾病。除了偏见、恐惧、憎恨、吸引之外，人、器物的流动带动了包括物质与情感在内的各种交流、交换，它们建构了全球性的网络，伊比利亚全球化根植其中。新的生活方式与来自世界不同部分的风俗习惯自发地结合起来。巴西历史学家塞尔古奥·布阿尔克·德·霍兰达在其卓越而不为人知的著作中描述了创造与适应的这一缓慢过程，它最终无法挽回地将美洲的这个部分与葡萄牙、非洲连接在一起[2]。冈萨洛·阿吉雷·贝尔特兰与乔治·福斯特探究了征服者与被征服者在墨西哥建立殖民社会的方式。所有建构都产生了相互的影响：西班牙人有时像土著人一样，也发生转变，即使通常情况下，力量对比不断地给

1　San Agustín, 1975, p. 720.

2　Sérgio Buarque de Holanda, *Caminhos e fronteiras*, Rio de Janeiro, José Olympio, 1957.

予前者以优势[1]。

流通、交换、冲突与吸引在整个西葡帝国的版图上造就了混合的社会。和西印度群岛、巴西、葡萄牙人统治的印度、西班牙人统治的菲律宾一样，掌控在奴隶贩子手中的非洲沿岸成为具有空前多元性的混合之地。这些新的混合社会的影响越过了西葡帝国的边界。在中美洲，佩腾的不受监管的玛雅人抢夺、购买来自西方的商品[2]。在南美洲，巨大的亚马孙山麓向未知而敌对的森林绵延，那里并不禁止印第安人、美洲印第安人—欧洲白人混血儿、巴西的印第安人—欧洲白人混血儿、欧洲人之间的接触与交换。而亚洲边界地区的葡萄牙人逃离了里斯本的控制，成为"帝国之外的葡萄牙人"，他们不费力气地从一个王国去往另一个王国[3]。

但是我们应将"外围地区"、（欧洲以外的）异国的边缘地区、西葡帝国的可疑边界这些地区与西葡帝国在欧洲的核心地区（它在混合中几乎丝毫无损）对立起来吗？伊比利亚半岛本身就是长期混合的历史的产物，那里居住着宗教裁判所力图驱逐的许多（因受迫害而改信天主教或伊斯兰教的）犹太人。格林纳达与瓦朗斯的摩尔人构成了来自另一种宗教、历史的社会群体，他们对基督徒发起强烈挑衅，与基督徒在总体与部分上均未发生混合。有一个现象广为人知，17 世纪初，德国宇宙志专家海因里希·马丁虽对墨西哥不同种族的人们的混

1　Gonzalo Aguirre Beltrán, *Medicina y magia. El proceso de aculturación en la estructura colonial*, Mexico, Instituto Nacional Indigenista, 1970; George M. Foster, *La herencia de la conquista. La herencia española de América*, Jalapa, Universidad Veracruzana, 1962.

2　Grant D. Jones, *Maya Resistance to Spanish Rule. Time and History on a Colonial Frontier*, Albuquerque, University of New Mexico Press, 1989.

3　Russell-Wood, 1998, pp. 256-281.

合讳莫如深，他却在墨西哥城揭示了在伊比利亚半岛存在着"供人消遣的……摩尔人的习俗与仪式"[1]。里斯本向四面八方开放，塞维利亚则是美洲的外港，二者都接纳大批的非洲奴隶分遣队，还接受来自加勒比地区与亚洲的奴隶。数字显示了这些存在所留下的印记。在 15—16 世纪，葡萄牙人将 30 万 ~ 45 万黑人贩卖到伊比利亚半岛。1570—1610 年，在里斯本大教堂的工地上，有 10% ~ 20% 的奴隶来自印度的果阿与卡利卡特[2]。

生活在西葡帝国内部的不同社会群体互相混合、杂交。在整个 16 世纪，美洲印第安人—欧洲白人混血儿群体缓慢壮大，这些人之后又去往非洲、印度、菲律宾与日本，形成新的混血。洛佩斯·德·维拉斯科在其撰写的西印度群岛状况（1574）中，对那里的人们的混血有一段简短的描述："除了从这里出发去往印度群岛的西班牙人以及出生在这里而且父亲和母亲是西班牙人的克里奥尔人之外，还有大量的混血儿，他们的父亲是西班牙人，母亲是印第安人，或者父亲是印第安人，母亲是西班牙人，混血儿的数量在沿岸各地不断增多……此外，还有黑人男子与印第安女子生下的混血儿，这些人最糟糕、最恶毒……相比之下，这里的西班牙人—黑人混血儿较少，因为许多印第安女子行为堕落。莫尼刚和几内亚的黑人被大量输入，因为开采金矿与银矿需

---

1 《Los ritos y ceremonias moriscas, y sus zambras, leylas y otras cosas con que se recreavan》, in Martínez, 1606, p. 259.

2 Alessandro Stella, Histoires d'esclaves dans la péninsule Ibérique, Paris, Éditions de l'École des Hautes Études en Sciences Sociales, 2000, pp. 64-65; 关于伊比利亚半岛上的美洲混血儿，参见 Esteban Mira Caballos, Indios y mestizos en la España del siglo XVI, Madrid, Iberoamericana, 2000.

果阿的一个集市开市日
选自《东方之行》
1599 年
阿姆斯特丹

要劳动力"[1]。

　　混合的语言也是这些相遇带来的产物，墨西哥城并不是一个例外。西班牙语很早就用土著词语丰富自己，首先，西班牙人在西印度群岛使用加勒比语的一些词语。墨西哥印第安人的纳瓦特尔语以更加剧烈的方式发生演变，即使它从未在西班牙语面前俯首听命。编年史作家齐马尔帕赫恩按照墨西哥城的普遍习惯，用纳瓦特尔语进行书写，并毫不犹豫地引入日文词语 katana（刀）、中文词语 sangreyes（马尼拉的中国商人）[2]。同时，萨比尔语（阿拉伯语、法语、西班牙语及意大利语等的混合语）在墨西哥城出现，如同从大西洋彼岸来此的奴隶所讲的非洲化的葡萄牙语一样。在亚洲，葡萄牙语吸收了马来语、中文、日语、印度语的大量词语，这些词语通常也被西班牙语与意大利语所使用，正如 16 世纪末弗朗西斯科·卡莱蒂的记述中显示的那样，他记录的既是语言的环球之旅，又是一场商务旅行[3]。

　　这些混合产生了一个悖论的后果，在他们将生活方式与主观性相连接的同时，便引入了在与各种语言接触中出现的新词所表达的新的区分。这些词语显示了欧洲人与其他国族人相混合而产生的不同群体：巴西的印第安人—欧洲白人混血儿（mame/ucos）、新墨西哥的采用西班牙人生活方式的美洲土著混血儿（genízaros）等。在欧洲以外居住的欧洲人也形成了新的群体：一些人变得非洲化，另一些人变得美洲化，如伊比利亚半岛的卡斯蒂利亚人不无优越感地称他们为印第安诺人（Indianos）。

1　López de Velasco, 1971, pp. 22-23.

2　Velasco, 1971, pp. 104-105.

3　Francisca Perujo in Francesco Carletti, *Razonamientos de mi viaje alrededor del mundo*, Mexico, UNAM, 1976, l'introduction.

还有一些人变得东方化，如在印度的伊比利亚人被称为卡斯蒂索人
（castiços），在印度的葡萄牙人被称为印迪亚蒂戈人（indiáticos）[1]。巴西的
欧洲居民变成了布拉西尔人（Brasílicos），安哥拉的欧洲居民变成安哥
利斯塔人（Angolistas）。卡斯蒂利亚人如此留意这些混合，以至于他们
甚至在西葡帝国之外也发现了这一点：贝纳迪诺·德·埃斯卡兰特在谈
到受到中国影响的亚洲居民时，多次谈及"中国化"[2]。

信仰、困扰、憎恨

在美洲，正如在西非、莫桑比克与印度的沿海，或在中国、日本
沿海，针对异教徒、不信教的人的福音布道无疑是伊比利亚全球化的
原动力之一。在整个 16 世纪，托钵修会、耶稣会、僧侣与教士小组都
增强了天主教会的影响力，并增加了新的基督教徒。从一开始，这一
传教事业就着眼全世界，涉及狭义的天主教，它在世界的其他部分获
得的成就恰好补偿了欧洲的一个部分在新教异端那里遭遇的衰败。而
且，它在海外的植入回击了路德与加尔文的信徒在欧洲的发展。信仰
构成的网络在加勒比地区、新西班牙与秘鲁之间发展，也在墨西哥及
其北方边界与菲律宾之间展开，在巴西、非洲与葡萄牙人统治的亚洲
部分之间展开。

在日本，西班牙僧侣与葡萄牙耶稣会士相遇并互相对抗。1597 年，

1　Sanjay Subrahmanyam, *The Portuguese Empire in Asia 1500-1700. A Political and Economic History*, Londres, Longman, 1993, p. 220.

2　《*Fueron sujetos antiguamente a los Chinas y assí son muy achinados*》, in Escalante, 1577, p. 53 v° et p. 56.

在葡萄牙主教与日本耶稣会士的目光下，西班牙方济各会修士在长崎的殉教悲剧性地体现了传教的伊比利亚人在世界另一头的会合。一些重要的基督教修会走向世界：当方济各会教士总会在巴黎召开会议，混血儿僧侣迭戈·瓦拉德斯被任命为墨西哥教省代表，前去参会。事实上，从一开始，耶稣会的传教士与学院就已经遍及全球。沙勿略于1542 年到达果阿，3 年后到达马六甲，1549 年到达日本。同期，有另一些耶稣会士到达巴西[1]。20 年后，耶稣会来到秘鲁，3 年后来到新西班牙，进驻各个城市，并占据了位于北方边界的最后的传教场所。耶稣会的发展史是另一种渗透的历史，它超越了伊比利亚全球化，却没有与伊比利亚全球化相混合，正如一些意大利耶稣会士在西葡帝国之外的活动所证明的那样[2]。

在美洲，反对异教的战斗比在非洲、亚洲更加残酷猛烈，在那里，力量对比并没有使得对异教信徒的根除来得容易[3]。美洲印第安人的宗教信仰与非洲人的宗教信仰、亚洲的重要宗教、万物有灵信仰、巫术及魔法建立起异教与崇拜的多种面貌，面对它们，天主教显得相当小众。但是，对立常常导致诸说混合的宗教仪式出现，这些仪式使土著信仰适应了基督教，当土著信仰不再与之对抗时[4]。这些混合常常部分地受到天主教会的鼓励，后者发现通过混合可以使天主教在相关地区更快

1　Charlotte de Castelnau, *Les ouvriers d'une vigne stérile. Les jésuites et la conversion des Indiens au Brésil, 1580-1620*, Paris, Centre culturel Calouste Gulbenkian, 2000.

2　Dauril Alden, *The Making of an Enterprise : The Society of Jesus in Portugal, its Empire and Beyond, 1540-1750*, Stanford, Stanford University Press, 1996, chapitre XVI.

3　Pierre Duviols, *La lutte contre les religions autochtones dans le Pérou colonial. L'extirpation de l'idolâtrie entre 1532 et 1660*, Lima, Institut d'Études andines, 1972.

4　关于墨西哥，参见 Gruzinski, 1988.

地扎根，这解释了异教也许并不是使天主教会最担忧的敌人的原因。

在世界的三个部分，天主教会遭遇到一个同样具有全球性特征的对手——伊斯兰教，如果忽略这一点就无法了解伊比利亚全球化及其局限 [1]。伊斯兰教徒既令人不安又具有吸引力。在西班牙，科尔特斯的编年史作者洛佩斯·德·戈马拉很可能同样为土耳其人的伟大及其在美洲的行动而赞叹 [2]。巴尔布埃纳在他对墨西哥城的赞颂中，谈到他那"高傲而忠诚的西班牙"和西班牙对突尼斯、非洲、奥斯曼土耳其的胜利 [3]。海因里希·马丁 1606 年在墨西哥城出版的《时代汇编》中，提到了欧洲人对奥斯曼帝国崩溃的预言。他冗长地引述了意大利出现的预兆，分析了 1604 年彗星划过的预兆，并思考行星之间的结合，认为它们必会导致"帝国的改变"。他对此相当专注，在书中用整整一章来讨论这个问题，这本通识书在距离土耳其边界数千公里外的新西班牙印刷出版。在同一时代，日本画家将奥斯曼苏丹、亨利四世国王与日耳曼的罗马帝国皇帝画在一起并不是偶然的。

穆斯林敌人既是有用的，也是难以对付的。对他们的令人产生执念的展现对于鼓舞新的力量跨越新的疆域来说是必不可少的。难道不是新大陆的印第安人的黄金为反对"可耻的教派"、拯救圣地提供了资

1　关于基督教欧洲与邻国土耳其之间的关系，参见 Daniel Goffman, *The Ottoman Empire and Early Modern Europe,* Cambridge, Cambridge University Press, 2002；针对与奥斯曼帝国的交流，参见 Lisa Jardine et Jerry Brotton, *Global Interests. Renaissance Art between East and West,* Londres, Reaktion Books, 2000；关于现代意大利的一个中等城市的反应，参见 Giovanni Ricci, *Ossessione turca. In una retrovia cristiana dell'Europa moderna*, Bologne, Il Mulino, 2001.

2　Louise Bénat-Tachot, *Chroniqueurs entre deux mondes,* Dossier d'habilitation, Université de Marne-la-Vallée, décembre 2002.

3　Balbuena, 1990, p. 124.

金？从一开始，伊斯兰教带来的恐惧就是西班牙、葡萄牙扩张的原动力之一。葡萄牙人在非洲的挺进部分地是为了击败非洲大陆西北部的穆斯林王国，克里斯托弗·哥伦布的首次旅行紧随西班牙驱逐伊斯兰教徒的"光复战争"：正是格林纳达的陷落开启了朝向美洲的探险旅行，引发了向西的伊比利亚流动。事实上，伊斯兰教的确当时在美洲大陆上并不在场，但穆斯林在被西班牙征服的亚洲群岛上重新出现。为了更好地战胜他们的存在，巴尔布埃纳乐观地预言摩尔人在摩鹿加群岛、在充满桂皮芳香的蒂多雷岛的森林中的失败。粉碎伊斯兰教、获取香料，二者同时发生在西葡帝国中[1]。

　　无论在几内亚沿岸、莫桑比克、印度、印度洋、马六甲、苏门答腊还是亚齐岛，葡萄牙人不断地与穆斯林发生冲突[2]。在巴西，这些"亵渎宗教的人"几乎不给葡萄牙人以喘息时间。1578 年 8 月，在摩洛哥，穆莱·穆罕默德的军队在阿尔卡塞尔·吉比尔战胜了国王塞巴斯蒂安。这一溃败对葡萄牙人的命运产生了不可估量的后果，因为葡萄牙这位国王的失踪使葡萄牙被置于菲利普二世及其后代的控制下。该事件使伊比利亚人的想象受到震动，并滋长了波及欧洲、巴西及更远地方的救世主拯救说与千禧年说的期待[3]：当时民间流传着这样一种说法，国

1　Balbuena, 1990, p. 122.

2　Jorge M. dos Santos Alves et Pierre-Yves Manguin, *O Roteiro das cousas do Achem de João Ribeiro Gaio: Um olhar português sobre o Norte de Samatra em finais do século XVI*, Lisbonne, Comissão Nacional para as Comemorações dos Descobrimentos Portugueses, 1997.

3　在墨西哥，为了解释印第安人之所以相信（大祭司）托皮尔津·奎扎尔科阿特（Topiltzin Quetzalcoatl）总有一天会回到人间的原因，混血儿编年史作家阿尔瓦·伊克斯特尔克斯特尔在其著作中谈到了围绕塞巴斯蒂安国王展开的神话传说：Alva Ixtlilxóchitl, 1975, I, pp. 282-283 ; Jacqueline Hermann, *1580-1600. O sonho da salvação*, São Paulo, Companhia das Letras, 2000.

王塞巴斯蒂安在世界各地漂泊，讨伐伊斯兰教，他将会从西班牙人的手里解放葡萄牙人，建立第五帝国也是最后一个帝国。

穆斯林到处跟随着伊比利亚人的挺进。在土耳其人一方，海军司令皮里·里斯 1513 年草拟的地图记录了西班牙人与葡萄牙人在美洲的挺进。1580 年，《西印度群岛历史》是针对新大陆的征服的一部极具细节性的编年史[1]。此外，葡萄牙人到达东方，遭遇到惨烈的反抗，齐纳德在马拉巴尔（印度）撰写的编年史细致地描述了基督教徒在世界的这个部分犯下的罪行：各种类型的屠杀、对穆斯林妇女的强奸、焚烧清真寺、攻击去往麦加朝圣的船只。齐纳德从穆斯林的角度描述伊比利亚人的入侵，热情赞颂了反侵略的圣战[2]，正如路易斯·德·卡蒙斯赞颂十字军东征、痛斥"伊斯兰教徒的可恶、背信弃义与残暴"[3]时一样地痛快淋漓。在卡蒙斯 1572 年出版的《葡国魂》与齐纳德大约在 1580 年完成的《信仰捍卫者们的馈赠》之间具有相似性。

伊比利亚全球化还解释了勒班陀大捷（对奥斯曼土耳其帝国的胜利）所产生的全球影响。该事件的影响甚至波及新西班牙的乡村：它在印第安编年史中被提及，在日本群岛的耶稣会学校被日本学生所描绘。对伊斯兰教的憎恶是伊比利亚全球化产生的重要原因之一，福音传教者力图通过传播那些展现对非基督教徒的战斗胜利的庆典与舞蹈向美洲印第安人进行灌输。"摩尔人和基督教徒"（系一道菜的名字，主要含有黑豆和白米，黑豆代表摩尔人，白米代表基督教徒，据推测

1　Goodrich, 1990.

2　Zinadím, *História de los Portugueses no Malabar*, édit.par David Lopes, Lisbonne, Edições Antígona, 1998.

3　Camões, 1996, chant VIII, 64,81.

该道菜在摩尔人被伊比利亚人统治时期得名——译者注）从西班牙人统治的美洲城市传播到最偏远的山区，也传播到斗争的最前线。今天，在墨西哥的一些乡村，我们可以看到印第安摩尔人与印第安基督教徒之间的斗争。马德里王宫保存着带有奢华的羽毛镶嵌画的一面盾牌是墨西哥羽毛细木艺术的代表作品，它描绘的内容展现了西班牙对伊斯兰教的胜利[1]。

对犹太教徒与异教徒的仇恨巩固了侵入者与土著之间的另一种团结，更加有力地将新大陆与天主教欧洲相连接。在果阿，加西亚·达·奥尔塔医生表达了对路德派信徒的厌恶，这并未阻止圣职部挖掘并焚烧这位新基督徒的骸骨。在墨西哥首都，对路德派的英国人与佛兰德斯人的逮捕被写进编年史。危险尤其来自加勒比海水域，在那里有新教徒的私掠船出没，当他们没能经南面绕过美洲进入太平洋水域并骚扰秘鲁沿海时，便来到这里。这些劫掠船至少打破了这些热带小镇的昏沉麻木，但是它们的危胁也使这个大陆上人们的日常生活遭到破坏。即便不为私掠船的入侵而感到畏惧时，海上安全问题还是让人感到不安：佩德罗·德尔·卡斯蒂略从特鲁希略写信给秘鲁的表兄说，他不敢给他寄钱，"因为如果我将它通过舰队寄送，它就会落入路德派教徒手中，而到不了基督徒手中"[2]。萨门托·德·甘博亚为守护麦哲伦海峡所做的努力回应了个体与西班牙帝国代表的强烈担忧。

对"古老律法"的忠实性向居住着新的基督教徒的地方传播了更加强烈的不安。路德派信徒所推动的商业网络参与了伊比利亚全球化，

1　*Tesoros de México, arte plumario y de mosaico, Artes de México*, n° 137, XVII e année, 1960, p. 30.

2　Otte, 1988, p. 467.

也参与了圣职部为驱逐、逮捕与消灭他们而设置的警察与教会网络体系[1]。针对相关地区的不同种族的居民，宗教裁判所经常通过火刑判决仪式向他们警示路德派信徒对于天主教信仰构成的威胁："在果阿、墨西哥城、利马、卡塔赫纳、里斯本、塞维利亚，那些皈依犹太教的新的基督教徒如果被发现，无论是活着的，还是死去多年的，都会受到惩罚。也正是在这些耸人听闻的仪式中，各种想象开始统一，似乎罗马天主教会需要树立起包括犹太人或穆斯林在内的这些世界范围内的敌人，以便更好地显示它的普世性。新改变信仰的人也很快加入了这场地狱之舞。齐马尔帕赫恩在《日记》中记录了 1596 年 12 月宗教裁判所的火刑受害者数量，"他们烧死了重又归附异端的 5 名犹太男人与 4 名西班牙女人，一共 9 名。焚烧了存放在木匣中的 19 名西班牙人与 1 名女性一共 20 个人的骸骨"[2]。

对财富的想象

商业的、官方的、私下的各种通路将世界的不同部分连接起来或拉近了它们之间的距离。通路上的城市是无与伦比的橱窗。果阿并不需要嫉妒墨西哥城，它是"印度人口众多的大城市，来自世界各个部分的大量的东方商品与西方商品的大型交易在此汇聚，对于整个东方

1　Nathan Wachtel, *La foi du souvenir. Labyrinthes marranes*, Paris, Seuil, 2001; Solange Alberro, *Inquisition etsociété au Mexique, 1571-1700*, Mexico, CEMCA, 1988; Anita Novinsky et Maria Luiza Tucci Carneiro (édit.) *Inquisición. Ensaios sobre mentalidades, heresias e arte*, SãoPaulo, EDUSP, 1992.

2　Chimalpahin, 2000, p. 65.

来说,它是一个世界性的市场与货物集散地"[1]。而新大陆则成为欧洲商
品的大市场,甚至土著显要人物与贵族只要有钱也会购买欧洲商品。
伊比利亚人所在的欧洲与世界的其他部分之间的联系占据优势,同时,
世界其他地区之间的通路也得到了发展。巴西的葡萄牙人优先与奴隶
所在的非洲保持关系,而秘鲁的葡萄牙人则热衷于控制安第斯山脉地
区与巴拿马之间、加勒比海地区与塞维利亚之间、拉普拉塔与巴西之间
的交通往来[2]。墨西哥城的西班牙人低声说着贝尔纳多·德·巴尔布埃纳
高声喊出的话:"墨西哥城将世界分成两等份"[3],并不断窥伺亚洲大陆[4]。

在全球的福音布道中展现出的力量无论多么强大,它们从一开始
也都是与商业共存的。这些商业活动强有力地传播了对全球财富的想
象,居住在美洲的西班牙人往西班牙自己家中或他们父母的家中寄的
信件往往除此之外没有其他主题。在寻找亚洲的古老财宝之外,增加
了墨西哥与安第斯地区银矿的无法抵制的吸引力:萨卡特卡斯、尤其
波托西,那里在 1600 年前后生活着 10 万居民[5]。葡萄牙人从果阿窥伺
着印度、中国、东南亚的财富,同时也伺机掠夺波斯湾、东非的财富
与莫诺莫塔帕的黄金。诗人巴尔布埃纳描绘了 17 世纪初在墨西哥城可
以获取的来自世界各地的财富:中国丝绸、波斯地毯、佛兰德斯钟表、

1　*Livro das Cidades e Fortalezas*…, fol.6, cité dans Santos Alves, 1999, p. 280, n.763.

2　Margarita Suárez, *Desafíos transatlánticos. Mercaderes, banqueros y el estado en el Perú virreinal*, 1600-1700, Lima, IFEA, FCE, 2001; Luiz Felipe de Alencastro, *O trato dosviventes, Formação do Brasil no Atlântico Sul. Séculos XVI eXVII*, São Paulo, Companhia das Letras, 2000.

3　Balbuena, 1990, p. 79.

4　Gage, 1982.

5　Peter Bakewell, *Silver and Entrepreneurship in Seventeenth Century Potosí*, University of New Mexico Press, Albuquerque, 1988. p. 23.

威尼斯首饰、马拉巴尔琥珀、安第斯地区粪石、罗马铜版画等。印度、
果阿、霍尔木兹、暹罗、中国、蒂多雷岛、特尔纳特岛、安第斯地区、
罗马、米兰、威尼斯这些词语在这位诗人的笔下熠熠生辉，成为想象
的驿站，在诗节中构建了环球之旅。一种想象在西葡帝国成为可能的
现实。

由于对财富的赞颂也是对消费的赞颂，商品畅行无阻的局面并不
需要等到荷兰的黄金世纪便已经出现[1]。文艺复兴的世界也许是奢侈品
贸易的世界，只要不将世界限定在西欧范围内。果阿、墨西哥城、利
马与马尼拉，还有里斯本与马德里都位列其中。

> 有钱时谁还会过得不好？
>
> 有钱时谁还会难以感到欢乐？……[2]

这就是墨西哥城给那里的富人提供的东西。财富的流通激发了所
有希望有一天可以发财的人的想象。财富的流通也激起人们对贫穷的
憎恶，"因为在贫穷的土地上生活，就是在世间被上帝定了罪"[3]，如同
财富抹去了旧世界与新大陆之间的差异，并使人忘记或忽略了欧洲。

因而在全球化时代生活，要学会在他处安家，在财富与消费的幻
象中忘记原乡。毫无疑问，对发财的渴望远胜于想要与伊斯兰教进行
斗争的欲望。16 世纪初，大批人员跨越大西洋，居住到加勒比海地区，

1　Simon Schama, *The Embarrassment of Riches. An Interpretation of Dutch Culture in the Golden Age*, Berkeley, Londres et Los Angeles, University of California Press, 1988.

2　Balbuena, 1990, p. 83.

3　*Ibid.*, p. 85.

心形瓶
16 世纪
古吉拉特邦
维也纳艺术史博物馆

镀金银盘
16 世纪
葡属非洲
里斯本阿茹达国家宫

奔赴墨西哥，到秘鲁和波托西碰运气，到达智利，或穿越太平洋来到马尼拉——西属亚洲的大门。巴尔布埃纳的隐喻阐述了这种对舒适与富裕的无节制追求。但是，如果这个梦不断地沉浸在新的黄金国中，是不是上帝的选民又有什么重要！在《伟大的墨西哥》问世几十年后，英国多明我会修士托马斯·盖奇（晚年成为清教徒）的笔下源源不断地展现了新西班牙首都居民所炫耀的奢华，"这里是最富有、最丰裕的城市"，是"世界上最富庶的城市之一"。

对财富的梦想——将世界上包括秘鲁的白银、摩鹿加群岛的香料与印度的钻石在内的一切宝藏都收入囊中的欲望滋长了一种瓜分全世界的想象，在那里，伊比利亚现代性带有傲慢、永不满足、没有边界、自以为是、扬扬得意的物质主义风格。这种物质主义热衷于比伊比利亚半岛及欧洲更加高雅考究的生活方式。贝尔纳多·德·巴尔布埃纳愉快地提及墨西哥城用于享乐的奢侈的舶来品："强壮而富丽堂皇的马匹"、"华丽的住宅"、"奢华的街道"、各种庆典、音乐会与戏剧演出。同传播宗教信仰一道，对财富的欲望也是伊比利亚全球化的重要动机之一，这一流动的惊人原因与目的将人与物带向世界的其他部分，带向印度的戈尔康德矿区，带向美洲——西班牙人在那里实行"西班牙治下的和平"，相当于今天在那里实行的"美国治下的和平"[1]。

一个唯一的世界？

世界不同部分之间的联系如此频繁，所涉事物如此丰富，以至于

1　Balbuena, 1990, pp. 74, 79, 88, 89.

这些联系产生了无法预料的状况，也产生了新的现实、新的艺术作品。墨西哥印第安人画的壁画反映了似乎不可调和的世界不同部分之间的相遇所产生的混合性创造物的出现过程[1]。在更普通的领域，殖民地的菜肴由西班牙饮食与地区饮食交替循环，猪肉与印第安调味品相混合，小麦面包与玉米面饼轮流被摆上餐桌。同样，墨西哥人、秘鲁人在着装上将西班牙服装与他们的传统服装相搭配，如同墨西哥城居住的西班牙女人们将带有刺绣的土著妇女穿的无袖衫收在箱子里用于晚间着装而不被人发现。从他处而来的元素被重新诠释、规划与改变，以便更好地适应各种品味、购买能力与气候。他处与本地的混合常常与这些元素的本来面目相去甚远，以至于后者在记忆中遗失。

　　大量的联系在世界的四个部分之间注入了一种连续性了吗？齐马尔帕赫恩在何种程度上感受到自己与西班牙居民、果阿居民同属一个世界——西葡帝国？从最初的一些联系的建立到这些联系的普遍存在，有一段距离在 16 世纪没有能够被超越。西葡帝国率先开启了一些尝试，它们常常是混沌的，而且通常由一些个体来承担，他们所建立的联系的频繁性并没有达到 19 世纪所达到的程度。的确，关于那些将各种信仰、艺术或人员连接起来的人，我们能够获取的资料常常只是一些片段、碎片，有时例外地发现一些人名，如玛丽亚·巴尔博萨、"中国人"迭戈、多明戈·齐马尔帕赫恩等。同样的情况似乎也发生在数千公里之外的地方：迭戈·奇诺这位马六甲的印第安人—欧洲白人混血儿在某种意义上说是埃武拉的黑白混血女人玛丽亚·巴尔博萨的兄弟。在墨西哥城，齐马尔帕赫恩关注亨利四世的去逝以及德川幕府统

1　Gruzinski, 1999; Gruzinski, *L'Aigle et la Sibylle. Fresques indiennes des couvents du Mexique*, Paris, Imprimerie nationale, 1994.

治下的日本，玛丽亚·巴尔博萨则在各个大洲之间施展她的魅惑、做皮肉生意，这两个人都对伊比利亚全球化做出各自的反应。与贝尔纳多·德·巴尔布埃纳一样，他们在一个将西欧这个小世界远远抛到身后的帝国里发展。西葡帝国并不仅仅是一个政治实体或王朝实体，而且它还是一个大环境，在其内部有数千人要学会在不同大洲之间生活或续命。这里的人们面对着不同的空间、距离、气候、社会、不同的传统与记忆，他们努力地使原本分离的历史变得同步，他们彰显出一种现代性，可见，现代性并不是当代人的特权 [1]。

1　Sloterdijk, 2001, p. 217.

第三部分　世间物

了解世界，就意味着已经拥有了它的一半。

——托马索·坎帕内拉：《西班牙帝国》，1599 年

第 7 章

教会与王室的专家

　　　　奥尔塔医生比所有人都更了解这些东西，因为我们只了解异
　　教徒的事物，而他比我们任何人都更了解基督教徒、摩尔人与异
　　教徒的事物。

——马鲁帕（印第安人医生），

见加西亚·达·奥尔塔:《印度草药与药理对话录》，1556 年

　　如果我们仅仅在中国的一个地方首府做短期停留，就可以了解中
国吗？许多欧洲人在今天有这方面的经验。在广州，1556 年 12 月，
葡萄牙多明我会修士加斯帕尔·达·克鲁斯展开针对 "中国风物" 的考
察，为期 6 周。他访问广州，观察那里的居民，漫步街头，看到低矮
的房屋间形成规整的棋盘形街巷。还看到河流上的帆船。他怎能忘记
那有近两千年历史的红石高墙、78 座楼台与 7 座巨门[1]？这座中国城市
难道不比里斯本更广阔，它的大街难道不比新铁市街（里斯本）更加

1　Fernão Lopes de Castanheda, dans João Marinho dos Santos, *Os portugueses em viagem pelo mundo. Representações quinhentistas de cidades e vilas*, Lisbonne, Grupode Trabalho do Ministério da Educação para as Comemorações dos Descubrimentos Portugueses, 1996, p. 299.

气派? 他在那里遇到的相当少的葡萄牙人对此意见不一……

在同一个月,距广州数千公里之外的墨西哥城,一位西班牙僧侣在印第安人的簇拥下走在圣地亚哥特拉特洛科修道院的回廊中。新西班牙首都的修道院、广场与教堂尚处于成形过程中。这座古老的印第安城市钻进文艺复兴风格的新装中。墨西哥城如广州城一样人口众多,当太阳在阿胡斯科山(墨西哥)落下时,城中建筑上的火山石——一种轻而多细孔的火山岩——上面披上了比广州城墙的红色更深暗的红色。在墨西哥城以北,圣地亚哥特拉特洛科郊区,方济各会修士贝纳迪诺·德·萨哈贡考察了"新西班牙的风物"。在他身边,有人讲拉丁语、卡斯蒂利亚语、纳瓦特尔语、欧多米语,有人展示写满多色符号的龙舌兰叶子,有人对数年来的探察所记录下的手稿进行修改,而印第安人则笑僧侣们的无知。

1556 年冬天,在果阿,加西亚·达·奥尔塔医生迫不及待地等待着之前有人许诺他将从苏门答腊带来的植物。果阿以其宫殿、大教堂、教堂、修道院与巨大建筑为荣,它们耸立在那些到处是葡萄牙富人所乘的轿子与他们的奴隶随从的狭窄道路上。"亚洲的罗马"——果阿对葡属印度发号施令,正如墨西哥城支配着西印度群岛。在那里,汇集了来自亚洲各地的人、贵重商品、植物与宝石,这些人与物治愈或降低了人们的痛苦。果阿是加西亚·达·奥尔塔格外青睐的地方,他不断向亚洲医生询问,丰富他对"草药与药物"的论述。

加西亚·达·奥尔塔与加斯帕尔也许在果阿的街头曾经擦肩而过。但是二人都很有可能从未听说过在墨西哥城有一位方济各会士也致力于收集欧洲所完全不了解的一些知识。这三个人都撰写了令人惊讶的著作,每个人都在自己的领域展现了欧洲与世界其他地区之间发

果阿平面图
约 1600 年

展关系的重要阶段。方济各会士萨哈贡的著述被视作民族志先驱之作，加斯帕尔·达·克鲁斯书写了关于中国的第一部近代著作，加西亚·达·奥尔塔则出版了一部亚洲植物概论，它在欧洲大陆有多个改编本与译本。在葡萄牙与墨西哥以外，这些著述很少被提及。尽管它们可以与当时欧洲最优秀的著作相媲美，但它们并没有将我们引向前所未有的大胆、清晰的视域。各种联系在世界的四个部分之间被建立起来，这得益于不同群体与个人投身于这项空前的、到处被重复的事业：他们将以前不了解的信仰、语言、历史、知识同欧洲人思考的、认为自己知道的东西进行比较。

如此广阔的内容浓缩在一个词中——"物"（cosas, coisas, cousas）[1]，这一词语常常出现在他们的著述标题中，它过去还曾存在于法国小学课文里。许多词语被写入文献中，指代这些摆渡人及他们的能力：葡萄牙人称他们为"有实践经验的人"，西班牙人称他们为"专家"[2]，都强调他们具有"经验"。一些人的探察源于市政当局与教会当局的意图；另一些人则是受王室或罗马天主教会的支配，或同时受二者的双重支配[3]；还有一些人的研究对象是欧洲、葡属印度与西印度群岛的文人群体。他们的目的是探察和收集情况，但总是带有实用的政治目的。这些"专家"从来都不是将自己关在书房里的研究者，他们

1 参见 Muñoz Camargo, 1984, p.127:《tratando [...] delas cosas de aquella tierra y de su peregrinación…》. Ouencore le titre de l'œuvre de Bernardino de Sahagún, *Historia general de las* cosas *de Nueva España,* ou de celle de Gaspar da Cruz, *Tratado das* coisas *da China.*

2 María Luisa Rodríguez Sala (édit.), *El eclipse de Luna. Misión científica de Felipe II en Nueva España*, Huelva, Biblioteca Montaniana, Universidad de Huelva, 1998, p.43.

3 萨哈贡将其著作的一份简编寄给庇护五世，将一份概要寄给印度群岛理事会主席胡安·德·奥万多。Miguel León-Portilla, *Bernardino de Sahagún, pionero de la antropología*, Mexico, UNAM, 1999, p.157.

都是作家，通过书写这一唯一方式，传播自己的经验[1]。

僧侣与印第安人

对墨西哥的"精神上的征服"如果没有对土著世界的深刻了解为前提是不可能达到的。方济各会教区的巡视员们在 1569 年写给印度群岛理事会主席胡安·德·奥万多的信中，提及两位印第安器物与语言专家的活动："僧侣阿隆索·德·莫利纳弟兄与僧侣贝纳迪诺·德·萨哈贡弟兄对墨西哥语了如指掌，而且还会书写墨西哥语，他们操练此语言已有数年，现在仍不知疲倦地继续修习"[2]。他们了解"该语言的秘密与古风"[3]。阿隆索·德·莫利纳撰写了一本卡斯蒂利亚语—纳瓦特尔语互译词典，它在今天仍是该领域的最佳工具书之一，而《新西班牙器物通史》与《佛罗伦萨手抄本》（1575—1577）[4] 则包含了贝纳迪诺·德·萨哈贡收集的针对古代墨西哥的百科全书式知识。我们为这位僧侣能够掌握并整理总量如此巨大的信息而感到惊讶。其他的一些著作没有达到同样的丰富性，如多明我会修士迭戈·杜兰书写的历史、方济各会修士奥尔莫斯、莫托利纳与门迪埃塔的著作使我们面对那些西欧的修道院与大学都不曾关注的专家，这些专家思考并描述了墨西

1　正如科钦的一位葡萄牙人指出的那样，参见 Franciscoda Costa, dans Bethencourt et Chaudhuri, 1998, II, p.469.

2　Códice franciscano. Nueva colección de documentos parala historia de México, V, II, édit. par Joaquín García Icazbalceta, México, Editorial Salvador Chávez Hayhoe, 1941, p.41.

3　Jean-Pierre Berthe,《Les franciscains de la provincemexicaine du Saint-Évangile en 1570: un catalogue de frayJerónimo de Mendieta》, in Enquêtes sur l'Amérique Moyenne, Mélanges offerts à Guy Stresser-Péan, Mexico INAH et CEMCA, 1989, p. 22.

4　León-Portilla, 1999, p. 169.

哥社会。所有这些人都在墨西哥高原的城市与乡村找到自己的使命，在那里学会了向古老的美洲印第安人种的幸存者们求教。

墨西哥僧侣不是民族志学者，也不是"人类学先驱"，尽管他们的调查类似于民族志研究。这种比较存在时代错误，歪曲了这些僧侣在西葡帝国所发挥的历史作用。这些传教士是独特的语言学家、热忱的编年史作者，是当代意义上的百科全书派"历史学家"[1]。他们所获得的知识和他们所建立的阐释总是受到政治与宗教目标的严格约束，因为他们的使命是清除异教和根除偶像崇拜。多明我会修士迭戈·杜兰明确表示："我只是想警示当时存在的问题，这样，今天如果再出现这种情况，就可以得到纠正，并以适当的方式加以根除。"[2]尽管萨哈贡与杜兰同印第安人精英有着令人惊讶的相近性，他们却从未忘记自己所从事的事业的最终目的。对偶像崇拜的揭露是贯穿他们著述的一个动机，即使它并没有激励专家们在宗教裁判所的背景下展开竞争。这些专家认为，使被征服者皈依天主教意味着使他们在社会、政治与宗教上融入西葡帝国，因而，使他们皈依天主教在这些僧侣的使命中具有绝对的优先地位。

但是，不应该不计代价。那些想要"使印第安人在神性事物与人的事物上采用西班牙生活方式"的征服者的暴力产生了不良后果，他们毁灭了"印第安人的原有制度"[3]，萨哈贡认识到这一点。因而，应该

---

1 科瓦鲁比亚斯词典对"历史"一词的定义，详见 Sebastián de Covarrubias, *Tesoro de la lengua castellana o española*, 1611 (édit. Madrid, Turner, 1972, p. 692).

2 Diego Durán, *Historia de las Indias de Nueva España yde las Islas de Tierra Firme*, Mexico, Porrúa, 1967, I, p. 257.

3 Bernardino de Sahagún, *Historia general de las cosas de Nueva España*, édit. par Angel María Garibay K., Mexico, Porrúa, 1977, II, p. 627.

区分良莠，哪些是应受到尊重的习俗，哪些是偶像崇拜，以便净化土著世界、改革殖民社会，"如果将这一制度（指西葡帝国制度）引入印第安人与西班牙人共和国，一旦除去所有涉及偶像崇拜的东西，使其成为完全信仰基督教的共和国，我们就完成了一项卓越的任务，使这个共和国与其他共和国一样，免于巨大的邪恶，并使其领袖免于痛苦"[1]。萨哈贡的计划如此具有野心，促使他重新检视印第安人社会与西班牙人社会在"印第安人与西班牙人共和国"中汇集在一起的基础。他的同僚们很少体现出同样激进的态度，但他们都思考了美洲印第安人在何种程度上皈依了基督教。

了解情况对于达到目的来说是王道。传教士们收集的信息涉及古老的墨西哥的多个方面，有的涉及它最难以应付的方面，这些信息暴露了想要深入了解土著社会的迫切意愿。社会组织、家庭组织、政治组织、信仰、语言、植物学、动物学、技术、自然哲学、历史无一不在他们的观察之列。某些传教士在自身存在的一大部分时间中与他们的研究对象保持接触。方济各会士贝纳迪诺·德·萨哈贡用了半个世纪的时间（1540—1590），多明我会修士迭戈·杜兰用了 20 多年[2]，他们都收集了关于那些被征服、被殖民的社会的知识，同时找到了与异教徒的抵抗做斗争的手段。"这位僧侣（萨哈贡）的好奇心非常有益，显然，我们希望当宗教裁判所着手审判印第安人的错误时，宗教裁判所可以了解一下印第安人的宗教仪式"[3]，墨西哥城大主教在一封写给菲利普二世的、为方济各会士辩护的信中解释说。

---

1 Sahagún, 1977, II, p. 629.
2 Durán, 1967, I, p. XII.
3 León-Portilla, 1999, p. 174.

湖上的猎鸟人
选自《佛罗伦萨手抄本》
1578 年
佛罗伦萨劳伦图书馆

可以说，天主教会的专家在扎根殖民社会的过程中发挥了至关重要的作用。在建造教堂与修道院、举行宗教崇拜仪式与节日庆典、开放接收贵族后代的学校的同时，僧侣们的探察巩固了天主教会与国王对新基督教徒的支配地位。他们的探察巧妙地帮助这些新基督教徒恢复了他们的记忆。萨哈贡并不希望"印第安古人的话语"中包含的智慧消失，他在交谈中细心地将他搜集到的这些话语记录下来，萨哈贡也不希望土著人对西班牙人征服史的描述被抹去。传教士们对这些自此皈依天主教的新基督教徒的习俗与信仰进行了一丝不漏的检视，甚至连西班牙人发现的他们的缺陷也被传教士们认为与伊比利亚农民存在相似性[1]。在殖民想象与考古学抢救之间，传教士们塑造了印第安历史，这是被校正、修改了的历史，它被列在西葡帝国其他民族的历史之侧[2]。正是基于这些原因，他们的著述被阅读、抄写、重抄。但是，天主教会与王室因看到如此之多的信息而感到不安，他们担心无法控制如此海量的信息，于是决定没收手稿或中止传教士的调查[3]。这些决定打击了诸如门迪埃塔、萨哈贡这些方济各会士，反映了阻止伊比利亚全球化与美洲大陆通道的开辟所带动的信息流动是多么的困难。自此，美洲大陆通道的开辟意味着土著"民族"所生活的地区"对于西班牙及开化的民族来说不再遥远而陌生"[4]。

新西班牙传教士的活动范围大大超过了北美洲的边界。他们是与亚洲关系密切的最富热情的工匠。这解释了不同修会的伟大的编年

1　Durán, 1967, I, p. 185.

2　León-Portilla, 1999, pp. 95-107.

3　1577 年 4 月国王菲利普二世颁布敕令，禁止萨哈贡的作品流通与印刷，并向总督下达了相关命令。*Códice franciscano,* 1941, p. 267.

4　Durán, 1967, I, p. 187.

史作者——奥古斯丁教派信徒胡安·德·格里亚尔瓦[1]、方济各会士胡
安·德·托尔克马达都在著述中加入关于美洲、菲律宾、日本或亚洲的
章节的原因，这些地区经历了漫长的发展过程。针对太平洋地区、东
方沿海地区积累起来的各种知识与经验构成了传教士进行系统收集工
作的目标，旨在为西葡帝国在亚洲的广袤大地上扎根做好准备。在亚
洲，活跃着另一些专家。

从世界的一头到另一头

天主教会的专家们并不满足于在西葡帝国的不同地区活动，他们
也对周围的帝国展开探察。他们到处都表现出同一种意愿：探察土
著社会，评估它们的各种资源，了解那里的动物群、植物群与矿藏。
在巴西北部，另一位方济各会修士在萨哈贡从事考察的半个世纪后，
1624—1627 年，也展开探究，带着同样具有野心的计划[2]：书写一部历
史，介绍"该地区的边界、纬度、气候、山川、河流、自然风物、水
果、植物、矿产、陆上动物、鸟、鱼、人的外貌、习俗惯例、大众宗教、
群体"。该计划促使方济各会士克里斯托沃·德·利斯博亚写作了《马
拉尼昂自然与道德史》[3]，今天该书中的文字部分已遗失，但书中 259 幅

1　Juan de Grijalva, *Crónica de la Orden de N.P.S. Agustin en las provincias de la Nueva España*, Mexico, Pórrua, [1624] 1985.

2　根据埃武拉大教堂唱诗班成员、克里斯托沃·德·利斯博亚的兄弟塞维里姆·德·法里亚所说。Frei Cristóvão de Lisboa, *História dos animaes e arvores do Maranhão*, édit. par Jaime Walter, Lisbonne, Comissão Nacional para as Comemorações dos Descobrimentos Portugueses, 2000, p. 52.

3　*Ibid.*, pp. 44, 54.

珍贵的插图却留存下来，配有系统记录相关动、植物的土著名称说明。该书稿包含萨哈贡撰写的关于墨西哥印第安人自然史的一些章节，建立起方济各会士书写的美洲风物史的另一个主要环节，同时，它也将美洲大陆的一部分与西葡帝国连接起来。

当墨西哥与巴西的僧侣对美洲印第安社会展开探察时，另一些修士则专注于亚洲。当萨哈贡在墨西哥的研究尚处于第一阶段时，葡萄牙多明我会修士加斯帕尔·达·克鲁斯远赴中国。他同一群坚定地要在中国传教的同门教友一道，于 1548 年离开里斯本。首先，他们到达印度的果阿、焦尔与科钦，多明我会在那里最早建立的机构遂得以开放。然后，克鲁斯在 1554 年到达马六甲，之后在柬埔寨停留了近一年。1556 年底，终于抵达广州，利用在广州停留的 6 周时间对中国与中国居民展开探察。克鲁斯之后到了望加锡，又在霍尔木兹海峡停留了 3 年（1560—1563）后，经果阿回到葡萄牙，于 1570 年逝世。同年，萨哈贡将自己的著述摘要寄给印度群岛理事会与教皇皮乌斯五世[1]。

加斯帕尔·达·克鲁斯被视为卓越的亚洲专家，这位传教士是《中国情况》（1569/1570）的作者。与他的卡斯蒂利亚同僚一样，他也体现出对他的研究对象——中华帝国的求知欲。与他的同僚一样，他也思考如何才能使这一庞大的国家皈依基督教。克鲁斯千方百计地去了解包括社会生活、物质生活、政治、宗教在内的中华帝国的不同侧面，借鉴了手抄本的描述、在商人与旅行者那里采集的信息、从进过中国监狱的葡萄牙同胞那里了解到的事情，他自己也对当地风物进行了观察。他甚至还请人将那些与葡萄牙人的存在相关的中国文献进行了翻

1　León-Portilla, 1999, p. 156.

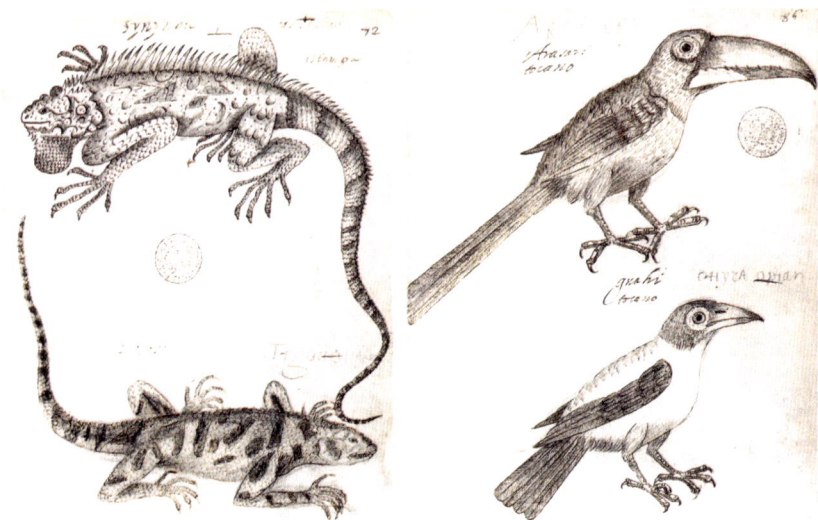

亚马孙鬣蜥、蜥蜴与巨嘴鸟
选自克里斯托沃·德·利斯博亚：
《马拉尼昂自然与道德史》
1627 年

译[1]。加斯帕尔·达·克鲁斯写作了一部关于中国的论著，将他对中国所有了解的东西进行了综合表述。他的任务比萨哈贡与杜兰的任务更加庞大。大明帝国比美洲所有土著社会合起来的影响还要大，而传教士们在大明帝国并不受欢迎，而且那里语言的多样性、书写的复杂性也为传教士的活动带来严重障碍。加斯帕尔的果敢与他的同代人的好奇心支撑了多明我会修士的这一著作。萨哈贡与杜兰的著述在数个世纪中一直处于手抄本的状态，而加斯帕尔·达·克鲁斯的这部篇幅较小的著作却于 1570 年在卡斯蒂利亚人安德列斯·德·布尔戈斯位于埃武拉的出版社得到出版。这是葡萄牙人第一次出版一本完全以亚洲大陆的一部分为内容的图书[2]。中国之所以获此殊荣，很大可能是因为数个世纪以来它就一直吸引着欧洲人（的好奇心），再就是因为该书所传播的新事物全然没有威胁到葡萄牙人在亚洲的霸权。此外，这一著述使读者认为中国有望加入罗马基督教，因为"这片土地上的人们完全愿意皈依罗马基督教，他们对他们的诸神及神职人员都看得很低"[3]。

针对墨西哥与中国的著述预示了耶稣会士路易斯·弗雷斯针对日本的著述。1548 年，16 岁的弗雷斯到达果阿，1563 年抵达日本群岛，之后他撰写了一部内容丰富的日本历史著作[4]和一本对欧洲人与日本人

1　Cruz, 1997, p. 18.

2　José Manuel Garcia，《A literatura portuguesa da expansão: contribuição para o seu estudo e inventário》, in *Le caravelle portoghese sulle vie delle Indie*, édit. par Piero Ceccucci, Rome, Bulzoni, 1992, pp. 81-82.

3　Cruz, 1997, p. 255.

4　这部《日本历史》涵盖了 1549 年至 1594 年的这段时期。Bethencourt et Chaudhuri, 1998, II, p. 473. 耶稣会士瓦利尼亚诺（Valignano）反对它的出版，认为内容过于冗长。

两个中国人向官吏呈交诉状
选自阿德里亚诺·德·拉斯·科尔特斯：
《旅行描述》
1625 年
伦敦大英图书馆

的风俗习惯进行比较的概论[1]，1597 年在日本逝世。弗雷斯等耶稣会士曾在 1549 年同沙勿略一起到达日本，他们发现那里经历了多年内战，并在幕府统治下逐渐平息。1585 年 6 月弗雷斯在有马地区撰写论述，"以简短、节略的方式展现了欧洲人与这一地区的日本人在道德风俗上的一些对立与差异"。他历数了日本人的习俗惯例并将其与欧洲人的习俗惯例进行系统比较，从最普通的习俗惯例到重要的习俗惯例。如日本人与欧洲人的计时方法不同，还有，日本只有男性才使用扇子，日本群岛居民有火葬的习俗。书中还有其他大量细节可以使今人了解文艺复兴时期葡萄牙人的风俗习惯与当时日本人的风俗习惯。弗雷斯也是日本政坛的优秀观察家[2]。他的著述面向的是里斯本、罗马的读者，它能够而且应该首先服务于被派往日本的耶稣会士的快速培训。弗雷斯的著作被耶稣会所使用，被认为方便了欧洲的年轻传教士对一个令他们困惑的地区的适应。

弗雷斯在历数日本与欧洲之间的各种差异的同时，也展现了它们的许多共同点。这种训练对于想要在相关的两个地区之间建立起桥梁的人来说必不可少。在弗雷斯之前，加斯帕尔·达·克鲁斯曾经对中国表示关注，他满意地记下那里居民的饮食习惯，拉近了中国居民与基督教徒之间的距离，"他们的饮食与所有印度人的饮食别无二致。由于

1　Luís Fróis, *Traité sur les contradictions de mœurs entre Européens et Japonais*, traduit par Xavier de Castro et Robert Schrimpf, et présenté par José Manuel Garcia, Paris, Chandeigne, 1993. 如下是针对该文本的一部内容全面的批评论著：Josef Franz Schütte, *Kulturgegensätze Europa-Japan (1585) — Tratado em que se contem muito susinta e abreviadamente algumas contradições e diferenças de custumes entre a gente de Europa e esta provincia de Japão*, Tokyo, Sophia University, 1955, p. 294.

2　可参见他对丰臣秀吉的评论：Berry, 1982, pp. 207, 208, 213.

他们喜欢吃猪肉，他们成为穆斯林就几乎是不可能的"[1]。在日本，弗雷斯则揭示了基督教与偶像崇拜之间不可克服的"矛盾"：基督教徒驱逐巫师，（佛教的）和尚却"对他们表示赞同"，基督教徒相信人的不朽，而佛教教徒则"只相信生与死"[2]。但是，这种比较并没有局限于将日本的异教徒归结为劣等身份、未开化、相异性，而是通向了专家们在世界的其他部分也同样面对的一个悖论——在不野蛮的前提下，也可以存在差异。"他们的许多习俗惯例对于我们来说，如此奇特而遥远，甚至令人难以置信，在与他们同样开化、敏睿、聪慧的人们那里，有许多方面与他们截然不同"[3]。

多年以前，在美洲，巴托洛梅·德·拉斯·卡萨斯与贝纳迪诺·德·萨哈贡也观察到一种卓越的文明可以与那些被认为不可接受的、令人反感的、恶魔般的习俗惯例相互适应："如果这种政治制度没有如此被偶像崇拜的仪式与迷信所影响，我认为，那就太好了"[4]，萨哈贡指出。无论在哪里引入基督教，都需要了解该地区的社会与历史。事实上，这位葡萄牙耶稣会士记录下的各种差异并没有掩盖与日本人的相似性。许多分歧只涉及习俗惯例与技术细节，并没有涉及道德：如扇子的使用、崇拜场所的形态、书籍的尺寸、画作的多样性、规模的意义以及风格的喜好（基督教徒偏爱讲道台，佛教教徒偏爱在扶手椅里端坐）。异教徒的许多特征被不带评论地记录下来：火葬、禅服、地区的洗礼仪式、与崇拜相关的图像（在欧洲画在木头上，在日本则

1　Cruz, 1997, p. 256.

2　Fróis, 1993, pp. 65-66.

3　*Ibid.*, p. 41.

4　Sahagún, 1977, II, p. 629.

画在画卷上）。弗雷斯甚至将日本人面对欧洲人的习俗惯例时表现出来的惊讶也记录下来："我们的教堂中有树枝装饰，还用灯芯草与香蒲装饰地面，日本人却嘲笑我们将教堂变成森林与花园。"

从墨西哥到日本，出现了土著社会的"照相术"，它们与一种熟悉的、专注小心的评估相背，有时甚至还令人惊讶地带有地方现实色彩。弗雷斯针对日本人的嗅觉这样写道："我们非常喜欢安息香、雏菊等的香味，日本人则讨厌它们，他们觉得它们过于浓烈，受不了……当我们采摘玫瑰或香味浓郁的石竹时，我们先闻一闻然后再看，而日本人正相反，完全不在意它的气味，而只重视观感。"[1] 相反，在世界的另一头，墨西哥印第安人则为欧洲人对花的"耽于声色的"情感与无节制的爱好而感到好奇："他们幸福而愉悦地为一朵玫瑰或不同玫瑰扎成的一束花而闻上一整天"[2]。

路易斯·弗雷斯并不是一个例外。除了方济各会修士、多明我会修士之外，耶稣会士也在西葡帝国及其边界地区的最优秀的专家之列。从新西班牙、秘鲁、巴西、印度、非洲到日本，有 10 多位专家撰写了相关叙述与年度报告，用以描述他们的进展与憧憬[3]。尽管存在评价方式的多样性，传教士们的评论往往趋向于互相印证：同样的目标、方法，有时描述了土著们的相同反应。传教士们的叙述有的让人有已经

1　Froís, 1993, pp. 69, 67, 71, 70, 101.

2　Durán, 1967, I, p. 151.

3　关于巴西，参见 Laborie（1999）与 Castelnau-L'Estoile（2000）。塞巴斯蒂安·冈卡尔维斯（Sebastião Gonçalves）在印度度过了 20 多年的时光（1594），他在果阿撰写了一部关于在东方传教的通史，其中有一部分在 1615 年被寄往里斯本与罗马。Bethencourt et Chaudhuri (1998), II, p. 471. Sebastião Gonçalves, *Primeira parte da História dos religiosos da Companhia de Jesus*, édit. par José Wicki, Coimbre, Atlântida, 1962.

看过的印象。如 16 世纪末在关于印度的著述中描述了在果阿附近的萨尔塞特的耶稣会学院新皈依的基督教徒的生活："所有教堂里都有一所学校，人们在那里学习读、写与计算。他们学习马科斯·豪尔赫神父的教理书，该书适合学生们的能力，而且被翻译成卡纳里语……在教堂附近生活的孩子们每天上午聆听教理讲授，住得远的学生则聚集到村子里为此搭建的简易木棚里。在某些教堂，绘画向不了解基督教的人们展现了我们的神圣信仰的秘密，因为图像是教化大众的书。"[1] 16 世纪 20 年代方济各会修士在墨西哥向印第安贵族子女开放学校。

行政官员与军人

16 世纪 80 年代，在"印度政厅"富裕的首府果阿，一位 40 多岁的葡萄牙人迪奥戈·多·库托是那里生活用品商店的负责人，他致力于收集葡萄牙人在世界的这个部分的信息，计划书写菲利普二世时代的亚洲历史[2]。同时，在佛得角群岛令人窒息的酷热下，一位葡裔非洲人精通武器，名叫安德列·阿尔瓦雷斯·德·阿尔马达，他利用与西海岸非洲人之间的关系来调查几内亚与塞拉利昂的各种资源。那些年，在大西洋的另一头，墨西哥的中心，一个西班牙殖民者与一个印第安女子所生的儿子迭戈·穆尼奥斯·卡马戈对他的家乡特拉斯卡拉地区展开探察。西班牙王室代表即市长命混血儿卡马戈撰写综述，卡马戈后来将它转变为一部优秀历史著作。

1　Gonçalves, 1962, III, pp. 100-101, 见于 Bethencourt et Chaudhuri, 1998, II, p.471.

2　António Coimbra Martins,《Sobre a génese da obra de Couto》, in *Arquivos do Centro Cultural Português*, III, Paris, Fondation Gulbenkian, 1974, pp. 131-174.

　　果阿的葡萄牙人库托、佛得角的阿尔马达与特拉斯卡拉的穆尼奥斯·卡马戈都是西葡帝国的仆人。因而，可以说西葡帝国的专家并非都来自教会阶层，虽然从教会阶层内部吸收的专家是其中最多的，而且按照当时的标准来说是最优秀的。西班牙王室代表与军方代表也在新大陆的专家中占有重要地位[1]。从 15 世纪下半叶开始，他们就开启了伊比利亚人的流动。冈萨洛·费尔南德斯·德·奥维耶多是加勒比地区与中美洲问题的专家，他是最早的美洲自然史撰写者之一，还著有第一部美洲征服与殖民史[2]。它们并非都展现了他的才能与野心，但都呈现了那里与西欧不同的社会、信仰、传统、存在方式与思维方式。那里的人有时使西欧殖民者感到窘迫与愤怒。面对无法预料的状况时，西欧殖民者懂得如何适应美洲与欧洲大陆之间的距离，这一距离长久以来导致了美洲与西欧所经历的变革相比形成的落后状态。适应的努力转化为西班牙王室代表们的政治谋略，他们不仅需要控制土著民众，还要维护与那些尚未被西葡帝国势力所笼罩的帝国之间的关系。马尼拉的西班牙统治者与中、日当局的关系在这一点上提供了一个明证。西班牙王室代表不得不持续地应对使其不知所措的地区战略，以及对他们来说全然陌生的历史：面对各种冲突，同时为了与异教徒周旋、

　　1　在军队中，写作了关于中国的论著（*Algumas cousas*）的"菲达尔戈"贵族加利奥特·佩雷拉的著作被多明我会修士加斯帕尔·达·克鲁斯广泛引用（Cruz, 1997, p. 34）。佩雷拉在被俘期间，先后在福建、江西、广西与广东停留（*Ibid.*, p. 33）。

　　2　Fernando González de Oviedo, *Historia general y natural de las Indias*, édit. par Juan Pérez de Tudela y Bueso, Madrid, BAE, n° 117-121, [1547-1557] 1959, 5 vol. 关于此人及其对手洛佩兹·德·戈马拉，参见 Louise Bénat Tachot, *Chroniqueurs entre deux mondes. Étude inédite*, dossier d'habilitation, Université de Marne-la-Vallée, décembre 2002, dact. 对冈萨洛·费尔南德斯·德·奥维耶多的介绍，参见 Louise Bénat Tachot, *Singularités du Nicaragua*, Paris, Chandeigne/Université de Marne-la-Vallée, 2002.

协商，不得不屈从于邻国列强所使用的交流方式，那些异教徒对于基督教表现出顽固态度，对哈布斯堡方面的主张表现冷漠。1604 年，德川幕府抱怨天主教在日本取得的进展，并"为他所信仰的诸神崇拜的没落、基督教福音律法在他的王国得到青睐而感到不快"，西班牙统治者不得不强压怒火，"谨慎地要求（他）停止对身处日本的僧侣施刑"[1]。

服务于葡萄牙王室与西班牙王室的葡萄牙人与西班牙人将信件与报告寄到欧洲，宗主国的编年史作者则从中挖掘资料。在地区当地撰写西葡帝国官方历史这种情况比较特殊。但是，葡萄牙人迪奥戈·多·库托就是这样的一个例子。他将自己在当地的经验、职责与书写的任务结合起来。库托于 1560 年前后抵达印度，在那度过了 40 多年。此前他作为士兵在里斯本服役，而后在果阿担任生活商店总管。1589 年，他想成为葡属印度的官方编年史作者，6 年后，菲利普二世同意授予他这一头衔。他还同时担任果阿档案收藏馆馆长，可以直接接触官方文献及其他保密文献。库托迫不及待地投身这项庞大的事业，关注葡萄牙人在亚洲的存在所引起的问题。1565—1570 年，他撰写了《葡萄牙军人专家对话》[2]，在该著述中他批评了葡萄牙在世界的这个地区的行政管理缺乏稳定性。

迪奥戈·多·库托在那些年几乎变得亚洲化了。1570 年，他第一次从印度回来，徒劳地想要在葡萄牙得到一个职务。为了不在"这个

1　San Agustín, 1975, p. 715.

2　Lisboa, Academia Real da Ciencias, 1790. 库托在 40 年后再次探讨同一主题：*Diálogo do soldado prático*, Lisbonne, Clássicos Sá da Costa, 1937 (réed. par Rodrigues Lapa)。我使用的版本为 Reis Brasil, Lisbonne, Publicações Europa-América, 1988 (Couto, 1999, p. XIV).

王国饿死”[1]，他决定回到亚洲定居。他在号称“亚洲的罗马”的果阿与玛丽安娜·德·梅洛结婚，确保了他在葡属印度的扎根[2]，进入了在果阿占主要地位的已婚者特权群体。在这一身份与状态下，他收集资料，撰写当地历史。他的《亚洲几十年》中的《第四个十年》一章（他的前任若昂·德·巴罗斯开启了该史书的书写，它分为四章，前三章由巴罗斯完成，第四章由库托完成）讲述了自 1526 年起葡属亚洲的历史[3]。库托为了撰写该史书，到果阿图书馆与档案馆查阅了几乎为他本人所拥有的 70 多本著作，其中包括关于葡萄牙扩张的伟大编年史，如托勒密的《地理学》、奥特利乌斯的《寰宇全图》，还有从非洲到西属美洲的世界其他一些地区的历史[4]。与大部分专家一样，他对当地的人、土地与资源拥有可靠经验，他的书本知识进一步充实了它。库托在整理、分析档案的同时，询问了他在葡属亚洲的首都遇到的一些葡萄牙人与亚洲人。他甚至有机会在莫桑比克遇到路易斯·德·卡蒙斯，并为他的《葡国魂》写了一篇评论，《葡国魂》中的一些诗句后来被他写入《亚洲几十年》中。

在果阿，迪奥戈·多·库托与加西亚·达·奥尔塔等医生有来往，

1　Diogo do Couto, *Década quarta da Asia*, édit. sous la direction de Maria Augusta Lima Cruz, Comissão Nacional para as Comemorações dos Descobrimentos Portugueses, Lisbonne, Fundação Oriente, Imprensa Nacional, Casa da Moeda, 1999, I, p. XVI.

2　很有可能这一遥远的目的地帮助他忘记了他的“混合”血统。

3　库托的《亚洲几十年》为安东尼奥·德·埃雷拉·伊·托尔德西里亚斯在同一时代撰写的西印度群岛历史贡献了葡萄牙的对应著述。这也许解释了《亚洲几十年》中的《第四个十年》一章在埃雷拉的著作出版后才在如下出版社获得出版（1602）的原因：Les presses de Pedro Crasbeck, dans le collège de Saint-Augustin à Lisbonne (Couto, 1999, I, p. XXIX).

4　Rui Manuel Loureiro,《Leituras de Diogo do Couto: apontamentos sobre as fontes das *Décadas da Asia*》, in *Revista de cultura*, Lisbonne, n° 38-39, 1999, pp. 71-107.

还与王室代表、船长、士兵、商人、基督教徒与异教徒有联系。葡萄牙的机构被印度王国与穆斯林王国所围绕，这一整体的最重要部分为阿克巴皇帝（1556—1605 年在位）统治下的莫卧儿帝国，他是菲利普二世在全球范围内的一个竞争对手。库托利用机会询问印度君主的使者，与莫卧儿帝国大使交谈。由于库托"此人庄重而沉稳，大量阅读过他们的历史"，因而可以从他们的编年史中获取到信息[1]。这使库托的著作既满足了读者"对古代的好奇"，同时又消除了葡萄牙与意大利的优秀的作者们对鞑靼人与莫卧儿人之间的混淆[2]。库托在果阿的对话者中，还有土耳其近卫军士兵与阿拉伯人。他与土著人之间的联系、他与印第安学者（"博学的老卡纳里人"）的交谈令人想到同时代的新西班牙僧侣在世界的另一个部分与土著精英的谈话。在果阿，收集到的文献资料并不总是清楚明了："从摩尔人与异教徒那里了解到的信息使我们感到棘手，因为我们需使用他们所用的字母书写器物的专有名称。但是当我们重复该词语时，由于我们的口音或拼写原因，他们却无法辨识，这些粗劣的语言所使用的文字与我们的文字迥异"[3]。作为档案员、地理学家，尤其首先作为历史学家，迪奥戈·多·库托——世界的这个部分的优秀专家之一，却与印度的耶稣会士在一起。他与传教士们一样，通过书写葡萄牙与非洲、亚洲之间的关系史，参与了将世界的这一部分与伊比利亚半岛、基督教相连接的活动：他所著之概况、积累的知识强化了"印度政厅"的统治，为其谋得丰富的新资源，为了使

1　Couto, 1999, p. CX.

2　他认为实地收集来的知识最有价值，《*por aqui temos bem dado a conhecer estes mogores*》, *Ibid.*, p. CX.

3　*Ibid.*, pp. CXIV, CXI, CXV.

葡萄牙可以展开一切它想展开的征服，使它的诸侯变得与新西班牙的诸侯一样富裕，并使罗马天主教会拥有如此多听命于它的地域"[1]。这正是《葡萄牙军人专家对话》第二版（1612）所显示出来的野心。在该书中，库托提及新西班牙的例子，自从新西班牙势力在菲律宾群岛站稳脚跟，新西班牙对他来说就既遥远又很近。

安德列·阿尔瓦雷斯·德·阿尔马达也是一名军人，但他的活动主要在 16 世纪下半叶西非葡萄牙的势力范围内。他出身于佛得角群岛首都圣地亚哥的一个大家族。1599 年，他为王室的服务使自己从菲利普二世那里获得基督圣衣——对于世界的这个地区的人来说是一项殊荣。这个士兵也是一位活跃的商人，涉足该地区的各种活动，尤其从事对伊比利亚半岛、巴西与西印度群岛的奴隶贸易。一个有着这样智识的、与洲际流动有密切联系的人[2]应该对佛得角诸岛在南大西洋的地位有着敏锐的认识。

这既揭示了阿尔马达在 16 世纪 80 年代去里斯本为佛得角的利益进行辩护的原因，也解释了在佛得角群岛他曾担任里斯本大商人总管的原因[3]。基于同一原因，他撰写了《佛得角几内亚河流概论》（1594），它是针对该地区居民的特殊见证，其中的描述与墨西哥编年史一样清

1　Couto, 1988, p. 132.

2　André Álvares de Almada, *Tratado breve dos Rios de Guiné do Cabo-Verde, feito pelo capitão André Álvares d'Alamada, Ano de 1594,* édit. par António Luís Ferronha, Lisbonne, Grupo de Trabalho do Ministério da Educação para as Comemorações dos Descobrimentos Portugueses, 1994. p. 101. 此外还有如下版本：éditions de António Brásio, Editorial L.I.A.M., Lisbonne, 1964, et de Luís Silveria, Lisbonne, 1946.

3　José da Silva Horta,《Evidence for a Luso-African Identity in "Portuguese" Accounts on Guinea of Cape Verde (Sixteenth-Seventeenth centuries)》, in *History in Africa,* n° 27, 2000, pp.99-130, p.106, n. 24.

晰明确。因其丰富性，耶稣会士格雷罗与巴雷拉在欧洲对该著作进行
了参考、复制与传播[1]。

同样令人惊奇的是，阿尔马达属于有色人种，他是一位黑白混血
女人与一位佛得角葡萄牙男子的后代。他对非洲的了解来自自己的原
生家庭、在沿岸的游历、商业与军事活动以及与流亡到圣地亚哥的非
洲贵族之间的来往。他对自己的混血出身守口如瓶，这样做方便了他
的工作。按照他所公开的身份，他是一个讲葡语的非洲人，或者说，
是一个"非洲人"，这正是我们赋予出身于莫桑比克或佛得角的伟大的
葡萄牙医生克里斯托沃·德·阿科斯塔的称呼。

与西印度群岛的西班牙人、印度的葡萄牙人一样，阿尔马达也非
常关注地区问题。与他们一样，他不再从宗主国的角度观看事物，而
更多地从一位生活在世界的这一地区的、获得了一个多世纪经验的葡
裔非洲人的角度观看事物[2]。在佛得角群岛与塞内冈比亚、上几内亚（佛
得角几内亚）沿岸之间建立起来的联系强烈影响了阿尔马达对该地区
整体的思考方式，也影响了他对该地区对西葡帝国的融入的思考方式。
佛得角人的这种观念也来自一种非洲特有的权力地理学，它使佛得角
几内亚的黑人成为曼迪曼萨帝国皇帝的附庸，曼迪曼萨皇帝的王权被
认为延伸至刚果与安哥拉[3]。从这一点来说，阿尔马达同里斯本政府当局

1　在其他的"几内亚风物专家"中，我在此提及两位前葡萄牙冒险家——巴托
洛米·安德列（Bartolomeu André）与塞瓦斯蒂尼奥·费尔南德斯·卡乔（Sebastião
Fernandes Cação）的情况。这两个人都属于该大陆的非洲—葡萄牙人族群。1593 年，费
尔南德斯·卡乔因其立下战功而获得基督的圣衣。恩里克·瓦斯·德·卢戈（Henrique
Vaz de Lugo）是佛得角人，很有可能生于圣地亚哥岛上的显赫家族。

2　葡萄牙冒险家在这里的作用是重要的，这一点在瓦伦蒂姆·费尔南德斯（Valentim
Fernandes）的描述中显示出来。Horta, 2000, p. 118.

3　Horta, 2000, p. 116.

佛得角
选自《埃格顿手稿》
约 1585 年
伦敦大英图书馆

的立场并不一致，后者不断地禁止佛得角的葡裔非洲人与葡萄牙人在塞拉利昂进行贸易[1]。在这种情况下，阿尔马达在 1594 年撰写了一部著述，力图使圣地亚哥的商人合法化。书中将西非置于佛得角的影响下，这有些像库托在《葡萄牙军人专家对话》中的情形，库托在果阿捍卫"印度政厅"的利益。如果说专家们的工作并不局限于强化欧洲与他们所在区域之间的联系，那么全球化进程也正是通过大的区域集团的重新确定来实现的，这些区域集团的身份在面对西葡帝国时被构建起来。

谈非洲不能绕开一个人物，他虽没有阿尔马达那么引人注目，但也具有强大吸引力——安德列·多内尔哈。他是佛得角人，很有可能和阿尔马达一样是黑白混血儿，他也是讲葡语的非洲人，多内尔哈对进入塞拉利昂颇感兴趣。他总是好奇地去"观看、传播、考察、了解他所到地域的习俗惯例与事物"[2]。稍后，1625 年多内尔哈撰写了《塞拉利昂与几内亚、佛得角的河流描述》（一直为手抄本状态）[3]，该著述考虑到相关地区及其流动的边界，在那里，有来此探险的葡萄牙人，他们当中有流亡者、逃犯，有从事货物贸易的，有进行贩奴（伽洛福与曼丁哥的奴隶）贸易的，他们相互交错，相互混合[4]。阿尔马达与多内

1　这并未阻止他们进入该地区活动，从事收益丰厚的可乐果贸易。

2　André Donelha, *Descrição da Serra Leoa e dos Rios de Guiné e de Cabo Verde*, édit. par Avelino Teixeira da Mota et *al.*, Lisbonne, Junta de Investigações do Ultramar, 1977, p. 70.

3　Avelino Teixeira da Mota, *Dois escritores quinhentistas de Cabo Verde. André Alvarez de Almada e André Dornelas*, Luanda, 1970.

4　Almada (1994), p.48; Bethencourt et Chaudhuri (1998) II, p. 529. "*lançados*" 与 "*tangomaos*" 这两个词语指代被逐出葡萄牙王国或自愿流放的葡萄牙人，参见：Carlos Alberto Zerón,《Pombeiros e tangomaus, intermediários do tráfico de escravos na Africa》, in Rui Manuel Loureiro et Serge Gruzinski (édit.), *Passar as fronteiras. II Colóquio Internacional sobre mediadores culturais. Séculos XV a XVIII*, Lagos, Centro de Estudos Gil Eanes, 1999, pp. 15-38.

尔哈拥有同一个意愿，即在葡萄牙编年史、佛得角历史与非洲口述资源之间建立起协调一致性[1]。在阿尔马达与多内尔哈的文本中，与所描述的地区之间的有形的、物质的联系是确定的。从著述中可以看到多内尔哈与阿尔马达眼中的非洲，也可以看到库托眼中的亚洲。

西属墨西哥也产生了这一类型的专家，他们扎根在当地，目光锁定西葡帝国。当迭戈·穆尼奥斯·卡马戈（1540?—1599）谈到自己的出身时，称自己"出生在这一新大陆"[2]。事实上，同阿尔马达一样，穆尼奥斯·卡马戈也是一个混血儿，他与特拉斯卡拉的土著政权的精英有联系，当西班牙对该地区展开征服时，卡马戈支持西班牙人。卡马戈的父亲曾是科尔特斯的同伴，卡马戈的儿子在1608—1614年统治特拉斯卡拉城。1579年，西班牙政府部门委托卡马戈——这位优秀的作家、"阅读与写作能手"[3]为特拉斯卡拉市迎接普韦布拉（墨西哥）主教迭戈·罗马诺起草文本。卡马戈与西班牙政府部门、特拉斯卡拉贵族的联系使其成为该地区当局的理想的代言人。1584年，基于他的代言人身份与副市长的身份，他在西班牙做了土著贵族代表团的陪同人

1　Jean Boulègue, *La Traite, l'État, l'Islam. Les royaumes Wolof du XVe au XVIIIe siècle*, thèse d'État, Université de Paris-I, 1986; Jean Boulègue, *Les Luso-Africains de Sénégambie, XVIe-XIXe siècle*, Lisbonne, 1989; Peter Mark,《The Evolution of "Portuguese" Identity: Luso-Africans on the Upper Guinea Coast from the Sixteenth to the Early Nineteenth Century》, *Journal of African History*, 40, 1999, pp. 173-191; Philip J. Havik,《Women and Trade in the Guinea Bissau Region: The Role of African and Luso-African Women in Trade Networks from the Early 16th to the Mid 19th Century》, in *Studia*, 52, 1994, pp. 82-120; Peter Mark, *A Cultural, Economic and religious History of the Basse Casamance since 1500*, Wiesbaden, 1985.

2　穆尼奥斯·卡马戈的文本在如下著作中被复制: *Relaciones geográficas del siglo XVI*, I, Tlaxcala, édit. par René Acuña, Mexico, UNAM, 1984, p. 33.

3　*Ibid.*, p. 13.

员[1]。此外，他很有可能借此机会将他的《新西班牙特拉斯卡拉市及特拉斯卡拉地区、大西洋印度群岛之描述》呈递给国王菲利普二世[2]。

　　原本穆尼奥斯·卡马戈只是需要完成西班牙王室将他派往西属美洲殖民地各处统计墨西哥与安第斯地区的人力资源与物质资源这一庞大任务，并确保"印度群岛的善政与提升"[3]。他因而致力于对该地区相关文本的撰写，但是他交出的答卷是出人意料的。穆尼奥斯·卡马戈抛弃了形式主义与生硬呆板的官僚气[4]，在1581—1584年以优美的书法撰写了大部头手稿，里面还包含了50多幅羽笔画。该著作以他对"古代印第安人"[5]的翔实考据为坚实基础，探讨了土著人的历史与风俗惯例，使读者了解该地区在前西班牙时期的历史与西班牙殖民时期的历史，他的这部针对特拉斯卡拉及其周边地区的著述是关于西非的著述《论几内亚河流》的对等物。卡马戈的著作内容精细，他将其改写成一部历史书（1592年完成），后被命名为"特拉斯卡拉历史"。

　　在巴西与安第斯地区边界，在另一个美洲——有时被称为"阿根廷"，鲁伊·迪亚斯·德·古斯曼与穆尼奥斯·卡马戈一样具有印第安血统，与卡马戈一样，古斯曼也没有预先显示出具备史学家的素质。

1　该决定于1583年做出。但是，奥克特鲁克、蒂扎特兰、基亚惠兹特兰与特佩蒂帕克这四个领地的首领代表于1584年4月才离开特拉斯卡拉。到达王庭后，他们在1585年3月至5月间接受了菲利普二世的14道敕旨。1585年年底，他们回到特拉斯卡拉。

2　几年后，巴伊亚地区的一位领主加布里埃尔·苏亚雷斯·德·苏萨将他撰写的关于巴西的著述（Gabriel Soares de Sousa, *Tratado descriptivo do Brasil em 1587*, édit. par Francisco Adolfo de Varnhagen, Recife, Fundação Joaquim Nabuco, Editor Massangana, 2000）在马德里交给克里斯托弗·德·莫拉。

3　Muñoz Camargo, 1984, p. 25.

4　*Ibid.*, p. 41.

5　*Ibid.*, p. 107.

皮扎尔与科尔特斯
选自《特拉斯卡拉的描述》
1584 年
特拉斯卡拉

古斯曼约 1560 年生于亚松森（巴拉圭）[1]，系一个西班牙男子与一个美洲印第安人—欧洲白人混血女子之子，他从未离开过拉普拉塔河地区，担当了一些次级行政职务，并在镇压印第安人的行动中立下军功。这些都没有阻止他"展开与他的军人职业相距遥远的一项计划——书写关于拉普拉塔河地区的发现、移民与征服的编年史"。虽然该地区缺乏安第斯地区与墨西哥那里的大帝国，但是古斯曼还是想为那些"在这一地区结束了他们自己生命的、经历了贫困、饥荒及残酷战争的印第安人保存历史记忆"。在这个意义上，与库托、阿尔马达、穆尼奥斯·卡马戈一样，古斯曼将他视为自己的"祖国"的这片土地写入西葡帝国的历史。1612 年他在拉普拉塔完成该编年史，详细叙述了"这一地区的各种事物"，书中流露出使该地区归属于西班牙王国从来不是一件轻松愉快的事。西葡帝国在这一遥远地区的挺进经受了不适宜的气候，"在南回归线以南……阳光的热度相当有害，它引起高烧与深度昏迷"[2]。著述中展现了伊比利亚人同土著人的战斗、同自然条件的抗争，中间穿插了那些分裂西班牙人阵营的起义与叛乱，体现了伊比利亚人的统治在那个混乱时代的建立过程。迪亚斯·德·古斯曼不断地描述印第安人、当地地理、各种距离数据[3]、欧洲人入侵该地区所采用的交通路线。在这一地区比在其他地区更加体现出"对相关地区的了解"与否涉及生死攸关的问题[4]。与库托相当具有官方性的《亚洲几十年》、穆尼奥斯·卡马戈的无可指责的《新西班牙特拉斯卡拉市及特拉斯卡拉地

1　Ruy Díaz de Guzmán, *La Argentina*, édit. par Enrique de Gandía, Madrid, Historia, 1986, p. 12.

2　*Ibid.*, pp. 55, 56, 215, 222.

3　*Ibid.*, p. 193.

4　*Ibid.*, p. 119.

区、大西洋印度群岛之描述》不同，迪亚斯·德·古斯曼的《编年史》
展现了西班牙殖民中的探索与失败，日复一日地指出相关人员的责任、
官员的无能与行动的无条理性。

与传教士一样，国王的代表们也参与了伊比利亚全球化。编年史、
论著与各种描述一个接着一个地对全球广阔的集居地展开论述，为西
葡帝国的利益助威，"人类警察"[1]必须以伊比利亚的方式将自己强加给
他人。鲁伊·迪亚斯·德·古斯曼所在的巴西南部的拉普拉塔河地区、
安德列·阿尔瓦雷斯·德·阿尔马达所在的几内亚、迪奥戈·多·库托
所在的葡属印度、若昂·多·桑托斯所在的东非、胡安·德·马蒂安佐
（1520—1579）与佩德罗·萨门托·德·甘博亚（1530?—1592）所在的
秘鲁[2]都在同一时代卷入其中。重要的并不在于地理学方面，而在于专
家们将这些遥远地区与伊比利亚半岛连接起来，这些地区在此之前一
直与基督教历史、欧洲及伊比利亚之历史长河处于分离状态。正是这
种必要的同步促使迭戈·穆尼奥斯·卡马戈要求校正在土著历法与罗
马历法之间建立起来的对应性[3]。

当局从这些知识中获益，如秘鲁总督弗朗西斯科·德·托莱多在将
土著劳动力纳入以安第斯山脉银矿开采为基础的殖民经济中时，就从
这些知识中受益。16 世纪 70 年代，西班牙王室在贵金属行业获得的

1　穆尼奥斯·卡马戈不遗余力地建议，以迫使人口进行重组。Muñoz Camargo, 1984,
p. 99.

2　胡安·德·马蒂安佐（Juan de Matienzo）是查科斯地区听证会法官，1567 年他撰
写了《秘鲁的治理》（*Gobierno del Perú*），在书中提出一系列改革措施，巩固地方长官
的权力，并从土著居民村落领主中遴选出贵族阶层。佩德罗·萨门托·德·甘博亚则著
有如下著作：*Historia indica,* 1572.

3　Muñoz Camargo, 1984, p. 224.

查科的耶稣会士
约 1650 年
苏克雷恰尔卡斯殖民文化博物馆

年收入翻了四番，迅速升至 20 万~100 万比索[1]。该地区的专家们对此并不感到奇怪。从胡安·德·马蒂安佐与佩德罗·萨门托·德·甘博业那里得到的对安第斯地区社会的土著的、前西班牙时代的系统的认识巩固了西班牙人的统治，并使秘鲁人"适应"西葡帝国的各种需要[2]。很难估量库托的《亚洲几十年》与穆尼奥斯·卡马戈的《新西班牙特拉斯卡拉市及特拉斯卡拉地区、大西洋印度群岛之描述》所产生的影响，但是，可以确定的是，与传教士们一样，他们第一次几乎同时在世界上分散的各个地区与文明中将各种知识集合起来，这些知识旨在满足由一位君主、一个罗马天主教会来统治全球的野心。对信息进行收集与过滤的巨大工程在全球范围内展开，如果不考虑这一工程，我们今天就无法理解欧洲历史以及现代西方的根基。

1　Muñoz Camargo, 1984, p. 146.

2　Brading, 1991, pp. 146, 145.

第 8 章

关于大海、陆地与天空的知识

> 美国的战略家们犯了大量错误，并无视专家们的警告，从而破坏了胜利。
>
> ——《世界报》2003 年 11 月 11 日

僧侣、士兵与王室代表都是被西葡帝国政权所利用的顺从的工具，该政权将世俗事务与教会事务集中在一位君主手中。欧洲势力在遥远地区的扎根也依赖于其他的专家、好奇心与诉求的助力。同今天相比，那时的医学更加无力减轻人的病痛，因而对新大陆、新植物与新的治疗方法的发现激发了许多幻想，正如尼古拉斯·莫纳德斯的著作在欧洲获得的成功所证明的那样。莫纳德斯是塞维利亚的一名医生，如果他没有实地收集到关于土著植物、动物、宝石与治疗方法的大量信息，他的编纂便难以完成。

医生与植物

　　这种收集工作从征服时期之初就开始了。在战斗中受伤的士兵总是由土著行医者用当地的药草进行治疗。欧洲本身将其全部希望寄托在这些新的治疗方法上，开展信息收集，带动了商业性的开发，诸如尼古拉斯·莫纳德斯与葡裔非洲人克里斯托沃·德·阿科斯塔等欧洲医生广泛地从中受益。莫托利尼等僧侣、冈萨洛·费尔南德斯·德·奥维耶多、托马斯·洛佩斯·梅德尔[1]等王室代表都收集了关于他们所处地区的动、植物的大量资料，用土著语言系统记录了它们的名称，进行了各种探究。"这个新大陆的许多神奇植物为哲学思考开辟了广阔空间，在这里得到训练的那些敏锐的人们更多地专注于认识这些真正的科学，而不限于发掘与利用其中蕴含的无与伦比的财富"[2]。这些探察形成了大量混沌的资料，在17世纪下半叶之前几乎并没有得到利用[3]。

　　1550年后，出现了更具野心的考察活动。居住在欧洲以外的欧洲医生及从伊比利亚半岛专门派出的专家对地区植物进行了探察。上文已谈及来到亚洲的加西亚·达·奥尔塔："他堪称这些地区的普林尼与迪奥斯科里……他既是优秀的医生，也是优秀的哲学家。"加西亚·达·奥尔塔（1499?—1568）在葡属印度建立声望与地位[4]。他在萨

1　Tomás López Medel, *De los tres elementos. Tratado sobrela naturaleza y el hombre del Nuevo Mundo*, édit. par Berta Ares Queíja, Madrid, Alianza Editorial, 1990.

2　Alonso Barba, *Arte de los metales*, Madrid, 1640.

3　Elias Trabulse, *Historia de la Ciencia en México, Estudios y textos, Siglo XVI*, Mexico, El Colegio de México, I, p. 46.

4　Garcia da Orta, *Colóquios dos simples e drogas da India*, édit. par le comte de Ficalho, Lisbonne, Imprensa Nacional, I, 1891 et II; 1895; A.J. Andrade de Gouveia, *Garcia d'Orta e Amato Lusitano na ciência do seu tempo*, Lisbonne, Biblioteca Breve, 1985; Orta, 1891, I, p. 15.

拉曼卡与海纳雷斯的阿尔卡拉接受教育，30 岁时成为里斯本大学的逻辑学教授，这位新的基督教徒于 1534 年离开葡萄牙，因为在那里新的基督教徒开始越来越多地遭到迫害。他以私人医生的身份与印度总督马尔蒂姆·阿丰索·德·苏扎一起来到印度，定居果阿，他在那里从医，同时经营香料与宝石贸易。

加西亚·达·奥尔塔更多地研究了那些"不为美狄亚与喀耳刻所知的植物，它们超出了魔法定律"。1563 年，奥尔塔的《印度草药与药理对话录》由约翰内斯·德·恩德姆在果阿出版。这一针对草药与药理的著述特别以葡萄牙语而非拉丁语书写，强调了植物、语言与历史的多样性，集合了来自古希腊—古罗马、穆斯林世界、印度、中华帝国甚至还有新西班牙与秘鲁的各种知识。作者在自己实地收集到的资料与欧洲传统之间进行的比较显示了伊比利亚全球化在智识上对欧洲人的影响、给欧洲人带来的不安：知识的中心偏移、观点的反转、对欧洲传统的重新审视。加西亚·达·奥尔塔通过将一些亚洲知识纳入自己的欧洲知识，创造出一种西方学问，它与古希腊古罗马人、与近代人的学问都拉开了距离。奥尔塔在亚洲大地上获得的经验不止一次地与前者（如盖伦、普林尼、迪奥斯科里）、后者（如安德列斯·拉古纳、约翰内斯·鲁利乌斯[1]等"近代作者"[2]）的思想产生对立。加西亚·达·奥尔塔在他收集到的来自印度、马六甲与苏门答腊的植物的基础上，毫不犹豫地对欧洲与非欧洲的知识展开批评。但是，他在医生的身份之外，还是有影响力的历史学家，他谈及那些被遗忘或不为人知的环境

---

1 André Laguna est l'auteur de *Acerca de la materia medicinal y de los venenos mortíferos*, Salamanque, 1566, et Johannes Ruellius a publié le *De natura stirpium*, Paris, 1536.

2 *Ibid.*, p. 144.

雅科波·利戈齐：鹦鹉
1577—1591 年
佛罗伦萨乌菲兹美术馆

背景，并为他所写下的貌似离题的话进行自我辩护："我不想在这些非科学的事物上浪费一章，因为如果这样，读者就会说我所写的书满纸谎言。"[1] 奥尔塔即使习惯于谨慎小心，他还是以精湛的技艺穿梭于不同的宗教与社会中，常常展示出他与穆斯林、犹太人、印度教教徒之间的联系甚至还有友谊[2]，反宗教改革组织与圣职部自然对他产生担忧。再加上他的犹太人身份的影响，因而在他死后，他的遗骸与著作都遭到宗教裁判所的追究便不令人感到惊讶了。但是，想要遏制他的思想的传播为时已晚，因为他的著作已获得充分的时间融入西方文化遗产之中。

与加西亚·达·奥尔塔一样，弗朗西斯科·埃尔南德斯也是在阿尔卡拉大学接受的教育（1517/1518—1584），他将欧洲知识与土著知识的对比研究做得更加深入[3]。埃尔南德斯被菲利普二世任命为"墨西哥及大西洋岛屿、陆地首席医生"，他领导了在美洲的首次科学探险。他在墨西哥居住的六年间[4]完成了文艺复兴时期关于美洲的一部不朽著作[5]。在该书中，可以看到三千多种植物以及它们的特性，它们在纳瓦特尔语、塔拉斯克语、华斯台卡语等多种印第安语言中的名称，还有

1　Orta, 1891, I, p. 119.

2　奥尔塔多次提到"他的朋友尼扎马鲁科（系皇族成员）"。Orta, 1891, I, p.124.

3　Hernández, 1959.

4　从 1571 年 2 月至 1577 年 2 月。G. Somolinos d'Ardois,《Vida y obra de Francisco Hernández》, dans *Obras completas de Francisco Hernández*, I, Mexico, UNAM, 1960; Jesús Bustamante García,《De la naturaleza y los naturales americanos en el siglo XVI : algunas cuestiones críticas sobre la obra de Francisco Hernández》, in *Revista de Indias*, LII, n° 195/196, mai-décembre 1992, pp. 297-328.

5　Francisco Hernández, *Historial natural de Nueva España,* Mexico, Obras completas, UNAM, 1959, II et III.

其中两千种植物的原产地[1]。这位卡斯蒂利亚医生在自己的研究内容中
加入了新西班牙的动物、矿物与"古艺术品"。与当时的欧洲名人如
瑞士人康拉德·盖斯纳、意大利人尤利西斯·阿尔多夫兰迪不同，埃
尔南德斯拥有美洲的现实经验与知识。他"不仅要探究各种治疗方法，
而且还要对植物进行统计，并撰写新大陆自然史"[2]。他走过墨西哥的中
部，登上高山，访问地区医院，在古代印第安国王的花园驻足，他为
了确定导致当地人死亡的大流行病的起因而进行尸体解剖。在他之前，
冈萨洛·费尔南德斯·德·奥维耶多（1478—1557）、贝纳迪诺·德·萨
哈贡已经撰写过自然史，但是埃尔南德斯是以当时全部的科学手段来
研究如此广阔地域的第一人。

在官方指定的任务之外，他在探察中，在与当地人的交谈中，发
现了一个奇怪的现实。印第安医学与西班牙医学之间已产生很多联系，
在日常治疗中，新大陆与西欧的各种实操、知识与信仰相互交叠。墨
西哥城的西班牙医生为了避免流产或为了治疗痢疾会给出什么意见？
将丝兰的嫩枝焙干、磨粉，放入亚美尼亚碗里进行搅拌，这种碗用黄
色或白色的黏土[3]加工制成，该黏土以对抗腹泻与呕吐的疗效著称，是
欧洲人从东方带来的。上文谈到的在欧洲大获成功的"米却肯之根"
在墨西哥被与黄蓍胶合用，用来达到排泄胆汁与黏液的疗效。而黄蓍
胶[4]只是"黄蓍的胶"，取自生长在叙利亚的阿勒颇与坎迪的树木[5]。出

---

1 Introduction de Javier Valdés et Hilda Flores, dans Francisco Hernández, *Obras completas*, Mexico, UNAM, 1984, VII, p. 9.

2 *Ibid.*, p. 268, n. 4.

3 或带有红色的、原产于亚美尼亚的黏土。丝兰也称"山棕榈"。

4 蝶形花科小灌木，生长于波斯与小亚细亚。

5 Hernández, 1984, VII, p. 283.

于这一原因，埃尔南德斯远在亚洲的葡萄牙同行在果阿进行的植物研究与著述中就包含这一植物。与此相似的混合、杂交的表现还有：西班牙医生将印第安土著人的药水应用在欧洲疾病治疗中，使用墨西哥森林生长的龙舌兰叶榨取的汁液来应对汞蒸气在治疗梅毒时产生的副作用[1]。在果阿，加西亚·达·奥尔塔也发掘当地的各种医学资源，经过实验后，认为其中"婆罗门僧侣"的治疗方法最为有效[2]。

墨西哥印第安医学并不是一种停滞的知识。关于墨西哥植物的第一本著述是土著医生马丁·德·拉·克鲁斯的《植物图集》（1552），他想要提请查理五世皇帝关注"低于所有其他人种的贫苦的印第安人"的知识。

马丁·德·拉克鲁斯没有接受过欧洲学院派教育。他的一切知识都来自田野实践与土著传统，他从总督那里获得了"用草药治疗疾病"[3]的许可证书。得益于另一位印第安人——胡安·巴迪亚努斯（杰出的拉丁语学者），《植物图集》以普林尼的语言书写并在欧洲得到传播。但是，印第安医学并不仅仅向伊比利亚医学借鉴科学语言：它遵循了伊比利亚医学的许多原则，尤其包括性情原理，该原理将植物分成喜干植物与喜湿植物、喜暖植物与喜凉植物，这些区分方法在土著医学

1　Hernández, 1984, VII, p. 287. 佩德罗·加西亚·法凡的著作于 1579 至 1592 年间在墨西哥城出版，讲述了受土著知识影响的一些治疗方法。如下著作也属此类作品：Pedrarias de Benavides, *Secretos de chirugía, especial de morbo gálico y lamparones y mirrarchia, y así mismo la manera como se curan los indos de llagas y heridas y otras pasiones en las Indias*; Juan de Barrios, *Verdadera medicina, cirugía ya astrología,* 1607.

2　Orta, 1895, pp. 138-139.

3　Marín de la Cruz, *Libellus de medicinalibus Indorum herbis*, Mexico, Instituto del Seguro Social, 1964, p.149; Gerhard, 1992, p. 37.

雅科波·利戈齐：龙舌兰
1577—1591 年
佛罗伦萨乌菲兹美术馆

中留存下来，也许掩盖了美洲印第安医学中的一些古老的分类方法[1]。

　　伊比利亚全球化除了影响物质、精神，还影响了身体。16 世纪中叶，它主要集中在两个中心展开：新西班牙首都[2]、葡属印度首都。医学上的交流解释了弗朗西斯科·埃尔南德斯为何从未犹豫将当地医生视作土著对话者，甚至有时对他们给予赞颂[3]。与埃尔南德斯不同，加西亚·达·奥尔塔在对亚洲医生所带来的利好上比较有所保留，他只对阿拉伯医生赞赏有加。埃尔南德斯们与加西亚·达·奥尔塔们拥有一些仿效者，如葡萄牙人克里斯托沃·德·阿科斯[4]、阿莱索·德·阿布雷乌[5]。如果说他们的经历使我们的目光跨越了大海与大洲，那么他们的职业生涯显然也引起了我们的注意。事实上，如果没有那些在智识上虽没有他们有野心却体现出对他们寄居的地区的热爱的其他医生的话，这些科学家就不会存在。那些医生对相关地区的独特性进行了不懈的书写。

1　López Austin, 1980.

2　Germán Somolinos d'Ardois,《Médicos y libros en el primer siglo de la Colonia》, in *Boletín de la Biblioteca Nacional*, Mexico, UNAM, XVIII, n° 1-4, 1967, pp. 99-137.

3　Fernando Martínez Cortés,《La historia de las plantas de Nueva España, aspectos médicos》, in Hernández, 1984, VII, p. 286; *Ibid.*, II, p. 90.

4　1515 年生于非洲（佛得角或莫桑比克），1594 年卒于西班牙的韦尔瓦。这位被称为"非洲人"的葡萄牙人以军人身份到达印度，他到访过波斯、马来西亚，也许还有中国。阿科斯在果阿遇到加西亚·达·奥尔塔，他在科钦行医，于 1572 年回到里斯本。他在布尔戈斯研究药学（1576-1587），在那里出版了如下著作：*Tractado de las drogas y medicinas de las Indias orientales,* Burgos, Martín de Victoria, 1578. 该书是加西亚·达·奥尔塔的著作的延伸与扩展，配有插画。

5　阿布雷乌 1568 年生于葡萄牙，1630 年去世。1594 至 1603 年间在安哥拉停留，之后回到巴西（1603—1606）。作为多位葡萄牙总督的医生，他于 1616 年为菲利普三世国王寝宫效力。1632 年他在里斯本出版了卡斯蒂利亚语著作（*Tratado de lassiete enfermedades*）。

定居在墨西哥城的安达卢西亚人胡安·德·卡德纳斯就是这种情况，他以普及者自居，在《印第安人的问题与奇妙的秘密》中声称："相对于为科学工作者与文人而写作，我更多地是为非拉丁语的、好奇的读者而写作。"[1] 该书于 1591 年在墨西哥城出版。卡德纳斯面对"拥有新的历史的新大陆"，请求读者谅解自己的年轻（当时他 26 岁）。书中讨论了多元的、非常奇特的主题：从金矿到巧克力的功效、从地震到糖的颜色、从西班牙男子的秃发到梅毒的传播以及"优质而闻名的烟草"[2]。他对耸人听闻、奇特事物的偏好并不总能打破那些他认为可以使读者接受的论证过程的沉闷。但是，该书从头至尾都饱含作者的热情。从墨西哥城到果阿，对身体的治疗、对疾病与痛苦的抗争一直萦绕在这些伊比利亚人、欧洲人的头脑中。与基督教教化、历史书写一样，对世界各地医学的探察也是伊比利亚全球化中的一项因素，它缩小了欧洲的治疗方法与"地区习俗惯例"[3] 之间的差异。

宇宙地理学家与工程师

弗朗西斯科·埃尔南德斯医生来到新西班牙，与他同行的还有葡萄牙地理学家弗朗西斯科·多明格斯·伊·奥坎波，菲利普二世曾经委派奥坎波"计算纬度……划定地域的边界"，并绘制"墨西城听证会地

1　Cárdenas, 1988, p. 28.

2　*Ibid.* p. 192.

3　Orta, 1895, II, p. 141.

图"[1]。奥坎波在墨西哥以国王的宇宙地理学家的身份工作[2]。首先他对新西班牙各地区的"纬度"展开测算,并在此基础上建立"总表……详细说明这些地区的情况、那里居民的情况"。他将探察延伸到新西班牙的北方边界,直至将新墨西哥纳入他的测算与叙述中。他还书写了关于中国的一些著述,旨在"针对中华帝国的所有王国、它的邻国及其他地区建立一个总表与概述"[3]。多明格斯·伊·奥坎波还对日食与月食进行研究,这是改善对经度的测算的最佳方式之一。奥坎波的贡献不止于此,他还以如下工作为己任:"研制地理学和制图的各种仪器、航海时观测纬度的瞭望工具、指南针、时钟,探究太阳与星星的运行,培养领航员,教给他们相关的规则与知识,以完善他们向秘鲁、菲律宾的跨海航行,使他们的远航更为安全。"在 1584 年写给菲利普二世的一封信中,奥坎波重申了国王委托给他的职责的重要性,以及它对于君主来说的深远意义:"正如托勒密是建立东方地区的地理图表的第一人,陛下将是建立东方地区地理图表的第二人,但陛下是下令在这些西部地区建立地理图表的第一人。"[4]

　　测算技术的专家、地图与天文学领域的专家、宇宙地理学家、绘图员与领航员无疑都是西葡帝国最不可或缺的专家。没有航海就没有西葡帝国,而没有领航员,就没有航海。葡萄牙领航员是在实践中学习的。他们拥有关于航海术的书籍,还有描绘了通常采用的路线的海路图。16 世纪初,随着航船驶入印度洋,这些著述吸收了阿拉伯知识,

---

1　Rubén López Recéndez,《Francisco Hernández en la geografía》, in Hernández, 1984, VII, p. 297.

2　Rodríguez Sala, 1998.

3　*Ibid.*, p. 75.

4　*Ibid.*, p. 72.

佩德罗·雷内尔与洛莫·霍门：
巴西西北部地图
1525 年
巴黎国家图书馆

涉及航船行驶所经过的海岸线与岛屿的相关数据与绘图[1]。由于葡萄牙与亚洲领航员之间的相遇，在航海经历中勾画出各种联系："葡萄牙人绘制的航海地图尤其其中的东亚航海地图是对西方与东方地理知识的综合。"[2]葡萄牙人请教了阿拉伯、波斯、古吉拉特与马来的领航员、地图绘制员与商人。弗朗西斯科·罗德里格斯的《东方地理书》(1512)是一个很好的例子。书中有26张水文图与25张全景图，展现了班达群岛与马六甲半岛之间的海岸线。罗德里格斯还写了《中国之路》，是描述中国海航行并使用"中国"(China)一词的第一个路线图。

而且，也正是通过这些交流，里斯本的领航员们熟悉了那些决定了启程日期的季风规律：为了能够在9月穿越印度洋，应在3—4月从里斯本起航。葡萄牙人获得了包括机械操作方法、习得的习惯、个人观察与直觉在内的技能。"对风、水流与各种迹象反映灵敏，这不仅是一种实践技能，而且要求有一点直觉与技巧。"[3]这使我们理解了当数学家想要更正领航员的评估或向他们反复灌输更加复杂而准确的航海方法时，为何领航员表现出抵触的原因。在若昂·巴普蒂斯塔·德·拉瓦尼亚的推动下，领航员的技术训练在16世纪末得到改善，但经验主义仍然盛行[4]，尤其经度的测算更是如此，造成了后果严重的错误。

不论服务于葡萄牙还是卡斯蒂利亚，领航员们都扩大了伊比利亚

---

1 Bethencourt et Chaudhuri, 1998, I, pp. 82-83.

2 Luís Filipe Barreto, *Cartografia de Macau. Séculos XVI e XVII*, Lisbonne, Missão de Macau em Lisboa, 1997, s.p.

3 Bethencourt et Chaudhuri, 1998, I, p. 84.

4 在葡萄牙，佩德罗·努恩斯(Pedro Nunes)与若昂·德·卡斯特罗(João de Castro)徒劳地试图跟那些只专注于自己的本领与经验的人分享他们的知识与理论探索。1610年，海员培训师曼努埃尔·德·菲盖雷多(Manuel de Figueiredo)在赴印度之前，建议给主领航员配备一位具备应有技能的助手。Bethencourt et Chaudhuri, 1998, I, p. 87.

的影响，他们使可能归顺西葡帝国的土地与海域逐渐增多。此外，要
在欧洲传播他们探险航行的成果，这要求传播者既具有专门知识，又
具备才能，虽然他们并不都是航海家。佩德罗·费尔南德斯·德·基罗
斯是个例外。他大约 1565 年生于埃武拉，在塞维利亚成家立业，妻子
是马德里人，他作为领航长在赴所罗门群岛的糟糕的航海旅行（1595）
中陪伴阿尔瓦罗·德·门达尼亚。在加入从墨西哥太平洋沿岸驶向菲律
宾与加利福尼亚的探险队后，这个葡萄牙人踏上了发现澳大利亚土地
的旅程，那里被认为是世界的第四个部分[1]，而且他承诺"在这个新大
陆上有多少人，便可以使多少人皈依基督教"[2]。1605 年，他离开卡亚俄
去"探索这一全新的大陆"，但他只发现了新赫布里底群岛。与基罗斯
一起启程的另一位葡萄牙人瓦兹·德·托雷斯发现了澳大利亚的极北
点，后来被命名为"约克角半岛"。费尔南德斯·德·基罗斯的探险航
行因而可以说远未取得成功。他想要将可以讲述"岛上风物"的土著
人带回墨西哥城，后者却在漫长的航程中没过多久便死去了[3]。航海家
本人在回西班牙途中也遭遇到巨大困难，依靠书写与坚持不懈的精神，
他尽可能对其旅行进行宣传。基罗斯的著述的成功超出了想象，抵消
了他的航海探险的失败。他的回忆录陆续在马德里（1609）、潘普洛纳
与塞维利亚（1610）、瓦伦西亚（1611）、科隆（拉丁语版，1612）、奥
格斯堡（德语版，1611）、米兰（意大利语版，1611）、阿姆斯特丹（荷
兰语版，1612）出版，之后又推出法语版与英语版（1617）[4]。从澳大利

1　Pedro Fernández de Quirós, *Descubrimiento de las regiones australes*, édit. par Roberto
Ferrando Pérez, Madrid, Dastin, 2000, p. 8.

2　*Ibid.*, p. 308.

3　*Ibid.*, pp. 24, 33, 305.

4　*Ibid.*, p. 40.

亚到新几内亚，从新几内亚到摩鹿加群岛，新的种族、"肤色不太白的赤裸的印第安人"、"非常肥胖的赤裸的黑人"[1]、"巴布亚人"、信仰伊斯兰教的马来人都发现了菲利普三世的水手。

一方面，西葡帝国的伟大的宇宙地理学家与地图绘制员们在里斯本、塞维利亚、安特卫普相遇[2]，另一方面，新的知识也在世界的其他部分出现。费尔考·瓦斯·杜拉多的《世界地图册》在果阿完成，它与加西亚·达·奥尔塔的《印度草药与药理对话录》同样是令人惊讶的作品。书中有 17 幅地图，它们出自一位葡萄牙男子与一位印第安女子生下的混血男子——杜拉多之手，他在今天被认为是文艺复兴时期最优秀的地图绘制员之一。费尔考·瓦斯·杜拉多于 1525 年生于印度，他参加了对第乌的第二次围攻（1546），在葡萄牙势力范围的边界，负责镇守一个要塞。杜拉多师从迭戈·博泰略·佩雷拉学习地图绘制术。除了刚刚提到的 1575 年出版的《世界地图册》以外，他还有另外 5 部地图册在 1568—1580 年出版，它们体现出他对亚洲大陆的卓越了解。杜拉多是第一个在地图上提到澳门的人，他的这张地图于 1570 年在果阿完成，展现了从锡兰到日本的亚洲[3]。杜拉多并不是从事地图绘制术的唯一一位欧洲白人—美洲印第安人混血儿。最早的澳门地图出自曼努埃尔·戈迪尼奥·德·埃雷迪亚（1563—1622）之手，他是一位葡萄牙男子与一位马来女子的儿子，他绘制的地图作品相当丰富，大多与

1　Quirós, 2000, pp. 321, 322.

2　Geoffrey Parker,《Maps and Ministers : The Spanish Habsburgs》, in David Buisseret (édit.), *Monarchs, Ministers and Maps. The Emergence of Cartography as a Tool of Government in Early Modern Europe*, Chicago, Chicago University Press, 1992, pp. 124-152.

3　"一位葡萄牙人—印第安人混血儿是澳门的第一位葡萄牙制图师，他体现了身处东方的葡萄牙群体在这一港口城市的发展与认知中所发挥的作用"。Barreto, 1997, s.p.

爪哇、马来地区相关[1]。

当葡萄牙人占领新的地域、同时竭力测算它们的位置之时，卡斯蒂利亚王室也对其疆域进行地图绘制。1521 年，正值对墨西哥的征服时期，弗朗西新科·德·加雷绘制了墨西哥湾的第一幅地图；1527 年，迭戈·德·里韦罗绘制了新西班牙的第一幅地图草稿；1541 年，多明戈·德尔·卡斯蒂略在加利福尼亚的探险航行中收集到的数据的基础上，绘制了太平洋海岸线地图。一幅针对新西班牙的相当恰切的地图则于 1546 年出现在意大利人拉穆西奥编纂的集子里[2]。所有这些作品都间接地利用了土著人的知识。

最具创新性的地图绘制当属《地理描述》一书中的地图，它们是西班牙王室派人在新大陆属地长期勘察的结晶[3]。16 世纪 70 年代末、80 年代初，关于新西班牙的几十张地区地图绘制完成[4]。其中许多是土著阿兹特克画家勾画与绘制的，和葡萄牙领航员在亚洲一样，卡斯蒂利亚政府部门也利用土著人的知识，并收集到几十幅"绘画"——印第安人在这些画上表现空间，以他们特有的、而且可以被欧洲人所理解的方式标注地名。这一系列地图与文字描述以一个个小区域及它们的周边环境为中心展开。如果说新西班牙难以摆脱这种一个个"国家"

1　Barreto, 1997, s.p. Atlas-miscelânia (1615-1622), collection particulière.

2　Elias Trabulse, *Historia de la ciencia en México. Estudios y textos. Siglo XVI*, Mexico, FCE, 1983, p. 54.

3　Donald Robertson,《The Pinturas (maps) of the *Relaciones geográficas* with a catalog》, in *Handbook of Middle American Indians*, vol. 12, Austin, University of Texas Press, 1972, pp. 243-278.

4　《中美洲印第安人手册》(*Handbook of Middle American Indian*) 中的 92 张地图绘制于 1579 至 1586 年间。亦可参见如下著作：Barbara E. Mundy, *The Mapping of New Spain*, Chicago, Chicago University Press, 1996.

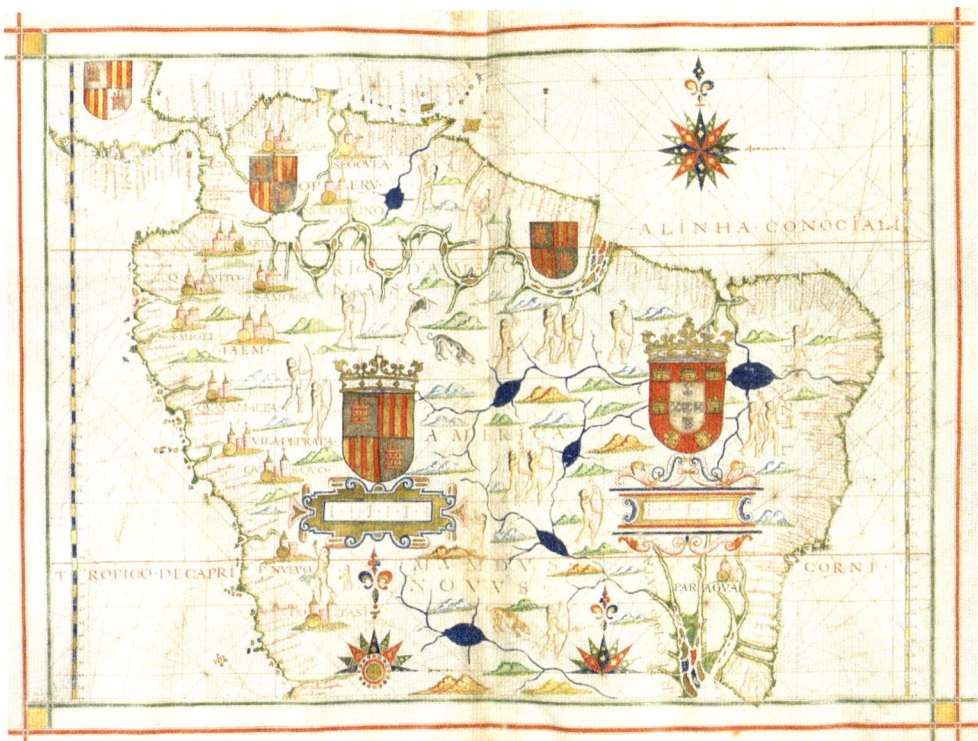

费尔考·瓦斯·杜拉多：巴拿马地图
约 1580 年
慕尼黑巴伐利亚州立图书馆

的镶嵌格局与特殊身份，那么这种碎片化的呈现则在将那里的人们与他们所面对的西葡帝国的君主连接起来的关系中找到了一致性。那里的生活方式、传统、各种资源与当地人都处于西葡帝国的全球范围内。迭戈·穆尼奥斯·卡马戈以其《特拉斯卡拉的描述》对此给出了一个雄辩的证明。

在亚洲，葡萄牙王室命人在书籍中绘制葡属城市与堡垒，这些书中内容最丰富的也许是安东尼奥·博卡罗的《东印度全部要塞、城市及其郊区地图集》（1635）[1]。为绘制该地图集，佩德罗·巴雷托·德·雷森德在1629年远赴印度，利用了在当地工作的建筑设计师与工程师提供给他的各种信息与草图。与葡萄牙人弗朗西斯科·多明格斯·伊·奥坎波、葡裔印第安人费尔考·瓦斯·杜拉多一样，他们大多在西葡帝国的不同角落居住，他们在那里精心制作地图，服务于国王。果阿与墨西哥城成为地图绘制术与宇宙地理学知识生产的中心。

想要确定相关地区经度的尝试使得不止一位专家到访世界的其他部分。为了在那里工作，也为了出版。1587年，迭戈·加西亚·德·帕拉西奥斯在墨西哥城出版了他的《航海术训导》，1606年海因里希·马丁出版了他的《新西班牙时代与自然史汇编》，该著作在地区编年史中具有空前意义。海因里希·马丁是17世纪初墨西哥城最令人不可思议的人物之一。他于16世纪中叶生于汉堡，在西班牙有过短期停留，之后在墨西哥城成家立业（1589），开设了一家印刷厂。作为印刷厂主、宇宙地理学家、数学家与宗教裁判所的翻译，他积极参与墨西哥谷巨

1　*Livro das plantas de todas as fortalezas, cidades e povoações do estado da India Oriental*, Evora, Biblioteca Pública et Arquivo Distrital.

大的排水工程，于 1632 年去世[1]。他的《新西班牙时代与自然史汇编》与罗德里戈·萨莫拉诺、马丁·科尔特斯在 16 世纪的西班牙出版的那些"汇编"一脉相承。马丁在书中不但阐述了宇宙地理学与天文学，还涉及自然史，力图描述"新西班牙的各种独特性"。此外，该著作还包含一张墨西哥与世界其他部分的年代对照表、西葡帝国大城市经度表，还有针对各种自然现象的一系列观察与评论。

海因里希·马丁最初是一位出版人，他想要向大众普及欧洲科学并使其适应大众读者。在科学方面这里没有什么使人震惊的。与上文提到的所有专家不同，他并不想深入探究土著人的知识并将其输送到西班牙王室及伊比利亚半岛。他只是想从以托勒密的中世纪地心说为基础、完全属于正统派的体系出发，带给新西班牙的西班牙人与克里奥尔人理解美洲现实的一些方式。马丁还写有农业方面的论著，同样表达了使自己适应当地情况的愿望。很遗憾，该著作已佚失。它不仅包含农业、田间劳作的内容，还涉及果园、花园、甘蔗、牲畜饲养及其他农事，适用于新西班牙的整体特征与气候"[2]。海因里希·马丁的作品以其独特方式参与到伊比利亚全球化中，担当了平凡的使命——即在美洲大陆上使欧洲知识适应那里的新环境，并普及开来。

与航海一样，对矿产的开采对于西葡帝国来说具有战略意义。矿产"工程师"是西班牙王室不可或缺的代理人，因为他们开发西印度群岛的金属资源，将从美洲银矿发掘出来的白银运往欧洲与亚洲。这些矿产"工程师"也参与了欧洲知识向美洲的迁移，还将那些从美洲

1　Francisco de la Maza, *Enrico Martínez, cosmógrafo e impresor de Nueva España*, Mexico, 1943.

2　Martínez, 1948, p. XX.

亨利科·马丁内斯:《时代汇编》
1606 年

印第安人社会汲取到的新知识与直接来自殖民经验的新知识在西欧进行传播[1]。有一位学者名叫阿尔瓦罗·阿隆索·巴尔巴，是波托西（在那里有美洲最大的银矿矿脉）的神父，他担当了这一摆渡人的角色。1602 年，他来到查科斯地区，此前他在塞维利亚完成学业，巴尔巴在上秘鲁堂区教堂做教士，同时，他撰写了一本指南，书中集合了他在安第斯地区收集到与经过实验得来的各种知识。他的《金属技术》于1640 年在马德里出版，该书被永久性地载入欧洲矿物学与冶金学史册。在巴尔巴之前，许多技术专家已经在安第斯地区声名远播。1556年，佛罗伦萨人尼古拉斯·德尔·贝尼诺在波托西开辟了第一条矿脉，该矿脉约 11 年前被发现[2]。贝尼诺针对波托西的塞罗·里科撰写过著述（1573），还写过一部秘鲁内战史。葡萄牙人恩里克·加西则将混汞法引入秘鲁闻名的矿区，该技术大大提高了白银的产量。这位学者还是书商、诗人，是卡蒙斯、彼特拉克的卡斯蒂利亚语译者。很可能这些文艺复兴时期的人都是"多面手"，才使得他们有能力成为不同大陆之间的中间人。意大利、葡萄牙与卡斯蒂利亚的工程师在世界的不同部分竖立起防御工事，如 17 世纪初若昂·巴普蒂斯塔·米兰内斯与朱利奥·西蒙在果阿与科钦。其中，西蒙不仅取得军事成就，而且还参与了果阿大教堂、总督门的修建，后者为纪念瓦斯科·德·加马而建造，

---

1 Carmen Salazar-Soler,《Construyendo teorías : saber de los Antiguos y saber indígena en el Perú de los siglos XVI y XVII》, in Rui Manuel Loureiro et Serge Gruzinski, *Passar as fronteiras, II Colóquio Internacional sobre Mediadores Culturais, séculos XV a XVIII*, Lagos, Centro Gil Eanes, 1999, pp. 147-179.

2 Carmen Salazar-Soler,《Innovaciones técnicas, mestizajes y formas de trabajo en Potosí de los siglos XVI y XVII》, in Eduardo França Paiva et Carla Maria Junho Anastasia (édit.), *O trabalho mestiço. Maneiras de pensar e formas de viver. Séculos XVI a XIX*, Belo Horizonte, Annablume, UFMG, 2002, p. 143.

西蒙后来被任命为"印度国家总工程师、果阿防御工事工程负责人"[1]。在这一时期，卡斯蒂利亚人与意大利人在加勒比地区、巴西与新西班牙的各个港口修筑防御工事。

西葡帝国的宣传者

文人们在自己扎根的地方参与西葡帝国的发展。大学教授、耶稣会士、僧侣与议事司铎较少地寻求将地方空间与伊比利亚半岛相联系，而更多地作为西葡帝国在全球的宣传者，力图将伊比利亚人统治的各种象征与图像植入世界的其他部分。他们组织大型活动，赞颂西班牙国王的权力，纪念君主的登基或去世，声势浩大地迎接总督与总主教们的到来。在新西班牙，塞万提斯·德·萨拉萨尔的例子最为显著。萨拉萨尔是文人精英中的卓越代表，他们将欧洲知识转化为西方知识以及潜在的世界知识。"萨拉萨尔以他人几乎从未达到的纯粹程度将新欧洲人引入墨西哥，还有有学问的俗间神父，他们是懂得死语言的在俗教徒，还包括既热衷于宗教文本又喜欢世俗文本的专家，他们既崇拜基督，同时也对异教徒表示赞赏"[2]。作为人文学者、路易斯·维维斯的译者，塞万提斯·德·萨拉萨尔在墨西哥城大学开辟了拉丁语教授职位。几年后，当局任命他负责制订在墨西哥举行查理五世葬礼的计

1　Sousa Viterbo, *Diccionario histórico e documental dos architectos, engenheiros e constructores portugueses*, Lisbonne, Imprensa nacional, 1922, pp. 50-59.

2　Edmundo O'Gorman, cité dans Guillermo Tovar, *Bibliografía novohispana de arte*, Mexico, FCE, 1988, I, p. 23; Karl Kohut,《La implantación del humanismo español en la Nueva España. El caso de Francisco Cervantes de Salazar》, in *Pensamiento europeo y cultura colonial*, Madrid, Iberoamericana, 1997, pp. 11-51.

划，从而将这位君主的死亡记写在该地区历史与西葡帝国掌控的世界性范围内。1560 年，萨拉萨尔在墨西哥出版的一部著作中详细记载了该葬礼的过程[1]，书中还记载了在布鲁塞尔与巴利亚多利德分别举行的查理五世葬礼，针对这 3 个葬礼的印刷版著述中都配有插图。塞万提斯·德·萨拉萨尔急于将自己的才华与博学服务于帝国想象的传播，他在西班牙王国与葡萄牙王国结盟的 20 多年前就为后来西葡帝国的文人精英们开辟了道路。萨拉萨尔并非孤身一人完成任务。这位人文学者与建筑设计师克劳迪奥·德·阿西涅加合作，赋予政治信息与宗教信息以具体内容，使 1559 年的葬礼仪式与宏伟建筑向墨西哥城的地区精英与大众传播了政治与宗教信息。他们坚定地想要将查理五世的葬礼打造成具有独创性的作品——"这场盛大的仪式要以其新颖性与独特性吸引所有的出席者"[2]。产生的效果超过了预期，相信也超过了此前在西欧举行的同类活动的效果[3]。

果阿在此领域比墨西哥城先行了 10 多年。总督若昂·德·卡斯特罗是维特罗夫的《建筑设计学》的专注的读者[4]，他周围亲近的人也觊

---

1   Karl Kohut, 1997, p. 28.

2   关于查理五世在利马（秘鲁）的葬礼，参见 Sonia Rose,《El primer rey que te falta: honras fúnebres a Carlos V en la ciudad de los Reyes》, in A. Molinié-Bertrand et Jean-Paul Duviols, *Charles Quint et la monarchie universelle*, Paris, Presses universitaires de Paris-Sorbonne, 2000, pp. 215-238. 关于西葡帝国的皇家葬礼仪式，参见 María Adelaida Allo Manero, *Exequias reales de la Casa de Austria en España, Italia e Hispanoamérica*, thèse de doctorat, Universidad de Zaragoza, 1992, 5 vol.

3   Antonio Bonnet Correa,《Túmulos del Emperado Carlos V》, in *Archivo español de Arte*, XXXIII, 129, 1960, p. 64. 17 世纪初，业士阿里亚斯·德·维拉洛博斯将其多种才华贡献给了总督与西葡帝国。Arias de Villalobos, 1623.

4   Rafael Moreira,《D. João de Castro e Vitrúvio》, in *Tapeçarias de João de Castro*, Lisbonne, Museo Nacional de Arte Antiga, Comissão Nacional para as Comemorações dos Descobrimentos Portugueses, 1995, pp. 51-56.

舰传统人文的各种资源以服务于葡萄牙在亚洲的政治。该总督在 1547
年取得第乌大捷后，以古罗马的方式举行了两场凯旋庆典仪式，将凯
旋门体现的古罗马人文特征与土著元素相混合，来赞颂葡萄牙与若
昂·德·卡斯特罗的伟大，后者被誉为"全世界的一位总督"[1]。"凯旋庆
典上的这些事物如此令人赞赏，它们被安排的方式如此成功，似乎它
们超过了保罗 - 埃米尔与非洲人西皮翁进入罗马的凯旋仪式"[2]。为了这
两场皇家仪式，果阿建造了一个人工码头，以便给仪式带来更大的荣
耀，并按照古罗马的凯旋仪式进行了安排。在第二场凯旋仪式中，授
予若昂·德·卡斯特罗的棕榈树叶头冠被"肉桂树叶花环"[3]所替代，以
便更好地将该仪式植入亚洲大地。为了纪念果阿的这些庆典仪式，葡
萄牙语的记述、拉丁语的记述、一系列奢华毯画的描述都向欧洲展现
了此次在东方取得的辉煌胜利[4]。

"哦，印度群岛！混沌中充斥着阻碍……"

塞万提斯·德·萨拉萨尔与若昂·德·卡斯特罗都曾服务于伊比利
亚王室，加斯帕尔·达·克鲁斯、路易斯·弗雷斯、贝纳迪诺·德·萨
哈贡也回应了王室给他们分别下达的命令，弗朗西斯科·埃尔南德斯

---

1 Catarina Madeira Santos, *Goa é a chave de toda a India. Perfil político da capital do Estado da India (1505-1570)*, Lisbonne, Comissão Nacional para as Comemorações dos Descobrimentos Portugueses, 1999.

2 D. Fernando de Castro, *Crónica do Vice-Rei D. João de Castro*, édit. par Luís de Albuquerque et Teresa Travassos Cortez da Cunha Mato, Comissão Nacional para as Comemorações dos Descobrimentos Portugueses, Tomar, 1995, p. 447.

3 *Ibid.*, p. 261.

4 *Tapeçarias de João de Castro*, 1995.

为菲利普二世效劳。新大陆的其他一些居民也临时担当印度群岛的风物专家，还有那些没有被要求做什么的独立行动的人也感到有必要告知公众或提请王室注意一些东西。与前辈们一样，这些文人总是自荐书写"这一王国内所发生的事情"，涉及"秘鲁的印第安人地区"、巴西，还有葡属亚洲。这些文人中有的是欧洲人、西班牙人、葡萄牙人，有的是在距西欧遥远的地方出生的克里奥尔人，还有的是欧洲白人——美洲印第安人混血儿、接受过西方文科教育的土著人。在墨西哥城、利马、果阿或在退休后归隐伊比利亚半岛上的某个城市的这些人是如何展开书写的？迪奥戈·多·库托写有一部笔调犀利的论著，描绘了一系列生气勃勃的景象，一位专家志愿者介入其中。《葡萄牙军人专家对话》中的这位滔滔不绝的军人专家向读者提供了各种建议与信息，虽然贫穷、卑微，但他从不缺少思想，"由于我只是一名贫穷而愚蠢的军人"[1]，"我，只是一名贫穷而愚钝的士兵。我知道这是那些经验丰富的船长们的责任。但是，我虽如此无能……我还是会说出我所知道的和以前从老人们那里所听到的东西"[2]。通常，顾问们都会在他们对地区的分析中加入一些急迫的"警示"[3]。每位作者都声称自己积累了独一无二的经验，他们殷勤地把自己推荐给王室及王室代表们，表示自己愿为其效劳。作为回报，他们期待可以得到王室的奖赏。

安布罗西奥·费尔南德斯·白兰度是一个很好的例证。他创作了《关于巴西伟人的对话》一书（1618），白兰度是一个难以描述的人

1　Couto, 1988, p. 133.

2　*Ibid.*, p. 129.

3　Bethencourt et Chaudhuri, 1998, II, p. 467.

物[1]。和加西亚·达·奥尔塔、库托一样，他是新基督教徒，1583 年来
到巴西。"初来乍到"，白兰度首先负责的是征收糖税。两年后，他领
导一家商会征服帕拉伊巴，在军事、农业与商业不同领域交替地与印
第安人展开战斗。白兰度与里斯本政府高层保持联系，1597 年他重新
出现在特茹河（里斯本的母亲河）岸边。7 年后，他担任"死者与失
踪者基金总司库"，但他并未因此忽视对人文科学、植物学、园艺的
孜孜求索，而且，他在"他的菜园和农场"里种植靛蓝。1607 年，白
兰度回到巴西后，在帕拉伊巴与伯南布哥种植甘蔗。在《关于巴西伟
人的对话》中，白兰度对这里的一切（包括巴西的动物、植物、气候、
印第安人起源、大众、制糖、历任总督）发表主张。他关心这个国家
的命运。他不是唯一一个。

当白兰度完成他的著作时，西蒙·埃斯特西奥·德·西尔维拉随同
贝当古的探险船来到了巴西北部。西尔维拉这位葡萄牙人是"海洋事
物专家""矿产、金属熔化、硝石与火药生产专家"[2]，他自称懂得"观
察岛屿、海滩和土著人，并以我所知道的方式将这一切描述与勾勒
下来"。他想做的无非是书写一部巴西"道德与自然历史"，正如何
塞·德·阿科斯塔为葡属美洲所写的著作一样[3]。但是，为了更好地展

1　José Antonio Gonsalves de Mello dans son introduction à Ambrósio Fernandes Brandão, *Diálogos das grandezas do Brasil,* Recife, Fundação Joaquim Nabuco, 1997.

2　*Relação sumaria das cousas do Maranhão*, édit. par Darcy Damasceno, Rio de Janeiro, Biblioteca Nacional, 1976, pp. 99, 100（摘自 *Anais da Biblioteca Nacional*, Rio de Janeiro, vol. 94, 1974, pp. 97-103）.

3　埃斯特西奥·德·西尔维拉多次引用耶稣会士何塞·德·阿科斯塔的话。他只有两个短小文本获得出版：Estacio de Sylveira, *Relação,* Lisbonne, Geraldo da Vinha, 1624; Estacio de Sylveira, *Lettre au roi Philippe IV*, Madrid, le 16 juin 1626.

开这一计划，"有着多年农业教学经验的"[1]军人西尔维拉还需要一点装点门面的拉丁文化。由于埃斯特西奥·德·西尔维拉怀抱掌控格劳－帕拉—马拉尼昂殖民地的野心，于是他以这一广袤地域的行家的面貌示人，该地域为亚马孙地区的一部分。如同布兰德对巴西所做的一样，西尔维拉在描述中确信，该地区蕴藏的"草药"会使其成为第二个秘鲁，"贡萨洛·皮泽洛提出，在这里发现了与锡兰肉桂一样的肉桂。进入这一地区的白人说，这里有同特尔纳特岛丁香一样的丁香……总之，这里就是东方的秘鲁，它与丁香岛的纬度相同，在这片丰沛的土地上，种什么就会长什么，甚至包括藏红花"[2]。在这种观点下，他提出应在秘鲁与大西洋之间经亚马孙河开辟一个广阔的河流通道[3]："（亚马孙河）是世界上最大的河流，它的河口有 120 古里宽，它顺秘鲁而下，有逾一千古里长。陛下可命令在这一河流上打开一个通道，这样秘鲁的财富就可以通过它相当快速、便捷地到达西班牙。"同样的建议出现在1626 年 6 月以西班牙语在马德里发表的一封信中，西尔维拉提出"在马拉尼昂的一条河流上开辟一个新通道，这样一来，从秘鲁出发，4个月即可安全抵达西班牙"。

交通的改善建立在军事背景之上：在亚马孙地区正如在世界的其他部分，需要战胜荷兰人及"他们的邪教"。在葡萄牙帝国的另一端，荷兰共和国的商人与水手使葡萄牙王室陷入困境。正是从一种亚洲视角出发并依靠"自己在印度的实践与经验"，1599 年弗朗西斯科·罗

1　Lucinda Saragoça, *Da《Feliz Lusitania》aos confins da Amazônia, 1615-1662*, Lisbonne, Santarem, Cosmos, 2000, p. 42.

2　Estácio da Sylveira, 1624.

3　此前，白兰度及其他一些人已经宣称过。Lucinda Saragoça, *Da《Feliz Lusitania》aos confins da Amazônia, 1615-1662*, Lisbonne, Santarem, 2000, Cosmos, p. 275.

德里格斯·西尔维拉写作了《印度国家军队与政府改革》一书[1]。罗德里格斯·西尔维拉约 1558 年生于拉梅戈，27 岁动身前往印度，1586 年到达果阿。1598 年，在马六甲海峡的波斯湾服役后，作为军人回到葡萄牙的拉梅戈——"他的家乡"[2]。他此后再没有到过亚洲，"穷困、失去一条腿"[3]的罗德里格斯·西尔维拉多次访问里斯本、马德里和巴利亚多利德，展示他的著作，最终得到每年 5 万雷亚尔的养老金。《印度国家军队与政府改革》大约先于迪奥戈·多·库托写作的那本抨击"印度的欺骗与幻灭"的《葡萄牙军人专家对话》（1612）12 年出版。《印度国家军队与政府改革》细数了 16 世纪末"印度政厅"所面临的困难：缺人、浪费人的生命、无能、腐化堕落、短视。通过比《亚洲几十年》的作者更加系统的方式，罗德里格斯·西尔维拉认为混乱与腐败是导致葡萄牙在该地区的各项举措失败的直接原因。为结束这种状况，他提出使用军事方式加以解决。在书中，他陈述了想要了解其他族群的人应具备的素质：候选人应具有"实践与经验"，如果没有，也应具备"各种能力，行事灵活，习惯于面对各种状况，而各种状况反过来也会使其变得更加机智"[4]。里斯本的专家只会输出"欧洲的实践与军事经验"，他们因此无一例外地在身心上都陷入"混乱的迷宫"[5]。西尔维拉同他在世界其他部分的同行一样，都强调了地区性、实际经验的重要性，并坚信留在欧洲的人们对世界其他部分的认知无法达到与他们

1　Edit. par Benjamin N. Teensma et Luis Filipe Barreto, Lisbonne, Fundação Oriente, 1996, p. 234.

2　*Ibid.,* p. XX.

3　*Ibid.,* p. XXIII.

4　*Ibid.,* p. 234.

5　Silveira, 1996, p. 123.

同样的程度与成效[1]。

在当时流入伊比利亚半岛的大量著述中，有些重要作品残存下来，如费利佩·瓜曼·波马·德·阿亚拉的编年史《新纪事与善政》（1615），它使我们又一次转向土著秘鲁。阿亚拉来自一个印第安贵族家庭，家乡在卢卡纳斯。1615 年，他大概 80 岁，而且因西班牙人统治的蹂躏而筋疲力尽、破产、沮丧，再加上年事已高，无法去西班牙，他于是恳求国王菲利普三世的慷慨恩典："请您赐予我奖赏，我服务了30 年，离开了家庭、孩子与生意，为陛下效劳，却落得如此贫困的下场。"[2] 他书写的约 1200 页的文本的灵感来自王室要求阐述的内容[3]。书中配有 500 张插图，提出了对世界的这一部分的各种建议，包括建立"善政与公平正义"、赎罪[4]。但是，这一创举首先是出于个人动机：一个被欺骗的个体的动机，这个个体临时担任了那些颠沛流离的贵族、遭遇不公的人们的代言人。反映了人们的悲观、资产的损失。这位印第安人的观点与安第斯地区的西班牙人的观点在根本上形成对立。印第安民众远离君主的视线，他们是教士、土著居民村落领主的受害者，也是那些想方设法利用他们的西班牙奸商的受害者。在这种情况下，

1　这类作品中有 Francisco da Costa,《escrivão da feitoria portuguesa de Cochim》, in *Remédios ou arbítrios para os males de Cochim,* 1607-1612 (Bethencourt et Chaudhuri, 1998, II, pp. 466-467), 阐述了胡椒贸易的相关问题；Frei António Freirevoir, *Primor e honra da vida soldadesca,* 1630 (*Ibid.*, II, p. 469).

2　Rolena Adorno, *Guaman Poma, Writing and Resistance in Colonial Peru*, Austin, Texas University Press, 1988, p.7; Felipe Guaman Poma de Ayala, *El primer nueva corónica y buen gobierno*, édit. par John V. Murra, Rolena Adorno et Jorge L. Urioste, Mexico, Siglo XXI, 1980, 3 vol, p. 976.

3　Adorno, 1988, p. 8.

4　《*Para la emienda de las herronías y provecho de los infieles de su salvación de sus ánimas, exenplo y emienda de los cristianos*》, Poma de Ayala, 1980, I, p. 2.

可想而知处于西葡帝国的安第斯地区的印第安人的地位如何。瓜曼·波马从当地历史的重新阐释开始，将前西班牙时代理想化，同时，力图摒弃偶像崇拜的弊端。在他的思想中，西班牙人的征服不再是对失败的惩罚，而是实现了权力的自由转移[1]。这是以一种激进方式质疑西班牙人在印度群岛与安第斯地区的地位。但是，菲利普三世会倾听这位比在果阿的晚会上看到的军人库托更为孤立的秘鲁编年史作家的声音吗？

巴尔塔萨·多兰特斯·德·卡兰扎是陪伴卡韦萨·德·瓦卡在佛罗里达沿岸与墨西哥西北部漂泊的一位西班牙男子的儿子，卡兰扎还是辛辣尖刻而且由于其他原因而变得沮丧的一位专家。他的作品将我们带回我们出发的地方——新西班牙[2]。他的著述没有达到秘鲁编年史那样严酷的悲剧性，而是体现了一个社会阶层的不安与一个个体的失败。卡兰扎的《新西班牙风物简述》(1604)[3]是巴尔布埃纳的《伟大的墨西哥》的同代作品，比瓜曼·波马的编年史早十多年。《新西班牙风物简述》中有墨西哥西班牙殖民者后代列表 (在 1604 年约有 1000 位)，该统计激发了总督的仁慈之心，优待了西班牙征服者们的合法后代，给他们在新西班牙王国安排了差事。多兰特斯·德·卡兰扎借此批评那些来自伊比利亚半岛的入侵者，抨击新的到来者，指责他们积累了轻松得来的财富，而征服者的子孙却陷入贫困。他在书中的叙述包含了令人难以置信的辛辣的诅咒："哦，印度群岛！混沌中充斥着阻碍、游

1　Brading, 1991, p. 153.

2　Baltazar Dorantes de Carranza, *Sumaria relación*, édit. par Luis González Obregón, Jesus Medina Editor [1604], 1970.

3　Ernesto de la Torre Villar,《Baltazar Dorantes de Carranza y la Sumaria relación》, in Hugo Díaz-Thomé (édit.), *Estudios de historiografía de la Nueva España*, México, 1945, pp. 203-262.

奴隶市场
1634 年
莫里斯堡（巴西）

手好闲的皮条客……破产的银行，在那里，有谎言、欺骗，有蠢人的傲慢，好人大吵大闹，智者也慌乱不安，高贵终结于此，道德泯灭于此，贤人与隐士相混杂，有乐于漂泊与幻想的天真之人，也有无自知之明的人。哦，印度群岛！弱者的诱饵、疯人院、各种丑恶言行的缩影、愚蠢的富人、骄傲的自以为是者。哦，印度群岛！虚荣者的玩物，善变而不知羞耻的人获得上升，他们是说谎的专家。……哦，印度群岛！地狱、交易与混乱的地方"[1]。卡兰扎怀疑这些诅咒与征服的暴行不无关联，当多兰特斯·德·卡兰扎宣称西班牙人"没有任何蔑视与虐待其他人的权利"[2]时，他似乎已准备好要采取行动。几年之后，这种意识在果阿再次回响："这里最糟糕的就是我们，我们来此，用我们的诺言、虚假、欺骗、敲诈、贪婪、不公及其他无法言喻的邪恶，破坏了如此令人赞叹的地方"[3]。

为佛得角的葡裔非洲人精英的辩护、为安第斯地区印第安贵族的辩护[4]、为秘鲁土著民众的辩护、为新西班牙克里奥尔人的辩护——这些辩护的目的因社会背景、道德伦理背景的差异而多种多样。在西葡帝国这个全球性的镶嵌体中，不同的状况与不同的社会呈叠瓦状相互交错。上述观点表达了处于伊比利亚人统治下的世界的不同部分的相互混合的人们的矛盾、困境与希望。基于所有这些人的活动，欧洲与那些饱受殖民之痛的、被卷入伊比利亚全球化大潮的地区连接起来。

1　Dorrantes de Carranza, 1970, p. 113.

2　Brading, 1991, p. 297; Carranza, 1970, p. 64.

3　Couto, 1988, p. 138.

4　费利佩·瓜曼·波马为安第斯地区的土著人群体辩护，但他首先是他所在的群体——土著权贵的代言人。Brading, 1991, p. 159.

第 9 章

认知工具与权力工具

> 今天，得益于葡萄牙人，我们一天学到的东西比罗马人在一百年里学到的东西还要多。
>
> ——加西亚·达·奥尔塔:《印度草药与药理对话录》, 1563 年

伴随着所有这些专家的环球之旅常常是漫长的海上航行。如，多明我会修士若昂·多·桑托斯在东非沉闷的沿海地带和萨门托·德·甘博亚一起观察所罗门群岛的当地人，游览印度的宝塔，从亚马孙河溯流而上去往基多及厄瓜多尔的安第斯地区，谁会有时间陪伴他们展开如此漫长的旅程? 对美洲、亚洲、非洲、西葡帝国内部及边缘地带的经验与知识的不断增多为探险者带来了选择上的困惑。大量的报告、书信、描述、历史编纂将全球化的关注转变成词语或图像。它们捕捉到伊比利亚人在世界其他部分的在场所引起的无数的互动。

交流与联系

　　将世界的不同部分连接起来意味着什么？首先，意味着交流与联系，这一点在当时和现在一样都显得有些过时。墨西哥克里奥尔人多兰特斯·德·卡兰扎之所以描绘了印第安土著人，是"为了使所有不了解他们的人知晓自己所属的人种不是世界上唯一一个人种，也不是最糟糕的人种"[1]，卡兰扎这样解释说。在世界的另一个角落，弗朗西斯科·达·科斯塔是科钦贸易港的一位公证人，他是胡椒贸易行家，而且了解印度的苦难。科斯塔也有相同观点："我们有理由去赞颂那些作者，他们有意识地通过书写将自己所知的东西告诉给想知道这些东西的人。"[2]几年以前，迫于身边人的压力，果阿的加西亚·达·奥尔塔医生放弃拉丁语而使用葡萄牙语，"以便使著作得到更好的传播"[3]。16世纪20年代，埃尔南·科尔特斯向宿务国王友好地建议，"您这里与我们距离如此之近，我们可以展开往来"[4]。

　　与遥远地域之间的"物"的往来在世界的不同部分之间建立起流通，并使相互之间的关系更为紧密。而且，所有这些联系都促进了知识的扩展。16世纪60年代初，葡萄牙人加西亚·达·奥尔塔在对各种信息与新事物的难以满足的渴望中，表达了想更多地了解中国的愿望，"因为中国已经与葡萄牙人建立起诸多联系"[5]。的确，中国当局似乎在对外交流上停滞不前，因为"中国帝王发现与外国人的密切交往会导

1　Dorantes de Carranza, 1970, p. 64.

2　Bethencourt et Chaudhuri, 1998, II, p. 468.

3　Orta, 1891, I, p. 11.

4　Cortés, 1963, p. 477.

5　Orta, 1895, II, p. 277.

致造反的发生，而且，许多中国人以去外国航行为借口而成为攻击沿海地域的强盗"[1]。

大发现加速了知识的传播，"今天，得益于葡萄牙人，我们一天学到的东西比罗马人在一百年里学到的东西还要多"[2]。许多专家的工作既有效率又有质量。信息常常是即时获取的，如因与一位土著行家或外国行家的相遇而偶然获取。多明我会修士加斯帕尔·达·克鲁斯在广州停留 6 周就写下了一部关于中国的论著。奥古斯丁派教徒胡安·德·格里亚尔瓦只用了 18 个月就完成了一部墨西哥编年史，该文本的审校者不禁自问，作者如何能在如此短的时间内 "阅读冗长而各不相同的叙述"，审校者称作者为 "世界的不同部分的赫拉克勒斯神"[3]。弗朗西斯科·埃尔南德斯医生在墨西哥居住了 7 年，带回了自己撰写的一部科学巨著，引起西班牙人、意大利人与佛兰德斯人的兴趣。而迪奥戈·多·库托完成的关于葡属印度历史的《亚洲几十年》的速度也同样令人惊讶。

除了书写迅速之外，探索的迅速与编纂的迅速也显而易见。当然，节省宝贵的时间有时是以抄袭为代价的。这种简单的解决方式在当时的世界各地都习以为常[4]。但是，抄袭不仅节省了时间与工作，还使那些险些被人丢进遗忘的角落的信息重新流通起来。它拯救了那些大都处于恶劣条件下的知识，并使其得到更好的利用，如葡萄牙人加利奥特·佩雷拉的手稿就是如此。他曾长期被囚禁在中国监狱，多明我会修士加斯帕尔·达·克鲁斯对佩雷拉的手稿大加利用，用于撰写他关

1　Cruz, 1997, p. 224.

2　Orta, 1891, I, p. 210.

3　Juan de Grijalva, *Crónica de la orden de N.P.S. Agustín enlas provincias de la Nueva España*, México, Porrúa, [1624]1985, p. 9.

4　Gaspar da Cruz reprend le traité de Galiote Pereira (Cruz, 1997, p. 32).

于中国的论著。但是，专家的著述工作往往占据了他们的一生，他们
不断地投入工作，而面对的材料如此浩瀚。方济各会修士萨哈贡、多
明我会修士杜兰都是这样，秘鲁人瓜曼·波马曾表示自已用了大约 30
年来撰写他的编年史著作[1]。今天，在我们的思想中，他们与他们的著
作早已融为一体。

古代人与近代人

　　古希腊、古罗马的知识构成了西方思想框架，其大量文献孕育了
西方思想的内容，如果不借助这些知识，我们就无法了解新地区的身
份、历史与未来。从墨西哥城到马尼拉、长崎，再到果阿，尽管中间
隔着的海洋将分布在各处的欧洲人的图书馆、书店分离开来，但是专
家们却同样从古代希腊—拉丁文化、（早期基督教）教会圣师的著述、
中世纪神学家、学者与旅行者的著述中汲取资源，即使通常并不查阅
第一手资料，也没有人摆脱文艺复兴的文学传统。但是，正是在他们
所接受的比较坚实的人文教育与他们所观察到的现实之间产生的对立
或冲突激发了这些专家的好奇心，并指引他们展开探察，进而对探察
的结果进行整理。弗朗西斯科·埃尔南德斯医生在面对墨西哥时，将
他对普林尼的翻译、评论与他对新西班牙植物的描述相对照，"以便使
新大陆的自然史可以与另一个大陆的历史相连接"[2]。这一点也许解释了

1　Brading, 1991, p. 164.

2　《Memorial al rey》, décembre 1577/janvier 1578, in José Toribio Medina, *Biblioteca
hispanoamericana (1493-1810)*, Santiago du Chili, Fondo histórico y bibliográfico José Toribio
Medina, 1959, II, p. 292.

迪奥戈·多·库托的《葡萄牙军人专家对话》这部在葡属亚洲撰写的、只涉及世界上这一地区的论著为何包含对古希腊与古罗马的许多暗示。优秀的作者如西塞罗、韦格蒂乌斯、提图斯·李维、阿庇安、赫西乌斯[1]、普鲁塔克，还有杰出的第欧根尼、狄密斯托克利、亚历山大、庞培、皮提亚斯、恺撒、提比略在库托的著述中不断出现，支撑了想要"对一切事物都给出解释"[2]的这位专家的推理。增加一些希腊词语并不会为著述带来害处。对古希腊、古罗马文献的阅读有助于对葡属印度的衰落、"它所陷入的悲惨状况"[3]的预判，还可以凭借其确定性为此提供一些补救的方法，包括一些可持续的模式与价值观。

这些专家依据西方古代思想（主要为亚里士多德思想）的范畴与框架来诠释他们所探察的地区。在对美洲人展开描述之前，墨西哥克里奥尔人多兰特斯·德·卡兰扎感到有必要先解释一下 6 个"自然动机"的理论，它们决定了人的理解力。这种迂回做法并不是想象中的学究式的做法，因为这样做使他可以解释人的独特性与多样性，"正是这个原因，这些人才显得比其他人更敏感、更机智，更好地具备天然的道德"[4]。多兰特斯·德·卡兰扎引用亚里士多德与圣托马斯·阿奎那的话，很有可能只是利用了自己青少年时期在墨西哥城耶稣会士那里接受到的教育。这一情况是耶稣会实施的教育体系全球化的成果的真实例证。还有一个普通的例子，墨西哥城的弗朗西斯科·埃尔南德斯与他的同行——果阿的加西亚·达·奥尔塔在解释他们采集并研究的当

1　Couto, 1988, pp. 96, 107, 108.

2　*Ibid.*, pp. 110-112.

3　*Ibid.*, pp. 25, 104, 109, 101.

4　Carranza, 1970, pp. 64-65.

地植物产生的治疗效果时，都谈到盖伦所提出的四种情绪理论——开心、冷静、忧郁与愤怒。

在流动与全球化的促进下，也展开了对古典文献的全球性传播。荷马、亚里士多德[1]、托勒密、普林尼、恺撒、奥维德[2]、约瑟夫斯·弗拉维奥[3]、西库路斯的狄奥多罗斯[4]、塞维利亚的伊西多尔、马可·波罗都在"被全球化"的作家之列。此外，在迪奥戈·多·库托[5]、加西亚·达·奥尔塔与胡安·德·卡德纳斯[6]笔下，可以看到希腊医生迪奥斯科里、伊本·西那、盖伦、阿拉伯哲学家穆罕默德·扎卡里耶·拉杰兹及其他名家。对古希腊、古罗马文献的参考不断出现，它们呈叠瓦状地交织在作者们对新地域的描述中。在葡萄牙新基督教徒安布罗西奥·费尔南德斯·白兰度及墨西哥克里奥尔人巴尔塔萨·多兰特斯·德·卡兰扎的作品中，读者也许会在《新西班牙风物简述》（1604）或《关于巴西伟人的对话》（1618）[7]中的那些离题的叙述中迷失。希罗多德、普林尼、塞内加、斯特拉波、西库路斯的狄奥多罗斯、塞维利亚的伊西多尔[8]的著作在果阿、墨西哥城、萨拉曼卡、巴黎被阅读。

1　Couto, 1988, p. 26.

2　关于奥维德，参见 Cruz, 1997, p. 123.

3　*Ibid.*, 1997, p. 99.

4　Couto, 1988, p. 21.

5　*Ibid.*, p. 97.

6　这位塞维利亚医生的参考文献包括以下作者的著作（p. 87）：科尼利厄斯·塞尔苏斯（Cornelius Celsius）、安德列·拉古纳（Andrés Laguna）、彼得鲁斯·安德里亚斯·马蒂奥卢斯（Petrus A. Mathiolus）、尼古拉斯·莫纳德斯（Nicolás Monardes）、佩德罗·梅克西亚（Pedro Mexía）与奥利维亚·萨布科（Olivia Sabuco）。

7　Brandão, 1997, p. XL.

8　Dorantes de Carranza (1970), pp. 54, 60; Couto (1999), II, pp. 314, 227, 301; Loureiro (1998), p. 395.

　　这些专家不是走入迷途的、被流放到遥远地区忍受辛酸孤独的人文学者。他们所引用的与批评的文本有的在文艺复兴时期传播到整个欧洲。他们的行为表现与所有西欧文人别无二致，一样的训练、习惯性话语与癖好。如，二手或三手引用使他们节省了大量的阅读时间，也节省了自己的书橱空间。通过阅读加斯帕尔·巴雷罗斯在葡萄牙中部的科英布拉出版的《地方地理》（1561）一书[1]，迪奥戈·多·库托知晓了巴比伦天文学家贝罗索斯、西库路斯的狄奥多罗斯与维泰博的安尼乌斯，加斯帕尔·巴雷罗斯此前已为他的葡萄牙同胞加西亚·达·奥尔塔提供了一系列参考文献。

　　墨西哥的美洲印第安人—欧洲白人混血儿迭戈·穆尼奥斯·卡马戈在特拉斯卡拉这一印第安城市赞美文艺复兴的人文学者，"人们的思想在这个时期充满了智慧与敏锐性"[2]，他也许存有想要加入他们的行列的隐秘愿望。如果不引用"柏拉图神"，不谈及"著名的韦格蒂乌斯"、托勒密，不插入阿塔克斯国王的逸事，将墨西哥人好奇的阅读带入古代波斯的迷宫，他就无法展开对这个印第安人地区的描述[3]。

　　葡裔非洲人阿尔马达对古希腊、古罗马经典文献的参考虽然不是很多，他还是在描述苏姆巴人、马内人这些食人部落时提到努曼西亚，而且以此来用言语攻击非洲人，"因为努曼西亚的人们并不是围攻者，而是被围攻者"[4]。多年以前，古代的努曼西亚对于伊比利亚人来说非常熟悉，它曾激发米盖尔·德·塞万提斯创作了史诗剧《努曼西亚》，这

1　Couto, 1999, II, p. 135.

2　Muñoz Camargo, 1984, p. 33. 他还谈及习得"哲学、几何和算术"的必要性。

3　*Ibid.*, p. 33.

4　Almada, 1994, p. 116.

托勒密
15 世纪图书中的小彩画
选自《托勒密宇宙志》
那不勒斯国家图书馆

是他的一部西班牙语戏剧杰作[1]。在美洲，对非欧洲的历史的罗马化几乎形成了一种风格训练：12 位印加王对应地成为 12 位恺撒与库斯科，印加帝国的首都成为世界中心。

出身于伊比利亚半岛的编年史作家建立起被不断查阅的、吸引人的信息宝库，并不令人惊讶。迪奥戈·多·库托阅读鲁伊·冈萨雷斯·德·克莱维霍撰写的《塔梅尔兰的伟大一生》[2]，克莱维霍以卡斯蒂利亚大使的身份到访蒙古人那里，死于 1412 年。库托还阅读了历史学家费尔南多·德尔·普尔加（1436—1486）的著作[3]。这些或为手抄本或为印刷本的文本基于新地域的发现而写，它们提供了许多资料，人人都想从中汲取资源。当然，西印度群岛的伟大的编年史文献对于西班牙统治下的美洲居民来说非常重要。文尔西利亚著有史诗《阿劳加纳》，弗朗西斯科·德·特拉扎斯著有《征服与新大陆》[4]，特拉扎斯是"托斯卡纳语、拉丁语与卡斯帝利亚语的优秀诗人"，巴尔塔萨·多兰特斯·德·卡兰扎对他的作品有冗长的摘抄与抄袭[5]。巴托洛梅·德·拉斯卡萨斯的作品建立起另一个不可穷尽的资源。在墨西哥城，多兰特斯·德·卡兰扎书写《基督教护教通史》，正如瓜曼·波马·德·阿亚拉在秘鲁所做的探索。阿亚拉围绕着奥古斯丁·德·扎拉特（1555）[6]、

1　Miguel de Cervantes, *Obras completas*, Mexico, Aguilar, 1991, I, pp. 169-206.

2　Séville, 1582.

3　*Mingo revulgo*, in Couto, 1988, pp. 43-44.

4　Alfonso Méndez Plancarte, *Poetas novohispanos. Primer siglo 1521-1561*, Mexico, UNAM, 1964, pp. XXXXXXIII.

5　特拉扎斯（Terrazas）的史诗受到文尔西利亚的史诗《阿劳加纳》（1569）的影响，采用了后者的荷马模式与维吉尔模式。

6　*Historia del descubrimiento e conquista del Perú* (1555), dans Adorno, 1988, p.14. 瓜曼·波马还参考了以下著作：Diego Fernández el Palentino, *Historia del Perú*, 1577, p.15。

迭戈·费尔南德斯·埃尔·帕伦蒂诺、冈萨洛·费尔南德斯·德·奥维耶多、耶稣会士何塞·德·阿科斯塔[1]展开论述。在亚洲，库托以相同方式利用前人的资源，如若昂·德·巴罗斯、费恩考·洛佩斯·德·卡斯坦赫达、加斯帕尔·达·克鲁斯的著述。当时，知识没有今天这样专业化。亚洲的葡萄牙人阅读美洲的西班牙人的著作，反过来，美洲的西班牙人也阅读那些到过亚洲的葡萄牙人的著作。在果阿，迪奥戈·多·库托受到冈萨洛·费尔南德斯·德·奥维耶多的作品的影响，书写了摩鹿加群岛的历史[2]，在墨西哥城，胡安·德·卡德纳斯则借鉴阿方索·德·阿尔布克尔克的评论丰富了自己对西印度群岛与亚洲的比较。该世纪是交叉阅读的时代。

文艺复兴时期的意大利尤其为那些描述亚洲的作者们提供了各种体裁文本的伟大宝库。圣克鲁斯（Gaspar de Santa Cruz）为展现中国，借鉴了雅各布·菲利波·弗雷斯蒂·德·贝加梅的《年鉴补遗》（威尼斯，1483），该作品在16世纪有多个版本出版。迪奥戈·多·库托在著述中引用的意大利人文学者有弗拉维奥·比翁多（1392—1463）、艾伊尼阿斯·西尔维乌·比科罗木尼（即后来的教皇庇护二世，1458—1464在任），后者在其《历史地理大全》中介绍了亚洲，库托引用的意大利人文学者还有保罗·乔夫（1483—1552），乔夫的作品在墨西哥城与西印度群岛被广为传播。史书《亚洲几十年》的作者参考了赖麦锡为文艺复兴时期文人与好奇者书写的旅行文集《航行与旅行》[3]这部卓越的百科全书。该著作将读者轻松带入关于亚洲的一些早期著述

---

1 Guaman Poma, 1980, III, p. 997.
2 Couto, 1999, II, p. 44.
3 很有可能为第二版：Venise, 1574, *Ibid.*, p. 105, 117.

中。如让·德·普兰·卡平的著述，卡平曾与蒙古人的可汗进行谈判，又如方济各会修士奥多里克·德·波尔德诺内的著述，他曾在1318—1330年出入亚洲，还有年代较近的尼科洛·迪·康蒂的著述。在同时代的意大利人的著作中，库托查阅的或至少他声称查阅过的，有拉斐尔·德·沃尔特拉（1451—1522）[1]与坎比诺·弗洛伦蒂诺（即安德列亚斯·坎比努斯）的著述，弗洛伦蒂诺著有《土耳其人和奥斯曼帝国的起源》，1537年在佛罗伦萨出版[2]。库托相当有可能还读过乔瓦尼·洛伦佐·达纳维亚的《世界通史》，得益于这部1573年在那不勒斯出版的著作，他应知晓阿拉伯地理学家阿布·菲达（1273—1331）的观点。对意大利文献的参考如此之多并不使我感到惊奇。得益于大批人文学者与印刷厂厂主，得益于意大利语所享有的特殊待遇，16世纪的意大利在大发现的传播中发挥了重要作用。知识的全球化解释了意大利书籍为何指引了欧洲人对世界各个部分的认识，为何影响了果阿人、墨西哥城人面对周围地域的方式、态度，甚至包括土耳其人对美洲的接受[3]。

还有一些作者也出版了具有全球抱负的若干编纂作品。如乔瓦尼·博特罗在《埃塞俄比亚东部》一书中引用了若昂·多·桑托斯的著述（埃武拉，1609）[4]，而安第斯山脉深处的约翰内斯·博穆斯的著作则吸引了印第安人瓜曼·波马的注意。《全世界人与印第安人的风俗习惯》

1　Couto, 1988, p. 43.

2　参见本书第5章注释。

3　乔瓦尼·纳尼或维泰博的安尼乌斯是伪贝罗索斯（Bérose）作品的作者，这一伪造为西班牙帝国提供了显赫的历史根源。它影响了诸如奥维耶多、安东尼奥·德·拉卡兰查、格雷戈里奥·加西亚等编年史作家。

4　Santos, 1989, II, p. 10.

一书的西班牙语译本于 1556 年在安特卫普出版，书中使用的比较方法显然吸引了秘鲁编年史作者波马，"博穆斯在其编年史中的书写将这些国家的气候、风俗、国王、土地状况与新大陆的土著印第安人的情况进行了比较"[1]。

书籍的流通不一定带动思想观念的转变，有时甚至相反，书籍的传播可能维持了观念的错误：在 17 世纪初的墨西哥城，克里奥尔人多兰特斯·德·卡兰扎依然通过斯特拉波、希罗多德、普林尼与西库路斯的狄奥多罗斯的著作去想象印度、它的河流与奇观[2]，仿佛这些古希腊、古罗马文献中常常带有虚构与神话性的信息同他从到访过菲律宾的近代作家、葡萄牙商人与传教士那里收集到的信息一样真实可靠。

作者之间的竞争、专家之间的竞争

这些专家在对前辈编年史作家的作品进行修改或更正时并不会感到局促不安。迪奥戈·多·库托在果阿更正了欧洲古代人与近代人的著述中的一些错误，其中包括托勒密、柯提乌斯、奥特利乌斯、保罗·乔夫、弗拉维奥·比翁多等[3]。这位葡萄牙编年史作者在《第四个十年》（1602）一章中对马六甲王朝的国王们进行了阐述，指出那些优秀的作者如若昂·德·巴罗斯、阿方索·德·阿尔布克尔克、达米奥·德·戈

1　Adorno, 1980, III, p. 997. 瓜曼·波马从中汲取了从《圣经》角度对人类迁徙的反思，并获得灵感，表现在他的关于安第斯地区的著述《艾柳（印加社会的氏族公社）》（*ayllu*）的具有传奇色彩的构思中。

2　Dorantes de Carranza, 1970, p. 60.

3　Couto, 1999, I, p. CXIV.

伊斯并没有理解这些土著国王[1]。库托在讲述古吉拉特邦地理时，对欧洲的古代人与近代人相继展开抨击，他们之中甚至包括欧洲的权威人物，如佛兰德斯人亚伯拉罕·奥特利乌斯"及其他所有将印度河归于坎贝湾地区的地理学家。事实上，印度河与坎贝湾之间的距离同坎贝湾与信德之间的距离一样远"[2]。

　　许多专家提出古希腊、古罗马人建立了关于世界的某些错误的观点或不完整的观点，他们还谴责近代人也犯了同样的错误。很有可能是加西亚·达·奥尔塔将这种双重的批评推向了最远，他使用了一个带有偏离中心的独特立场的论据："我如果在西班牙，就不敢针对盖伦有甚微词，对古希腊人也不会。"[3] 奥尔塔在《印度草药与药理对话录》中的卡斯蒂利亚对话者鲁阿诺是一个辩护的角色，他以过于断然的口吻对奥尔塔的判断表现出担忧，"我感觉你毁掉了所有古代的与近代的作者"[4]。加西亚·达·奥尔塔则更加狡猾，他不无讥讽地辩解："我并没有讲古希腊人的缺点，因为他们是人文学科的创造者，但是他们也创造了许多谎言，他们也有不好的、软弱的习俗惯例。"[5] 近代人在奥尔塔的眼里也没有好多少，"如果你们想了解我的观点，你们就必须将自己对这些新近作家的依恋丢在一边，而来听我不带修辞色彩的实话，实话是不需要粉饰的"[6]。奥尔塔尤其指责那些在他之前到访过印度的旅行者

1　*Ibid.*, p. 76.

2　Couto, 1999, I, p. 503.

3　Orta, 1895, II, p. 84.

4　*Ibid.*, p.244. 参见迪马斯·博斯克（Dimas Bosque）的序言，文中谴责了古代人与近代人针对亚洲植物书写了"许多谎言"。*Ibid.*, 1891, I, p. 11.

5　*Ibid.*, 1895, II, p. 333.

6　*Ibid.*, 1891, I, pp. 79, 31.

（的著述）。他谴责卢多维科·德·瓦尔特马完全胡说八道[1]："这位作者是印度风物的很差的见证人。"奥尔塔动摇了这位来自博洛尼亚的旅行者的声望，瓦尔特马的《行程》（1510）的多个版本此前曾长期被视为"针对葡萄牙人在东方的发现的近代主要权威著作之一。"[2]

除了加西亚·达·奥尔塔之外，世界其他地区的专家也不失时机地更正一些既有观点或者摆脱占主流的那些陈词滥调。如在墨西哥城，弗朗西斯科·埃尔南德斯医生指责自己的同代人对古希腊、古罗马人存在误读，而且将一些没有根据的信息归于这些古人[3]。另一位医生胡安·德·卡德纳斯想象一位印第安智者可以指出普林尼的错误："除了印第安哲学家所书写的东西之外，普林尼针对这个大陆的凯门鳄能说些什么，能对鳄鱼给出什么赞美？"[4]欧洲白人—美洲印第安混血儿迭戈·穆尼奥斯·卡马戈指责早期方济各会修士改变了印第安人的土著历法，"与罗马历法一样"，将12月31日确定为每年最后一天。卡马戈还指责托勒密的观点，后者认为酷热地带是无法居住的[5]。"那些没有经验的近代理论家都认为墨西哥的国王们使来自寒冷地域的人们居住在海滨与沿海地区，我认为这是一种幻想的、虚构的观点，我完全支

1　*Ibid.*, p. 107.

2　Joan Paul Rubiés, *Travel and Ethnology in the Renaissance. South India through European Eyes, 1250-1625*, Cambridge, Cambridge University Press, 2000, pp. 124-126 ; D.F. Lach, *Asia in the Making of Europe*, I, *The Centuryof Discoveries*, Chicago, Chicago University Press, 1965, p. 164-166. 印度与土耳其的医生因葡萄牙医生的审视，也不会感到惬意。Orta, 1895, I, p. 145.

3　Enrique Beltrán,《Francisco Hernández comozoólogo》, dans Hernández (1984), VII, p. 228.

4　Cárdenas, 1988, p. 32.

5　Muñoz Camargo, 1984, pp. 224, 110.

持相反的观点"。穆尼奥斯·卡马戈认为是"西班牙人强迫土著人改变
了所处的气候环境，并导致大批人的死亡"[1]。17世纪初，另一位上著编
年史作者——墨西哥人齐马尔帕赫恩抨击欧洲科学，将一些严峻的现
实与智者的思辨相对立。最恶毒的言语攻击常常使一些专家反对另一
些专家。当加西亚·达·奥尔塔或迪奥戈·多·库托在果阿指责远在印
度群岛的编年史作者、西班牙人冈萨洛·费尔南德斯·德·奥维耶多时，
秘鲁人瓜曼·波马则抨击梅塞德会修士马丁·德·穆鲁亚没有很好地进
行他的秘鲁编年史书写："他开始写，却没有完成，或者说他既没有开
始也没有完成他的著述。"[2]这种情况并没有妨碍专家们表现出谦虚的态
度，也并不妨碍他们甘愿退居"那些比自己更专业、更敏锐之人"的
身后[3]。

　　传教士群体更加仁慈或更少一些苛刻吗？耶稣会士路易斯·弗雷
斯说："在我们当中，不同修会互相之间没有厌恶，而不同派别的佛教
和尚之间则相互憎恶"[4]。他对天主教不同派别之间的竞争视而不见，但
事实上，这种竞争关系将不同派别的天主教传教士相互区分开来。多
明我会修士、方济各会修士与奥古斯丁派修士在很多情况下都处于竞
争关系，从 16 世纪下半叶开始，他们在世界各地都不得不面对耶稣会
的竞争，后者既不让步又充满活力，而且对王室的庇护与资助退避三
舍，表现固执。16 世纪，在日本，耶稣会与其他修会之间的冲突是剧
烈的，许多书籍对此有所描述。多明我会修士若昂·多·桑托斯在《埃

1　Muñoz Camargo, 1984, p. 76.

2　Guaman Poma, 1980, III, pp. 1160, 998. 穆鲁亚（Murúa）是如下作品的作者：
Historia general del Perú, origen y descendencia de los Incas [1611].

3　Cárdenas, 1988, p. 27.

4　Fróis, 1993, p. 67.

塞俄比亚东部》（埃武拉，1609）中书写了多明我会在非洲面对伊尼亚斯教派竞争对手时做出的举措。方济各会修士保罗·达·特林达德的《对东方的宗教征服》（1630/1636）明确反对耶稣会士马菲的主张，马菲"既鲁莽又果敢，他冒险提出，圣弗朗索瓦的弟兄们在印度并没有发展基督教徒，而只是埋葬了死者，并为他们唱了安魂弥撒"[1]。有时甚至在同一修会内部也会爆发冲突。方济各会修士贝纳迪诺·德·萨哈贡毫不犹豫地向圣职部审判员揭发他的会友莫托利纳阐述印第安人历法的论文"赞颂了印第安人的巫术"[2]，提出应焚毁这一"有损我们天主教神圣信仰"的文本。在修会会友之间几乎不开玩笑。当萨哈贡所在修会的一些成员力图阻止萨哈贡继续进行探察时，萨哈贡本人也受到令他不快的各种压力与举动的影响，而陷入尴尬的处境。这些人的阴谋[3]加速了官方对萨哈贡的伟大工程的致命打击，终结了他的探察，1577年菲利普二世令萨哈贡将其著述寄至西班牙，"既不能留下原作，也不能留下手抄本"[4]。

地区经验与土著资源

西葡帝国专家的能力来自他们丰富的地区经验[5]，在这一点上他们毫不吝啬地自我夸赞。他们不是沉思的理论家，而是内行的专家——

1　Paulo da Trindade, *Conquista espiritual do Oriente*, I. Lisbonne, Centro de Estudos Históricos Ultramarinos, 1952, p. 5; Bethencourt et Chaudhuri, 1998, II, p. 477.

2　Sahagún, 1977, I, p. 277.

3　León-Portilla, 1999, p. 154.

4　*Real Cédula* de Felipe II, 22 avril 1577, dans *Códice franciscano*… (1944), p. 267.

5　Dorantes de Carranza, 1970, p. 63.

欧洲白人—美洲印第安人混血儿穆尼奥斯·卡马戈如此将二者加以区分。卡马戈曾在特拉斯卡拉地区积累了 35 年的经验[1]。在秘鲁，印第安人瓜曼·波马在实践中学习，而总督弗朗西斯科·德·托莱多则在 16 世纪 70 年代对印加人的历史与统治展开广泛探察[2]。

与僧侣、王室代表们的交谈使托莱多了解到欧洲人的实践与观念在西葡帝国的各个角落的传播。在广州或在库斯科，书籍的缺乏、对信息的渴望、对了解的需要，有时还要加上离群索居与空闲时间的因素，都促进了源源不断的交流。在安第斯地区的幽暗的隐修院中或在一位中国商人或果阿商人的桌子旁，可以倾听、惊讶、提问、讨论并加以记录。

专家们在口头上的学习成为他们在地区环境中不断重复的日常经验的一部分，在家、港口、广场、市场、公共建筑或土著王公的宫殿中展开。沿着绵延不绝的河流溯流而上，最终变得习以为常，船舶遇险，却奇迹般地脱险，逐渐了解了当地的气味、形态、土著言语的奇特声音。在非洲，当葡裔非洲人阿尔马达开始写作，他知道他要写些什么，因为"他已将该地区的大部分都尽收眼底，已经对他溯流而上且航行了很远的大量河流了然于心"[3]。迪亚斯·德·古斯曼在拉普拉塔河地区连续的迁移、卡巴萨·德·瓦卡在那些后来成为美国南部的地区的被迫漂泊、门德斯·平托在中华帝国的广州的短期却集中的停留以及在果阿与墨西哥城的持久定居，都见证了他们对所见之物的熟悉、对相关地区的感观上的了解、惊讶以及有时不理解的程度，这些是从

1　Muñoz Camargo, 1984, p. 34.

2　Brading, 1991, p. 150.

3　Almada, 1994, p. 22.

月亮上的斑点
1578 年
选自《佛罗伦萨手抄本》
佛罗伦萨劳伦图书馆

未离开欧洲的作者的文本中所匮乏的。此外，在当地度过的童年也产生了同样的影响：多明我会修士杜兰这位塞维利亚人在约 5 岁时到达墨西哥，他从未忘记自己曾在特斯科科的小街上与印第安小伙伴们一起玩耍。

这些作者的优势归功于他们与周围人所优先保持的联系。首先是那些无处不在的地区信息收集者与土著专家，瓜曼·波马礼节性地引用过这些"目击证人"的话，加斯帕尔·达·克鲁斯则请教过他在广州遇到的葡萄牙人[1]。同时，也可以用更加系统的方式建立联系。如墨西哥城的僧侣与印第安人增加对话机会或进行"长时间的闲谈"，这些印第安人非常了解"司法、战争、政治，甚至还有偶像崇拜方面的事物"[2]。萨哈贡细致地描写了他的这一经历：1561 年，"我在圣地亚哥·特拉特洛尔科生活，我将地方当局人员聚在一起，向他们阐明我的调查目的，请他们告诉我哪些有经验的名人可以和我一起考察并讨论我从伊达尔戈带回来的著作。总督与市长指定给我 8 ~ 10 位名人，他们精通他们的语言及他们的历史风物。我与这几个人还有四五个学生封闭在学校里，更正、阐述并补充我从伊达尔戈带回的手稿，为期逾一年"[3]。

没有这些宝贵的合作以及口译员（墨西哥的纳瓦特尔语—西班牙语翻译、西属美洲语言翻译、葡属地区语言翻译）的帮助，没有墨西哥土著医生、印度土著医生的帮助，所有这些探察都无法成功。迪奥戈·多·库托似乎不会任何亚洲语言，却得到有能力帮他翻译并口头

1　加斯帕尔·达·克鲁斯（1994）谈及一位中国老者、甚至还有一位波斯领主提供的证据（p. 28）。

2　León-Portilla, 1999, p. 206.

3　Sahagún, 1977, I, p. 78.

概述波斯编年史的译员的帮助,那些波斯编年史讲述了莫卧儿帝国的历史。在墨西哥城,弗朗西斯科·埃尔南德斯的作品充满了对土著专家的知识的暗示:"印第安医生为我们提供了保证","我们通过土著医生得以了解情况,基于他们重复的经验","正如印第安医生们所认为的那样"[1]。埃尔南德斯的探察将我们带向墨西哥城的医院及他所在的地区,在那里,欧洲医生与土著医生并肩工作,每天一起面对死亡与疾病的挑战。在佛得角的圣地亚哥,与土著人的相遇在不那么具有悲剧性的环境中展开。安德列·多内尔哈与所在群岛上的一些逃亡显贵如塞拉利昂的萨普人(或泰姆奈人)保持了友好关系,并从中受益[2],"我在几内亚与许多富洛斯人、伽洛福人、曼丁哥人交谈,与许多成为基督教徒并在该岛上结婚的人交谈"[3]。非洲语言受到重视,洛伦佐·努内斯成为阿克森要塞的"守护者",1540年,一位名叫安德列·迪亚斯的黑人担任"马拉加海岸的翻译"[4],使其优势得到认可。在墨西哥,欧洲白人—美洲印第安人混血儿费尔南多·德·阿尔瓦·伊克斯特尔克斯奇特尔负责了多项司法工作。

原则上说,官方工作使信息的实地收集更为便利。墨西哥城的弗朗西斯科·费尔南德斯和身处果阿的御用编年史作者迪奥戈·德·库托二人都服务于菲利普二世。即使在这些条件下,地区的信息收集者也并不总是顺从的。弗朗西斯科·费尔南德斯抱怨他的土著同事们拒绝

---

1 Hernández, 1959, II, pp. 43, 85, 86, 76; III, p. 131.

2 Horta, 2000, pp. 113, 123, 127. 多内尔哈(Donelha)描写了15世纪下半叶富尔贝(Fulbe)人的蜂拥而至,强调了口头、家族与非洲传统,尤其以来到佛得角定居的富洛斯(Fulos)老人们为例。

3 Donelha, 1977, p. 23.

4 Bethencourt et Chaudhuri, 1998, I, p. 429.

向他讲述他们对该国植物所知道的东西，"将它们的习性视作巨大的秘密"，迫于压力与坚持不懈的努力，专家们最终还是获取了土著同事们所隐藏的知识[1]。菲利普的仆人们面对土著人的沉默与对信息的保留采取了哪些方法？那些当地人很多都不是基督徒，葡裔非洲人多内尔哈常常拜访信仰伊斯兰教的曼丁哥人修士[2]。加斯帕尔·达·克鲁斯结识佛教和尚，迪奥戈·多·库托请教穆斯林，迪亚斯·德·古斯曼遇到的拉普拉塔河地区的印第安人大多都是异教徒。加西亚·达·奥尔塔曾询问穆斯林医生与印度人，他还毫不犹豫地与犹太人如"药剂师"艾萨克·杜凯尔一起讨论问题。后者"精通多种语言"，奥尔塔于 1537 年在里斯本向他咨询豆蔻，杜凯尔"讲西班牙语，错误地信仰犹太教，并声称自己是耶路撒冷人"[3]。

专家们还通过与居住在当地的其他欧洲人之间的联系来收集信息，葡裔非洲人阿尔马达写道，"我从了解当地的内行人那里获取信息。……我向居住在当地的我们的专家与黑人咨询这些问题"[4]。船长与领航员们向他提供了关于他所感兴趣的地区的数据资料。否则他如何能够精确描述塞拉利昂的地理位置？"塞拉利昂从 9 度 2/3 的韦尔加角延伸到纬度 7 度的圣安娜低地，海岸线长 80 公里"[5]。在中国，多明我会修士加斯帕尔·达·克鲁斯从他在广州遇到的一位威尼斯商人、"勃固之旅的船长"豪尔赫·德·梅洛以及被囚禁在单人囚室中、有充

1　Hernández, 1959, II, p. 163 ; III, p. 294.
2　Horta, 2000, p. 113.
3　Orta, 1895, II, pp. 85, 89; *Ibid.* 1891, I, p. 60.
4　Almada, 1994, p. 22.
5　*Ibid.*, pp. 105, 111.

裕的时间观察中国的葡萄牙同胞们那里获取到知识[1]。中华帝国的人口过剩的监狱建立起葡萄牙人最易收集信息的场所之一，这一点并不令人惊讶，而且葡萄牙人又将这些信息传播给 16 世纪的其他欧洲人[2]。

这些欧洲人中有许多在血统上或在文化上是欧洲白人—美洲印第安人混血儿。在非洲，那些在非洲大陆内地与沿海地带之间往来的居间人、来自葡萄牙的流亡者、逃犯在那里从事货物贸易、奴隶贸易，他们成了阿尔马达与多内尔哈的信息提供者与对话者。在西葡帝国之外的亚洲，葡萄牙人在不受伊比利亚人掌控的王国接收信息，只要他们重新与他们的同胞进行联系，就会将自己了解到的信息带到西葡帝国的前哨，正如他们已将西方知识在他们到达的地区传播开来一样。世界不同部分之间的这些往来显示了更加具有决定性、更加强烈的连接[3]。

在西葡帝国的各个角落，专家们拥有一个及其宝贵的优势，相对于那些更喜欢欧洲书房、图书馆的舒适环境的专家来说，他们与世界其他部分的人们的联系不断增加，往来也更加频繁。通过对美洲与亚洲的发现，欧洲的塞维利亚与里斯本以它们的方式完成了欧洲对新地区的扩张。大量美洲与亚洲的植物涌向瓜达尔基维尔港，将该城市的

1　勃固（Pégu）对应今天的缅甸，参见 Cruz, 1997, p. 28. 加利奥特·佩雷拉、阿玛罗·佩雷拉与马修斯·德·布里托为加斯帕尔·达·克鲁斯提供信息（*Ibid.*, p. 30）。这些信息非常珍贵，它们之前已经被写入著述，如多明我会修士加斯帕尔·达·克鲁斯抄袭了加利奥特·佩雷拉的著作。参见 Galiote Pereira, *Algumas cousas sabidas da China*, édit. Par Rui Manuel Loureiro, Lisbonne, Comissão Nacional paraas Comemorações dos Descobrimentos Portugueses, 1992.

2　Gaspar da Cruz, 1997, chap. XXI,《Dasprisões e troncos da China》, pp. 209-213.

3　Subrahmanyam, 1999, pp. 337-330.

花园变成了实验室，在那里，来自遥远地区的植物样本得到研究[1]。同样，在里斯本，白兰度建立了他的巴西果园。另一些人也从世界的其他部分来到此地，动物、稀有器物都在码头上汇聚起来。加利西亚人贝纳迪诺·德·埃斯卡兰特在他的书中说，在里斯本他通过向那些熟悉亚洲的葡萄牙人咨询，并会见那些"来到伊比利亚半岛"[2]的中国人，他自己虽没到过中国，却得以描述中国的伟大，他的亚洲对话者向他展示了如何书写他们的语言，得益于这些人，埃斯卡兰特是第一位使汉字得到印刷出版的西班牙人。但是，在欧洲大陆上，专家们与世界其他部分的人的交流总是断章取义。如蒙田徒劳地在鲁昂请教一位巴西的"野蛮人"，在波尔多与一位从里约热内卢回来的法国人交谈，他从未有过像萨哈贡、费尔南德斯·德·奥维耶德、安德列·特维特的经历。书籍与交谈无法替代实际的旅行。

文字的相遇

与土著社会的直接联系使探察者面对各种表达方式，在大多数情况下，欧洲对这些表达方式都是不了解的，有些土著社会没有任何形式的字母符号或语音符号，探察者的工作就更为艰难，如在美洲与非洲就是这种情况。书写问题并不只是一个技术细节，因为对于文艺复兴时期的欧洲人来说，只有掌握了这种技能，才能保存一段记忆，建

1　Louise Bénat Tachot,《El Nuevo Mundo visto desde Valladolid y Sevilla 1542 y 1552》, in Clara García et Manuel Ramos Medina, *Ciudades mestizas. Actas del 3er Congreso Internacional Mediadores Culturales*, Mexico, Condumex, 2001, pp. 15-354.

2　Escalante, 1977, p. 100.

立起一段历史。总之，没有文字也就无法将历史留存下来。但是，伊比利亚人在世界的其他部分遇到的并不是一种文字，而是多种类型的文字。如果不是因为这些表达方式的类型从根本上背离了西欧的标准文字类型（拉丁语、希腊语、希伯来语），也就没有必要去辨认这些文字的属性。中国的表意文字、墨西哥的象形文字、秘鲁的结绳文字（用打结的绳子记录历史与神话）、在巴西的帕拉伊巴港务管理处发现的奇异符号[1]也是分散在遥远地域的专家们需要解决的难题。共同的、复杂的任务调动了世俗之人与教士的工作热情。

在广州，加斯帕尔·达·克鲁斯探究表意文字，这些表意文字的空间安排"与所有其他民族使用的文字都不一样"[2]。中国人"没有专门用于书写的字母，因为他们书写时使用象征性的图形，字与字相分离，这使他们拥有大量的字，每个字指代一个确定的事物"。他不得不承认表意文字构成了语言多样性的障碍："日本人与中国人之间不能在口头表达上互相理解，但是他们可以通过文字互相理解"[3]。这些专家还观察到那些放弃了一种文字系统而采用另一种文字系统的民族，更加感到困惑。马来西亚以"马来作家"及过去阿拉伯语化的文本得到迪奥戈·多·库托的关注，库托研究了当地历史文献的变化，随着马来西亚对伊斯兰教的皈依，当地历史文献用阿拉伯文字替代了自己原来的"古代文字"。"他们学习了阿拉伯文字之后，改变了书写方式"[4]，导致马六甲王朝的国王们的尊号被弄乱。

1　1598 年 12 月在"科波巴山脉"的发现激起了白兰度的好奇心。Brandão, 1977, pp. 27-30.

2　Cruz, 1997, p. 188.

3　*Ibid.*, pp. 187, 188.

4　Couto, 1999, p. 76.

中国文字与拉丁文对照
科隆
1574 年
日本大分市历史博物馆

专家们一致认为土著原始资料十分宝贵，不可毁掉。墨西哥的僧侣们意识到将土著原始资料化为灰烬毫无意义，当他们发现安第斯地区的结绳文字时，便乐于系统探察那些文字。秘鲁人瓜曼·波马在其著作开篇，抱怨他的编年史编纂工作，因为他面对的"既不是通常使用的文字也不是字母，有的只是结绳"[1]。字母类型文字的缺席并不能使历史记忆归于沉寂，因为其他系统的符号可以存在，它们甚至可以令人非常满意，正如欧洲白人—美洲印第安人混血儿穆尼奥斯·卡马戈在他对古代墨西哥人历法的描述中一再强调：这一系统的"符号与图画之间非常一致，而且它们的表达非常准确"，它可以与"希腊人、希伯来人及拉丁人的古代历史著作"[2]相比。

非洲是世界上唯一一个一直没有文字的地区吗？1594年，葡裔非洲人阿尔马达在其针对几内亚河流的著作开篇就提到这一问题："在非洲黑人中，没有存在过作家，他们从没有过书写下来、可以阅读的东西；即使有许多被认为有宗教信仰的黑人（即信仰伊斯兰教的曼丁哥人）在纸上、在装订好的书上书写一些……他们的文字也无法为他人所使用，更无法被没写过这种文字的人所理解。相对于可以被理解的文字，它更多地涉及特殊的符号与思想。"

阿尔马达并没有说非洲人没有历史，而只是说非洲历史仅仅局限于口头记忆所留下来的东西[3]。这并不能阻止专家们去挖掘非洲的历史记忆，尝试往前追溯40年，有时甚至追溯到更远的年代，展现"从一

1　Guaman Poma, 1980, I, p. 9.

2　Muñoz Camargo, 1984, p. 107.

3　Bethencourt et Chaudhuri, 1998, II, p. 528.

结绳
选自瓜曼·波马·德·阿亚拉：
《新纪事与善政》
1615 年

百年到一百年”[1]的百年循环。

在巴西发现的文字更加使这些专家灰心。白兰度在他的《关于巴西伟人的对话》中记录的巴西文字保护了它们的神秘性，他还指责美洲这一地区没有文字的印第安人讲的语言缺少西欧人使用的字母中的3 个字母 “F、L、R，这标志着他们没有信仰（foi）、法律（loi）与国王（roi）”[2]。没有文字，甚至也没有标音，白兰度认为这就是为何这些人 “生性乐于打斗”，而且还吃人肉的原因。

数不胜数的语言种类

“很难证明一种语言比另一种语言高级”[3]。加西亚·达·奥尔塔的这一观点显示了西葡帝国的专家们对语言现象与语言多样性的关注。联系的建立在各处都是对地区财富进行描述的先决条件，也是对当地宗教、社会与政治进行探察的先决条件。专家们喜欢展现自己的语言天赋。秘鲁人瓜曼·波马在其编年史开篇中列举了他在撰写编年史过程中用到的 9 种土著语言[4]，只是没提到卡斯蒂利亚语。在墨西哥，方济各会修士萨哈贡、多明我会修士杜兰完美地掌握纳瓦特尔语，方济各会修士奥雷则掌握安第斯地区的多种语言，这 3 个人经常向印第安人

1　Almada, 1994, p. 116.

2　Brandão, 1997, pp. 30, 216.

3　Orta, 1891, I, p. 78.

4　Guaman Poma, 1980, p. 9.

布道[1]。在印度、非洲、日本、中国也一样涉及布道与传教士[2]。1588年，多明我会修士胡安·科博在马尼拉学习中文，没有书籍，没有老师，也没有词典。他却能记住 3000 个汉字并将几部著作译成卡斯蒂利亚语，"书中有着深刻的思想，即使它们来自塞内加等异教徒"[3]。

土著语言可以成为深入学习的对象。许多传教士用他们所习得的语言编著了基督教教理书，很多书里都加入了基础语法或粗浅的语言规则。其中最有才智的传教士甚至还编写了词典，如莫利纳在墨西哥、冈萨雷斯·霍尔金在安第斯地区都编写了词典[4]，他们都专心于这种坚实而困难的训练，针对土著词语与对应的卡斯蒂利亚词语之间的互译。墨西哥城、利马、果阿的出版社传播了大量此种成果。传教士的"实用语言学"与宗教征服、根除偶像崇拜的目的性不无关系。这种"实用语言学"所体现的智力消耗与时间消耗以福音传教与殖民的迫切需要为自己辩护。在西班牙人方面，语言学探索在征服中得以推进。西班牙人继 1492 年登上加勒比海岛屿的一个世纪之后，到达菲律宾群岛，来自西班牙与新西班牙的奥古斯丁教派僧侣很快就基本掌握了"菲律宾的塔加路方言、潘邦亚方言、依罗戈方言与米沙鄢方言"[5]及词汇。在葡萄牙人方面，语言上的好奇则超越了已征服的或已掌控的空间，但它同样也与传教、政治、商业的隐藏意图相关。

1　Luis Gerónimo de Oré, *Rituale, seu manuale peruanum,et forma brevis...*, Naples, Jacobum Carlinum et Constantinum Vitalem, 1607.

2　当时意大利耶稣会士范利安主张在日本半岛传教的耶稣会士学习日语，并适应当地习俗惯例。利玛窦在中国也持相同观点。参见本书第 16 章。

3　Knauth, 1972, p. 131.

4　Diego González Holguín, *Vocabulario de la lengua general de todo el Perú llamada quechua*, Lima, Universidad Mayor de San Marcos, [1609], 1952.

5　San Agustin, 1975, p. 714.

羊皮纸烙画
用查科的象形文字书写的《信经》
用于面向查科印第安人的福音传教
17 世纪
玻利维亚拉巴斯的穆里尤之家博物馆

即使专家们对自身所处环境的语言掌握得不好，他们周围的人们也用土著语言进行表达。果阿的葡萄牙人不得不听孟买与勃生地区的马拉塔语、达曼与第乌的古吉拉特语、德干沿海与西南部的卡纳达语。在果阿，库托掌握了基础孔卡尼语。他还不得不对波斯语、阿拉伯语与马来语稍加学习。葡裔非洲人阿尔马达的著述中充斥着他在几内亚沿岸与佛得角诸岛收集到的词语与各种表达。在世界另一头的拉普拉塔河地区，与鲁伊·迪亚斯·德·古斯曼一起旅行的许多西班牙人都能听懂或能讲瓜拉尼语。

行政官员、军人与商人从理论上说，在学识上比不上传教士，但并不都比传教士能力差。如美洲的欧洲白人—印第安人混血儿与印第安人：迭戈·穆尼奥斯·卡马戈、费尔南多·德·阿尔瓦·伊克斯特尔克斯、瓜曼·波马·德·阿亚拉，其中阿亚拉甚至在青年时代担任过偶像崇拜的根除者克里斯托瓦尔·德·阿尔博诺兹的翻译[1]。特拉斯卡拉人穆尼奥斯·卡马戈则精确地赋予"橡胶"一词在美洲印第安人的两种语言中的对应译法：纳瓦特尔语中的"uli"与加勒比语中的"batey"，还增加了一段解释："如果用'uli'制作鞋底……那么穿上这种鞋的人无论去哪里，都会不由自主地跳起来。"[2]

学习一种语言不仅是为了与人交流联系、使自己被理解或撰写布道的书籍，对地区语言的了解还可以使专家们深入到欧洲人所专注的未知地域的人群中。记录下"语言的多样性"或确定当地"最流行的语言、所有人都使用的语言"，并追问该语言在当地的优势地位的成因——单单这些就已经针对专家们关注的地区（摩鹿加群岛、安第斯

1　Brading, 1991, p. 157.

2　Muñoz Camargo, 1984, p. 271.

地区与新西班牙）带来了基本的信息[1]。专家们关注的国家的名称或种族的名称有时也给他们带来困难。多明我会修士加斯帕尔·达·克鲁斯在着手记述他的中国之行之前，批评了称呼这一国家的方式：确切地说，中国的这个名称并不是这片土地上的人们的名称，也不是这片土地本身的名称，而且一般也无人了解这一名称。它只在印度人和住在南部的、马六甲、暹罗与瓜哇的人那里传播、使用，以及在与我们有联系的那些中国人中使用。这片土地的确切名称是"Tame"（大明），词中的"e"无清晰发音，几乎吞音，该国家的居民的名称是"Tamgin"（大明人）[2]。语言上的信息在这里并不涉及学识上的一种训练，而是涉及重新审视外部强加的一个名称，并重新引入土著名称，这与任何异国情调化的手段都背道而驰[3]。

起初专家们为了更好地描述地区的独特性借用了土著词语。美洲印第安语言、非洲语言、亚洲语言这些大量的语言相继被专家们所使用。在特拉斯卡拉，迭戈·穆尼奥斯·卡马戈宣称从一开始，他就打算在著述中引入"当地人使用的语言的词语"[4]。很快，他将此付诸行动，解释土著人以"repos"（相当于1古里）测量距离，印第安人将其称为"cenecehuilli"。但是，印第安人还有一种计量单位——"cen netlaloli"（意为一段行程，相当于1海里）[5]。罗德里格斯·西尔维拉告诉我们，

1　Couto, 1999, I, p. 388.

2　Cruz, 1997, p. 77. *Tame* 是对 *Ta Ming*（大明）的转录，*Tamgin* 则意为"大明人"（note de Rui Loureiro）。

3　此外，近距离的接触使得伊比利亚人的语言吸纳了当地语言的词语，葡萄牙人在亚洲吸收了马拉雅拉姆语、孔卡尼语、马来语、阿拉伯语与波斯语（Couto, 1999, II, p.106），卡斯蒂利亚人在墨西哥吸收了纳瓦特尔语与玛雅语。

4　Muñoz Camargo, 1984, p. 34.

5　*Ibid.*, p. 35.

在霍尔木兹海峡捕鱼的阿拉伯部落名称为"卡比达斯"[1]，他们的小船被称为"泰拉达"[2]。在路易斯·弗雷斯的著述中，得益于一连串的词语与器物，日本在西方人眼中逐渐清晰起来："catabira"意为和服夏装，"quimão"意为和服冬装，"biobus"是屏风，"tatami"与"nivas"是室内装饰物。"tono"（大名，即日本封建领主）与"buriaqo"（僧人/军人）组成的社会组织以及庆典、动植物的生态环境、花园都出现在书中，使叙述摆脱了模糊与抽象[3]。

语言上的收集工作同样发生在非洲，安德列·阿尔瓦雷斯·德·阿尔马达记录了萨普人使用的一些表达与格言，如"summafilmo cachim"指"可以免费吃肉"。词语"gampisas"指"黑人强盗"，"sopracanta"指"强大"，还指以英勇著称的葡萄牙人。阿尔马达还收录了一些具有侮辱之意的表达，如"'malaco'……意为蟾蜍，比夫拉（尼日利亚）人将其视为具有巨大侮辱性的象征"[4]。通过定期观察，阿尔马达这位佛得角的黑白混血儿拉近了欧洲人与他所描述的人们之间的距离。

对土著词语的运用还开启了欧洲语言所不了解的一些分类方式。在巴西，白兰度为大量树种编写目录：黄色的阿卡本吉塔、红色与金色的柚木、马卡兰度巴、黑色的科尔布巴、布拉皮罗卡、卡马萨里、蓝花楹，"后者是制作床铺的优质树种"，等等[5]；白兰度编纂的目录中

1　Silveira, 1996, p. 41.

2　Bethencourt et Chaudhuri, 1998, II, p. 474.

3　Fróis, 1993, pp. 44, 64, 57.

4　Almada, 1994, pp. 121, 97, 97, 90.s.

5　Brandão, 1997, p. XLVIII. 参见 Antônio Geraldo da Cunha, *Dicionário histórico daspalavrasportuguesas de origem tupi*, São Paulo, Editora UNB, 1978.

还有以木薯为主、加上其他食材如肉和鱼等混合在一起的菜肴名称[1]。克里斯托沃·德·利斯博亚的《动物历史》中有关于动物与植物的大量图皮语名称。埃斯特西奥·德·西尔维拉则较为节制，他谈到黑点泛树蛙的跳跃[2]，还有绵长的亚马孙河沿岸上的陆生小乌龟。埃尔南德斯医生在数年里记录了他统计的几千种墨西哥植物。

在印度，加西亚·达·奥尔塔表现出对阿拉伯、亚洲的专门词语的兴趣，反映了不同的抱负。他系统地收集了他研究的植物的名称，浸淫于这一大陆上讲的各种语言——印度语、阿拉伯语、马来语与波斯语之间。在班达，"在生长着肉豆蔻的土地上，肉豆蔻被称为'pala'，德干语称之为'japatri'，在阿拉伯语中，伊本·西那称之为'jauzibam'（意为'班达之果仁'）。这一阿拉伯词语比所有其他词语更为准确，即使许多摩尔人、阿拉伯人、土耳其人与呼罗珊的居民使用被讹用了的其他名称"[3]。奥尔塔认为这些地区所使用的各种名称比欧洲人所使用的那些名称更好，通过这些名称，他重建了洲际传播，探究了植物名称的词源学以及词语从一国到另一国的转变[4]。在果阿，编年史作者迪奥戈·多·库托也求助于地区专门词语来改正葡萄牙人使用的地名：摩鹿加群岛被称为"'Moloc'（系其真正的名称），而不是'Maluco'（系原词的讹用）；在他们的语言中，'Moloc'意为'一个大尺寸的东西的头部'"[5]。词源学远不是一种卖弄博学的矫揉造作或力图创造地区幻想的装点门面，而是孕育了历史的反思。同加西

---

1 Brandão, 1997, p. XLIX.

2 "nhandu""nandous"属美洲鸵鸟目，"mutum"系鸟纲鸡形目鸟类。

3 Orta, 1895, II, p. 84.

4 Ibid., I, p. 77.

5 Couto, 1999, I, p. 384.

亚·达·奥尔塔一样，果阿的编年史作者也毫不犹豫地利用语言重建欧洲与亚洲之间逾千年的贸易历史[1]，并讨论关于香料的战略问题。首先涉及历史，伊本·西那与穆罕默德·扎卡里耶·拉杰兹赋予肉桂的名称为"darcine"与"cinamomo"，前者意为"中国面包"，后者意为"中国的香味面包"，这是因为波斯人与阿拉伯人从中国商人手里得到了肉桂，他们并不知道肉桂出自摩鹿加群岛[2]。在库托的著述中，通过丁香的不同名称——波斯人与"摩尔人"称之为"calafur"，普林尼与罗马人称之为"cariofilum"，摩鹿加群岛人称之为"chanque"、婆罗门僧侣称之为"lavanga"，卡斯蒂利亚人称之为"gilope"，使读者从一种文明畅游到另一种文明，最终看到"cravo"（丁香）一词为世界所熟知。库托的词源学及他对中国贸易的分析从历史上看是否异想天开在这里并不重要[3]，库托想要的是，通过讨论"这些香料、草药在世界各地获得的名称"来标划出他探察的全球维度[4]。

对语言的了解是理解土著现实最复杂的一面的主要途径。在墨西哥，方济各会修士萨哈贡甚至将了解语言作为他展开百科全书式工作的重要方向之一。他的最佳著作建立在对纳瓦特尔语中的宗教、军事与政治方面词语的收集的基础上。他的目的难道不是"发掘这种语言中所有词语的本义与转义、所有的表述方式以及涉及的主要历史？"[5]这

1　香料的历史建立起以思考世界为己任的历史编纂学的一个环节，它以欧洲、亚洲的相关信息为基础，具有世界性：涉及中国人、摩鹿加群岛人、印度人、穆斯林、波斯人、意大利人、卡斯蒂利亚人与葡萄牙人，他们在当时都被卷入这一流通中。

2　Couto, 1999, I, p. 389.

3　他对中国人的角色的欣赏也是如此。参见路易斯·菲利佩·托马兹（Luís Filipe Thomaz）的评论, in Couto, 1999, II, pp. 81-83.

4　Couto, 1999, I, pp. 389, 388.

5　Sahagún, 1977, II, p. 478; León-Portilla, 1999, p. 208.

种收集、汇总是没有界限的，因为印第安语言被视为可以揭开该地区
前西班牙时代社会的全部秘密的一把钥匙。也许只有在中国与印度的
耶稣会士也赋予了语言同样的战略地位，在中国的耶稣会士以利玛窦
为代表，在印度的以罗伯托·德·诺比利为代表[1]，他们见证了这些充满
活力的文明，在墨西哥，僧侣们则关心被征服的、广泛基督教化了的
社会。如果说在当时欧洲撰写的文本中引入异域词语表现了对西欧之
外的奇特事物、地方色彩或无根据的华丽词藻的热衷，那么与异域人
的直接的、粗暴的、重复的、持久的沟通、联系以及对语言、社会的
复杂性的身临其境的体验都使这种引入不再是那不可抑制的异国情调
的表面游戏[2]。

方法问题

当专家们收集到他们需要的地区信息，就面临着语言与文字的双
重障碍，这时他们的工作才刚开始。大学与耶稣会学院的教育解释了
在世界的四个部分发现的连续性。最具批评性、最敏锐的人们无法摆
脱经院哲学，如加西亚·达·奥尔塔想揭示与说服时所表现出的那样[3]。
卡德纳斯医生关于新西班牙的著作《问题与秘密》以亚里士多德学说

1　Chap. XVI.

2　Peter Mason, *Infelicities, Representations of the Exotic*, The John Hopkins University Press, Baltimore et Londres, Reaktion Books, 1999.

3　Orta, 1891, I, p. 45-55，也见于他对琥珀的来源的探察上。

的传统为主线[1]。自然历史的传统框架也影响深远。有时，遵循的方法成为被明确调整的对象。许多专家甚至表明了他们所确定的计划的各个步骤。我们可以在克里奥尔人多兰特斯·德·卡兰扎身上看到这一点。他一开始就以他常表现出来的复杂方式解释了他针对土著人通过以下五点入手依次展开探究："知性活动中土著人展现的天然能力""他们特有的智慧形式""他们的统治类型""他们的好的道德风俗与差的道德风俗""当他们被剥夺了神的恩典与伟大的教理后，他们所保持的宗教、仪式与迷信"[2]。葡萄牙学者塞维里姆·德·法里亚给他的兄弟克里斯托沃·德·利斯博亚的指令更加矫揉造作。它更加明确地确定了一本著作的提纲，该书被认为涵盖了大帕拉地区与马拉尼昂的现实的方方面面。但是，无论专家的专长是什么，他们都很少遵循针对他们的创作计划给出的指令：当宇宙地理学家弗朗西斯科·多明格斯·伊·奥坎波撰写关于新西班牙各省的《地理图表》时，并不局限于进行地理与气候研究，他还对"当地人的仪式、礼仪与风俗习惯感兴趣"[3]。

比较是普遍采用的研究方法。多兰特斯·德·卡兰扎在描述他的写作计划后，表明了比较的研究方法："在所有这些方面，我将这些人与世界上其他地区的人相比较，将古人与今人相比较。"[4] 但是要保证不受骗上当。对所有人来说，对地区神话寓言的怀疑是另一个金科玉律。

---

1 《问题与秘密》一书的体裁受到中世纪伪《亚里士多德学说 900 问》或自然现象问题系列图书（医学、自然史、气象学）的启发。向比平常读者更广泛的受众阐述了一些现象。（Brian Lawn, *The Salernitan Questions*, Oxford, Oxford University Press, 1961.）这一揭示秘密的文学作品旨在描述一些现象背后的隐秘成因。

2 Dorantes de Carranza, 1970, p. 64.

3 María Luisa Rodríguez Sala, 1988, p. 82.

4 Dorantes de Carranza, 1970, p. 64.

多明我会修士加斯帕尔·达·克鲁斯嘲笑柬埔寨人的信仰——"他们所有的知识只是一连串愚蠢的无知与偶像崇拜",他对自己在中国收集到的"异教徒的谎言"也没表示出更多的赞赏[1]。迪奥戈·多·库托在他关于马六甲王国起源与诸王的著述中论述了原始神话,他认为它们只是"毫无根据的寓言而已"[2]。耶稣会士冈萨洛·费尔南德斯·特兰科索在他关于婆罗门僧侣的信仰的《论印度教》(1616)中,怒斥其"荒谬、无耻、欺骗"[3]。距此几十年前,在墨西哥城,萨哈贡在解释墨西哥印第安人的"自然星相学"时,同样警示读者要反对这些愚蠢言论。基于当时的各种观点,怎么会有其他例外情况?而且,惮于受到宗教裁判所的严惩,大部分专家都与他们所听到的"神话寓言"保持距离。

但是我们不应过快地联想到欧洲中心论,因为还是有许多神话、寓言被记录下来。加西亚·达·奥尔塔医生讲述了关于"忧郁的树"的印第安神话[4]:一个女孩爱上了太阳,而太阳这个对爱情不专一的天体却将她抛弃,女孩于是自杀,而后,从她的骨灰中长出这棵树,它的花朵对太阳充满厌恶。这个故事被奥尔塔直接划入"异教徒的谎言与神话寓言"中,但是奥尔塔这个葡萄牙人感到有必要强调这个故事对奥维德的讽刺性影射,"难道他不也似乎属于这些地区吗?因为他创作的寓言也属于这一类"[5]。

事实上,在西方传播的来自遥远地区的神话被狠狠地抛弃,这涉

---

1 Cruz, 1997, pp. 74, 255.

2 见其《第四个十年》(*Quatrième décade*, 1602), Couto, 1999, I, pp. 75-76.

3 La《dedicatoria ao rei dom Manuel》, de Barradas dans son *Tratado dos deuses gentilicos*… (1618) (Bethencourt et Chaudhuri, 1998, II, pp. 472-473).

4 木犀科树种。Orta, *Nyctanthes Arbortristis,* 1891, I, p. 72, note 1.

5 *Ibid.*, p. 71.

及一种种族中心论反思。加斯帕尔·达·克鲁斯在其著作中关于中国地理的一章中，指责古希腊、古罗马人："古代人所说的矮人，无论是生活在西徐亚王国的斯基泰人，还是为占有黄金而与狮身鹰头鹰翼怪兽大战的小侏儒，在今天看来，与他们讲述的生活在印度的长着小嘴的、以至于得用吸管吃喝或食用捣碎的食物的人一样，都是虚构的神话。其他人则长着大脚，当他们把脚举到头部上方时，可以用大脚遮阴。过去所有对这些地区的此类描述都在葡萄牙人发现印度之后成了虚构的、神话的东西。"[1] 加西亚·达·奥尔塔也批评古代人书写、传播关于印度的子乌虚有的东西[2]。应认识到，是亚洲大陆上的发现使古希腊、古罗马人过去认为真实的东西成为虚构的东西，正如伊比利亚全球化使得幻想的范围与真实的边界发生了迁移。

因而，虚构与神话并不总是他者所独有的东西，"他者"有时也可以是欧洲人。加西亚·达·奥尔塔通常对西班牙编年史作者弗朗西斯科·德·塔玛拉颇有微词，塔玛拉书写了一些关于宝石的东西，奥尔塔认为："如果弗朗西斯科·德·塔玛拉想讲述神话寓言，那么他应该写美洲印第安人地区的神话寓言，而不是写我们葡属印度的神话寓言！"[3] 他甚至有意使土著人的知识与诸如果阿的加西亚·达·奥尔塔、迪奥戈·多·库托这些欧洲编年史作者、学者的知识形成对立[4]。在距离果阿数千古里之外的墨西哥城，埃尔南德斯医生被迫接受印第安医生并不一定错误的观点——以热可以攻热，虽然这一观点与欧洲医学相左[5]。

---

1 Cruz, 1997, p. 104.
2 Orta, 1895, II, p. 333.
3 *Ibid.*, p. 201.
4 Couto, 1999, I, p. 76.
5 Hernández, 1959, II, p. 324.

埃尔南德斯承认当地某些药物的疗效与（古罗马的）盖伦、（古希腊的）希波克拉底的医学原理相背，但他很乐于将那些想要对此了解更多的读者引向土著医生那里。实际上，无论在果阿还是墨西哥城，这两位医生都不愿意承认他们的无知，都更愿意有所保留，甚至将土著知识置于无知的范畴，"所有这些治疗方法几乎都不合乎理性，而且在大部分情况下，它们不仅对疾病没有助益，而且还使人受到折磨，使健康受到损害"[1]。

图像的使用

并不是所有信息都通过文字、言语被传达出来，许多很了不起的专家都使用了图像。西班牙方济各会修士萨哈贡、美洲印第安人—欧洲白人混血儿迭戈·穆尼奥斯·卡马戈在墨西哥、瓜曼·波马·德·阿亚达在印第安人的安第斯地区、葡萄牙人克里斯托沃·德·利斯博亚在亚马孙地区、《卡萨纳特手抄本》的绘者在印度、阿拉贡的耶稣会士阿德里亚诺·德·拉斯·科尔特斯在马尼拉为阐述他们观察到的、想要解释并传达的一部分现实，都用了图像。它们大部分都出自土著人或混血儿之手。弗朗西斯科·埃尔南德斯医生在来到墨西哥时，陪同的有3位阿兹特克涂鸦画家——安东、巴尔塔萨·埃利亚斯与佩德罗·瓦斯奎兹，他们把埃尔南德斯编目的所有植物都画了下来。阿德里亚诺·德·拉斯·科尔特斯在完成中国之行后，请马尼拉的一位中国画家将他对中国人的描述、中国风物画了下来，因为"对于一个有才华的

1　Hernández, 1959, II, p. 430.

欧洲画家来说，用同样具有表现力且恰切的方式将其表现出来，实在太困难"[1]。

这些作品中的每一部都见证了实地考察当地传统与文艺复兴时期的图像之间的相遇。这里，人才流动、地区传统都服务于西葡帝国的利益，同时，使一部分珍贵的土著知识幸免于被遗忘的命运。它们从不是编年史中点缀的简单插图或奇特事物，许多图像都令人惊叹。在穆尼奥斯·卡马戈、迭戈·杜兰与瓜曼·波马的著述中，图像构成了具有自身连贯性的系列，有几百幅之多：穆尼奥斯·卡马戈的书中有 156 幅图、瓜曼·波马的书中有 400 幅图、克里斯托沃·德·利斯博亚的书中有 259 幅图[2]。方济各会修士萨哈贡的《早期历史》与《佛罗伦萨手抄本》中也有大量图像[3]。萨哈贡书中的图像均出自土著人之手，但它们的作用、性质各不相同。《早期历史》中的绘画是该手稿中的主要内容，《佛罗伦萨手抄本》中的图像虽含有文字所不包含的一些信息，但更多地属于西式图解。弗朗西斯科·埃尔南德斯医生、方济各会修士克里斯托沃·德·利斯博亚的著述中的图画展现了图像探索在美洲动植物领域中所具有的战略意义。意大利人对于掌握那些描述墨西哥的图像的热情说明了图像的价值，伽利略接受了对墨西哥进行研究与评估的任务，这一点强调了它的特殊性。

1　Adriano de Las Cortes, *Viaje de la China*, édit. par Beatriz Moncó, Madrid, Alianza Universidad, 1991, pp. 329-330.

2　Guaman Poma, 1980, p. XIII; Lisboa, 2000, p. 57.

3　Eloises Quiñones Keber,《Reading images: The Making and Meaning of the Sahaguntine Illustrations》, p. 205, in J. Jorge Klor de Alva, H.B. Nicholson, Eloises Quiñones Keber, *The Work of Bernardino de Sahagún, Pioneer Ethnographer of Sixteenth Century Aztec Mexico*, Albany, Institute for Mesoamerican Studies, The University of Albany, State University of New York, 1988.《早期历史》中有 544 幅图，《佛罗伦萨手抄本》中有 1855 幅图。

地图直接被专家所利用：在墨西哥，《地理描述》中的图像有 10
多幅展现了当地的景观与风景，没有什么可以脱离西葡帝国君主的视
野。在秘鲁，瓜曼·波马的编年史中的地图是关于印度群岛的一幅地
图，它被一名秘鲁作者校阅，这位秘鲁作者将土著人的古老原则（空
间的四分法）与欧洲地图绘制模式（"以经度与纬度分格"[1]）相结合。
印度群岛的中心即所谓世界的中心在这里仍然是库斯科，但是当新西
班牙的混血儿与印第安人表达观点时，世界的中心就变为墨西哥城。

　　这些图像传播到欧洲后，很少得到它们应得的待遇。情况好些的
是《佛罗伦萨手抄本》中的绘画，它们得到一位佛罗伦萨画家的关注，
后者从中汲取灵感，为圣职部军械库的一部分创作了装饰画。而《动
物历史》中的绘画则从未得到镂版印刷，尘埋于葡萄牙图书馆的故纸
堆里。遭遇到同样命运的还有瓜曼·波马的绘画、《地理描述》中的
"绘画"以及耶稣会士阿德里亚诺·德·拉斯·科尔特斯在马尼拉定制
的画作。埃尔南德斯医生的绘画是这一规律的例外，但是鉴于它们经
历的波折与变化之冗长，本章不作阐述[2]。

1　Adorno, 1988, pp. 89-90; Nathan Wachtel, *La Visiondes vaincus, Les Indiens du
Pérou devant la conquête espagnole*, Paris, Gallimard, 1971, pp. 246-247, et Juan Ossio,
《Guamán Poma: Nueva Corónica y carta al rey; unintento de aproximación a las categorias del
mundoandino》, in *Ideología mesiánica del mundo andino*, Lima, Biblioteca de Antropología,
Ignacio Prado Pastor, 1973, pp. 155-213, 179.
2　见本书第 14 章。

第 10 章

地区历史、全球考量

一种全球考量……可以估计，在 1600 年，有近 20 万欧洲人居住在欧洲以外，面对着数量上 50 至 100 倍于他们的土著人。

——皮埃尔·肖努:《新世界的征服与探险》，1969 年

"这里有如此多的王国、省份、城市、乡村与空间，有庞大的居民点，居住着大量的、数不胜数的人们，操着各种不同的语言，属于不同民族，他们的名字、身份、穿着、风俗习惯各异……对于一位历史学家来说，只能研究其中一个民族，可以说，其中一个民族的功绩就够他写的了。"[1] 多明我会修士迭戈·杜兰面对巨大的任务，不禁表达了他的困惑甚至还有混乱、不安。但是，墨西哥各民族只是西葡帝国的臣民中微不足道的一部分。

---

1 Durán, 1967, I, p. XXIV.

人种的多样性

西葡帝国专家所面对、描绘与分析的人种的多样性使人惊愕。从其地域的一头到另一头，欧洲人、印第安人、黑白混血儿、美洲印第安人—欧洲白人混血儿，老基督徒与新基督徒都力图描述当时开始与欧洲建立联系的所有地区的社会。无论他们来到的是墨西哥城、库斯科、佛得角还是果阿，无论他们来自西班牙还是意大利，在书写他们所看到的东西时，蒙蒂勒的加尔西拉索·德·拉·维加、罗马的迭戈·瓦拉德斯等人的目的都是相同的——将这些原始民族纳入欧洲知识，使对这些民族的认知成为伊比利亚人对世界的认知的一部分，同时，将世界的不同部分的历史记忆连通起来，使新事物与未知者变得容易接近，使奇特的东西变得熟悉而可征服。新西班牙的西班牙僧侣开始书写古代墨西哥历史时，印卡·加尔西拉索·德·拉·维加则与果阿的天才、编年史作者兼档案员、印加人迪奥戈·多·库托一起撰写莫卧儿帝国历史，"现在我们讲述莫卧儿人（我们将多次展现），我们应使人们了解莫卧儿人及他们的起源，因为我们几乎没有任何真正可以使我们了解这些蛮族的书籍"[1]。此外，当时还有将这些民族相混淆的问题。如加西亚·达·奥尔塔医生在他对亚洲植物的阐述中，特地向他的卡斯蒂利亚对话者解释鲁米人与土耳其人的区别："土耳其人是安纳托利亚地区（过去称"小亚细亚"）人，鲁米人则是君士坦丁堡及其王朝的人"[2]。西欧专家对当地社会面对伊比利亚人的反应十分敏感，他们常常关注地区社会与其他种族之间的关系。墨西哥编年史作者将

1　Couto, 1999, I., p. 529.

2　Orta, 1891, I, p. 32.

奇奇美加人、游牧者、蛮族这些人与该国中心的城市人、定居的人相
对立。安第斯地区的历史学家针对印加人与屈服于印加人的种族之间
的关系展开冗长论述。在印度，弗朗西斯科·罗德里格斯·西尔维拉
不满足于展现马六甲的漳州人、瓜哇人与葡萄牙船长之间遇到的麻烦，
还关心穆斯林与马拉巴尔沿海的印度人之间的关系[1]。

我们不要认为亚洲人、美洲印第安大帝国的印第安人必然比其他
不那么有声望的民族受到了更好的关注。"对印第安人感兴趣的人应致
力于保护印第安人，并使他们感到满足，否则就会侵入该地区内部"，
埃斯特西奥·德·西尔维拉建议道，他关心亚马孙地区印第安人的命
运，提醒王室要提防荷兰人的在场。这些异教徒与"瓜希罗异教徒"
展开贸易，最终将后者引入"邪教"[2]。阿尔马达在他对西非的描述中也
以敏锐的观察使人惊讶，"黑人的王国是如此众多，他们的语言与风俗
习惯如此多样，在相距不到 20 古里的两个地方存在 2 个或 3 个种族，
一切都互相混合……"[3]这位葡裔非洲人使我们看到曼丁哥的伽洛福人、
法鲁波的阿里亚塔人、比加霍的布拉莫人、萨普与萨姆巴的比法雷人。
许许多多的王国，包括阿利姆—比卡姆、博拉洛、冈比西与卡萨芒斯
在内。在他的笔下，那些族群又再分为其他族群，被一一记录下来。
在塞拉利昂，有萨普王国，它聚集了巴加人、塔昆乔人、萨普人、博
乐人、"食人肉者"、泰姆奈人、林姆巴人、意塔尔人、贾隆加人，"而

1　Silveira, 1996, pp. 183, 14.

2　埃斯特西奥·德·西尔维拉用卡斯蒂利亚语写给菲利普四世的信（1626 年 6 月）。

3　Almada, 1994, p.21. 关于这些地区的概述、以及 20 世纪末的相关文献清单可参考
以下书目：*Histoire générale de L'Afrique*, V,《L' Afrique du XVIe au XVIIIe siècle》, sous la
direction de Bethwell Allan Ogot, Paris, UNESCO, 1999, 尤其第 10—13 章，pp. 319-472.

且他们之间可以互相理解"[1]。

阿尔马达的世界超出了西非的界线。他没有忽视其他"野蛮"种族的存在，他们"有另一种肤色"，如"加勒比地区的印第安人"、"巴西的异教徒"[2]，他通过葡萄牙的黑奴贩子的叙述了解到这些，葡萄牙的黑奴贩子穿越南大西洋或将黑奴运输到印度群岛的圣多明各和卡塔赫纳。阿尔马达的视角总是充满活力，非洲社会在历史与传统中从不是静止不动的，它们不断转变，正如在几内亚人那里火器的进步所显示的那样，"这些地区的国王已经在要塞拥有炮兵，甚至有一位马内的黑人是优秀的射石炮炮手，还有一些喇叭口火枪手。当他们互相交战时，懂得巩固阵地，使用炮兵。此外，他们喜欢我们的人才，如喇叭口火枪手，并购买喇叭口火枪"[3]。由于缺少知识，非洲人步日本人、印第安人的后尘，一个接一个地都熟悉了伊比利亚人在所到之地所传播的战争武器与战术。

当时存在的种族具有多样性，当时已消失的种族也具有多样性。专家们对欧洲人到来前的这些地区所发生的变革进行了探究。迪奥戈·多·库托没有谈及马六甲的伊斯兰教化对当地历史记忆的影响[4]，他强调了古代中国人所发挥的作用——"在整个东方，是他们最早发明了船舶与航海术"。由于中国人发现了香料岛屿，他们最早展开了亚洲与罗马之间的大宗贸易，"他们用帆船将丁香运至波斯湾与阿拉伯海湾，船上还载着中国的装饰品与宝物，经波斯人与阿拉伯人之手，它

1　Almada, 1994, p. 111.

2　*Ibid.*, p. 115.

3　*Ibid.*, p. 129.

4　Couto, 1999, I, p. 76.

们最终到达希腊人与罗马人那里，激起他们的贪欲，以至罗马的皇帝们力图征服东方"[1]。在墨西哥与秘鲁，编年史作者与传教士们想要探究土著人历史的前西班牙时期的各个发展阶段。在巴西，葡萄牙人白兰度则关心在历史之外的"冷社会"的形象大行其道的地区所存在的印第安文字遗迹。

宗教差异

与人的多样性产生的情况不同，宗教的差异导致了一系列问题。对伊斯兰教产生了普遍的厌恶（"可恶的穆罕默德国王的可憎的清真寺"[2]），对偶像崇拜产生了无法抑制的蔑视，对或多或少地让人联想到巫术的所有宗教活动全盘否定。卡斯蒂利亚语中的"brujería"与葡萄牙语中的"feiticeria"均指"巫术"[3]。宗教裁判所一直以警惕的目光无处不在地注视着专家们的基督教信仰，他们的信仰要求他们有明确的判断，不允许在原则上有丝毫的妥协，'宗教正确'在何地都无比重要"[4]。

观点的正统性悄然留在刻板的、一成不变的论调中，从中国到墨西哥，这一论调一再重复，以致令人生厌，并很快成为一种政治宣传套语："偶像、偶像崇拜、祭祀、寺庙、仪式典礼、占卜、颂歌"，如

1　Couto, 1999, I, pp. 388, 389.

2　Almada, 1994, p. 90.

3　Cruz, 1997, pp. 72-73.

4　即使被认为在诸多领域处于世界先进行列的中国人也遭到批评——多明我会修士加斯帕尔·达·克鲁斯感叹中国人不具备任何自然哲学知识（*Ibid.*, p. 249）。从言语到偶像崇拜行为只有一步之遥：同许多在美洲与亚洲的传教士一样，加斯帕尔·达·克鲁斯在中国破坏了一些偶像（*Ibid.*, p. 256）。

此多的强制输入话语被用来描述所有非基督教、非伊斯兰教的事物[1]。新事物并非在于这一点，它存在于同时被探究的那些宗教形式中。这激发了巴托洛梅·德·拉斯·卡萨斯在 16 世纪中叶对世界宗教进行了一次令人惊讶的百科全书式的探察[2]。在 16 世纪下半叶，全球的大部分宗教与大量的地区信仰一个接一个地或一个大集合体接着一个大集合体地被伊比利亚人尽收眼底。从新西班牙到马拉巴尔，传教士们针对"异教诸神……及当下的宗教仪式与典礼"撰写论述。今天留下的只有作者所接触的或试图描述的那些种族的名称。如耶稣会士曼努埃尔·巴拉达斯[3]用葡语写作的《论东方异教诸神与马拉巴尔的宗教仪式与典礼》（1618）和鲁伊斯·德·阿拉康用卡斯蒂利亚语写作的《印第安人地区的迷信与异教风俗》（1629）。

对异教的否定并不影响观察者们详细描述异教徒及其进行的宗教活动，他们或亲自实地观察，如多明我会修士加斯帕尔·达·克鲁斯、耶稣会士冈萨洛·费尔南德斯·特兰科索[4]；或从老者口中搜集信息，如萨哈贡、杜兰、加尔西拉索·德·拉·维加。加西亚·达·奥尔塔在对印度植物的阐述间歇，将读者引向印度寺庙，如加拉普利的寺庙、勃生附近的象岛的寺庙，"四周所有的墙壁上，都是大象、狮子、老虎的大型雕塑，还有一些诸如女战士的人物雕塑、一些制作精美的形象。的确，这些是值得一见的事物，似乎，魔鬼运用了他的各种力量与知

1　Gaspar da Cruz, 1997, pp. 252-253.

2　Las Casas, 1967.

3　此人在印度生活了 50 多年。Bethencourt et Chaudhuri, 1998, II, p. 472.

4　Gonçalo Fernandes Trancoso, *Tratado sobre o Hinduismo,* Maduré, vers 1611 (*Ibid.,* p.472).

祭祀仪式与仪式队伍

选自萨哈贡:《马德里手抄本》之《新西班牙历史》

1569—1575 年

马德里皇宫图书馆

识去欺骗那些崇拜他的异教徒"[1]。奥尔塔医生不可绕开的指责却无法掩示他对这巧夺天工的作品的赞叹之情,他非常想将它归功于"灵巧而有创造力"[2]的中国人。

例外的是,专家们为宗教历史建立了新的典型。当阿尔马达写下几内亚的纳伦人成了"伟大的巫师"[3]时,他使用了一个来自中世纪的概念,它逐渐被赋予另一种意义。在中世纪末期的葡萄牙,"feitiço, feiticeiro,feitiçaria"这些词语都描述的是巫术世界。从 15 世纪开始及整个 16 世纪,拜物教的物神观念开始在西非沿岸形成,产生社会反响,它积极而活跃地出现,并给予一种无生命的客体以个体化。葡萄牙人由于不曾面对偶像与偶像崇拜,即以魔鬼为主题的雕像与图像,他们因而关注巫术的器物,他们称之为"feitiços"。非洲宗教于是被称为"feitiçarias"(巫术)。但是,这些非洲习俗与源于基督教的习俗共存,黑人与黑白混血儿胸前佩戴的巫术器物与基督教的念珠共存。巫术器物(feitiço 或 fetisso)一词在黑人、欧洲人、黑白混血儿、自由人与奴隶共存的沿海地区传播。这一情况的发展以黑奴贸易、货物贸易为背景,那里有无法计数的大批居间人,其中不乏来自葡萄牙的流亡者、逃犯,他们成为定居在当地的冒险家。他们普遍变得非洲化,并习惯于穿梭在不同种族的人之间,奴隶们服务于葡萄牙人,这些葡萄牙人

1　Orta, 1895, II, p. 341.

2　Rubiés, 2000.

3　Almada, 1994, p. 100.

阿兹特克香炉
伦敦大英博物馆

来到的地方是其他欧洲人不敢去冒险的地方[1]。"巫术器物"一词属于这一地区的混杂语言，它后来被启蒙时代的观察者们重新使用，并在 19 世纪声名大噪[2]。

野蛮人还是文明人？

西欧的专家们只要有机会接触食人族，便会对其进行研究。食人族所引发的恐惧出现在欧洲人书写巴西印第安人的著述以及阿尔瓦雷斯·德·阿尔马达书写几内亚人的著述中。对于阿尔马达这位葡裔非洲人来说，食人肉性证明了黑人的奴隶身份，当它损害到葡萄牙人，食人肉性就为残酷的报复行动提供了合法性。马内人军队挖出死人、掠夺坟地、吞食活人，这样的描述是为了激起读者的憎恶，并使其感受到与描述的事件中的受害者——萨普人同样的恐慌。"那里有对人与动物的屠杀，当那里缺少食物时，他们就把人与动物带到那里杀掉，如同他们是牛羊"[3]。多亏黑奴贩子在他们的船上接收了黑奴，在这些"可怜人"的自由不被保护的时候，黑奴贩子拯救了他们的生命。此外，鸡奸也证明了新大陆上的暴行，它使从加斯帕尔·达·克鲁斯到利玛

1　Carlos Alberto Zerón,《Pombeiros e tangomaus, intermediários do tráfico de escravos na Africa》, in Rui Manuel Loureiro et Serge Gruzinski (éd.), *Passar as fronteiras. II Colóquio Internacional sobre Mediadores Culturais. Séculos XV a XVIII*, Lagos, Centro de Estudos Gil Eanes, 1999, p. 15-38.

2　荷兰人来到非洲沿岸，强化了"巫术器物"的混合多义性。Jean Pouillon, *Fétiches sans fétichisme,* Paris, Maspero, 1975; William Pietz, "The problem of the Fetish II. The Origin of the Fetish", in *Res*, 13, 1987, pp. 23-45.

3　Almada, 1994, pp. 123, 118.

窭的中国的赞赏者感到惊愕[1]。

但是，在专家们的笔下，即使这些最野蛮、最被谴责的地区也存在强烈的对比。如安德列·阿尔瓦雷斯·德·阿尔马达观察到贯穿非洲世界的效忠网络的复杂性。他解释说，卡萨芒斯国王不论多么强大，还是向"名叫卡波的法里姆（他们那里的皇帝）表达敬意，而卡波则向比他更高级别的另一个人表达敬意，他们都效忠于奥里曼卡的法里姆即曼迪曼萨，他是黑人的皇帝，他们从中得到曼丁哥这个名字"[2]。关于登基仪式，有冗长的描述，作者专注于发现土著人的权力象征：在塞拉利昂的萨普人那里，"所有国王都手持作为王权象征的武器。通过这一仪式，国王使人们服从于他，并使他手下的人也令人敬畏"。伊比利亚的专门词语在这里得到使用，如"王权象征""王家大厅""国王参政院"" '菲达尔戈'贵族""平民""宗教之家""法庭听证会"[3]，它们不仅表达非洲社会组织，而且将非洲社会与欧洲社会置于同一框架内："索拉特吉人……是'菲达尔戈'贵族"。"（阿尔马达）认真地观察到"[4]黑人拥有法律，这一点与巴西印第安人不同，后者被认为既无法律，无信仰，也无国王。这位专家什么都不放过，但是在偏见与实地观察二者的竞逐中，后者总是紧跟着前者。

因此，宗教不是简单的标签。异教并非总是与野蛮状态相连，而

1　Federico Garza Carvajal, *Vir. Perceptions of Manlinessin Andalucia and Mexico 1561-1699*, Amsterdam, Amsterdam Historische Reeks, 2000, pp. 174-175; Timothy Brook, *The Confusions of Pleasure. Commerce and Culture in Ming China*, Berkeley, Los Angeles et Londres, University of California Press, 1998, p. 231.

2　Almada, 1994, p. 72.

3　*Ibid.*, pp. 109, 86, 106-107.

4　*Ibid.*, pp. 109, 93.

且尤其在亚洲，或在前西班牙时代的古老的美洲，异教与文明的各种复杂形式似乎相互兼容，与基督教徒错误地忽视的那些道德原则相互兼容。在日本与中国，异教的发展程度似乎直接与文明的发展程度成正比。中国模式的影子投射到所有与亚洲打交道的人的著述中。他们往往欣然提及"中国的伟大"，这个国家在"数千年"中一直处于"强国之巅"[1]。中国人令人着迷，使人好奇，"他们的政治制度、国家统治及日常生活都是文明的、开化的，正如他们在异教的崇拜诸神与偶像崇拜中是兽性的一样"[2]。库托作为菲利普二世及之后菲利普三世的官方编年史作者，在其《葡萄牙军人专家对话》一书中，甚至冒险建议王室借鉴中国范例："我们为印度选择总督应该比照中国模式。在中国，君王可以代表他们的各个省份"[3]。同样无法估量的扩张，相同的解决方式。

西属美洲的印第安人社会也有他们的辩护者。当瓜曼·波马为秘鲁人的忠诚辩护时，他简直把他们捧上了天："无论中国皇帝统治的印第安人，还是墨西哥城的印第安人、世界上其他国家的印第安人"都没有安第斯地区的印第安人显得那么顺从[4]。在西班牙人到来之前，那里一切秩序景然。"他们不互相残杀，不偷盗，不咒骂，不通奸，不亵渎神，不淫荡，不嫉妒，不吝啬，不贪食，不骄傲，不发怒，不疏忽大意，也不懒惰"[5]。

在墨西哥，方济各会修士贝纳迪诺·德·萨哈贡认为土著人"的确曾经极其笃信他们的诸神，极其关心他们的共和国，极其高贵而严

1　Couto, 1988, p. 90.

2　Cruz, 1997, pp. 254-255.

3　Couto, 1988, p. 102.

4　Guaman Poma, 1980, p. 822.

5　Adorno, 1980, p. 73.

谨……在文明方面，他们超过了许多自认为非常文明、开化的民族"[1]。迭戈·杜兰补充道："在统治与文明、服从与尊重、威严与威望、活力与勇气上，我没见过有谁超过他们。……这些人虽然如此不同，如此远离西班牙人与文明人，但是世界上没有任何人、任何种族的人像他们一样，生活在异教中却同时拥有那样的秩序、和谐与文明。"[2] 对这样一种文明秩序中的各种头衔与身份、符号与标志的研究占据了方济各会修士萨哈贡的工作，也吸引了印度的加西亚·达·奥尔塔。在前者眼中，这一文明社会被如此令人赞赏的道德原则所支配，他不禁在使他们基督教化的同时重新接受被征服前印第安人互相之间交流时使用的那些有教化作用的话语。在墨西哥，美洲印第安人—欧洲白人混血儿阿尔瓦·伊克斯特尔克斯奇特尔赞颂特斯科科诸王，甚至声称其中一位国王拥有比"非凡的柏拉图与其他伟大的哲学家"[3] 更高的智慧。在印第安编年史作者与美洲印第安人—欧洲白人混血儿编年史作者那里，这种声誉的恢复甚至通向针对上帝的存在、一神论与三位一体论的预知性的思辨[4]。似乎对政治制度与社会生活的热情阐述有助于绕过对偶像崇拜不得不做出的谴责……

对其他地区的人的接受

观察的前提是近距离观察相关的社会与土地，甚至与之形成一种

1　Sahagún, 1977, I, p. 305; I, p 33. 西班牙人使用了 "policia" 一词，意义同今天的 "文明"。

2　Durán, 1967, I, pp. XXV, 187.

3　Alva Ixtlilxóchitl, 1975, I, p. 404.

4　Ibid., p. 35.

默契，这种能力不限于智识范畴。西欧的专家们必须习惯他们进行探索发现的新环境，不仅要习惯于不同于自己的思维方式与信仰，身体上的努力适应也不容忽视。"作为过路的旅行者，我来到陌生的地区，这里气候奇特，而且没有我习惯吃的面包，还常常以不洁的水止渴"，这是弗朗西斯科·埃尔南德斯医生向人文学者贝尼托·阿里亚斯·蒙塔诺描绘的他在墨西哥的不那么吸引人的经历[1]。专家们通常可以较为容易地适应当地环境。但是，也有无法逾越的界限，如罗德里格斯·西尔维拉为在亚洲的葡萄牙人可以"轻易地采用其他种族的习俗、服装与宗教仪式"[2]而感到不安。

专家们反思气候的影响，此外，饮食问题在他们的评述中也占据突出位置。对于胡安·德·卡德纳斯医生来说，"在印第安人地区出生的西班牙人大部分都思想敏捷、灵活而敏锐"，他解释说，"这与印度群岛的自然、气候有关，这里又热又湿，更确切地说，太阳光对印度群岛的所有人都产生了重大影响，光线直直地照下来，传递了强烈的热量。这个天体通过热的、湿的、血色好的人体吸收了大地的湿度"[3]。

大地的食粮被赞美。加斯帕尔·达·克鲁斯这位"中国风物"的介绍者对印度大米的色泽与香味的多样性以及食用大米的方式产生了兴趣，"的确，大米是所有印度人的粮食，它要去壳后捣碎，放在钵里吃，然而，他们的嘴与世界上其他地方的人并无二致"[4]。埃斯特西奥·德·西尔维拉是菲利普四世身边关于葡属亚马孙地区的伟大专家，

1　关于这一主题，参见如下书目：Solange Alberro, *Les Espagnols dans le Mexique colonial. Histoire d'une acculturation*, Paris, Armand Colin, 1992.

2　Silveira, 1996, p. XXXVI.

3　Cárdenas, 1988, pp. 208, 210.

4　Cruz, 1997, p. 104.

他描述了饮食的世界地理，并对木薯大加赞赏："世界的四个部分中有三个部分不以小麦为食，在整个广袤的亚洲，人们大都吃大米，非洲人吃大米、小米及其他谷物，美洲人吃玉米（印度群岛的大粒小米）与木薯，很有可能，是真福的使徒圣托马斯向他们展现了木薯。木薯给美洲带来幸福，正如小麦面包给欧洲人带来幸福，盖伦说它是我们可以吃到的最糟糕的东西。"[1] 但是，并不是所有食物都是好的，好奇心有时使人有断送性命的危险。如埃尔南德斯医生在墨西哥城曾经因品尝了杜鹃花的汁液而濒临死亡[2]。

声音、气味都可以吸引专家们的注意。语言上的交流有时并不畅达，娱乐消遣又很少，在这样的背景下，音乐在沟通联系中发挥的作用常常是我们很难想象的。在墨西哥，僧侣们写作的编年史对土著乐手给予了赞美，这些乐手可以复制西班牙乐器，并且能够创作文艺复兴风格的弥撒曲。不只有西班牙、葡萄牙的观察者们对当地音乐表现出敏感。如安德列·阿尔瓦雷斯·德·阿尔马达也对比法雷人的乐器很感兴趣，"它们与我们的芦笛相似"。"黑人们通常一起演奏，如果他们懂得复调，一定会演奏得相当好。他们的音乐家被称为'jabundares'。他们也使用象牙号角……及牛铃。"[3] 阿尔马达的好奇不难被理解，因为里斯本的王室欣赏这些珍贵的号角，它们出现在 15 世纪末输入欧洲的首批非洲乐器中。

专家们也感受到其他国家人们心中的欧洲人形象。先看伊斯兰教地区，加西亚·达·奥尔塔提及，穆斯林将基督教民族称为

1　Sylveira, 1976.

2　Hernández, 1959, II, p. 162.

3　Almada, 1994, p. 89.

"Franguistam"[1]，称基督教徒为"franges"——这个词被错误地解释为相当于"瘟疫"或"麻风病人"的意思，它来自"法兰克"一词，指欧洲十字军[2]。这个错误暴露了两个阵营之间关系的性质。中国人也没有显得更加友好。多明我会修士加斯帕尔·达·克鲁斯写道："被仇恨与厌恶所支配，他们起初称葡萄牙人为'Fancui'（番鬼），意为'魔鬼之人'……即使现在，他们也不会在与我们打交道时称我们为葡萄牙人，当我们同意缴税时，在宫廷里他们也没有称呼我们为'葡萄牙人'，而是继续称我们'Fangim'（番人），意为'他处之人'[3]。"中国人对我们的这种厌恶似乎与他们对自己和外部之间进行联系的恐惧相连，他们感到这种联系可能是带来混乱的一个来源，而且会煽动沿海地带的海盗活动[4]。亚洲其他种族的态度有些使人惊讶：加斯帕尔·达·克鲁斯在到访中国之前曾在柬埔寨停留，那里的人们问这位多明我会修士"他是否是位巫师"[5]，如同传教士具有魔力，耶稣会士在美洲传教中利用并滥用了这一声誉。在日本，西班牙僧侣被指责吃了麻风病人的身体，"因为他们吃母牛"[6]。僧侣们称，"日本人认为我们吃

1　系 *"Franquia"*（法兰克人十字军东征期间在东方被赋予的称呼）一词的派生词。

2　Orta, 1895, II, p. 107.

3　Cruz, 1997, p. 222.

4　*Ibid.*, p. 224.

5　Cruz, 1997, p. 73.

6　Marcelo Ribadeneyra, *Historia de las is las del archipielago y reynos de la Gran China, Tartaria, Cucuchinchina, Malaca, Siam, Camboxa y Iappon*, Barcelone, Gambreil Graells y Giraldo Dotil, 1601, p. 421.

人”，是吃他人的食人族[1]。

美洲人、非洲人是如何呈现伊比利亚人的入侵的？被征服者的后代例外地表达了他们的观点，如齐马尔帕赫恩、秘鲁的瓜曼·波马，在他们的著述中，卡斯蒂利亚人的形象不算好。在瓜曼·波马撰写的编年史中，他直言不讳地说：秘鲁的西班牙人都是外国人，他们只对安第斯地区当地的领主比较尊重[2]。瓜曼·波马的书中有一幅插图甚至表现了印第安人追捕西班牙人的场面，西班牙王室的一些叛徒被卷入16 世纪中叶的秘鲁内战，该内战使秘鲁受到严重破坏。这一描述因来自殖民征服的受害者的后裔而更加令人震惊。对西葡帝国的忠诚并不阻碍对阴暗的历史记忆的记述。在新西班牙，萨哈贡与穆尼奥斯·卡马戈记载了那些反映西班牙人入侵的印第安人话语。其中不乏恐怖形象，讲述了印第安人想象“西班牙人带来了巨兽、猛兽与恶龙，让它们吞食印第安人”[3]。

专家们以更加具有目的性的方式关注被征服者对伊比利亚人的统治的反应。当土著人被迫服务于侵略者时，情况是残酷的。阿尔马达针对几内亚的内伦人写道：“年轻的小伙子与姑娘们对我们来说，很好且安全可靠，而那些在对我们感到习惯之前就已长大成人的人，则是不可控制的，他们（很快）死去。”比法雷人可以无困难地很快适应，

1　有些作品记述了 16 世纪末来到欧洲的日本使者，它们假如没有经过耶稣会士的重写与更改，本应可以使我们了解到这些日本人对西葡帝国的接受。但是，这些记述可以使我们了解到当时信仰天主教的、菲利普的欧洲想要向亚洲展现的形象、伪装的正统性与同质性。*De missione legatorum japonensiumad romanam curiam…*, Macao, Compagnie de Jésus, 1590. Édition portugaise: Duarte de Sande, *Diálogo sobre a missão dos embaixadores japoneses à cúria romana*, par Américo da Costa Ramalho, Macao, Fundacão Oriente, 1997.

2　Guaman Poma, 1980, p. 858.

3　Muñoz Camargo, 1984, pp. 105-106.

为陛下而战（左）
选自瓜曼·波马·德·阿亚拉：《新纪事与善政》
1615 年

弗朗西斯科·埃尔南德斯·吉伦的被俘（右）
选自瓜曼·波马·德·阿亚拉：《新纪事与善政》
1615 年

"许多人会讲葡萄牙语，并以我们的方式着装。许多为在西非沿海地带从事贸易、植根于非洲社会的葡萄牙殖民者服务的黑人都是这种情况[1]。

地区视域、全球视域

大部分专家都从盘点当地情况着手研究。伊比利亚全球化使他们系统地报道了西葡帝国范围内的各地事务，他们的视域因人而异。巴尔塔萨·多兰特斯·德·卡兰扎虽然只是一位被认可的宇宙地理学家，但是这位墨西哥城的克里奥尔人的目光却着眼全球，"像任何专注于研究世界的人一样，力图将全世界勾画、描绘出来"[2]。美洲印第安人——欧洲白人混血儿、译者迭戈·穆尼奥斯·卡马戈将特拉斯卡拉地区置于美洲大陆范畴进行描述："特拉斯卡拉贵族帮助查理五世夺取了墨西哥，他们帮助他赢得、征服了这个新大陆。"[3] 即使当他将特拉斯卡拉的历史与世界发现、美洲发现这些西方观念相联系时，也从未陷入欧洲中心论。穆尼奥斯·卡马戈的著述以持续扩张中的新西班牙的形象为背景，它向大陆北部挺进，向菲律宾甚至还向中国挺进[4]，似乎卡马戈已意识到全球的流动性将墨西哥推向了新的视域："上帝啊，发生了什么事？是否只有您开启了大门，使我们发现了整个世界，从一头到另一头，从一极到另一极，发现全地及地上的人们与居民，而没有一个

---

1 Almada, 1994, pp. 100, 88.

2 Dorantes de Carranza, 1970, p. 59.

3 Muñoz Camargo, 1984, p. 174. 同一页上表达了特拉克斯卡尔特贵族对葡萄牙人的蔑视。

4 *Ibid.*, pp. 110-111. "那些欺骗已经持续了几个世纪"，关于远征亚洲，参见 *Ibid.*, pp. 277-285.

不被带回圣母教堂？"[1]

当库托思考如何整治葡属印度的社会弊病时，他的反应也一样。库托还谈及全球出现的冲突、对抗，如卡斯蒂利亚为保卫佛兰德斯而"打击那些反抗者"[2]所做出的巨大努力，并引用了美洲的例子[3]。针对征服莫诺莫塔帕的非洲矿藏，他谈到秘鲁与新西班牙的情况[4]。一旦非洲矿藏被发现与开采，"一切都将如此顺利，如此繁荣，我们将在那里建立葡萄牙人与该地基督教徒的聚居地，使那里成为另一个新西班牙"[5]。墨西哥的先例鼓舞西葡帝国去攫取非洲的财富，以结束葡萄牙在印度遭遇的挫折。库托的论点在西葡帝国各处传播，却使今天的历史学家感到困惑。当时另一位亚洲问题专家弗朗西斯科·罗德里格斯·西尔维拉认为伊比利亚人正在发动一场针对荷兰人的世界战争。他的视域也涵盖了整个亚洲，并与葡萄牙扩张的地域相混合。先于这些专家几年，加西亚·达·奥尔塔医生描写了植物通过陆地网络与海上网络的传播，它们将亚洲、西欧与非洲连接在一起[6]，描述中必然地提及了中国的扩张及400艘帆船乘风破浪到达霍尔木兹港的震撼场面。果阿的这位医生的著述从塞图巴尔传播到印度、帝汶岛、新大陆直到巴西[7]。

安德列·阿尔瓦雷斯·德·阿尔马达的视域范围也同样广阔。他在

1　Muñoz Camargo, 1984, p. 110.

2　Couto, 1988, p. 130.

3　加西亚·达·奥尔塔医生多次谈及美洲，认为专家们的许多观点不够恰切。Orta, 1895, II, p. 106.

4　Couto, 1988, p. 131.

5　*Ibid.*, p. 132.

6　参见他对卡利卡特港的作用的反思，他认为它是檀香贸易的前哨，中国商人频繁来此，并在这里建立了一个贸易站。Orta, 1895, II, pp. 285-286, 296-297.

7　Orta, 1891, I, pp. 204-205, 49.

其关于几内亚河流的著述末尾解释了对塞拉利昂的占领将在非洲补偿了"被众多异端所包围的"欧洲所遭受的损失，并将使法国人与英国人从非洲被赶走。阿尔马达在该章之前的几章里，将凶狠的苏姆巴人、西印度群岛与巴西的印第安人置于同一框架内[1]。在 17 世纪初的安第斯地区，瓜曼·波马做出了与阿尔马达全然对立、但同样着眼全球的论述：如果说安第斯地区人是唯一对他们所居住的地区拥有合法权力的人，那么卡斯蒂利亚人与几内亚黑人也是如此[2]。在瓜曼·波马的世界观中，他将罗马君主、土耳其帝国摩尔人的君主、印第安人的君主与几内亚的君主这四位君主都置于菲利普三世的王权之下。对地区所持有的每一个观点都牵扯到世界的四个部分。

作者越专注于一个地区及其历史与群体，他就越发关注全球维度。瓜曼·波马在其混乱的卡斯蒂利亚语中，思考的是"全世界所有国家、所有人种（的伟大），包括印第安人、黑人、信仰基督教的西班牙人、土耳其人、犹太人、摩尔人"。在离北方遥远的另一个半球，当多明戈·齐马尔帕赫恩谈及菲利普二世之死时，同样将菲利普二世视为全世界的君主，瓜曼·波马与齐马尔帕赫恩的相似行为表现在他将查科—阿梅卡梅卡的土地置于西葡帝国对全球无可争议的权杖之下。也许齐马尔帕赫恩重拾了他的同代人瓜曼·波马的观点——"任何国王、任何皇帝都无法与菲利普二世相提并论"[3]。

---

1 Almada, 1994, pp. 132, 115.

2 Guaman Poma, 1980, p. 25.

3 *Ibid.*, p. 889.

"介入"视角与批评视角

将人们与他们的寄居国或祖国联系起来的充满热情的"介入"体现在作家们的论述中。当多明我会修士迭戈·杜兰解释说他在著述中"留意保存祖国风物的历史记忆"[1]时,他忘记了他并非生于墨西哥而是西班牙。在他们的笔下,常常改变了被认为充满敌意又缺乏资源的地区面貌,迪奥戈·多·库托写道:"在印度,空气清新纯净,水果、水源、河流在全球都属优质,面包、大麦、各种蔬菜、叶菜、大小家畜应有尽有,令人赞叹。"[2]阿尔马达笔下的塞拉利昂:"如此丰美的土地上,什么都不缺。大量的食物、清澈的河水、柑橘树、黄柠树、青柠树、甘蔗、棕榈林及大量优质森林"[3]。巴尔塔萨·多兰特斯·德·卡兰扎赞美自己所在的墨西哥城的伟大,他毫不犹豫地给出该城在被西班牙殖民者征服前夕人口的天文数字——100万[4]。美洲印第安人—欧洲白人混血儿穆尼奥斯·卡马戈援引柏拉图的例子,谈道"人并非仅仅为他自己而生,而且也为他美好的祖国与他的朋友们而生"[5]。他头脑中想的是特拉斯卡拉地区。加西亚·达·奥尔塔医生则一直将他所在的、所书写与讲述的果阿同他的对话者所在的鲁阿诺——"你们的欧洲大陆"[6]对立起来。埃斯特西奥·德·西尔维拉在针对亚马孙地区的著述中写道:"我承认这里是全世界最好的地方",在序言的结尾中有"被本文说服而前去这

1　Durán, 1967, I, p. XXV.

2　Couto, 1988, p. 138.

3　Almada, 1994, p. 131.

4　Dorantes de Carranza, 1970, pp. 8-10.

5　Muñoz Camargo, 1984, p. 33.

6　Orta, 1891, I, p. 60.

一国家生活的人们，我恳请……他们在那里一旦得到满足，请向上帝请求，能使我有一天可以陪伴他们"[1]。

这些个体对"他们的"土地的眷恋超过了他们真实的或创造出来的血统原因，他们的个人命运扎根于地区的、土著的、克里奥尔人的群体中或尚待建立的共同体中。阿尔瓦雷斯·德·阿尔马达乐于捍卫他的西非佛得角的视角，何况他生于圣地亚哥，而且因其母亲的原因，是非洲人。正如瓜曼·波马有书写前西班牙时代的秘鲁贵族历史的抱负，多兰特斯·德·卡兰扎在墨西哥帝国与新西班牙殖民者之间建立起桥梁，阿尔马达则将其作为葡裔非洲人书写非洲历史的野心与欧洲人的在场相连接。

专家们常使用批评的笔调。这可能出于知识分子因难以忍受同胞们对一切都感兴趣却对智识、精神方面的事物漠不关心而感到的恼火。加西亚·达·奥尔塔一直伶牙俐齿，他感叹葡萄牙人缺少好奇心："葡萄牙人在世界的大部分地区四处航行，无论他们去哪里，唯一使他们感兴趣的就是如何获得利益。"[2] 德国人海因里希·马丁在墨西哥城与奥尔塔有同感，他抱怨说，从未获得过与自己的著述处于同一水平的读者群。

西葡帝国的专家除了对欧洲的一些知识与认识展开攻击之外，还对当地的所有东西进行判断与比较。他们的证据在伊比利亚半岛及它在全球的属地建立起争论的气氛。他们谈及"印度政厅"在亚洲的未来走向，是征服还是放弃[3]？他们还讨论在美洲的基督教化的成果。对

1　Sylveira, 1976.

2　Orta, 1891, I, p. 151.

3　Couto, 1988, p. 133.

他们所在地区的兴趣促使他们与那些只想载满黄金就启程回到宗主国的欧洲殖民者划清界限[1]。在巴西，白兰度描述了制糖工场主们的奢华，他们在庆典上炫耀自己的宝马香车与昂贵的服装，他们花费大量钱财举办庆典、斗牛、指环游戏、杆子游戏及各种娱乐活动。这一描写很快转向揭露与激烈的批评。白兰度谴责巴西的葡萄牙人"对才干、知识的忽略与缺乏"：他们只追求致富，然后尽快启程，从不考虑"普遍的福祉"[2]。果阿的富商也没比他们做得更好：他们为炫耀自己而耗资巨大，他们乘轿子，养成"柔弱之人"才有的可耻习惯，这些习惯激起以库托为代表的"军人专家"的愤慨[3]。弗朗西斯科·罗德里格斯·西尔维拉则更进一步，他以史为鉴，通过揭示亚洲财富导致了罗马帝国的覆灭，指出腐败、堕落拖垮了"印度政厅"的统治[4]。他认为来到印度的葡萄牙军人的命运是可悲的："他们中的大部分人到来时手里连 1 个里亚尔（西班牙古银币）都没有，连到达后第一天的饭钱都没有……饥饿使他们衰弱，许多人患病死去"，"多难而贫苦的状态令他们难以忍受"[5]。《葡萄牙军人专家对话》（1612）中有着同样的笔调与尖刻的批评，库托在该书中回顾了"印度政厅"的各种弊端：因不良管理引起的混乱、腐败与浪费。在墨西哥，克里奥尔人多兰特斯·德·卡兰扎写下的论述中有抨击新西班牙的伊比利亚人的尖刻话语。卡兰扎因他的同代人的勃勃野心以及刚刚到来的暴发户们的社会地位的上升而反感、恼怒。但是，印第安人的生存状况更加糟糕，这不仅表现在

---

1 Brandão, 1997, p. LI.

2 *Ibid.*, pp. LII, L, LI.

3 Couto, 1988, p. 123.

4 Silveira, 1996, p. 199.

5 *Ibid.*, pp. 22, 23.

物质条件上，还表现在身体状况上。殖民征服导致的混乱腐蚀了古老的价值观，滋生了青年人的堕落，年长些的人为他们感到羞耻："现在18 岁、20 岁左右的印第安人非常堕落、下流，他们酗酒、爱偷东西、喜欢性冒险，有杀人者、强盗，有顽固对抗的、胆大妄为的、贪食的，还有没有教养的！"[1]

那些针对伊比利亚人整体的批评更加激进。瓜曼·波马针对秘鲁的"善政"而展开的论述包含了对西班牙人的暴力行为的激烈指责，"20 年来，这个王国里没有任何一个印第安人不为您的王权服务，不在捍卫我们神圣的天主教信仰。因为，没有这些印第安人，陛下就毫无价值，正是得益于这些印第安人，卡斯蒂利亚才是卡斯蒂利亚。……您应该认识到整个世界都属于上帝，卡斯蒂利亚属于西班牙人，印度群岛属于印第安人"[2]。波马向西班牙君主发出绝望的呼声："你在哪里？我们的国王、君主菲利普，你在失去你的王国与财富吗。"[3] 激烈的控诉与对征服者的道德伦理的讽刺相交替，笔调自由，在整个西葡帝国独一无二，似乎预示了 17 世纪英国的激进运动[4]。

将世界的不同部分连接起来

所有的西欧专家都创造并发展了将欧洲与他们所寄居或来自的国家联系在一起的方式。他们谈论的是征服史、殖民史，还有那些不屈

1　Durán, 1967, I, p. 188.

2　Guaman Poma, 1980, III, pp. 982, 929.

3　*Ibid.*, p. 1017.

4　如"威廉·兰格兰（William Langland，约 1330—1386）的《把犁人皮尔斯的幻象》中的社会激进主义和中世纪的虔诚"，in Brading, 1991, p. 165.

服的王国（中国、日本）的历史，伊比利亚的、克里奥尔人的、美洲印第安人—欧洲白人混血儿的历史、土著人的历史，这一点并不重要。重要的是，他们对事物的审视总是将地区现实与西葡帝国的背景相联系，随着伊比利亚全球化的展开，将触角伸向新的地域与新的社会。

这种联系在极其多样的道路上发展。当涉及的专家是国王的编年史作者迪奥戈·多·库托时，这种联系是官方联系。在涉及墨西哥克里奥尔人或美洲印第安人—欧洲白人混血儿时，更加个人化。安东尼奥·德·萨韦德拉·古斯曼将他对地区的理想化观念插入西班牙殖民史中。他的《印第安朝圣者》（1599）如同一部史诗，使对墨西哥的征服成为伊比利亚半岛与新西班牙之间重要的、令其引以为荣的连接。对地区历史的恢复可以走向深入，并掌握印第安人的编年史，这有益于将伊比利亚半岛与新西班牙这两个地区连接起来。巴尔塔萨·多兰特斯·德·卡兰扎并不仅仅在阿兹特克人与信仰《旧约》的犹太人之间建立比较（"最后的部落是阿兹特克人部落……它是最为著名的部落，如同犹大之大部落之于犹太人"），他通过阐述该城的古代历史及它"不可思议"[1]的建立过程，证明了选择墨西哥城作为新西班牙首都的理由。任何象征性的资本，哪怕是神话性的资本，都应该接受吗？

将一个地区与另一个地区连接起来，并不限于将土著事物翻译成伊比利亚语及欧洲符码。如果不涉及欧洲事物的印第安化或非洲化，这种联系就是不完美的。僧侣萨哈贡将大部分精力用于将纳瓦特尔语译成卡斯蒂利亚语，赋予基督教经文一个印第安语言版本。而且，他从被征服者的语言中获取某些意象与隐喻，从而拉近了基督教信仰与

1　Dorantes de Carranza, 1970, pp. 3, 7.

刚皈依的异教徒之间的距离。叙述与神话从一个地区转移到另一个地区：伊索寓言在日本与墨西哥被翻译，伊比利亚的、混血儿的、土著的编年史作者对印度人与美洲人的寓言感兴趣。西葡帝国的混合世界也是各个地区"互相联系"的混合世界。土著臣民与混血儿臣民不得不将他们自身的历史、甚至还有他们的世界观（纳瓦特尔人称之为"anahuac"）与基督教世界、伊比利亚世界相连接。对于这种情况的混血儿来说，任务是双重的。它不但更加复杂，而且更加需要技巧，因为他们既需要将自身与土著历史相联系，又要与基督教、欧洲历史相连接。与迭戈·穆尼奥斯·卡马戈、费尔南多·德·阿尔瓦·伊克斯特尔克斯奇特尔比肩的一些历史学家在新西班牙致力于此。的确，其他的美洲印第安人—欧洲白人混血儿如鲁伊·迪亚斯·德·古斯曼、迭戈·瓦拉德斯更喜欢置他们自身的印第安人身份于不顾，而打出克里奥尔人牌。

对于印第安人来说，建立上述联系似乎简单一些。我们已经对查科编年史作者多明戈·齐马尔帕赫恩比较熟悉。他的《描述》是土著编年史，是前西班牙时期与殖民时期的法典，涉及移民、征服、联盟与系谱。此外，齐马尔帕赫恩还发掘欧洲文献[1]，他按照一种属于自己的方式将查科—阿梅卡梅卡领地的历史（齐马尔帕赫恩将其称为"地区的"历史）纳入伊比利亚全球化视角下，并从墨西哥城的角度阅读这一历史。这种手段为这位查科编年史作者带来模糊性与价值。齐马尔帕赫恩为将不同地区联系起来，抄袭了海因里希·马丁的《新西班牙时代与自然史汇编》（1606）。他用"一部开天辟地的书、我们的第

1　López de Gómara, ou l'*Historia pontificial ycatólica* de Gonzalo de Illescas.

一任父亲亚当与第一任母亲夏娃的书"开启了他针对基督教世界历史的编年史。齐马尔帕赫恩（更进一步地）将美洲发现纳入对墨西哥历史的建构中。在那里，可以看到，在对1484年发生的重要事件进行阐述的同时，还提及克里斯托弗·哥伦布对卡斯蒂利亚君主、阿拉贡君主的拜访，"也是在1484年，他来到费尔南多与伊莎贝尔的卡斯蒂利亚王宫。到访之人名为克里斯托弗·哥伦布，他并非西班牙人，西班牙不是他的祖国，他来此之前，住在被称为'纳尔维'（Nervy，意为'紧张'）的城市，该城市受控于并紧挨着一座名为'热那亚'（Gêne，意为'窘迫'）的城市……"[1]。

齐马尔帕赫恩这位印第安编年史作者将德国人马丁的卡斯蒂利亚语散文翻译成纳瓦特尔语，并加以改编，他采用的观点使得自己必须要校正欧洲版本。对美洲的"发现"不再仅仅是一种"到达"，而新西班牙因是哥伦布行动的专属目的地而闻名，这一点先于它所涉及的新大陆问题[2]。显然，从查科或墨西哥城的角度看，探险旅行的目的地既不能是哥伦布所去的亚洲，甚至也不能是新大陆，而应是齐马尔帕赫恩作为其最后的土著编年史作者之一的千年大陆。1493年，齐马尔帕赫恩的编年史视角又发生了改变。此前，它一直限于通过将墨西哥与欧洲这两个"地区的"编年史的并置，对比这两个地区所发生的事件。从1493年开始，齐马尔帕赫恩的编年史视角发生了全球化。概要性的叙述回到全球框架下，提及对教皇亚历山大六世谕旨的接受："教皇宣

1　Chimalpáhin, 1998, I, pp. 274-275.
2　*Ibid.*, pp. 274, 277.

布了如何（对世界）进行划分。"[1]

齐马尔帕赫恩与"地区"的关系、与"全球"的关系体现了西班牙—印第安人社会在一个世纪当中所发生的变迁。"地区的事物"[2]是接近的、熟悉的，同时也是查科数百年的遗产。但是，新西班牙作为祖先的空间最终被西班牙人所构想与实施的殖民活动所"玷污"。同样的矛盾出现在齐马尔帕赫恩翻译"新大陆"（新世界）一词的方式上。他没有采用西班牙语"新世界"的表达方式，而是使用了一种混合用语，它从纳瓦特尔人的世界（cemanahuatl, cemanahuac）观出发，但是赋予这一承载着宇宙共鸣的观念以西方投射。

这种智识活动并不是孤立的[3]。新西班牙的美洲印第安人—欧洲白人混血作家们，费尔南多·德·阿尔瓦·伊克斯特尔克斯奇特尔、胡安·波马尔、迭戈·穆尼奥斯、卡马戈采用了其他路径，但这些人却有着共同的抱负，即使自己建构的地区历史同时也成为世界历史。新西班牙所有混合血统的文人往往使处于西葡帝国其他部分的文人试图想象与书写的东西得到了最高体现。

---

1 Chimalpáhin, 1998, I, p. 293. 书中这段话的几页之后，谈及 1518 年，随着西班牙人入侵墨西哥，墨西哥与欧洲这两个地区的联合才告达成。

2 在纳瓦特尔语中，用地点副词"这里"（*ypan*）来指代。

3 *Ibid.*, p. 191. 可以将这种阐释方式与克里奥尔作者安东尼奥·德·萨韦德拉·古斯曼的阐释进行比较，后者将"新世界"的概念与"墨西哥帝国"的概念相联系。*El peregrino indiano*, édit. par José Rubén Romero Galván, Mexico, Consejo Nacional para la Cultura y las Artes, 1989, pp. 71-72.

个人命运与伊比利亚全球化

男人们与女人们在各处面对的环境、生存条件、智识挑战使他们不得不重新确定自己的出身、种族与身份[1]。各种联系与所涉对象的扩大、距离遥远与中心偏移的影响、人们的流动性，这一切都不断产生未曾料到的空前状况，使人们对世界上的事物的观点与书写受到影响。但是，很少可以找到与身份、血统相关的内心感受的书写。1591 年，青年医生胡安·德·卡德纳斯热情地赞颂他的"故乡"——"我那亲切而美好的故乡孔斯坦蒂纳，在那里，塞维利亚女神欢乐嬉戏……"[2] 而后，他突然发现自己赞美的是"外国之地"——墨西哥，然后更正道："但是，我为何说是外国呢，我有理由说，它是我们自己的。"[3] 墨西哥克里奥尔人安东尼奥·德·萨韦德拉·古斯曼在赞美《印第安朝圣者》的成功的一首应时的 14 行诗中解释了《印第安朝圣者》如何最终被与他所颂赞的土地——新西班牙连接起来。该诗歌将安东尼奥所居住的墨西哥表现得魅力十足：

> 你为墨西哥对你的接待付出了代价，
> 这片土地将骄傲地说你是他的。[4]

1　探察应延伸到伊比利亚统治的美洲的其余部分、非洲与亚洲，还有地中海世界，后者参见 Bartolomé et Lucile Bennassar, *Les Chrétiens d'Allah. L'histoire extraordinaire des renégats, XVIe-XVIIe siècles*, Paris, Perrin, 1989.

2　Cárdenas, 1988, p. 201.

3　*Ibid.*, p. 202.

4　Saavedra Guzmán, 1989, p. 74.

如果我们想到该诗人本就生于墨西哥城，那么这种推理便使人感到惊讶。也许这一证据显示了在 16 世纪末，出生在墨西哥并不足以说明自己是墨西哥的子孙！

在不同地区之间的摆渡并不容易，也不总是可以取得成果[1]。巴尔塔萨·多兰特斯·德·卡兰扎没有掩示自己的气恼与绝望。他到处看到在西班牙的武器与征服的喧嚣中产生的社会——西班牙殖民者、土著村落领主与所谓"有功者"组成的社会的崩溃，他无法听任这种堕落。社会的衰退景象在他身上滋长了他的个人痛苦，混合了不安、忧愁、灰心与哀伤："我因一场漫长而无休止的疾病而病倒，我是如此沮丧，以至于我有千百次想将一切付之一炬而不再继续"[2]。多明我会修士杜兰为墨西哥城的衰落、印第安贵族的沉沦、悲惨与贫困而悲伤[3]。

但是，当一个人声称自己是西葡帝国内的印第安人出身并滋生出一种与瓜曼·波马对土著人相同的悲观想法时，采取了何种立场？瓜曼·波马这位秘鲁编年史作者的激进主义批判令人震惊，而他从未与西班牙王室关系破裂。正如阿多诺所写，不可将其与"为了填补交流联系之空白的竭尽全力的努力"[4]混为一谈。瓜曼·波马运用文学形式与体裁，将编年史与抨击时弊、说教相结合，揭示了印第安人所无法

1　针对该主题，召开过如下研讨会：les colloques《Passeurs culturels》réunis à Séville (1995), Lagos (1997), Mexico (1999), Tiradentes (2001) et Lima (2002). 参见 Rui Manuel Loureiro et Serge Gruzinski (éds), *Passar as fronteiras. II Colóquio Internacional sobre Mediadores Culturais, Séculos XV a XVIII,* Lagos, Centro de Estudos Gil Eanes, 1999.

2　Dorantes de Carranza, 1970, p. 239.

3　Jorge Alberto Manrique, *Una visión del arte y de lahistoria*, Mexico, UNAM, 2000, I, p. 166.

4　Adorno, 1988, p. 142.

忍受的殖民社会的各种矛盾[1]。在波马那里，对字母文字、卡斯蒂利亚语、文学手法与地图绘制术、欧洲图像与观念的适应使其巧妙地捍卫了地区视角，它表现为典型的土著观点。但是，该作者仍然可以区分土著范畴与欧洲范畴吗？对"颠覆了世界的"殖民统治的质疑伴随着对西葡帝国的一次又一次的效忠。这位秘鲁编年史作者尽管鲁莽而轻率，但他从未质疑西葡帝国统治体系的根基、这位世界的君主的至高无上的权力。波马在这种观念下的政治、社会与文化的表达中，提出印第安人酋长应该重新掌握权力，但是他们得在世界君主的权杖下行事，按欧洲人的方式穿着打扮，学习拉丁文与印第安人的法律，按照时钟计时来安排工作时间，使自己成为基督徒的样板[2]。比瓜曼·波马稍显温和的批评者迪奥戈·多·库托在《葡萄牙军人专家对话》中赞扬了这一共识的力量："从疆域的面积、司法权限、城市的辉煌、财富与其所庇护的基督徒上来说，它是世界上最大的帝国。从索法拉、印度到日本，居住着两百多万基督徒，还不算每天继续增加的接受洗礼的大量的新基督徒。"[3]

对于西葡帝国的美洲拥护者、非洲拥护者与亚洲拥护者来说，西葡帝国与世界是融为一体的。这个庞大的帝国将他们聚集起来，拥抱他们，使他们受到鼓舞。在那里，除西葡帝国之外，没有其他可能。同时，他们的知识与存在将他们与一些中间地带（在很长时间里我们将它们视作外围空间）联系起来，他们总是处于来自不同地域的人们

---

1   Adorno, 1988, p. 143.

2   Guaman Poma, 1980, II, p. 798; Brading, 1991, p. 159.

3   Couto, 1988, p. 133.

仪式花瓶 "克洛"
秘鲁
约 1650 年
伦敦大英博物馆

中间[1]。结果令人印象深刻，来自五湖四海的、各种血统的专家经营着混杂的、临时安排的、顽强坚持的不同事业，在知识上，欧洲的知识与土著的知识相混合，西方的知识常常多于土著的知识，但是它们经过了美洲化、非洲化或东方化，这些使得我们不可以将它们与欧洲陈列馆中展示并传播的东西相混同。对于这些探察到的宝藏，西欧即使在今天也远未吸收消化。大量手稿佚失，或者直到19、20世纪才在其他背景下、其他的全球化背景下得到出版。但是，最主要的不是这些探察结果与探察者的命运，而是实地联系与交流的增多带动了全球范围内的收集与探索工作。缓慢地逐渐建立起一系列关系的这个过程（以大量的对抗与同谋为代价）构建了伊比利亚全球化，并将西葡帝国的不同地域互相连接起来[2]。

1　针对同样也可以作为"中间地带"的里斯本与塞维利亚，参见 Louise Bénat Tachot, 2001, pp. 15-354.

2　大部分专家都保持了对西葡帝国的忠诚，个别人因各种原因成为例外。如在日本，耶稣会士克里斯托沃·费雷拉发誓放弃天主教信仰。又如，果阿大主教秘书林德肖腾回到荷兰后，投奔了异端分子、马德里的敌人的阵营，他将自己关于葡属亚洲的知识贡献给了他们。

第 11 章

早期的全球化精英

当我们的双脚踏上朝鲜的土地，我们就可以将双臂从那里伸至中国。

——罗德里戈·德·比韦罗

（即墨西哥城的克里奥尔人、德瓦尔·德·奥里扎巴伯爵）

1609 年

虽然西葡帝国专家的全球视野如此广阔，但是他们中的大部分人都只是钟情于世界的某一个地区。他们中无论是克里奥尔人还是欧洲人、混血儿还是土著人，都很少活跃在前台，而是远离西葡帝国的重要机构，展开地区职业生涯，或者他们仅限于从事二流工作。相反，西葡帝国的其他臣民则在各个大陆之间迁移，思考并进行世界的不同部分之间的联系，同时实施宗教、政治与智识上的计划，规模空前。从许多方面看，这些人都是迁移者，他们预示了当代的全球化精英的出现。

天主教精英

我们对天主教精英阶层所知甚少，因为他们受制于国家历史编纂的局限。许多伊比利亚全球化的工匠失去了原来的身份地位变得面目全非，完全隐没于历史舞台。某些人对于西葡帝国体制内的历史学家来说并不陌生，如西印度群岛总督与葡属印度总督、安东尼奥·德·门多萨、路易斯·德·维拉斯科、弗朗西斯科·德·托莱多、西班牙帝国听证会主席与法官、安哥拉总督、巴西总督[1]。来自西班牙的总督们相继统治墨西哥与安第斯地区，他们与那不勒斯的总督们之间的联系超越了大西洋与地中海西部，带动了一批全球化精英的出现，如维拉斯科父子、蒙特雷伯爵、蒙蒂斯克拉罗斯侯爵、瓜达尔卡扎尔侯爵[2]。各种风尚、观念、书籍以及清客随他们一道迁移。当埃斯基拉切亲王、秘鲁总督弗朗西斯科·德·博尔贾·伊·阿拉贡与妻子安娜、两个女儿在利马定居下来，围绕着他的是 174 位随从人员[3]。其他不太为人瞩目的但也许更显示了西葡帝国荣耀的人物在多个大洲履职并努力在"世界的四个部分"之间寻求发展。

葡萄牙人路易斯·门德斯·德·瓦康塞洛斯的职业生涯在全球的一个大范围内展开。在欧洲，这位军人参与了西班牙人对亚速尔群岛的探险旅行与佛兰德斯战争；在亚洲，他是东方舰队上的"总队长"，后

1　Ernesto Schafer, *El Consejo realy Supremo de las Indias*, 2 vol., Séville, 1935 et 1947（该著作中有关于这些洲际活动的大量实例）; *Los virreyes españoles en América durante elgobierno de la Casa de Austria*, édit. par Lewis Hanke et Celso Rodríguez, Madrid, Atlas, 1978; José Ignacio RubioMañé, *El virreinato*, Mexico, FCE, 1983, 4 vol.

2　*Ibid.*, pp. 236, 240.

3　*Los virreyes…* (1978), II, p. 158.

来他还在非洲担任安哥拉总督（1617—1621）。瓦康塞洛斯想方设法获得埃塞俄比亚总督一职，于是结交了安东尼奥·费尔南德斯·德·埃尔瓦斯，后者在黑奴贸易中享有至高无上的权力，他使南大西洋成为新的波托西。门德斯·德·瓦康塞洛斯甚至有时间书写了针对里斯本的兵法名著《论保卫西班牙帝国》（1612），还用葡萄牙语与卡斯蒂利亚语创作了一些双语诗歌 [1]。如他一样，这些西葡帝国的效忠者往往也是决策者，他们可能在生命的某个时刻被召唤而采取积极行动，活动范围涉及自身所在大洲或更广阔的范围。当王室赋予他们政治责任，他们会处理跨大洲的文件，甚至有时超越伊比利亚统治的边界，为了关注当时仍然反抗西葡帝国的亚洲势力——中国、日本、印度莫卧儿帝国、奥斯曼帝国。他们致力于使西葡帝国的界限与世界的边界相重叠，于是建立了全球化精英的最早的分遣队，赋予他们普罗米修斯的使命：将菲利普国王的臣民联系在一起，并支持伊比利亚王国应对它在全球、欧洲与亚洲的对手。

从中国到拉普拉塔河地区

马丁·依纳爵·德·马莱亚·罗耀拉生于 16 世纪中叶，他诞生时的星位似乎注定了他将周游世界、思考世界。由于他母亲的原因，他是圣依纳爵·德·罗耀拉的侄孙。他的父亲是马莱亚家族人，该家族习惯于在西葡帝国的欧洲范围与大洋范围内穿梭往来，在佛兰德斯、

1 *Do sitio de Lisboa*, édit. par José da Felicidade Alves, Lisbonne, Livros Horizonte, 1990; Luiz Felipe de Alencastro, *O trato dos viventes, Formação do Brasil no Atlântico Sul*, São Paulo, Companhia das Letras, 2000, pp. 96-97.

那不勒斯、马耳他、西西里、"印第安舰队"[1]效力。马丁的声望归功于一篇文章——《修会省总长马丁·依纳爵的旅程》，见于胡安·冈萨雷斯·德·门多萨的名著《中国历史》，该著作在欧洲大获成功[2]。但是，并不是文学上的声誉而是他的个人发展所在的空间使马丁成为早期全球化精英的代表人物。

他的职业生涯的第一部分在马尼拉、澳门与马六甲这些西葡帝国的亚洲势力范围内展开。西班牙的奥古斯丁派教徒先于方济各会修士踏上中国之路。他们中的马丁·德·拉达很有可能鼓舞了马丁·依纳爵·德·罗耀拉前进的脚步。拉达在巴黎与萨拉曼卡完成学业后，于1561年来到墨西哥，在那里他学到欧多米语，为这一语言写作了一本入门教材和一些教科书。之后他离开了哈利斯科主教辖区，与莱加兹皮、乌尔达内塔一起于1564年启程展开探险旅行，开辟了通向菲律宾的道路。在到达菲律宾群岛后，他成为该修会省的省长。他学习宿务的语言，写作了一本基督教教理书，后来又学习了中文。他在中国的各种尝试均以失败告终。这个不知疲倦的人此后又参加了对婆罗洲的探险旅行，在回马尼拉的途中死去。拉达以其知识、灵活性与各项计划展现了自己作为全球化精英的才能：全球流动性、宏伟的计划（包

1　Martín Ignacio de Loyola, *Viaje alrededor del mundo*, édit. par J. Ignacio Tellechea Idígoras, Madrid, Historia 16, 1989, p. 31.

2　Juan González de Mendoza, *Historia del gran reino de la China*, Madrid, Miraguano Ediciones, Polifemo Ediciones, 1990. 该作品在罗马出版后，接着在西班牙各地出版（Valence, 1585; Barcelone et Madrid, 1586; Saragosse, 1588; Medina del Campo, 1595），然后在安特卫普与意大利各地出版（罗马6个版本、热那亚1个版本、威尼斯1个版本，1586），之后出现德国版（Francfort, 1589; Leipzig 1597）、荷兰版、法国版（en 1588, 1589, 1600）、英国版（Londres, 1588），还有拉丁语版（Francfort, 1589 et 1599, Anvers, 1595; Genève, 1606）（Loyola, 1989, p. 89）。

括在中国进行福音传教）及对非欧洲语言（美洲印第安语言、亚洲语言）的掌握。

1581 年，马丁·依纳爵·德·罗耀拉离开了塞维利亚，在一群方济各会僧侣的陪伴下展开亚洲之行。他穿越了新西班牙，那是他去往菲律宾的必经之地。他于 1582 年 3 月离开阿卡普尔科，在"世界上最广阔的海洋上航行，看不到陆地"。到马尼拉后，他决定与另 6 位僧侣一起去往澳门，去向该地区的葡萄牙人宣告菲利普二世登基以及西班牙与葡萄牙两个王国的联合。他还想去交趾支那传教。然而，僧侣们乘坐的船只却在中国这"世界上最好的土地"[1]的沿海地带搁浅，历经千难万险才回到澳门。如果没有在中国前哨的葡萄牙人的协助，他们就无法在世界的这个部分进行福音传教。各种交涉导致教会版图的大胆改组，澳门的修道院与马六甲的修道院从圣格雷戈里奥的西班牙修会省脱离出来，马丁成为新的亚洲修会省总长。他来到马六甲，但是他在那里并不受欢迎，于是他踏上回欧之路，经由锡兰、杜蒂戈林、科钦、果阿、马达加斯加、圣赫勒拿，于 1584 年 8 月到达里斯本。他的第一次环球之旅全线失败？并没有完全失败。马丁带回了详细叙述他的中国之行的《修会省总长马丁·依纳爵的旅程》，并在 1584 年逗留罗马期间获得教皇格里戈利十三世的批准，可以带着国王的同意书重返中国。回到亚洲：他这一次途经里斯本与果阿，他的出现激怒了葡萄牙方济各会修士，他们反对这位西班牙传教士的到来，将其称为"圣弗朗索瓦修会被解职的神父们派到中国地区的特派员"[2]。从 1585 年到 1587 年，马丁在澳门重新负责方济各会修院，但却遭到来自葡萄牙

---

1 Juan González de Mendoza, 1990, pp. 31, 159.

2 *Ibid.*, pp. 36, 43.

当局、耶稣会士甚至还有中国人三方的敌视，中国人将他从广州驱逐出去，尽管他学会了"不少中国官话及其文字"[1]。西班牙人与葡萄牙人之间在世界的这个部分的竞争的最终结果为僧侣们的失败，他们不得不甘心情愿地经由马尼拉与墨西哥回到西班牙。马丁想说服菲利普二世，激起他对葡萄牙人的敌视，结果徒劳无功。1589 年，马丁·依纳爵·德·罗耀拉在他完成第二次环球之旅返回后，隐居到卡达哈尔索修道院，最终放弃对中国的福音传教。

这只是短暂的放缓。1595 年，这位僧侣与几位传教士一道启程，经巴拿马、南太平洋与智利赴拉普拉塔河地区。马丁开始了他的传教活动的第二阶段，扎根南半球。马丁用了 12 年时间使巴拉圭与图库曼的"异教徒"皈依基督教，努力找到"足够的补救方法来帮助这些地区"。基于他的亚洲经验，他留意使那里的主教与修会会士隶属于同一个托钵修会，为了避免他在世界其他部分所经历过的冲突[2]。1601 年他被任命为拉普拉塔河地区主教[3]，作为方济各会修会省总长来到拉普拉塔河地区，全身心地专注于百废待兴的这一新的大教区。他必须引进（传教所需的）装饰品、图像、"日课经、教理书、圣咏书……"。他从圣洛伦佐·德·埃斯库里亚隐修院得到 30 多本弥撒经本捐赠，葡萄牙总督寄给他一些里斯本的时钟，波托西银行给予他一笔资金援助。马丁从西班牙返回后，在布宜诺斯艾利斯建立了一个兄弟会，1603 年，他鼓励该地区消减方济各会。

亚松森（巴拉圭）主教会议是马丁的主教任期中的最高潮，他将瓜

1　Juan González de Mendoza, 1990, p. 47.

2　*Ibid.*, p. 69.

3　*Ibid.*, p. 71. 亚松森是这一主教辖区的别称。

葡萄牙航船在澳门
1577 年

拉尼语选定为当地福音传教的语言，强制使用方济各会士博拉尼奥斯的教理书，接受利马第三次主教会议通谕。1605 年，这位筋疲力尽的僧侣—主教向菲利普三世请求"回到西班牙终老"，而且表示"一个如此贫穷的主教知足而乐"。徒然，一年后，马丁在布宜诺斯艾利斯辞世[1]。

马丁·依纳爵·德·罗耀拉在世界上这个遥远的部分，还负责了另一项事务。西班牙在拉普拉塔河地区的机构力图与巴西通商，虽然 1594 年、1595 年、1600 年反复颁布的禁令显示，王家敕令遭到了强有力的反抗[2]。对一片资源匮乏而且被英国海盗不断侵扰的海岸地区的控制与发展对该地区来说是一个生死攸关的问题。为强化地区防御而制定的措施很少有效，因为西葡帝国的优先事宜很少与世界的这个部分的需求相一致。当菲利普二世决定任命一位领主来保卫布宜诺斯艾利斯港时，马丁连同他手下的 300 人被紧急派往意大利。布宜诺斯艾利斯再次为缺乏政策手段的全球战略付出代价,（西葡帝国的）全球战略因势力范围分布在两个半球而左右为难。1594 年颁布的与巴西通商的禁令导致这一依赖贸易的城市布宜诺斯艾利斯的人口严重流失，并影响它的未来。怎样才能获得"宗教与世俗援助"？ 1600 年 7 月，布宜诺斯艾利斯市政当局请马丁赴西班牙协商布宜诺斯艾利斯港的重新开放。在马德里，这位方济各会修士阐述，如果可以授权允许"将布宜诺斯艾利斯的商品出口到巴西、几内亚及其他邻近的岛屿与大陆，并换取服装、铁、黑奴及其他东西"[3]，布宜诺斯艾利斯当局就可以强

1　Juan González de Mendoza, 1990, pp. 81, 84.

2　Alice Piffer Canabrava, *O comércio português no Rio da Prata (1580-1640)*, Belo Horizonte, Editora Itatiaia, 1984.

3　Loyola, 1989, pp. 63, 72.

有力地禁止外国商人的进入，并监控交易。马丁的主张取得了胜利。
1602 年 8 月 20 日颁布的王家法令确定了交易商品的数量与性质——"面粉、风干肉、油脂"，这些商品每年可以从布宜诺斯艾利斯输出到巴西。
该项贸易在 6 年中被允许，而金钱则一直在布宜诺斯艾利斯被禁止离境。这一决定在当时为该城市的未来打下了一个次级基础，保证了它在未来的发展。

另一个问题在不久之后发生。许多葡萄牙人从这一平静缓和期中获益，在布宜诺斯艾利斯定居、结婚。正如教会当局经常怀疑那些在西班牙和葡萄牙境内被迫改信天主教而暗地里依然信奉原来宗教的犹太人，1603 年，西班牙王室颁布法令驱逐了 40 名葡萄牙血统的臣民[1]。
马丁当时正在菲利普三世近前为布宜诺斯艾利斯辩护。如果说印度群岛接收了"如此多出身低微的人、新皈依的基督教徒、希腊人、法国人、佛兰德斯人与其他种族的人"是可耻的，那么"50 年来进入这里的人同每年进入巴拿马的人一样多"就是不合理的。在布宜诺斯艾利斯结婚的葡萄牙人大多专注于手工艺或农业，为拉普拉塔河地区的繁荣贡献了力量。他们难道不是同一个国王的臣民？宗教裁判所的镇压与西班牙王室的监视在农布雷·德·迪奥斯港（巴拿马）与圣胡安港（加勒比海）等其他港口也纷纷展开，因为"秘鲁与墨西哥到处都住着外国人"。

1　针对新基督徒迪奥戈·德·维加（Diogo de Vega）在布宜诺斯艾利斯发挥的作用，
参见：Regina Maria d'Aquino Fonseca Gadelha,《Judeus e cristãos-novos no Rio da Prata.
A ação do governador Hernandarias de Saavedra》, in Anita Novinsky et Maria Luiza Tucci
Carneiro (édit.) *Inquisición. Ensaiossobre mentalidades, heresias e arte*, São Paulo, EDUSP,
1992, pp. 355-388.

骑马的葡萄牙人在澳门
约 1650 年

全球视野

马丁·依纳爵·德·罗耀拉的事业与流动性相适应,这种流动性吸引了天主教精英们走向世界。马丁的第一次旅行从塞维利亚经马尼拉、澳门到达里斯本,行程 9040 古里。他在一生中两次周游西葡帝国,相当于两次周游世界。他来到南美洲,经秘鲁、安第斯地区与智利到达拉普拉塔河地区。为了去亚洲并经由太平洋返回,他两次穿越墨西哥,将墨西哥置于他所到过的"除中国之外世界上最大、最富有的王国"之列。可以理解,在马丁那里,这一比较是自然而然的反应,他效仿巴托洛梅·德·拉斯·卡萨斯的做法,是其专注的读者。

马丁·依纳爵·德·罗耀拉对他所观察的东西进行了比较。在新墨西哥之旅中,他在"一个村子里看到笼中的一只喜鹊,像在卡斯蒂利亚一样,还看到女用小阳伞,这些伞和中国的伞一样,伞上画有太阳、月亮与很多星星"[1]。在这种比较中,西班牙并不总是占上风:苏州府(Saucheofu)这个中国城市的面积是塞维利亚的 3 倍,莫卧儿帝国是仅小于中国的大帝国[2]。他在赴亚洲与拉普拉塔河地区旅行时经常出入的里斯本港对他来说,变得与塞维利亚港同样熟悉。他对布宜诺斯艾利斯、马六甲、广州的商业活动同样感兴趣。例如他估计"每年从广州向葡属印度群岛输出 3000 公担(1 公担相当于 100 公斤)生丝,向日本出口一些生丝,还向菲律宾出口逾 15 艘船生丝"[3]。因此,马丁这位上帝的使者一直窥伺着一个有利于他在所造访的地区进行福音传教

---

1 Loyola, 1989, pp. 125, 134.

2 *Ibid.*, pp. 159, 200.

3 *Ibid.*, pp. 188, Malacca, 165-166.

的时机，他的《修会省总长马丁·依纳爵的旅程》首先是对中国与亚洲诸王国的宗教形势的判断[1]。

马丁的活动从表面上看，证明了一种全球性的分散状态，他的活动所围绕的各种问题之间似乎并无关联。如果我们将他的活动置于西葡帝国的整个范围、全球交织的多个网络之中的话，他的介入则显得更加具有逻辑性。首先是教会网络，因为方济各会士马丁所属的修会从中世纪开始就往亚洲派遣僧侣，而马丁则从伊比利亚流动性中获益，开启迈向世界的脚步。在这方面，马丁成为与耶稣会相匹敌的对手[2]。马丁还是澳门修会省总长，后来又成为"拉普拉塔河地区修会省第三任总长"。他与另一跨大洲的机构——宗教裁判所圣职部也保持着联系，他是圣职部拉普拉塔河地区特派员。这些教会网络同时还夹杂了16世纪的家族与"民族"网络。马丁属于巴斯克"民族"，和他的许多同道会友一样，都是罗耀拉家族的人，他不仅是圣依纳爵的侄孙，还是1598年死去的智利总督马丁·德·罗耀拉的堂兄，后者击败了最后一位印加王图帕克·阿马鲁（1572），并娶了印加帝国公主、继承人比阿特丽斯·克拉拉·科亚·德·门多萨为妻。除此之外，马丁还有一张可以在菲利普三世统治下运用的政治王牌：他的叔叔是莱尔马（墨西哥）公爵，他是菲利普三世的宠臣，此人为马丁得到了亚松森"悲惨的主教冠"。

尽管马丁的活动地域之间相距遥远，他在亚洲与美洲的事业却有

1　Rafael Valladares, *Castilla y Portugal en Asia (1580-1680). Declive imperial y adaptación*, Louvain, Avisos de Flandes, Leuven University Press, 2001.

2　贝纳迪诺·德·萨哈贡为基督教信仰在亚洲的发展而欢呼。Sahagún, 1977, III, p. 357.

着共同点。这位僧侣的关系网络服务于西葡帝国的全球利益。使中国皈依基督教的问题、马尼拉与澳门的关系问题、与巴西及几内亚的贸易自由问题都使马丁面临着葡萄牙与西班牙势力范围之间的边界难题。葡萄牙王国与西班牙王国之间的联合并未消除这些难题。葡萄牙人与卡斯蒂利亚人虽是同一国王的臣民，是同一宗教的信徒，但是这赋予西葡帝国的优势被那些将教士与官僚对立起来的敏感性大大抵消了。在南美洲，巴西与西班牙属地之间的界线在物质上非常不明确，在亚洲，这种界线则更加模糊，甚至可以说，在亚洲的远海，不知名的岛屿与未屈服于西葡帝国的岛屿之间的界线是不存在的。

马丁从未将自己局限在地区与区域范围内。他认为将拉普拉塔河地区纳入西班牙帝国不仅带来后者与葡属巴西之间的关系问题，也带来了某些利好。拉普拉塔河水路为官方的道路提供了一个替代方案，它将安第斯地区的银矿与加勒比海诸港口连接起来，在那些港口，有大西洋上的西班牙舰队等待着秘鲁矿产的到达。通过中止波托韦洛（巴拿马港口城市）的垄断地位，发展图库曼的水路，开辟了波托西银矿的新的输出道路，使拉普拉塔河的贫困地区受益[1]。而且，布宜诺斯艾利斯可以为派往智利的部队提供战略支持[2]。对于那些指责布宜诺斯艾利斯导致了"西班牙对印度群岛的贸易失败"的人，马丁作为西班牙帝国的臣民与参与者予以了反驳。他认为如果考虑到"有数百万人从秘鲁与墨西哥驶向菲律宾"和那些"承载着进入秘鲁的大部分走私

---

1 查科斯听证会主席提出："图库曼应该在布宜诺斯艾利斯有港口"。图库曼主教揭露了关闭布宜诺斯艾利斯港的恶果："如果布宜诺斯艾利斯港完全关闭，我们将只能赤身裸体或穿着动物的毛皮行走……"。Loyola, 1989, p. 64.

2 *Ibid.*, p. 81.

商品"的船只的话，那么认为布宜诺斯艾利斯为西班牙国王带来财政损失的观点便是错误的。马丁提出，"我所讲述的这些并不是道听途说之事，而是我亲眼所见，我在卡亚俄港看到一艘载有中国商品的船只，那些中国商品的价值比50年来进入此港的商品的全部价值还要多，比我所在的那个修会省的商品总价值也更多"。总之，拉普拉塔河的连接性与中国的连接性互相对立。这个问题超越了贸易自由的范围。在马丁·依纳爵·德·罗耀拉的心中，经济与政治并驾齐驱：从中国走私进口的生丝威胁到西班牙帝国的稳定，因为中国货的激增为来自西班牙的商品带来价值骤降的危险。在试图关闭布宜诺斯艾利斯港口的过程中，西班牙国王的大臣们使"这一广阔的大门"保持开放，通过这扇大门"每年流出数百万人"。结果是糟糕的，"当有一天印度群岛不再完全依赖西班牙，那里的精神秩序与文明就会崩溃"[1]。

在世界的三个部分

中国之行对于马丁·依纳爵·德·罗耀拉来说彻底失败。而日本则使罗德里戈·德·比韦罗更加满意了吗？这位墨西哥克里奥尔人1564年生于墨西哥城，1636年死于故乡特卡马查尔科。比韦罗同罗耀拉一

1　Loyola, 1989, pp. 80, 82. 南美洲与西属、葡属亚洲并没有耗尽马丁·依纳爵·德·罗耀拉的热情。他似乎对使新墨西哥的印第安人皈依基督教的计划很感兴趣。这一事业也许为他开辟了第三条战线，通过北美重新踏上通往中国的道路。

样，力图通过他的活动与反思拥抱亚洲与美洲[1]。他拥有使自己作为西葡帝国的臣民成为天主教精英中的卓越一员的全部王牌——家族与关系网络、财富、政治与智识上的果敢、思考世界的能力。虽然，官方资料一直对他的商业活动讳莫如深，而且他自称与"商业事务"保持距离，我们依然知道他属于西班牙的最富裕阶层。在比韦罗去世时，留下 36 万比索的财产。他在日本沿海地带遭遇船舶失事，因此遗失了他在菲律宾居住期间获得的"纪念品"，包括"中国家具、钻石、红宝石，价值逾千万杜卡特金币"，他从未从这一事件带来的创伤中恢复平静。比韦罗拥有一个图书馆，而且阅读很多，他抄袭费尔南多斯·纳瓦雷特的历史著述、引用皮耶里奥的《古埃及象形文字》[2]，像其他人一样援引具有权威性的普林尼与托勒密的著作。

罗德里戈·德·比韦罗的父方家族是老卡斯蒂利亚血统。他的祖父娶了安东尼娅·德·维拉斯科，她的兄长路易斯成为新西班牙的第二位总督。罗德里戈的父亲跟随路易斯舅舅，全家在墨西哥安家。罗德里戈在自己的职业生涯中利用了自己与维拉斯科家族之间的关系，后者是墨西哥、西班牙政治舞台上不可回避的参与者。他的舅公的儿子（名字也叫路易斯）曾两度执掌新西班牙，之后又任印度群岛理事会会长。罗德里戈的母亲也生于墨西哥，她有巴斯克与塞维利亚血统，掌握着普韦布拉山谷中的特卡马查尔科的肥沃领土，在那里，她的儿子

1　Rodrigo de Vivero, *Du Japon et du bon gouvernement del'Espagne et des Indes*, édit. par Juliette Monbeig, Paris, SEVPEN, 1972. 佩德罗·费尔南多斯·纳瓦雷特是如下著作的作者：*Conservación de Monarquia y discursos politicos.*, Madrid, 1626. 针对皮耶罗（Pierio）的作品以及《赫拉波罗》（*Horapollo*），参见 Gruzinski, 1999, pp. 182, 184-186; *The Hieroglyphics of Horapollo*, Princeton, Princeton University Press, 1993.

2　*Ibid.*, pp. 290, 123, 34.

罗德里戈于1636年去世。罗德里戈的祖父与父亲属于圣地亚哥修会，这并未影响到罗德里戈。罗德里戈·德·比韦罗因妻子的原因而与马丁·德·伊尔西奥这位"新西班牙、墨西哥城最早的发现者与征服者之一"[1]有联系，与佛罗里达诸省总督兼总长特里斯坦·德·露娜·伊·阿雷罗诺以及墨西哥首任总督安东尼奥·德·门多萨也有来往。而且，罗德里戈的兄长弗朗西斯科·德·维拉斯科曾是圣职部的书籍检查官，罗德里戈的儿子是耶稣会士，这加强了罗德里戈与新西班牙、西葡帝国的两个组织——宗教裁判所与耶稣会的关系。

作为在整个帝国所做贡献的酬报，罗德里戈在晚年获得圣米盖尔子爵、德瓦尔·德·奥里扎巴伯爵头衔。在罗德里戈拥有的大片甘蔗地里，非洲奴隶与土著劳动力拼命地干活，他至少在纸面上看起来像是欧洲领主。罗德里戈·德·比韦罗的成功在墨西哥显得更加卓著，因为在墨西哥，直到那时，只有埃尔南·科尔特斯的后代即德瓦尔侯爵家族的人被授予爵位。罗德里戈的成功表现在这个在身心上忠诚于西葡帝国的人的轨迹上，他的一生伴随着它，从西班牙与葡萄牙两个王国的联合直至17世纪30年代这一联盟的衰落。

罗德里戈年少时就被派往菲利普二世宫廷，在那里成为王后安娜的年轻侍从。他接着在圣克鲁斯侯爵统率的西班牙战船上效力两年，然后加入葡萄牙人的"探险"。16岁时他参加了阿尔贝公爵领导的对葡萄牙王国的入侵[2]。离开葡萄牙之后，他又造访了意大利。回到新西班牙后，他又与北方的印第安人交战，之后去援救阿卡普尔科港，该港口当时正被英国私掠船威胁。罗德里戈的任务使他的足迹遍及新西

1　Vivero, 1972, p. 163.
2　*Ibid.*, p. 157.

班牙各地。他被任命为乔卢拉市（位于墨西哥）市长，熟悉了洛杉矶普韦布拉附近的这个城市，在那里生活着一个强有力的土著群体，该群体仍然与前西班牙时代的历史记忆保持着联系[1]。1595 年，罗德里戈成为圣胡安·德·乌利亚要塞的行政长官与领主，守卫维拉克鲁斯港的入口。从太平洋沿海到墨西哥湾沿岸，罗德里戈从新西班牙的立场思考世界。1597 年，他又一次作为副市长到达塔斯科，它位于墨西哥一个银矿大区的中心。在那里，他积累了个人财富，并初步了解到银矿生产中出现的问题。只有北方边界上的战争危险这一问题在他担任新比斯开王国总督与总司令的 6 年中显得比较棘手。他的活动比市长或副市长更为自由，这使得他要在前沿地带面对印第安人的抵抗与西班牙机构的不稳定性。罗德里戈与包围圣安德列斯与托皮亚矿的阿卡耶人展开战斗，将这些阿卡耶人或歼灭或将其强制到该地区的矿上劳动。

1608 年，一项新任务将罗德里戈·德·比韦罗推向太平洋彼岸。他被晋升为菲律宾代理总督，1608 年 3 月 15 日从阿卡普尔科启程，三个月后抵达菲律宾群岛。次年西班牙派遣的总督抵达马尼拉后，罗德里戈离开菲律宾群岛，欲回到祖国，但是一场海难将他抛到日本沿海地带。他从 1609 年 9 月到 1610 年 10 月滞留在那里一年多，然后返回墨西哥。路易斯·德·维拉斯科离开墨西哥赴西班牙，于 1614 年去世，这使罗德里戈失去了一位宝贵的支持者。经历了几年的艰难岁月后，罗德里戈的另一位亲戚赫尔韦斯侯爵被任命为新的总督，他从中获益，得以东山再起。罗德里戈得到特雷费尔梅与贝拉瓜斯总司令一职，还有巴拿马听证会主席的职位。相对于马尼拉，巴拿马对于西

1　关于乔卢拉，参见 Gruzinski, 1999, pp. 207-214.

葡帝国来说是更为重要的战略区域，因为巴拿马关系到秘鲁白银向加勒比海、大西洋与西班牙的运输。维拉斯科家族又一次影响罗德里戈：他接替迭戈·德·维拉斯科，执掌新比斯开。罗德里戈在巴拿马度过8年，之后退隐到他在新西班牙奥里扎巴的领地。巴拿马实在不是他喜欢的地方，他对巴拿马的描述不无冷酷，"他感到自己被埋没在巴拿马，而且没有任何希望"。但是，罗德里戈的职业生涯远未结束。1632年，他接到任务，保卫圣胡安·德·乌利亚港，抗击荷兰人的进攻。4年后，1636年，他被任命为"大西洋与毗邻港口沿岸营地指挥与代理司令"。罗德里戈是执行菲利普四世及其在新西班牙的代理人卡德雷特侯爵所发起的军队改革的核心人物：对300名驻军的重组、对步兵队的"改革"、征兵，并对组成普韦布拉主教辖区军队的"民兵"进行编制，组建快速分散防御[1]。西葡帝国旨在发动从葡属巴西到亚洲大陆的针对荷兰的一场世界战争。

世界的连通

罗德里戈是军人、行政官员，还是一位作家。他留下的一系列证据显示了西葡帝国天主教精英的视野。同那些专家一样，罗德里戈拥有坚实的实地经验，而且他的实地经验涵盖了多个大洲，包括美洲、欧洲与亚洲。他了解伊比利亚半岛与意大利，还经常出入宫廷。在新西班牙，他首先对墨西哥中部的印第安人发起进攻，然后将目标指向西北部不屈服的奇奇美加人，他有效地使这些阿卡耶人"平静"下

1　Vivero, 1972, pp. 51, 157.

来[1]。在亚洲，罗德里戈发现了菲律宾人，之后又在日本社会中生活了一年。在中美洲，他生活在巴拿马地区的黑人与土著人中间，他们不同于他在墨西哥城、乔卢拉或塔斯科的街道上遇见的黑人与土著人。

针对亚洲问题，罗德里戈·德·比韦罗给出了相当惊人的分析。从 16 世纪 60 年代末起，西班牙人的到来就改变了世界的这个部分的状况，同时使太平洋成为通航之海。马尼拉打开了东方商品经太平洋、墨西哥通向欧洲的新路径，它为经由印度洋的葡萄牙人的路径提供了一个替代方案。西班牙人的在场并非没有征服的动机，他们藏着一个隐约的巨大野心，这一野心被一些人反对，被另一些人支持：他们想在日本、朝鲜或中国甚至同时在这 3 个国家立足，并展开宗教征服，甚至还有军事征服。在马尼拉的职务使罗德里戈处于西属亚洲的权力核心。他这时与他曾经在 20 多年前征服过的葡萄牙人如此邻近，这些昔日的对手摇身一变，同他一样效忠于同一国王，如何与这些人相处？

马尼拉是日本的大门，这个菲律宾的首都居住着许多皈依了基督教的日本人，西班牙传教士利用这些中间人得以进入该群岛，他们违反了日本当局的禁令，并打破了葡萄牙耶稣会士在这里的宗教垄断。马尼拉的日本人没有料到西班牙人会来到菲律宾定居，这些西班牙人在菲律宾从事各种贸易，建立了一个相当活跃的殖民地。1606 年他们发动叛乱，被粗暴镇压。

西班牙与日本的相处完全是另一回事。17 世纪初，家康幕府似乎想与西班牙修好[2]。1602 年，日本给予西班牙在日本的贸易自由与航行自由。次年，为了请求西班牙用来运输从马尼拉殖民地掠得的财富的

1　Vivero, 1972, p. 151.

2　Knauth, 1972, pp. 182-184; Vivero, 1972, pp. 14-15.

武装商船可以中途在日本群岛停靠，日本急派一支使团去会见菲律宾总督。为了促进日本港口的商业发展，家康幕府允许大批西班牙与葡萄牙传教士进入日本群岛。但是，1606 年，德川家康又一次采取措施反对新的宗教，禁止日本人皈依基督教。如果考虑到罗德里戈在日本停留期间，有不少于 30 万基督教徒，便知该法令并非无足轻重。这一地区的宗教问题同商业竞争一样，会阻止日本被纳入伊比利亚流动性吗？这一点关系到两个通路：一是太平洋航线，二是印度洋航线，它们将西欧海岸与日本群岛海岸连接起来。

在日本，罗德里戈·德·比韦罗从他意外在日本的被迫停留中获益，他通过研究日本群岛的政治与经济状况对他在马尼拉收集到的信息进行了补充。这个国家在经过几十年的混乱、动荡之后，从 1598 年起，掌握在德川家康的手中。此人控制了幕府，建立起德川政府的基础[1]。日本的大领主——大名在整体上服从这位征服者，服从"幕府"这种专制制度。虽然罗德里戈·德·比韦罗对德川幕府统治下的日本的许多特点都不了解，但是他将家康定义为"皇帝"，将家康的儿子定义为"太子"。他观察、倾听并弄懂了日本当时的社会等级结构。一位国王（或称"天皇"）住在京都，他主要享有仪式上的特权，实际上是日本的皇帝。而幕府的权力则相当大，他控制着领主，所有领主除了其中一些比较独立的之外都受到幕府这一新势力的支配。关于罗德里戈·德·比韦罗这位墨西哥的特里奥尔人对日本社会与政治体系的接

1　George Sansom, *Histoire du Japon. Des origines auxdébuts du Japon moderne*, Paris, Fayard, 1988, p. 760; Mary Elizabeth Berry, *Hideyoshi*, Cambridge, Harvard University Press; du même auteur, *The Culture of Civil War in Kyoto*, Berkeley, Los Angeles, Londres, University of California Press, 1993.

葡萄牙商人在日本
1620 年
芝加哥艺术学院

葡萄牙人在日本
17 世纪初
里斯本古代艺术国家
博物馆

受，应考虑到他的头脑中至少有四种截然不同的社会组织形式。这些经验之间的对立构成了很难在西欧构想的多样性全景。首先，有卡斯蒂利亚社会，罗德里戈·德·比韦罗的家庭就来自它，带有领主制度的痕迹；有位于新西班牙中心的殖民社会，那里有印第安人、领主及（几乎没有爵位的）贵族；有墨西哥北方边界的社会，那是一个混乱的前沿地带，对于西方人来说，百废待兴；其次，有菲律宾的多元社会，西班牙的表面虚饰覆盖了当地土著人社会，后者还混合了中国人与日本人。罗德里戈这位天主教精英所面对的正是来自不同历史、互相之间没有联系的、极其多样的族群，此前，依纳爵·德·罗耀拉也是如此。墨西哥北部的游牧的印第安人与家康宫廷的武士有哪些共同点？伊比利亚社会与日本社会各自背负着数千年的历史，而新西班牙只有近一个世纪的存在历史，新比斯开的边界仍是未被探察的地方。种族混杂的菲律宾群岛汇聚了穆斯林的威胁、葡萄牙人的竞争、荷兰人的噩梦与亚洲社会的令人费解的复杂性这一系列挑战。

在日本，罗德里戈·德·比韦罗拥有方济各会士的支持，他成为耶稣会士敌视的目标。但是，菲律宾修会省副省长佩德罗·蒙特斯在幕府召见罗德里戈时陪伴罗德里戈，另一位耶稣会士意大利人乔瓦尼·巴蒂斯塔·波罗是罗德里戈与家康之间的中间人。新的敌人窥伺着罗德里戈·德·比韦罗，他们是荷兰人，这些西葡帝国最顽强的敌人也来到了日本，罗德里戈在西葡帝国内外都遇到了卡斯蒂利亚人的主要对手。欧洲人之间的冲突在地球的另一端爆发，正如罗德里戈在职业生涯末期被派往维拉克鲁斯去驱逐"力图侵入圣胡安·德·乌利亚港的荷兰敌人的舰队"。

日本人对西班牙人有什么期待？也许新西班牙的矿工可以来帮助

日本人"开采他们的矿产",日本的商人与商品可以穿越太平洋,"他们想了解有利于两国的贸易之路"。他们坚决要求"建立起日本与新西班牙之间的贸易与交流",这会进一步加强两国之间人们的联系。罗德里戈兴奋地感到,这一机会非比寻常,这样的联系"在几世纪前从未有过"。但是,他提出他的条件:幕府需驱逐那些与日本群岛进行贸易的荷兰人。他认为西班牙可以从与日本的结盟中获得各种好处。当地新建立的基督教修会可以被更好地保护,还可以考虑帮助日本征服朝鲜——那里"蕴藏着大量黄金与白银、和西班牙一样资源丰富、拥有一些永久性建立的大城市,当我们的双脚踏上朝鲜的土地,我们就可以将双臂从那里伸至中国"[1]。相反,如果西班牙不与日本结盟,日本人的敌意只会使荷兰人获益,使荷兰人成为太平洋的主人,他们会想方设法阻止菲律宾与墨西哥之间的贸易。那么还如何保卫摩鹿加群岛并赶走特尔纳特岛上的荷兰人?在商业方面,西班牙人可以在与日本的相处中得到各种利益:"日本蕴藏着丰富的黄金与白银,对于日本人喜爱并需要的丝织品、胭脂虫、靛蓝、皮革、毛毡、毯子等其他商品来说,它们是不错的回运货,而且日本人喜爱的这些商品在西班牙与印度群岛如此盛产,因而可以从中获得足够的利益。由于保持每年从菲律宾发出运销海外的塔夫绸、餐盘与碗可以换回150万比索,我们有理由喜欢上日本——这个国家可以接收那些对于我们来说无用的东西却回报给我们如此有利的东西!"[2]

然而,罗德里戈对世界的探察并不限于穿越太平洋的贸易。巴拿马的经历为他打开了另一个视域,它将我们从亚洲引向中美洲与南美

1　Vivero, 1972, pp. 160, 135-136, 138.

2　*Ibid.*, p. 139.

洲。罗德里戈想要改善秘鲁与大西洋之间的交通，建议开辟出一条可以替代巴拿马通道的新通道。他对将波托西白银运至加勒比海的交通路线的分析建立在对季节性限制的研究基础上。在该大洲的每个地区都存在季节性限制，从使波托西的炼银石磨运转的山雨到流经中美洲的河流泛滥。罗德里戈作为巴拿马听证会主席，从气候数据与渡河需要的时长出发，建议根据新的时间表安排西班牙、中美洲与秘鲁之间的航船。西葡帝国的空间是一个可测定、可核查的数据，因而应该以更加有效的方式来管理它。罗德里戈在构想该大洲流通与洲际流通可以建立的路线的多种可能性中，又一次体现出他将一个地区置于全球相互依存的各个地区的整体中进行考量的能力。在他眼中，对安第斯地区与加勒比海之间贸易路线的重新布局也应该有利于太平洋上的航运，而且，在太平洋沿岸建立军火库与铸造厂可供来往中国与摩鹿加的船队使用[1]。

但是，如何利用如此广阔的领土？它延伸到新西班牙北部，它的新比斯开带给罗德里戈一种想象的滋味。北美洲的东部边界被弗吉尼亚的英国定居点（有逾 4000 人）与百慕大群岛的定居点所威胁。比韦罗这个人从不缺少点子，他从战略上考虑并提出解决方案：征服弗吉尼亚，然后驱逐占领百慕大群岛的 600 多名荷兰人。比韦罗又一次勾画了地图，在佛罗里达、新墨西哥与萨卡特卡斯之间建立联系，为将要占领从太平洋到大西洋的地域的前景而感到兴奋，尽管他仍然相信北美洲居住着奇幻的人种、单足动物、巨人和其他耳朵垂到地面的生物。

西葡帝国不同地区之间发展了哪些贸易？罗德里戈认为印度群岛

1　Vivero, 1972, pp. 117, 90, 116.

的纺织品与农产品足够充足，使美洲不依赖西班牙：特鲁希略与纳斯卡（秘鲁）的红酒、橄榄、肉类、家禽、普韦布拉与特拉斯卡拉的织品、密克斯特克的生丝、基多的亚麻……与美洲同西班牙之间的情况不同，他希望发展新西班牙、日本与中国之间的贸易。他对外国人的排斥源于贸易保护主义。这一次的模板来自外部："如果土耳其人、摩尔人、日本人与中国人生活在和平之中，他们为保持和平而拒绝外国人进入他们的领土，那么西班牙为什么不同样那么做？"罗德里戈指责热那亚的银行家，谴责他们"用我们的血"来致富，指责定居在印度群岛的"归化了的"欧洲人，他们"被给予千种特权，有妻有子，他们对卡斯蒂利亚人背信弃义，他们爱他们的祖国，以至于他们否认这一切，并寄信告知这里所发生的一切"。很清楚，这些人成为荷兰人的桥头堡。因而，迫切需要"一劳永逸地拔除这一劣根，使这些人离开印度群岛，既不能让他们中的任何人再回到印度群岛，也不能让他们进入西班牙"[1]。

这些排外的声音违背了它们所处时代的特征，伴随着西葡帝国的批判性眼光：17 世纪 30 年代，面对荷兰、法国的竞争以及自身的财政困境，西葡帝国失去了昔日所拥有的必胜的自信。一种新型的领土意识逐渐生成。在西葡帝国的统治陷入僵局、运转反复出现问题的背景下，1624 年墨西哥城发生暴动，罗德里戈提议重新平衡伊比利亚统治内部的各种关系。西葡帝国有过多的僧侣与大学生。应禁止西班牙人向印度群岛的迁移，因为这是伊比利亚半岛的贫困与人口减少的根源。国王的这些臣民的秘密到达带来了灾难性后果，他们很快摆脱一

1　Vivero, 1972, pp. 86, 109, 108.

切控制，“因为黑人与印第安人将他们隐藏起来，或者他们被同一省份或同一种族的人所帮助。印度群岛辽阔、多山，这为隐藏提供了便利，当他们重新出现时，没人会认出他们。在秘鲁与墨西哥，不同种族的人们存在巨大的混合，这对于这些地区的善政来说非常不利”[1]。混合的幽灵与平民的幻想围绕着罗德里戈，他在“这些游手好闲的、流浪的人”与黑人、印第安人的共谋中看到墨西哥城暴动的根源。人的混合及秘密的迁移威胁到西葡帝国卓越的平衡状态，后者的居民被理想地加以区分并划分等级。

罗德里戈认为西葡帝国应建立在被严格遵守的规则的基础上，法律要严格执行，要打击欺诈、舞弊，驱逐无能之人，保护土著人。罗德里戈反对印第安人在矿上工作，反对对印第安人实行奴隶轮流服劳役制度，他认为那是“危险的奴役制度”，他提出印第安人应离开西班牙人生活，“因为如果说蝎子呼出的气息就可以毒害和杀死人，那么就可以认为西班牙人面对印第安人时亦是如此”[2]。最繁荣或最不薄弱的土著村镇难道不正是那些孤立的村镇吗？罗德里戈反对“修会”政治，认为它导致在 6 年中逾 50 万土著人的消失。使印第安人离开他们的土地，这甚至使罗德里戈这位在世界各地“长途旅行”过的一个人写出令人感到惊奇的片段：“很清楚，只在离家 2 托阿斯（托阿斯系法国旧长度单位，1 托阿斯相当于 1.949 米）外的土地上耕种的贫困的印第安人永远跑不出 4 ~ 6 古里去找寻他不得不离开的那片土地，那里不久之后便会被有合法身份或没有合法身份的西班牙人所占领。”罗德里戈作为见多识广的开明地主，为自己所言而感到自豪，他作为大型农场与

1 Vivero, 1972, p. 93.

2 *Ibid.*, p. 105.

糖厂的主人，想使土著劳动者如同"西班牙临时工。"[1] 那样被对待。难道印第安人不是西葡帝国的君主们所划定的"自由人"？

罗德里戈同时还是他所在的克里奥尔人阶层的代言人。他为克里奥尔人的利益进行强有力的辩护，语气让人联想到巴尔塔萨·多兰特新·德·卡兰扎，罗德里戈写道："这些人生于印度群岛，他们是该地区的征服者的后代。"在西葡帝国的全球组织中，伊比利亚半岛人对印度群岛白人的统治在罗德里戈看来是不可接受的。为何在分配美洲的就业机会时，"马德里的朝臣"比"克里奥尔人"更受到偏爱？印度群岛的西班牙人并不羡慕宗主国的西班牙人："他们（指前者）来自墨西哥城及王国的其他城市，他们是讲拉丁语、口才卓越的雄辩家、哲学家、闻名的艺术家、精通宗教法规与律法的伟大的神学家。还有，他们将世间罕有的天才与灵巧的头脑贡献给大学与修道院。"克里奥尔人"具有优势，他们可以为新到达者提供他们关于印度群岛及印第安人、印第安人语言（这一点对于完美地统治印第安人来说至关重要）的经验与认识，这些足以构成对克里奥尔人的偏爱。正如佛兰德斯人为自己所做的贡献而在佛兰德斯地区与西班牙获取到报酬一样，葡萄牙人在他们的国家也得到报酬，而印度群岛的人们也应在印度群岛得到报酬。这样一来，陛下就会被全心全意地侍奉，他们（指印度群岛的人们）也会为得到报酬而感到满足"[2]。

1　Vivero, 1972, p. 106.

2　*Ibid.*, pp. 121, 122.

一位全球化的里约热内卢人

西葡帝国的葡萄牙部分同样也不缺少来往于世界各地并将各个大洲连接起来的人物。萨尔瓦多·科雷亚·德·萨·伊·贝内维德斯是"伊比利亚联盟的政治与行政领域的重要活动家"[1]，他 1602 年生于加的斯。他的祖父是葡萄牙人萨尔瓦多·科雷亚·德·萨，系里约热内卢的第二任总督，在那里建立了家庭。他的外祖父是西班牙人，名叫曼努埃尔·德·贝内维德斯，他先后担任加的斯的领主与总督。1631年，萨·伊·贝内维德斯在图库曼娶了曾任新西班牙与秘鲁总督的路易斯·德·维拉斯科的侄女卡塔琳娜·德·乌加特·伊·维拉斯科。与萨·伊·贝内维德斯同维拉斯科家族联姻一样，上文已提到，罗德里戈·德·比韦罗也与维拉斯科家族联姻。1615 年，萨尔瓦多在里斯本很有可能接受过耶稣会士的教育，之后他在父亲马尔蒂姆·德·萨的陪同下到了巴西。

从 1630 到 1635 年，萨尔瓦多进入"西属美洲"阶段：他参加了对查科、图库曼的印第安人的远征，管理他的妻子在该地区所拥有的（划归殖民者管辖的）土著居民村落。这种村落划管形式是西班牙帝国所独有的，它不应被葡萄牙人所忽视[2]。萨尔瓦多在该地区的支持者不容轻视，因为巴拉圭的西班牙总督是他的表姐维多利亚的丈夫。萨尔瓦多还有几位西班牙亲戚在布宜诺斯艾利斯，他们使他更容易融入里

1　Maria de Fátima Silva Gouvêa,《Salvador Correia de Sá e Benevides》, in Ronaldo Vainfas, *Diciónario do Brasilcolonial, (1500-1808)*, Rio de Janeiro, Objetiva, 2000, pp. 518-520; Charles Boxer, *Salvador de Sá and the Strugglefor Brazil and Angola*, Londres, Athlone Press, University of London, 1952; Alencastro, 2000, pp. 365-366.

2　它确保土地持有人可以获得可观的农业收入。

约热内卢地区。虽然这一地区对于同巴西之间的贸易来说至关重要，但是萨尔瓦多·德·萨的兴趣并不局限于此地。他在安第斯地区展开漫长旅行，直至到达巨大的波托西矿区。

从 1634 到 1636 年，对于萨尔瓦多来说是第一个返欧休整期，他重新回到伊比利亚半岛。1637 年，他开始了他的里约热内卢阶段。他从里斯本方面得到里约热内卢总督一职，继任了父亲的职务。西班牙王国与葡萄牙王国之间联盟的分裂使他选择了他认为正确的一方，即葡萄牙新君主约翰四世一方，后者在 1643 年嘉奖他为巴西舰队队长，之后又任命他为海外理事会成员。4 年后，萨尔瓦多开始了他漫长的非洲时期。他组织了对安哥拉的战役，将安哥拉（1641 年曾被荷兰人占领）从荷兰人手中夺回。1648 年，他所在的舰队从里约离开瓜纳巴拉湾。"1918 年，潘兴将军率领的美国军队穿越大西洋参加第一次世界大战，在洛林的壕沟中战斗。在此事件发生的 270 年前，第一支具有装备与武装的、主要成员为新大陆殖民者的特遣队从里约热内卢启航"[1]。萨尔瓦多用 3 个月的时间使安哥拉摆脱了荷兰人的统治，他执掌非洲的这片土地一直到 1652 年。在此期间，他降服了恩东戈王国的索巴人，并与刚果国王缔结了一项和平条约。萨尔瓦多作为里约热内卢人，一直不断巩固里约热内卢的领土管辖权，1659 年，他最终得到向往已久的南方分区总长一职。但是一年后，里约居民的一场起义使他被迫回到里斯本，融入宫廷的尔虞我诈中。1678 年，他又一次赢得机会前往东非，镇压蒙巴萨门户所发生的叛乱。10 年后，他在里斯本去世，结束了在 3 个大洲、2 个帝国之间跌宕起伏的一生。

1　Alencastro, 2000, p. 234.

　　萨尔瓦多是深深扎根于里约总督管辖区的一位葡萄牙人，是了解西班牙在美洲大陆南部事务的罕有的行家，是里斯本宫廷的常客，也是耶稣会士们的朋友，他有着丰富的非洲经历。这一切使他成为卓越的南大西洋问题专家，围绕着这一"摩羯座群岛"[1]逐渐形成了现代巴西。世界的这一部分存在的大量的贸易往来将西非奴隶储备输送到波托西银矿。同马丁·依纳爵·德·罗耀拉一样，甚至强于马丁，萨尔瓦多对世界的这个部分的命运颇为关注。他针对大西洋两岸收集信息并筹备计划：他想要建立萨克门托殖民地，以便延伸巴西的南方边界，他还在1644年提出从西班牙人手中夺取布宜诺斯艾利斯。同时，他重视巩固里约与非洲各港口之间的联系。"得益于萨尔瓦多·德·萨领导的葡萄牙人对里约的远征，葡萄牙人重新夺取安哥拉，进而使巴西经济在2个世纪中占有非洲劳动力储备的大部分资源"[2]。这并未阻止萨尔瓦多一次又一次地组织远征，去寻找巴西的黄金、白银与绿宝石。

　　萨尔瓦多的全球视野、人际关系网络以及他所具备的介入多样化的地域环境（如，阿根廷的查科中部的帕亚古斯家族与瓜伊库鲁斯家族既不是马汤巴的武士，也不是安哥拉的小国国王[3]）的能力，这些才干使萨尔瓦多成为葡属巴西历史上的重要人物，如同萨尔瓦多的远亲罗德里戈·德·比韦罗在西属墨西哥历史上的地位一样。萨尔瓦多只是在1640年有过一次"背叛"，即在分裂与复辟中更倾向于跟随葡萄牙。总之，这位混血的里约热内卢人习惯于在各个大洲之间寻求发展，这使他为西葡帝国所孕育的全球化精英提供了一个令人震惊的例证。

1　该表达出自如下著作：Luiz Felipe de Alencastro, 2000.

2　*Ibid.*, pp. 208, 148.

3　*Ibid.*, pp. 262-263.

在他具有开创性的卓越能力中蕴含着对世界的不同部分之间尚待发展的关系的敏锐认识。开发南半球 3 种主要资源（安第斯地区的白银、巴西的蔗糖、非洲的乌木）需要建立拉普拉塔河的连接及其与非洲水路的连通，萨尔瓦多甚至希望通过安哥拉与莫桑比克之间的连接使该水路延伸至印度洋。萨尔瓦多的果敢创举往往建立在丰富的地区经验的基础上，住在里约地区的他的家族成员蔓延到各处的势力为其提供了支持[1]。作为伊比利亚全球化、各大洲之间关系的拉近的反作用结果，非洲黑人被暴力驱逐，正如巴西印第安人的遭遇，葡裔巴西人此后在大西洋两岸的高地森林地区展开战斗。1665 年，萨尔瓦多·德·萨甚至想要将在巴西"数量激增"的"自由的、反抗的、犯罪的黑白混血儿"送往安哥拉参加战斗[2]。对非洲奴隶的混血后代的"遣返"更加有力地巩固了南大西洋两岸之间的联系。

两个大洲之间的诗人

我们可以将伊比利亚全球化局限在战争、外交与基督教化这些领域吗？一些出人意料的活动家将伊比利亚人的统治范围延伸到各个大洲。罗德里戈曾说过，"西班牙的国王已成为世界上最伟大、最强大的国王"，"所有一切显示出西班牙、印度群岛的伟大，我们一到那里便发现了矿藏"[3]，他的扬扬得意并不是孤立情况。诗人贝尔纳多·德·巴尔布埃纳的诗中也表现出激跃的情绪：

1　Alencastro, 2000, p. 202.

2　*Ibid.*, pp. 286, 289, 306.

3　Vivero, 1972, p. 77.

> 哦，骁勇的西班牙，
>
> 西欧与新大陆的君主
>
> 赋予它荣光。[1]

《伟大的墨西哥》的作者巴尔布埃纳在我们从新西班牙入手进行探察的伊比利亚全球化中多次为我们充当向导与坐标。他的诗人身份与西班牙王国的效忠者身份的相遇并不是偶然的。《伟大的墨西哥》的诗节从头到尾都是政治性的。该诗颂扬了西班牙王国的全球统治，颂扬了新西班牙的首都，作为一部洲际作品，该诗歌将欧洲文学演变为西方文学。贝尔纳多·德·巴尔布埃纳同堂吉诃德一样，是西班牙拉曼查省人，他于 1562 年生于拉曼查省的瓦尔德佩尼西斯，与洛佩·德·维加同一年出生。贝尔纳多 2 岁时，在墨西哥西北部拥有产业的他的父亲回到了新西班牙。1584 年，即 20 年后，贝尔纳多赴新西班牙，来到父亲身边。他到达墨西哥城 1 年后，开始文学生涯，在圣体瞻礼节上组织的文学比赛中获奖。他获得的成功使其进入新西班牙首都文学圈。他在瓜达拉哈拉开始为教士生涯做准备。他的父亲与墨西哥这一地区之间的联系解释了贝尔纳多在那里度过一生中的一段时间的原因。1590 年，在为纪念路易斯·维拉斯科而组织的比赛中，他又一次获奖。

2 年后，贝尔纳多成为瓜达拉哈拉听证会小教堂神父，后来他离开那里赴任圣佩德罗·拉古尼利亚斯本堂神父，并着手写作诗作《贝尔纳多龙塞沃凯旋志》。他的生活在墨西哥西北部与新西班牙首都之间展开，他时常到访墨西哥城。17 世纪初，贝尔纳多成为位于西印度

1　Balbuena, 1990, p. 121.

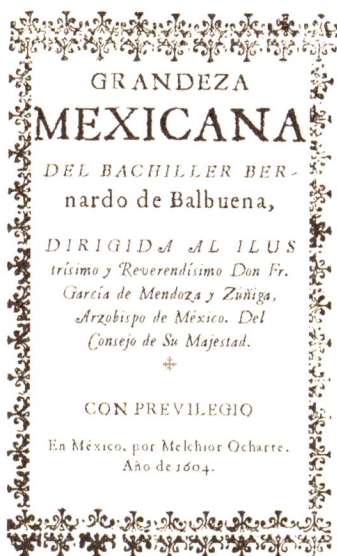

贝尔纳多·德·巴尔布埃纳:《伟大的墨西哥》
墨西哥城
1604 年

群岛边界的新加利西亚西部的圣米盖尔·库利亚坎市本堂神父。在这
个地区，他完成了《贝尔纳多龙塞沃凯旋志》，与莎士比亚完成《奥
赛罗》、托马索·坎帕内拉完成《太阳之城》同年。《贝尔纳多龙塞沃
凯旋志》用 5000 个 8 行诗节共 4 万行诗赞颂贝尔纳多·德尔·卡皮奥
的战功，后者是查理曼大帝与罗兰的敌人，也是龙塞沃战役的胜利者。
《贝尔纳多龙塞沃凯旋志》讲述了充满诡计的一连串冒险奇遇，涉及印
度群岛与新西班牙的探险旅行。它也是"讲述西班牙伟大历史的一曲
奇幻的凯旋颂歌，深刻浸淫着西班牙统治世界的思想观念，这一点在
诗中所有人物及传奇性片断中都有所体现"[1]。

1604 年对于诗人贝尔纳多来说是重要的一年，这一年他的《伟大
的墨西哥》在墨西哥城出版。该作品有两个版本，第一版题献给墨西
哥城大主教加西亚·德·门多萨·伊·祖尼加，第二版题献给勒摩斯伯
爵。主教死后，一位新的庇护者被选定，他就是勒摩斯伯爵，这使后
者走向权力的顶峰。介绍《伟大的墨西哥》的那些十四行诗可以使我
们联想到贝尔纳多周围的人：宗教裁判所的成员、大地主势力集团的
克里奥尔文人、新加利西亚教士成员以及他的兄长弗朗西斯科，后者
赞扬他"给世界上最好的城市带来荣光"[2]。

巴尔布埃纳一到达新西班牙，就在大西洋彼岸那些旨在复制欧
洲大城市文学生活的圈子里打转。安东尼奥·德·萨韦德拉·古斯曼
为他所写的一首谄媚的十四行诗反映了他融入克里奥尔人圈子的程

1　Ludwig Pfandl, *Historial de la literatura nacional española en la Edad de Oro*,
Barcelone, Ed. Sucs de Juan Gili,1933, cité dans José Rojas Garcidueñas, *Bernardo de
Balbuena*, Mexico, UNAM, 1982, p. 153.

2　Balbuena, 1990, p. 12.

度[1]。萨韦德拉·古斯曼家族在墨西哥城政府部门占据要职，他们属于大地主势力集团[2]。安东尼奥地位上升，常常到西班牙旅行，他的经历吸引了巴尔布埃纳。克里奥尔人安东尼奥在第二次穿越大西洋途中写下了《印第安朝圣者》这部写成韵文的征服史。在伊比利亚半岛，安东尼奥·德·萨韦德拉·古斯曼的家庭关系为他打开了文学界之门，他认识了洛佩·德·维加与文森特·埃斯皮内尔，编年史作者安东尼奥·德·埃雷拉帮助他出版了他的诗作[3]。继安东尼奥·德·萨韦德拉·古斯曼之后，巴尔布埃纳也懂得了如何利用自己在伊比利亚圈子与墨西哥圈子之间编织起来的关系网。

贝尔纳多 20 岁时逐渐在狭小的墨西哥文学界取得地位。他要去征服伊比利亚半岛，将学士学位更新为博士学位，还怀抱着在西班牙找到更好的工作的梦想。1606 年，继《伟大的墨西哥》出版两年后，贝尔纳多来到马德里，在锡古恩萨住下来，在那里获得了神学博士学位。1608 年，他在伊比利亚半岛的停留得到双重酬报：一是巴尔布埃纳获得牙买加修道院院长一职；二是他的田园小说《埃里菲勒丛林的黄金时代》在马德里出版。该小说巧妙地借用了雅各布·桑纳扎罗的《阿卡迪亚》的题材[4]，表明意大利风尚并未止步于对彼特拉克的推崇，人们还可以在太平洋海岸用意大利语做梦。同《伟大的墨西哥》一样，

1　安东尼奥生于墨西哥城，是麦地那·西多尼亚公爵以及卡斯特拉尔第一伯爵埃尔南·达里亚·德·萨韦德拉的后裔。Saavedra Guzmán, 1989, p. 38.

2　Guillermo Porras Muñoz, *El gobierno de la ciudad de México en el siglo XVI*, Mexico, UNAM, 1982, p. 412; José F. de la Peña, *Oligarquía y propiedad en Nueva España 1550-1624*, Mexico, FCE, 1983, pp. 30, 34.

3　该作品 1599 年出版于马德里（出版社为 Pedro Madrigal）。

4　批评家梅内德斯·伊·佩拉约认为是抄袭。Rojas Garcidueñas, 1982, pp. 98, 101.

该作品也题献给勒摩斯伯爵，当时勒摩斯伯爵是印度群岛理事会权力巨大的主席。巴尔布埃纳在西班牙又停留了两年，之后赴圣多明各，然后到牙买加。在牙买加，他继任修道院院长，前任是一位遥远而杰出的前辈——编年史作者皮埃尔·马提尔·德·安吉埃拉，他从未到过美洲。1619 年，巴尔布埃纳得到新的晋升，使他留在这一地区。他成为波多黎各主教，两年后，出席圣多明各修会省主教会议。4 年后，他才重返他的主管教区。1624 年，他习惯了在圣胡安的新生活，《贝尔纳多龙塞沃凯旋志》在马德里出版。同年，胡安·鲁伊斯·德·阿拉康创作了《可疑的真相》。一年后，世界局势与 30 年战争影响到他所在的热带岛屿——他的住宅与图书馆被荷兰海盗所毁。巴尔布埃纳再未从这场灾难中恢复过来，两年后，1627 年 10 月 11 日他在波多黎各的圣胡安去世。

巴尔布埃纳是西班牙帝国的一位游牧者，如同边缘人一般地存在。在《伟大的墨西哥》的引言中，他谈到他在太平洋沿海地带曾长期居住："在西印度群岛最偏远的边缘地带，在波农群岛地区，在几乎标志着人类社会边界的地方，大自然似乎厌倦了在如此动荡起伏、混乱的地区扩展，不想创造更多的土地。"[1] 位于太平洋边上的热带地区被理解为世界的尽头。距瓜达拉哈拉 700 多公里、距墨西哥城 1300 公里的偏远的圣米盖尔·库利亚坎[2] 在 17 世纪初居住着 30 多名西班牙侨民、一些印第安人侍者与黑奴[3]。圣米盖尔·库利亚坎人"未曾想到也未意识到在世界上还有其他人存在……他们对新闻不感兴趣，不想知道世界

1　Balbuena, 1990, p. 55.

2　现属锡那罗亚州。

3　Peter Gerhard, *La frontera norte de la Nueva España,* Mexico, UNAM, 1996, p. 322.

上是否正在发生战争，他们对印度群岛的船队的来来往往也无动于衷。那里的人们除公证人之外没有人使用纸张"[1]。纳亚里特的康波斯特拉也没有比圣米盖尔·库利亚坎更使人感到兴奋。1605 年，有 20 多名西班牙侨民在康波斯特拉混日子。有时，有几艘小船从那里出发到阿卡普尔科去"载上一些来自中国的布料与秘鲁红酒"，或更平常地，前往库利亚坎的邻近省份购些盐回来[2]。

虽然，巴尔布埃纳被委派到世界的另一头，但是他如同在马德里一样书写《埃里菲勒丛林的黄金时代》与《贝尔纳多龙塞沃凯旋志》，仿佛他的西方创作可以完全摆脱欧洲环境而存在。正是在太平洋的热带省份，他想象"埃里菲勒丛林"的田园风光，想象那回荡着贝尔纳多·德尔·卡皮奥的战功的中世纪早期的西班牙。但是，贝尔纳多并没有写作新大陆编年史，也没有写作墨西哥史诗，而是以 4 万行的诗歌力图模仿文艺复兴时期意大利文学的两部不朽作品——博亚尔多的《热恋的罗兰》与阿里奥斯托的《疯狂的奥兰多》。这种移植并未阻止贝尔纳多建立声望，而且他还吸引了伟大的作家洛佩·德·维加的注意，维加在《阿波罗的桂冠》中致敬贝尔纳多，将其置于伊比利亚杰出诗人之列，称他为"慷慨的主教、如此博学的贝尔纳多·德·巴尔布埃纳"[3]，离我们时代较近的西班牙批评家梅内德斯·伊·佩拉约则将他称为"美洲诗歌教父"[4]。

诗人贝尔纳多在两个大洲展开职业生涯，适应所有的环境——大

1 Alonso de la Mota y Escobar, *Descripción geográfica delos reinos de Nueva Galicia, Nueva Vizcaya y Nuevo León*, Mexico, Robredo, 1940（约 1605 年首版），p. 102.

2 Gerhard, 1996, p. 176-180.

3 Rojas Garcidueñas, 1982, p. 57.

4 Alfonso Méndez Placarte, *Poetas novohispanos. Primersiglo (1521-1621)*, Mexico, UNAM, 1964, p. XLIII.

都市、省城，还有像圣米盖尔·库利亚坎那样的封闭城市。他连续的迁移建立了他作为作家的新形象，不断地在不同大洲间迁移。巴尔布埃纳在圣多明各与牙买加关注他的作品在马德里的出版。创作者的游牧生活要求作家对工作进行新的安排。贝尔纳多在加勒比海地区商讨《贝尔纳多龙塞沃凯旋志》的出版，汇总参考书目，修改校样，将增补部分寄给马德里的出版社[1]。没有任何迹象显示在波多黎各的圣胡安处理事情比在墨西哥的康波斯特拉更容易。他的笔记、手稿、书籍、个人图书馆一次次穿越海洋，被伊比利亚流动性所裹挟。当他离开西班牙去加勒比海地区时，被允许携带 200 杜卡托图书，即 1000 多本。4万行诗构成的《贝尔纳多龙塞沃凯旋志》的参考文献极其丰富——贺拉斯、亚里士多德、荷马、维吉尔等。换句话说，为了写作《贝尔纳多龙塞沃凯旋志》《伟大的墨西哥》，甚至还有《埃里菲勒丛林的黄金时代》，贝尔纳多需要在头脑中、在手上有大量图书，他在印度群岛、瓜达拉哈拉、墨西哥城、圣多明各与圣胡安的新的图书馆里有时无法查阅到这些参考文献。

其他比贝尔纳多更著名的新西班牙人有的也穿越了海洋。墨西哥克里奥尔人鲁伊斯·德·阿拉康到达了伊比利亚半岛，再没回到墨西哥，他与同为墨西哥克里奥尔人的马特奥·阿莱曼擦肩而过，后者是流浪汉小说的缔造者，逝世于新西班牙。巴尔布埃纳以其在不同大陆间的流动性显得突出，与前人不同，他没有在任何一处定居下来。他可以赞颂墨西哥城的富足，宣扬它的中心性——"它是全球的中心"[2]，称赞他们所讲的"最纯粹、最优雅的"西班牙语，赞扬墨西哥对于全

1　Rojas Garcidueñas, 1982, p. 56, note 35; *Ibid.*, p. 148.

2　*Ibid.*, p. 115.

球来说的重要性——"它用一个链条将世界连接在一起",然后背起行囊,继续去他处,展开他的教士、文学生涯。

《伟大的墨西哥》发展了一种世界视野,这种视野在整个作品中常常引领着我们,《贝尔纳多龙塞沃凯旋志》有一些片段同样也描述了巴尔布埃纳的流动的目光所捕捉到的世界。巴尔布埃纳在雷纳尔多斯、莫尔甘特与奥里曼德罗的陪伴下,将我们引向魔法师马尔盖西的"飞船",在那里可以发现任何航海家都无法见到的、令人无法遗忘的景象:从宇宙中看我们这个世界。有欧洲、意大利及其美丽的城市、法国及其河流、"吉祥而尚武的西班牙"[1]、新大陆、麦哲伦海峡、巴塔哥尼亚(位于阿根廷南部)人的国家、巴西、安第斯地区、巴拿马、墨西哥、恰帕斯、瓦哈卡、太平洋沿岸与新加利西亚的土地,在新加利西亚,巴尔布埃纳写下《贝尔纳多龙塞沃凯旋志》的诗句。诗中呈现的一个又一个情景在我们看来是诗人具有主观色彩的创造,然而这并不重要,重要的是,这些情景反映了诗人为记录伊比利亚全球化所做的努力[2]。

卡蒙斯与巴尔布埃纳

对《贝尔纳多龙塞沃凯旋志》与卡蒙斯的《葡国魂》的解读在今天都是困难的,文学史也许摆脱了对这两部史诗作品的比较。当时《葡国魂》所获得的成功与《贝尔纳多龙塞沃凯旋志》获得的尊敬并不相同,但是它们具有相似性。卡蒙斯的亚洲生涯与《葡国魂》的全球视野所构成的维度呈现了卡蒙斯作为全球化文人的特征。他 1524 年生

1　Balbuena, 1988, p. 128.

2　*Ibid.*, pp. 137-138.

于一个小贵族家庭，20 岁后在里斯本效力于约翰三世宫廷，诗人卡蒙斯依附于林哈雷斯伯爵一家，他陪同后者在 1549—1551 年到达非洲的休达。1 年后，他登上费尔南·阿尔瓦雷斯·卡布拉尔的舰队前往果阿。他参加了对印度的军事征服，在红海巡逻，之后在澳门一度获得"死者财产管理人"一职，后被解职。当他在湄公河三角洲遭遇船舶失事时，《葡国魂》的手稿险些被遗失。回到果阿后，他寻求总督的庇护，于 1567 年前往莫桑比克，在那里遇到编年史作者迪奥戈·多·库托。返回里斯本后，他将全部精力倾注于《葡国魂》的出版，在曼努埃尔·德·波图加尔的支持下于 1572 年得以出版，他从塞巴斯蒂安国王那里得到一笔年金，改善了暮年生活。1580 年 6 月 10 日，在西葡两个王国结盟前夕，卡蒙斯逝世。

诗人卡蒙斯的存在"因他在不同时期所处的不同地区而分为不同的阶段"[1]，他在亚洲与非洲的迁移构成了他存在的背景。在亚洲，卡蒙斯找到灵感，创作诗歌，修改手稿。他将他对拉丁语经典作品包括维吉尔、奥维德、贺拉斯的著作以及中世纪作家如薄伽丘的著作的深刻认识、他对意大利与西班牙文学的了解带到各处。彼特拉克、胡安·博斯坎与加尔西拉索·德·拉·维加的作品陪伴了他在 3 个大洲之间的旅行。和巴尔布埃纳一样，卡蒙斯将不同形式与体裁的作品（包括田园诗、哀歌、颂歌、十四行诗）装入自己的旅行箱与头脑，这些都是他在亚洲广袤的天空下创作出来的。卡蒙斯主要在两点上庄严地预示了巴尔布埃纳：他逐渐构建起一部远离欧洲现实与欧洲突发事件的西方作品，同时还想象着自己作为臣民所属的那个王国的伟大。《葡国魂》

1　Anibal Pinto de Castro,《Camões, poeta pelomundo em pedaços repartido》(*Instituto Camões, Basestemáticas, Literatura*, site Web).

路易斯·德·卡蒙斯:《葡国魂》
里斯本
1597 年

与《贝尔纳多龙塞沃凯旋志》这两部文学作品或多或少都取得了成功，它们并非如伊比利亚人的批评经常描述的那样——是单纯颂扬民族主义的作品。这两部史诗通过预言与赞颂葡萄牙与西班牙在全世界的命运，通过将二者置于西方时空，并将历史与神话错综复杂地混合在一起，构想出由西班牙人—葡萄牙人的发现而孕育出的世界。这些史诗为了在全球标划出西班牙人与葡萄牙人共同分享的两个伊比利亚王国的神佑的历史，利用了诗歌创作的各种资源。巴尔布埃纳与卡蒙斯以描写世界——这个"人类的巨大球体"[1]"人类的巨大仪器"[2]开篇。"在那里，(《葡国魂》中的主人公们）看到悬在空中的地球，灿烂的阳光照射着它，从一边到另一边，地球的中心如其表面一样清晰可见"[3]。他们还看到"不同的大洲"，"它们被汹涌的大海分隔开来，各个大洲上有不同的国家，臣服于不同的国王，有着不同的习俗、惯例与信仰"[4]。相隔30年，远离果阿与澳门，在墨西哥的太平洋沿岸，巴尔布埃纳的主题多样的诗句构成了卡蒙斯的诗句的回声：

> ……男人们与女人们
>
> 肤色不同，职业不同，
>
> 语言不同，血统不同，
>
> 意图、目的与欲望不同，
>
> 信仰与主张有时亦不同。[5]

1　Balbuena, 1988, p. 131.

2　Camões, 1996, p. 422, X, 80.

3　*Ibid.*, p. 420, X, 77.

4　*Ibid.*, p. 426, X, 91.

5　Balbuena, 1990, p. 64.

如果我们接受《葡国魂》也是赞颂整个西班牙即伊比利亚半岛的一部诗作的话，卡蒙斯与巴尔布埃纳的这两部史诗的相近性则会更强。"在西班牙文学作品中，没有同《葡国魂》一样如此'西班牙的'诗作，这不仅体现在它的英雄主义与十字军东征的精神上，还表现在它的赞颂的、骄傲的、夸张的特征上。"[1] 之所以《葡国魂》在西班牙世界获得如此巨大的成功，是因为它不但吸引了西班牙的读者与译者，还吸引了美洲的读者与译者。在安第斯地区的中心，恩里克·加西对他的同胞卡蒙斯的这部诗作进行了翻译，而在墨西哥城，各个书店定期订购一定数量的《葡国魂》[2]，它们经维拉克鲁斯到达墨西哥城，被置于文尔西利亚的《阿拉乌咖那》与阿里奥斯托的《疯狂的奥兰多》之侧。卡蒙斯梦想一个由葡萄牙航海家用失去的和谐重新调和的世界，巴尔布埃纳则更喜欢赞颂西班牙军力的霸权，这些并不重要，重要的是，伊比利亚半岛的命运使西葡帝国的这些伟大的游牧者构想出可以引导人们去看、去思考这个世界的词语，而这是欧洲文艺复兴诗歌的全部也难以赋予他们的东西：

> 因为自从金发阿波罗神屹立
> 在他的烈火战车之上，
> 熊熊火焰将冰龙赶到地极，
> 他发现，
> 伴随着它放射出的光芒，

1　António José Saraiva, *Estudios sobre a arte das Lusíadas*, Lisbonne, Gradiva, 1995, p. 136.

2　Fernández del Castillo, 1982, pp. 263.

世界各处散播的徽章上，

都记刻着伟大的西班牙的子孙。[1]

天主教精英与伊比利亚全球化

上述这些少数的存在只使我们对那些在政治、宗教、经济与艺术
维度上承载着伊比利亚全球化的人与阶层有了粗略的概念。早期的全
球化精英在西葡帝国各处的权力轨道上相互会合。他们惬意地生活在
各个大洲，随时面对无法预料的各种状况，他们在全世界积累情况记
录，并应对各地的挑战[2]。这些天主教精英与上文谈到的专家们有何不
同？二者之间的界限有时是微乎其微的。巴尔塔萨·多兰特斯·德·卡
兰扎与罗德里戈·德·比韦罗表现出来的对新西班牙的眷恋一样强烈。
专家们与精英们对君主的忠诚是一致的。马丁·依纳爵·德·罗耀拉、
罗德里戈·德·比韦罗对那些侵入新大陆的外国人的诅咒证明了批评
的激情并非为多兰特斯·德·卡兰扎、瓜曼·波马·德·阿亚拉所独有。
但是，对于专家们来说，全球视域在一些局部仍然是潜在的、虚拟的，
尽管它与西葡帝国的精英的亲身经历混合在一起。

在古典知识、地区敏感性、对其他种族的人的开放之外，全球化
精英们增加了一种灵活性，它使他们可以直面西葡帝国所涵盖的众多
王国的多元化与多样性。流动性与游牧生活、联系的灵活性、从一个

1　Balbuena, 1990, p. 122.

2　"各个集合体的成员都面临相似的具体状况——在同一行政机构中被任命，这
一点将他们所研究的各个集合体连接起来"。参见如下书目：Jean-Pierre Dedieu,《Une
approche "fine" de la prosopographie》, in Robert Descimon, Jean-Frédéric Schaub, Bernard
Vincent, Les Figures de l'administrateur, Paris, EHESS, 1997, p. 236.

地区到另一个地区的移动、参考资料与行为坐标的繁多都催生了所谓
"天主教的世界性"，这里的"天主教"一词具有双重含义：一是指反
对宗教改革的罗马天主教会；另一个是西葡帝国的普世性。天主教精
英在世界不同地区的实地考验中成长起来，如瓦尔德佩尼亚斯、墨西
哥城、康波斯特拉、波多黎各、马德里对于巴尔布埃纳，加的斯、里
约、布宜诺斯艾利斯、罗安达（安哥拉首都）、里斯本对于萨尔瓦多·科
雷亚·德·萨。当德瓦尔·德·奥里扎巴伯爵（即墨西哥人罗德里
戈·德·比韦罗）向国王菲利普四世讲述他游历的世界的各个部分时，
他对自己的流动性以及这些地域的偏远的强调并不是偶然的，"这就是
我到过的地方，在那里我积累起成就，也有浪费的时光。有时在西班牙，
有时在意大利，有时在海上，有时在印第安人的墨西哥，有时在中国、
日本，有时在所有这一切地方的中心——'秘鲁的门厅'巴拿马"[1]。

　　首先，流动性关乎地理上的祖籍地。全球化精英的出生地并不是
一个决定性因素：他们有的出生在西班牙，如巴尔布埃纳，有的生于
印度群岛，如安东尼奥·德·萨韦德拉·古斯曼、罗德里戈·德·比韦
罗。某些人生于伊比利亚半岛，而他们所属的家庭已经深深地扎根于
世界的另一个部分。如维拉斯科与德·萨家族即是如此。至关重要的
是，由亲属、朋友、同行组成的国际关系网使得在世界不同部分之间
的迁移更加容易。迪奥戈·多·库托——菲利普二世的官方编年史作者
拥有西葡帝国的信息与广阔视野，但他显然缺少马丁·依纳爵·德·罗
耀拉、贝尔纳多·德·巴尔布埃纳所拥有的各种关系网的支持，它们可
以方便洲际职业生涯的展开。智识上的联系没有浪费，它使巴尔布埃

---

[1]　Vivero, 1972, p. 51.

纳走向伊比利亚半岛。进入大洲范围的组织机构，如西印度群岛的大
的行政机构或"印度政厅"，甚至进入那些担负帝国使命的组织机构，
如印度群岛理事会、圣职部，它们支持它们的成员与世界的其他部分
进行联系。

天主教精英有的来自行政机构，有的来自教士阶层，因为西班牙
与葡萄牙的"赞助"体制将西葡帝国的天主教会置于王室的控制之下，
宗教裁判所依赖君主的意志行事。也许只有耶稣会的精英最活跃、最
紧密团结、最果敢，他们部分地摆脱了马德里的监视，而依附于罗马。
正如我们在上文看到的其他天主教精英展开的职业生涯，西班牙耶稣
会士何塞·德·阿科斯塔的职业生涯[1]结合了游牧生活、横跨大洋的活
动与全球观照。他的《印度群岛自然史》获得格外青睐——被译成卡
斯蒂利亚语、意大利语、法语、德语、荷兰语还有拉丁语[2]。当这些全
球化精英是知识精英时，人的可见性与作品的可见性密不可分。

如果没有取得文学上的成功，精英们就努力获取官位、爵位或其
他认可。马丁·依纳爵·德·罗耀拉去世时是拉普拉塔河地区主教，巴
尔布埃纳是波多黎各主教。萨尔瓦多·科雷亚·德·萨的儿子被封为亚
述子爵[3]。路易斯·德·维拉斯科在获得两个总督职位和印度群岛理事

1　1562 年，他 22 岁，加入耶稣会。1562 至 1565 年，在罗马，1572 至 1586 年在秘鲁，
之后在新西班牙停留到 1587 年。返回欧洲后，先后到达马德里、罗马（1588）、阿拉贡、
安达卢西亚，然后再一次到罗马（1593—1594）。1600 年逝世于萨拉曼卡。

2　阿科斯塔的主要作品，尤其《印度群岛自然史》（1590），针对的是西印度群岛，
除此之外，他在墨西哥城撰写了两部针对中国的专论——《对中国战争的看法》（*Parecer
sobre la guerra de China*）与《对华战争的理由》（*Fundamentosque justifican la guerra
contra China*），还翻译了色诺芬的《居鲁士的教育》。

3　Alencastro, 2000, p. 235, et note 246, p. 444.

会主席一职之后，终于被封为萨利纳斯·德尔·里欧·皮苏尔加侯爵[1]。蒙特斯克拉罗斯侯爵也是墨西哥与秘鲁总督、财政院与阿拉贡的主席，他在职业生涯末期获得"西班牙伟人"（查理五世于 1520 年创立的头衔）这一荣誉[2]。这些天主教精英无论是克里奥尔人（如巴尔塔萨·多兰特斯·德·卡兰扎），还是印第安人（如瓜曼·波马），是混血儿（如迪亚斯·德·古斯曼），还是欧洲人（如《葡萄牙军人专家对话》的作者库托），都没有被西葡帝国所遗弃。与《伟大的墨西哥》中的扬扬得意相去甚远，多兰特斯·德·卡兰扎全然展现了另一个墨西哥，一个充斥着野心家与诈骗者的墨西哥，他们使墨西哥"染上了长期的、永无休止的疾病"，卡兰扎对新西班牙的社会弊病有着切肤之痛[3]。难道《伟大的墨西哥》的作者比克里奥尔人卡兰扎更懂得掩饰他的不安与困惑[4]？

1　Rubio Mañé, 1983, I, p. 229.

2　*Ibid.*, p. 240.

3　Dorantes de Carranza, 1970, p. 239.

4　本章中还可以提及其他人物。如安东尼奥·德·莱昂·派内洛，他是新基督教徒家庭的儿子，是西葡帝国的伟大的仆人，在安第斯地区与马德里之间活动，这一人物极具吸引力（Brading, 1991, pp. 200-204）。面对西葡帝国的危机，全球化精英们的不同态度使两个重要人物——耶稣会士安东尼奥·维埃拉与主教胡安·德·帕拉福克斯·伊·门多萨彼此对立。

第四部分　水晶球

　　帝国并不满足于领导一个地域及那里的人们，它在那里创造自己的世界。

——迈克尔·哈特、安东尼·内格利：《帝国》，2000 年

第 12 章

器物之路

> 3 件印第安羽毛小衣服、4 顶摩尔羽冠、3 个印第安羽毛制
> 鸟头……
>
> ——《梅迪契储藏室》，1539 年

如何理解欧洲人的蜂拥而至？ 1579 年前后，伊斯兰教徒齐纳德在印度撰写编年史，提及葡萄牙人的到来。开篇直接描写了在印度洋海面上出现船舰的景象："1498 年，基督教徒们第一次出现在马拉巴尔，他们在印度季风结束时乘坐 3 艘大船到达潘塔拉伊尼港（印度）。然后经陆路抵达卡利卡特港，在那里他们停留数月，收集马拉巴尔的情况。"[1]

世界其他部分的见证者、到达者留给我们的图像资料比较少。《杜兰手抄本》是殖民时代的一部墨西哥手稿，今天保存在马德里。这部作品完成于 1581 年，讲述了墨西哥印第安人的历史，包含几十幅印第安土著画家描绘的多色画。其中一幅表现了西班牙人到达墨西哥湾沿

1　Zinadîm [1579-1583] (1998), p. 52.

岸的场景[1]。墨西哥这一地区的沿海地带被该画家精确再现，如同摄影术一样逼真，令人惊讶：一个印第安人受蒙特祖马的派遣，位于一棵大树上，他观察到西班牙人的大船，此外，离海岸不远处的一艘小船上，有一个欧洲人在钓鱼。墨西哥阿兹特克画家明显借鉴了欧洲版画技术，他甚至很有可能想到了欧洲画家常常表现的场景——基督进入耶路撒冷，侏儒扎奇位于无花果树的高处，将一切尽收眼底。

在日本，16世纪的最后10年中，画家们使用了一个相近的主题——葡萄牙人登陆日本群岛。在一个三扇屏风[2]上，左侧屏扇上画有一艘大黑船，水手们正在卸货，右侧屏扇上则有一队葡萄牙人从船上往岸上运货箱。葡萄牙人中有很多都吸食烟草——这些"南蛮"（日本人对葡萄牙人的贬称）将烟草与吸烟习惯引入日本，日本当局后来禁烟。屏风上呈现的中国的生丝小包与木箱展现了葡萄牙在印度、中国与日本之间所经营的贸易的重要性。该屏风画的作者是一位日本狩野派画家（Kano Domi，因其后来皈依基督教，亦称 Pedro Kano Gennosuke），著名的狩野画派[3]从16世纪下半叶到17世纪初主宰日本绘画。该画派自由阐释外国元素，如"大黑船"[4]线条夸张，似乎突出了这些闯入者的特征。对空间的控制尤为卓越：一条长对角线将画面全然分割，将由黑色与银色构成的波涛汹涌的海洋区域同一片奢华的

1　Diego Durán, *Historia de las Indias de Nueva España eIslas de la Tierra Firme*, édit. par Angel Maria Garibay K., Mexico, Porrúa, 1967, 2 vol. 该画出现在章 LXIX，段落 V。

2　狩野派画家（Kano Domi, 1593—1600）创作的这一屏风现藏于里斯本的国家古代艺术馆。Maria Helena Mendes Pinto, *Biombos Namban. Namban Screens,* Lisbonne, Museu Nacional de Arte Antiga, 1993.

3　狩野画派：源于中国山水画，演化出金箔浓彩屏风。——译者注

4　日本人也称其为葡萄牙大船。Boxer, 1989, p. 12.

西班牙人抵达墨西哥
选自《杜兰手抄本》
1581 年
马德里国家图书馆

金箔色的锯齿状海岸区域分开。这些屏风画在伊比利亚世界获得巨大成功，卡斯蒂利亚人与葡萄牙人遂采用日本词语 *byobu*（在西班牙语中演变为 *biombo*）来指代"屏风"。

上述两件作品都以自己的方式诠释了伊比利亚人在全球各地的流动性。一件表现了西班牙人展开殖民征服的开端，另一件则显示了葡萄牙人的商业渗透。在《杜兰手抄本》中，有着横扫中美洲文明的暴风雨来临之前的风平浪静。而在屏风画上，有船舰、奴隶与水手的移动，有波涛激荡、靠岸与登陆，这些至少对于伊比利亚人来说是一种流动性的象征，它被日本的对外封闭所突然中断。墨西哥绘画有为手稿提供装饰画的传统，日本屏风画则将欧洲人的突然入侵以全景的面貌大白于天下。但是二者有一个共同点：屏风画中的外国人和《杜兰手抄本》中的外国人都是西班牙人或葡萄牙人，这里的"他者"都是西方人。这两件作品使我们看到日本与墨西哥面对伊比利亚全球化时的态度——与之斗争或接受它。

全球的所有宝藏

当里斯本商人与西班牙征服者造访东方与新大陆时，为了满足君主们的消遣与智者们的教化，手抄本与屏风正从反方向走上跨海之旅。针对伊比利亚全球化与世界其他部分的联系，留下了许多见证。其中最为珍贵的，今天仍尘封在我们的图书馆与博物馆中，如果不去探究它们所承载的意图及涉及的行为，人们就会对它们无从了解。它们往往呈现在奇特的材料上，具有奢华的媚俗趣味或具有独特的优美风格，这些物件所讲述的是同一个世界性的历史。当主要包括非洲黄金、美洲白银、香料、糖、香烟在内的这些东西被欧洲与亚洲经济所吞噬而灰飞烟灭或被消费者们消耗殆尽时，它们仍然隐藏在一些人的可见而无声的记忆中，这些人曾经在欧洲社会与世界的其他部分之间流动。有的艺术品从欧洲被发往其他大洲，在相反的行程上，则有诞生于遥远地区的数千物件经不同路线驶向里斯本、塞维利亚、罗马或安特卫普。大量的手稿、雕塑、绘画、家具产生于伊比利亚入侵者与各大洲之间面对面的相遇，它们从一个地区被带到另一个地区。它们体现了伊比利亚全球化的冲击波，还承载了伊比利亚全球化所引起的各种强烈反应。同时，它们在自身形式、意义与作用上的改变体现出对伊比利亚全球化的连续的适应。全球化并不能仅仅归结为世界的四个部分之间的流通，它涉及那些更复杂的力量，它们使伊比利亚的支配性向全球范围延伸。

如果说墨西哥的宝物到达西班牙，然后到布鲁塞尔，标志着中美洲艺术品进入欧洲舞台，那么对于卓越的见证者、画家阿尔布雷特·丢勒来说，这种迁移早在伊比利亚全球化之前便已经开始。亚非二洲与地中海欧洲之间的联系最早可追溯到上古时代。但是，伊比利亚半岛本身与亚非之间特有的关系则始于葡萄牙人在几内亚与塞拉利昂沿海地带的探险。15 世纪末期，那里出现了一种"曼奴埃尔式（葡萄牙的一种建筑和装饰风格）象牙雕刻艺术，是黑人艺术家在本地象牙上创造出来的"[1]。萨普人使用皂石，欣然地对象牙进行精雕细刻，他们创造的这些艺术品被用来满足那些来自葡萄牙的水手与商人的需求。他们通过模仿从葡萄牙人那里交换来的锡制器具，制作出"更加精致、装

1　Rafael Moreira,《Cultura material e visual》in Bethencourt et Chaudhuri, 1998, I, p. 483.

葡萄牙人到达日本

1593—1600 年

里斯本古代艺术国家博物馆

饰得更加美观的象牙勺子，绝无仅有"。

葡萄牙王国流行的佛兰德斯挂毯与细密画很多都采用了狩猎主题，这些欧洲主题为象牙号角的创造带来灵感，象牙雕刻展现了许多狩猎场景[1]。最早的一些雕刻作品在瓦斯科·德·加马到达印度、哥伦布到达美洲的数年前便出现在特茹河岸边。塞拉利昂的盐瓶、圣体盒与象牙号角、尼日利亚的勺子——萨普—葡萄牙艺术与比尼—葡萄牙艺术的这些易碎工艺品的产生同葡萄牙在非洲海岸的扩张密不可分[2]。

在经由印度洋与南大西洋的固定联系被建立起来之后，印度与亚洲生产的器物就直接到了里斯本，而不必再取道通往亚历山大（埃及）与威尼斯的千年之路。在特茹河港，汇集了贵重的织物与器物：马粪石、天然水晶盐瓶、具有催情作用的犀牛角、带有多色刺绣图案的斗篷、棉花与野蚕丝质地的格子毯、天然水晶上饰有黄金与宝石的上漆桌面。中国瓷器也被运至里斯本，随后而来的还有珍珠母镶嵌的日本小匣子，上面点缀着鸟兽与野花图案。从西印度群岛向塞维利亚发出的货物中，有中美洲绘制的手稿、半宝石偶像，还有色彩绚丽的羽毛镶嵌画和秘鲁地毯。巴西与热带美洲不仅输出鹦鹉、猴子、纯绿宝石，还有印第安人，这些印第安人在伊比利亚半岛迅速沦为奴隶[3]。

这些财宝的地理分布与流动并没有它们的历史告诉我们的东西更

1　Ezio Bassani et W. Fagg, *Africa and the Renaissance. Art in Ivory*, New York, The Center for African Art, 1988; E. Bassani,《Gli olifanti afroportoghesi della Sierraleone》, in *Critica d'arte*, 1979, n° 163-165, pp. 175-301; E. Bassani,《Additional notes on the Afro-Portugueseivories》, *African Arts*, vol. XXVII, n° 23, juillet 1994, pp. 34-35.

2　这一系列物件可见于如下目录书：*Exotica. The Portuguese Discoveries and the Renaissance Kunstkammer,* Lisbonne, Fondation Calouste Gulbenkian, 2001, pp. 94-108.

3　Mira Caballos, 2000 ; Soares de Sousa, 2000,chap. CXCV, p. 350.

塞拉利昂盐瓶
15 —16 世纪
维也纳民间传统文化民俗博物馆

水晶大象盐瓶
印度
1550 年
维也纳艺术史博物馆

令我们感兴趣。如墨西哥最早的宝物是军事征服的直接见证，它们也是伊比利亚人入侵的牺牲品。它们中的大部分在欧洲人、美洲人、亚洲人、非洲人的交会中诞生，混合了长期分离的不同表达方式、技术、历史与传统。这些混合并不是令人愉快的偶然或不可预料的碰撞的产物。一旦抛开艺术爱好者或收藏家的因素，我们就会意识到这些器物涌入欧洲实则往往是对商业、宗教与政治的回应。基于特殊的混合，某些土著物件以直接的方式展现了一系列事件，这些事件反过来解释了它们在欧洲大陆的存在原因。对（墨西哥城）大神庙屠杀这个对墨西哥城征服中的悲剧事件的呈现见于《杜兰手抄本》中的一个段落，它赤裸裸地描述了西班牙人的暴行："宫中到处流淌着不幸者们的鲜血，他们的内脏、头颅、手、脚被切下，散落遍地。还有的印第安人在（西班牙人的）刀剑下失去内脏。"[1]

在美洲，伊比利亚人对当地财富的攫取首先体现在对加勒比海岛屿以及对土著人的掠夺上，然后是对安第斯地区与墨西哥的大帝国的掠夺。在亚洲，印度洋的劫掠船上的货物即时地为葡萄牙水手带来财宝，只要这些水手能活着从远方返回，他们就可以将这些财宝在里斯本港出售。后来，在伊比利亚人对财富的攫取中，以更有组织性、计划性的方式替代了直接的掠夺方式，如根据从伊比利亚半岛明确发出的命令展开创作，或在美洲、非洲、亚洲大陆上主动行动。以"和平"方式进行攫取，只是以不同的方式表现了对新的空间的控制，表达了对伊比利亚人的统治与在场进行强调的意愿。在回应了这种类型的政治诉求的器物中，有应菲利普二世的命令在西属墨西哥完成的《地理

1　Durán, 1967, II, p. 548, chap. LXXV, par. 14 et 15.

描述》中的地图。这些地图的作者多是土著画家，他们应西班牙政府部门的要求，呈现西班牙帝国的疆域。在墨西哥，殖民时代的图画文字手稿普遍在传教士的领导下完成，它们更多地反映了来自西方的僧侣在当地实施的计划。有时，殖民地的指令与需求是一致的：器物与那些催生了它的出现的力量关系密不可分。器物被再加工的情况并不罕见。土著器物有的在当地就被重新加工，然后再运往里斯本或塞维利亚，它们也有的需要在西欧的工场里经过再次加工。这一连续的介入使我们了解到，欧洲社会对土著器物的吸收方式与过程。来自遥远地区的器物被伊比利亚全球化所裹挟，不仅使其发生了位移，而且往往改变了它们原来的样貌与用途，以使其适应欧洲人的品位与标准。

教会、君主与商人

在墨西哥，天主教会致力于"宗教上的征服"，它将根除土著宗教信仰同传播基督教结合起来。僧侣们先毁掉土著人崇拜的偶像，焚烧他们绘制的手稿，然后对使用图画文字的手抄本产生兴趣，继而向土著画家定制与古代事物相关的手抄本的复本。他们还催生了一种混合性的生产，将墨西哥前西班牙时代类型的风格略作修改后，同印第安—基督教艺术的新创造相互融合。僧侣们梳理异教对异教徒思想的影响，以便更好地确定自己所面对的敌人，并知晓从何处着手去打击偶像崇拜。天主教会还调动土著人的才干去创造天主教仪式庆典与教堂装饰所需的各种器物与装饰品，教会在世界的四个部分精于此道。在这一范畴，土著人创造的基督教艺术品纷纷出现，如塞拉利昂的象牙圣体盒、墨西哥印第安人的羽毛主教冠、印度与日本的镶嵌着珍珠母的小祷告台。这解释了来自亚洲的小匣子为何得到了基督教徒的格外青睐——它们是圣骨盒。其中有一件在今天是里斯本大教堂的镇堂之宝，此宝物乃柚木质地，上面覆盖着珍珠鳞片，"镶嵌有珍珠母珠叶"[1]。这件艺术品于16世纪早期在古吉拉特邦的一个工场中制作完成，如同德累斯顿的小匣子一样极尽小巧，镶嵌在水晶座上[2]。同一地区的工匠还制作珍珠母的祷告台与蜡烛台来满足旅行的传教士与神父们的需要。使基督教在一个地区扎根的最佳方式难道不是使土著人进入其再生产活动吗？传教士为土著基督教徒的产生、新的宗教习俗的反复灌输、西欧人对天主教在遥远地区所取得的胜利的了解而做出了努力，这些器物则使他们的努力得到具体呈现。西方化在这里等同于基督教化。在墨西哥被西班牙人征服后不久，墨西哥城的方济各会士便开设了一些工场，世界的其他部分也先后跟进。一切都与基督教艺术在全球范围内发展的这个漫长时期联系在一起，它开始于15世纪的非洲沿岸，最终在澳门与日本产生的艺术品上得到体现[3]。

西班牙王国同葡萄牙王国一样，力图将那些能够表现自己对遥远地域的统治的器物与夸张炫耀的符号在自身周围集合起来。在哈布斯堡家族中，约翰三世的妻子、葡萄牙王后——奥地利的卡塔琳娜利用自己在里斯本拥有的特权为葡萄牙王室收集到一大批早期藏品。尤其是她得到的一只大象形状的水晶盐瓶，今天成为维也纳艺术史博物馆

1　*Exotica,* 2001, p. 111. 这个圣骨盒现为里斯本大教堂所收藏，外形为来自伊斯兰教的金字塔形状，但它的银雕装饰却出自一位欧洲工匠之手。同一类型的其他匣子由西班牙金银匠完成，其造型灵感来自葡萄牙人的皮箱。

2　*Exotica,* 2001, p. 132. Dresde, *Grünes Gewölbe,* inv. n°. III 243.

3　Gauvin Alexander Bailey, *Art on the Jesuit Missions in Asia and Latin America, 1542-1773,* Toronto, University of Toronto Press, 1999.

引以为荣的收藏品[1]。许多器物所附着的社会、政治或王朝的威望与荣耀在器物的出处上体现出来。葡萄牙国王塞巴斯蒂安将伊比利亚收藏品中最奢华的象牙号角中的一只赠送给他的亲属菲利普二世[2]。印度天然水晶盐瓶则是王后——奥地利的卡塔琳娜送给她的儿媳让娜（后来成为塞巴斯蒂安国王的妻子）的礼物。卡塔琳娜寄给兄长查理五世一枚马粪石，它后来伴随了他在尤斯特的退隐生活[3]。来自遥远地区的器物离开它的创造者而成为欧洲宫廷的家庭馈赠品，它们化为情感的象征或承载外交使命与王室威望的工具。它们有的变成可以让人想起伊比利亚扩张高潮的纪念品，如一件刻着文字"Aleo"的非洲象牙号角：它是葡萄牙人在攻打位于摩洛哥沿海的休达（1415）时的冲锋口号，休达城的葡萄牙统治者佩德罗·德·梅内塞斯将它作为座右铭[4]。

更加例外地，来自遥远地区的器物进入作为王权象征的器物名录。奥地利公主手中的日本扇子所经历的具有象征意义的旅程同它们在地理上的位移一样令人惊讶。扇子作为日本贵族与武士拥有的传统器物吸引了里斯本宫廷的注意，成为哈布斯堡家族里具有王室血统的公主们的身份象征。

菲利普二世最喜欢的女儿——伊莎贝尔·克莱尔·欧仁妮公主，即低地国家的女王在她的一些肖像画中手执扇子，正如她的丈夫艾伯特配剑一样。1584年，这位公主有机会在马德里会见一支日本代表团，

1　Exotica, 2001, pp. 144-145.

2　今藏于马德里的国家装饰艺术博物馆。*Exotica,* 2001, p. 102.

3　Annemarie Jordan Gschwend,《The Marvels of the East: Renaissance Curiosity Collection in Portugal》, in Nuno Vassallo e Silva (édit.), *The Heritage of Rauluchantim,* Lisbonne, Museu de São Roque, 1996, p. 99.

4　*Exotica,* 2001, pp. 102-103.

他们带来了一些珍贵的礼物，她的扇子就来源于此[1]。对遥远地区的器物的收集、将它们置于欧洲市场、它们对宫廷与收藏者品味的适应繁荣了相关的贸易活动，来自不同地区的商人加入其中，有的居住在欧洲，有的不居住在欧洲，有的本身是欧洲人，有的不是欧洲人，有葡萄牙人、威尼斯人、佛罗伦萨人、佛兰德斯人、德国人、亚洲人。此外，还有来自不同地区的工匠与艺术家加入其中。金银器工匠如弗朗西斯科·洛佩斯（里斯本）、贝文努托·切里尼（佛罗伦萨）对那些提供给欧洲富有的顾客[2]与王室收藏的器物进行重新修饰与加工。在安特卫普，正如在纽伦堡，工匠们灵巧的双手不停地通过对那些来自亚洲与美洲的艺术品的重新修饰来使其增值。

所有这些器物都经大的贸易航线而来，当它们的出现并未催生新的出口网络时。对非洲的黄金与奴隶的输入在对塞拉利昂象牙的输入的背后隐约可见。葡萄牙人的香料之路也是运输亚洲贵重器物的航线：从马六甲输出马粪石与丁香[3]。日本与中国的丝绸是中国（澳门）、日本（长崎）与果阿之间的重要流通商品。从墨西哥、秘鲁出发的舰队承载着银锭、织品、手抄本、羽毛艺术品和半宝石艺术品[4]。从巴西出发的船上载有鹦鹉与羽毛斗篷。印度与菲律宾的象牙穿越太平洋到达墨西哥、秘鲁，再渡过大西洋抵达伊比利亚群岛。这些贸易活动所使用的

1　*El arte en la corte de los arquiduques Alberto de Austriae Isabel Clara Eugenia. Un reino imaginado, (1598-1633)*, Madrid, Sociedad Estatal para la Conmemoración de loscentenarios de Felipe II y Carlos V, 1999, pp. 145-147.

2　*Exotica,* 2001, p. 144.

3　*Ibid.*, p. 152.

4　Alessandra Russo,《Plumes of Sacrifice: Transformations in Sixteenth-century Mexican feather art》, in *Res*, 42, automne 2002, pp. 226-250.

航道对那些更加古老的航道构成了补充（伊比利亚人的航行并未使其消失），并且大大增加了贵重器物的流通，它们体现出贸易全球化的繁荣。从此，美洲与非洲、亚洲连通起来。中国的万历皇帝收到墨西哥羽毛艺术品也并不令人惊讶了。

　　欧洲商人几乎对世俗器物与宗教器物不加区分，二者都被提供给印度王室与欧洲顾客[1]。16世纪下半叶，果阿制作的象牙雕刻儿童耶稣与古吉拉特邦制作的珍珠母棋盘系列一起漂洋过海。非洲与印度的盐瓶、锡兰岛的天然水晶餐具使东方奢侈品走上欧洲人的餐桌，羽毛镶嵌艺术品则丰富了米兰大教堂礼拜仪式的色彩。一些艺术品甚至被遗忘在波兰贵族的城堡中的阴暗角落，它们将新大陆的光辉带到那里[2]。其他器物则向我们讲述了欧洲列强的早期科学探索。欧洲的收藏者与爱好者力图得到那些可以揭示大自然的"惊人而奇妙"的东西[3]。而且，信息的收集启发了一大批欧洲与西方的文学作品，使它们充满了关于世界其他部分的植物、矿物与动物的新鲜内容；另一方面，伴随着信息的收集，大量器物、宝石等石料、动物活体或动物标本被寄至欧洲，很快就装满了某些特定空间，它们是今日博物馆的雏形。

1　一些特殊人物，如富格尔家族在果阿的经纪人斐迪南·克朗（Ferdinand Cron）的身上体现了人才与品味的这种流动性。K.S. Mathew, *Indo-Portuguese Trade and the Fuggers of Germany*, New Delhi, Manoar, 1997, pp. 21-22.

2　*Exotica,* 2001, p. 114.

3　Adalgisa Lugli, *Naturalia et Mirabilia. Les cabinets decuriosités en Europe*, Paris, Adam Biro, 1998.

土著人的创作

所有这些器物使我们看到伊比利亚半岛的西方人的种种需求，这些器物与世界在商业、宗教、政治、知识与品味领域的西方化的具体体现相连。伊比利亚人的活动具有令人难以置信的暴力性（如墨西哥城的陷落），也具有模糊与矛盾的合作性。当土著人的信息提供者为贝纳迪诺·德·萨哈贡的《新西班牙器物通史》带来素材，当他们为他的《佛罗伦萨手抄本》提供解释并绘制插图时，他们就不再是单纯迫于方济各会士的压力的傀儡。绘画的内容与评述的性质使读者可以猜到他们不遗余力的积极主动。当墨西哥城的羽毛制品艺术家们为教皇保罗三世加工这种脆弱性材料并力图使天主教神职人员的这位最高领袖为他们的精湛技艺所吸引时，他们回应了墨西哥—特诺奇蒂特兰的土著总督的一项倡议，后者此前决定将一幅用闪闪发光的多色羽毛制作的画作《圣格里戈利弥撒》献给教皇，它是新大陆印第安人拥有的令人惊讶的天赋的集中体现。

在伊比利亚全球化中，统治所涉及的各种问题及统治形式的复杂性常常在器物上比在文献中体现得更加清晰。西化无论是粗暴的强制、潜在的施压所产生的后果，还是一种诱惑的游戏，它都使它所裹挟的人与事物发生了转变。当土著人开始使自己的作品适应欧洲人的要求，他们的手法便发生了西化。这种适应可以停留在表面上，可以表现为对一件土著器物的全面修改，甚至还可以表现为以克隆的方式就地制作一件符合欧洲原型的器物。对墨西哥图画文字手稿的分析反映了西化的缓慢的、时断时续的发展，西化影响到表达方式、载体属性以及图像内容。这种调整有时很小。如《波旁尼克手抄本》以完全属于前西班牙时代的写作手法掩盖了它对欧洲图书格式的适应，西化逐页安排信息的方式取代了将所有信息按照连续性进行呈现的方式[1]。我们的怀旧心常常使我们把大部分保存在欧洲的墨西哥手抄本当成前西班牙时期的作品，而事实上它们是中美洲传统对西方的仿效与妥协的产物。保存在牛津大学博德利图书馆的《门多萨手抄本》、保存在佛罗伦萨的《马格里亚贝齐手抄本》都将哥伦布发现新大陆以前的土著传统遗产与欧洲人对于可读性的要求完美地结合起来。

在其他背景下，土著艺术家更多地背离了土著传统，为了服务于完全从欧洲输入的形式与观念，如历史与自然史。这时，出现了将西班牙语的文本与土著人的绘画结合起来的欧洲手稿。方济各会修士贝纳迪诺·德·萨哈贡的《佛罗伦萨手抄本》与多明我会修士迭戈·杜兰的《印第安人历史》是这一类型的体现，也包括美洲印第安人—欧洲白人混血儿迭戈·穆尼奥斯·卡马戈的《特拉斯卡拉的描述》与秘鲁人瓜曼·波马·德·阿亚拉的《编年史》。在耶稣会士的手稿《阿德里亚诺·德·拉斯·科尔特斯》中，中国绘画与欧洲文本相互配合。此外，有时一个或多或少西化了的土著艺术品的生产会让位于彻头彻尾的欧洲类型艺术品的创造。果阿的印度金银器工匠在为葡萄牙顾客工作时，可以在欧洲的雕刻艺术中挖掘灵感。如今天保存在维也纳的一件印度金盘，上面所呈现的是怪诞主义风格的图案，让人想到麦肯能（Israhel Van Meckenem）的雕塑，而它的形式——配有底座的盘子则在当时的伊比利亚半岛很常见[2]。锡兰的工匠们为豪华餐桌制作餐具时遵循的是源自法国勃艮第的样式，这些器物是欧洲的，但是欧洲样式同珍贵材

1　现藏于巴黎的法国国民议会宫。

2　*Exotica*, 2001, p. 151.

料（宝石、矿物）的结合所产生的艺术效果却是锡兰所特有的。在墨
西哥，羽毛艺术品工匠将他们从祖先那里承袭下来的技术用于从欧洲
输入的形状与图案的制作，如主教冠、宗教崇拜用品、小画作。形状、
图案的参照内容与用途大部分都是欧洲的，技术与材料也背离了地区
来源。因而，有些器物的土著特征几乎变得难以辨认。墨西哥城的印
第安画家创作出具有精湛技艺的西方艺术作品，编年史作家伯纳尔·迪
亚斯·德尔·卡斯蒂略将这些画家与他所处时代的伟大画家、古代的
伟大画家相提并论[1]。西化使土著艺术家较少地生产标准化的作品，而
更多地在一个广阔的范围内、在传统模式、欧洲原型与时代风尚之间
探索丰富多样的艺术形式。

欧洲人对艺术品的再加工

西化并不限于按照欧洲市场的需求对土著产品的重新定向，它往
往还调动了不同的艺术家、工匠与地区力量。为使一件土著器物增值
或提高吸引力而对其进行重新修饰、修改，这种情况相当常见。这一
介入活动可以在当地开始，之后在欧洲大陆继续，器物于是经历了一
系列变形，显示出欧洲的操控所产生的影响以及它的展开所经历的各
个步骤。在墨西哥、秘鲁、葡属印度，地区的工场在一段时间之后就
不再为土著人专属。欧洲工匠与艺术家的到来以双重方式改变了局面：
他们将他们的创作方式与风格直接赋予地区材料，从而征服它们，另
一个方式是使当地的工匠与艺术家为自己所用。在果阿，那些过去在

1　Bernal Diaz del Castillo, *Historia verdadera de laconquista de la Nueva España*, édit.
par Joaquin Ramírez Cabañas, Mexico, Porrúa, 1968, II, p. 362.

葡萄牙被迫改信天主教而暗地里依然信奉原来宗教的犹太人以及葡萄
牙老基督教徒为欧洲顾客制作了极其精美的工艺品，如金银器工匠多
明戈·努内斯为印度总督弗朗西斯科·达·加马加工镶嵌的马粪石工艺
品[1]。事实上，里斯本的工场与墨西哥、安第斯地区的西班牙人的作坊
都使用土著工匠，这些土著工匠的欧洲老板将他们的产品不知廉耻地
据为己有。这就是被墨西哥城的僧侣培训过的印第安人的命运[2]。

　　无论鸵鸟蛋、马粪石、独角兽的角与象牙、犀牛角、珊瑚、椰果，
还有在欧洲人的收藏中遭遇冷落的墨西哥与亚洲的"偶像"，它们都
不得不经过欧洲工场的再加工。它们经历的"改头换面"是这些器物
的历史及西化过程的一部分。这一步是怎样实现的？如古吉拉特邦制
作的水盆与水壶到了欧洲金银匠手里后经历了什么？在德累斯顿的盘
子与水壶上，印度珍珠母的光芒与16世纪中叶在纽伦堡雕刻而成的鎏
金的银质装饰交相辉映[3]。阿尔贝公爵的马粪石原产自果阿，它后来被
装饰上金质花边——那是卡斯蒂利亚与秘鲁金银匠擅长的工艺。金银
匠弗朗西斯科·洛佩斯在里斯本将奥地利的卡塔琳娜王后的水晶质地
的美丽的盐瓶镶嵌在同一质地的一头大象的上方。他还将这头小象的
长牙、耳朵、尾巴与脚用黄金加以装饰[4]。它原产自锡兰、德干或坎贝，
最初也许是用来盛香料或熏香的，但是在葡萄牙，它的用途与形式都
发生了转变。甚至有人认为，它完全是由来自果阿的首饰匠与宝石工

1　Bernal Diaz del Castillo, 1968, p. 154.

2　见本书第4章。

3　*Exotica*, 2001, pp. 120-121.

4　*Ibid.*, p. 151. Annemarie Jordan Gschwend,《A crystalelephant from the Kunstkammer of Catherine of Austria》, *Jahrbuch des Kunsthistorischen Sammlungen in Wien*, 87/88, Kunsthistorisches Museum, 1991-1992, pp. 121-126; *Exotica,* 2001, p. 144.

匠在里斯本特茹河畔的工场里制作完成的。

维也纳博物馆保存着一个令人惊讶的犀牛角大口杯,它镶嵌在镀金的银雕底座上,上面用一个镀金的银雕杯盖封闭。这是一件具有罕见混合性的器物:它的底座让人想到 16 世纪末葡萄牙圣餐杯的形态,其花饰的灵感则取自中国,具有检测出微毒存在的能力的犀牛角则源自印度。有一只狮子盘踞于大口杯的杯盖之上,杯盖象征着天堂岛,生长着一棵生命树,该主题在波斯与欧洲都孕育了众多艺术作品。

通过浏览佛罗伦萨收藏品的清单,可以了解到这些器物在欧洲蜕变的深度与激进性。清单显示,一些墨西哥小雕像被交予金银匠贝文努托·切里尼,切里尼为它们加上了金质托座。一经再加工,这些小雕像便成为"出自贝文努托·切里尼之手"[1] 的作品。这种再加工超越了修改或装饰的意义。此外,完全使用那些距离欧洲遥远的地区的材料与风格、在欧洲进行生产,这种情况的存在也已经被证实,它尤其体现在用非洲象牙制作的大量艺术品上。

里斯本的工场似乎曾经力图驾驭那些来自非洲与亚洲的材料,正如今天伟大的欧洲服装设计师所做的一样。欧洲甚至生产出一些相同的复制品,使今天的专家为之感到不安。所有这一切使人相信天然水晶质地的墨西哥人头骨如果不是由来自墨西哥的印第安人完成的,就是由伊比利亚半岛的艺术家在意大利雕刻出来的。当欧洲艺术家效法土著人的技艺时,这种对遥远地区的材料与风格的挪用被推向极致。

西化是否迫使土著艺术家们成了单纯为满足欧洲需求而存在的傀儡?或者充其量,他们只是根据要求为一些杰作的产生提供了可塑

1　Detlef Heikamp, *Mexico and the Medici,* Florence, Edam, 1972, p. 13.

犀牛角大口杯
果阿、里斯本制造
16 世纪
维也纳艺术史博物馆

绿石面具
佛罗伦萨彼堤宫梅迪契宝库博物馆

的质料？今天收藏在法国的美洲博物馆（位于欧什市）的《格里戈利弥撒》证实了一幅极其精致的、令欧洲爱好者陶醉的羽毛镶嵌画也可以表现一个政治行为——墨西哥贵族以这件艺术品向罗马教廷表达感谢。印第安人对《佛罗伦萨手抄本》的贡献在很大程度上表现在文艺复兴时期的这一墨西哥的杰作的优美特质与百科全书式的丰富性上。但是，土著人的参与从未消除欧洲的影响。即使有时欧洲采取了迂回的方式施加影响，也并没有减弱影响的有效性。西化在其强制性与期望值之外传播了新颖的表达架构，它承载了新的期望，西化投射到空前广阔的地域范围。对字母文字的学习、对全球范围的救世的憧憬、对由四个部分组成的世界格局的认识、对全世界的唯一且权力至高无上的君主的想象，这些都影响了土著人与混血儿的思想与艺术，他们或臣服于西葡帝国，或与基督教会有所往来。西方的在场甚至影响到那些并非直接用来满足西方需求的艺术作品。无论属于哪种情况，这些器物的意义都超越了艺术史或人种历史的界限。它们的意义也超出了欧洲扩张的空间界线，西化并未止步于西葡帝国的边界。莫卧儿王朝艺术家、日本画家、中国画家吸收并懂得了如何运用那些并非由欧洲权威强加给他们的创作模式。西化、伊比利亚全球化都超越了相关边界的界线，而在其他的权力关系中演变发展。确切地说，西化甚至应被理解为多元的西化，这样可以更好地把握是什么使墨西哥城的印第安画家、日本的狩野派画家、莫卧儿王朝的细密画画家互相联系与分离开来。

混合的艺术

上文描述的大部分器物都属于混合的器物，面对西化的各种影响，世界其他部分的艺术家创作的作品以不同的尺度和强度将欧洲传统与土著传统相混合。这些混合因而与西化浪潮不可分割，无论是奋起反抗西化浪潮，还是顺应西化浪潮，它们都以某种方式建立起必然的反面。墨西哥的羽毛艺术品既具有吸引力，又具有典范性，它们结合了前西班牙时代的技术、极端的矫揉造作特征、超自然的震动人心的素材、对来自基督教的人物原型的选择、为适应西欧人的需求而赋予器物的新用途。《基督普世君王》便是一个实例。此外，为欧洲的主教们制作主教冠的墨西哥羽毛艺术品工匠们并不知道16世纪下半叶在米兰反宗教改革的中流砥柱之一——圣夏尔·博罗米会在弥撒庆典中头戴这顶贵重的羽毛主教冠。混合性还体现在家具上，它们可以在古吉拉特邦被重新修饰，被加上葡萄牙的图案。又如在非洲或里斯本的工场中，以欧洲模式塑造的象牙艺术品[1]。

每件艺术品的混合程度相当不同，这种加工、变化在某些器物上几乎察觉不到，而在另一些器物上则效果惊人，以至创造出全新的样式。葡萄牙人乐于将原产于印度的丝质地毯[2]变成教堂祭坛的装饰布，而《佛罗伦萨手抄本》中的墨西哥人绘制的插画，如《雨》与《彩虹》则颠覆了文艺复兴时期的艺术法则[3]。混合性涉及的范围从迟疑的"为

---

1 再如现藏于阿茹达国家宫的镀金银盘（inv n° 5155），体现了刚果的日常生活情景（见本书第6章）。

2 *Exotica,* 2001, p. 187.

3 Gruzinski, 1999, pp. 217-221.

基督普世君王
墨西哥
16 世纪
墨西哥特波索特兰的总督国家博物馆

我所用"到美学上的创造，从对原型的简化到对复杂性的强调。但是，混合的创作手法会走向无限的变化吗？与一个特定时代的欧洲艺术之间的相互影响、西化的粗暴施压或迂回的启发、对具有相同吸引力的元素的激活[1]，所有这些经验解释了为何在世界的四个部分存在许多可以进行比较的反应方式与创作方式的原因。关于这一点，可以深入到不同的语言、宗教与社会中探究遥远地区与文艺复兴时期的欧洲的实际情况……围绕着全球的这些线索互相交织，有的显而易见，有的则比较隐蔽。许多器物言说了来自不同地区的人们之间的相遇，如墨西哥的许多手抄本描绘了西班牙人的到来以及他们对墨西哥的殖民征服。塞拉利昂的萨普人的艺术[2]通过象牙号角、象牙盐瓶言说了葡萄牙人在非洲西海岸的存在。

其中有一个盐瓶为 16 世纪初制造，该器物展示了一个葡萄牙冒险家骑在一头大象上，雄踞于这一制作考究的象牙器皿的最高处。艺术家意欲表现生活在几内亚与塞拉利昂人中间的、作为当地人与经营货物贸易、奴隶贸易的葡萄牙人之间的中间人形象，他们是非洲化的欧洲人。骑大象当时在非洲十分罕见，在印度则颇为常见。这件精美的象牙工艺品也许影射了葡萄牙人与印度洋之间的关系，而且以其独特的方式体现了对伊比利亚全球化的进展，显示出人的变化：这个葡萄牙冒险家的身体已经相当非洲化，只有他的胡子与头发保留了欧洲人的特征[3]。在日本，狩野派屏风画有 10 多幅作品再现了葡萄牙大船的主题，强调了欧洲人的奇特性，同时还描绘了陪同这些"南蛮"的亚洲人。

1　Gruzinski, 1999, pp. 194-196.

2　现藏于民俗学博物馆（维也纳），inv. n° 118. 609.

3　*Exotica,* 2001, pp. 103-105.

同墨西哥羽毛镶嵌画一样，非洲象牙圣体盒也表现了基督的生活情景。在新西班牙正如在非洲，侵略者们的图书中的虔诚的版画激发了艺术家的想象。如《圣母玛丽亚日课礼仪》[1]一书在大西洋两岸有可能影响了非洲象牙雕刻家与墨西哥羽毛艺术品工匠。从新西班牙到距离它数千公里之外的塞拉利昂，同样的一些主题的重复使用反映了从未互相谋面的艺术家面对相同的需求[2]：墨西哥人、非洲人尽力发掘他们的艺术与传统的各种资源，来塑造"三王来朝""耶西的树"这些主题，同时他们掌握并征服了一种表达类型，它的创作原则与他们自己的艺术、传统毫无联系[3]。基督教的神与人的相似特征、对人的表现方式、新的图像参照建立起一种具有强制性的约束，这些艺术家无论在哪里，都不得不或直接或迂回地在这种强制性下进行创作，在地区性与欧洲性之间进行描绘或雕刻。艺术家的创作主题的相似性、将艺术家的创作实践分离开的遥远距离证实了伊比利亚全球化的丰富性，巩固了伊比利亚全球化将西化与混合性结合在一起的方式。

土著艺术家在艺术处理手法上的相似性有时令人困惑。例如，我们可以比较两幅耶稣受难像。在外行看来，会轻易地以为它们出自西方流派艺术家之手。一幅作品是墨西哥阿科尔曼的奥古斯丁教派修道院之隐修所的装饰画，另一幅作品则是阿克巴皇帝的御用画家凯苏·达

1　*Exotica,* 2001, p. 106.《圣母玛丽亚日课礼仪》于 1498 年在巴黎出版，它似乎激发了塞拉利昂艺术家们的创作灵感。

2　这并不排斥来自非洲这一地区的奴隶在墨西哥重新发现他们在祖国曾看到过的一些主题。

3　关于"耶西的树"，参见如下书目：Alessandra Russo,《El renacimiento vegetal. Arboles de Jesé entre el Viejo Mundo y el Nuevo》, in *Anales del Instituto de Investigaciones Estéticas*, Mexico, UNAM, n° 73, 1998, pp. 5-39.

斯（Kesu Das）创作的莫卧儿王朝细密画[1]。这两幅作品都创作于 16 世纪末 17 世纪初，都借鉴了佛兰德斯的艺术样式。在印度，从 16 世纪中叶开始，莫卧儿王朝艺术家对北欧艺术产生兴趣[2]。

"这一兴趣存在于具有高度创造性的诸说混合中，该混合相继融合了来自不同地区的传统（中亚、波斯、印度与欧洲），创造出一种属于莫卧儿王朝的艺术表达方式，反映了该王朝的世界性特征。"[3] 在墨西哥如同在印度，地区艺术家们可以看到出自大詹恩·萨德勒（Jan Sadeler, 1550—1600）与希罗尼默斯·韦里克斯（Hieronymus Wierix, 1553—1619）画室的佛兰德斯版画[4]。更好的是，低地国家及联合省的画家将自己的才能贡献给世界的这两个部分，如西蒙·佩瑞安（Simon Pereins）来到新西班牙，科内利斯·克莱兹·德·赫达（Cornelis Claeszoon de Heda）受到莫卧儿帝国宫廷的邀请。在墨西哥、印度，在西葡帝国统治下或在其边界外，混合艺术飞跃发展。

基督教的全球化解释了基督教会历史的重大主题被广泛传播的原因。在墨西哥的阿克托潘，印第安画家在一幅大型壁画中重新塑造了底比德。1615 年，在莫卧儿帝国皇帝贾汉吉尔的宫廷，法鲁克·贝格（Farrukh Beg）在细密画《在作坊里打盹的老人》中呈现了圣杰罗姆[5]。

1 《被鞭笞的基督》是莫卧尔王朝的一幅细密画，作于 17 世纪初。它与乔卢拉（墨西哥）的方济各会修道院的一幅壁画比较接近，后者展现了圣弗朗索瓦脱掉自己的衣服，在教皇面前下跪。

2 Ebba Koch,《Netherlandish Naturalism in Imperial Mughal painting》, in *Apollo, The International Magazine of the Arts*, novembre 2000, p. 29.

3 *Ibid.*

4 1580 年，耶稣会士为多语种编写的《圣经》提供了一个卓越范例，是克里斯托弗·普兰廷（Christophe Plantin）为皇帝阿克巴出版的。

5 J.M. Rogers, *Mughal Miniatures*, Londres, British Museum Press, 1995, p. 69.

墨西哥壁画保留了它的身份认同，它充满了前西班牙时代风格的各种细节，这些细节展现了土著艺术家的特点，而在莫卧儿帝国宫廷，基督教拉丁教父（指圣杰罗姆）则失去了基督教的一切参照。

伊比利亚人使土著人发现了字母文字、它在技术上的有效性，甚至还有其神圣性（如果不用"魔幻性"加以形容的话），当它与宗教、拉丁语相连时。土著艺术家对这一发现有什么反应？在作品《弥撒》（呈现了教皇格里戈利的奇迹与主持弥撒的场面，藏于欧什的博物馆）中，墨西哥羽毛艺术品工匠以细小的黑色羽毛片断构成了献给教皇保罗三世的庄严题词。在大西洋的另一侧，一支产自非洲的象牙号角上也刻有拉丁文题词："上主啊，请在我们生活的时日赐予我们平安。"[1] 对拉丁语、字母文字的采用，对中世纪典型乐器的呈现体现了对欧洲元素的多方面借鉴：来自神话的动物（独角兽、半人马、蛇怪）离开信仰基督教的大陆之滨来到阳光灿烂的非洲。基督教的图像、象征文献在各处被不断发掘、利用。"耶西的树""耶稣受难"等主题在世界的不同部分启发了土著人（不仅包括墨西哥羽毛艺术品工匠）的创作。在古吉拉特邦的一块印度生丝棉质花布上，展现了圣体圣事，点缀着鹈鹕（象征基督）的经典图案，它全心全意地喂养着自己的雏鸟[2]。

神话的交流

有一些例子可以使我们更好地了解墨西哥的各种混合的特殊性与

---

1 《Seigneur, donne-nous maintenant la paix》, *Exotica*, 2001, pp. 102/103.

2 藏于葡萄牙波尔图的苏亚雷斯—多斯雷伊斯国家博物馆。Inv. n° 117 Tec., *Exotica*, 2001, p. 183.

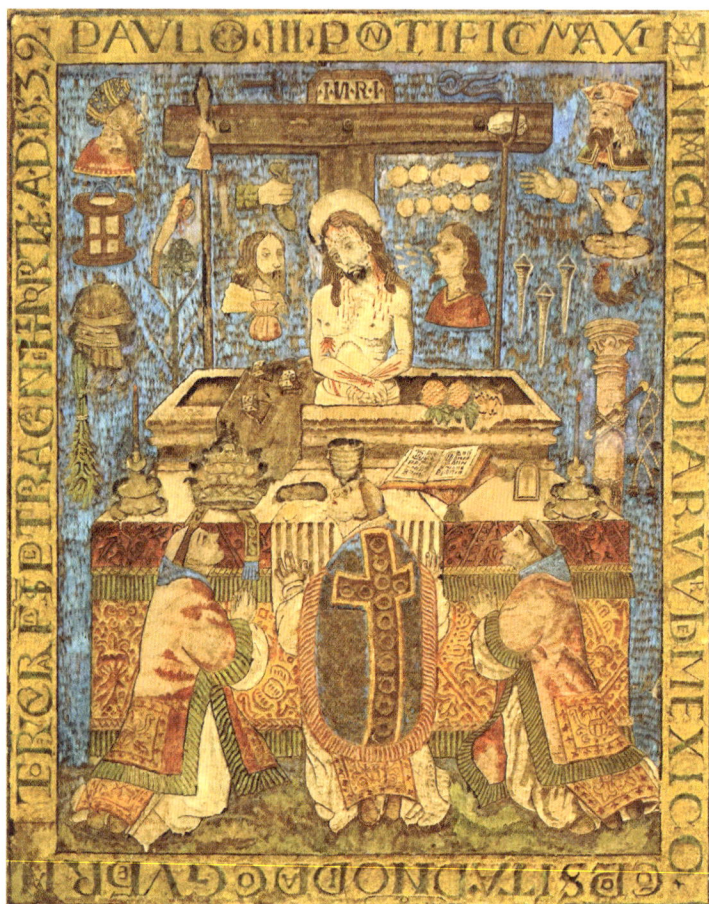

圣格里戈利弥撒
墨西哥
1539 年
法国欧什的雅各宾博物馆

普遍性。文艺复兴在欧洲颂扬了古希腊—古罗马的古老文化遗产，伊比利亚全球化则将其传播到世界的其他部分。在那里，古希腊—古罗马神话人物与他们的土著"对应者"相遇。古希腊神话人物女预言家西比尔、半人半马的怪物、朱庇特这些形象被怪诞主义[1]的国际浪潮所裹挟，传入印度与美洲，呈现在佛兰德斯版画以及克莱兹·德·赫达（来自阿姆斯特丹附近的哈勒姆）等画家的作品中。赫达将神话主题引入印度比贾布尔苏丹易卜拉辛·阿迪尔·沙阿（1579—1627 年在位）的宫廷[2]。

在墨西哥的普韦布拉，在伊斯米基尔潘修道院，可以看到这一热潮的实例。来自中美洲"万神殿"的创造物同来自奥维德的世界的人、神相遇。普韦布拉的猴子奥祖马特里使奥维德笔下的半人马女性俄库罗厄成为它偏爱的女伴。普韦布拉的半人马女性、伊斯米基尔潘的大型的半人马男性不是阿兹特克人的国度仅有的几个特例。在秘鲁，一只前西班牙时代风格的浇祭杯"克洛"（现藏于玻利维亚首都拉巴斯的穆里约故居博物馆）上，半人马形象、彩虹还有美洲豹同时出现。这些混合在我们看来不仅奇怪，而且存在时代错误，因为我们的思想无法打破数个世纪的艺术发展史在不同艺术与不同文明之间构筑起来的藩篱。但是，这些混合并不奇怪，也并非毫无价值。这些意外的相遇、关系的拉近是对各种对应性、不相容性深思熟虑后的结果。可以猜想，当时在刚刚被葡萄牙人占领的印度，应有更多的此种实例。一件金褐

1　该艺术潮流源于 15 至 16 世纪在意大利古代遗迹中对奇形怪状的装饰物的发现。——译者注

2　Koch, 2000, pp. 30-31.

色的生蚕丝棉质床罩[1]就体现出这种令人惊讶的相遇：取自赫拉克勒斯的著作与古希腊—古罗马诸神（朱庇特、萨杜恩、玛斯、泰坦、墨丘利与维纳斯）的一些片断与印度神话主题相混合。除此之外，还加入了基督教象征主题（所罗门王的审判、基督的传统象征——鹈鹕），并配以受到欧洲影响的宫廷狩猎情景。

在这些参照主题中，学者与大众相混合，多种宗教与世俗相混合。它们打破了今人通常持有的关于西化的简单的、整齐划一的观点。混合并未止步于对欧洲艺术的不可避免的吸收。世界的不同部分之间的叠瓦状交织也并未使欧洲人对印度或墨西哥的异教信仰的关注奇迹般地走向宽容或接受之路。欧洲文艺复兴时期的人们（其中最有学问的人与古希腊—古罗马之间保持了今人所难以想象的关系）喜欢异教与奇特事物。而新大陆的印第安人或莫卧儿宫廷艺术家对此的热爱就少一些吗？正是由于这种迷恋与好奇，那些在墨西哥与印度被摒弃的异教形象重新出现在提供给欧洲人的作品中。显然，这里有共存关系、共同的熟悉，虽然没有被直接说出来，或并没有感到需要表达出来，却真实存在。

16 世纪中叶锡兰制作的一个象牙小匣子是一个更加令人惊讶的例了[2]。它的一部分主题的灵感来自巴黎、佛兰德斯或德国的版画。皮戈奇特、卢卡斯·德·莱顿与丢勒并不知道自己会影响到锡兰工匠的技艺，这些锡兰工匠在委托给他们装饰的匣子上塑造了基督教的一些情

1　*Exotica*, 2001, pp. 184-185.

2　*Ibid.*, pp. 195-197.

象牙匣子
锡兰
16 世纪
维也纳艺术史博物馆

景，他们选择的是"耶稣坠入地狱"与"书写福音书的圣路加"[1]。这些《圣经》主题却与异教情景被并置在一起，在异教情景中，裸胸的印度教诸神在礼仪舞蹈中互相对抗，亲王们端坐在厚皮动物上，鱼贯而行。这个匣子反映的问题与西属墨西哥的问题是相同的：异教主题以哪些妥协为代价、通过何种阐释吸引了欧洲顾客的关注与想象？也许我们应该像对墨西哥所做的那样，首先思考土著艺术家的选择[2]。土著艺术家不太可能想展现印度神话在锡兰的"偶像崇拜"思想中的面貌。此外，将印度神话展现在外国人的世俗目光下，这一做法很有可能会导致岛上人们依附于印度神话的一部分价值观与力量丧失。也许印度教主题与基督教主题的相遇孕育了共存，却没有在亚洲神邸与基督教神邸之间建立起等级划分。也有可能这些艺术家的反应是矛盾的，或者如今天我们所认为的——偶像崇拜与基督教已成为根本互不相容的两极。

买主们的想法不再一成不变。他们首先是地区赞助者，或多或少了解印度神话。他们既可以是葡萄牙老基督徒，或因宗教迫害而改信天主教的犹太人，也可以是混血儿或皈依了基督教的印第安人。但是，欧洲顾客审视艺术作品的方式却因其自身原因而千差万别，如居住在果阿、浸淫在亚洲社会环境中的欧洲顾客不同于居住在里斯本、间歇性地同经常到访亚洲的商人进行联系的欧洲顾客。在特茹河或埃斯考河岸边，印度教偶像崇拜的形象不再仅仅是一种无害的好奇品、一种充斥着色情的装饰。那个象牙小匣子被视作真信仰对邪恶仪式的普遍

1　耶稣基督位于一头大象之上，这一结合可以用矛盾的方式加以解读：如同卢卡斯·德·莱顿的版画所暗示的魔鬼的形象，或者如同胡安·冈萨雷斯·德·埃斯拉瓦的《墨西哥讨论会》中的基督的象征。

2　Gruzinski, 1999.

胜利的具体体现，及全球化成功的珍贵标志。在这种背景下讲述一件"异国情调"器物或遥远文明的"异国情调化"是一条捷径，它有利于分析该器物在从锡兰到里斯本的路上所经历的各种偏离、重新阐释与误读所发生的原因[1]。

混合的创造与文艺复兴的挑战

美洲与亚洲画家的创造并不局限于风格上的新发现或图像上的混合，虽然这些新发现与混合取得了或多或少的成功。在厚重的材料、晶莹的珠母、光灿的宝石和绚烂的羽毛中，这些创造清晰地展现了土著艺术家面对文艺复兴时期欧洲艺术发起的技术与观念上的挑战所做出的反应。这些反应再次拉近了西化与混合之间的距离。土著艺术家无论在哪里工作，都需要消除欧洲艺术给他们带来的一系列困难：如何使来自不同传统的空间表现相互调和？如何看待文艺复兴作品上所烙刻的"自然主义"？如何对欧洲艺术所承载的再现观做出反应？当各种传统互相重叠，应将现实定位在哪里，或确切地说，一个社会应该用什么来建构事物的深层现实？土著艺术家怎样才可以把握风格的细微变化、辨别北欧的色调与意大利风格？同时还要思考样式主义与反样式主义之间的对立，假设这些变体具有艺术史所赋予它们的重要性的话。

空间表现所带来的挑战是显而易见的。伴随着西班牙人的殖民征服，围绕着手抄本建立起来的中美洲绘画的二维空间受到欧洲图像的

1　Mason, 1998.

三维空间的影响。当时欧洲最优秀的雕刻家与伟大的画家们采用了透视法。土著人的艺术创作因人而异，墨西哥的创作有的构成了亚洲创作的回声。创作《杜兰手抄本》的墨西哥画家再现了西班牙人的殖民征服中最具悲剧性、最残忍血腥的一幕——1520 年 5 月的阿兹特克神庙大屠杀。《卡萨纳特手抄本》的作者则描绘了一个非常温和宁静的场面——一对葡萄牙夫妇在霍尔木兹清凉的泳池边吃午餐。无论是在印度还是在墨西哥，这两个场景都是从天空的角度取景，土著艺术家没有采用"经典的"三维空间手段。空间的组织方式是相似的，两个作品都与伊比利亚人的殖民在场相关，除了主题的西化之外，技术上也体现出西方的影响，如"平行性"以其自身方式体现了文艺复兴艺术的全球化。

混合性创作对大量传入的欧洲艺术形式与创作手法做出反应，它在其他一些主要绘画门类中也表现出来。如何描绘大自然与风景？美洲背景或亚洲背景所涉及的问题不同，而且欧洲的自然、风景观念体现了欧洲人观看事物的独特方式，这些观念被传播到其他大洲后发生了怎样的改变？佛兰德斯绘画与伊比利亚绘画使土著艺术家了解到欧洲文艺圈所孕育的艺术观念。如在印度，约阿希姆·帕蒂尼尔（Joachim Patenier，1480—1524）与西蒙·贝宁（Simon Bening）风格的雕刻与绘画激发了莫卧儿宫廷细密画画家创作出印度版的"风景世界"（Weltlandschaft），即从空中的角度观看风景。"为了满足老板的品味"[1]，莫卧儿艺术家在德国、佛兰德斯与荷兰艺术作品中学习了欧洲艺术的"自然主义"。从 16 世纪中叶开始，阿兹特克涂鸦画家为满足西班牙传

1　Koch, 2000, p. 30.

教士与政府部门的需求，采取了同样的方式。1568 年，画家胡安·格尔松（Juan Gerson）在特卡马查尔科描绘的远方不失其独特性，它以莫卧儿帝国的风景充实了 17 世纪初的细密画[1]。

欧洲风格的肖像画传播到美洲、非洲与亚洲，为有趣的联系提供了材料。《伊克斯特尔克斯奇特尔手抄本》中的尼萨华比里国王全身像与前西班牙时代的创作规则决裂，画中的年轻男子目光明亮，仿佛注视着读者。17 世纪初，在皇帝贾汉吉尔的统治下，北欧样式主义影响到肖像画，人物的个性得到更多的彰显，艺术上新的混合随之出现。在《伊克斯特尔克斯奇特尔手抄本》中描绘的特斯科科国王体格矫健，仿佛直接出自欧洲文艺复兴的艺术宝库。这并不是说现实主义的形象塑造取代了前西班牙时代的艺术原则，并不是一种新的陈规旧律取代了另一种陈规旧律，事实上，将二者分离开来的差异比我们想象的小。如果说古希腊青年男子的体形与姿态似乎将我们带到了远离古老手抄本所描绘出的呆板形体的地方，只要看一下墨西哥的雕塑，就可以在那里发现群像、人像上有着欧洲文艺复兴的艺术形式的投射。那么从根本上说，墨西哥艺术中的人物形象欧洲化了吗？尼萨华比里国王的肖像画保存了古代王侯的半裸形象及其神圣王权的不同象征物。在印度，莫卧儿帝国皇帝（他并不是来自另一个时代的君主形象）在肖像画中完全清晰可辨，即使画中他的头部围绕着基督教圣徒的光环。如果欧洲女性形象是意大利、北欧画家的绘画所输出的一个创造，那么她们在大洋之外发生了哪些改变？在普韦布拉，"教长之家"的壁画

1　在世界上的这两个地区，艺术家们"以各种方式使用欧洲模式，从直接复制到从不同图像背景中提取元素，并将这些元素相互结合，融入到新的图像整体中"。Koch, 2000, p. 30.

上，优雅的古代女预言家西比尔跃居强悍的战马之上。在印度的一幅
莫卧儿帝国细密画（1610）上，一个葡萄牙人陪伴着一位耶稣会士。
在日本，屏风画复制了一些大型的田园场面，富有魅力的"南蛮们"
在嬉戏玩耍。但是，一些特别的西化表象有使欧洲人感到迷惑的危险，
如有的画作展现了在普韦布拉美丽的贵妇脚下，溜入了一只普通的美
洲负鼠。这里对墨西哥动物的参考并非仅仅为博取欧洲人的好奇[1]，更
重要的是，负鼠这种啮尺动物在中美洲人的宇宙观中占有重要地位。

混合的世界

视觉艺术领域中的混合利用了那些吸引人的资源[2]。通过将不同地
方的人们、社会联系起来，伊比利亚全球化利用了众多的"联系者"，
他们符合同一原则：在一直互相保持距离的世界的不同部分之间创造
联系。如果没有摆渡人，没有"联系者"，即没有土著的、混血的或
欧洲的艺术家这些能够将各种视觉艺术的技艺与传统结合在一起的人，
便没有这些创造。他们的工作与西葡帝国的专家们所从事的工作是相
似的。《佛罗伦萨手抄本》中阿兹特克涂鸦画家的画作如果没有贝纳迪
诺·德·萨哈贡及他的信息提供者的调查与研究，就无法被我们理解。
正如创作《卡萨纳特手抄本》的画家受益于"印度国家的专家们"一
样，后者建立了他所描绘的族群清单。这解释了西葡帝国的专家们的
探察常常伴随着系统地混合的图像的产生原因。这些混合远非出自人
类学家对文化、社会或时尚的一种好奇，它们进入了全球统治体系的

1　Cárdenas, 1988, p. 33.

2　Gruzinski, 1999, pp. 194-196.

核心。伊比利亚全球化通过西化完成混合，通过混合完成西化。

但是，当我们提请人们注意这些机制、它们的重复使用与普遍的存在，并将它们与今天围绕着混合现象产生的时尚效应相联系，就很有可能会使人们忽视混合的一些局限性。这些艺术上的混合既没有与殖民统治的暴行混为一谈，也没有同天主教反宗教改革运动的刻板教条融为一体。今天，欧洲的艺术书籍与展览还在继续传播这些在文艺复兴时期与 17 世纪涌入欧洲的混合性图像，列奥纳多·达·芬奇与鲁本斯的影响在这些作品中完全占据支配地位。为何艺术的全球化并未带来混合性艺术品的全球传播，并发展成为形式、风格方面的广泛混合？

我针对艺术领域提出的这一问题首先应可以在艺术领域内部找到答案，分析墨西哥壁画的生成机制，追问风格上的混合与想象上的混合停止于何时。我们还可以思考在艺术领域之外的其他领域，是否避开了混合性的创造，避开了来自遥远地域的形式与思想的"传染"。

第 13 章

安特卫普的鹦鹉
——混合艺术与全球化艺术

他们将欧洲带走了，将它嵌入到他们的思想中。

——约瑟夫·塞巴斯蒂安·达·西尔瓦·迪亚斯：

《卡蒙斯时代的葡萄牙》，里斯本，1988 年

"在花园中祷告"是欧洲文艺复兴时期艺术家常常使用的一个主题。它也构成了新西班牙的一幅绘画杰作[1]。在墨西哥城，路易斯·华雷斯（Luis Juárez）的绘画巧妙地运用了明暗对比的各种技法来描绘祷告中的耶稣基督。混合性绘画使我们习惯于使用其他创作手法。如普韦布拉的一幅画作上，古希腊神话中的女预言家西比尔在充足的光线下驰骋。小心地簇拥在这位女战士身旁的动物们则令人想到土著人所在的那个世界。新西班牙的混合性壁画以其风格上的创造性、对肖像画的大胆借鉴而吸引了人们的注意。同时代在新西班牙画室中创作的"殖民地"大型绘画也并不生硬粗糙，最不内行的人也可以看出它在创

1　José Guadalupe Victoria, *Baltasar de Echave Orio, Un pintor en su tiempo*, UNAM, Instituto de Investigaciones Estéticas, 1994, pp. 106-109.

路易斯·华雷斯：在花园中祷告
17 世纪初
墨西哥城圣迭戈皮纳科特卡总督博物馆

作手法与绘画传统上的混合。在殖民地墨西哥的教堂与博物馆，人们的目光从一个宗教情景滑向另一个宗教情景，往往对这些画作所显示出来的画家的才华无动于衷[1]。

这种混合并不仅仅发生在西葡帝国统治下的新西班牙，而且，混合的强度也并不等于它们的扩散性与持久性。倘若所有混合都是系统性的，那么印第安人社会就会变成与伊比利亚半岛从根本上说全然不同的社会，继而，卡斯蒂利亚人便会在视觉与听觉上无法将印第安人社会辨认出来，侵略者的语言随之走向卡斯蒂利亚语与土著方言的混合语（而事实恰恰相反，卡德纳医生与诗人巴尔布埃纳惊讶于墨西哥人所使用的卡斯蒂利亚语的纯正性），天主教则应陷入与异教信仰相混合的状态（事实上，宗教裁判所勉强掌控了局面，相对于消除印第安人及印第安人—欧洲白人混血儿的迷信，它更加强调对新基督徒的围捕）。新西班牙实际上既没有成为被变得过于博学的印第安人所侵扰的"西比尔的洞穴"[2]，也没有变成各种信仰汇集的"博览会"，从而吸纳欧洲人及其习俗与精神的各种资源。可以说，一切混合都有其局限。

混合的样式主义与西方的样式主义

视觉艺术的创造又一次带给我们一些可供反思的元素，这些原始

---

1 《*Aqui [los pintores europeos] montan sus talleres y producen obras de una calidad similar a la producción mediaeuropea*》, Jorge Alberto Manrique, *Una visión del arte y de la historia*, Mexico, UNAM, Instituto de Investigaciones Estéticas, III, 2001, p. 242.

2 Gruzinski, 1999, p. 277.

资料使人更加难以估量当时状况的复杂性。混合的样式主义与更大范围的样式主义共存，后者与它的欧洲根源紧密相连[1]。混合性样式主义艺术高雅、深奥，主要在城市中进行生产，但并不局限在城市里，它与统治阶层、总督宫廷相关。它并不是经过了重组且陷入"不确定性"[2]的殖民社会的一种表达，而首先是文艺复兴艺术的全球化在墨西哥的一种彰显。墨西哥城是伊比利亚全球化最活跃的外部中转站之一[3]。如果说"第一个新西班牙"的衰落建立在殖民征服的废墟上，西班牙殖民者的胜利与福音传教的功绩导致墨西哥社会的重新洗牌，那么这种转变则因其具有过度的渐进性而无法成为墨西哥艺术史上的主要原动力。墨西哥艺术史与新西班牙王国在西葡帝国所处的地位密切相关。

1570—1610 年在西属墨西哥创作的绘画可以告诉我们什么？墨西哥城的伟大画家的作品的"沉默"令人惊讶。安德列斯·德·孔查

1　在下列书目中已有卓越的展现：Gruzinski, *L'Aigle et la Sibylle. Fresques indiennes des couvents du Mexique*, Paris, Imprimerie nationale, 1994. 针对广义上的"样式主义"，作为文艺复兴晚期的一种艺术形式，汇集了样式主义作品与反样式主义作品，参见 Jorge Alberto Manrique,《Reflexión sobre el manierismo en México》, in *Ibid.*, III, 2001, pp. 217-235. 针对"梅斯蒂索"（mestizo，混合的、西班牙白人与美洲土著混血儿）一词的使用，参见 Leopoldo Castedo,《Sobre el arte "mestizo" hispano-americano》, dans《Investigaciones contemporáneas sobre historia de México》, *Memorias de la Tercera Reunión de Historiadores mexicanos y norteamericanos, Oaxtepec, 1969*, México, UNAM, El Colegio de Mexico, University of Texas, 1971. 关于另一个词语——"特基基"（*tequitqui*，系西班牙征服后墨西哥和中美洲土著人的一种艺术表现形式），参见 José Moreno Villa dans *Lo mexicano en las artes plásticas*, Mexico, FCE, 1948. 作者提出将混合局限于纳瓦特尔人与墨西哥人的世界是不妥当的。

2　Jorge Alberto Manrique, *Manierismo en México*, Mexico, Textos Dispersos Ediciones, 1993, p. 39.

3　关于大主教、总督与宗教裁判所法官佩德罗·莫亚·德·孔特雷拉斯所实施的政治策略，参见 Stafford Poole, *Pedro Moya de Contreras. Catholic Reform and Royal Power in New Spain, 1571-1591*, Berkeley, Los Angeles, Londres, University of California Press, 1987.

（Andrés de Concha）的《圣塞西尔》、西蒙·佩雷斯（Simon Pereyns）的《慈悲的圣母》、巴尔塔萨·德·埃切夫·奥里奥（Baltasar de Echave Orio）的《圣阿帕罗尼安与圣庞西安的殉难》有一个共同点，它们都绝对地缺少地区元素[1]。相互交汇的各种影响，无论是意大利的、北欧的，还是塞维利亚的影响，都体现出它们唯一的欧洲根源。艺术史学家采用欧洲的术语、西欧的标准、流派与品味来探讨这些作品实非偶然。他们认为某幅画作更具有西班牙风格，某幅画作更具有意大利风格[2]，他们谈论那些地区艺术家忠实诠释欧洲模式的能力。尽管这些专家力图从作品中找到墨西哥风格，但是它们的特征表明，它们首先是欧洲艺术向着美洲大地所产生的西方艺术过渡的产物。作为"可移植的欧洲"（巴尔塔萨·格拉西安语）[3]的产物，墨西哥的西班牙画家的艺术创作适应了新的要求，它们也是西欧样式主义在大西洋彼岸的投射。

前面章节已经显示，仅仅从国族空间的角度来审视墨西哥历史（新西班牙、墨西哥）是不够的，而且是粗浅的[4]，当时在世界的四个部分展开的全球化进程使其中心与外围空间之间的联系变得更加复杂。在秘鲁绘画中可以发现相似的东西，如贝尔纳多·比蒂、马特奥·佩雷斯·德·阿莱西奥、安吉利诺·梅多罗这些艺术家的大量画作中竟然

1　José Guadalupe Victoria, *Pintura y sociedad en Nueva España. Siglo XVI*, Mexico, UNAM, 1986, pp. 33-41.

2　Victoria, 1994, p. 141.

3　Manrique, 2001, pp. 201, 207.

4　关于重新思考殖民艺术地理的必要性，参见 Thomas Dacosta Kaufmann,《La geografía artística en América: el legado de Kubler y sus límites》, *Annales del I.I.E.*, n° 74-75, Mexico, UNAM, 1999, pp. 11-27.

都无法见到"地区性"[1]。在日本,铜版画上的圣母玛利亚也给欧洲人似曾相识的感觉,这一点使喜爱日本风格工艺品的欧洲访客产生困惑[2]。

安特卫普与墨西哥城

新西班牙的伟大绘画的模仿性并未消除它与欧洲艺术之间的全部差异。这种模仿性表明,西式的东西可以不出自欧洲,或者说,西式的东西可以不再出自欧洲。因为在墨西哥城作画不同于在安特卫普作画,这一差异恰好体现了西方艺术在新西班牙的移植从根本上说并未受到地区现实的影响。17 世纪初,在安特卫普作画不同于在墨西哥城作画,这部分地归因于北欧画家所感兴趣的东西是新西班牙画家所无视或避开的东西。在某位画家、某一流派引入的国际风格及其变体之外,可以发现,佛兰德斯画家经常涉足的两个领域正是新西班牙画家所抛弃的领域——风景画与异国情调表现[3]。新西班牙画家对它们缺乏兴趣,这一点似乎更加具有悖论性,因为正是这些体裁通过这个或那个流派的画家,使得墨西哥城的西班牙画家、佛兰德斯画家在其画作上引入了新大陆的大自然、人与事物。

1　José de Mesa et Teresa Gisbert, *Bitti un pintor manierista en Sudamérica*, La Paz, Universidad Mayor de San Andrés, 1974; *El pintor Mateo Pérez de Alesio,* La Paz, Universidad Mayor de San Andrés, 1972.

2　东京的国家博物馆藏有一些很好的实例,参见 *Illustrated Catalogue of Tokyo National Museum. Kirisitan Objects. Christian Relics in Japan 16th-19th Century*, Tokyo, Tokyo National Museum, 2001, C.6091, C.698.

3　当时所谓"异国情调"(exotica)同该词的当代意义相比,更多地意味着器物出自遥远的地方(希腊语为"exotikos",意为"来自外部、外国")。当用它来指代来自他处的器物产生的效果时,与其他形容词如"奇特的"(curiosa)、"奇异的"(mirabilia)相近。

圣母及她的拇指
日本
16 世纪末
东京国家博物馆

　　风景画是北欧的一种传统，小皮埃尔·布鲁盖尔与其他许多画家在 16 世纪以风景画作品著称。它在伊莎贝尔·克莱尔·尤金尼亚与艾伯特大公所在的低地国家占有重要地位，这解释了墨西哥的新主人可以分享这一体裁的原因。西班牙帝国在这一地区的统治者们由于想要将自己的在场根植在这北方的大地上，因而十分关注他们在当地的形象。这种同所在疆域之间形成的关系的象征力量体现在一些画作上，在那里，伊莎贝尔·克莱尔·尤金尼亚与艾伯特透过佛兰德斯无与伦比的天空下的巨大风景很容易被辨认出来。画中有大公夫妇特别喜爱的住宅与教堂、他们的玛丽蒙特城堡[1]与拉肯教堂，小公主很喜欢去这座教堂朝圣[2]。然而，欧洲画家在墨西哥画的风景画则是无名的，他们是西方人，并非真正的欧洲人[3]。

　　诗人的目光常常如同画家的目光一样流转。贝尔纳多·德·巴尔布埃纳仿佛为了使自己处于全球体系中而需要在作品里抹去一切地区色彩一样，他描绘墨西哥谷的诗句反映了他对墨西哥事物的无视。墨西哥克里奥尔人胡安·鲁伊斯·德·阿拉康为了使自己进入黄金时代剧作家的优胜者行列，在戏剧作品中使人们忘记了他的"美洲"（印第安人）血统[4]。巴尔布埃纳的沉默更加雄辩，因为他的沉默是在实地表

1　Jan Brueghel, *Les archiducs devant le château de Mariemont,* Munich, Alte Pinakothek.

2　Peeter Snayers, *Le pèlerinage de l'Infante Isabelle à l'église de Laeken,* Bruxelles, Musées royaux des Beaux-Arts.

3　Victoria, 1986, p. 123. 这一悖论在于，普韦布拉教长之家壁画这一混合作品让人想到北欧风景画——滑冰者在池塘的冰面上滑行，这项运动在新西班牙很少见。

4　研究这位剧作家的专家们力图在其作品中找到他对墨西哥世界的暗示，因证据不足而没有取得成功。西班牙戏剧对美洲经验的关注极为有限。Willard F. King, *Juan Ruiz de Alarcón, letrado y dramaturgo. Su mundo mexicano y español*, Mexico, El Colegio de México, 1989.

现出来的。他在《伟大的墨西哥》中，对印第安人几乎完全没有提及，而是模糊地提到非洲黑人，还有一个系统性西班牙化的植物群及作为神话符号的风景[1]。

另一种体裁在安特卫普十分引人注目，却在大西洋彼岸非常罕见或并不存在。从 17 世纪初开始，动物、花卉、水果、遥远地区的器物、异国情调进入佛兰德斯优秀画家的作品中。作为体现十二年休战[2]后重新出现的富足景象，弗兰斯·斯尼德斯的画作《碗》（约 1615—1620）吸引了资产者与贵族顾客的注意，它展现了在摆满水果的一个大餐桌上，有一只猴子与一只南美大鹦鹉在嬉戏。这种新趣味影响到静物画和风景画，如含有神话内容的画作《在卡吕普索家的尤利西斯》。该画中的装饰充斥着作者对热带地区的参照，有南美巨嘴鸟与南美大鹦鹉在鸣叫，有美丽的黑白混血女人为（希腊神话中的）仙女与半神服务。如果想在墨西哥找到这一内容丰富的作品的对等物，是徒劳的。该画将葡萄牙人的创作移植到巴西，诞生了热带地区版的奥德赛[3]。安特卫普的教堂则带给人们其他的惊奇与乐趣。在圣查尔斯—勃洛梅教堂与圣保罗教堂，美丽的玉米穗装点了大理石柱与栏杆。尤其在圣保罗教堂，丰美的玉米穗与葡萄藤上的葡萄组合在一起，装饰了《圣体争辩》

1　本托·泰塞拉描写巴西累西腓地区的诗作是在南半球撰写的，诗中提到了尼普顿、阿尔戈斯与普罗透斯，向我们展示了"这个宁静、安全的避风港"。Bento Teixera, *Prosopopéia*, Lisbonne, António Alvares, 1601. 针对作为葡萄牙版本的复制品的巴西版本或《新卢西塔尼亚》（*Nova Lusitania*），参见 Evaldo Cabral de Mello, *Na ferida do Narciso, ensaio de historia regional*, São Paulo, Senac, 2001.

2　在西属尼德兰与西班牙帝国于 1568—1648 年期间爆发的战争中，存在了 1609—1621 年的十二年和平时期。——译者注

3　Sérgio Buarque de Holanda, *Visão do Paraíso. Os motivos edênicos no descobrimento e colonização do Brasil*, São Paulo, Editorial Brasiliense, 1996.

**亨德里克·凡·巴伦、老杨布鲁盖尔与朱斯·德·蒙佩尔:
在卡吕普索家的尤利西斯**

1616 年

维也纳美术学院美术馆

两侧的石柱，它没有什么异国情调，但也不是没有来由的。印第安人的玉米占据了面包在福音书中的地位。在文艺复兴的另一个首府——佛罗伦萨，对墨西哥古老艺术的借鉴影响了卢多维科·布蒂为圣职部的游廊创作的壁画，画中有热带鸟类、印第安战士、墨西哥风景，它们如今与其他杰作一起被收藏在阿尔诺河畔的博物馆中[1]。

人们很容易用宗教主题的盛行、特伦托会议对宗教人物图像的规定来解释新西班牙绘画中地区特征的缺失。但是，谁会否认特伦托改革在低地国家这个被新教异端所困扰的天主教欧洲的激进堡垒更加活跃呢？尽管如此，低地国家仍然无视墨西哥的缄默。在安特卫普，异国情调并未敌视宗教绘画，老杨布鲁盖尔与鲁本斯创作的《圣母子》（约 1614—1616）突出显示了奢华的花饰，那里有一只南美大鹦鹉、两只巨嘴鸟，还有两只猴子。动物、水果与玉米穗构成了令人惊讶的静物，张扬了神性自然的丰美。异国情调以通常传达了奢华、财富与世界性的笔触在这里构成了一种神秘的回声。不同寻常的花饰、水果直接吸引了观者的目光，甚至不惜以损害圣母玛利亚的形象为代价。老杨布鲁盖尔的伟大的赞助人、枢机主教费德里科·博罗密欧针对该画作或一幅相似画作做出描述："中心形象无须细说，因为这一次级亮部在周围的光芒下显得暗淡模糊。"[2]老杨布鲁盖尔传播了一种在该世纪繁荣发展的体裁，同时为了眼睛的愉悦，重新创造了令人印象深刻的多样的自然，他的技艺令观者看到神性自然的无限之美。

新西班牙绘画与佛兰德斯绘画之间显示的对立性遭遇了一个重要的例外。在墨西哥存在一种"风景画"，有时异国情调元素会进入绘画

1　Heikamp, 1972.

2　*El arte en la corte.*, 1999, p. 250.

空间，如普韦布拉的负鼠与猴子。但是，在混合艺术与阿兹特克涂鸦画家那里可以看到一种充满悖论的表现，与新西班牙的伟大绘画所表现出来的西方样式主义不同，土著人创作的样式主义绘画更多地与欧洲艺术的某些当代倾向相近。地区元素（水果、动物活体或动物标本、多色羽毛束状物）在大型宗教庆典上装点了墨西哥城街道，这些装饰物的每一件都出自遵循祖辈传统的土著人之手[1]。得益于阿兹特克涂鸦画家为《地理描述》所描绘的那些地图，我们在今天得以想象 16 世纪末新西班牙最偏远地区的面貌。在其他土著画家为《佛罗伦萨手抄本》勾画的图像中，可以看到奇特的植物、花卉、热带鸟类、动物，它们受到许多佛兰德斯画家的青睐。坚定地忠实于源于欧洲的西方传统的细腻表达、阿兹特克涂鸦画家的混合艺术表达，二者形成鲜明对比，由此可以说，全球化并不可以被归结为西化与混合的交叉结果。全球化让步给一种艺术的传播，这种艺术专注于运用艺术家的才华、精湛的技艺去发掘西欧的方法以描绘它所涉足的新疆域。

眼睛的沉默

移居到墨西哥的画家如何做到对地区事物无感？西班牙人的绘画表现出来的闭目塞听是官方审查造成的结果吗？当时，在那片不久前才基督教化的大地上，偶像崇拜刚刚被暂时停止，市政当局与教会当局近距离地审查图像的内容与形式。天主教会的严厉监管、宗教裁判所从 1571 年起的关注是这种忠实的循规蹈矩的原因吗？特伦托法令在

---

1 羽毛艺术品的实例出现在 1618 年圣母祭台的制作中。Tovar, 1988, I, p. 55.

新西班牙比在天主教欧洲执行得更好吗[1]？

对地区立法及其执行情况的探究显示，情况稍显复杂。16 世纪中叶，新西班牙出现了针对土著艺术家的最早的限制措施。从 1552 年起，新西班牙当局要求对那些作品不符合"必要的完美性"的印第安画家进行审查，这种辞令不甚明确，但是可想而知，当时存在着逾越、偏离的情况。新西班牙当局的这一举措旨在阻止在自己家里作画、未被驯服的画家的激增，同时要强化方济各会修士与圣何塞教堂对土著艺术生产的监管。3 年后，墨西哥第一次主教会议召开，宗教绘画尤其得到关注，会议提出要使该国的所有画家（包括印第安画家与西班牙画家）以及新西班牙引进或生产的画作均服从于严格的监管。该主教会议欲支配一切，包括土著画家培训、图像生产及其买卖、价格，还有视察教堂与小教堂，令其清除所有被判定为"下流""伪经"的作品。在同一时代，总督路易斯·德·维拉斯科的命令通过巡视官佩德罗·德·罗伯斯传达下来，该命令力图使特伦托会议在图像方面的建议得到遵守，"禁止使用不雅、滑稽的形象……不可售卖任何未经审查的图像，而且售卖仅限于在教堂进行，不可以在教堂画天使，在祭坛后的装饰屏上，不可有林神[2]，也不可有动物，以避免下流"[3]。

应该任由教会（涉及圣何塞教堂的方济各会修士及教阶制度本身）操控高级技艺的艺术生产吗？ 1557 年，迈出了新的一步。西班牙画家向墨西哥城的市政当局提出，应颁布法令，"使画家的职业与艺术可以为共和国的财富与利益服务"（这里的"共和国"指共同体）。因而，

1　Victoria, 1994, p. 146.

2　古希腊神话中的半人半兽。——译者注

3　Manuel Toussaint, *Pintura colonial en México*, Mexico, UNAM, 1965, pp. 218, 37.

从业者积极参与制定它希望适用的规则。从此以后，一位画家、图像商人或一位镀金工开设一间工作坊或一家商店，不再以"该行业的巡视官"的先行批准为条件。行业监管被交予画家群体，正如他们自己所要求的，这也是西班牙的一个惯例。技术教育、学徒培训、实操的质量与使用的材料都"如同在卡斯蒂利亚王国"[1]一样，对外国来的画家的接受、绘画与雕塑作品的交易影响了一系列原则的制定，它们涵盖了职业训练的各个细节。此外，墨西哥城的画家被禁止将祭坛装饰屏绘画创作转包给未经"审查"的画家，否则罚款 10 比索，以此避免在"主题的构思与组织"[2]中出现错误。一切都有章可循，或几乎都有章可循，而且是长期的[3]，但是这些规章条例不涉及被总督明确排除在法令适用范围之外的印第安人，"因为我们将为他们提供特殊的指示"。面对画家的反应，教会并不认输。总督路易斯·德·维拉斯科为那些负责"审查已创作与将要创作的绘画、图像"[4]的画家配备了声望卓越、毫不妥协的一位神学家——多明我会修士巴托洛梅·德·莱德斯马。1571 年，宗教裁判所的成立完善了这一制度。总之，市政当局、总督、画家行会、僧侣、教会、圣职部、主教会议各方都加入进来，共同监管这项所有人都认为极具敏感性的活动。这是制度、规范的胜利。

葡属印度也经历了相似的变化。几乎在同一时期，教会当局对土著产品尤其是对那些并非来自基督教会阶层的艺术产品表现出监管上

1　Toussaint, 1965, pp. 221, 223.

2　*Ibid.*, p. 223.

3　新法令于 1686 年颁布。*Ibid.*, p. 223.

4　Tovar, 1988, I, p. 74. 奥尔蒂斯案显示，16 世纪 70 年代，监管仍远未奏效。直到 1622 年墨西哥第三次主教会议召开，才在墨西哥城颁布法令，其中"第 18 条"针对的是圣像制作。Tovar, 1988, I p. 73.

的担忧。1545 年，神父米盖尔·迪亚兹向国王约翰三世告发，在果阿有一些信仰异教的画家挨家挨户推销圣母玛利亚、基督与圣徒的画像。他们当中的一位长于画教堂祭坛装饰屏的画家甚至曾许诺可以陪同迪亚兹到访葡萄牙，自己在那里可以进修绘画并皈依基督教。20 年后，状况也几乎没有改变。1567 年，果阿第一次主教会议召开，提出禁止信仰异教的手工业者绘制用于天主教崇拜的图像，该禁令同样适用于没有皈依基督教的金银工匠与铸工[1]。

原则上说，墨西哥的这些规范针对的是那里所有的画家，无论他们是何种血统，这些规范不仅涉及欧洲艺术，也涉及土著艺术；不仅涉及西方作品，也涉及混合作品。但是，它们具体实施得如何？ 1557 年的法令在 17 世纪的重申、主教会议的反复干预都表明，该地区的艺术创作对相关机构的压力进行了抵制。同样，在葡属印度，那些负责人虽然面对的是比新西班牙当局所担忧的状况更加不堪的状况，却也可以视而不见，因为涉及的画家仍沉浸在偶像崇拜中。仔细看来，在新西班牙，这些规章条例主要打压的是欧洲艺术家。对法国人让·奥尔蒂斯的追捕、对佛兰德斯人西蒙·佩雷斯与荷兰人阿德里安·苏斯特的审判都是轰动一时的例证。

相反，今天看来相当可疑的混合艺术创作在当时却未被注意。天主教会的一位显贵所赞助的普韦布拉教长之家的壁画显示，描绘异教与前西班牙时代的人物并不是不可想象的，这些图像甚至可以吸引地区大城市里社会地位很高的客户。在传教士领导下撰写的手抄本中的图像如同修道院的壁画一样，体现了在特伦托会议制定的规范以外进

1　Bethencourt et Chaudhuri, 1998, II, p. 539.

行的自由创作。《地理描述》中的地图也是如此，其中涉及前科尔特斯时代信仰、异教崇拜的符号与"纪念地"。当普韦布拉的猴子逃脱了禁令，胸部丰满的半人马女性形象也没有使审查官感到不快，佛兰德斯人西蒙·佩雷斯却遭受了被宗教裁判所审判的厄运。在同一时代，大量的混合性习俗与信仰还是被宽容，虽然一些僧侣为此感到恼火，并揭发了这些习俗惯例中隐藏或包含的偶像崇拜元素。葡属印度为混合艺术提供了更加重要的发展空间，从根本上说，也是相似的情况。从中国、印度借鉴来的异教象征同来自基督教的象征并存，这并没有使人们感到尴尬不安。

难道存在双重标准？西方艺术同混合艺术相比，更多地被置于监管之下，如同西方艺术是一个无论以任何代价都要被保护起来的领域，而混合艺术则被认为不那么"敏感"，对于无论怎样都无法阻止的东西，便采取宽容态度。应该满足于用职业利益保护的简单运作方式或教会审查甚至还有反宗教改革在这一地区的成功（西方样式主义在墨西哥的造型艺术领域得到畅顺表达）来解释西班牙、佛兰德斯画家在墨西哥的创作定向吗[1]？虽然这种解释考虑到艺术生产的完美正统性，它却无法完全阐明对地区事物、土著人的创作方式的忽视的原因。的确，没有任何文本禁止画家从土著风景中获取灵感、将异国情调引入创作，尽管安特卫普的异国情调很有可能不会出现在墨西哥。

这种"西方"艺术的标准化在新西班牙社会与政治中扎下了根。在它所处的社会中，不仅俗间教会、大主教教区及其教务会、宗教裁判所强化了它们的影响力，而且新的城市精英也乐于在各方面强调自

1　Manrique, 2001, III, p. 220, n.5.

己的欧洲性：耶稣会大学与学院的影响、总督府的举措、大教堂的建造、行政机构的发展以及刚刚登陆的暴发户们的涌入，如同多兰特斯·德·卡兰扎狂怒地揭示的那样，掀起了为他人提供或为自己提供伊比利亚人创作的欧洲艺术品的完美复制品的热潮。巴尔布埃纳的诗句常常将读者带到墨西哥城谷地，"那里是坦佩谷[1]，坦佩谷的深处被认为永远是夏天"[2]，墨西哥城被誉为"新罗马"，它在规模与活力上与旧罗马展开竞逐[3]。同样的社会理想、同样的绘画。对欧洲模式的忠实、对墨西哥元素的拒绝或干脆无视，这既是一个阶层问题与职业训练问题，同时也是审查与强制性的问题。艺术家的态度与僧侣的态度从根本上说截然不同，僧侣们在美洲、非洲、亚洲都力图使印第安人融入新的基督教国家中，支持异国象征的使用，支持对土著的、异教的参照物的再利用。

葡属印度、美洲安第斯地区与墨西哥相互之间异乎寻常地具有相似性。当福音传教者在与新皈依者之间进行联系时，到处打西化与混合牌，欧洲精英与混血儿精英则倾向于复制西欧，如卡蒙斯、巴尔布埃纳的诗句刻意与非欧洲世界保持距离。人们会为《葡国魂》中的动植物基本都来自葡萄牙与欧洲而感到惊讶吗？在该作品中描写的爱之岛上，葡萄牙主人公离船上岸，那里生长着繁茂的植物，包括库伯勒（希神）的松树、维纳斯的爱神木、阿尔喀德斯（即赫拉克勒斯）的白

1　系希腊色萨利大区北部一个峡谷的古名，被希腊诗人誉为"阿波罗和缪斯喜爱的去处"。——译者注

2　Balbuena, 1990, p. 95.

3　*Ibid.*, p. 112.

杨树。既没有非洲特有的植物，也没有东方特有的植物[1]。即使卡蒙斯有对亚洲药物与植物的参照，这位葡萄牙诗人的目光也一直是遥远而古典的，如同他从未离开特茹河岸边一样。卡蒙斯与巴尔布埃纳属于"将欧洲嵌入自己的思想中"[2]的那种人。墨西哥城大教堂的音乐家们与他们不同吗？这些音乐家在墨西哥城奏唱塞维利亚大教堂的音乐曲目，向弗朗西斯科·格雷罗敬拜，他们要求从巴黎或威尼斯带来乐谱[3]。当时，在僧侣的领导下，对音乐感兴趣的印第安人制造欧洲乐器，对自己在隐修院学到的复调进行诠释。伊比利亚人的统治并不局限于使他们所征服的人与疆域变得西化，而且还不断传播各种欧洲元素，不惜一切代价，使它们被分享或混合[4]。

在墨西哥城作画就像在塞维利亚作画

无论是墨西哥天主教会（受特伦托改革与宗教裁判所的影响）的监管，还是西班牙王国及画家们对合乎正统性的追求，再加上统治阶层的期待，这些都不足以用来分析在新西班牙完成的西方艺术作品之所以循规蹈矩的原因。同时尚、品位相结合的结构因素与技术因素也

1　在巴西，累西腓地区的葡萄牙精英只梦想着新卢西塔尼亚与他们的首都，而奥林达的面貌则如同一个葡萄牙小镇。Cabral de Mello, 2001, p. 18.

2　J.S. da Silva Dias, *Camões no Portugal do Quinhentos*, Lisbonne, Biblioteca Breve, Instituto de cultura e língua portuguesa, 1988, pp. 95-100, 96.

3　Javier Marín López,《Cinco nuevos libros de polifonía en la catedral metropolitana de México》, in *Historia mexicana*, LII, avril/juin 2003, n° 4, pp. 1073-1094.

4　阿里亚斯·德·维拉罗伯斯在他的《墨丘利神曲》中介绍了印第安历史，神话的不断"浇灌"最终淹没了地区的影射：这座17世纪的城市不再那么"不忠、野性与残暴"，它只不过是一个新的威尼斯或新的罗马。Arias de Villalobos, 1623.

不可忽视。技术上的规约使塞维利亚的工作组织方式被移植到墨西哥城。在瓜达尔基维尔河沿岸的首府塞维利亚，艺术创作的风向反映了天主教会的主导地位。艺术家们服务的顾客群相当保守，他们对内容的关心多于对形式的关心（阿尔卡拉享有盛名的公爵们是例外）。艺术家们系统地使用雕刻手法，这一创作手段使赞助者可以预先了解到画家将要呈现的作品的面貌，留下的想象、幻想的空间很小[1]。画家行会对艺术生产的操控完全限制了竞争[2]。在这样不令人鼓舞的背景下，还存在着商业敏感与市场需求因素。塞维利亚的大工场的运作如同真正的公司一样，上门向顾客推销产品，批量生产绘画，大力开拓新市场，将产品出口到新大陆，"在新大陆，存在着对低价绘画的难以满足的需求"[3]。一些公司在这些需求下应运而生[4]，它们通常具备有利于画家家族发展的家庭背景，这些画家家族产生于理性的联姻。

在新西班牙的欧洲画家那里，也存在相似的做法、观念与联姻吗？欧洲艺术的全球化（指文艺复兴的艺术形式在欧洲以外的复制，对地区现实的参考除外）并不限于欧洲绘画、雕刻与艺术家的对外输出，它还包括艺术生产结构的移植，艺术生产结构的优势与限制在工场的一致性与常规性中起着重要作用。的确，塞维利亚方面在 16 世纪末力

1　瓦斯科·德·佩雷拉的死后库存清单收录了 2407 幅版画，他的《天神报喜》受到科内利斯·科特所复制的提香绘画的启发。

2　1599 年，塞维利亚每 10 万居民中估计应有 30 位大师级画家。

3　Jonathan Brown, *L'Âge d'or de la peinture espagnole*, Paris, Flammarion, 1991, p. 116.

4　1592 年，葡萄牙人瓦斯科·德·佩雷拉与阿隆索·巴斯克斯合作，为当地修道院创作了一些壁画与 50 幅绘画。

图对外国人关闭这一从业领域[1]，而当时的新西班牙却不断接纳来自欧洲的画家。这一流动性除了带来风格变化之外，还维持了与欧洲传统之间的脐带关系。在权威性上，墨西哥城也模仿塞维利亚，北欧与意大利的艺术影响力在瓜达尔基维尔河畔的塞维利亚交汇，它们从 16 世纪 70 年代开始在那里占据主流。使画家在社会上与智识上身价倍增的"博学的画家"（pictor doctus）的观念也穿越大西洋传播到此地。16 世纪末在欧洲，继瓦萨里之后，鲁本斯成为"博学的画家"的权威代表。从 16 世纪 90 年代起，弗朗西斯科·巴切柯在塞维利亚成为旗帜人物。巴切柯作为优秀的画家与才子，领导了由神学家、诗人、作家与古代文化爱好者组成的一个重视正统性的文艺协会[2]。在墨西哥城，巴尔塔萨·德·埃切夫·奥里奥则以其多方面的才能极好地体现了这一旗帜作用。

与欧洲之间的脐带关系

在墨西哥城，"传统"或更恰切地说复制，建立在从欧洲大陆舶来的雕刻作品的基础上。继木刻术（其制作通常较难）传播开来之后，在 16 世纪下半叶，雕金工艺传入，它为文艺复兴时期最著名、最时尚

1　彼得·坎彭纳 1562 年离开该城市，1583—1584 年只有一位欧洲人——意大利人马特奥·佩雷斯·达·莱乔（又名马特奥·佩雷斯·德·阿莱西奥）在此定居。1568—1576 年、1581—1583 年，莱乔在罗马作画（同费德里科·朱罗卡一起为贡法隆天主教堂创作壁画）。在塞维利亚，他为大教堂创作了巨型作品——《圣克里斯托弗》。

2　弗朗西斯科·巴切柯是名作《绘画艺术》（Arte de la pintura, 1649）的作者，该书撰写于 1600—1638 年间。

的作品提供了极其逼真的表现力[1]。这些金属版画也渡过大西洋来到此地，其中，马丁·德·沃斯（Martin de Vos）的作品堪称一流[2]。值得一提的是，桑切斯·科埃洛（Sánchez Coello）为献给明朝皇帝而创作的肖像画（包括一幅菲利普二世肖像画、一幅查理五世骑马肖像画）因出使中华帝国的任务被取消而于 1581 年被搁浅在墨西哥城。此外，葡属印度也从这些舶来品中受益。1540 年，国王约翰三世的御用画家加西亚·费尔南德斯已经为果阿大教堂创作完成了色彩绚烂、壮美华丽的祭坛装饰屏，展现了圣凯瑟琳的一生与殉教[3]。欧洲绘画穿越大西洋到达美洲和亚洲，文艺复兴艺术的典范之作遂出现在移居到国外的欧洲人与当地土著人的眼前。一些体积不过大、重量不过分的雕塑作品也经海路运抵新大陆与亚洲。普韦布拉的圣弗朗西斯科的《征服者》是梅赫伦（位于佛兰德斯地区）画派艺术家创作的一尊圣母像，葡萄牙卡拉穆卢博物馆与法国里尔博物馆中都藏有与它相似的作品。在墨西哥城，洛斯雷梅迪奥斯教堂的圣母像是佛兰德斯风格的一尊西班牙雕塑，墨西哥瓜纳华托的圣母像也来自伊比利亚[4]。墨西哥霍奇米尔科教堂的《圣塞巴斯蒂安》则与塞维利亚大学教堂和马切纳教堂的《圣塞巴斯蒂安》相当相似，这件雕塑似乎也是在西班牙完成的[5]。地理上

1　其中以杰罗尼莫·韦里克斯与扬·萨德勒的作品为最。Tovar, 1988, I, p. 98.

2　Francisco de la Maza, *El pintor Martín de Vos en México*, Mexico, UNAM, 1971. 关于被输入到秘鲁的欧洲绘画，参见 Mesa y Gisbert, 1972, p. 76.

3　Bethencourt et Chaudhuri, 1988, II, p. 538.

4　Guillermo Tovar de Teresa, *Pintura y escultura en Nueva España (1557-1640)*, Mexico, Azabache, 1992, p. 250; Margarita Estella,《Sobre escultura española en América y Filipinas y algunos otros temas》, *Relaciones artísticas entre España y América*, Madrid, CSIC, 1990, p. 81.

5　Xavier Moyssén,《El San Sebastián de Xochimilco》, in *Boletín del Instituto Nacional de Antropología e Historia*, Mexico, XXIV, 1966, cité dans Tovar, 1992, p. 251, n.431.

的出处有时令人迷惑，怎样区分在西班牙或低地国家完成的作品还是在新西班牙由一位刚刚从欧洲而来的艺术家完成的作品[1]？如果说这些区别很难确定，那是因为欧洲样式主义的全球化无情地弱化了艺术家的意大利、佛兰德斯与塞维利亚的身份因素。

　　另一个原因解释了为什么欧洲画家对地区事物的开放程度很低。新西班牙的西方艺术生产的发展并没有局限于从不断运输到这里的艺术作品中汲取灵感。得益于在墨西哥展开探险的艺术家，新西班牙的西方艺术生产不断地与其欧洲根源重建联系。在17世纪初，欧洲画家与雕塑家，主要是伊比利亚半岛人，在新西班牙的城市与乡村定居，在那里，他们将具有连续性的不同阶段的样式主义风格传播开来[2]。全球化的升级大大得益于这些不间断的输入。在样式主义创作中，西方艺术家获得变化、发展，样式主义在新西班牙的发展则因西方艺术家的不断到来而得到强化。16世纪60年代，诸如西蒙·佩雷斯（1566）与安德列斯·德·孔查（1568）等天才画家来到墨西哥居住[3]。此外，16世纪60年代，绘画上的样式主义浪潮再一次上升。在同一时代，在地球的另一边，公主伊莎贝尔的画家——葡萄牙人安东尼奥·佩雷拉于1565—1570年在果阿居住了5年[4]。在16世纪70年代，雕塑家阿德里安·苏斯特（1573）与佩德罗·德·雷克纳（1577？）到达墨西哥。同

1　吉列尔莫·托瓦尔将《圣安娜、圣母子》与迭戈·德·佩斯奎拉画室相联系，约1581年该画室在墨西哥城出现。*Ibid.*

2　*Ibid.*, p. 216, n. 353.

3　约1566年，法国画家让·奥尔蒂斯随同法尔塞斯侯爵第一次来此。Fernández del Castillo, 1982, pp. 149, 175. 1568年，他随同马丁·恩里克兹再次前来。

4　Bethencourt et Chaudhuri, 1998, II, p. 538；Victor Serrão,《A pintura na antiga India portuguesa nos séculos XVI e XVII》, in *Oceanos*, Lisbonne, 1994, pp. 19-20.

一时代，来自翁布利的耶稣会士贝尔纳多·比蒂到达利马（1575），开始了他辉煌的职业生涯。16 世纪 80 年代，雕塑家迭戈·德·佩斯克拉（1581）与画家阿隆索·德·伊莱斯卡斯（1581）到新西班牙旅行，和他们一起到达的还有桑切斯·科埃洛的一些名画。他们的到来保证了与马德里、埃斯库里阿尔的圈子亲近的肖像艺术与宫廷艺术的传播[1]。在同一时代，25 岁的巴尔塔萨·德·埃切夫·奥里奥来到墨西哥，他将威尼斯与埃斯库里阿尔的画家们的意大利式戏剧性带到这里。他的作品是扬扬得意的反宗教改革运动所强调的"艺术正确"的集中体现。在 16 世纪 90 年代，雕塑家马丁·德·奥维耶多来到新西班牙（1595），正如几年前马特奥·佩雷斯·德·阿莱西奥来到利马（1590）。

这种流动性并未在 17 世纪止步。17 世纪初，在巴尔布埃纳与阿里亚斯·德·维拉罗伯斯的笔下[2]，墨西哥城因其拥有的几位天才艺术家而自豪——观察力独特的大孔查（Concha）、头脑敏锐的著名的佛朗哥（Franco）、"神笔"[3]查夫斯（Chaves）。陆续有欧洲艺术家抵达，利马接收了梅里罗（1600），墨西哥城接收了塞维利亚的光辉人物阿隆索·瓦斯奎兹（1603）、画家阿隆索·洛佩斯·德·埃雷拉（1608），还有来自布尔戈斯山区的塞塞尼亚的雕塑家弗朗西斯科·德·拉·甘达拉（1609）[4]。在接下来的几十年里，这一"访问艺术家"名录继续延长。毋庸置疑，伊比利亚的影响并不足以促进新西班牙传统的巩固，因为

1　Tovar, 1992, p. 103.

2　《Canto intitulado Mercurio》(1603), Mexico, 1623, in Genaro García, *Colección de documentos para la historia de México*, vol. XII, 1907, pp. 311-380.

3　Balbuena, 1990, p. 80.

4　Tovar, 1992, p. 233.

后者不同于欧洲模式[1]。在 17 世纪，情况继续推进，克里奥尔画家与地区的画家家族不断增多，如巴尔塔萨·德·埃切夫·奥里奥家族，他的儿子曼努埃尔与小巴尔塔萨在 1620—1640 年作画。当时，正是西葡帝国的鼎盛时期，在墨西哥城扎根的西方绘画贡献了它的独特性，与伊比利亚半岛的艺术产品展开竞逐。

画家与总督

所有这些艺术家在影响力、声誉和才华上都各不相同。其中一些人主要在墨西哥接受的训练，其他人则在来此之前已经开始了职业生涯。他们都不断地为墨西哥注入了（即使是小剂量地）伊比利亚半岛所流行的新趋势。的确，尤其新西班牙总督与主教聘请的画家更是如此。如 16 世纪下半叶，佛兰德斯画家西蒙·佩雷斯在美洲追随法尔塞斯侯爵加斯顿·德·佩拉尔塔，菲利普二世将后者任命为新西班牙总督。西蒙·佩雷斯生于安特卫普，并在那里跟随父亲学画，他父亲建议他多画肖像画，少画圣像，圣像后来被墨西哥宗教裁判所列为极其可疑的审查对象。1558 年，这位年轻的佛兰德斯画家来到里斯本，走传统创作路线，该路线把许多北欧画家带到了葡萄牙。但是，他没有在特茹河岸边或果阿安身立命，而是先后探访了西班牙的托莱多与马德里，在那里，他经常出入宫廷，并遇到了雇主加斯顿·德·佩拉尔塔，后者将他带到新西班牙。也许佩拉尔塔与这位画家的相遇并非巧合。

---

1 西班牙毕尔巴鄂的雕塑家胡安·德·乌里巴里于 1610—1611 年间在塞维利亚表现活跃，他于 1620—1624 年间在墨西哥居住。*Ibid.*, p. 227. 来自塞维利亚的雕塑家迭戈·拉米雷斯从 1522 年起在墨西哥城工作。

总督佩拉尔塔是宫廷人士，也是踏上新西班牙土地的第一位有头衔的
王室代表[1]。但是，佩拉尔塔在墨西哥的统治持续时间很短，他 1566 年
9 月到达墨西哥，1567 年 11 月便重新动身去伊比利亚半岛。西蒙·佩
雷斯决定在美洲继续他的职业生涯，在那里他又生活了 23 年。安特卫
普与低地国家发生的骚乱[2]不太可能使他萌生返乡的念头，他的家乡不
久便被西班牙人的堡垒所染指，大炮对准该城。

佩雷斯自从来到墨西哥便与西班牙画家弗朗西斯科·德·莫拉莱斯
展开合作。弗朗茨·弗洛里斯（1516—1570）[3]的佛兰德斯样式主义风
格因其在葡萄牙与卡斯蒂利亚的停留而被削弱，它赋予他的创作一种
特殊的基调。佩雷斯的北欧风格与弗洛里斯如此接近，以至于佩雷斯
最美的一幅画作被认为是安特卫普的大师弗洛里斯的作品[4]。佩雷斯在
韦霍钦戈的教堂祭坛装饰屏上使用了马丁·德·沃斯的版画[5]，这说明他
对意大利样式主义风格也是敏感的，正如他在《慈悲的圣母》中所暗
示的，该画很有可能受到马可·安东尼奥·雷蒙迪的版画的启发，并
对拉斐尔的《福利尼奥的圣母》进行了准备性研究。佩雷斯的生活与
作品凝聚了欧洲艺术全球化的具体模式。在西班牙—葡萄牙—佛兰德
斯三重传统的移植与北欧样式主义同意大利风格的调和之间，在对伊
比利亚宫廷的怀旧与对低地国家的记忆之间，墨西哥还剩下哪些空间？

在 17 世纪的第一个 10 年，另外两位总督、文艺之友在一些一

1　Rubio Mañé, 1983, I, p. 231, 123.

2　1566 年 4 月尼德兰革命爆发，8 月破坏圣像者攻击了安特卫普教堂。1567 年，阿
尔贝公爵到达布鲁塞尔，开始实施镇压。

3　Tovar, 1992, p. 81.

4　*Ibid.*, p. 80.

5　*Ibid.*, p. 81

西蒙·佩雷斯：三王来朝
1588 年
墨西哥韦霍钦戈的圣米格尔教堂

流艺术家的簇拥下来到墨西哥。塞维利亚画家阿隆索·瓦斯奎兹的到来是一个特殊事件。在瓜达尔基维尔的城市，瓦斯奎兹与包括弗朗西斯科·巴切柯（后来成为瓦斯奎兹的岳父）在内的一些最优秀的艺术家展开合作。1598 年，瓦斯奎兹与巴切柯、瓦斯科·佩雷拉、胡安·德·萨尔塞多协作，大教堂教务会委托瓦斯奎兹为菲利普二世墓碑作画。阿隆索·瓦斯奎兹为大部分修会工作过，并为贵族与商人组成的顾客群体服务[1]。此外，他的一位赞助人——胡安·曼努埃尔·德·门多萨·伊·卢娜即蒙特斯克拉罗斯的第三任侯爵促使他来到新西班牙，在那里，新任总督任命他为指定画家[2]。蒙特斯克拉罗斯侯爵是一位饱学之士，洛佩·德·维加在《多罗特亚》中、巴托洛梅·德·贡戈拉在《大胆的地方官》中、卡布雷拉·德·科尔多瓦在《西班牙宫廷描述》中都赞扬了他的才华。在墨西哥城，瓦斯奎兹为都城的最具盛名的机构作画，包括大学、王宫（《圣玛格丽特的殉难》，1606）、耶稣医院（《圣母无玷始胎》，1607）。他的绘画与墨西哥城的绘画分享了同样的资源：马丁·德·沃斯一派的佛兰德斯样式主义、以路易斯·德·巴尔切斯为代表的意大利样式主义，后者通过安德列斯·德·孔查的绘画进入新西班牙。瓦斯奎兹的画作影响了埃切夫·伊比亚与路易斯·华雷斯的绘画。这些相似性给人以强烈印象，以至于它们又一次使艺术史学家产生迷惑。藏于圣迭戈皮纳科特卡总督博物馆（墨西哥城）的《圣米歇尔与魔鬼》《守护天使》同瓦斯奎兹的画风如此相近，以至于人们认为华雷斯的这些画作出自塞维利亚画家瓦斯奎兹之手，这是对塞维利亚模式征象的混淆。

1　阿尔卡拉与麦地那·西多尼亚的公爵们在他的顾客之列。

2　Rubio Mañé, 1983, I, p. 359.

阿隆索·瓦斯奎兹：圣母无玷始胎

1605—1607 年

墨西哥城耶稣医院

卡斯蒂利亚艺术家与佛兰德斯艺术家在新西班牙

　　与伊比利亚、欧洲的艺术产品的联系并不局限在几位孤立的艺术家身上，而是关乎因不断有新的到达者加入而得到强化的一个阶层。安德列斯·德·孔查是在塞维利亚的画室中接受的训练，他很有可能师从路易斯·德·巴尔加斯。孔查于 1568 年到达新西班牙，他带来了受意大利影响的塞维利亚画派的最好的作品，如他的《圣塞西尔》与《神圣之家》，它们显露出安德里亚·德尔·萨尔托的手法。巴尔塔萨·德·埃切夫·奥里奥则大约于 1580 年到达新西班牙，他距此 30 多年前出生于西班牙巴斯克地区的吉普斯夸的一个小贵族家庭。他探访过意大利，并曾经在塞维利亚工作。1582 年，他在墨西哥城娶画家弗朗西斯科·德·祖玛雅之女为妻，建立了画家家庭。埃切夫·奥里奥是一位官方画家，他博学，注重各种规范与准则。他的《圣阿帕罗尼安的殉难》（1612）为样式主义与反宗教改革纲领提供了一个完美之作：偏离中心的构图、蛇形人物、暖色、巧妙叠置的两个层次，一个层次是基督与天使们所在的天堂与超自然，另一个层次是人间，后者显得距离观者很近，如同在鼓舞信徒身临其境般地感受这一神性悲剧，对前台的主人公感同身受。

　　西蒙·佩雷斯不是发现墨西哥的第一个佛兰德斯人[1]。来到伊比利亚半岛的北欧画家与雕塑家有很多都试图穿越大西洋。如阿德里安·苏斯特沿着西蒙·佩雷斯的足迹前行，成为墨西哥城最引人注目的雕塑家之一。苏斯特大约 1554 年生于安特卫普，4 年后西蒙·佩雷斯前往

　　1　在他之前，西班牙征服新大陆之初，方济各会修士皮埃尔·德·甘德便在墨西哥城向印第安人教授绘画。

圣阿帕罗尼安的殉难

1612

墨西哥城圣迭戈皮纳科特卡总督博物馆

墨西哥。苏斯特的原生家庭经历了安特卫普被毁的动乱时代，他父亲是教堂祭坛装饰屏制作者。他的一位兄长——恩里克来到西班牙，为圣弗朗西斯科·德·莫格尔隐修院教堂创作了一个装饰屏（1574）。在他身边，阿德里安习得了制作祭坛装饰屏的职业技能，起先在加的斯工作，然后在塞维利亚，后来到了新西班牙。1573 年，阿德里安在墨西哥城安家，但他依旧与北欧大陆保持联系，因为他成了来自德国但泽的安德列斯·帕布洛斯的女婿。雕塑家阿德里安被雇用在圣多明各老教堂（墨西哥城）工作，他在新西班牙各地往来，赴普韦布拉、米却肯、图兰辛戈旅行。1575 年，即他到达新西班牙两年后，他来到圣奥古斯丁修道院（墨西哥城）工场工作，在接下来的十年，他被旧大教堂工场雇用，创作神职人员祷告席旁的雕塑（1585—1586），17 世纪初创作完成（1601）。他与低地国家的同行之间的职业联系并未妨碍他与画家弗朗西斯科·德·莫拉莱斯展开合作，为普韦布拉的圣多明各教堂创作祭坛装饰屏。

流动性、团队精神与艺术家典范

西方样式主义的全球化还表现在那些在墨西哥城工作并在墨西

哥各地往来的艺术家所获得的影响力上[1]。从 16 世纪中叶开始，定居
墨西哥的画家们力图强调他们的艺术相对于总督、天主教会的独立
性。除了发挥这种团队精神之外，他们为分享新西班牙的建筑工地
而建立的合作组合也产生了影响[2]。1568 年，围绕着西蒙·佩雷斯形
成了由建筑师克劳迪奥·德·阿西涅加、雕塑家与祭坛装饰屏制作家
加西亚·德·萨拉曼卡、胡安·罗德里格斯和胡安·费尔南德斯、画
家弗朗西斯科·德·祖玛雅和来自托莱多的画家弗朗西斯科·莫拉莱
斯组成的合作小组。此前，阿西涅加友好地接纳了佩雷斯，并成为
他的证婚人。佩雷斯通过他的妻子进入画家安德列斯·德·孔查的家
庭与胡安·德·阿鲁的家庭。佩雷斯在一生中一直与克劳迪奥、路易
斯·德·阿西涅加走得很近[3]。他还与佩德罗·德·雷克纳在韦霍钦戈的
方济各会教堂展开合作，与他的亲戚安德列斯·德·孔查一起制作了
巨大的祭坛装饰屏。

---

1 这种游牧生活造就了一些在欧洲工作的画家的迁移，鲁本斯首当其冲。继而，佩
雷斯先后在新西班牙各地工作：墨西哥城、特佩卡、奥奎拉与马里纳尔科（1566—
1568），墨西哥城（1569—1570），图拉（1574），特拉斯卡拉与墨西哥城（1578），特
波斯科卢拉（1580），墨西哥城（大教堂，1584—1585），韦霍钦戈（1588），普韦布拉
（1589）。 安德列斯·德·孔查 1568 年到达新西班牙。他在瓦哈卡工作（1570—1575），
与佩雷斯一起在墨西哥城工作（1575—1578），然后他先后在科伊斯特拉瓦卡、燕惠
特兰、塔马祖拉帕、阿奇乌特拉工作（1576—1587），之后与佩雷斯一起在特波斯科
卢拉工作（1580—1581），然后回到燕惠特兰（1579），与佩雷斯一起在墨西哥城工作
（1581），之后韦霍钦戈（1584—1585）、瓦克斯特佩克（1593）、瓦哈卡（1594）、墨
西哥城（1595—1599）、瓦哈卡（1611—1612）工作。
2 冲突时而发生，有的来自宗教裁判所的告发，有的来自重大案件。许多担忧只是
暂时的，后果相当轻微。有两次，佩雷斯遭遇困境。他摆脱困境之后，创作了一幅杰
作——《宽恕的圣母》。
3 克劳迪奥将他安排进墨西哥城的圣多明各教堂工作，普韦布拉大教堂的建筑师路
易斯则使他获得了该教堂祭坛装饰屏的合同。

　　这位来自大都市的艺术家所享有的优势地位几乎可以说是绝对的[1]，他的形象地位在墨西哥城也得到提升。否则，怎样解释墨西哥城这样的大都会的杰出艺术家们所享有的声望？巴尔布埃纳在《伟大的墨西哥》中甚至提到两位女性画家，她们以构图的卓越与笔法的优雅著称，不过今天已找不到她们留下的痕迹[2]。很有可能巴尔塔萨·德·埃切夫·奥里奥取得了最为辉煌的成功。他是贝尔纳多·德·巴尔布埃纳与阿里亚斯·德·维拉罗伯斯一致赞扬的新西班牙的"博学的画家"[3]。巴尔塔萨既作画，又写作。1607 年，他出版了为巴斯克语言进行辩护与阐述的著作《论巴斯克坎塔布里语的古老性》，由德国宇宙志专家海因里希·马丁完成印刷。它是一部宣言，在书中，巴斯克语言与吉普斯夸、比斯开地区进行对话，"这两个地区忠实于巴斯克语言，对西班牙有时也很忠诚"[4]。该书题献给印度群岛理事会主席勒摩斯伯爵。书里装饰着画家巴尔塔萨的一幅肖像，以纪念这位"博学的画家"，肖像配有一句铭言："祖国、画笔与羽毛笔，画家兼作家。"

　　巴尔塔萨与墨西哥城文人保持联系，其中包括多明我会编年史作者赫尔南多·德·奥杰亚与教士阿里亚斯·德·维拉罗伯斯，后者极力恭维这位地区奇人巴尔塔萨：

1　胡安·德·阿雷（也许是美洲印第安人—欧洲白人混血儿，他的父亲娶了玛利亚·卡尔松奇为妻）是个例外。Tovar de Teresa, 1992, p. 128.

2　Balbuena, 1990, p. 81. 法国雕刻家让·奥尔蒂斯直言不讳地提出："在这个国家，我是最精通这种艺术的人，无人可与我相比……本人的优秀人所共知。"

3　针对鲁本斯所建立的模式，参见 Simon Schama, *Rembrandt's Eyes*, Londres, Penguin Books, 1999, pp. 137-191.

4　Tovar de Teresa, 1988, I, p. 49. 他谴责是大发现毁掉了巴斯克地区及其语言，揭示了金银在印度群岛的作用。

　　此人既是画家又是作家，

　　写得好，画得也好，

　　他的风格与色彩

　　为他的写作与绘画带来荣光，

　　在这两个领域都创造了奇迹。

　　他的画如此生动，

　　他的写作如此富有生命力，

　　采用巴斯克语或怪诞手法，

　　这就是他的名字

　　今天被写在壁画上、

　　刻在大理石上的原因。[1]

　　巴尔塔萨·德·埃切夫·奥里奥的画作所得到的尊崇使这位画家成为反宗教改革艺术的理想代表。他在 1619 年 7 月 20 日写给大主教胡安·佩雷斯·德·拉·塞尔纳的信中，描述了"圣像"应有的特征，并支持一位主教为反对"可以想象的最淫荡、最可恶的形象"[2] 而进行的斗争。这并不令人感到新鲜，但足以使我们理解艺术家们参与到样式主义的全球化中，"不应将基督、圣母及圣徒塑造成丑陋、不匀称的形象……圣像的表现应虔诚，充满了神圣的思考与虔敬，除非表现的主题需要，否则就不要将世俗与神圣相混合"。以巴尔塔萨为代表的画家并非特别出众，但是他们是全球化宝贵的助手，他们懂得从围绕着他们本身的宣传中获益。得益于这些艺术家，墨西哥城以世界和西葡帝

1　Tovar de Teresa, 1988, p. 52.

2　Tovar de Teresa, 1992, pp. 116, 107.

巴尔塔萨·德·埃切夫·奥里奥:
三王来朝
17 世纪初
墨西哥城圣迭戈皮纳科特卡总督博物馆

世界的四个部分
一 部 全 球 化 历 史

国的一个中心自居。

地区需求

友谊、联姻与职业联系给予画家群体一种同质性，地区赞助人的期望强化了这种同质性。顾客的需求相当强，他们来自各地，有的来自印第安城市，有的来自印第安乡村。其中一级顾客有总督，如加斯顿·德·佩拉尔塔，有蒙特斯克拉罗斯侯爵、大主教加西亚·盖拉与胡安·佩雷斯·德·拉·塞尔纳，还有各个修会与大型教会机构——大主教教务会、宗教裁判所、大学。大教堂教务会请孔查与阿隆索·佛朗哥为加西亚·德·圣玛丽亚大主教的到来画了凯旋门，请孔查为总督蒙特斯克拉罗斯的到来作画。大教堂教务会还为大教堂订购了菲利普三世追思台。巴尔塔萨·德·埃切夫·奥里奥为宗教裁判所、方济各会修士作画。任务并非轻而易举：1593 年，胡安·德·阿鲁为宗教裁判所提供了阴森的悔罪服，这些侮辱性的服饰被悬挂在大主教堂中[1]。

有的订单来自富有的显贵人士，如1588年教区督学桑切斯·德·穆尼翁将佩雷斯画的一件教堂祭坛装饰屏赠予大教堂。德瓦尔侯爵们，即埃尔南·科尔特斯的后代也在最富有的顾客之列。1597 年，画家安德列斯·德·孔查成为他们的指定画家。各种行会也不吝资。如1578 年公证人行会雇用佩雷斯与孔查为一些驮轿创作装饰画[2]。这些艺术家也乐于为了赚钱而为他们效力。燕惠特兰（墨西哥）的殖民统治者冈萨洛·德·拉斯·卡萨斯在塞维利亚雇用了安德列斯·德·孔查，

1　Tovar de Teresa, 1992, pp. 112, 128.

2　Tovar de Teresa, 1992, pp. 80, 71.

签订了为期两年的合同，规定该画家为他所管辖的村落的多明我会教堂创作祭坛装饰屏。医生佩德罗·洛佩斯的儿子何塞·洛佩斯博士请画家阿隆索·德·维拉萨纳为洛斯雷梅迪奥斯教堂隐修所创作壁画[1]。1584年，迭戈·阿里亚斯·德·阿塔拉亚作为普韦布拉居民为普韦布拉大教堂订购了一件圣幕，奉献给悲痛的圣母：画家迭戈·德·萨莫拉与雕塑家老胡安·包蒂斯塔·瓦斯奎兹受邀完成。该作品应复制了圣玛丽亚·德西贾的安达卢西亚教堂中的一件"表达对圣洛朗的敬意"[2]的作品。印第安人群体并未被排除在顾客群之外，如孔查与佩雷斯来到瓦哈卡教省（墨西哥），为特波斯科卢拉教堂创作了大型祭坛装饰屏，为修道院的开放小教堂创作了第二个祭坛装饰屏。由于对创作的成果不满意，印第安人拒绝为这些艺术家支付报酬[3]。

墨西哥对欧洲艺术品的需求毫无疑问促使地区创作忠实于伊比利亚与佛兰德斯的技法。1586年，土著居民村落领主佩德罗·德·伊拉拉订购了一个小系列的佛兰德斯绘画，包括《使徒（基督十二弟子）》《耶稣受难》、两幅《雅各》、一幅《约瑟》、一幅《丹尼尔在狮穴中》，韦拉克鲁斯的圣职部特派员留下了相关概述。这些画作因其人物着装的式样与色彩而使它们的佛兰德斯来源被明确指出与辨识[4]。但是，个人的品位并不总是与教会的品位一致。大主教胡安·佩雷斯·德·拉·塞尔纳的一条命令显示了有些作品"主题伪经，充满欺骗性"，"画家们的荒淫放荡与放松懈怠致使他们竟描绘那些由情妇陪伴

1　Tovar de Teresa, 1988, I, p. 58.

2　Tovar de Teresa, 1992, p. 251.

3　另一个直接来自伊比利亚灵感的例子：墨西哥霍奇米尔科教堂的《圣塞巴斯蒂安》与塞维利亚大学教堂的《圣塞巴斯蒂安》相当相似。Tovar de Teresa, 1992, p. 73, n. 90.

4　Fernández del Castillo, 1982, pp. 347-348.

的假装笃信宗教的人，将其隐藏在圣洁的表象下，这种绘画出现在他们家中、卧室中。我们已经发现大量的下流图像，它们出自一位恶劣的画家之手，他创作了荒谬滑稽的画作，毫无价值，如骑在羔羊上的儿童耶稣、奔跑的儿童耶稣（一只手拿着玩具风车，另一只手拿着一条绳子，绳子上绑着一只鸟）凡此种种"。除了教会机构之外，艺术家本身如巴尔塔萨·德·埃切夫·奥里奥也为绘画的正统性而奔走，谴责画家与顾客可疑的离经叛道，认为他们断绝了与欧洲形象源头之间的联系。

墨西哥城制造

市政当局与宗教当局的警惕、来到美洲的画家所做的努力、来自顾客的压力（他们渴望在新西班牙重新获得自己在西班牙留下的东西）、塞维利亚模式的工作组织方式的复制，这一切都保证了欧洲艺术全球化得以在较好的条件下进行。伊比利亚模式的复制并没有与地区现实发生接触，以免破坏模仿的效果。甚至印第安艺术家也努力按照原样来复制欧洲模式。

混合艺术生产与欧洲艺术生产之间的区别更多的是艺术范畴的问题，而非创作者的族裔背景的问题。西班牙殖民者贝纳尔·迪亚兹·德尔·卡斯蒂略通常吝于赞美土著人的艺术生产，却令人惊讶地赞颂了墨西哥城印第安画家的技艺。土著雕塑家也取得了同样的成功，与来自欧洲的最优秀的艺术家展开竞逐，如同方济各会修士胡安·德·托尔克马达在 17 世纪初所描述的："这里有令人赞叹的雕塑家（当他们之前信奉异教时，那里就已经有雕塑家），尤其在墨西哥城，他们与西班

牙人建立联系后，在技艺上得到很大的完善与改进。我认识许多为西
班牙画家做木雕的人，其中尤其有一位在圣地亚哥，他的技艺远远超
过了所有雕刻师，他名叫米格尔·毛里西奥，具有高超的技巧与创造
性。我同他及该城市中的其他一些人一起为我在那里建造的教堂（该
王国最佳的事物之一）创作祭坛装饰屏。"[1] 因而，那些忠实于伊比利亚
半岛的风格与规则的西班牙人成为土著艺术家的顾客，这并不令人感
到惊讶。如 1571 年塞维利亚商人佩德罗·马丁内斯·德·克维多向印
第安人华金订购了表现耶稣受难之谜与其他圣徒的 30 个场景的一个祭
坛装饰屏。这些土著工场都有自己的声望以及忠实的客户群。同任何
欧洲作坊一样，这些土著工场也敢于延迟交货，并与某些修会保持紧
密关系，这反过来也确保了对自己的宣传。合作与分包不断地将土著
艺术家与西班牙艺术家、工场联系起来。镀金工马科斯·德·圣佩德
罗与雷克纳、佩雷斯、孔查一起创作韦霍钦戈的装饰屏[2]。约 1605 年，
特拉特洛尔科的印第安艺术家负责为巴尔塔萨·德·埃切夫·奥里奥画
的祭坛装饰屏点缀镀金叶饰[3]。对于负责监管合同条款执行情况的居间
人，我们所知甚少，但是原始材料有时会透露一些姓名，如居间人克
里斯托瓦尔·加西亚是法国雕刻家让·奥尔蒂斯的代理人，他向印第
安人分发了印在塔夫绸上的图像，印第安人需要把它们一个个地进行
装饰，他则将完成的作品收缴在一起，替奥尔蒂斯与他的这些分包商

1　Torquemada, 1977, IV, p.255; 其他土著作坊在诸如乔奎因·德·特拉特洛尔科
（Joaquín de Tlatlelolco）这样有声望的建筑师的领导下，成为"官方作坊"。Tovar, 1992, p. 245.

2　Tovar de Teresa, 1992, p. 80.

3　Tovar de Teresa, 1992, p. 112.

洽谈薪酬[1]。

　　然而，一些作品呈现出土著元素，它们似乎摆脱了全球化的标准化的压力。在特拉特洛尔科的雕塑中有一件作品表现了使徒圣雅克披着西班牙殖民者的外衣屠杀印第安人、迎战一位骑虎斗士[2]，后者穿着土著的样式主义趣味的罗马式盔甲，这种盔甲在普韦布拉、特卡马查尔科、伊斯米基尔潘都可见到。但是，有时想分辨出艺术家的来源并不容易。如果我们承认土著艺术家的工作没有局限于镀金和彩色装饰，那么霍奇米尔科的圣贝纳迪诺教堂祭坛装饰屏的精美雕塑就很可能是出自土著人之手。精确区分哪些艺术品出自土著人，哪些艺术品出自西班牙人，这个问题的难度反映了当地艺术创作尽可能地贴近欧洲模式的倾向。这正是我们在比较佩德罗·德·雷克纳创作的韦霍钦戈教堂祭坛大装饰屏的雕塑与霍奇米尔科的圣贝纳迪诺装饰屏的雕塑时所看到的。

　　因而可以说，土著艺术家本身也参与了欧洲艺术的全球化。墨西哥城大教堂的建造证实了这一推断[3]。事实上，还有什么比大教堂（即使它的建造者同乔治·杜比所追溯的那些建造者毫无共同之处）更能体现欧洲的特色呢？在墨西哥城大教堂的建造者中，排在首列的是来自欧洲的建筑设计师与艺术家——雕塑家佩德罗·德·布里苏埃拉与胡安·蒙塔尼奥、祭坛装饰屏制作家阿德里安·苏斯特、画家尼古拉斯·德·特克塞达、佩德罗·罗德里格斯与西蒙·佩雷斯。其中，除了

1　Fernández del Castillo, 1982, p. 238.

2　Tovar de Teresa, 1992, p. 243.

3　Silvio Zavala, *Una etapa en la construcción de la catedral de México alrededor de 1585*, Mexico, El Colegio de México, 1982.

佩雷斯与苏斯特是低地国家人之外，都是西班牙人。当时的大部分名
人都汇聚到这座大教堂的工场。与他们一起，且在他们的领导下，有
几十位土著"官方"画家加入进来，这些土著画家被同为印第安人的
"队长"所监督。他们从墨西哥城与特拉特洛尔科的土著人区招募了
20 至 25 位画家组成团队。这第一支团队在工作中直接与西班牙艺术
家接触，似乎并没有译员的介入。这些人好像都对欧洲技艺与风格很
熟悉，并且可以理解欧洲画家、雕塑家向他们提出的各种指示，而不
仅仅可以看懂他们所展示的要创作的作品的草图。

　　这些团队的运作方式同 16 世纪下半叶塞维利亚工场中的运作方式
相当类似。由于墨西哥城的欧洲画家在该城拥有作坊，他们在那里雇
用印第安人，很有可能这些团队中的很大一部分成员是与这些作坊有
长期联系的土著工匠。其他土著画家小组则在西班牙画家的领导之外
完成自己的任务。那里还有一些有技能的工匠，但是组织工作的任务
这次却被交予土著人，而且一切交流在土著语言下进行。同时，有非
技术工人即操作工加入这些工匠的队伍，一起工作。在该工场大约有
500 名雇员同时工作。他们竖立起脚手架，致力于完成这项巨大的工
程[1]。他们与西班牙人的直接联系少得多。工头负责监督、管理这些工
人，充当他们与欧洲人之间的居间人[2]。在操作工中，有一些是自愿的
短工，另一些是奴隶轮流服劳役制度下轮换工作的奴隶，土著人集体
工作的古老习俗被西班牙当局进行了西班牙化。非洲奴隶也在该工场
劳作，与他们在一起的是沦为奴隶的奇奇美加战争的战俘。语言的混
合意味着必须存在某些媒介，对此我们所知甚少。只知道在该工场有

1　Zavala, 1982, p. 30.

2　*Ibid.*, pp. 17-18, 31.

一位正式的译员，名叫迭戈·德·莱昂，他拥有年薪，但似乎仅限于对他已完成的工作支付报酬[1]。

虽然该工场的运作具有混合特征，包括工人的混合、材料的混合，甚至（当欧洲建筑设计师采用土著人的方法时）还有技艺的混合，但是其成果却是不折不扣的西方作品，如果说它不完全是欧洲作品的话。塞维利亚大教堂（1554）、萨拉曼卡大教堂（1558）先后为大教堂的建造树立了范例[2]。尽管建筑设计师们需要适应地区的条件与环境，地震、沼泽地的不稳定性尤其使他们的工作变得更加困难、复杂，这些建筑还是达到了欧洲文艺复兴标准的要求，也达到了新西班牙的西班牙精英们的品味的要求。该大教堂内部的绘画与雕塑完全可以用来装饰西班牙任何一个重要的教堂。不管使用的颜料产自美洲印第安人地区[3]，还是它们出自诸如罗德里戈·涅托这样的西班牙调配师的作坊[4]，无论画家是否来自佛兰德斯，所完成的作品都遵循了国际样式主义的规约。这些画家与雕塑家是否曾经有一闪念想过自己创造的作品也可以超越这一规约？

全球化与混合

全球化与一定程度的混合是可以和谐并存的吗？一切表明，欧洲文艺复兴的全球化可以与人力的混合、技术的混合相容，以至于最终

1　*Ibid.*, pp. 14, 18.

2　Mario Sartor, *Arquitectura e urbanismo en Nueva España, siglo XVI*, Mexico, Azabache, 1992, p. 136; Toussaint, 1967, pp. 109-110.

3　Zavala, 1982, p. 26.

4　*Ibid.*, p. 22.

非欧洲的人力与技术的加入被人们所忽视。事实上,这里不再是混合的创造性、革新性方面的问题,而是为生产西方艺术而对地区资源进行开发利用的问题。如果我们暂时离开 16 世纪末的墨西哥,置身当代世界,好好审视一下我们现在穿的大部分服装,几乎毫无例外,最具欧洲风格的或最具国际性的东西今天在距巴黎、纽约数千公里之外的地方被加工、生产出来,生产者在产品上倾注了他们的手艺,有的手艺拥有千年的传统,在当下被用于他处所设计的器物上,可以说,产品的客户对于这些生产者来说既遥远又未知。今天,在世界上的很大一部分地区,各种各样的公司制造着标准化的同样的器物。在巴黎的勒桑捷(Le Sentier)区的地下工场正如在亚洲的社会主义或资本主义工厂,劳动者的工作条件、目标将激进的自由主义的要求与常常相当陈旧古老的剥削方式结合起来。不同来源的劳动力、混合的工作组织方式同高度标准化的商品生产并存,这些商品被销往全球各地。电视机、录像机、耐克运动鞋都是"大众化"的实例[1]。生产条件与最终完成的产品的性质之间的反差是显著的。产品的形象掩盖了不同社会、文明之间错综复杂的关系,也掩盖了在产品的创造中利益与痛苦的积累。这里所隐藏的并不只有必要劳动量(马克思关于商品提出了经典的拜物教批判理论),而且还从根本上隐藏了商品所来源于的各种混合,商品是这些混合的产物。当我们凝视墨西哥城大教堂的时候,可以思考,倘若没有大批的非洲奴隶和奇奇美加的奴隶,没有奴隶轮流服劳役制度下被雇用的纳瓦特尔操作工与阿兹特克工匠(这些人都服从于一位西班牙指挥者),那么这一古典风格的杰作如何能够问世?与人的

1　更加复杂精美的成衣制品可以在同样的条件下被生产出来。

混合同时存在的是消费与生活方式的统一化，所以生产的全球化为实现其利益而对混合进行了开发利用。生产的全球化一旦展开，它便抹去了生产过程中一切混合的痕迹，以便优先保证与欧洲模式之间的一致性。

可以说，一些阻碍以一切可能方式将混合限定在确定的范围内，并使其中和化，或者抹去混合的痕迹。不言而喻，为大众消费而工作的印第安工匠、欧洲白人—美洲印第安人混血儿工匠为他们的客户提供了混合性产品。这种混合在生产的所有环节中都表现出来。同样，在外省的修道院中，画家在创作壁画时，保留了广阔的创作空间，也许因为他们的作品优先面向的是适合进行基督教化的土著大众。与此相反，当城市精英们的运用与要求占主导地位时，尤其在西方艺术中，混合的痕迹便变得难以察觉。在新西班牙，样式主义热潮及之后 18 世纪的新古典主义艺术热潮顺应了欧洲的推力，正如洛可可风格在殖民时期的巴西的传播。关于奢侈品生产，只有当地区的介入可以丰富异国情调产品目录、可以充实意大利、德国、法国的珍品陈列馆时，地区的介入才是被允许的，而且这些产品会因此增值。

对欧洲规范的忠实并不是无足轻重的。在墨西哥城大教堂建造期间，从构思到最终修建完成，新西班牙当局与马德里当局[1]从头至尾都对任何有可能导致偏离原来计划的行为进行了遏制。三个实体（总督、墨西哥天主教会与行会）通过他们的巡视官的监管，共同承担了对该建设活动的管理。所有革新（例如使用火山岩这种以轻巧性闻名的材料）都需要预先被伊比利亚半岛的专家们同意。预想的莫德哈尔（西

1　Zavala, 1982, p. 7.

班牙复国后仍住在西班牙中部地区的阿拉伯人）风格的木质屋顶被石质拱门与穹顶所取代，这是由于当时的建筑设计师回应了 17 世纪初欧洲的风尚与风格的演变。全球化并不是放任自流、偶然形成的产物。

西班牙画家的艺术如同模仿西班牙画家的印第安画师（maestro）的艺术一样，不断地与欧洲模式相联系，印第安画师的艺术力图复制其倾向与手法。宗教裁判所力图压制的对象，以及城市里有教养的精英阶层的诉求，二者都同 17 世纪初的几十年里混沌的、前卫的社会决裂，它们使我们看到两个不同的创作领域，一个是混合的创作，另一个是西方的创作。混合作品与西方作品尽管在教堂殿宇、庆典的临时性装饰中具有相似性，它们的创作手法却是有区别的，而且被严格地等级化[1]。外省修道院绘画主要使用印第安人劳动力与混血儿劳动力，这种绘画被用来装饰那里的修道院、教堂与礼拜堂。而在首都墨西哥，西班牙工场的艺术创作则追求对欧洲样式主义的忠实体现。在果阿也是如此，土著艺术家作为"该地区非常具有天赋的画家"，在葡萄牙画师身边工作[2]。

新西班牙艺术生产的独特性并不在于它对欧洲文艺复兴的偏离[3]，不在于它的"延迟"或它所谓的障碍，甚至也不在于西方艺术与混合艺术的并列。它似乎更多地存在于严格意义上的欧洲系谱中，该系谱影响了生活在新大陆的艺术家所创作的伟大的绘画作品。与混合性创作不同，这些艺术家的作品是标准化的，它们存在于洲际传播中，充

1　1548 年，果阿玫瑰经兄弟会的教堂祭坛装饰屏出自土著工场，在油与色彩上都不够完善，因而需要一个新的大型装饰屏。*Ibid.*

2　Bethencourt et Chaudhuri, 1998, II, p. 538.

3　Manrique, 2001, p. 206.

分地参与了伊比利亚全球化。这又一次涉及一种全球化形式，它力图回避地区性，回避那些体现了其他历史的生产形式。这种西方艺术的热潮使我们看到伊比利亚全球化（Mondialisation iberique）进程中更加具有潜伏性的动力——全球化（Globalisation），它不那么引人注目，与新的现实格格不入，它是西方纯粹主义的创造性的追随者。这一动力并没有与西化所导致的各种转变、混合的后果正面对抗，而是不断地限制这些影响，防止可能引起混乱的各种反应，同时阻止那些有可能消除欧洲的规范、颠覆其霸权地位的变革。艺术的全球化不仅取道制度与政治的途径，它还利用了社会资源，在那个穿越大西洋并不容易的年代，它激活了智识与审美的自动性，发挥了个人的主动性。混合艺术之所以能够在欧洲大陆出现，是因为它们成为有利可图的舶来品，在欧洲人的珍品陈列室的狭窄柜子里占有一席之地，这种异国情调化在接下来的几个世纪里得到充分的发挥。

第 14 章

玻璃隔墙或思想的全球化

> 我将要讲的，既非我的幻想，亦非我的创造，而是可以从希波克拉底与盖伦的学说中提炼出来的最好、最真、最高妙的东西，同时我还以亚里士多德的哲学原则与教训为依托。
>
> ——胡安·德·卡德纳斯:《印度群岛的问题与奇妙的秘密》，1591 年

视觉艺术的全球化易于被人们看到，只要我们稍微考察一下原始文献（艺术史极少从这一角度切入研究），便可做到。除此之外，是否还有其他产品生产也是通过复制的方式（类似于样式主义绘画的情况）被输出的？我们能否确定欧洲的其他传统表达也被全球化了，而且被人为的保持原样地全球化，几乎没有同接受它们的地区之间产生任何互动？

"殖民地"文学立即出现在我的脑海里，它涉及戏剧、诗歌、古典文本的翻译。诗人弗朗西斯科·德·特拉扎斯最美的 14 行诗《解开你的金发》大约 1570 年作于墨西哥，它是新西班牙模仿意大利诗人彼特拉克文体的诗歌的顶峰，"模仿并完善了"卡蒙斯的一首诗[1]。杜阿

---

1 Mendez Plancarte, 1964, p. XXXII.

尔·德·雷森德创作的葡萄牙版的西塞罗作品没有留下他当时所处地区即遥远的摩鹿加群岛的任何痕迹，在那里，雷森德曾担任国王的代理商[1]。此外，一部纯古典学术著作应该带有海外和东方的气息吗？这种看似平庸的说法，当人们意识到它适用于欧洲人文主义的所有表现形式时，就显得不那么平庸了。对"传统经典"[2]的翻译发生在西葡帝国在世界上的不同地区。墨西哥的塞万提斯·德·萨拉萨尔，秘鲁的南极学院和迭戈·梅希亚·德·费尔南吉尔都致力于将西欧最复杂精深的文化遗产植入美洲大陆。安第斯的例子非常有说服力。"南极学院打算将经过文艺复兴时期人文主义改造的希腊—拉丁文化移植到一个被认为是野蛮的遥远地区。"通过它，安第斯地区的文人要求他们在西葡帝国中的智识存在被充分、完整地承认，但从未要求他们所处地区本身的人文智识被承认[3]。

亚里士多德学说征服世界

欧洲艺术的主要内容不限于各种传统与风格。它们涉及西方概念、形象，建立在表现原则、能指与所指的相互作用的基础上。这一观念本身与伊比利亚流动性传播到世界各地的思想机制有关。书籍被输送到大西洋彼岸，萨拉曼卡、科英布拉与阿尔卡拉·德·赫纳雷斯的教授们移居到海外，拉丁语与希腊语得到传播，隐修院学院与耶稣会学

---

1 *Do mundo antigo aos novos mundos,* 1998, p. 125.

2 Teodoro Hampe Martínez, (édit.), *La tradición clásica en el Perú virreinal*, Lima, Universidad Nacional Mayor de San Marcos, 1999.

3 Rose, 1999, pp. 395-406.

院开放，美洲早期大学创立，这些都为全球范围内的西化做出了贡献，颠覆了地区智识的面貌，甚至将其毁灭。同时，相关人士与机构推动了伊比利亚全球化在另一个向度上的发展，它同艺术向度上的伊比利亚全球化一样深入、彻底。它是哲学思想（主要为亚里士多德学说）的全球化，这一进程更多地影响到地区社会中伊比利亚血统与克里奥尔血统的文人，既包括世俗文人，也有教会中的文人。当亚里士多德学说传播到世界的四个部分，西葡帝国的欧洲人从未力图将这位马其顿王国的哲学家的著作翻译成当地语言（除了中文之外），这难道不是一个征兆吗[1]？

在新西班牙，哲学与神学教育始于墨西哥城的圣多明各修道院[2]，后来在 1553 年，大学建立。当耶稣会传教士忙于向印第安民众传教，16 世纪中叶出现了最早的艺术业士与艺术硕士[3]。这并未妨碍隐修院学院继续为尚处于初创阶段的大学提供支持[4]。耶稣会士于 1574 年也加入进来，他们在圣佩德罗与圣帕布洛学院教授的课程没有得到大学的认可。

在墨西哥正如在他处，所有的教学都围绕着"亚里士多德伟大而坚实的哲学"[5]进行，亚里士多德学说在托马斯主义体系下通过经院哲

1　当时，在欧洲人的对话者中，只有中国人没有学过西方语言，除了那些被任命为牧师的皈依者之外。

2　还有普韦布拉的圣路易斯·德·洛斯·普雷迪卡多雷斯学院（1558）。José M. Gallegos Rocafull, *El pensamiento mexicano en los siglos XVI y XVII*, Mexico, UNAM, 1974, p. 303.

3　*Ibid.*, p. 301；关于早期获得文凭的毕业生，参见 Guillermo S. Fernández de Recas, *Grados de licenciados, maestros y doctores en artes, leyes, teologia y todas las facultades de la Real y Pontificia Universidad de México*, Mexico, UNAM, 1963; Mauricio Beuchot, *La real universidad de México, Estudios y textos, II, Filósofos dominicos novohispanos (entre sus colegios y la universidad)*, Mexico, UNAM, 1987.

4　Gallegos Rocafull, 1974, p. 304.

5　Antonio Rubio, *Logica mexicana*, Cologne, 1605, cité dans Osorio Romero, 1988, p. 96.

苏格拉底肖像
墨西哥
16 世纪中叶
墨西哥大阿托托尼尔科奥古斯丁修道院

学传播开来。亚里士多德哲学展现了推理的重要原则、基本范畴、4个原因、4个元素理论、本质理性以及关于本质与灵魂的观点[1]。为培养推理工具，经院哲学提出 3 个层次的认识——"单纯的理解"、判断与推理。从理论上说，接受了这些教育的欧洲文人能够探讨人类的所有问题。学习的内容建立在对亚里士多德的《工具论》的品评的基础上。学生们学习天文、物理与形而上学。但最主要的是推理艺术的学习。

经院哲学在伊比利亚与西方精英的智识框架下发挥作用。它为在反思中提升自我、在法律与神学领域进行探究提供了必要手段。"在逻辑或自然哲学上犯错的人不可能在吸收神性事物的智慧时不犯错误。"[2]经院哲学影响到所有人，甚至包括诗人，如卡蒙斯，他们只有透过亚里士多德的遗产才能理解"世界的伟大机器"[3]。大发现的时代也是经院哲学革新的时代。在 16 世纪，哲学家们使迷失在诡辩与形式体系中的经院哲学焕然一新。这种重新焕发的活力更多地赋予它"统一性、力量与内在连贯性"[4]。正是透过多明戈·德·索托的观点、奥古斯丁派信徒阿隆索·德·拉·维拉·克鲁斯的教学，亚里士多德学说与经院哲学在蒙特祖马的古老帝国扎下了根[5]。在耶稣会的推动下，科英布拉大学的智识之光进一步强化了亚里士多德这位哲学家在西葡帝国的遥远地

---

1 Gallegos Rocafull, 1974, p. 261.

2 Rubio, 1988, p. 95.

3 Dias, 1988, p. 59.

4 Gallegos Rocafull, 1974, p. 239.

5 *Ibid.*, p. 241, note 17.

区（包括墨西哥城）的影响 [1]。

封闭在瓶中的亚里士多德

欧洲哲学在墨西哥常常被认为是一种较少革新的思想的殖民表现，它被严格地划定框架，为因循守旧所困。只有耶稣会士的教学更多地与时俱进，较少地墨守成规，似乎可以摆脱托钵修会与大学的经院哲学的局限。但是很少可以看到这一从欧洲输入的哲学与其他思想形式（如对新地域的征服与殖民给欧洲人带来的那些思想形式）产生联系 [2]。虽然新西班牙所建立的物质、人文与历史的状况同西欧毫不相同，但传入新西班牙的哲学则在同欧洲大学一样的参照系中发展起来。阿隆索·德·拉·维拉·克鲁斯的智识观照同任何欧洲哲学家的智识观照是一样的："如何进行思考？存在与思考之间有什么联系？人的本质与灵魂是什么？" [3]

作为知识渊博、经验丰富的教育学家，奥古斯丁教派信徒阿隆索·德·拉·维拉·克鲁斯、耶稣会士安东尼奥·卢比奥都关注哲学教育在墨西哥遭遇的障碍，力图肃清它向诡辩的偏移，并使其回到对文本的直接研读上。经院哲学是一种工具，无论如何都具有有效性。在

1　特拉特洛尔科修道院图书馆藏有以下书籍：*Commentarii Collegii Conimbricensis Societatis Jesu in tres libros de anima Aristotelis*, Lyon, 1600, dans Miguel Mathes, *Santa Cruz de Tlatlolco. La primera biblioteca académica de las Américas*, Mexico, Secretaría de Relaciones Exteriores, 1982, p. 49.

2　以下著作中有针对这一思想的陈述：Miguel León-Portilla, *La filosofia náhuatl estudiada en sus fuentes*, Mexico, UNAM, 1974.

3　Gallegos Rocafull, 1974, p. 262.

美洲，欧洲血统的精英的智识训练建立起一个重大挑战，它排斥任何
对时间的浪费，也排斥一切无用的训练，"只要去除并避免无用的、多
余的东西，学生就不会丢掉有用的、不可或缺的东西。我们不是要介
绍新事物、新东西，而是要将各种旧的东西加以组织，以使青年人可
以在短暂时间内成熟起来并富有生产力"[1]。

　　"我们并不是要介绍新事物，更不用说那些来自美洲深处的思想
观念了"，阿隆索·德·拉·维拉·克鲁斯的《辩证分解》(*Dialectica
resolutio*) 的印刷商意大利人乔万尼·保利[2]在序言中解释了该出版物的
精神。作为学生阶层的代言人，他希望"各种科学与各门学科不再以
混乱的方式被教授"[3]，他将其出版的该著作同经院哲学不可或缺的改革
这一纯粹欧洲的运动联系起来。文人塞万提斯·德·萨拉萨尔强调奥
古斯丁派哲学家克鲁斯同欧洲之间的联系，"长久以来，得益于他给予
他的非凡科学的大量论证，他在新大陆与老欧洲都声名卓著"[4]，这时距
墨西哥城陷落刚刚过去 33 年。学者与印刷商旨在建立一个墨西哥研究
院并将其纳入欧洲文人群体中，同时，照旧无视土著世界的知识，甚
至连一句排斥的表示也没有。任何人都没有考虑其他形式的思想可以
丰富他们的领域，智识全球化无视当时西班牙僧侣与土著学者之间展
开的讨论，无所畏惧地沿着既定道路前行。

　　土著文人是如此之近。奥古斯丁教派信徒、方济各会与多明我会
僧侣、耶稣会士每天足不出隐修院、学院，便可以同土著文人近距离

1　Gallegos Rocafull, 1974, p. 245.

2　涉及对亚里士多德的评论：*Dialectica resolutio cum textu Aristotelis*. 参见 García
Icazbalceta, 1981, p. 107.

3　Gallegos Rocafull, 1974, p. 248.

4　*Ibid.*, p. 249.

相处，这些土著文人有的是他们的学生。经院哲学似乎将人们的思想控制在一个水晶球里，球体的壁是半透明的、也是坚不可摧的，它这个壁垒可以使里面的人看见外部，但不必与外面的人交流。

让我们近距离地分析一下智识全球化的机制。与土著思想形式保持距离，这样做有多种原因。其中，有一些显而易见的基本原因。除了如上文提到的萨哈贡、杜兰、莫利纳这些少数专家熟悉印第安世界的奥秘之外，印第安文明在当时仍相当不为人知。所有同美洲印第安人思想之间的对话都要求对印第安语言有坚实的了解，并要求对西班牙人所说的印第安人的"寓言"有系统的关注。事实却并不满足这些条件。此外，还存在其他原因：基督教被认为远远高于那些深陷迷茫与谬误的偶像崇拜，即使亚里士多德学说同样是一种异教的、多神论思想的表达。另外，再加上天主教会与宗教裁判所法庭的监管，这足以使一些累及个人命运的探察与智识活动止步。墨西哥城圣职部极少介入思想领域，但是这种审慎也说明了智识领域因循守旧的原因。宗教裁判所的法官们更多地关注出言亵渎神明者、重婚者这些无关紧要的人以及犹太化的习俗。

这种对其他推理形式漠视与疏远的态度的根源首先在于智识上的欧洲中心主义的沉重负担，以及支配整个思想领域的思维习惯。也许经院哲学自身的封闭、它对普遍性的要求起了很大作用。这并不是说欧洲智识结构在时间与空间中一直一成不变。亚里士多德学说在 16 世纪发生变革与更新，这顺应了欧洲文人世界的批评与内部压力，就其本身而言，它一直在发生改变，它在中世纪的一段时期内曾经有过对外部影响的吸收，但最终它失去了这种能力[1]。在 16 世纪，对亚里士多德展开的最尖锐的批评也被禁锢在西方范围内。意大利的例子比较具有说服力，那里的文人与出版界表现出对新世界的持久兴趣。如贝纳迪诺·泰莱西奥（1509—1588）借助对伊本·西那的重新阐释、对埃拉西斯特拉图斯等古代医生与乔瓦尼·阿根塔里奥等近代医生的借鉴，来反对亚里士多德并提出他的感官主义理论[2]。一些学者如弗朗西斯科·帕特里齐（Francesco Patrizi，1529—1597）到前苏格拉底的希腊哲学思想、新柏拉图主义形而上学中汲取资源，以便于他们对亚里士多德学说展开批评[3]。当这位思想家感到有必要根据所谓迦勒底火的概念来解释热时，他参考了亚斯德（即查拉图斯特拉）的《迦勒底神谕》，却完全没有参考印加人、古代墨西哥人的哲学体系。在同样激进的一位学者——乔尔达诺·布鲁诺（Giordano Bruno，1548—1600）从亚里士多德形而上学的内部矛盾出发提出的他的"原因"哲学观念时，也不例外[4]。

那不勒斯人詹巴蒂斯塔·德拉·波尔塔在着手攻击亚里士多德学说

---

1 对 12 世纪穆斯林世界的巨大革新的接受，很少被视为中世纪智识领域对外界、非基督教世界的一种开放，而是被视作对学说本质的一种回归。在拜占庭陷落后对拜占庭这个城市的文化遗产的接受反映了同一心态。Alain de Libera, *Penser au Moyen Âge*, Paris, Le Seuil, 1991.

2 Cesare Vasoli, *Le filosofie del Rinascimento*, Milan, Bruno Mondadori, p. 426.

3 Martin Mulsow,《Nuove terre》e《nuovi cieli》: la filosofia della natura》, in Vasoli, 2002, pp. 428-429.

4 Saverio Ricci, *Giordano Bruno*, Rome, Salerno Editrice, 2000; Michele Ciliberto, *La ruota del tempo. Interpretazione di Giordano Bruno*, Rome, Editori Riuniti, 2000.

时，他所提出的用来解释人的本质的秘密是一个"混合"体系[1]，包含了新柏拉图主义、神秘主义与泰莱西奥的自然主义形而上学。不仅所有人都以柏拉图或卢克莱修来反对亚里士多德，而且围绕亚里士多德的争论必然地超越了亚里士多德本身。詹巴蒂斯塔·德拉·波尔塔在论述形式与内容之间的对立、提出形式高于内容时，总是与亚里士多德的旧观念搏斗。尽管他经常出入的那不勒斯圈子体现出对美洲印第安人的关注，他们的智识地理还是未涉及西印度群岛，德拉·波尔塔与康帕内拉这些在 1589 年处于那不勒斯的占星家圈子里的人也是如此[2]。德拉·波尔塔在"自然魔法"的炼金术中建立起他的世界观，并创造了一种科学方法论，它将科学探索的目标定为揭示"自然的新秘密"[3]。他的经验至上的观点本应使他更接近西葡帝国的专家们，"对神秘事物的了解依赖于对全世界的面貌的凝神观照与观察"[4]。但是，使他感兴趣的自然只是他所构想的自然与欧洲文人所想象的自然。

　　詹巴蒂斯塔·德拉·波尔塔的《自然魔法》首版问世（1558）后，他同一群好奇的人一起推动了他的"神秘学会"，他到访法国与西班牙，16 世纪 60 年代，在新西班牙停留，与此同时，方济各会修士萨哈贡则沉浸在与前科尔特斯时代智识遗产的继承者之间的讨论中。宗教裁判所所追捕的并不是那些大胆探察墨西哥偶像崇拜的人，而是

　　1　William Eamon, *La scienza e i segreti della Natura. I《libri di segreti》nella cultura medievale e moderna,* Gênes, Edizioni Culturali Internazionali, 1999, p. 316（原版：*Science and the Secrets of Nature*, Princeton, Princeton University Press, 1994）.

　　2　Eamon, 1999, p. 297.

　　3　*Ibid.*, p. 299.

　　4　Eamon, 1999, p. 321.

"那不勒斯的大巫师"[1]。宗教裁判所谴责波尔塔"书写了大自然的奇迹与秘密"[2]，似乎他思想中的可疑取向比墨西哥城的僧侣经常出入的奇特而遥远的世界更加令人不安。这位占星家的观念存于欧洲人针对巫术的大辩论中，而萨哈贡的作品则在大西洋彼岸的读者中鲜有共鸣。不管古老的经院哲学占据优势地位、发生变革，多种哲学取向之间的不调和性与诸说混合潮流不断增多，还是反宗教改革的神学家借鉴亚里士多德学说，欧洲思想界的关注、压力与革新仍然还是没有受到伊比利亚全球化所发现的新地域的任何影响。"尽管对古代传统的文献学研究、不同的新观念的出现导致了自然哲学空前的多元化"[3]，这种多样性与开放性还是从根本上排斥世界上其他部分的思想体系。

玻璃隔墙

在欧洲，并没有为打开朝向外部世界的突破口做些什么。来自那不勒斯、帕多的各种壁垒、审查与无法核实的定罪，解释了欧洲哲学家漠视其他思想体系的原因。"世界事物专家们"的手稿并不总是可以抵达欧洲大陆。即使它们到达了欧洲，它们的传播也往往非常有限，大都需要经过调整与缩减。如埃尔南德斯医生的手稿所经历的磨难已为我们所知。耶稣会士收集的信息是严格按照耶稣会的政治与策略出版的[4]。当涉及其他形式的思想时，不仅其他形式的思想被自动带入欧

1　博丹（Bodin）在其著述中谴责詹巴蒂斯塔·德拉·波尔塔也是因为这一点。Bodin, *Démonomanie des sorciers*, 1580, dans Eamon, 1999, p. 303, n.47.

2　*Ibid.*, p. 303.

3　Muslow, dans Vasoli, 2002, p. 430.

4　Laborie, 1999.

洲范畴（自然哲学、几何、天文……），而且它们的内在价值通常都被系统地低估了。1581 年 3 月，蒙田到访了"梵蒂冈书店"，注意到有一本"中国图书"，书里的"字形原始，纸张比欧洲的纸张柔软、透明，因为它无法承受墨汁的着色，只在纸的一侧书写，纸张都是双层的，从外缘折叠起来。他们认为这是某种树的薄膜"[1]。但是，这位好奇的学者却丝毫没有追问这本书的智识内容。

1577 年，西班牙人应可读到贝纳迪诺·德·埃斯卡兰特的吸引人的篇章[2]。在其《论航海》中，这位加利西亚人夸赞了"中国占星家"的才能，结合"从那里带回的一本书，他谈及该国状况，包含一篇游记形式的评述，还有一张中国人自己画的地图，上面有启始于肃州（Ochioy）[3] 的中国长城"。埃斯卡兰特表现一种出开放的精神，甚至还有某种相对主义。在他眼中，中国人没有像欧洲人那样测量地球并不重要，"地图虽然没有显示与天穹相对应的标度，但是从测量使用中的距离出发，地图所示的与书中所示的非常吻合。……计算陆地距离时不使用与天穹相对应的度数，这一点并不令人惊讶，因为直到托勒密，

1　Michel de Montaigne, *Journal de Voyage en Italie par la Suisse et l'Allemagne entre 1580 et 1581*, Paris, Gallimard, La Pléiade, 1962, p. 1222.

2　此外，1575 年旅行归来的基多·德·拉贝扎里斯（Guido de Labezaris）献给菲利普二世一幅中国地图（见本书第 2 章），马丁·德·拉达（Martín de Rada）则带回一些中国书籍，而且有来自中国的大量信息与器物在 16 世纪上半叶抵达里斯本。

3　埃斯卡兰特记载的 Ochioy 与门多萨记载的 Ochyoy 及巴洛斯记载的 Ochioi 内容相近，可能为同一地方。门多萨的《中华大帝国史》英译本注：Ochyoy，陕西省的 Ho-chow，即肃州（今在甘肃），当时隶属于陕西。何高济先生认为门多萨记载的 Ochyoy 可能是根据巴洛斯在《亚洲志》中对长城记述的改写，而 Ochioi 的读音可能是肃州。以上出处均见 [西班牙] 门多萨著，何高济译《中华大帝国史》，注释 4，北京：中华书局，2013 年版，第 27 页。本书暂且采用肃州一说，具体所指何地，有待考证。——编者注

地理学家才开始用它来计算"[1]。几年后，胡安·冈萨雷斯·德·门多萨的《中华大帝国史》（罗马，1585）产生巨大反响。在该著作中，可以对中国书籍的内容有一些具体了解。门多萨例数了中国的"丰富历史"、地理描述、医学图书、草药专著、石材、金属以及被赋予某种道德的自然物的特性[2]。这一宏大作品探讨了一些至关重要的问题，如灵魂的不朽、天堂与地狱、天空的运动、行星与恒星的旋转、数学、自然与司法占星术、相术。总之，冈萨雷斯·德·门多萨为自己无法对那里的知识宝库进行探究而感到遗憾，他不得不放弃"在该地区被认为是真实的许多东西"。据他所说，中国人对世界其他地区的了解都集中在那里。冈萨雷斯·德·门多萨在另一个问题上再坚定不过了——他在中国"公开教授道德哲学……与星相学"。中国人"思想明晰，头脑聪慧"，以至于他们认为其他国家（"除了他们最近认识的西班牙之外"[3]）的人都很盲目，缺乏理智。

中国使人着迷。在 16 世纪 80 年代末，多明我会修士胡安·科博习得数千汉字，并首次将一些中国图书翻译成卡斯蒂利亚语[4]。方济各会修士马丁·依纳爵·德·罗耀拉在中国旅行时感到兴奋——他看到"许多大学与研究中心讲授自然与道德哲学以及该王国的法律法规"[5]。一些书籍与证据表明，在西欧哲学之外存在着另一种自然与道德哲学。耶稣会士何塞·德·阿科斯塔的观点也许激发了这一兴趣。他的观点影

1　Escalante, 1577, p. 64.

2　Juan González de Mendoza, *Historia del gran reino de la China,* Madrid, Miraguano Ediciones, Ediciones Polifemo, 1990 [Rome, 1585], p. 129.

3　González de Mendoza, 1990, p. 66.

4　Knauth, 1972, p. 131.

5　Loyola, 1989, p. 169.

响力更大，因为他的《印度群岛自然史》(1590)在欧洲广泛传播，获得了的堪称世界性的成功。但是，阿科斯塔却反驳了冈萨雷斯·德·门多萨的观点，他对中国人的评价相当差："他们对自然科学的了解极少，或没有任何方法可言，只有一些孤立的观点。……中国人的所有科学可以全部归结为阅读和书写。"[1] 这样就又回到了起点。

在欧洲，人们对美洲印第安人的思想了解多少？传入西班牙的相关手稿常常仅得到有限的传播。哪个意大利人会读迭戈·杜兰书写的关于墨西哥印第安人的四大元素观念的篇章[2]？他们当中又有哪一个可能探究这些"针对其祖先撰写了相当完备的历史的优秀历史学家"[3]？在杜兰、萨哈贡的著作抵达西班牙之前，巴托洛梅·德·拉斯·卡萨斯就已经描述了美洲印第安社会的极其优越的图景，他所呈现的印第安人在大多数情况下比古代异教徒显得更有优势。在科学范畴中，墨西哥人对星相学的发展引起了他的兴趣，"在墨西哥城及整个新西班牙，有相当优秀的星相学家，忙于计算"[4]。他的《护教历史》(1559)为好奇的读者打开了多条路径。该著作并非默默无闻，它被复制，并大量传播，其中一个抄本被墨西哥城的圣多明各隐修院图书馆收藏[5]。然而，该文本却没有出版，与它不同，方济各会的美洲印第安人—欧洲白人混血儿修士迭戈·瓦拉德斯的《基督教修辞学》于 1580 年在意大利佩

1　José de Acosta, *Historia natural y moral de las Indias*, édit. par E. O'Gorman, Mexico, FCE, [1590], 1979, pp. 287, 288.

2　Durán, 1967, I, pp. 169-170.

3　*Ibid.*, p. 226.

4　Bartolomé de Las Casas, *Apologética Historia Sumaria*, Mexico, UNAM, II, 1967, p. 201.

5　Las Casas, 1967, I, p. XXXV.

鲁贾出版[1]。该作品包含对墨西哥图画文字的一些呈现，这位僧侣瓦拉德斯基于它们在记忆法上的价值而选择了它们。《基督教修辞学》反映了罗马天主教会对古代墨西哥手抄本的关注，也证明了印度群岛的创造有可能激发（西欧）知识人的好奇心[2]。

何塞·德·阿科斯塔的《印度群岛自然史》表现出作者对中国人的极大轻视，但是该著作有一项价值，就是这位耶稣会士强烈谴责了对印度群岛的早期居民广泛存在的偏见。墨西哥与安第斯地区的印第安人社会在他眼中具有各种值得赞赏的特征：与古代的伟大民族一样，秩序与理性在那里占主导地位，"他们甚至在很大程度上超过了我们的许多共和国"[3]。关于玛雅人，他指出，"在尤卡坦省……我们发现有玛雅风格的图书、装订的或折叠的，在书中，印第安学者记载了他们的时代、对行星与动物的了解、其他的自然事物与他们的古物"。他还谈及墨西哥历法的复杂性，为"关于（印第安人的）古代事物的许多信息"的遗失感到惋惜，因为"它们可能相当有用"[4]。如果说墨西哥人与印加人曾是古代民族，那么他们的统治模式便应该被给予更大的重视，"但是由于我们对此一无所知，而且我们是带剑而来，所以我们对他们既没有倾听也没有理解，印第安人的事物似乎对我们来说不值得尊重，它们只是为我们服务、满足我们一时心血来潮的爱好的东西，如同从

1　Valadés, 1989.

2　《里奥斯手抄本》(*Codex Rios*) 很有可能是 16 世纪 70 年代一位欧洲人在意大利完成的。Howard F. Cline (édit.), *Handbook of Middle American Indians*, vol. XIV, 3, Austin, University of Texas Press, p. 186.

3　Acosta, 1979, p. 280.

4　*Ibid*. p. 288.

树林里带回的猎物"[1]。阿科斯塔的保留意见是重要的,他谈到印第安人总体上来说是"既无书籍也无文字的人"[2]。

也许阿科斯塔对西印度群岛居民的好感为美洲印第安哲学得到重视开辟了道路。同样有学问而且熟悉当地情况的印卡·加尔西拉索·德·拉·维加担当了思想上的摆渡人。在他的著作《真实评论》(1609)中,他谈及他的祖先们在几何、地理、算术、音乐上的知识[3],在对他们的传承中,将他们视为"最早的哲学家与星相学家"。在自然哲学上,维加的判断相当决绝:"在这一领域,他们完全没有弄懂,或所知甚少,因为他们并不关心这一领域……他们很少思考那些他们没用手触摸过的东西。"[4]他们对星相学的思考多一些,但是其局限性被这位深刻西班牙化了的美洲印第安人—欧洲白人混血儿的眼睛很快捕捉到,"他们缺乏对原因的追问,因而他们并未探究是否存在多个天空,而不是只有一个天空"。

意大利博学者与智者远远没有忽视其他智识世界的存在,他们甚至具备对其进行探索的手段。所以,仅以不得而知、孤陋寡闻为借口的这种解释是没有说服力的。科学革命史上的这段鲜为人知的片断反映了欧洲智识领域对其他地区智识的强烈抵抗。在欧洲智识领域,允许人们去发现遥远地域,但并不允许那里的智识渗透进欧洲智识领域。这让人想起另一个失败(至少从西欧人的角度看是如此)的例子,它也存在于与欧洲世界内部相连的智识全球化中:罗马的林塞学院以弗

---

1 *Ibid*, pp. 280-281.

2 *Ibid*., p. 283.

3 Garcilaso de La Vega, 1982, I, pp. 176-177.

4 *Ibid*., pp. 182, 163.

朗西斯科·埃尔南德斯医生在墨西哥收集到的图书为基础展开著述活动。那些图书中所附的动植物插图对他们来说如此特殊，以至于林塞学院决定将它们出版，配以埃尔南德斯的一部分评述的拉丁语译文。这个严肃的圈子的成员不再是"亚里士多德或任何一位哲学家的奴隶"，赛西侯爵在给伽利略的信中这样写道[1]。但是，这个想法只能在欧洲思想领域内实现，而无法在他处的思想领域实现。1611 年春天，还是在罗马，伽利略通过阅读埃尔南德斯医生带来的文本与插图，感受美洲印第安世界，他被委托鉴定这些图画的真实性，"我看到关于印第安地区 500 种植物的绘画，我需要鉴定其真伪，判断这些植物在地球上是否存在。如果存在，它们是否具有价值，是否有用"[2]。谴责伽利略去寻找天空中的其他世界，而没有对美洲世界展开深度探究，这样是荒谬的。然而，今天我们对当时辩论的话语及其相关问题进行思考，并非没有意义。

沉闷的领域

在墨西哥城，美洲大学远远没有体现出上文所提到的罗马学院的果敢。不仅经院哲学领域本身抵制被输出到那些被征服、被殖民的遥远地域，而且即使到了那里，它也变得沉闷、了无生气。该体系的僵

1　Giuseppe Gabrieli,《Il carteggio linceo della vecchia accademia di Federico Cesi》, in *Atti della Reale Accademia dei Lincei*, series 6, vol. 7, 1938-1942, p. 210 (lettre de Federico Cesi à Galilée, 17 mars 1612).

2　David Freedberg, *The Eye of the Lynx. Galileo, His Friends and the Beginnings of Modern Natural History*, Chicago, Chicago University Press, 2002, pp. 254, 451-452.

化与它被移植到的地区的体制、政治、社会框架紧密相连[1]。它的输出
与大学体制的输出并驾齐驱，大学体制连带其教学法、课程、文凭、
规则、教师、学生、小小的荣耀感与算计一起在美洲与亚洲扎下了根。
墨西哥城大学、利马大学是按照萨拉曼卡大学复制构建的。大学与殖
民行政机构之间的联系极其密切：墨西哥城听证会的法官们接受了大
学的教授职位，大学的教授们成为法院成员并与总督一道统治新西班
牙王国。这一领域有其自身规则，在那里，学生的教育与体系的复制
汇聚了各种力量。这些学生——未来的神学家、法学家绝大多数都是
欧洲人，他们将被吸收到统治阶层。欧洲人的这一使命极其有利于思
维习惯的复制，耶稣会士的学生与大学里的学生都坚决维护知识的完
整性、正统性，这确保了他们的未来、名声、社会地位，而且至少从
理论上说，保证了他们与他们在西葡帝国的欧洲王国内接受教育的同
行们拥有同等地位[2]。

　　在极少数不是欧洲人而是美洲印第安人—欧洲白人混血儿或土著
人这些学生那里，亚里士多德学说的启蒙会遇到其他的思想形式，但
后者从未渗透进前者。在墨西哥城的圣地亚哥·特拉特洛尔科学院[3]，
印第安贵族的公子们在一定时期内要学习经院哲学的基础知识。墨西

1　Armando Pavón Romero et Clara Inés Ramírez González, *El catedrático novohispano. Oficio et burocracia en el siglo XVI. La Real Universidad de México. Estudios y textos IV*, Mexico, UNAM, 1993.

2　针对16世纪与17世纪初这些阶层的状况，参见如下书目：Margarita Menegus (édit.), *Saber y poder en México. Siglos XVI al XX*, Mexico, UNAM, Miguel Angel Porrúa, 1997, pp. 13-196; Magdalena Chocano Mena, *La fortaleza docta. Elite letrada y dominación social en México colonial (siglos XVI-XVII)*, Barcelone, Bellaterra, 2000.

3　墨西哥城大学的章程没有使该学校正式对印第安人关闭大门。

哥城王侯的书信甚至带有新柏拉图主义气息[1]。在世界的另一端,果阿、日本与澳门的耶稣会学院使一些亚洲人接受了西方哲学教育。但是,这些只是少数情况。日本在 17 世纪中叶向伊比利亚与基督教关闭大门,而圣克鲁斯·德·特拉特洛尔科学院在数年之前便在一场不可挽回的危机中毁于一旦。

智识的欧洲中心主义被罕有、昂贵、珍稀的器物所物化、巩固与维系,这些大部头的哲学文献年复一年,堆积到图书馆的书架上。在大学图书馆、修会图书馆,这些来自欧洲的静默的、大量的、昂贵的图书的存在显示了亚里士多德学说的至高无上。阿隆索·德·拉·维拉·克鲁斯将他的图书转移至圣帕布洛学院的行为是体现新西班牙与欧洲传统之间的坚实联系的范例。这是令人惊异的赠予,"他在一年前从西班牙带来这个了不起的图书馆,其中的书籍来自不同的地方与大学,涉及各个专业、学科以及已知的各种语言"[2]。此外,还有利马法院院长迭戈·洛佩斯·德·祖尼加的图书馆(约 1580 年时有 3000 册藏书[3])。阿克多潘修道院的巨大楼梯旁有一幅令人惊讶的壁画,在摆满学术著作的图书馆的环境中,它展现了圣奥古斯丁修会的伟大人物。仿佛通过对知识与书写的力量的赞扬,"书籍的庇护所"可以使隐居到墨西哥、与世隔绝的僧侣们免受外部世界的干扰。

事实上,个体的心理感受并不总能从伊比利亚流动性所带来的苦

---

1 Osorio Romero, 1990, p. 12.

2 Gallegos Rocafull, 1974, p. 244, note 22.

3 Sonia Rose,《Un latinista andaluz indianizado: Diego Mexía de Fernangil y la translación de la cultura humanística al Nuevo Mundo》, in Rui Manuel Loureiro et Serge Gruzinski, *Passar as fronteiras, II, Colóquio Internacional sobre Mediadores Culturais, séculos XV a XVIII*, Lagos, Centro Gil Eanes, 1999, pp. 395-406.

阿克多潘的壁画
16 世纪
墨西哥阿克多潘奥古斯丁修道院

难经历中安然无恙地解脱出来。美洲经历有时带来的是难以忍受的苦难，弗朗西斯科·埃尔南德斯题献给阿里亚斯·蒙塔诺的诗句非常说明问题，这位学者抱怨那里的一切，包括气候、难以忍受的寒冷与炎热、印第安人的恶意、他们对他的欺骗与欺诈，连那里的画家也没有使他感到满意[1]。奥古斯丁派教徒何塞·德·埃雷拉放弃了艺术与神学的教授职位，在没有得到其上级或任何一个权力机关批准的情况下，便回到西班牙[2]，结果他没能在奥苏纳大学获得任何工作。耶稣会士安东尼奥·卢比奥长期无法回到欧洲，他在数年中咬紧牙关，为最终获准渡过大西洋重回欧洲而忍受痛苦。回到西班牙后，任何事也不能使他再度奔赴新西班牙，这使他在墨西哥的教友感到懊恼。在距离欧洲大学有数月航程的地方，许多文人遭受了奥维德的痛苦，忍受被流放到荒蛮之地的不快。1577 年，墨西哥城的耶稣会士们出版了《哀怨与黑海》（*Tam de Tristibus quam de ponto*），书中充满了气恼、不安与忧郁[3]。对美洲大陆与殖民地世界的敏感性使这些人难以超越思想上的界限。

胡安·冈萨雷斯·德·门多萨专注于中国人的自然哲学，尽管他认为中国人在这一方面值得赞赏，但他的目光仍然是疏远的、外在的，在技术上完全无法进入他们的思想内部。西班牙编年史作者们则对美洲印第安人社会感兴趣，印第安人的观念不可避免地被归入神话世界或偶像崇拜之流。当各种神话、仪式与习俗惯例被收集时，智识的全球化行至高潮，它对世界各个部分所汇集的数千新事物漠不关心。思

1　Gallegos Rocafull, 1974, p. 294.

2　*Ibid*., p. 295.

3　*P. Ovidii Nasonis tam de Tristibus quam de Ponto*, Mexico, Antonio Ricardo, 1577; Rose, 1999, p. 403, 该著作阐述了梅克西亚·德·费尔南吉尔（Mexia de Fernangil）与奥维德之间的关系。

想机器不受干扰地运转，它对它目之所及的所有东西进行剖析，并在所到之处进行自我复制，新西班牙就是一个例子。

在首都墨西哥城的隐修院，奥古斯丁派信徒何塞·德·埃雷拉、胡安·萨帕塔·阿拉尔孔与胡安·德·孔特雷拉斯对亚里士多德与多明戈·德·索托进行阐释，撰写了相关概论、专论与读本。赫尔南多·奥尔蒂斯·德·伊诺霍萨博士在墨西哥城大学教授艺术与神学。同阿隆索·德·拉·维拉·克鲁斯一样，伊诺霍萨是最早将经院哲学实践用于解决西班牙占领所引起的问题（印第安人的奴隶轮流服劳役、对奇奇美加人发起的战争、银矿矿主的契约）的人之一[1]。耶稣会的教师积极地参与了这场运动，如安东尼奥·卢比奥、安东尼奥·阿里亚斯与阿方索·格雷罗。安东尼奥·阿里亚斯的课程阐述了弗朗西斯科·德·托莱多对亚里士多德的《物理学》的品鉴。阿里亚斯受好莱坞的约翰（John of Hollywood, 英国数学家和天文学家，1200—1256）的影响，撰写了专论《天球》，书中以传统方式探讨了当时人们关注的主题：作为宇宙中心的地球、神圣天体的秩序、星宿的伟大、子午线以及经度、纬度的计算方式。阿方索·格雷罗来自维拉塞卡的权贵家族，他撰写了对亚里士多德的《论灵魂》《论天》与《论气象》的评述（1623）。安东尼奥·卢比奥写作了《墨西哥逻辑学》。当地的文化生产，包括论著、课程与讲座并不令人感到惊讶，它们完全同欧洲教育一致，至多在亚里士多德学说的教授方式上力求适应墨西哥城的学生与地区情况。直到 17 世纪下半叶，卡洛斯·德·西贡扎·伊·贡戈拉（Carlos de Sigüenza y Góngora）才带来一个关键的转折点，但是贡戈拉仅仅局限

1　Mauricio Beuchot (édit.), *Fray Alonso dela Vera Cruz. Antología sobre el hombre y la libertad*, Mexico, UNAM, 2002; Gallegos Rocafull, 1974, p. 299.

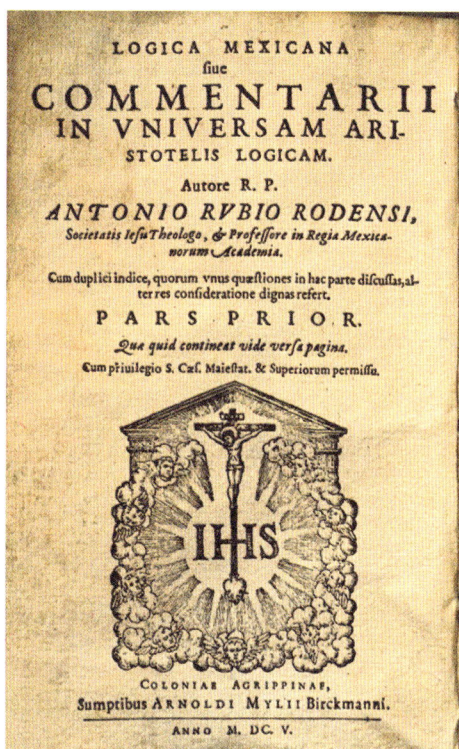

安东尼奥·卢比奥：《墨西哥逻辑学》
1615 年
科隆

于将欧洲哲学的转变传达到此地，他从未受到外部思想传统的影响[1]。

此外，与欧洲在智识上的平等从来没有达成。西属美洲为寻求西欧的承认，为克里奥尔人的才能进行了辩护。人文学家贾斯特·利普塞（1547—1606）在写给鲁汶大学的赞美词中，傲慢地无视美洲大学的存在："为何我要去新大陆？那里只有野蛮人"，利普塞在回应迭戈·德·莱昂·皮内洛对利马大学的充满热情的宣传时如是说[2]。

对亚里士多德的再输出

西方哲学的势力空间膨胀、扩张，直至它在美洲传播开来。亚里士多德学说发生全球化，它不仅从西欧投射到世界上的其他地方，而且还从其他地方返回到西欧。墨西哥城大学与利马大学不限于讲授、评述亚里士多德的思想[3]，它们还将自己对亚里士多德思想的评论输出到欧洲。智识的全球化不是一个"欧洲创造"的现象，正是基于这一点，体现出智识全球化的力量与独特性。它并不阻碍来自欧洲的哲学家在距离欧洲大陆很遥远的地方创作出堪与当时西欧出版的作品相媲美的作品。更重要的是，哲学全球化充分利用了美洲大学、学院提供给它

1　针对这一点，也可参见耶稣会士迭戈·马丁·德·阿尔卡扎（Diego Marín de Alcázar）在 1667—1669 年间出版的作品。Gallegos Rocafull, 1974, p. 324.

2　Antonello Gerbi, *Il mito del Perú*, Milan, Franco Angeli, 1991, pp. 191-252; Agueda María Rodríguez Cruz,《Profesores salmantinos en América》, in *Primeras jornadas sobre la presencia universitaria española en la América de los Austrias (1535-1700)*, Alcalá de Henares, Universidad de Alcalá de Henares, mai 1987, dact., s.p.

3　José de Herrera, *Suma Philosophiae Scholasticae Patris Dominici de Soto... in usum Academiae Mexicanae accommodata* (Gallegos Rocafull, p. 295); Juan Contreras, *Lectiones Philosophiae studentium captui accommodatae* (Gallegos Rocafull, p. 296); Juan de San Sebastián, *Expositio octo librorum Physicorum Aristotelis* (Gallegos Rocafull, pp. 295, 296, 299).

的新机构，这些美洲大学、学院成为智识活动的中心，甚至可以取代欧洲的智识中心。向新大陆的移植难道不是重申亚里士多德学说与经院哲学的普遍性的最佳方式吗？

16 世纪，让来自欧洲传统但在欧洲之外的地区生产的哲学著作在欧洲被了解与承认比在今天要容易得多。奥古斯丁教派信徒阿隆索·德·拉·维拉·克鲁斯是在欧洲以外被印刷出版作品的第一位欧洲思想家。1554 年，他的《认识论》（*Recognitio summularum*）在墨西哥城出版，之后在西班牙萨拉曼卡被多次再版（1562、1572、1593）。1569 年，卡斯蒂利亚奥古斯丁教务分会决定将该文本纳入其学院所有艺术学生的课程中。它也被其他修会所采用，并获得至高无上的认可——被久负盛名的萨拉曼卡大学所采用。与《认识论》一样也是 1554 年在墨西哥城出版的《辩证分解》，此后于 1562 年、1569 年与 1573 年在萨拉曼卡再版[1]。《物理推断》（*Physica speculatio*）的命运与其相似，它 1557 年首先在新西班牙首都出版，与上面谈到的几本著作一样，取得了成功，继而于 1562 年、1569 年与 1573 年在萨拉曼卡获得再版。

另外一个逆向传播的例子来自耶稣会，这是一本在美洲构思、撰写之后在欧洲得到认可的著作。它的成功证实了墨西哥城的文人精英为伊比利亚全球化及其带动的智识全球化所做出的贡献。耶稣会士安东尼奥·卢比奥是在墨西哥城构思的他的《墨西哥逻辑学》，"这一著名的哲学课程使他的名字不朽"[2]。卢比奥 1569 年进入西班牙阿卡拉·德·埃纳雷斯耶稣会学院接受教育，1576 年到达墨西哥城，他的

1　Gallegos Rocafull, p. 248, note 25.

2　*Ibid.*, p. 262.

到来在那里加强了年轻的耶稣会的人才力量。他从次年开始教授哲学并于 1595 年获得墨西哥城大学神学博士学位。耶稣会委托他撰写哲学课程[1]。1599 年，他被任命为他所在修会的检察官，离开新西班牙前往卡斯蒂利亚，从此再未回来。直到 1615 年去世以前，他在卡斯蒂利亚一直致力于编写他的哲学课程，它建立在他从墨西哥带回的笔记与手稿的基础上[2]。他的《亚里士多德普遍逻辑评注》的命运很特殊，它在阿尔卡拉大学所遴选的文本中脱颖而出，在那里被讲授。该著作以"墨西哥逻辑学"为标题，在整个欧洲被传播，在阿尔卡拉、马德里、瓦伦西亚、科隆、里昂、巴黎、布雷西亚、伦敦等地被出版、再版……[3]很早，它的首版便传播到墨西哥，相当于在某种程度上回到了源头[4]。卢比奥的作品集中了可以被广泛传播的作品应具备的所有王牌：它在教学法上的优点、古典性与完美的正统性解释了它在欧洲取得成功、它的全球化之迅速的原因[5]。墨西哥对其著作的影响仅仅表现为他在书中对他在新西班牙时常常有来往的教会与政治要人的"致敬"。《亚里士多德普遍逻辑评注》中的《灵魂论》题献给特拉斯卡拉主教伊尔德丰索·德·拉·莫塔，《天地论》题献给时任印度群岛理事会主席的原

1　Ignacio Osorio Romero, *Antonio Rubio en la filosofía novohispana*, Mexico, UNAM, 1988, pp. 29-30.

2　有另一位旅行哲学家——方济各会修士布埃纳文图拉·萨利纳斯（Buenaventura Salinas），他生于利马，在圣马科斯大学接受教育，1637 年来到西班牙，之后游历了罗马、那不勒斯，在那不勒斯教了 7 年哲学。1646 年到达墨西哥城，此前他在罗马已经准备好将他撰写的《哲学课程》付诸出版。Gallegos Rocafull, 1974, p. 317.

3　Osorio Romero, 1988, pp. 77-78.

4　Osorio Romero, 1988, p. 85.

5　安东尼奥·卢比奥并非不知道阿尔卡拉出版社出版的他的这部著作将会产生怎样的反响。Gallegos Rocafull, 1974, p. 263.

总督路易斯·德·维拉斯科。不能说他在新西班牙的记忆与友情在他的著述中没有留下任何东西[1]，《亚里士多德普遍逻辑评注》从第二版开始，便以"墨西哥逻辑学"为书名，以此献给这片遥远的土地。我们看到，该著作是局限在亚里士多德学说框架下的一种思想实践，它的作者对构思该作时自己身处之地的社会视而不见。

通过阿隆索·德·拉·维拉·克鲁斯、安东尼奥·卢比奥，墨西哥学界不仅生产了欧洲思想的"克隆体"，而且它极其成功地掌握了各种规则与标准，以至于它生产出来的文本能够先后进入伊比利亚及欧洲思想形成机制的核心。卢比奥的著作在 38 年里获得 60 多次出版，其中，仅《墨西哥逻辑学》便获得 25 次出版[2]。这位耶稣会士的评述所达到的洲际可见性出色地使这种思想形式标准化，并强调了它的有效性，而且并没有改变其内容，在反宗教改革时代，耶稣会相当擅长此道[3]。同阿隆索·德·拉·维拉·克鲁斯的作品一样，卢比奥的作品也严格地遵守伊比利亚经院哲学与西欧革新的经院哲学所划定的界限。可以想象，这种类型的一个文本的出版与被采用并不是一蹴而就的。手稿需要经过哲学（艺术）、神学、医学的专家、教授的审查，这些人属于大学，他们要向教授大会进行汇报，教授们需要确认"该著作中所有学说与讲授的学说、亚里士多德学说、圣托马斯学说一致"[4]。王室权力也介入

1　Osorio Romero, 1988, p. 84. 卢比奥跟主教提到过他们之间相距的遥远。*Ibid.*, p. 148, dans la dédicace du *De Anima*, Alcalá, Andrés Sánchez de Ezpeleta, 1611.

2　Osorio Romero, 1988, p. 83.

3　Jacques Proust, *L'Europe au prisme du Japon*, Paris, Albin Michel, 1997.

4　Osorio Romero, 1988, p. 126, 引述了阿尔卡拉大学 1604 年 2 月 8 日颁布的法令。它建立在卡斯蒂利亚王家理事会发布的一项敕令的基础上，该组织是阿尔卡拉大学的领导机构。

这一审查过程。完全通过之后，作品才被允许在欧洲及世界其他地区流通[1]。一切全球化都是经过认可、审查才得以实现的。

安德列斯与太阳神殿

智识全球化也影响了哲学以外的其他领域，表现为亚里士多德学说对所有其他科学的支配。安德列斯·德·圣米格尔（1577—1652）是加尔默罗会修士、建筑设计师，他在新西班牙为其所在修会建造了多个教堂与修道院。包括库吉马尔帕"圣沙漠"修道院、墨西哥城德尔·卡门教堂、圣安吉尔学院、克雷塔罗修道院与萨尔瓦蒂埃拉修道院[2]。约1630年，他撰写的建筑学论著是17世纪上半叶墨西哥该类型论著的唯一一部。该文本以维特鲁威（Vitruve）与利昂·巴蒂斯塔·阿尔贝蒂（Leone Battista Alberti）为基础，阐述了一位新西班牙建筑师对该学科的认识与传播。同时，它还反映了一位僧侣对前西班牙时代建筑的思考。安德列斯·德·圣米格尔描述了前哥伦布时代的建筑，为其进行辩护，并抗议诋毁它们的人，"如果我们不带情绪地观察事物，不像某些人看待印度群岛事物时所表现出的低估，如果我们看到西印

---

1 利马大学也对亚里士多德研究表现出关注，参见 Teodoro Hampe Rodríguez,《Sobre la escolástica virreinal peruana: el P. Leonardo de Peñafiel, comentarista de Aristóteles (1632)》, in Teodoro Hampe Martínez, (édit.), *La tradición clásica en el Perú virreinal*, Lima, Universidad Nacional Mayor de San Marcos, 1999, pp. 69-99. 1673—1678 年，克里奥尔人佩纳菲耶尔（Peñafiel）的作品在里昂获得出版。María Luisa Rivera de Tuesta,《La influencia de los clásicos en la filosofía colonial peruana. Fray Jerónimo de Valera (1568-1625)》, in *Ibid.*, pp. 47-67.

2 1631—1644 年，他还随同亨利科·马丁内斯（Enrico Martínez）参加了墨西哥谷排水工程的建造。

度群岛的这些异教徒的殿宇之尽善尽美，我们就会意识到，无论从它们拥有的财富上还是从这些建筑本身来说，它们都是世界上最好的寺庙"[1]。安德列斯·德·圣米格尔赞赏墨西哥城殿宇的规模，为前西班牙时代建筑的地基与墙壁的建造所使用的石块的巨大尺寸感到惊讶，他提到水泥黏合技术，"他们没有使用沥青，而是用熔化的黄金制成砂浆，在印第安人没把它毁掉之前，西班牙人便把它们据为己有"[2]。安德列斯的学识并不局限于这些普遍性的论述，还涉及一些具体的建筑，如尤卡（坦博）山谷的太阳神庙以及托梅班巴、塔昆加、帕查卡马的神庙，后者为"秘鲁王国最早的神庙"。秘鲁殿宇的奢华财富使他赞叹不已："我从未看过用这种金质柱顶瓶饰来服侍神，即使在所罗门神殿也未见过。"[3]

但是，安德列斯为印第安人建筑进行的辩护迅速显示出局限性。这位僧侣在这部比较建筑学的短小论著的结尾，以他对圣经模式的绝对权威性的强调，将所涉事物在技术知识方面归回原位。即使他偏爱更加简朴的建筑，那也是出于它与他所在修会的贫穷理想相一致的原因。在这位加尔默罗会修士的眼中，是奢侈与财富构成了秘鲁与墨西哥的殿宇，程度甚过所罗门神殿，它们是一些反例，应避免重蹈覆辙。在这种指导精神下，在各种表象外，如何考察土著建筑、分析其创作原则，甚至对其进行借鉴？这位僧侣对印第安人建筑的探讨仅仅是为了更好地指出其差距，虽然说是以不可触犯的规则为名义，但更多地

---

1 Eduardo Báez Macías (ed), *Obras de fray Andrés de San Miguel*, Mexico, UNAM, Instituto de Investigaciones Estéticas, 1969, p. 98.

2 *Ibid.*, p. 59.

3 *Ibid.*, p. 98.

是为了服从他所在修会对贫穷的要求。因而，这种比较研究法只是用来更好地回到欧洲建筑的经典作品本身。这一研究又一次涉及专属欧洲的参照框架，几乎一字不差地采用了维特鲁威界定的标准："秩序、布局、对称、协调性、美感与空间分布是建筑的标准。维特鲁威认为好的建筑设计师应该懂得历史、哲学、音乐、医学与星相学。"[1]

的确，安德列斯在墨西哥设计的建筑作品并没有一丝不苟地遵守他在论著中所阐述的规则。其中所体现的样式主义的变化远离了经典模式，在深度与空间上打破了对称性，背离了他一直关注的一项标准——匀称性[2]。不过，他在那里体现出的自由仍然还是围绕西方传统而展开的。这位僧侣尽管认为前西班牙时代的建筑比布西里斯的埃及神殿、以弗所的埃及神殿等优秀的古代建筑占优势，或者可与古代建筑相匹敌，但是他从未探讨过土著建筑的规则。土著建筑的技术价值、组成元素的价值以及他对土著世界的好奇心并不足以使他质疑古典建筑的基础。即使这位僧侣背离了古典建筑的根基，也不是为了寻找新的灵感，而是为了在石头中表达加尔默罗会的一种灵修与一种主观性，即"静修生活综合体"。在此近一个世纪之前，葡萄牙人弗朗西斯科·德·奥兰达在他的一部比较艺术论著中也曾对古代艺术的普遍优

1　Eduardo Báez Macías (ed), 1969, pp. 100, 105.

2　*Ibid.*, p. 49.

势给予肯定。在这一问题上，建筑领域复制了哲学领域[1]。

　　同艺术的全球化一样，学术思想的全球化所采用的路径也已显现出轮廓：坚实的制度框架、书籍的技术支持与物质支持、对一个伟大传统的坚定不移的传播、自动排斥任何选择，更巧妙的是，还回避与其他思想形式的混合。当西化在欧洲大本营被发起、向世界其他地方传播时，全球化在条件具备的地方就地发展。将西化与全球化分离开的界限很难被发现，因为这两种原动力所影响的是同样一些人。以方济各会修士贝纳迪诺·德·萨哈贡为例，他的身上体现了这一不断的运动——他使自己浸淫在土著社会中，然而一旦感到要跨越令自己难以忍受的界限时，便抽身离开。每次触及那些不同的地域，只要它们的在场有让我们（指西欧人）所怀抱的确定性有被质疑的危险时，或使我们持有的立场被动摇时，又或者使我们的关注点转移时，全球化便机械性地抹去了我们周围的那些不同世界。

1　在某些地方，建筑既不受个人幻想的影响，也不受偏离标准化的影响。军事建筑证明，只要涉及西葡帝国的关键领域，全球化便会介入。战略需要迫使欧洲模式被自动贯彻，而不考虑所在的地区、气候、潜在威胁如何。正是在这种指导思想下，工程师蒂布尔西奥·埃斯帕诺奇（Tiburcio Espanochi）"创造了有史以来世界上最大的防御工事"。Alfonso Cabrera Ruz,《La fortificación de los puertos de América : Cartagena de Indias》, in *Felipe II y el arte de su tiempo*, Madrid, Fundación Argentaria, 1998, p. 276. 鲍蒂斯塔·安东内利（Bautista Antonelli）在哈瓦那（1589—1594）、巴拿马（1609）、圣胡安（1589—1591）、卡塔赫纳·德·印第亚斯（1594）、维拉克鲁斯（1590）完成了建筑设计，他的作品遵循了意大利建筑流派的设计原则。*Ibid.*, p. 277. 在这一时期，其他一些专家通过遵循欧洲规范设计建造的建筑巩固了葡萄牙在印度洋地区的地位，如第乌在 1546 年成为欧洲以外最庞大的要塞。

第 15 章

语言的全球化

虽然它被全世界视作一个新大陆，刚刚被征服，那里却可以产生一种新的、伟大的书写方式，对所有人来说都有效。

——马特奥·阿莱曼：《卡斯蒂利亚语拼写》，墨西哥城，1609 年

西方艺术的伟大画卷、学术课程、建筑学论著不断地对文艺复兴时期的欧洲的教育、规则与标准进行再生产。只要我们扩大视野范围，就会发现，西葡帝国的各个敏感领域都服从了全球化的规约。安东尼奥·卢比奥撰写的对亚里士多德的评述只是耶稣会士在墨西哥城的活动的一个缩影。耶稣会士在文艺复兴的其他关键性的智识领域也十分擅长，如拉丁语、语法与徽标语言。

西葡帝国的语言中，无论是天主教会与法律的拉丁语、诗人的意大利语，还是行政官员的卡斯蒂利亚语与葡萄牙语，都是智识全球化不可或缺的载体。在这里，对土著词汇的借用从没有引起对欧洲伟大语言的规则的质疑。萨哈贡体现出他对纳瓦特尔语词汇的专注，他作为它们的收集者，想要通过对印第安人的表达方式的了解来更好地理

解印第安人。他的西班牙语一直完好地保持着卡斯蒂利亚语的样子。同样，在果阿，加西亚·达·奥尔塔虽然面对阿拉伯与其他亚洲地区的植物名称，却从未对他所书写的语言进行任何改变。这种钝感比土著语言更值得注意。土著语言不断发生演变，无法再回到从前——大量的新词、对欧洲词语的借用，还有对美洲印第安传统中所没有的虚词、动词形式的变体的借用。

拉丁语全球化

拉丁语的全球化展现了西化与全球化之间的联系。在墨西哥，墨西哥城纳瓦特尔贵族的拉丁语文书、普韦布拉与伊斯米基尔潘的壁画上展现的奥维德的《变形记》、一位印第安文人用西塞罗的语言书写的对《巴迪亚努斯手抄本》的评述，这些都构成了令人惊讶且昙花一现的片断[1]。精英们的拉丁化毋庸置疑地反映了西化的影响。相反，拉丁语在新西班牙的欧洲人、克里奥尔人统治集团中的传播则与一个语言空间、一种文化遗产的跨大洲的扩张相一致，它导致了按照原样的复制。这种扩张伴随着全球化出现，也就是说，它并不考虑具体的土著环境及土著人对这一攻势的反应。这是一个全球现象，欧洲文人有办法在哪个地区维护自己的在场，它便在哪里出现。人文学者塞万提斯·德·萨拉萨尔用拉丁语对墨西哥城进行的描述将该城置于古罗马

---

1 由于对印第安人关闭了圣职，这使得美洲印第安人大规模地被从拉丁语使用者范围内移除出去。

的模型中[1]。拉丁语同经院哲学一样，是智者的学科，它因其语法规则而发生性、数、格的变化。葡萄牙人曼努埃尔·阿尔瓦雷斯的著名的拉丁语语法书的墨西哥版为拉丁语规范在当地的传播提供了物质支持，这些表达规范在西葡帝国的任何地方都适用[2]。

拉丁语、伊比利亚语、意大利语的全球化并没有阻碍各种口语的演变。混合、西化与全球化是平行、同时展开的，它们既相互补充，又相互对立或相互矛盾。日常生活中的口语（西班牙语首当其冲），经历了各种可能的扭曲、畸变。墨西哥"颂歌"（villancicos）中的话语对于我们来说，充满了墨西哥、葡萄牙及非洲的特征。巴西的印第安人—欧洲白人混血儿讲的是葡萄牙语与图皮语的混合语，这种"通用语言"在"十字圣架之地"的沿岸被使用。正如混合性图像不断增多一样，词语、表达也发生转变，变得非洲化、印第安化、克里奥尔化。相反，西班牙语的官方用法与（最广泛意义上的政治、宗教、学界领域中的）权力的行使相结合，则一直保持了该语言的规则，保护了其词汇的原貌。只是因新环境不可避免地带来了对一些词语的借用，如在购买生活必需品的集市上采购的"玉米"（maïs），这一词语便是如此。

拼写方法的改革

智识的全球化是不是那些在象牙塔中闭门幽居的或挂靠在学院与

1　在巴西，有耶稣会士安奇塔（Anchieta）为梅姆·德·萨（1500—1572，葡萄牙贵族、殖民地行政官员）的功勋创作的拉丁语诗歌（*De rebus gestis Mendi de Sa*, Rio de Janeiro, Biblioteca Nacional, 1997）。

2　García Icazbalceta, 1981, pp. 415-417. 1554 年，弗朗西斯科·塞万提斯·德·萨拉萨尔出版了他的《拉丁语练习》。

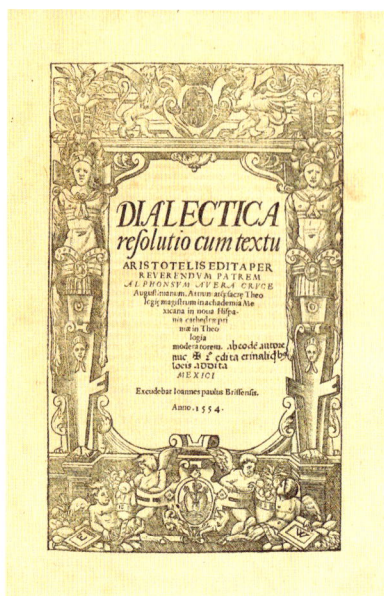

阿隆索·德·拉·维拉·克鲁斯：
《辩证分解》
墨西哥城
1554 年

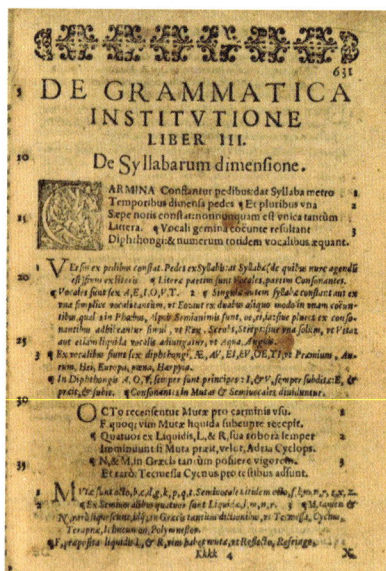

曼努埃尔·阿尔瓦雷斯：
《语法体系》
墨西哥城
1595 年

大学教授职位上的西方精英的专长？智识全球化的过程复杂、迂回，它并不 ·定伴随着对其他地域的否定或对非欧洲事物的蔑视。它常常乐于与它们保持距离，并在认为不适当或难以确定结果的情况下阻止相关的联系。马特奥·阿莱曼在西班牙书写了针对拼写方法改革的一本著作，将它带到大西洋彼岸，于 1609 年在墨西哥城将其印刷出版。该著作的作者如果不是流浪汉小说的创立者马特奥·阿莱曼，那么它也许不会得到太多关注 [1]。这位作家因其小说《古斯曼·德·阿尔法拉切》（在美洲被广泛传播与销售）而大获成功，但是他的财务状况一直很差，于是他决定到新西班牙试试运气。阿莱曼与妻儿一起到达维拉克鲁斯约一年后，出版商荷兰人科尼利厄斯·阿德里安·塞萨尔将阿莱曼的《卡斯蒂利亚语拼写法》在杰罗尼莫·巴利的印刷厂出版 [2]。该作品"因其独特而实用的内容"得到总督路易斯·德·维拉斯科的赞赏，获得奥古斯丁教派僧侣迭戈·德·孔特雷拉斯及瓜达拉哈拉大法官、听证会主席胡安·德·比勒拉的支持，该著作被题献给后者。

阿莱曼在前往墨西哥之前便开始撰写《卡斯蒂利亚语拼写法》。在圆滑世故、充满感谢之词的序言中，他谈到自己将把该著作带到新西

---

1 《古斯曼·德·阿尔法拉切》的作者 1545 年或 1547 年生于塞维利亚。1597 年，《古斯曼》的第一部分完成。两年后，该小说上市，流浪汉古斯曼·德·阿尔法拉切的吸引人的传记获得了令人惊讶的成功。但是，债务压垮了马特奥·阿莱曼，他进了监狱。1603 年，出狱后的阿莱曼撰写了《古斯曼》的第二部分，1604—1605 年他在里斯本停留期间，它在那里得到出版。1607 年，阿莱曼第二次要求去印度群岛。1608 年 6月，他与他的情妇、孩子一起启程赴墨西哥，同船的还有墨西哥城大主教加西亚·盖拉。1613 年，他出版了他的最后一部作品《墨西哥城大主教加西亚·盖拉之事迹》。José María Micó（引言），dans Mateo Alemán, *Guzman de Alfarache*, Madrid, Catedra, 1994, pp. 15-24.

2 José Toribio Medina, *La imprenta en México (1539-1821)*, II, Mexico, UNAM, 1989, p. 39.

班牙，谨以此书"显示他的诚意"，他要"通过该著作使全世界知晓，在刚刚被征服的新大陆，那里可以产生一种新的、伟大的书写方式，对所有人来说都有效"。在该文本中，有情绪爆发、幽默、逸事[1]、个人记忆，从头到尾都没有此类著作所惯有的沉闷。马特奥·阿莱曼否认自己想要改革言语方式，"每个人都应该按照自己想要的或自己学到的方式进行表达"。他宣扬对拼写法的简化，为了使人们可以"像讲话那样"书写，也"为了使我们书写时，其他人可以并不困难地看懂"。为何要执着于拉丁语拼写法？拉丁语拼写法将"矫揉造作与粗鲁的东西"引入"卡斯蒂利亚语，外国人甚至都不知道该怎样发音"。"有些人认为从其他语言派生出来的词语必须保持它们原来的顺序与字母，我认为这种观点是失当的，事实上，它们在我们这里虽然因其使用性被完全接受，但它们已经发生了巨大改变。"卡斯蒂利亚语是一种年青的语言，应该被当作年青的语言来对待。阿莱曼意识到希伯莱语、阿拉伯语等其他语言对西班牙语的各种影响，所以他支持书写方式的完全自由[2]。怎样更多地显示出思想的开放、果敢与现代性？

在欧洲，马特奥·阿莱曼是对现实有远见的、严厉的观察者。他在《古斯曼·德·阿尔法拉切》中，对伊比利亚半岛与意大利社会给予了讽刺，其中不乏具体的见解、个人记忆与经验。他的观察带有醒世作家的特征——"批评的说教性……具有斗争精神，建立在可靠而激进的基督教基础上"[3]。这种卓越的敏感性促使他去探索那个接受他的新

1　Mateo Alemán, *Ortografía castellana*, Mexico, Jerónimo Balli, 1609, fol. 20-20v°.

2　*Ibid.*, f. 18, 12, 30.

3　J. Ma. Mico, dans Alemán, 1997, p. 56.

大陆。但是，没有任何墨西哥背景在他的拼写法论著中有所显示[1]。即使他谈到大众言语方式，涉及的也一直是伊比利亚半岛农民的言语方式或流浪者及监狱中的行话，他在被关在监牢里的时候学到了这些行话。他的讨论与论战空间始终只针对欧洲。

谴责阿莱曼在民族志方面的冷漠无感是徒劳的。尽管如此，他的例子说明了一位开放的、革新的学者凭借世界上最好的条件，以何种方式使自己成了全球化的工具人。全球化使其撇开当地环境，并忽视那些可能影响到他所确信的东西的事物，他的确信奠定了他对卡斯蒂利亚语拼写法的反思基础。有人会反对我的这一观点，因为阿莱曼的目的是确定一种欧洲语言的拼写法。但是，不可忽视的是，当时马特奥·阿莱曼日常面对的是一个非欧洲的世界，他的文本的出版者是西班牙人、美洲印第安人—欧洲白人混血儿、土著人这些文人与印刷厂厂主，这一阶层浸淫在全球化这一前所未有的局面中已有 80 年之久。他们为美洲印第安语言进行系统的转录，出版了纳瓦特尔语、普雷佩查语、华斯台卡语、萨波特克语、欧托米语与玛雅语的大量文学作品。当马特奥·阿莱曼在墨西哥城时，该城市的出版社出版了一系列图书，它们丰富了土著语言的基督教文学作品。1604 年，方济各会修士胡安·巴蒂斯塔在印刷商迭戈·洛佩斯·达瓦洛斯那里出版了 "墨西哥语的"《人类的苦难与短暂的生命》[2]。1605 年，巴蒂斯塔在同一位印刷商那里出版了他的纳瓦特尔语著作《真福者圣安托万·德·帕多埃的生

1　这并不是说他轻视非欧洲语言。关于非欧洲语言，他这本书中唯一提到的是几内亚语——"对那些不懂拉丁语的人就要讲几内亚语"。在这种背景下，对该语言的参考并无任何贬义性。

2　Toribio Medina, 1989, II, pp. 15-16.

马特奥·阿莱曼:
《古斯曼·德·阿尔法拉切》（第一部）
塞维利亚
1602 年

命与奇迹》。同年，迭戈·洛佩斯·达瓦洛斯出版了方济各会修士阿隆索·德·莫利纳的《圣母玛丽亚的玫瑰经》，也是用纳瓦特尔语书写的。1607 年，同一位印刷商出版了奥古斯丁教派僧侣胡安·德·米扬戈斯撰写并翻译的图书《神镜——父亲可自鉴并吸取教训以便成功地教育孩子并养成他们的美德》[1]。

可以说，马特奥·阿莱曼在创作过程中对于新西班牙自 16 世纪 30 年代以来的知识生产中最富有成果和最具创新性的部分完全漠视。他对这些语言学著作没有丝毫兴趣，认为它们利用语法和词汇构成了新西班牙土著语言的殖民化。面对被征服者，僧侣们为了向他们传教、将福音真理传给他们，于是想使自己成为土著语言能手。他们将美洲印第安语言转录成字母，也就是用卡斯蒂利亚语的字母来表示土著语言的发音，同时在纸上创造词语与音节。马特奥·阿莱曼在这一时期走的是反向道路，他致力于创造新的符号，以简化卡斯蒂利亚语的拼写。

僧侣们打的是西化牌，他们想把美洲印第安语言置于西方字母的束缚下，同时他们还将其僵化地套入拉丁语语法中。他们还试图创造新符号，例如图像化的基督教教理书。得益于墨西哥方济各会修士迭戈·瓦拉德斯的努力，这些革新甚至穿越了大西洋与西地中海。1579 年，瓦拉德斯在佩鲁贾出版了拉丁语概论——《基督教修辞学》，附加了助记字母表，该表使用了前西班牙时代的符号。他的目的并不是充实或颠覆欧洲的记忆方法，而是使欧洲人同墨西哥印第安人讲话时更为便捷有效。涉及的摆渡依然是从西方世界向土著世界这一方向的摆渡，而非相反方向。

---

1 Toribio Medina, 1989, II, pp. 22-23, 29, 36-37.

面对这些西化举措，马特奥·阿莱曼的引人注目的革新计划清晰得如同一个全球化宣言。他着眼于全世界，但考虑的只是欧洲世界内部的转变。当涉及西欧语言时，也是这样。在同一时代，还是在墨西哥城，画家巴尔塔萨·德·埃切夫·奥里奥撰写了巴斯克语图书《论坎塔布连山脉地区巴斯克语的古老性》，被印刷商海因里希·马丁出版（1607）。这位博学的画家奥里奥不仅传播了根植于样式主义与反宗教改革运动传统的墨西哥绘画，还为保护巴斯克语而战，如同马特奥·阿莱曼对卡斯蒂利亚语所做的努力一样。1605 年，迭戈·洛佩斯·达瓦洛斯出版了尼古拉斯·德·伊罗洛·卡拉尔的《公证文书政策第一部分》，它是"法律文本的一个写作模式，使古老的表达得以适应卡斯蒂利亚语的进步"[1]。在同一观念下，1604 年，德国人海因里希·马丁出版了耶稣会士编纂集《杰出作家集锦》，收录了关于拉丁语语法的 5 篇专论[2]，之后出版了耶稣会士贝纳迪诺·德·兰诺斯的诗歌选《诗歌法则之书》，这些文本为耶稣会士的教学提供了必要的工具，为欧洲知识与工具的复制以及西葡帝国范围内的知识全球化做出了积极的贡献。

世界帝国、世界语言

对拉丁语的掌握同经院哲学的传播密不可分，经院哲学的传播涉及其他语言形式，这些语言形式步西塞罗的语言（即拉丁语）的后尘，

1　Toribio Medina, 1989, II, pp. 34-35, 28.

2　*Ibid.*, pp. 17-19.

被传播到世界的其他地区。文艺复兴世界中的符号天地不断扩张[1]。对古典神话、寓意的爱好与对古代的新的兴趣密不可分，这种新兴趣从不断增多的考古学新发现中广泛地吸收营养。道德说教性寓言为欧洲文人以及他们在世界其他地区的西化的竞争者提供了可以直接理解的范例。政治上的道德教训借助了神话中的伟大人物的威望，这些神话人物当时还没有被彻底剥夺其超自然的光环。伊索寓言与神话寓言承载了寓意：大量的资料赋予人们以各种想象，如同取之不尽的象征宝库。同寓言一样，徽标语言也适用于各种环境。"人类的这种创造产生于一位博学者安德列·阿尔西亚特与一位印刷商的合作"[2]，它在文艺复兴时期的欧洲取得了卓尔不群的成功[3]。

徽标语言如同象征语言、寓意语言一样，并没有摆脱全球化机制。欧洲精英建立并传播了徽标语言，它是依据他们所确立的原则建构起来的。这些符号游戏在美洲被用于福音传教，还被用于新的政治秩序的确立，它们是西化的反映，也是欧洲图像修辞学的产物，通过成为

1　这里有16世纪欧洲的两部重要著作值得一提：Vicenzo Cartari, *Le imagini de i dei degli antichi*, Vicenza, Neri Pozza Editore, [1556] 1996; Cesare Ripa, *Iconologia*, Milan, Editori Associati, [1593] 1992，它的这两个版本的序言都提供了珍贵的参考文献。

2　André Alciat, *Les Emblèmes*, édit. par Pierre Laurens, Paris, Klincksieck, 1997, p. 10.

3　G. Ledda, *Contributo allo studio della letteratura emblematica in Spagna (1549-1613)*, Pise, Università, 1970; Fernando R. de la Flor, *Emblemas. Lecturas de la imagen simbólica*, Madrid, Alianza Forma, 1995. 在文艺复兴时期，象征符号世界是一个扩展中的世界。它与寓意表达相连。产生于意大利的图像文学伴随了文艺复兴的高潮，它有以下标志性作品：Francesco Colona, *Poliphili Hipnerotomachia*, 1499; Horapolloles, *Hieroglyphica*, Venise, édition aldine, 1505。1531 年在奥格斯堡出版的《象征》(*Emblèmes*) 是此类作品的巅峰之作。阿尔西亚特既不是书中图像的作者也不是其鼓吹者。

"西方的"、全球化的事物，欧洲修辞学保持了对它们自身的忠实[1]。徽标为抵抗一切移植的机制提供了一个范例。它的运作基于图像与文本之间、隐藏的精神内涵与系统化的形式之间的特殊互动关系。

对徽标的呈现经常配有一首讽刺短诗，诗较短小，不使用暗示的手段，而是同它所描述的图像保持着重叠的关系，并阐述它的象征意义。对于阿尔西亚特来说，"词语可以指代事物，事物可以被指"[2]。徽标回应了教育计划，它也是学习与思考的源泉。同时，它可以给出一种具有普遍认同的道德教训，这解释了它能够较容易地全球化的原因。总之，其艺术维度与美学趣味促进了它的流行与它的有效性[3]。

徽标的传播为黄金时代的权力意识形态提供了图像上的支持[4]。徽标不仅涉及相关的镂版印刷的图书，而且它还出现在各种昙花一现的建筑上[5]。没有任何官方宗教仪式缺少象征与寓意的材料，同样也不缺少对徽标的使用。它是布道的上等载体[6]。徽标作为交流、联系的特殊手段，不断地被用于大众教育，与装饰、样式主义表现紧密相连，它忠实地服务于欧洲权力的各种意图，尤其服务于西葡帝国与反宗教改

1　建立欧洲语料库的努力通常将西班牙排除在外，尽管很早之前如下这部著作便体现出其丰富性：Mario Praz, *Studies in Seventeenth Century Imagery*, Rome, Storia e Letteratura, 1975. 参见 Fernando R. de la Flor, *La Península metafísica*, Madrid, Biblioteca Nueva, 1999.

2　P. Laurens, dans Alciat, 1997, p. 26.

3　Julian Gállego, *Visión y simbolos de la pintura española del siglo de oro*, Madrid, Catedra, 1987.

4　Diego Saavedra Fajardo, *Idea de un príncipe políticocristiano,* Munich, Nicolás Enrico, 1640, 其现代版参见 Francisco Javier Díez de Revenga, *Emblemas políticas*, Barcelone, Planeta, 1988。

5　*El arte efímero en el mundo hispánico*, Mexico, UNAM, 1983.

6　José Antonio Maravall,《La literatura de emblemas como técnica de acción socio-cultural en el Barroco》, in *Teatro y literatura barroca*, Madrid, Hora, 1977.

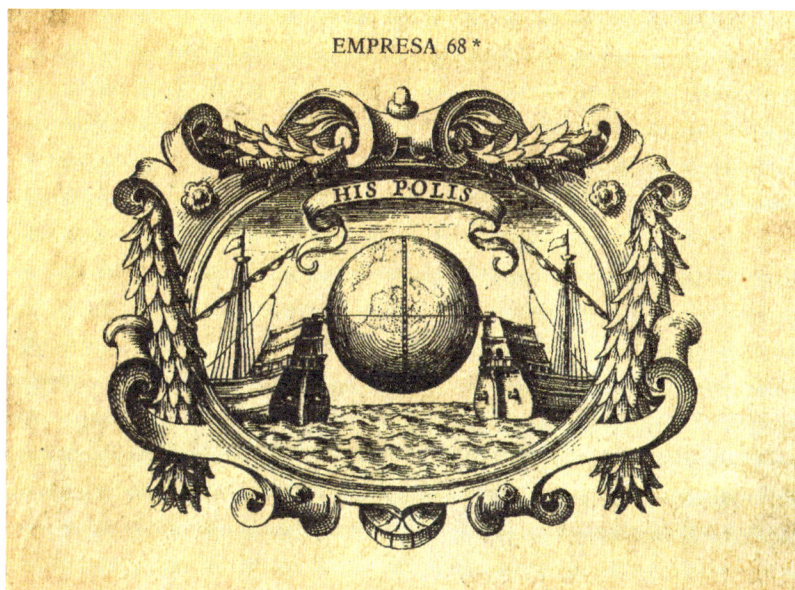

EMPRESA 68 *

HIS POLIS

"贸易"徽标
选自《政治徽标》
米兰
1642 年

革运动[1]。

首先，这些语言需要征服伊比利亚半岛。16 世纪 20 年代末，萨拉曼卡大学庭院中的雕塑上有排成直线的一系列古埃及象形文字，它们所构成的石上宝训体现了在亚里士多德学说的基础上的一些道德教训。菲利普二世对象征符号体系的兴趣很可能源于 1548 年他在帕维亚与阿尔西亚特的相遇。次年，阿尔西亚特作品的卡斯蒂利亚语初版在里昂问世[2]。对徽标的热衷在西班牙遂传播开来。1568 年，胡安·玛尔·劳拉的《大众哲学》对阿尔西亚特的著作进行了评述。劳拉还为1569 年菲利普二世进入塞维利亚设计了图像标志，系"西班牙官方仪式中徽标实际应用的最早范例之一"。胡安·玛尔·劳拉还评述了奥地利的胡安的著名战船的徽标，它因勒班陀战役而享有盛誉，战船上覆盖着"如此之多的箴言、美德人物的图像与巧妙安排的铭文"，它成为了一个漂浮的阿尔西亚特式作品[3]。阿尔西亚特的著作的弗朗西斯科·桑切斯·德·拉斯·布罗扎斯版本（里昂，1573）构成了一个转折点。这一版本被大量评述，它成为用徽标阐释宗教经典、符合标准的文本。其评述给予了阿尔西亚特文本一种明确的政治与宗教导向，同时还体现出操控读者的解释范围的意图。从那时开始，道德与政治性

---

1 它强调了菲利普上台执掌葡萄牙王权的合法性。Fernando Bouza Álvarez, *Portugal no tempo dos Filipes. Política, cultura, representações (1580-1668)*, Lisbonne, Edições Cosmos, 2000.

2 Bonhomme ou Rouillé, Gállego, 1987, p. 45. *Emblemas de Alciato en rhimas españolas*, traduit par Bernardino Daza.

3 Gállego, 1987, p. 46.

的徽标在西班牙不断增多 [1]，西班牙也对其产生兴趣 [2]。

徽标语言也在美洲传播开来。神话性的徽标与表现因 1559 年在此举行的查理五世葬礼而一举进入墨西哥城。在 1560 年出版的描述该仪式的著作《皇帝的灵台》中，弗朗西斯科·塞万提斯·德·萨拉萨尔使我们看到欧洲符号体系首次在美洲被运用在帝国政治领域。该现象回应了新西班牙的西班牙文人的期待，萨拉萨尔对此表现出喜悦。他的作序者阿隆索·德·佐里塔是听证会法官，佐里塔谈及在全世界传播的古老习俗："在表达对道德高尚之人（即使在其死后）的敬意的同时，为了使活着的人们感到道德得到提升，于是便将相关图像、铭文与画像呈现出来，激励他们做出同样值得这种敬意的行动。"塞万提斯·德·萨拉萨尔擅长此道，他毫不犹豫地在阿尔西亚特的作品中获取资源，期待政治性徽标在西班牙的传播 [3]。

上文中，我在伊比利亚全球化与西化的角度下探讨过印第安民众对查理五世葬礼这一仪式活动的参与，他们在那些日子里受到一大批欧洲图像与象征物的支配。目的完全是政治性的：通过一些"具体可见的符号"表达对已故君主及他的儿子菲利普二世的忠诚" [4]。这一活动

1　Juan de Borja, *Empresas morales* (1581), Hernando de Soto, *Emblemas moralizadas* (1599), Sebastián de Covarrubias, *Emblemas morales* (1610).

2　在葡萄牙，耶稣会士的介入以及西班牙语、意大利语、拉丁语甚至还有法语版本的传播充分地补偿了当地版本的缺失。J. Leite de Vasconcelos, *Emblemas de Alciati explicados en português. Manuscrito do século XVI-XVII ora trazido a lume*, Porto, Renascenza portuguesa, 1917; Manuel Pires de Almeida, *Poesia e pintura ou Pintura e Poesia*, édit. par Adma Muhana, São Paulo, EDUSP, 2002.

3　萨拉萨尔的作品与阿尔西亚特的《徽标》之间有一些重合："（希神）法厄同的坠落""欲望""蜂巢与蜜蜂""（希腊神话中）代达罗斯的迷宫"这些主题。

4　García Icazbalceta, 1981, p. 162.

《皇帝的灵台》

墨西哥城

1560 年

还依托了欧洲表达体系的全球化背景。大洋的距离虽然造成了一定的
障碍，但是从另一个角度来说，它也体现了查理五世的伟大，展现了
他的"帝国与君主政体"[1]的世界维度。全球化效应浓缩在一个特定的
空间与时间上：寓言将墨西哥历史带入古典传统模式，并将非欧洲的
事物纳入文艺复兴的怀抱。随着各种语言传入其他大洲进而发生全球
化，一个大历史（Histoire）征服了其他小历史（histoires），并将其封
闭起来，如同只存在着服务于帝国意识形态的一个同步的、共同的世
界形象。查理五世葬礼这一仪式"旨在使人们脱离他们的地区历史、
人种背景、国家立法，以便将他们纳入世界的同步、同质的时间中"[2]，
彼得·斯劳特戴克这样写道。塞万提斯·德·萨拉萨尔教授与他的同
道——建筑设计师阿西涅加认为，"我们所谓的现代性同世界的同步形
式之间是一种共谋关系"[3]。这一阐述反映了一种全球化的现代性，面对
世界时事中被适当选择的那些片断，地区居民从此以后进入同质事件
的空间中。但是，塞万提斯·德·萨拉萨尔从印第安现实中获取的少
数象征符号难道没有"污染"整个体系的危险吗？事实上，它们中没
有任何一个象征符号丰富了欧洲的宝库。它们远远没有动摇或改变全
球化的语言机制，只是局部性地充实了这些语言。

　　16 世纪下半叶，阿尔西亚特的著作被新西班牙的书商们所引进，

1　García Icazbalceta, 1981, p. 163.

2　Peter Sloterdijk, *Essais d'intoxication volontaire, suivi de*《*L'Heure du crime et le temps de l'œuvre d'art*》, Paris, Hachette, Pluriel, 2001, p. 219.

3　*Ibid.* 关于象征符号的传播，参见：Bouza Alvarez, 2000.

1577 年，以《阿尔西亚特徽标全论》为书名在墨西哥城出版[1]。它更多地强化了欧洲模式的持续存在，促进了欧洲模式的再生产机制。该作品是耶稣会士在墨西哥城出版的早朝作品之一，继他们在新西班牙定居下来之后，意大利人维森西奥·拉努奇（Vicencio Lanuchi）[2] 经过葡萄牙世界的智识重镇埃武拉，为满足耶稣会学院的需要，发起此书的出版。拉努奇还在墨西哥组织了对一些拉丁语著作更加罗马化的研读，即按照耶稣会士所校正的巴黎大学模式进行研读。此后，阿尔西亚特的《徽标》的其他版本不断出现在印度群岛的书店与图书馆中[3]，其他仪式也用同样的语言将墨西哥城及世界上的重大事件记载下来[4]。

世界知识与西班牙王国的计划

全球化进程因而并不是在西葡帝国的某一特定地点发生的。它并不局限于伊比利亚半岛或欧洲大陆，因为在墨西哥城正如在萨拉曼卡，人们对亚里士多德学说进行再生产，对寓意性语言与徽标性语言加以利用。尽管如此，我们可以将全球化与西班牙王国的全球策略相联系吗？是否有一个纲领使全球化与伊比利亚全球化成为由西葡帝国政治

1　1577 年在墨西哥城安东尼奥·里卡多出版社（Antonio Ricardo）出版。4 年前，里昂版本出版（Francisco Sánchez de las Brozas, 1573）。Ignacio Osorio Romero,《Tres joyas bibliográficas para la enseñanza del latín en el siglo XVI novohispano》, in *Nova Tellus: Anuario del Centro de Estudios Clásicos*, vol. 2, 1984, pp. 192-200.

2　在埃武拉，拉努奇曾任学院学监与修辞学教士，同路易斯·德·格拉纳达（Luis de Granada）有交往。Ignacio Osorio Romero, *Colegios y profesores jesuitas que enseñaron latín en Nueva España (1572-1767)*, Mexico, UNAM, 1979.

3　1576 年有 9 册运抵美洲，其他还有一些于 1605 年由海路到达（González Sánchez, 1999, p.223）。1603 年，佩德罗·杜兰戈·德·埃斯皮诺萨的清单上有 3 册。*Ibid.*, p. 226.

4　José Escudero, *Relación de las honras...*, Mexico, Juan Ruiz, 1631.

中心所策划的一项巨大的智识事业？事实上，情况并非如此。但是，这个意义上的尝试在 16 世纪末显现出来。

除了大批的行政官员与教会人员之外，西葡帝国当时还拥有智识与科技人员，他们发展了一门新的政治科学。它建立在"空间的数字"与对其资源的清点、统计或系统分类的基础上，它鼓励对自然的描述[1]，主张建立西葡帝国的各个王国的官方历史，追求对完全属于西班牙的法律与智识传统的发展。针对这一点，各种专论、概论、汇编、用多种语言编写的《圣经》、包含有耶稣会士玛丽安娜的评论的圣伊西多尔·德·塞维利亚的著作为其奠定了基础。伊比利亚王室推出的计划包括：以新大陆的发现为基础的一位"新普林尼"，以绘制西葡帝国的美洲地区与太平洋地区的地图为基础的一位"新托勒密"[2]。在菲利普四世的统治下，安东尼奥·德·莱昂·皮内洛的《东、西印度群岛航海术与地理学著作概述》（1629）提升了获得世界知识的愿望，它提供了当时在东、西印度群岛可以得到的用几十种语言书写的各种书籍（包括出版的或手稿状态的）的最早的文献目录[3]。

这一纲领是否旨在重启对伊比利亚全球化在各地区传播的知识的监管？我们先看看地区专家们的知识与伊比利亚半岛的学者们所积累

---

1 如安东·范登·温格尔德创作的西班牙城市六十二景、西班牙地区的《地形描述》。

2 Jesús Bustamente García，《La empresa naturalista de Felipe II y la primera expedición científica en el suelo americano: la creación del modelo expedicionario renacentista》, in *Felipe II (1527-1598). Europa y la Monarquía católica*, sous la direction de José Martínez Milán, Madrid, Editorial Parteluz, 1998, pp. 39-59; D. Goodman, *Power and Penury: Government, Technology, and Science in Philip II's Spain*, Cambridge, Cambridge University Press, 1988.

3 Brading, 1991, pp. 200-201. 安东尼奥·德·莱昂·皮内洛（Antonio de León Pinelo, 1590-1660）还曾负责收集西印度群岛的法律法规。

的知识有何不同。它们的接收者是一样的。迪奥戈·多·库托、贝纳迪诺·德·萨哈贡、弗朗西斯科·埃尔南德斯都努力为西葡帝国服务。墨西哥印第安人—欧洲白人混血儿穆尼奥斯·卡马戈将其手稿呈给菲利普二世，葡萄牙人苏亚雷斯·德·索萨将其针对巴西的论著交予马德里当局。瓜曼·波马虽然从未能够到访西班牙，却明确表示将他的编年史献给菲利普三世。此外，菲律宾成为美洲探险与亚洲探险之间联系的纽带，埃尔南德斯医生借鉴萨哈贡对墨西哥的论述来撰写他的《新西班牙古物》[1]，同时，他更正并补充了加西亚·达·奥尔塔的著作。美洲、非洲与亚洲的著述同欧洲的著述有一个共同的特点，它们都同科学人文主义的发展密不可分，科学人文主义力图发掘古代人的各种信息，致力于细致入微的实地研究[2]。这正是安德列斯·拉古纳所做的，他重新利用了迪奥斯科里的作品。植物学家发掘欧洲的资源，某些人到非洲旅行（如意大利人阿尔皮尼），或到伊斯坦布尔旅行（如弗朗索瓦一世的一些使者）[3]。在巴西，对法兰西南极[4]的探险涵盖了"博物学"范畴，催生了安德列·特维特的著述——《法兰西南极的独特性》（1557）与《世界宇宙志》（1575）。从 16 世纪 60 年代开始，科学探险观念在欧洲显现，并在博洛尼亚伟大的博物学家尤利西斯·阿尔多夫兰迪（Ulisse Aldovrandi）的笔下成型，他梦想着去美洲探险："十年

1　León-Portilla, 1999, p. 157.

2　参见如下作者的著作：Otto von Brunfells (1530), Leonarht Fuchs (1542), Conrad Gesner (1558, 1565), Ulisse Aldovrandi (1599-1603).

3　如皮埃尔·贝隆（Pierre Belon）到访埃及与近东。Numa Broc, *La Géographie de la Renaissance*, Editions du CTHS, Paris, 1981, p. 141.

4　France antarctique（法兰西南极）：法国的一个短期殖民地。1555—1560 年间法国占领了巴西里约热内卢的瓜纳巴拉湾。——译者注

来，我一直幻想去新发现的印度群岛。……如果我到访这些地域，我
应该可以对世界很有用。如果说欧洲有一个人是为此而生的，那么我
想我可以毫不谦虚地说，我就是那个人。"[1]

西班牙王国实现了这一雄心，并指导了对新世界的研究。16 世纪
60 年代末，菲利普二世向最早的科学探险队发出指令，出发赴新大陆，
并下令为弗朗西斯科·埃尔南德斯支付酬劳，埃尔南德斯"作为探险
队的首席总医师出访印度群岛，以便书写自然风物史"。"医师"这一
头衔的快速设立开启了直到那时美洲与亚洲的探险活动一直缺乏的制
度化。埃尔南德斯开创了一种官方实践活动，它持久地影响了欧洲科
学历史。但是，这并非当时西班牙王国展开探察的唯一形式。我在上
文已提及针对美洲、西班牙与菲律宾的地理描述问题。一项更具有野
心的计划也调动了印度群岛与卡斯蒂利亚的所有行政部门的力量[2]；起
初，只涉及获取"对欧洲及我们所知的世界所有地区的城市的绝佳描
绘……"。这些勘察不仅旨在收集物质资源与自然史的详细资料，而且
还体现出对地区历史的深度关注，涉及卡斯蒂利亚的普韦布洛人以及
安第斯地区与墨西哥的普韦布洛人。

统计与地图绘制术的模式[3]接替了人文主义模式，后者曾指引埃尔
南德斯的活动，西葡帝国的影响因 1582 年皇家数学学院的建立又向前
迈进了一步，它的建立是由里斯本当局确定的，并部分地由葡萄牙人

1　Bustamante, 1998, p. 44-45.

2　F. de Solano, *Cuestionarios para la formación de las relaciones geográficas de Indias,
siglos XVI-XIX*, Madrid, CSIC, 1988 ; R. Álvarez Pelaez, *La conquista de la naturaleza
americana*, Madrid, CSIC, 1993.

3　数学家佩德罗·德·埃斯奎维尔绘制的西班牙地图被订购。Bustamante, 2002, p. 55.

若昂·巴普蒂斯塔·拉瓦尼亚负责[1]。该学院全面控制在西葡帝国疆域内活动的所有宇宙志专家。埃斯库里亚修道院图书馆的建立、该建筑本身的设计（包含若干化学实验室、一个阿拉伯语学院、一个博物馆）显示出同一指导思想[2]。1590 年，发生在印度群岛理事会权限内的一个变化反映了西葡帝国从那时起开始思考它从海外属地得到各种资料的方式。印度群岛理事会基于物质与政治上的原因吸收了数学学院的加入，强化了对宇宙志专家及他们写作的作品的管控。科学信息通过潜在地成为国家秘密而更多地参与了西葡帝国的巩固与合法化进程[3]。

如何评价在中央集权不断加强的背景下西葡帝国的专家们的分散性活动？ 16 世纪 70 年代是西班牙王室态度的一个转折点，尤其在它所调动的人力与财力上[4]，地区专家们并没有等到那时才或孤立地或组成小团队地进行工作。16 世纪 50 年代，加西亚·达·奥尔塔在果阿、萨哈贡在墨西哥城便开始针对非常多的领域收集大量资料。迪奥戈·多·库托甚至在接受官方任命之前便为他的编年史收集了材料。1578 年，在布尔戈斯，克里斯托沃·德·阿科斯塔出版了一部关于印度群岛植物的论著，他所做的事情是他个人的一项创举，它为弗朗西

1　M. I. Vicente Maroto et M. Esteban Piñero, *Aspectos de la ciencia aplicada en la España del Siglo de Oro*, Valladolid, Junta de Castilla y León, 1991, pp. 71-109. 1584 年，该学院的章程在马德里出版。Juan de Herrera, *Institución de la Academia Real mathematica*, édit. par J. Simon Díaz et L. Cervera Vera, Madrid, Instituto de Estudios Madrileños, 1995. 针对宗教裁判所在科学领域的影响，参见 José Pardo Tomás, *Ciencia y censura. La inquisición española y los libros científicos en los siglos XVI y XVII*, Madrid, CSIC, 1991.

2　Bustamante, 2002, p. 54.

3　*Ibid.*, pp. 53, 57.

4　何塞·德·阿科斯塔认为埃尔南德斯的探险大约花费了 "6 万杜卡多（西班牙金币名）"。*Historia natural y moral de las Indias*, Séville, 1590, p. 267.

亚伯拉罕·奥特利乌斯：埃斯库里亚修道院

阿姆斯特丹

1591 年

斯科·埃尔南德斯的探索成果建立了亚洲的对应物。

另外，在王室计划之外的某些具有独立性的探索引发了紧张状况。如菲利普二世对萨哈贡著作的收回体现了他对这位僧侣的《通史》的兴趣，也体现出他想接管如此大规模的研究的愿望。另一位方济各会修士——杰罗尼莫·德·门迪塔的《印第安人教会史》也因它对菲利普二世时代过于具有批评性的笔调而被驳回[1]。相反，胡安·德·托尔克马达的《印第安君主国》则获得菲利普三世的喜爱，于1615年在塞维利亚出版[2]。即使16世纪末卡斯蒂利亚的组织机构（从印第安人理事会到数学学院）的制度监管得到了加强，知识的收集也仍然没有同西班牙王室的计划相混合。17世纪初，克里斯托沃·德·利斯博亚关于马拉尼昂（位于秘鲁）与亚马孙地区的自然史的著作继续游离于中央政权的限制之外，也许正是这个原因使它们从未被公之于众。在这种条件下，很难将知识的全球获取理解为一国王室的举措，不管后者具有怎样的野心，知识全球化也不能全然为王室政治服务。

另一个障碍解释了全球化在一个不同的维度上进行的原因。在欧洲，信息的处理常常遭遇困难。如埃尔南德斯的手稿连同他收集到的包括图画、植物、解剖的动物在内的所有材料、萨哈贡撰写的内容丰富的《佛罗伦萨手抄本》、穆尼奥斯·卡马戈的描述、瓜曼·波马的描述、加西亚·达·奥尔塔出版的《印度草药与药理对话录》，它们都传播到整个伊比利亚半岛，然而这些知识在那里的命运却不尽相同。大部分都被尘封在图书馆的角落里，最幸运的则得到改写与重写。《佛

1　Gerónimo de Mendieta, *Historia eclesiástica indiana*, Mexico, Salvador Chávez Hayhoe, 4 vol., 1945.

2　Torquemada, 1975-1983.

罗伦萨手抄本》直到 20 世纪才在意大利佛罗伦萨得到与其相匹配的出版，加西亚·达·奥尔塔的作品在 16 世纪 70 年代得到重写，以便更适合欧洲读者，葡萄牙医生克里斯托沃·德·阿科斯塔在该书序言中对此进行了充分的阐述[1]。

弗朗西斯科·埃尔南德斯的作品也遭遇了一些波折。当王室的调查开始时，埃尔南德斯的创作遭遇了意想不到的变数。菲利普二世的指示同地区及土著人现实之间的交锋极大地影响了埃尔南德斯的分析论述，以至于使他的汇编无法得到出版。这些文本与图画在西班牙与意大利遭遇的不幸充分表明了同欧洲模式决裂的资料编纂的奇特之处[2]，它们既为出版提出了问题，也为阐释提出了问题。埃尔南德斯过于受到他与土著医学、知识之间的联系的影响，他没有遵循当时通用的分类框架。菲利普二世却被他完成的著作所吸引，命他的医生莱昂纳多·安东尼奥·雷奇·达·蒙特·科尔维诺对它进行重新整理。1582年，第一次改写完成。十六卷只剩下附有插图的一卷。只有两张图，一张彩色的、一张黑白的，被作为样版刻印下来[3]。雷奇的整理工作受到迪奥斯科里的影响，仅仅保留了具有医学价值、符合盖伦的传统的部分，他指责埃尔南德斯的作品呈现了在欧洲并不存在的、也没有任何用处的植物，因而他将埃尔南德斯的著作删改得支离破碎。这位意大利医生雷奇尽管对它进行了各种极端的删减，并按照经典模式对它进行了重写，而批评之声还是不绝于耳。如费兰特·因佩拉托等读者

1　Acosta, 1995.

2　Freedberg, 2002.

3　Raquel Álvarez et Florentino Fernández González, *De materia medica Novae Hispaniae Libri Quatuor. Manuscrito Recchi*, Aranjuez, Madrid, Doces Calles y Junta de Castilla y León, 1998, I, pp. 64-65, 67-69.

认为这一成果终究毫无价值[1]。王家理事会及一些医生也支持这一观点，他们联合起来抵制它的出版。最终，在林塞学院的赞助下，它在 17 世纪中叶的罗马得以出版[2]，形式上再次被改变。同时，雷奇版的减缩副本被传播到墨西哥，弗朗西斯科·西门尼斯将其翻译成卡斯蒂利亚语，于 1615 年出版。在罗马或在墨西哥城，出版的版本简化为地区性异国植物汇编或处方汇编，它们已经失去了交流与对抗的维度，而这一维度才是原作的科学独创性与智识价值之所在。克里斯托沃·德·利斯博亚的自然史及其所附的绚烂的插图所遭遇的命运更为阴晦。除了几幅作为样版的图片得到刻印之外，这些珍贵的图片长久地被人遗忘，而文本部分则很有可能在 1755 年里斯本地震中消失殆尽。

纯粹的技术原因也造成了一些障碍。通常，西葡帝国专家的作品无论是基于伊比利亚半岛的委托还是基于当地的订单而创作的，它们都满足了庞大的清点任务的需要。作为成功的代价，它们生产的信息比当时文艺复兴的欧洲所吸收的信息多得多。地理描述中含有的成千上万的资料、数据从未得到应有的开发利用。其他的不利条件也不容小觑，最具有新颖独创性或获得巨大成功的作品颠覆了欧洲的规范、标准。这正是弗朗西斯科·埃尔南德斯的探索与墨西哥阿兹特克涂鸦画家具有创造性的地图绘制术的情况。的确，这些作品的作者或负责

1　Giuseppe Olmi, *L'inventario del mondo. Catalogazione della natura e luoghi del sapere nella prima età moderna*, Bologne, Il Mulino, 1992, pp. 247-249; María López Piñero et Juan Pardo Tomás, *Nuevos materiales y noticias sobre la Historia de las Plantas de Nueva España de Francisco Hernández*, Valence, Instituto de Estudios Documentales e Históricos sobre la Ciencia, Universita de València- CSIC, 1994, pp. 147-148.

2　Giovanni Battista Marini Bettólo, *Una guida alla lettura del Tesoro Messicano Rerum Medicarum Novae Hispaniae Thesaurus*, Rome, Accademia Nazionale dei Lincei, Instituto Polografico e Zecca dello Stato, 1992.

人过于浸淫在美洲或亚洲的地区现实中，他们的创新与偏移并不总是有意识的。埃尔南德斯医生与那些行政官员收集印第安阿兹特克涂鸦画家的"绘画"时，他们似乎都没有意识到这些史无前例的文献所传递的看待世界、思考世界的方式是同文艺复兴时期欧洲文人的习惯方式相互冲突的。

双头鹰

全球化优先地涉及知识储备、交际规则与表达方式。它不同于西化，西化更多地表现为通过殖民、文化适应、混合的方式，对其他地区的人们进行控制。西化是否先于全球化发生？在殖民征服之初，毫无疑问是如此。但是，西葡帝国对其地域的探察反映了西化与全球化在伊比利亚全球化内部是同时发生的，西化与全球化密不可分，即使它们在不同维度、不同层面上展开[1]。全球化与西化是伊比利亚之鹰的双头。这一分离在美洲被殖民之初的教育体制中便显现出来。接收墨西哥土著精英的圣克鲁斯·德·特拉特洛尔科学院的建立同西化不谋而合，而大学的建立则是全球化的反映。特拉特洛尔科的经验主要为土著与地区的经验，面对这些与以往不同的、没有对等物可循的经验，服务于欧洲人与克里奥尔人的大学与学院的建立为智识全球化奠定了基础。

西化与全球化经常在同一机构内或同一个体上同时发生。上午向刚皈依基督教的印第安人讲授基督教教理、力图使自己的传教适应他

1　今天，欧洲与西方的历史编纂依然体现了欧洲空间与土著空间之间的这种分离。我们所探讨的 16 世纪的相关领域与不同的专家群体、学科相连。

们的需求的耶稣会士可以在下午专注于对亚里士多德学说的评述，切断与周围美洲世界的联系。全球化与西化构成了伊比利亚全球化的正面与反面。西化是一种外生运动，它旨在复制欧洲制度与生活方式，使其适合地区现实，并对其进行改造。全球化则相反，它是一个内生运动，投射到欧洲以外的封闭空间，围绕着一个硬核展开，这个硬核由智识储备、罗马正统的天主教教义、表达体系与规则组成。全球化将欧洲的东西完全变为西方的东西，并保证其本质不受外部的影响。它的有效性也许更加强大，因为它不针对任何特定对手，而且自给自足。

全球化使世界的其他部分同步，但是它采用了一种绝对的方式，没有考虑到地区的时间性。墨西哥、巴西、秘鲁各自的西化、基督教化的时间并不相同，传教士对新西班牙的印第安人进行福音传教先于向葡属美洲、安第斯山区的印第安人的传教，而且这些活动的步调本身并不与欧洲反宗教改革运动的步调相一致。相反，哲学的全球化在各地是同步的，因为人们可以在美洲阅读到欧洲出版的图书，也可以在欧洲出版、传播在美洲构思与撰写的著述。同样，欧洲流行的绘画风格同墨西哥、秘鲁所发展的绘画风格之间差异极小。甚至当这位或那位画家从伊比利亚半岛来到西印度群岛或东印度群岛时，这种差异便是不存在的。

拉丁语的全球化或亚里士多德学说的全球化今天不再被提上议事日程，这些可以追溯到文艺复兴时期的事情在今天成为笑谈。它们证明了全球化并不是新近才有的一种现象，起初，在伊比利亚人的推动下，全球化在西方人统治的一些战略领域表现出来。当代的全球化打的是另一些牌，它以大众消费为目标。软件使人们可以在电脑上写书，电脑可以持续地控制排版、格式化、拼写、标点，它同亚里士多德式的思考机器的智慧、敏锐相去甚远。但是，它使文本的打字更为灵活，可以删节、粘贴，无声地整理、再整理文本内容，即使在思考与推理的过程中会引发意外的问题。软件的一致性、统一性的影响是深刻的，因为它的强制是无声的，它的约束性即便不是使用者自愿的，也是使用者所同意的。它的介入极佳地转变成使用者的自动行为，技术故障或温度过高都可以使机器无法工作，令使用者不知所措。

日复一日，好莱坞电影公司的产品体现了针对世界的四个部分的观众的想象而实施的一种全球化。16 世纪，视觉范畴的全球化通过欧洲样式主义得以展开，今天视觉范畴的全球化则通过由演员、导演与编剧组成的加利福尼亚的熔炉得以传遍四方，后者坚决而持续地运用一些相同的构架与相同的手法。当代全球化除了在精神、想象的标准化之外，还增加了身体的标准化。在健身房与健身俱乐部里，一些动作被不断重复，力求将所有身体引向在全世界兜售的典范模式，事实上这些典范模式出自美国加利福尼亚的边缘。被一种"无限的调动"（彼得·斯洛克戴克语）所裹挟，减肥瘦身机不停地运转。大众杂志上的超级模特将同一种美的形象置于数百万读者的目光下。将男性与女性的裸体彰显在画布之上的数千图像服从于一种标准化，这种标准化对各种典型形象与色彩进行分类、排序，对其中的一些持排斥态度。

"身体的全球化"、图像的全球化很好地适应了混合，这些混合偏离了全球化模式，被归结为异国情调与伪原始性。当代社会并不拒绝各种混合体出现，它使它们变得具有异国情调，当它认为自己可以从中获益时，它有时甚至可以创造混合体。全球化与西化协调一致地展开，它们具有同样的目标，将不同领域分开、连接，使那些在别处看似"无法被全球化的东西"得到恢复、利用。将埃尔南德斯医生的作品从十六卷减缩到一卷，以使其符合学院标准，这种做法是西葡帝国内的智识全球化的一种体现。在美国，好莱坞给那些高价聘用来的亚洲电影人套上的枷锁则开创了另一种方式，通过这种既迅速又"温和"的方式，使偏离通用规范的东西变得规范化。

全球化的实际目的是什么？它从根本上说是政治性的。西化只能部分地掌控各种混生与混合，伊比利亚全球化所固守的不可逾越的领域则保护了欧洲与西方的精英的成果与见解。基于此，16世纪的亚里士多德学说研究一直拒绝对美洲印第安人思想的任何借鉴，避免受混合思想的浸染。但是，可以看到，混合思想擅长融合那些从理论上讲原本互相之间不可调和的智识遗产[1]。好莱坞对于那些可能使它的帝国在精神上失去稳定性的企图来说绝对是固若金汤、不可逾越的，而今天几乎已经全球化的大众消费则强力抗拒地区的偏离与创造，因为它们过于孤立、分散，以至于无法被全球化。

1 Gruzinski, 1999.

第 16 章

在悬崖边上
——全球化的边界

我感到自己距离这些经院哲学问题很远。

——加西亚·达·奥尔塔：《印度草药与药理对话录》，1563 年

我们可以消除全球化的障碍吗？西欧的文人思想不能同世界其他地区的智识传统进行交流吗？书籍、文化遗产与各种机构的影响、宗教边界与宗教裁判所的审查、职业生涯的计划、循规蹈矩与无法返回所引发的怀乡病，这些都不能完全解释当时的状况。这些障碍并没有阻止一些土著人在西葡帝国的多个边界为打破禁锢而做出的努力。在智识领域，并非全然封闭。古代知识的背景常常被用作进入其他知识的手段，它们为在新事物与奇特事物中引入秩序提供了必要的过渡，有时它们被当作珍贵的工具。一旦整理工作无法吸收地区的特殊性，它们便如同吊桥一样，被重新拉起，切断与外界的联系。

在亚里士多德学说之外，还存在其他的桥梁。我们发现在印卡·加尔西拉索·德·拉·维加那里以及在墨西哥城的印第安贵族的文书中，

存在着新柏拉图主义的影响，它构成了另一座吊桥。此外，救世主降临说与千禧年说被赋予更加丰富的含义，超越了犹太—基督教的界线，体现出它们的另一种含义[1]。在 16 世纪下半叶，它们的葡萄牙变体——塞巴斯蒂安主义在墨西哥乡村产生反响，而巴西印第安人则将取自千禧年说与救世主降临说的元素同无邪之地的信仰相混合[2]。16 世纪 70 年代，在利马，弗朗西斯科·德·拉·克鲁斯将他的启示录预言（宣称他将成为秘鲁之王、印度群岛新天主教会的教皇）同当时安第斯地区社会群体中活跃的信仰相联系：库斯科（位于秘鲁）的印第安人普遍认为在那里将会有"帕查库蒂"之年，也就是说，世界将发生巨大变革[3]。

西葡帝国的摆渡人

一些举世无双的人物担当了世界不同部分之间的摆渡人。在亚洲，加西亚·达·奥尔塔的探察将我们引向亚洲知识的边缘。这位葡萄牙医生是欧洲大学传统培养出来的卓越代表。在赴葡属印度之前，他在里斯本大学讲授自然哲学与道德哲学[4]。从理论上说，他所接受的坚实的欧洲教育与他的亚洲经历本应使他可以同那些不同于经院哲学的思想形式进行对话，甚至同经院哲学展开对抗。而事实上呢？在《印度草

1　Sanjay Subrahmanyam,《Du Tage au Gange au XVIe siècle : une conjoncture millénariste à l'échelle eurasiatique》, in *Annales, histoires, sciences sociales*, 56e année, n° 1, janvier-février 2001, pp. 51-84.

2　Ronaldo Vainfas, *A heresia dos indios. Catolicismo e rebeldia no Brasil colonial*, São Paulo, Companhia das Letras, 1995.

3　Vidal Abril Castelló et Miguel J. Abril Stoffels, *Francisco de la Cruz. Inquisición, Actas II,* 1, Madrid, CSIC, 1996, p. 28.

4　Chap. VIII ; Andrade de Gouveia, 1985, p. 10.

药与药理对话录》[1] 中，存在着对古人与近代人的攻击。但是，他讨论的是他们的知识，他从未讨论过他们的思维方式。在谈及味道微妙的杧果的特性（凉的、湿润的）时，加西亚·达·奥尔塔毫不犹豫地与经院哲学的断言拉开距离，并感到"自己距离它如此之远"[2]。不过，他持有这种态度，是为了更好地依靠伊本·西那的科学、亚里士多德的《气象学》及其他经典文献[3]。他对"所有不讲真理的人"[4] 的批评并没有超出他所能查阅到的著作中对各种缺点、谬误的揭示。当加西亚·达·奥尔塔参考其他评估体系时，如中国人对琥珀的认识，他与这些评估体系之间的关系始终是疏离与表面化的。他之所以介绍古吉拉特人、卡纳里人使用的一些亚洲术语，也只是为了在回到西欧的标准知识之前扩大对术语认知的广度。

在奥尔塔眼中，"葡萄牙人的航海"是"真理"的来源[5]。正是得益于葡萄牙人的航海，而并非因采用其他知识体系，他们收集到了新事物。当加西亚·达·奥尔塔在第乌购买泻根（过去常用的一种强效泻药）时，他热情地指出他对这种植物的了解来源于西方，而非来自他在当地的提供信息者——一位第乌的婆罗门教商人[6]，据奥尔塔所说，

1　1567 年，夏尔·德·吕克卢斯在安特卫普出版了拉丁语译本。1574 年、1579 年与 1593 年，它在安特卫普得到再版。其中，1593 年版汇集了阿科斯塔、莫纳德斯与奥尔塔的著作的拉丁语译本。1575 年，在威尼斯，克鲁西乌斯作品的拉丁语版本被翻译成意大利语。1580 年、1582 年、1589 年、1605 年与 1616 年，它得到重印。1602 年，安托万·科林将加西亚·达·奥尔塔的作品翻译成法语。胡安·弗拉戈索（1566, 1572）与克里斯托沃·德·阿科斯塔（1578）在他们的著作中借鉴了加西亚·达·奥尔塔的作品。

2　Orta, 1895, II, pp. 103.

3　*Ibid.*

4　Andrade de Gouveia, 1985, p. 43, 35.

5　*Ibid.*

6　Andrade de Gouveia, 1985, p. 40.

这位信息提供者很乐于向他提供这种植物在当地的名称。无论奥尔塔的观察、评论的质量如何，他的介入与他的批判性思维程度如何，他的目光始终都停留在他所接触到的这些地区知识之外，他的关注基本上一直存在于欧洲文艺复兴的框架内，即便他对其进行了纠正，并丰富了它[1]。奥尔塔对欧洲药典的更新从未涉及对亚洲知识体系的借鉴。在宗教领域，他对欧洲以外事物的涉足也十分谨慎。它们与饮食相关，涉及"修行者"[2]的问题、婆罗门僧侣与印度商人之间的比较问题，奥尔塔指出，"婆罗门僧侣清洗全身后才用餐，他们比印度商人更受尊敬"。他描述过在坎贝"有一家鸟类医院，专门负责照料、医治残废与生病的鸟"，他还谈及印度有一项习俗——当地人给蚂蚁甜水，并称之为"向穷人施舍"，这些信息如同生动的奇闻异事。"灵魂的轮回"在"加特、坎贝和马拉巴尔的婆罗门僧侣"[3]那里是一个被直接提及的"观念"。他们没有关于这个主题或与之相关的问题的深入探讨，而总是急于进入本质，奥尔塔针对这一点进行了嘲讽，"除此之外，还有一千件令人嘲笑的事，我就不把它们一一向读者赘述了，以免浪费更多时

1　关于这一点，还有一位文艺复兴时期的新基督教徒值得一提——阿玛托·卢西塔诺（Amato Lusitano），他选择了在欧洲流亡。1541 年，卢西塔诺定居费拉尔，在那里，他与学者、医生、植物学家过从甚密。他在安科纳、威尼斯、罗马之间往来，在罗马他曾经为教皇尤里乌斯三世做过治疗。1558 年，他离开拉古萨赴萨洛尼卡，1568 年在萨洛尼卡去世。卢西塔诺是植物专家，还是临床医生与解剖学家，他想要通过引入马德拉群岛（大西洋）、非洲与印度的新物种，使迪奥斯科里的著作适应新的需要。Andrade de Gouveia, 1985, p. 12. 他对迪奥斯科里的著作进行了更正，并与同代人如马蒂奥勒斯（Matthiolus）展开论战。他不断的觉醒并未阻止他对希波克拉底医学学说与盖伦医学学说框架始终保持的忠实。

2　这些修行者是一些印度贤哲，他们放弃食用肉类而专注于静修。

3　Orta, 1895, II, p. 105.

间"[1]。的确，他的著作需要经过教会的审查，这位新基督教徒着力使人忘记他原来的身份。他又一次表明，在其他知识中的浸淫不可以对文艺复兴欧洲的知识与思维模式建构有丝毫的影响。

印卡·加尔西拉索·德·拉·维加也行至安第斯地区文化遗产与精深的欧洲传统之间的知识边界：维加是希伯来的莱昂[2]的译者，莱昂是文艺复兴时期新柏拉图主义最杰出的代表之一。虽然维加从自己的母亲与童年那里获取到安第斯地区的令人惊叹的知识，但是这一特殊情况还是最终以西方思想的不可改变的胜利告终，尽管后者披着新柏拉图主义的外衣。这不禁使人联想到，上文已提及的维加的不容置辩的判断——他认为印第安人没有自然哲学，天生很少对"他们无法用手触摸到的东西"[3]进行思辨。

亚里士多德对抗混合知识与大众知识

加尔西拉索们与加西亚·达·奥尔塔们都是杰出人物。大部分情况显示，材料的混合越是体现出混杂、不协调性，欧洲的作者们就越是力图坚持自己的智识传统。"哲学正确"的特征事实上并非专属于墨西哥大学的教授所出版的著作，它也充斥在普及性读物中，如胡安·德·卡德纳斯医生 1591 年在墨西哥城出版的《印度群岛的问题与

1　Orta, 1895, II, p. 106.

2　Léon l'Hébre，即 Juda Abravanel，约 1460—约 1521，文艺复兴时期的医生、新柏拉图主义哲学家、诗人，系葡萄牙犹太人，年轻时便移民意大利。——译者注

3　La Vega, 1982, I, p. 163. 关于印卡·加尔西拉索·德·拉·维加及他的《评论》，参见 Margarita Zamora, *Language, Authority and Indigenous History in the Comentarios Reales de los Incas*, Cambridge, Cambridge University Press, 1988.

奇妙的秘密》一书。

关于美洲种植的植物或那里人的生活品质，卡德纳斯通过古老的亚里士多德阐释体系对印度群岛的独特性进行思考、描述或解释[1]，"我想说的是，我既没有创造也没有想象，而是在希波克拉底、盖伦的思想中汲取最好的、最真实与最巧妙的东西，同时还借助了亚里士多德哲学的规则和戒律。他们是我在所有这些问题上的老师"。卡德纳斯之所以在他的著述中使用的引语的长度与频率上比较节制，是为了更好地说服大部分人，"他们相对于引证与引用的东西更喜欢他们能够理解的一种阐释"。他之所以冒险推翻那些神圣不可侵犯的权威，主要是为了强调印度群岛的独特性，即使他陷入杂乱的耸人听闻的各种信息中："书写了鳄鱼的（古代）作者们难道写了我们应该对印度群岛的鬣蜥有什么认识？迪奥斯科里针对新西班牙面对犰狳的刺猬写了什么？"这些也不能证明卡德纳斯的著述偏离了欧洲式自然史。当他谈及美洲负鼠，古代墨西哥人的宇宙论思想的各个方面都体现在这种小型有袋动物上，这只是为了关注它的身体特殊性：雌性负鼠的袋位于腹部中央，"那里可以妥藏它的幼崽"，它并不妨碍母鼠"在任何地方奔跑、跳跃，而且无须停止给幼崽喂奶"[2]。对种种奇观的盘点还见于："如果世界上有许多爬行动物，那么其中有比西印度群岛的爬行动物更大的吗？"对于卡德纳斯来说，谈到美洲，就打开了各种记录的陈列廊，但他从未质疑自己的思维形式。

相反，卡德纳斯只要发现某种思维方式偏离了他在大学中所学到的东西，他就对其展开直接的批评。他所反对的思维方式并不限于印

1　Cárdenas, 1988, p. 37.

2　*Ibid.*, pp. 266, 32, 33.

第安人所独有的思维方式。当他研究一些植物的能力与功效时，他首先抨击了"大众的无知""野蛮、愚蠢"。他发展的阐释体系（第一作用、第二作用、第三作用）、他对"最普遍、最常见的效果（加热、冷却、烘干、湿润）的分析，都旨在改变大众已形成的观念，"大众的发明……满足于看到一个东西，却并不真想知道它是什么、它怎么样，而只是在想象中将其拼凑着建立起来"。卡德纳斯自始至终沿着一种推理路径对庸俗的知识进行否定、对一些规律进行重申（一些植物的效果总是可以归结为这些规律，如上文刚提到的"四种效果"），他将一切与智识传统相悖的东西都丢入"谎言、荒谬与胡言乱语"[1]的范畴。

在墨西哥，被羞辱、贬低的"大众"浸淫在一种混合思想中，它来自印第安人的知识、非洲人的观念、欧洲人的信仰的交汇。卡德纳斯这里主要关注的是典型的混合地区——瓜达拉哈拉与新加利西亚。吐出一袋蠕虫、一只小蜥蜴、一只螃蟹、缝衣针或布片的病人中有的是西班牙人，有的是黑人奴隶。他们的巫医很有可能是犯下最严重的欺骗行为的印第安人，他们是"伪装者、演员"，他们给患者吃肮脏的东西，为了使他们之后再把它们吐出来[2]。

当卡德纳斯批评墨西哥草药（佩奥特掌、烟草、神药喇叭花）的消费者时，他批判的是新西班牙的混合族群。除印第安人与黑人之外，他针对的是那些"确认"自己可以看到未来事物的异象和幻影的"既蠢又傻的人"。在论述致幻剂问题时，他调动了亚里士多德推理的各种资源，既没有试图去理解地区信仰，也不想彻底揭开其真相。卡德纳斯的分析不容置疑，他认为这些草药的使用效果没有什么神秘的，它

1　Cárdenas, 1988, pp. 267, 269, 268.

2　*Ibid.*, pp. 270, 273.

们使人丧失感觉，引发"痛苦、不舒适的睡眠""恐惧而糟糕的梦"。对头脑的干扰使一些"可怖的、恶的"异象出现，如"魔鬼、公牛、老虎、狮子与幽灵的形象"。因而，认为应使用者的要求，草药本身具有使魔鬼出现的能力，或者认为草药可以启示未来或揭示过去的秘密，这绝对是谬误。亚里士多德的理性并不只是漠视土著世界的一种智识机器，它还是学术堡垒的武器，可以用来全方位地展开战斗，它可以催生一种更加理性的世界观。墨西哥的草药使用者遭到抨击，同样，在欧洲，草药使用者也被针对，他们相信曼德拉草、茛莕及其他草药的疗效，巫婆通常用它们来做药膏[1]。

亚里士多德与粪石

经过"西方理性"的筛选，连一些普遍的认识也被改变。卡德纳斯讨论粪石问题的方式反映了智识全球化的另一个特殊方面。粪石，众所周知，是四足动物的胃肠道中形成的一种结石。文艺复兴时期的整个欧洲都对之迷恋不已。人们对粪石如同对宝石或中国丝绸一样，进行买卖、赠予。人们收集粪石，做成金银饰品。大的粪石丰富了王公贵族的珍品室与宝库。但是，它首先被当作用于治疗的药物，它凝聚了一些认为它是一种强效解毒剂的认识，这些关于粪石的起源与疗效的多元观念在欧洲、亚洲与美洲广泛传播。"东印度群岛与西印度群岛"的印第安人饲养羚羊属的小鹿，是为了从它们的胃里获取粪石。伊比利亚全球化使得各种事物开始有了面对面相遇的机会，有人认为

---

1 Cárdenas, 1988, pp. 276, 268.

印度粪石比新大陆粪石更加有效，因为印度的牧场更加健康卫生，提供的药用植物更好[1]。

加西亚·达·奥尔塔的《印度草药与药理对话录》中的一章"对话"专门探讨了"所有阿拉伯人都称赞的"[2]粪石。波斯人与阿拉伯人称粪石为"pazar"，欧洲人称之为"bezar"，印度人称之为"pedra de bazar"，"意为广场或市集的石头，因为'bazar'意为卖东西的地方"[3]。粪石被用于治疗中毒、"忧郁病"、疥疮、麻风病、瘙痒症，还被用于医治性欲缺失——"可提高在维纳斯的游戏中的能力"。奥尔塔的《印度草药与药理对话录》问世三年后，在塞维利亚，尼古拉斯·莫纳德斯出版了他的著作《针对各种毒药的两种优良解药——粪石与雅葱》。该世纪末，在墨西哥城，胡安·德·卡德纳斯提出，"细腻、珍贵的粪石最早出自印度群岛"，他也为这些天然药物写下整整一章论述[4]。卡德纳斯虽然分享了对粪石功效的普遍认识，但他还是要挑战大众的错误认识，因为"有充分的理由与经验"可以使"真理与真正发生了的东西"取得胜利。如果在"哲学的确定规则"[5]下审视大众的这些错误认识，怎么会以为这种石头在动物的胃里可以一下子就形成？一定需要有极端的热或冷才能有此结果，也就是需要有该动物所无法抵抗的内部温度。同样，卡德纳斯认为将粪石同星宿、行星的运行相联系也是反常的，"这是乱绕圈子，胡说八道"。有人认为动物食用了一种药草作为解毒剂，围绕这种药草便形成了而形成了粪石，卡德纳斯对这种

1　Cárdenas, 1988, p. 188.

2　Orta, 1895, II, p. 231.

3　*Ibid.*, p. 233.

4　Chap. XVI. Cárdenas, 1988, pp. 181 sq.

5　*Ibid.*, pp. 183, 184.

粪石
果阿
17 世纪
维也纳艺术史博物馆

观点也给予了否定。此外，有人提出，长粪石的动物通常是吃药用植物长大的，卡德纳斯认为这种情况只是个别现象，"就算这在某个情况下是真实的，那么在数百万其他情况下也不是这样的"。而且，他不容置疑地总结，"粪石产生疗效的情况极其罕见"。

胡安·德·卡德纳斯通过亚里士多德的三段论对一大部分关于粪石的认识进行了解构。他提出对粪石的普遍功效的异议，使用亚里士多德的理性对世界进行祛魅，并更好地区分（他认为应该区分）了哪些是欧洲、西方精英的思想，哪些是世界其他地区大众的创造与信仰。

在这里，智识全球化标划出学者与大众、西方与非西方之间的界限。这提醒我们智识全球化不仅发生在欧洲，而且也发生在世界其他地区。

被征服者的思想

有一些例外的人试图打破全球化思想的壁垒。在新西班牙，方济各会修士萨哈贡、多明我会修士杜兰等僧侣发掘、利用美洲印第安人的知识，深入了解完全与他们相异的那些地区。他们是怎样做到的？他们是否认为那些地区在智识上同他们的传统一样具有价值？

方济各会修士贝纳迪诺·德·萨哈贡的《新西班牙风物通史》以及《佛罗伦萨手抄本》所包括的卓越的插图版百科全书对此给出了答案。萨哈贡经过对他此前 30 年中的探察所获得的资料的翻译整理，于 1577 年出版了他的《新西班牙风物通史》[1]，其中第六卷明确以古代墨西

1　Sahagún, 1977, II, p. 41.

哥人的"修辞学、道德哲学与神学"为主题。这位僧侣在这里表现出一种罕见的开放精神:"虽说他们是野蛮的、粗野的,他们还是为一些学者、懂得说服人的人、道德卓越的人、在战争中能征善战的英勇之士所指引。"萨哈贡认为古代墨西哥人在诸多方面都十分优秀:"毫无疑问,他们超越了自己,他们极其虔诚地信仰他们的诸神,关心他们的共和国,而且彼此之间非常有礼"[1]。萨哈贡对土著世界的这种敏感性、不断表现出的赞赏很难被西班牙人所分享[2],他坚定地捍卫他的分析的真实性,反对那些认为土著世界只有"编造与说谎"的看法。他同前西班牙时代的墨西哥历史之间保持的密切性从任何角度来说都超出了一般。这种密切性走了多远?怎样解释这种密切性?

萨哈贡首先将宗教作品(包括讲道著作,如他的《基督诗篇》)与他的《通史》写作严格分离开来。在后者中,他在附录、前言与追问中展现了他对自己为拯救印第安人的灵魂而战的传教活动的反思。对这两个领域的具体划分使他可以在最小限度的干扰下探察印第安人社会,他的前辈们未能做到这一点[3]。此外,还有另一个手段使他得以更多地探究土著思想:他使用原始语言(纳瓦特尔语)复制信息收集者的话语,请印第安画家增添视觉信息。我们在《佛罗伦萨手抄本》中看到的即是如此。相对于萨哈贡力图向那些被土著世界的独特性与奇异之处引入歧途或为之感到不快的欧洲读者提供阐释与评论,这种记述方式则保护了一种稳定的自主性。僧侣萨哈贡通过这种方式忠实记

1　Sahagún, 1977, II, p. 53.

2　萨哈贡愉快地赞扬印第安人的"精彩的语言、微妙的隐喻和令人赞赏的警句"。*Ibid.*, p. 90.

3　如 Motolinía, 1970。

录了来自美洲印第安世界的各种信息。除了这些手段之外，他还在数年中定期更新他的材料，改变对话者、地点，这使我们理解了萨哈贡为何能够近距离研究土著世界、经常抓住我们的目光与思想。他所建立的"瞭望台"是独树一帜的。鲜有他人可与之相比，也许只有几位耶稣会士——诺比利在印度、利玛窦在中国、弗雷斯在日本的实践同他做得一样深入。唯一的区别是，萨哈贡在一个被征服的社会和殖民的背景下工作。

　　方济各会修士萨哈贡进入欧洲之外的另一个世界，但是他在那里真正介入了吗？他从未在思维方式上对土著学者有所借鉴，他对界限始终保持清醒。这位传教士的介入局限在他的《通史》中其余的孤立段落中，使读者时不时地接受一些价值判断，把读者从对印第安社会几乎中性的描述、有时甚至带有同理心的描述中突然简单而生硬地带向福音传教中，这样便抹去了一切文化相对主义的可能性。他在第七卷谈及印第安人的"星相学与自然哲学"时也是如此。在这些章节中，语气发生变化，他的判断是决绝的："他们（指印第安人）只懂得极少的事物"，"第七卷中所涉主题的探讨方式十分粗鲁"。[1]他们的平庸低劣显然源于"一种盲目性，它使我们陷入原罪"，这里的"我们"仁慈地包括了印第安人，也包括了欧洲人。在浏览上面一卷时，能够感到作者对读者的反应是有预料的："读者有理由不喜欢阅读第七卷，如果读者既懂印第安语又懂西班牙语，第七卷便会使他感到更加不快。"该作品的治愈目的、该探察的存在都被明确指出："为了治愈他们的盲

1　Sahagún, 1977, II, p. 256.

目……一些寓言将出现在这一卷中。"[1]

萨哈贡与印第安人思想之间的隔阂似乎更加深刻。这位方济各会修士的智识范畴在超自然与自然之间、物质与非物质之间进行了根本的区别[2]。他的智识范畴如同条件反射一样发挥作用，摆脱了他的意识，并引导他用不同方式对他的信息收集者为他提供的材料加以重组。这些信息不断地被去语境化，脱离它们所依据的思想。尽管萨哈贡的好奇心很强，但毫无疑问，他的目标从来不是为欧洲知识带来新的观念，使其得到丰富，而是确定前西班牙时代的印第安人的生活在多大程度上符合可接受的规范。古老的知识被收集、分类、接受与再利用，前提是它们所体现的原则接近基督教价值与人文价值。

相反，任何观念上的偏离都被立即揭示，即使它貌似与欧洲观念相似。萨哈贡评论一则印第安谚语——"还会有另一次，事情将在另一次、在某个时间、某个地方再次发生"，他明确采用了宗教裁判所法官的语气与词汇对它进行了批驳："这种观点属于柏拉图，是魔鬼在这里教训，这种观点是错的，绝对是错的，它与教义相左。该谚语想说的是，曾经发生的事情将再次归于过去，现在出现的事情将会在未来重新出现，世界的未来也会像现在一样，这种观点绝对是错误的，绝对是异端的。"[3]古代墨西哥人为自己的柏拉图主义观点感到满意，但是萨哈贡却没有对它进行智识上的进一步讨论，而是很快便切入对它的

1　Sahagún, 1977, II, pp. 255, 256. 这解释了萨哈贡的这一著作令人感到失望的原因。Angel María Garibay K., 第七卷导语，参见 Sahagún, 1977, II, p. 252。

2　关于物质与精神之间的辩证关系，参见第四与第五卷。

3　*Florentine Codex, Book 6 Rhetoric and Moral Philosophy*, édit. par Charles E. Dibble et Arthur J. O. Anderson, Santa Fe, School of American Research and the University of Utah, 1969, p. 235.

最为严厉的否定。萨哈贡的注释又一次表现出西方智识领域树立起来的壁垒，它不能接受非欧洲思想的特殊性，除了通过那些"符合规则的"偏离以外，而这些偏离又不断地强化了西欧思想史的正统性[1]。方济各会僧侣萨哈贡的情况非常具有启示性，因为他在发现和研究美洲印第安人知识的历史上占有独特地位。正当萨哈贡关注中美洲时间周期的特殊性时[2]，吊桥被重新竖立起来，大门关闭。当伊比利亚侦察舰潜入另一个世界过远时，一切发生得如同智识秩序的免疫性防御体系被激活了一样。

僧侣萨哈贡难道从未被他所潜心探察了数十年的地区所影响吗？《基督诗篇》一书是 1583 年他用纳瓦特尔语撰写并出版的用于基督教节日的颂歌集，阅读此书会得到这个问题的相反答案[3]。该著作使人感到萨哈贡有时在异教的隐喻中走入歧途，虽然他本想在基督教的意义上使用异教的隐喻。事实上，并不是那些以迂回方式大量使用的技巧导致他公然走向土著人的异教，而是这些技巧所引入的思想的混合性使该著作无法保持对正统性与特伦托教义、法规的忠实，这种思想不断充斥着模糊性，它源于作者对一种被他错误地认为与原始的异教内容无关的形式的借鉴。萨哈贡难道完全没有意识到这些偏离吗？他认为异教的隐喻已经在基督教中系统化地循环再生了吗？他料到他的做法具有的风险性了吗？最终，宗教裁判所还是禁止了此书的流通。

1　关于 16 世纪思想与潮流，参见 Michel J. Jeanneret, *Perpetuum mobile. Métamorphoses des corps et des œuvres de Vinci à Montaigne*, Genève, Macula, s.d.。

2　Alfredo López Austin, *Cuerpo humano e ideología. Las concepciones de los antiguos nahuas*, Mexico, UNAM, 1980, I, pp. 71-72.

3　Louise M. Burkhart,《Flowery Heaven. The Aesthetic of Paradise in Nahuatl devotional Literature》, in *Res*, 21, summer 1992, pp. 89-109.

另一个迹象却表明了这种近距离探察的巧妙之处，也彰显了西葡帝国的这个边缘地区的吸引力，在这里，萨哈贡度过了自己一生中的巅峰阶段。他通过积累起来的各种细节极其精细地描述了墨西哥的古代社会，这些细节对于方济各会修士的传教目的来说似乎并无必要，甚至多余。他的一丝不苟的关注无疑暴露了研究对象在他眼中的魅力。萨哈贡越是无法将目光从那里移开，便越不想遗漏掉任何东西[1]。似乎他在信仰之外所接受的偏见与观念还有其他的壁垒都阻止他冒险尝试跨越界限，尤其当他面对一个不同的社会所包含的无法解释的东西时，更是如此。一方面，信息收集者无法将他们的全部现实情况对他进行汇报；另一方面，僧侣萨哈贡无法超越自己的理解力。萨哈贡处于他必须全力避开的东西（陷入偶像崇拜与混合的陷阱）与一项似乎没有止境的任务（以详尽无遗的方式向欧洲人诠释美洲印第安世界）之间。萨哈贡是一位摆渡人，同所有摆渡人一样，他受限于他所接受的教育与他的目标。

从诺比利的印度到弗雷斯的日本

亚里士多德学说的不可渗透性、封闭性在亚洲是否遇到例外情况？它同亚洲思想之间存在相互交流、借鉴、影响的可能性吗？耶稣会士比在墨西哥的方济各会修士萨哈贡更有能力吗？耶稣会士在同"活文明"打交道方面更具优势，不利方面是除了在果阿及葡萄牙人的在场得到充分确认的地区之外，他们没有置身于被征服的地区的经历。一

1　对萨哈贡的态度的另一个分析认为他的解读具有讽刺性：Klor de Alva, 1988, pp. 45-46.

些主体试图进入到另一个大陆，他们又一次成为他们所属群体中的特例。这些耶稣会士作为基督教会在亚洲的代表人物，同萨哈贡、杜兰一样，更多地反映了全球化的极端局限性。大量的耶稣会士在果阿、澳门、日本对他们置身的社会只表现出疏离的兴趣，他们的任务是福音传教，而不是民族志研究。

耶稣会士力图使基督教适合于当地社会，墨西哥的方济各会修士很久以前在此方面便超过了他们，方济各会修士采用土著人的方式来指代神性，甚至在他们传教的起初几年穿蓝色棉袍（阿兹特克神话中战神威齐洛波契特里的古代祭司所穿的袍子）[1]。在新西班牙，来自异教的土著元素数不胜数，包括崇拜场所、器物、植物、动物、歌曲、舞蹈、乐器、古老的宗教日历、图像符号，托钵修会获取并利用了它们，以便将印第安人引向基督教[2]。在墨西哥，然后在秘鲁，前西班牙时期的世俗领域因与远古时代的习俗相连而被宽容，它被与那些同偶像崇拜相连的大量谬误、迷信区分开来。

在印度，罗伯托·德·诺比利是这种文化适应的佼佼者之一，他试图在土著人的生活方式、思想与宗教中寻找那些同基督教可以和谐并存的元素。这位意大利耶稣会士在泰米尔人的国度（指印度）的中

1　Solange Alberro, *El águila y la cruz. Orígenes religiosos de la conciencia criolla. México, siglos XVI-XVII*, Mexico, FCE, 1999, pp. 31-63.

2　在印度与墨西哥，土著摆渡人通过重建或创建历史的"经典"文本，服务于欧洲人的计划。如博尼法西奥·萨斯特里（Bonifacio Xastri），他是"当地宗教文本专家，以及他们的基督教批评家、评论家"，堪与诺比利相提并论。Ines G. Zupanov, *Disputed Mission. Jesuit Experiments and Brahmanical Knowledge in Seventeenth Century India*, New Delhi, Oxford India Paperpacks, 1999, pp. 245, 244.

心[1]马杜赖停留期间，采取了一种策略——拉近自己同文人精英的距离，在自己的身份认同与婆罗门种姓之间建立关系。他采用了他们的服装、饮食制度、说话方式、行为方式，以至于拒绝自己被认为是一个纯粹的、普通的欧洲人[2]。在欧洲与当地社会之间存在着某些沟通桥梁，至少在最高级别的领域存在，这些桥梁应该得到利用：梵语是"这个国家的拉丁语"[3]，婆罗门僧侣的主导群体可以说是耶稣会士的天生的对话者，诺比利则认为自己可以从印度婆罗门观念中找到开启对话与和解之路的钥匙。这位意大利耶稣会士以超乎寻常的果敢力图诠释婆罗门僧侣的文本，而不是将它们抛入偶像崇拜的黑暗中。他还探究印度教的基本范畴，如达摩的各种含义[4]。这位罗马耶稣会士的各种努力取得了成果——罗马及果阿宗教当局允许新近皈依基督教的异教徒保留一系列不同的符号：圣线、发束、檀香与沐浴。这些符号应被视为社会标志物，而不是偶像崇拜符号[5]。的确，在墨西哥城、秘鲁，土著贵族在近一个世纪以来保留了一项权利——每逢大型节日穿戴前西班牙时期的服饰，显然没有一丝偶像崇拜的痕迹[6]。

与萨哈贡的新西班牙不同，非西方社会带给诺比利的压力是持久

---

1 V. Nayarana Rao, D. Schulman et Sanjay Subrahmanyam, *Symbols of substance : Court and State in Nayaka Period of Tamil Nadu*, Delhi, Oxford University Press, 1992.

2 Zupanov, 1999, p. 5.

3 *Ibid.*, p. 238.

4 "达摩"接近于道德、宗教义务的概念，它是传统印度文学赋予人生的 4 个目标之一。S. Arokiasamy, S.I., *Dharma, Hindu and Christian according to Roberto de Nobili*, Rome, 1986 ; Joan Paul Rubiés, *Travel and Ethnology in the Renaissance, South India through European Eyes, 1250-1625*, Cambridge, Cambridge University Press, 2000, pp. 341-343.

5 *Ibid.*, p. 242.

6 Gruzinski, 1999, pp. 225-241. 如西班牙当局曾经鼓励表演康塔塔，这种声乐体裁的歌词、音乐与动作特征体现了异教徒的影响。

的、无法控制的。诺比利要融入一个异教世界,但既不能同他自己的信仰决裂,又不能同果阿、澳门、罗马的宗教机构断绝联系,这带来的挑战与各种保障相比更为强大。保障来自欧洲人、耶稣会学院、教会当局,然而在诺比利所在的地区,它们并不存在,于是他只能依靠自己[1]。诺比利的著述与文书很有可能只是显示了一个在神学上可以被罗马与里阿都接受的版本。只要他没有完全、切实地加以控制,他的任何过激话语都会使他的作品被查禁。因而,这位耶稣会士的话语不可避免地折射出全球化的影响,值得我们对之进行思考。诺比利为将世界的不同地区连接起来,构建了对印度婆罗门教的个人观点,并从婆罗门教文本中抽取出他所熟悉的一些观念———一个唯一的神的存在、三位一体。此外,他还想在基督教神学、哲学和伦理的预制框架下呈现他的信息提供者带给他的信息[2]。没有什么可以把印度教的主要观念带入耶稣会的思想中。诺比利也许经历了内心的混乱不安与变化,但从表面上看,并没有什么突破。相反,"诺比利对湿婆教义的观点建立在对它所做的简化翻译的基础上,他较少地领会其意义,而更多地旨在陈述他所拥有的托马斯主义、经院神学的理论工具,显示他有能力使他的对话者陷入沉默"[3]。欧洲思想无法摆脱全球化的限制。即使在智识上,甚至在情感上,诺比利或萨哈贡都深入到他们所在地区的传统中,以至于他们相信不同的智识、精神世界之间是可以相互理解的,他们所设想的联系也必须在他们和西葡帝国的前提条件下才能建立起

1　只有一个例外——陪同他的那位耶稣会士不断地批评他的行为。

2　Zupanov, 1999, p. 25.

3　*Ibid.*, p. 155.

来，即只有在经院哲学与基督教的框架内才可进行[1]。

事实上，文化适应的范例还包括在日本的耶稣会士范礼安（Alessandro Valignano）[2]。16世纪末，耶稣会士在日本密切关注日本群岛的宗教与信仰[3]。路易斯·弗雷斯的著述从中选择了一系列元素，力图将它们逐条地与基督教对立起来，但并没有对它们进行夸张、讽刺与抨击。相反，他撰写的历史是他作为一位欧洲人贡献给16世纪日本文学的里程碑，它对日本群岛的那些"宗教派别"则不那么友好。但是，其中有一些声音试图将儒教的片断同基督教连接起来。《平家物语》是日本一位皈依基督教的信徒——法比安弟兄对13世纪的一个文本的改编，书中包含了一些受儒教启发的格言，这些格言可以在布道中使用。在对《伊索寓言》的翻译中，法比安对原始文本进行了转换，栎树与芦苇变成了棕榈树与竹子，而且为了不触犯儒教的敏感性，甘愿冒颠覆某些道德原则的危险[4]。但是，这些联系只是个别情况。这位日本耶稣会士法比安在《妙贞问答》中，将造物主上帝的全能同佛教、日本神道、儒教中的"空"相对立，"为使人类最高的愿景合理化而对宇宙起源论做出的所有其他解释与尝试在神谕的霸权面前，都变得毫

1　Joan Paul Rubiés, 2000, p. 343. 该作者指出这种做法的颠覆性一面，当它被移植到基督教，而不是应用到异教，它便会使世俗领域与宗教领域分离开来。启蒙运动的反天主教、反基督教批评吸取了这些传教士的开拓性经验：又一次证明，并不是外部的不同概念体系革新了西方思想，而是西方思想的杰出代表人物革新了西方思想。

2　J.F. Moran, *The Japanese and the Jesuits : Alessandro Valignano in Sixteenth Century Japan*, Londres et New York, 1993 ; Josef Franz Schutte, Institute of Jesuit Sources, S.I., *Valignano's mission Principles for Japan*, St Louis, Routledge, 2 vol., 1980.

3　George Elison, *Deus Destroyed. The Image of Christianity in Early Modern Japan*, Cambridge et Londres, Harvard University Press, 1988.

4　Proust, 2002, p. 10.

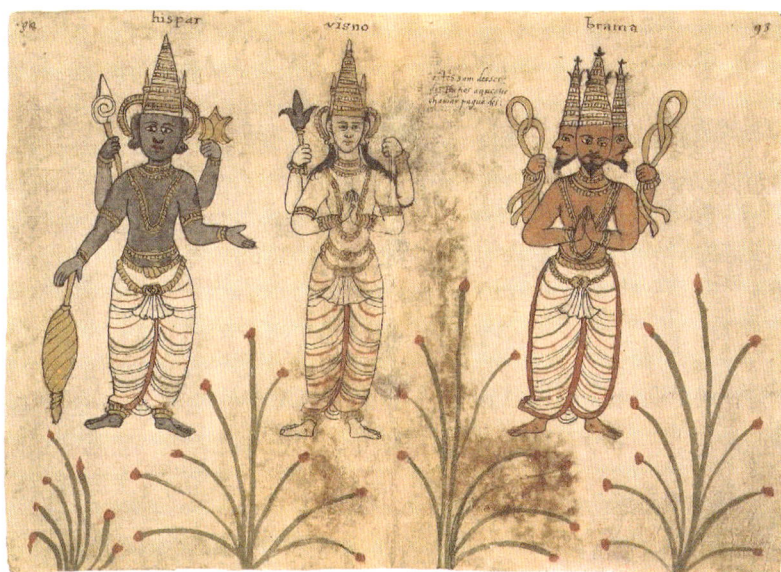

印度教诸神
选自《卡萨纳特手抄本》
罗马卡萨纳特图书馆
16 世纪

无价值"[1]。

在日本，耶稣会士们惧怕看到日本群岛文人发现亚里士多德学说同他们自己的智识传统之间的相似性，这一点大大限制了亚里士多德思想的传播，即使亚里士多德并没有在耶稣会士为日本人提供的教育中完全缺席。这种惧怕是有道理的，因为耶稣会背教者他们常常因严刑拷打而走向了迫害他们的日本人阵营，进而将亚里士多德的原则同基督教的谬误对立起来。葡萄牙前耶稣会士克里斯托沃·费雷拉（Christóvão Ferreira，后改称 Sawano Chuan）在《被揭露的谎言》中提出，亚里士多德哲学与日本思想之间存在连续性："在耶稣基督诞生之前……在南蛮之地便有一位伟大的学者——亚里士多德，他谈及天地之初始，正确地记下天地并没有初始。……简单的范畴即存在物而非创造物的范畴包括地、水、火、空气与天，它涉及非被创造出来的存在，因而既无开端，亦无结束，由此神秘地得出阴阳结合的结论。这对所有人来说都是清楚明了的。在教化中解释世界上有天、地的一位造物主，他是统治一切的唯一主宰，这仅仅是为了奠定切支丹教[2]的基础的一个臆造"[3]。充满悖论的是，即便这里存在思想上的联系，这种联系也是反对耶稣会士，反对基督教的。因此，为使亚里士多德学说同其他概念世界发生联系，伊比利亚全球化就必须转而反对它本身，进而使力量关系发生逆转。

全球化的玻璃隔墙产生裂隙，亚里士多德"加入"亚洲思想流派

1　Elison, 1988, p. 165.

2　"切支丹"也称"切利支丹"，是"基督教"的日本译名。——译者注

3　*Ibid.*, p. 298. 法语译文参见：Jacques Proust, *La Supercherie dévoilée. Une réfutation du catholicisme au Japon au XVIIe siècle*, Paris, Chandeigne, 1998, pp. 66-67.

中，正在这时，日本开始消灭那里的基督教徒，赶走混血儿，对西班牙人、葡萄牙人关闭大门，将西化统统归于伊比利亚人的模式，予以丢弃。这回轮到日本人对天主教徒施以酷刑、折磨，严重程度甚至超过了墨西哥城与果阿的宗教裁判所。1639 年，日本审查官在平户市发现荷兰仓库的建筑上带有基督教公元纪年的日期——"公元 1639 年"，东印度公司的商人们于是被迫拆毁了遭到指控的建筑物，因为日本人认为它带有对"南蛮"宗教的令人不可忍受的暗示性。这使人相信，基督教与伊比利亚人的统治的双重性阻碍了不同思想之间的交流，保证了西葡帝国的各个地区的智识领域的封闭性。

错误的相遇？

17 世纪初，中国的耶稣会士在帝国、哲学的边界上进行了比贝纳迪诺·德·萨哈贡、罗伯托·德·诺比利更加冒险的尝试[1]。当萨哈贡谈及 1576 年西班牙的两位奥古斯丁派信徒来到中国[2]，他深信"在中国的那些王国里……人们精明能干、很有礼貌，而且知识渊博"。中国当时成为福音传教在全世界范围内的终极目标，在美洲进行的福音传教只是天主教信仰传播之路上的一个"候见厅"或一个阶段。萨哈贡会想到耶稣会士可以走得更远，甚至可以进入中国思想中，而且与他一样

1　Horácio Peixoto de Araújo, *Os jesuítas no império da China. O primeiro século (1582-1680)*, Macao, Instituto Português do Oriente, 2000.

2　Sahagún, 1977, III, p. 357.

也遭遇窘境吗[1]?

这些来到中国的耶稣会士中最卓越的人物无疑是利玛窦神父[2]。这位马切拉塔（意大利）的耶稣会士 1589 年到达中国[3]，他试图将基督教与儒教相联系，使中国人摒弃佛教与道教。利玛窦的传教并没有仅仅依靠他所习得的亚洲哲学，他获得了在中华帝国行政机构中占据要职并皈依了天主教的中国文人的支持：徐光启（1562—1633）、李之藻（1565—1630）、杨廷筠（1557—1627）。其中，徐光启官至崇祯朝礼部尚书，该官职在明代中国炙手可热[4]。即便中国第一个天主教会的这三大支柱的皈依并不仅仅涉及智识或宗教信仰问题，但似乎对于思想形式的移入来说，没有比这更加有利的状况了。耶稣会士为接近中国思想而做出的努力无疑建立了高水平的智识交流与联系。他们是否与欧洲智识体系不受外部影响、不与外部世界相混合的原则产生了矛盾？

中国的情况并没有使我们在印度、墨西哥观察到的东西丧失价值。耶稣会士在中国的活动同样也遭遇到内部限制与外部限制。在一个长期阶段中看，这些限制体现了罗马天主教会面对大胆冒进一直保持的敌视态度。事实上，仪式问题最终使耶稣会士受到冷遇，但是这种结果尤其归因于基督教在中国的失败，尽管教会当局曾做出让步，并且勾勒出和解的轮廓。对基督教的拒绝首先同语言、交流问题相连。由

1　D.E. Mungello, *The Forgotten Chirstians of Hangzhou*, Honolulu, University of Hawaï Press, 1994; *The Great Encounter of China and the West, 1500-1800*, Lanham, New York, Rowman & Littlefield Publishers, 1999.

2　Jacques Gernet, *Chine et christianisme. Action et réaction,* Paris, Gallimard, 1982; D.E. Mungello, *The Rites Controversy. Its History and Meaning*, Nettetal, Steyler,1994.

3　此处原著有误，利玛窦进入中国的时间应为 1583 年。——编者注

4　Mungello, 1999, p. 14.

利玛窦
1602 年

于缺乏指代"存在""本质"这些概念的专门词语，使得经院哲学的行为原则、道德原则的中国化成为一个无法完成的任务。中国的种族中心主义也许是另外一个原因：对于天朝的文人来说，真理只来自他们的传统，这才是唯一的"正道"，可以说，这与伊比利亚全球化刚好南辕北辙。此外，耶稣会士的传教本身也有其自身的障碍。耶稣会成员的行为受反宗教改革运动的影响，他们的身份是上主的司祭，而在中国一个人不可能既是司祭也是文人[1]。尤其，耶稣会士试图在中国思想与西方思想之间建立起一座桥梁，却遇到欧洲思想全球化所带来的限制与约束。然而，日常的障碍乍一看似乎已被例外地消除了。为使中国人接受基督教，利玛窦清楚必须经过儒教这一矩阵，因为它是确立正统性（汉语谓之"正"）的必要条件[2]，同时，他接受基督教教义被中国文人重新思考：信仰被呈现为世界的哲学与百科全书知识的一部分，它同地图绘制术、数学、天文学与占星术一道构成一个体系，在这个体系中，它们被充分调动起来，发挥作用，以便能够引起中国对话者的强烈感受。但是，智识上的联系的建立主要以利玛窦对儒学有选择性地重新解读为基础。这位耶稣会士借鉴儒学，将它归结为一种缺乏形而上学观照与宇宙论背景的学说。基于这一点，他只保留了与孔子（公元前 551 年—公元前 479 年）的时代相连的旧儒学而摒弃了从 10 世纪开始发展起来的新儒学。

在佛教与道教的双重影响下，儒家学说当时获得了宇宙论与形而上学的维度，同时，它在唯物论与无神论的方向上发展[3]。新儒家强调

1　Erik Zürcher, *Bouddhisme, Christianisme et société chinoise*, Paris, Julliard, 1990.
2　Bailey, 1999, p. 87.
3　Mungello, 1999, p. 74.

一种基本的宇宙原则——太极，它以迥异于基督教的方式、通过产生与衰败的持续而同时发生的进程生成世界[1]。新儒家发展了最高原则的阴阳图，它概括了这一进程，区分了既互相对立又互相补充的阴、阳两种力量：这两个元素以分离的方式产生上升的多样性，之后又回归统一，这一循环重复[2]。毋庸置疑，所有这些观点都绝对同基督教对《创世记》中出现的从无到有的创造的信仰背道而驰。

然而，儒教在利玛窦所描述的形式下则显得缺乏可能会与基督教产生冲突的宇宙论的维度。利玛窦的观念（尤其将"天"视为至高无上的、个人的存在）被新儒家公开批评与否定。因而，即便那里存在开放性，这种开放也仍然是有选择性的，它主要依靠对中国思想的一种具有争议性的诠释。利玛窦想要把孔子从各种诠释的粗糙表象下解放出来，他认为那些诠释曲解了孔子的思想。他的努力最终导致一种思想（儒教）与一个名字（孔子）在西方智识中的诞生[3]。儒教成为耶稣会士在中国与基督教之间搭建的一座桥梁。但是，这要求中国哲学传统存在不连续性，而中国历史上从来没有产生过这种情况。

耶稣会士还利用了另一个中国元素：明代所特有的诸说混合，它在过去促进了儒教、佛教与道教之间的融合。耶稣会士们力图使这种诸说混合发生偏移，以使其有利于基督教的传播，甚至使基督教可以取代佛教与道教的位置[4]。在这样的情况下，可以说欧洲思想对中国思想

1　受到周敦颐（1017—1073）、朱熹（1130—1200）等思想家的影响。

2　*Ibid.*, p. 39.

3　中国人称"文人教育"为"儒教"。Mungello, 1999, p. 73. 孔子的拉丁文名为"Confucius"，它于 1687 年首次出现在欧洲著作《中国贤者孔子》（*Confucius Sinarum Philosophus*）中。

4　Mungello, 1999, p. 16.

具有渗透性吗？这里更多地可以看出一种过滤与操控最终改变了其内容与历史。智识全球化似乎只从外部借鉴那些它可以将其纳入自己的矩阵的东西，它采用外来元素必须符合一个前提条件，即智识全球化在该元素中可以找到自己的形象。总之，这一小小的开放既没有发生在西葡帝国的内部，也没有发生在西葡帝国的外围空间。利玛窦、诺比利所体现出来的智识上的开放性是他们在地区形势、力量关系都完全不利于耶稣会士及基督教的情况下所采取的策略。与美洲、非洲甚至印度都不相同，中国留给耶稣会士的回旋余地微乎其微。

失败的尝试

墨西哥、中国与泰米尔的皈依者无疑在这些联系与错误的相遇中扮演了重要角色。在中国，皈依基督教的文人的支持是建构耶稣会儒学的各种操作的必要条件：徐光启认为基督教应"补儒易佛"[1]。皈依天主教的文人与传教士长期展开合作，发掘基督教与儒教之间真实或潜在的相似性。但是，远离罗马天主教会的其他的皈依者没有试图将各种思想与神话相联系吗？

墨西哥隐修院中的装饰壁画证明，印第安画家以绘画上罕有的成功为智识上果敢的结合加上了浓墨重彩的一笔。我们可以估量他们在绘画中冒险展现的各种联系、结合的深度与价值。无论动机如何，它们证明了一种混合思想，这种思想在全球化领域之外、在西化与福音传教的边缘得到充分发展。但是，在西方封闭的势力空间之外，没有

1　Mungello, 1999, p. 17.

全球化：普韦布拉的阿兹特克涂鸦画家创造的令人费解的、巧妙的混合注定永远无法走出本地化状态，它呈现在当地教长之家的墙上，后来消失在尘埃与石灰之中。修道院的壁画遭遇了同样的命运，它们在美学与概念上的新发现在数个世纪中无人问津[1]。在同一时代，印第安文人、美洲印第安人—欧洲白人混血儿文人试图在美洲印第安传统中找寻与基督教一致的特征。如墨西哥印第安人—欧洲白人混血儿胡安·波马尔、阿尔瓦·伊克斯特尔克斯奇特尔都揭示了在特斯科科的历史上存在一神论，这样便使他们的异教祖先的思想同基督教、欧洲哲学产生了关联：内萨瓦尔科约特尔国王这位智者应比柏拉图及其他哲学家更为卓越，他预知天地万物的创造者的存在、一位创造了有形与无形事物的唯一的神的存在[2]。这些关联性的提出也以重新解读、选择与重新诠释为基础，它们出自那些对两个世界都有了解的文人，这些人本可以为更具学术性的连通铺平道路。这些联系与比较因其自身严格的地方性而没有机会被扩展到世界的其他地区。直到 20 世纪下半叶，人们才开始对"被征服者们的观点"产生兴趣。

今天，不应该谴责安东尼奥·卢比奥没有像同时代的利玛窦对中国那样对印第安人的智慧持开放态度。西班牙人在他们的新大陆王国中的胜利促使他们并不重视土著知识，尽管杜兰们与萨哈贡们热衷于收集土著知识并将其整个保存下来。西班牙人的征服做得如此完美，以至于这个问题并没有被提出。思想的全球化可以毫无障碍地展开，大学里的思想家们同样式主义的画家们一样，在创作中不受其他思想形式与表达形式的干扰。

---

1 Gruzinski, 1994.

2 Alva Ixtlilxóchitl, 1975, I, p. 405.

彼得·伯尔：地球仪与白鹦静物画
1658 年
维也纳美术学院美术馆

尾声

从电影《黑客帝国》到卡蒙斯

他已躺在他镀金的床上，

在那里，想象是最忠实的，

他的头脑里不断地回想起

他的职责和他的身份所肩负的义务

他的双眼被甜美的睡眠所征服，

而这并没有使他的心灵松懈；

因为只要他一屈服于疲劳，

梦神（希神）便以各种形式出现在他面前。

他似乎上升到高处，

以至于可以触碰到"第一领域"，

在那里，他面对着多个不同世界……

——卡蒙斯：《葡国魂》，第四章，68

救世主降临说与千禧年说传播到世界的四个部分，传播到西葡帝国的疆域内，也传播到其疆域外[1]。伊比利亚半岛有官方的救世主降临

1　见本书第 16 章。

说，它与伊比利亚的君主们相关联，产生了或多或少的影响。在 16 世纪，这些观念围绕着葡萄牙国王曼努埃尔、皇帝查理五世及其子菲利普二世传播开来。在僧侣阶层，方济各会修士形成了源于中世纪千禧年说的一种传统，它经由他们的传教活动在美洲传播开来[1]。救世主降临说与千禧年说也在那些探讨西葡帝国命运的僧侣与诗人的笔下相互交织。在新西班牙，它们被杰罗尼莫·德·门迪塔热情地表现出来，也被他在方济各会的教友胡安·德·托尔克马达较为谨慎含蓄地予以表达；在亚洲，路易斯·德·卡蒙斯以史诗般的宏大气势对它们加以表述；在欧洲，托马索·坎帕内拉则以它们为基础，孕育了他具有哲学性的、带有必胜信念的散文[2]。

在这些立场之外，出现了其他表现对现状不满的、隐秘的救世主降临说。其中，某些救世主降临说向葡萄牙拙劣的匠人冈萨洛·阿内斯·班达拉[3]的预言诗偏移。他的预言诗经伊比利亚半岛在大众阶层中传播；另一些救世主降临说则同对塞巴斯蒂安国王的回归的期待相结合，该国王在他对摩洛哥展开的疯狂的十字军东征中神秘失踪。此外，在巴伊亚的萨尔瓦多地区、塔基·翁科伊（Taki Onkoi）周围的安第斯地区或在墨西哥的人—神背后，新大陆的印第安人、美洲印第安人—

---

1 Alain Milhou,《Apocalypticism in Central and South American Colonialism》, in *The Encyclopedia of Apocalypticism*, édit. par Stephen J. Stein, New York, The Continuum Publishing Company, 1998, III, pp. 3-35.

2 John Leddy Phelan, *El reino milenario de los franciscanos en el Nuevo Mundo*, Mexico, UNAM, 1972; Adriano Prosperi, *America e apocalisse e altri saggi*, Pise, Rome, Istituti Editoriali Poligrafici Internazionali, 1999.

3 Gonçalo Anes Bandarra, 1500-1556, 葡萄牙鞋匠与先知。——译者注

欧洲白人混血儿领导了预言运动[1]。在全球化时代，救世主降临说与千禧年说不仅影响着西葡帝国的臣民与被征服者，而且，伊斯兰教国家、奥斯曼帝国、萨法维王朝的波斯、大莫卧儿王朝的印度也庇护着一些希望与顽念，它们赋予千禧年说的期待与普世统治的梦想一种全球维度[2]，甚至在丰臣秀吉幕府统治下的日本也被预言涵盖在内。

　　这些观念在 16 世纪传遍全球之后，似乎在今天的美国电影产品中重新出现。从 20 世纪末开始，加利福尼亚的电影公司所发行的电影中混合了科幻、特效与世界末日场景。尤其在"黑客帝国三部曲"与"终结者三部曲"中，主人公为一种神秘的天意所驱使，同邪恶展开斗争，《终结者》中的杀人机器、《黑客帝国》中的信息系统都是恶的化身。我们可以把这些奇幻想象归于娱乐工业，也可以发现，这些影片尽其所能地反复使用了一些陈旧的材料。事实上，《黑客帝国》与《终结者》同西方的救世主降临说传统不无联系。这两个系列影片的情节都彻头彻尾地指向对人类的拯救与解放：每次一位被拣选者都是被命中注定的母亲所生（《终结者》），他被赋予保护未来人类的使命或保护城市—避难所的使命（《黑客帝国》中的锡安[3]）。梦（《终结者》）、启示（《黑客帝国》中的神谕）还有一些次要的细节，如带走主人公尼奥[4]的船舰的名字"纳布乔诺索尔"[5]，它们都涉及犹太—基督教的救世主降临

1　Vainfas, 1995; Serge Gruzinski, *Les hommes-dieux du Mexique. Pouvoir indien et société coloniale, XVIe-XVIIIe siècles*, Paris, Editions des Archives contemporaines, 1985.

2　Subrahmanyan, 2001.

3　"锡安"（Sion）一词来源于《圣经》中的一个地名，即旧约中的耶路撒冷。在影片中，它代表人类最后的避难所。——译者注

4　Neo，他的名字来自前缀 Neo-，有救世主之意。——译者注

5　Nabuchodonosor，为"尼布甲尼撒"的拉丁文形式，来自《圣经》中记载的迦勒底国（古巴比伦南部）的国王名。——译者注

说与千禧年说中的伟大的传奇故事[1]。可见，深深根植于西方历史的一些观念与信仰披上虚拟的华丽外衣重新回到了我们身边。这些问题的优秀专家之一——诺罗·科恩（Norman Cohn）认为救世主降临说与千禧年说是马克思主义出现之前对西方思想影响最大的思潮之一[2]。但是，这些历史无法解释《黑客帝国》与《终结者》在全球范围内获得巨大成功的原因，也无法说明应赋予它们何种意义。

在16世纪，救世主降临说与千禧年说向人们灌输了对世界及其未来的愿景——在一个从地区到全球的急剧变化的时代，它是一个不容忽视的信息。当世界的四个部分之间孕育出各种其他的联系之时，这些信念通过传播一种向多种阐释开放的洲际想象将不同地区的人们联系在一起。从巴西的巴伊亚到印度的亚格拉、从墨西哥城到威尼斯，各种各样的状况与反应在救世主降临说与千禧年说的运动中表现出来。关于它们，有各种说法，其中有官方的，也有隐秘的，有混合的，也有全球化的，有欧洲的、美洲的，还有亚洲的，有基督教的，还有伊斯兰教的。在16世纪伊比利亚全球化的背景下，所有这些版本都专注于建立各种想象，它们将全球变化涵盖其中，为建立世界性霸权的欲念辩护，同时也鼓舞了地区独立的愿望。

今天，《黑客帝国》与《终结者》利用了同样的一些信念，它们使这些信念的另一个版本全球化。它们将被拣选者抗击邪恶势力的巨大场面投射到世界各地的银幕上。美国的媒体、电影公司在无数盟友的

1 《圣经》中讲述了这位巴比伦国王曾做过一个梦，梦中显示了帝国的更迭。

2 Norman Cohn, *En pos del milenio*, Barcelone, Barral, 1972, p. 115. 尤其源于约阿希姆·弗洛尔（Joachim de Flore）的思想的那些思潮。

支持下，通过使用全球化所散播的冷酷的极权主义来影响观众[1]。好莱坞的图像将它对人类命运的一种基本阐释强加给受众，并反复强调（美国的）英雄在摩尼教善恶二元论的、命中注定的世界历史图景中的无所不能、至高无上。《黑客帝国》表面上的多元性来自它对佛教、亚洲电影或《奥兹国的魔法师》（《绿野仙踪》第一部）的借鉴，而这种多元性只是投射在其西方内核基础上的一张美丽外表，是一种表面上的混合。它之所以在语言与参考元素上偏离了中心，是为了使影片更容易被传播开来。伊比利亚全球化从未被当作一个帝国信息呈现出来，同样，当代的全球化也从未表现为它是美国全球化的官方意识形态。好莱坞（电影）工业意欲在它自身周围制造真空，它生产的图像具有深刻的排他性，对于那些可以赋予世界以其他意义的图像，它一概都要消除。

　　加利福尼亚的电影公司日复一日地使全世界的观众沉浸在全球化的温室中，在那外面，还有什么可以幸存下来？一些少数的地区性创作如同说教性寓言一样，在抵抗戏剧与想象的标准化。它们使观点多样化，使电影风格与传统得到丰富。从日本电影中没有救世主的世界末日（黑泽清的《回路》）到中国台湾电影中的没有英雄的、沉浸在倾盆大雨中的世界尽头（蔡明亮的《洞》）。它们使墨西哥历史破坏性地回归（亚利桑德罗·冈萨雷斯·伊纳里多的《爱情是狗娘》），还残酷地揭开了位于加利福尼亚山区的一个偏远城镇深处的帝国"地区"及其骗局的神秘面纱（拉斯·冯·提尔的《狗镇》）。

　　好莱坞的全球化尽力设法消除在好莱坞全球化之外所建立起来的各种联系，这些联系将中国香港与布宜诺斯艾利斯在王家卫的《春光

1　Jonathan Rosenbaum, *Movie Wars. How Hollywood and the Media conspire to limit what films we can see*, Chicago, A Cappella Books, 2000.

乍泄》中连接起来，将里斯本与圣彼得堡在亚历山大·索科洛夫的《父子迷情》中连接起来，将中国台湾与巴黎在蔡明亮的《你那边几点》中连接起来。同西葡帝国时代的全球化一样，好莱坞全球化并未通过禁止或公开审查来推进。只要使来自他处的作品的传播陷入完全停顿，或通过使外国电影编导落入好莱坞外国记者协会主办的"影视金球奖"的陷阱来扼杀这些电影人（如保罗·范霍文、吴宇森、徐克、林岭东、李安）的创造力便足够了。

今天的全球化非常隐秘，它没有公开的纲领，没有不必要的影响，它隐藏在全球化最激烈的表现背后，被西化的喧嚣与反西化的喧嚣所遮蔽。今天的全球化使世界的一个部分对另一个部分的支配显得自然而然、不可抗拒，而且极其具有普遍性。今天的全球化涵盖了千篇一律的身体特征的诱惑力，涵盖了由先进技术、因特网与手机构成的不可撼动的威慑力，也涵盖了娱乐业的无限魅力[1]。它无论是在削弱各种反应还是在挫败各种反击上，都对自身非常自信。

美国的全球化并不是伊比利亚全球化的继承者。伊比利亚全球化在很早以前便已陷入停滞，它因发展缓慢而最终失去了西葡帝国赋予它的全球框架。从 17 世纪 30 年代开始，陷入混乱：西班牙金融与政治危机、葡萄牙与加泰罗尼亚地区的叛乱、那不勒斯起义、法国与低地国家的胜利进攻、日本对伊比利亚人关闭国门、民族国家的崛起，它们最终导致了西班牙王国与葡萄牙王国之间的联盟的解体[2]。西葡帝

---

1 美国好莱坞、巴西环球电视网、墨西哥传媒集团（Televisa）及其他电视公司。

2 国家结构的逐步统一化并不利于大的"复合式君主国"。John H. Elliott,《A Europe of Composite Monarchies》, *Past and Present,* n° 137, novembre 1992, pp. 48-71; Rafael Valladares, *Castilla y Portugal en Asia (1580-1680). Declive imperial y adaptación*, Louvain, Leuven University Press 2001.

国在里斯本、罗克鲁瓦（法国城市）与长崎遭遇的失败也标志着伊比利亚全球化的失败。但是，伊比利亚全球化的影响远未完全消失：与墨西哥瓜德罗普圣母崇拜在美国获得成功一样，贝伦圣母节的盛大仪式是针对这一点的又一个令人惊讶的证明。

作为一个令人惊讶的综合体，当代亚马孙地区的贝伦圣母节体现了过去的另一个时代的残余痕迹。2001 年 10 月的贝伦圣母节大游行汇聚了我想要在本书的漫长论述中讨论的大部分问题。由黑白混血儿、美洲印第安人—欧洲白人混血儿、亚马孙地区印第安人—欧洲白人混血儿、贫穷的白人组成的人群力图在贝伦驱散战争的危胁，他们从葡萄牙人统治该地区的时代所留下的行为与信仰中汲取希望。游行时，亚马孙地区的巨大的黑秃鹫在仪式队伍的上空盘旋，它窥伺着大众的热情与马路上混杂而喧嚣的队伍，伺机使这些人成为它们的食物。不远处，在码头区的寂静中，当代全球化的无声前哨回荡着贝尔纳多·德·巴尔布埃纳的狂妄自大、扬扬得意的诗句，传遍贝伦杜帕拉：

> 有钱时谁还会过得不好？
> 有钱时谁还会难以感到欢乐？
> 享受着这个世界的人们
> 忘记了还存在着另一个世界，
> 这难道有什么不公平吗？ [1]

1　Balbuena, 1990, pp. 83, 76.

参考文献

缩写

AGI : Archivo General de Indias, Séville

AGN : Archivo General de la Nación, Mexico

BAE : Biblioteca de Autores Españoles

BNL : Biblioteca Nacional, Lisbonne

CEHSMO : Centre de estudios históricos del movimiento obrero mexicano

CSIC : Consejo superior de Investigaciones científicas, Madrid

EDUSP : Editora da Universidade de São Paulo

FCE : Fondo de Cultura Económica, Mexico

PUF : Presses Universitaires de France

UNAM : Universidad Nacional Autónoma de México

关于西属美洲与巴西，请参见下面两部著作中的参考文献：

Carmen Bernand et Serge Gruzinski, *Histoire du Nouveau Monde T.1: De la découverte à la conquête, une expérience européenne (1492-1550)*,

Paris, Fayard, 1991.

Carmen Bernand et Serge Gruzinski, *Histoire du Nouveau Monde T.2: Les métissages*, Paris, Fayard, 1993.

原始文献

Cristóvão de ACOSTA, *Tractado de las drogas y medicinas de las Indias orientales*, Burgos, Martín de Victoria, 1578.

Christóbal de ACUÑA, *Nuevo descubrimiento del Gran Rio de las Amazonas*, Madrid, Imprenta del Reino, 1641.

André Álvares de ALMADA, *Tratado breve dos Rios de Guiné do CaboVerde, feito pelo capitão André Álvares d'Almada, Ano de 1594,* édit. par António Luís Ferronha, Lisbonne, Grupo de Trabalho do Ministério da Educação para as Comemorações dos Descobrimentos Portugueses, 1994.

Manuel Pires de ALMEIDA, *Poesia e pintura ou Pintura e Poesia*, édit. par Adma Muhana, São Paulo, EDUSP, 2002.

Fernando ALVARADO TEZOZOMOC, *Crónica mexicáyotl,* édit. par Adrián León, Mexico, UNAM, [1609] 1975.

Pedro de ARENAS, *Vocabulario Manual de las lenguas castellana y mexicana*, Mexico, Henrico Martínez, 1611.

Bernardo de BALBUENA, *La grandeza mexicana y compendio apologético en alabanza de la poesía*, édit. par Luis Adolfo Domínguez, Mexico, Editorial Porrúa, [1604] 1990.

Bernardo de BALBUENA, *El Bernardo*, édit. par Noé Jitrik, Mexico, Secretaría de Educación Pública, 1988.

Martín del BARCO CENTENERA, *Argentina y conquista del Rio de la Plata*, Lisbonne, [Pedro Crasbeeck, 1602], Buenos Aires, Ediciones Theoría, 1999.

John BIERHORST, *Cantares mexicanos, Songs of the Aztecs,* Stanford, Stanford University Press, 1985.

Ambrósio Fernandes BRANDÃO, *Diálogos das grandezas do Brasil,* Recife, Fundação Joaquim Nabuco, 1997.

Georg BRAUN et Frans HOGENBERG, *Civitates orbis terrarum*, Cologne, 1575-1583, 6 vol.

Bernardo Gomes de BRITO, *História trágico-marítima*, édit. par Ana Miranda et Alexei Bueno, Rio de Janeiro, Lacerda Editores/Contraponto, 1998.

Luis de CAMÕES, *Les Lusiades, Os Lusíadas,* trad. par Roger Bismut, Paris, Robert Laffont, 1996.

Tommaso CAMPANELLA, *Monarchie d'Espagne et Monarchie de France*, édit. par Germana Ernst, Paris, PUF, [1598] 1997.

Tommaso CAMPANELLA, *La Città del Sole*, édit. par Luigi Firpo, Bari, Laterza, [1623] 1997.

Giulio Cesare CAPACCIO, *Il forastiero. Dialogi*, [Gio. Domenico Roncagliolo, 1634], édit. par Franco Strazzulo, Naples, Franco di Mauro, 1993.

Juan de CÁRDENAS, *Problemas y secretos maravillosos de las Indias*, édit. par Angeles Durán, Madrid, Alianza Editorial, 1988.

Francesco CARLETTI, *Ragionamenti di F. Carletti fiorentino sopra le cose da lui vedute…*, [Florence, L. Magalotti, 1701], édit. par P. Collo, Turin, Einaudi, 1989.

Fernando de CASTRO, *Crónica do Vice-Rei D. João de Castro*, édit. par Luís de Albuquerque et Teresa Travassos Cortez da Cunha Mato, Comissão Nacional para as Comemorações dos Descobrimentos Portugueses, Tomar, 1995.

Francisco CERVANTES DE SALAZAR, *Túmulo imperial de la gran ciudad de México*, Mexico, Antonio de Espinosa, 1560.

Domingo CHILMALPAHIN, *Relaciones originales de Chalco Amaquemecan*, édit. par Silvia Rendón, Mexico, FCE, 1965.

Domingo CHILMALPAHIN, *Octava relación*, édit. par José Rubén Romero Galván, Mexico, UNAM, 1983.

Domingo CHILMALPAHIN, *Primer Amoxtli Libro. 3a Relación de las différentes histoires originales*, édit. par Victor M. Castillo F., Mexico, UNAM, 1997.

Domingo CHILMALPAHIN, *Las ocho Relaciones y el Memorial de Colhuacan*, édit. par Rafael Tena, Mexico, Conaculta, 1998.

Domingo CHILMALPAHIN, *Diario*, édit. par Rafael Tena, Mexico, Conaculta, 2000.

Hernán CORTÉS, *Cartas y documentos*, édit. par Mario Hernández Sánchez-Barba, Mexico, Porrúa, 1963.

Diogo do COUTO, *O soldado prático*, édit. par Reis Brasil, Lisbonne, Publicações Europa-América, 1988.

Diogo do COUTO, *Década quarta da Asia*, édit. par Maria Augusta

Lima Cruz, Lisbonne, Comissão Nacional para as Comemorações dos Descobrimentos Portugueses, Imprensa Nacional, Casa da Moeda, 1995-1999, 2 vol.

Diogo do COUTO, *Descripción del arzobispado de México hecha en 1570*, Mexico, José Joaquín Terrazas e Hijas, 1897.

Bernal DÍAZ DEL CASTILLO, *Historia verdadera de la conquista de la Nueva España*, édit. par Joaquín Ramírez Cabañas, Mexico, Porrúa, 1968, tome II, p. 362.

Ruy DÍAZ DE GUZMÁN, *La Argentina*, édit. par Enrique de Gandía, Madrid, Historia, 1986.

André DONELHA, *Descrição da Serra Leoa e dos Rios de Guiné e de Cabo Verde*, édit. par Avelino Teixeira da Mota et al., Lisbonne, Junta de Investigações do Ultramar, 1977.

Baltasar DORANTES DE CARRANZA, *Sumaria relación de las cosas de la Nueva España*, Mexico, Jesús Medina Editor, [1604], 1970.

Gaspar da CRUZ, *Tratado das coisas da China*, édit. par Rui Manuel Loureiro, Lisbonne, Comissão Nacional para as Comemorações dos Descobrimentos Portugueses, Cotovia, 1997.

Diego DURÁN, *Historia de las Indias de Nueva España e Islas de la Tierra Firme*, Mexico, Porrúa, 2 vol., [1579-1581], 1967.

Bernardino de ESCALANTE, *Discurso de la navegación*, Séville, Viuda de Alonso Escrivano, 1577.

Gonzalo FERNÁNDEZ DE OVIEDO, *Historia general y natural de las Indias*, édit. par Juan Pérez de Tudela y Bueso, Madrid, BAE, nos 117-

121, [1547, 1557] 1959, 5 vol.

Gonzalo FERNÁNDEZ DE OVIEDO, *Singularités du Nicaragua*, édit. par Louise Bénat Tachot, Paris, Chandeigne/Université de Marne-la-Vallée, 2002.

Pedro FERNÁNDEZ DE QUIRÓS, *Descubrimiento de las regiones australes*, édit. par Roberto Ferrando Pérez, Madrid, Dastin, 2000.

Luís FRÓIS, *Traité sur les contradictions de mœurs entre Européens et Japonais*, traduit par Xavier de Castro et Robert Schrimpf, et présenté par José Manuel Garcia, Paris, Chandeigne, 1993.

Luís FRÓIS, *Kulturgegensätze Europa-Japan (1585). Tratado em que se contem muito susinta e abreviadamente algumas contradições e diferenças de custumes entre a gente de Europa e esta provincia de Japão*, Tokyo, Sophia University, 1955.

Thomas GAGE, « Nouvelle relation des Indes occidentales » dans *Voyage dans la Nouvelle-Espagne, 1676*, Paris, Genève, Slatkine, 1979.

António GALVÃO, *Tratado dos descobrimentos*, Porto, Livraria Civilização, [1563] 1987.

Genaro GARCÍA, *Documentos inéditos o muy raros para la historia de México*, Mexico, Porrúa, 1974.

Joaquín GARCÍA ICAZBALCETA, *Colección de documentos para la historia de México*, Mexico, Porrúa, 1971, 2 vol.

Fernán GONZÁLEZ DE ESLAVA, *Villancicos, romances, ensaladas y otras canciones devotas*, édit. par Margit Frenk, Mexico, El Colegio de México, 1989.

Juan GONZÁLEZ DE MENDOZA, *Historia del gran reino de la China*, Madrid, Miraguano Ediciones, Polifemo Ediciones, [1585] 1990.

Thomas D. GOODRICH, *The Ottoman Turks and the New World — A study of Tarik-i Hind-i Garbi and Sixteenth Century Ottoman Americana*, Wiesbaden, Otto Harrassowitz, 1990.

Juan de GRIJALVA, *Crónica de la Orden de N.P.S. Agustín en las provincias de la Nueva España*, Mexico, Pórrua, [1624] 1985.

Felipe GUAMAN POMA DE AYALA, *El primer nueva corónica y buen gobierno*, édit. par John V. Murra, Rolena Adorno et Jorge L. Urioste, Mexico, Siglo XXI, 1980, 3 vol.

Francisco HERNÁNDEZ, « Historial natural de Nueva España » dans *Obras completas*, Mexico, UNAM, 1959, tomes II et III.

Francisco de HOLANDA, *Da pintura antiga*, édit. par Angel González Garcia, Lisbonne, Casa da Moeda, [1548], 1983.

Francisco de HOLANDA, *Illustrated Catalogue of Tokyo National Museum. Kirisitan Objects. Christian Relics in Japan 16th-19th Century*, Tokyo National Museum, Tokyo, 2001.

Francisco de HOLANDA, *Imagens do Oriente no século XVI. Reprodução do códice português da Biblioteca Casanatense*, édit. par Luís de Matos, Lisbonne, Imprensa Nacional, Casa da Moeda, 1985.

Bartolomé de LAS CASAS, *Historia apologética sumaria*, Mexico, UNAM, [1555-1559] 1967, 2 vol.

Adriano de LAS CORTES, *Viaje de la China*, édit. par Beatriz Moncó, Madrid, Alianza Universidad, 1991.

Bernardino de LLANOS, *Institutionum poeticarum liber,* Mexico, Henrico Martínez, 1605.

Antonio de LEÓN PINELO, *Epitome de la Biblioteca oriental i occidental, nautica i geográfica*, Madrid, Juan González, 1629.

Cristóvão de LISBOA, *História dos animaes e arvores do Maranhão*, édit. par Jaime Walter, Lisbonne, Comissão Nacional para as Comemorações dos Descobrimentos Portugueses, 2000.

Francisco LÓPEZ DE GÓMARA, *Historia de las Indias y conquista de México*, Barcelone, Obras maestras, [1552] 1965.

Tomás LÓPEZ MEDEL, *De los tres elementos. Tratado sobre la naturaleza y el hombre del Nuevo Mundo*, édit. par Berta Ares Queíja, Madrid, Alianza, [1570] 1990.

Juan LÓPEZ DE VELASCO, *Geografía y descripción universal de las Indias*, édit. par Marcos Jímenez de la Espada, BAE 248, Madrid, Atlas, 1971.

Martín Ignacio de LOYOLA, *Viaje alrededor del mundo*, édit. par J. Ignacio Tellechea Idígoras, Madrid, Historia 16, 1989.

Heinrich MARTIN, voir Henrico Martínez Henrico MARTÍNEZ, *Repertorio de los Tiempos y Historia Natural de Nueva España*, édit. fac-similé, Mexico, Condumex, [1606] 1981.

Marcelo Francisco MASTRILLI, *Relaçam de hum prodigioso milagre*, édit. par Manuel de Lima, Lisbonne, Biblioteca Nacional, [Rachol, 1636] 1989.

Lorenço de MENDOÇA, *Suplicación a su magestad... en defensa de los Portugueses*, Madrid, 1630 (BNL).

Nicolas Bautista MONARDES, *Dos libros, el uno que trata de todas las cosas que traen de nuestras Indias Occidentales, que sirven al uso de la medicina, y el otro que trata de la Piedra Bezaar y de la Yerva Escuencora*, Séville, 1545.

Nicolas Bautista MONARDES, *Herbolaria de Indias*, édition établie par Ernesto Denot et Nora Satanowsky, avec une présentation et des commentaires de Xavier Lozoya, Mexico, Instituto Mexicano del Seguro Social, 1992.

Nicolas Bautista MONARDES, *Carta del padre Pedro de Morales*, [Mexico, Antonio, Ricardo, 1579], édit. par Beatriz Mariscal Hay, Mexico, El Colegio de México 2000.

Antonio de MORGA, *Sucesos de las islas Filipinas,* [Mexico, Geronymo Balli, 1609], Ediciones Polifemo, Madrid, 1997.

Alonso de la MOTA Y ESCOBAR, *Descripción geográfica de los reinos de Nueva Galicia, Nueva Vizcaya y Nuevo León*, Mexico, Robredo, [vers 1605] 1940.

Toribio Benavente dit MOTOLONÍA, *Memoriales*, édit. par Edmundo O'Gorman, Mexico, UNAM, [1541] 1971.

Diego MUÑOZ CAMARGO, « Descripción de la ciudad y provincia de Tlaxcala », [1584] dans *Relaciones geográficas del siglo XVI, Tlaxcala*, édit. par René Acuña, Mexico, UNAM, 1984.

Pedro ORDÓÑEZ DE CEBALLOS, *Viaje del mundo hecho y compuesto por el licenciado Pedro Ordoñez de Cevallos*, [Madrid, Luis

Sánchez, 1614], Miraguano Editores, Ediciones Polífemo, Madrid, 1993.

Luis Gerónimo de ORÉ, *Relación de la vida y milagros de San Francisco Solano*, Lima, Pontificia Universidad Católica del Peru, 1998.

Garcia da ORTA, *Colóquios dos simples e drogas da India*, édit. par le Comte de Ficalho, Lisbonne, Imprensa Nacional, Casa da Moeda, [Goa, 1563], 1891-1895, 2 vol.

Enrique OTTE, *Cartas privadas de emigrantes a Indias, 1540-1616*, Mexico, FCE, 1996.

Francisco del PASO Y TRONCOSO (édit.), *Epistolario de Nueva España 1505-1818*, tome X, Mexico, Antigua Libreria Robredo, de José Porrúa e Hijos, 1940.

Galiote PEREIRA, *Algumas cousas sabidas da China*, édit. par Rui Manuel Loureiro, Lisbonne, Comissão Nacional para as Comemorações dos Descobrimentos Portugueses, 1992.

Fernão Mendes PINTO, *Peregrinação*, [Pedro Crasbeeck, Lisbonne, 1614], transcription de Adolfo Casais Monteiro, Imprensa Nacional, Casa da Moeda, 1998.

Marcelo RIBADENEYRA, *Historia de las islas del archipielago y reynos de la Gran China, Tartaria, Cucuchinchina, Malaca, Siam, Camboxa y Iappon*, Barcelone, Gambreil Graells y Giraldo Dotil, 1601.

Antonio de SAAVEDRA GUZMÁN, *El peregrino indiano,* édit. par José Rubén Romero Galván, Mexico, Consejo Nacional para la Cultura y las Artes, [1599] 1989.

Bernardino de SAHAGÚN, *Historia general de las cosas de Nueva*

España, Mexico, Porrúa, [1582] 1977, 4 vol.

Bernardino de SAHAGÚN, *Florentine Codex, Book 6 Rhetoric and Moral Philosophy*, édit. par Charles E. Dibble et Arthur J. O. Anderson, Santa Fe, School of American Research and the University of Utah, 1969.

Gaspar de SAN AGUSTÍN, *Conquistas de las Islas Filipinas (1565-1615)*, édit. par Manuel Merino, Madrid, CSIC, Instituto « Enrique Florez », 1975.

Duarte de SANDE, *Diálogo sobre a missão dos embaixadores japoneses à cúria romana*, par Américo da Costa Ramalho, Macao, Fundacão Oriente, [1590] 1997.

Fray Domingo de SANTO THOMAS, *Grammatica o arte de la lengua general de los indios de los reynos del Peru* [Valladolid, Francisco Fernández de Córdoba, 1560], édit. par Rodolfo Cerrón-Palomino, Madrid, Ediciones de Cultura Hispánica, 1994.

João dos SANTOS, *Etiópia oriental*, [Evora, Manuel de Lyra, 1609], édit. par Luís de Albuquerque, Lisbonne, Biblioteca da expansão portuguesa, 1989.

Pedro SARMIENTO DE GAMBOA, *Viajes al estrecho de Magallanes*, édit. par María Justina Sarabia Viejo, Madrid, Alianza Editorial, 1988.

Francisco Rodrigues SILVEIRA, *Reformação da milícia e governo do estado da India oriental,* édit. par Benjamin N. Teensma, Luís Filipe Barreto, George Davison Winius, Lisbonne, Fundação Oriente, 1996.

Gabriel Soares de SOUZA, *Tratado descritivo do Brasil em 1587*, édit. par Francisco Adolfo de Varnhagen, Recife, Fundação Joaquim Nabuco,

Editora Massangana, 2000.

Juan SUÁREZ DE PERALTA, *Tratado del descubrimiento de las Indias*, édit. par Federico Gómez de Orozco, Mexico, SEP, [1589] 1949.

Simão Estácio de SYLVEIRA, *Relação sumaria das cousas do Maranhão*, édit. par Darcy Damasceno, Rio de Janeiro, Biblioteca Nacional, 1976, pp. 99-100 (separata de *Anais da Biblioteca Nacional*, Rio de Janeiro, vol. 94, 1974, pp. 97-103).

Simão Estácio de SYLVEIRA, *Tapeçarias de D. João de Castro*, Lisbonne, Comissão Nacional para as Comemorações dos Descobrimentos Portugueses, 1995.

Bento TEIXERA, *Prosopopéia*, Lisbonne, António Alvares, 1601.

Juan de TORQUEMADA, *Monarquia indiana*, édit. par Miguel León-Portilla, Mexico, UNAM, [1615] 1977, 7 vol.

Ronaldo VAINFAS (édit.), *Confissões da Bahia*, São Paulo, Companhia das Letras, 1997.

Diego VALADÉS, *Retórica cristiana*, édit. par Esteban J. Palomares, Mexico, FCE, [1579] 1989.

Luís Mendes de VASCONCELOS, *Do sítio de Lisboa, Diálogos*, édit. par José da Felicidade Alves, Lisbonne, Livros Horizonte, [1608] 1990.

Arias de VILLALOBOS, « Canto intitulado Mercurio », dans *Obediencia que México [...] dió a Philippe IV*, Mexico, Diego Garrido, 1623.

Rodrigo de VIVERO, *Du Japon et du bon gouvernement de l'Espagne et des Indes*, édit. par Juliette Monbeig, Paris, SEVPEN, 1972.

Silvio Zavala (édit.), *Ordenanzas del trabajo. Siglos XVI y XVII*, tome I, Mexico, CEHSMO, 1980.

Silvio ZAVALA et Maria COSTELO (édit.), *Fuentes para la historia del trabajo en la Nueva España*, tome VI, CEHSMO, 1980.

ZINADIM, *História dos Portugueses, no Malabar*, édit. par David Lopes, Libonne, Antígona, [1579-1583] 1998.

研究文献

Rolena ADORNO, *Guaman Poma, Writing and Resistance in Colonial Peru*, Austin, Texas University Press, 1988.

Gonzalo AGUIRRE BELTRÁN, *La población negra de México, 1519-1810*, Mexico, FCE, 1972.

Gonzalo AGUIRRE BELTRÁN, *Medicina y magia. El proceso de aculturación en la estructura colonial*, Mexico, Instituto Nacional Indigenista, 1970.

Solange ALBERRO, *Inquisition et société au Mexique, 1571-1700*, Mexico, CEMCA, 1988.

Solange ALBERRO, *Les Espagnols dans le Mexique colonial. Histoire d'une acculturation*, Paris, Armand Colin/EHESS, 1992.

Solange ALBERRO, *El Aguila y la cruz. Orígenes religiosos de la conciencia criolla. México, siglos XVI-XVII*, Mexico, FCE, El Colegio de México, 1999.

Dauril ALDEN, *The Making of an Enterprise : The Society of Jesus in Portugal, its Empire and Beyond, 1540-1750*, Stanford, Stanford University

Press, 1996.

Luiz Felipe de ALENCASTRO, *O trato dos viventes, Formação do Brasil no Atlântico Sul. Séculos XVI e XVII*, São Paulo, Companhia das Letras, 2000.

Paul C. ALLEN, *Philip III and the Pax hispánica, 1598-1621*, New Haven, Yale University Press, 2000.

Ida ALTMAN, *Transatlantic Ties in the Spanish Empire. Brihuega, Spain and Puebla, Mexico, 1560-1620*, Stanford, Stanford University Press, 2000.

Antonio Álvarez-Ossorio ALVARIÑO, *Milán y el legado de Felipe II. Gobernadores y corte provincial en la Lombardia de los Austrias*, Madrid, Sociedad Estatal para la Conmemoración de los centenarios de Felipe II y Carlos V, 2001.

Jorge M. dos Santos ALVES (édit.), *Portugal e a China*, Lisbonne, Fundação Oriente, 2000.

Jorge M. dos Santos ALVES et Pierre-Yves MANGUIN, *O* Roteiro das cousas do Achem *de João Ribeiro Gaio : Um olhar português sobre o Norte de Samatra em finais do século XVI*, Lisbonne, Comissão Nacional para as Comemorações dos Descobrimentos Portugueses, 1997.

Horácio Peixoto de ARAÚJO, *Os jesuitas no império da China. O primeiro século (1582-1680)*, Macao, Instituto Português do Oriente, 2000.

Manuel ARIGAS Y CUERVA, *La primera imprenta en Filipinas*, Manille, Germania, 1910.

Miguel ARTOLA, *La monarquía de España*, Madrid, Alianza Editorial,

1999.

Gauvin Alexander BAILEY, *Art on the Jesuit Missions in Asia and Latin America, 1542-1773*, Toronto, University of Toronto Press, 1999.

Bartolomé et Lucile BENNASSAR, *Les Chrétiens d'Allah. L'histoire extraordinaire des renégats, XVIe-XVIIe siècles*, Paris, Perrin, 1989.

Louise BÉNAT TACHOT, « El Nuevo Mundo visto desde Valladolid y Sevilla, 1542 y 1552 », dans Clara García et Manuel Ramos Medina, *Ciudades mestizas. Actas del 3*er *Congreso Internacional Mediadores Culturales*, Mexico, Condumex, 2001, pp.15-354.

Louise BÉNAT TACHOT, « La navigación hispánica en el Atlántico : aspectos laborales y técnicos (siglos XVI-XVII) », dans Eduardo França Paiva et Carla Maria Junho Anastasia (édit.), *O trabalho mestiço. Maneiras de pensar e formas de viver, séculos XVI a XIX*, Belo Horizonte, Anablume, Universidad Federal de Minas Gerais, 2002, pp.79-97.

Carmen BERNAND et Serge GRUZINSKI, *Histoire du Nouveau Monde*, tome I, *De la découverte à la conquête,* Paris, Fayard, 1991.

Carmen BERNAND et Serge GRUZINSKI, tome II, *Les métissages*, Paris, Fayard, 1993.

Mary Elizabeth BERRY, *Hideyoshi*, Cambridge, Harvard University Press, 1982.

Francisco BETHENCOURT et Kiti CHAUDHURI, *História da expansão portuguesa*, Lisbonne, Círculo de leitores, 1998, tomes I et II.

Mauricio BEUCHOT, *La real universidad de México, Estudios y textos, II, Filósofos dominicos novohispanos (entre sus colegios y la universidad)*,

Mexico, UNAM, 1987.

Charles Ralph BOXER, *Portuguese Society in the Tropics. The Municipal Councils of Goa, Macao, Bahia and Luanda, 1510-1800*, Madison et Milwaukee, University of Wisconsin Press, 1965.

Charles Ralph BOXER, *The Christian Century in Japan, 1549-1650*, Lisbonne, Carcanet, 1993 (1ère édition : Berkeley et Los Angeles, University of California Press, 1967).

Charles Ralph BOXER, *Women in Iberian Expansion overseas, 1415-1815*, New York, Oxford University Press, 1975.

Charles Ralph BOXER, *O grande Navio de Amacau*, Macao, Fundação Oriente, 1989.

Fernando BOUZA ÁLVAREZ, *Portugal no tempo dos Felipes. Política, cultura, representações (1580-1668)*, Lisbonne, Edições Cosmos, 2000.

David A. BRADING, *The First America, The Spanish Monarchy, Creole Patriots and the Liberal State, 1492-1867*, Cambridge, Cambridge University Press, 1991.

Fernand BRAUDEL, *La Méditerranée et le monde méditerranéen à l'époque de Philippe II*, Paris, Armand Colin, 1990, 3 vol.

Timothy BROOK, *The Confusions of Pleasure. Commerce and Culture in Ming China*, Berkeley, Los Angeles et Londres, University of California Press, 1998.

Jerry BROTTON, *Trading Territories. Mapping the Early Modern World,* Londres, Reaktion Books, 1997.

Sérgio BUARQUE DE HOLANDA, *Raízes do Brasil*, São Paulo, Companhia das Letras, 1995.

Jesús BUSTAMANTE GARCÍA, « La empresa naturalista de Felipe II y la primera expedición científica en suelo americano : la creación del modelo expedicionario renacentista », dans José Martínez Millán (édit.), *Felipe II (1527-1598). Europa y la Monarquía Católica*, Madrid, Parteluz, 1998, pp. 39-59.

Alice Piffer CANABRAVA, *O comércio português no Rio da Prata (1580-1640)*, Belo Horizonte, Editora Itatiaia, 1984.

Charlotte de CASTELNAU, *Les ouvriers d'une vigne stérile. Les jésuites et la conversion des Indiens au Brésil 1580-1620*, Paris, Centre culturel Calouste Gulbekian, 2000.

Mario CHACÓN TORRES, *Arte virreinal en Potosí*, Séville, Escuela de Estudios Hispano-americanos, 1973.

Pierre CHAUNU, *L'expansion européenne du XIIIe au XVe siècle*, Paris, PUF, Nouvelle Clio, 26, 1969.

Pierre CHAUNU, *Conquête et exploitation des Nouveaux Mondes*, Paris, PUF, Nouvelle Clio, 26bis, 1969.

Magdalena CHOCANO MENA, *La fortaleza docta. Elite letrada y dominación social en México colonial (siglos XVI-XVII)*, Barcelone, Bellaterra, 2000.

Timothy J. COATES, *Degredados e orfãs : colonização dirigida pela coroa no império português. 1550-1755*, Lisbonne, Comissão Nacional para as Comemorações dos Descobrimentos Portugueses, 1998.

Alfred W. CROSBY, *Ecological Imperialism. The Biological Expansion of Europe, 900-1900,* Cambridge, Cambridge University Press, 1986.

Antônio Geraldo da CUNHA, *Dicionário histórico das palavras portuguesas de origem tupi,* São Paulo, Editora UNB, 1978.

Diogo Ramada CURTO, *O discurso político em Portugal (1600-1650),* Lisbonne, Projecto Universidade Aberta, 1988.

J. S. da Silva DIAS, *Camões no Portugal do Quinhentos,* Lisbonne, Biblioteca Breve, Instituto de cultura e língua portuguesa, 1988.

J. S. da Silva DIAS, *Do mundo antigo aos novos mundos. Humanismo, classicismo e notícias dos descobrimentos em Évora (1516-1624),* Lisbonne, Comissão Nacional para as Comemorações dos Descobrimentos Portugueses, 1998.

J. S. da Silva DIAS, *El arte en la corte de los arquiduques Alberto de Austria e Isabel Clara Eugenia. Un reino imaginado, (1598-1633),* Madrid, Sociedad Estatal para la Conmemoración de los centenarios de Felipe II y Carlos V, 1999.

Francisco ELÍAS DE TEJADA, *Napoli spagnola. Le decadi imperiali,* Naples, Controcorrente, 2002, 2 vol.

Georges ELISON, *Deus Destroyed. The Image of Christianity in Early Modern Japan,* Cambridge et Londres, Harvard University Press, 1988.

J.S.A. ELISONAS, « An Itinerary to the Terrestrial Paradise. Early Reports on Japan and a Contemporary Exegesis », *Itinerario,* 20/3, 1996, pp. 25-68.

John H. ELLIOTT, *The Count-Duke of Olivares. The Statesman in an Age of Decline*, New Haven et Londres, Yale University Press, 1986.

Germana ERNST, *Tommaso Campanella*, Bari, Laterza, 2002.

Claire FARAGO (édit.), *Reframing the Renaissance. Visual Culture in Europe and Latin America, 1450-1650*, Londres et New Haven, Yale University Press, 1995.

Bruno FEITLER, *Inquisition, juifs et nouveaux-chrétiens au Brésil*, Louvain, Leuven University Press, 2003.

Pablo FERNÁNDEZ ALBALADEJO, *Fragmentos de Monarquia*, Madrid, Alianza Universidad, 1993.

George M. FOSTER, *La herencia de la conquista. La herencia española de América*, Jalapa, Universidad Veracruzana, 1962.

David FREEDBERG, *The Eye of the Lynx. Galileo, His Friends and the Beginnings of Modern Natural History*, Chicago, Chicago University Press, 2002.

Giuseppe GALASSO, *Alla periferia dell'impero. Il regno di Napoli nel periodo spagnolo (secoli XVI-XVII)*, Turin, Einaudi, 1994.

Julian GALLEGO, *Visión y símbolos en la pintura española del siglo de Oro,* Madrid, Catedra, 1987.

Joaquín GARCÍA ICAZBALCETA, *Bibliografia mexicana del siglo XVI*, édit. par Agustín Millares Carlo, Mexico, FCE, [1886] 1981.

Angel María GARIBAY K., *Historia de la literatura náhuatl*, México, Porrúa, 1971, 2 vol.

Antonello GERBI, *Il mito del Perú*, Milan, Franco Angeli, 1991.

Peter GERHARD, *A Guide to the Historical Geography of New Spain*, Cambridge, Cambridge University Press, 1972.

Peter GERHARD, *Síntesis e índice de los mandamientos virreinales 1548-1553*, Mexico, UNAM, 1992.

Charles GIBSON, *The Aztecs under Spanish Rule. A History of the Indians of the Valley of Mexico, 1519-1580*, Stanford, Stanford University Press, 1964.

Daniel GOFFMAN, *The Ottoman Empire and Early Modern Europe,* Cambridge, Cambridge University Press, 2002.

Carlos Alberto GONZÁLEZ SÁNCHEZ, *Los mundos del libro. Medios de difusión de la cultura occidental en las Indias de los siglos XVI y XVII*, Séville, Universidad de Sevilla, 2001.

Andrade de GOUVEIA, *Garcia d'Orta e Amato Lusitano na ciência do seu tempo*, Lisbonne, Biblioteca Breve, 1985.

Frank GRAZIANO, *The Millenial New World*, New York, Oxford University Press, 1999.

Clive GRIFFIN, *Los Cromberger, la historia de una imprenta del siglo XVI, en Sevilla y México,* Madrid, Cultura Hispánica, 1991.

Serge GRUZINSKI, *La colonisation de l'imaginaire. Sociétés indigènes et occidentalisation dans le Mexique espagnol. XVII e-XVIII e siècle*, Paris, Gallimard, 1988.

Serge GRUZINSKI, *La guerre des images de Christophe Colomb à Blade Runner, 1492- 2019*, Paris, Fayard, 1990.

Serge GRUZINSKI, *La pensée métisse*, Paris, Fayard, 1999.

Serge GRUZINSKI, « La ciudad mestiza y los mestizajes de la vida intelectual : el caso de la ciudad de México, 1560-1640 », in Clara García et Manuel Ramos Medina (édit.), *Ciudades mestizas. Actas del 3er Congreso Internacional Mediadores Culturales*, Mexico, Condumex, 2001, pp.201-220.

Teodoro HAMPE MARTÍNEZ (édit.), *La tradición clásica en el Perú virreinal*, Lima, Universidad Nacional Mayor de San Marcos, 1999.

Michael HARDT et Antonio NEGRI, *Empire*, Cambridge, Harvard University Press, 2000.

Detlef HEIKAMP, *Mexico and the Medici*, Florence, Editrice Edam, 1972.

David HELD, Anthony MC GREW et *al.*, *Global Transformations. Politics, Economics and Culture,* Cambridge, Polity Press et Stanford University Press, 1999.

Jacqueline HERMANN, *No reino do desejado. A construção do sebastianismo em Portugal. Séculos XVI e XVII*, São Paulo, Companhia das Letras, 1998.

Carlos José HERNANDO SÁNCHEZ, *Castilla y Nápoles en el siglo XVI. El virrey Pedro de Toledo*, Madrid, Junta de Castilla y León, 1994.

Money L. HICKMAN et *al.*, *Japan's Golden Age Momoyama*, New Haven et Londres, Yale University Press, 1996.

Louisa Schell HOBERMAN et Susan Migden SOCOLOW, *Cities and Societies in Colonial Latin America*, Albuquerque, University of New Mexico Press, 1986.

Louisa Schell HOBERMAN et Susan Migden SOCOLOW, « Evidence for a Luso-African Identity in "Portuguese" Accounts on "Guinea of Cape Verde" (Sixteenth-Seventeenth centuries) », *History in Africa,* n° 27, 2000, pp. 90-130.

Jonathan I. ISRAËL, *Race, Class and Politics in Colonial Mexico, 1610-1670*, Oxford, Oxford University Press, 1975.

Fredric JAMESON, *Postmodernism or the Cultural Logic of Late Capitalism*, Duke, Duke University Press, 1991.

Lisa JARDINE et Jerry BROTTON, *Global Interests. Renaissance Art between East and West,* Londres, Reaktion Books, 2000.

Michel J. JEANNERET, *Perpetuum mobile. Métamorphoses des corps et des œuvres de Vinci à Montaigne*, Genève, Macula, 1998.

Herbet S. KLEIN, *La esclavitud africana en América latina y el Caribe*, Madrid, Alianza Editorial, 1986.

Jorge KLOR DE ALVA et *al.*, *The Works of Bernardino de Sahagún, Pioneer Ethnographer of Sixteenth Century Aztec Mexico*, Albany, Institute For Mesoamerican Studies, The University at Albany 1988.

Donald F. LACH, *Asia in the Eyes of Europe*, Chicago, The University of Chicago Press, 1991.

Bruno LATOUR, *Nous n'avons jamais été modernes. Essai d'anthropologie symétrique*, Paris, La Découverte, 1997.

Miguel LEÓN-PORTILLA, *Bernardino de Sahagún, pionero de la antropología*, Mexico, UNAM, El Colegio Nacional, 1999.

Irving A. LEONARD, *Los libros del conquistador*, Mexico, FCE,

1996.

Serafim LEITE, *Artes e ofícios dos jesuitas no Brasil (1549-1760)*, Lisbonne et Rio de Janeiro, Edições Brotéria, 1953.

James LOCKHART, *The Nahuas after the Conquest. A Social and Cultural History of the Indians of Central Mexico. Sixteenth to Eighteenth Centuries*, Stanford, Stanford University Press, 1992.

Alfredo LÓPEZ AUSTIN, *Cuerpo humano e ideología. Las concepciones de los antiguos Nahuas*, Mexico, UNAM, 1980, 2 vol.

Alfredo LÓPEZ AUSTIN, *Los pinceles de la historia. De la patria criolla a la nación mexicana 1750-1860*, Mexico, Banamex, Conaculta, 2001.

Rui Manuel LOUREIRO, « A China de Fernão Mendes Pinto, entre a realidade e a imaginação », dans Antônio Vasconcelos de Saldanha et Jorge Manuel dos Santos Alves, *Estudos de história do relacionamento luso-chinês. Séculos XVI-XX*, Lisbonne, Instituto Português do Oriente, 1996, pp. 137-177.

Rui Manuel LOUREIRO, « Livros e bibliotecas européias no Oriente (século XVI) », *Revista de Cultura*, XXXII, (Macao), 1997, pp. 19-34.

Rui Manuel LOUREIRO, *A biblioteca de Diogo do Couto*, Macao, Instituto Cultura de Macau, 1998.

Rui Manuel LOUREIRO, « Leitura de Diogo do Couto : apontamentos sobre as fontes das *Décadas da Asia* », *Revista de Cultura*, XXXII, (Macao), 1999, pp. 71-107.

Adalgisa LUGLI, *Naturalia et Mirabilia. Les cabinets de curiosités en*

Europe, Paris, Adam Biro, 1998.

Gregory C. MCINTOSH, *The Piri Reis Map of 1513*, Athens, Londres, The University of Georgia Press, 2000.

Jorge Alberto MANRIQUE, *Una visión del arte y de la historia*, Mexico, UNAM, 2000-2001, 3 vol.

Norman F. MARTIN, *Los vagabundos en la Nueva España*, Mexico, Jus, 1957.

Carlos MARTÍNEZ SHAW (édit.), *El Pacífico español de Magallanes a Malaspina*, Madrid, Ministerio de Asuntos Exteriores, 1988.

Teresa MARTÍNEZ TERÁN, *Los Antipodas. El origen de los indios en la razón política del siglo XVI*, Puebla, Universidad Autónoma de Puebla, 2001.

K.S. MATHEW, *Indo-Portuguese Trade and the Fuggers of Germany*, New Delhi, Manoar, 1997.

Francisco de la MAZA, *El pintor Martín de Vos en México*, Mexico, UNAM, 1971.

Francisco de la MAZA, *Enrico Martínez, cosmógrafo e impresor de Nueva España*, Mexico, UNAM, 1991.

José Toribio MEDINA, *La imprenta en México (1539-1821)*, tome II (1601-1684), Mexico, UNAM, 1989.

Alex Fiuza de MELLO, *Marx e a globalização,* São Paulo, Jinkings Edirores, 1999.

Margarita MENENGUS (édit.), *Saber y poder en México. Siglos XVI al XX,* Mexico, UNAM, Miguel Angel Porrúa, 1997.

Alain MILHOU, *Colón y su mentalidad mesiánica en el ambiente franciscanista español,* Valladolid, Universidad de Valladolid, 1983.

Walter D. MIGNOLO, *Local Histories/Global Designs. Coloniality, Subaltern Knowledges and Border Thinking,* Princeton, Princeton University Press, 2000.

Esteban MIRA CABALLOS, *Indios y mestizos americanos en la España del siglo XVI,* Madrid, Iberoamericana, 2000.

José MIRANDA, *El tributo indígena en la Nueva España durante el siglo XVI,* Mexico, El Colegio de México, 1980.

Roland MOUSNIER, *L'assassinat d'Henri IV, 14 mai 1610,* Paris, Gallimard, coll. «Trente Journées qui ont fait la France », 1964.

D.E. MUNGELLO, *The Forgotten Christians of Hangzhou,* Honolulu, University of Hawaï Press, 1994.

D.E. MUNGELLO, *The Great Encounter of China and the West, 1500-1800,* Lanham, New York, Rowman & Littlefield Publishers, 1999.

Aurelio MUSI, *La rivolta di Masaniello nella scena politica barocca,* Naples, Guida Editori, 1989.

Aurelio MUSI, *L'Italia dei viceré. Integrazione e resistenza nel sistema imperiale spagnolo,* Cava de'Tirreni, Avagliano Editore, 2000.

Aurelio MUSI, *Napoli e Filippo II. La nascita della società moderna nel secondo Cinquecento,* Naples, Gaetano Macchiaroli Editore, 1998.

Anita NOVINSKY et Maria Luiza TUCCI CARNEIRO (édit.) *Inquisição. Ensaios sobre mentalidades, heresias e arte,* São Paulo, EDUSP, 1992.

John NELSON, « Myths, Missions and Mistrust : The Fate of Christianity in 16th and 17th Century Japan », *History and Anthropology*, vol.13, n° 2, juin 2002, pp.93-112.

Luis G. OBREGÓN, *Rebeliones indígenas y precursores de la Independencia mexicana*, Mexico, Navarro, 1952.

José da Silva ORTA, « A representação do africano na literatura de viagens do Senegal a Serra Leoa (1453-1508) », in *Mare Liberum*, 2, 1991, pp. 209-339.

Ignacio OSORIO ROMERO, *La enseñanza del latín a los indios*, Mexico, UNAM, 1990.

Ignacio OSORIO ROMERO, Enrique OTTE, *Letters and People of the Spanish Indies. The Sixteenth Century*, Cambridge, Cambridge University Press, 1976.

Anthony PAGDEN, *Spanish Imperialism and the Political Imagination*, New Haven et Londres, Yale University Press, 1990.

Anthony PAGDEN, *Lords of the World. Ideologies of Empire in Spain, Britain and France, c.1500-c.1800*, New Haven, Yale University Press, 1995.

Anthony PAGDEN, *Peoples and Empires. A Short History of European Migration, Exploration and Conquest from Greece to the Present*, New York, The Modern Library, 2001.

José PARDO TOMÁS, *Ciencia y censura. La inquisición española y los libros científicos en los siglos XVI y XVII*, Madrid, CSIC, 1991.

Geoffrey PARKER, *Felipe II,* Madrid, Alianza Editorial, 1991.

Geoffrey PARKER, *The World is not enough. The grand Strategy of Philip II*, New Haven,

Yale University Press, 1998 ; en espagnol : *La gran estrategia de Felipe II*, Madrid, Alianza Editorial, 1998.

John LEDDY PHELAN, *El reino milenario de los franciscanos en el Nuevo Mundo*, Mexico, UNAM, 1972.

Geraldo PIERONI, *Os excluídos do reino. A inquisição portuguesa e o degredo para o Brasil colonia*, Brasilia, Editora Universidade de Brasilia, 2000.

Antonio PINELLI, *La bella maniera. Artisti del Cinquecento tra regola e licenza*, Turin, Einaudi, 1993.

Philip POMPER, Richard H. ELPHICK, Richard T. VANN (éd.), *World History. Ideologies, Structures and Identities*, Londres, Blackwell, 1998.

Stafford POOLE, *Pedro Moya de Contreras. Catholic Reform and Royal Power in New Spain, 1571-1591*, Berkeley, Los Angeles, Londres, University of California Press, 1987.

Carlos PRIETO, *El oceano pacífico : navegantes españoles del siglo XVI*, Madrid, Alianza Editorial, 1975.

Adriano PROSPERI, *America e apocalisse e altri saggi*, Pise, Rome, Istituti Editoriali Poligrafici Internazionali, 1999.

Jacques PROUST, *L'Europe au prisme du Japon*, Paris, Albin Michel, 1997.

Jacques PROUST, *La supercherie dévoilée. Une réfutation du catholicisme au Japon au XVIIe siècle*, Paris, Chandeigne, 1998.

Vicente L. RAFAEL, *Contracting Colonialism. Translation and Christian Conversion in Tagalog Society under Early Spanish Rule*, Ithaca et Londres, Cornell University Press, 1988.

V. Nayarana RAO, D. SCHULMAN et Sanjay SUBRAHMANYAM, *Symbols of Substance : Court and State in Nayaka Period of Tamilnadu*, Delhi, Oxford University Press,1992.

Giovanni RICCI, *Ossessione turca. In una retrovia cristiana dell'Europa moderna*, Bologne, Il Mulino, 2002.

Daniel ROCHE, *Humeurs vagabondes. De la circulation des hommes et de l'utilité des voyages*, Paris, Fayard, 2003.

Fernando RODRÍGUEZ DE LA FLOR, *Emblemas. Lecturas de la imagen simbólica*, Madrid, Alianza Forma, 1995.

Fernando RODRÍGUEZ DE LA FLOR, *La península metafísica. Arte, Literatura y pensamiento en la España de la Contrarreforma*, Madrid, Biblioteca Nueva, 1999.

María Luisa RODRÍGUEZ SALA (édit.), *El eclipse de Luna. Misión científica de Felipe II en Nueva España*, Huelva, Biblioteca Montaniana, Universidad de Huelva, 1998.

José Rojas GARCIDUEÑAS, *Bernardo de Balbuena. La vida y la obra,* Mexico, UNAM, 1982.

Gian Carlos ROSCIONI, *Il desiderio delle Indie. Storie, sogni e fughe di giovani gesuiti italiani*, Turin, Einaudi, 2001.

Sonia V. ROSE, « El primer rey que te falta » : honras fúnebres a Carlos V en la ciudad de los Reyes », dans A. Molinié-Bertrand et Jean

Paul Duviols, *Charles Quint et la monarchie universelle*, Paris, Presses universitaires de Paris-Sorbonne, 2000, pp.215-238.

Joan-Paul RUBIÉS, *Travel and Ethnology in the Renaissance, South India through European Eyes, 1250-1625*, Cambridge, Cambridge University Press, 2000.

Rogelio RUIZ GOMAR, *El pintor Luis Juárez y su obra*, Mexico, UNAM, 1987.

A.J.R. RUSSEL-WOOD, *Um mundo em movimento. Os Portugueses na Africa, Asia e América (1415-1808)*, Algés, Difel, 1998.

Alessandra RUSSO, « El renacimiento vegetal. Árboles de Jesé entre el Viejo Mundo y el Nuevo », *Anales del Instituto de Investigaciones Estéticas*, Mexico, UNAM, n° 73, 1998, pp. 5-39.

Alessandra RUSSO, « Plumes of Sacrifice : Transformations in Sixteenth Century Mexican feather art », *Res*, 42, automne 2002, pp. 226-250.

Carmen SALAZAR-SOLER, « Construyendo teorías : saber de los Antiguos y saber indígena en el Perú de los siglos XVI y XVII », dans Rui Manuel Loureiro et Serge Gruzinski, *Passar as fronteiras, II Colóquio Internacional sobre Mediadores Culturais, séculos XV a XVIII*, Lagos, Centro Gil Eanes, 1999, pp. 147-179.

Antônio Vasconcelos de SALDANHA et Jorge Manuel dos SANTOS ALVES, *Estudos de história do relacionamento luso-chinês. Séculos XVI-XX*, Lisbonne, Instituto Português do Oriente, 1996.

Jean-Michel SALLMANN, *Géopolitique du XVIe siècle, 1498-1618*,

Nouvelle Histoire des relations internationales, 1, Paris, Editions du Seuil, 2003.

Catarina Madeira SANTOS, *« Goa é a chave de toda a India ». Perfil político da capital do Estado da India (1505-1570)*, Lisbonne, Comissão Nacional para as Comemorações dos Descobrimentos Portugueses, 1999.

Lucinda SARAGOÇA, *Da « Feliz Lusitania » aos confins da Amazônia, 1615-1662*, Lisbonne, Santarém, Cosmos, 2000.

Patricia SEED, *Ceremonies of Possession in Europe's Conquest of the New World 1492-1640*, Cambridge, Cambridge University Press, 1995.

Ernesto SCHÄFER, *El consejo real y supremo de las Indias, Su historia y organización y labor administrativo hasta la terminación de la Casa de Austria,* Séville, Imp. M. Carmona, 1935, 2 vol.

Jean-Frédéric SCHAUB, *Portugal na Monarqua hispânica* (1580-1640), Lisbonne, Livros Horizonte, 2001.

Vitor SERRÃO, *A pintura protobarroca em Portugal 1612-1557. O triunfo do naturalismo e do tenebrismo*, Lisbonne, Edições Colibri, 2000.

Peter SLOTERDIJK, *La mobilisation infinie. Vers une critique de la cinétique politique*, Paris, Christian Bourgois, 2000 (*Eurotaoismus, Zur Kritik der politischen Kinetik*, Francfort-sur-le-Main, Suhrkamp Verlag, 1989).

Susan Migden SOCOLOW, *The Women of Colonial Latin America*, Cambridge, Cambridge University Press, 2000.

Germán SOMOLINOS D'ARDOIS, « Médicos y libros en el primer siglo de la Colonia », *Boletín de la Biblioteca Nacional*, Mexico, UNAM, tome XVIII, n° 1-4, 1967, pp.99-137.

Laura de Mello e SOUZA, *O diabo e a Terra de Santa Cruz*, São Paulo, Companhia das Letras, 1987.

Eddy STOLS et Rudi BLEYS (édit.), *Flandre et Amérique latine, 500 ans de confrontation et de métissage*, Anvers, Fonds Mercator, 1993.

Sanjay SUBRAHMANYAM, « A matter of alignment : Mughal Gujarat and the Iberian World in the transition of 1580-1581 », *Mare liberum*, Lisbonne, juillet 1995, n° 5, pp. 461-479.

Sanjay SUBRAHMANYAM, « Connected Histories : Notes towards a reconfiguration of Early Modern Eurasia », dans Victor Lieberman (éd.), *Beyond Binary Histories. Re-imagining Eurasia to C. 1830*, Ann Arbor, The University of Michigan Press, 1997, pp. 289-315.

Sanjay SUBRAHMANYAM, *Vasco da Gama*, New Delhi, Cambridge University Press, 1997.

Sanjay SUBRAHMANYAM, *L'Empire portugais d'Asie, 1500-1700*, Paris, Maisonneuve et Larose, 1999.

Michael SULLIVAN, *The Meeting of Eastern and Western Art*, Berkeley et Los Angeles, University of California Press, 1989.

Luís Filipe F. R. THOMAZ, *De Ceuta a Timor*, Algés, Difel, 1998.

Stephen TOULMIN, *Cosmopolis. The Hidden Agenda of Modernity*, Chicago, Chicago University Press, 1992.

Ronaldo VAINFAS, *A heresia dos Indios. Catolicismo e rebeldia no Brasil colonial*, São Paulo, Companhia das Letras, 1995.

Vera VALDÉS LAKOWSKY, *De las minas al mar. Historia de la plata mexicana en Asia : 1565-1834*, Mexico, FCE, 1987.

Rafael VALLADARES, *La rebelión de Portugal, 1640-1680. Guerra, conflicto y poderes en la monarquía hispánica*, Valladolid, Junta de Castilla y León, 1998.

Rafael VALLADARES, *Castilla y Portugal en Asia (1580-1680). Declive imperial y adaptación*, Louvain, Leuven University Press, 2001.

Pilar VÁSQUEZ CUESTA, *A lingua e a cultura portuguesa no tempo dos Felipes*, Lisbonne, Publicações Europa-América, Mem Martin, 1988.

Maria da Graça A. Mateus VENTURA, *Negreiros portugueses na rota das Indias de Castela (1541-1556)*, Lisbonne, Edições Colibri, 1999.

Maria da Graça A. Mateus VENTURA, *Portugueses no descobrimento e conquista da Hispano-América. Viagens e expedições (1492-1557)*, Lisbonne, Edições Colibri, 2000.

José Guadalupe VICTORIA, *Baltasar de Echave Orio en su tiempo*, Mexico, UNAM, 1994.

José Guadalupe VICTORIA, *Pintura y sociedad en Nueva España. Siglo XVI*, Mexico, UNAM, 1986.

Ralph H. VIGIL, *Alonso de Zorita, Royal Judge and Christian Humanist, 1512-1585*, Norman et Londres, University of Oklahoma Press, 1987.

Sousa VITERBO, *Trabalhos náuticos dos Portugueses. Séculos XVI e XVII,* Lisbonne, Imprensa Nacional, Casa da Moeda, 1988.

Sousa VITERBO, *Diccionario histórico e documental dos architectos, engenheiros e constructores portugueses*, Lisbonne, Imprensa Nacional,

1922.

Nathan WACHTEL, *La vision des vaincus. Les Indiens du Pérou devant la conquête espagnole,* Paris, Gallimard, 1971.

Nathan WACHTEL, *La foi du souvenir. Labyrinthes marranes,* Paris, Le Seuil, 2001.

Immanuel WALLERSTEIN, *The Modern World-System*, New York, Academic Press, 1974.

Immanuel WALLERSTEIN, *The Modern World-System II*, New York, Academic Press, 1980.

John WHITNEY HALL, Nagahara KEIJI et Kozo YAMAMURA, *Japan before Tokugawa, Political Consolidation and Economic Growth, 1500 to 1650*, Princeton, Princeton University Press, 1981.

Kies ZANDVLIET et *al.*, *The Dutch Encounter with Asia, 1600-1950*, Amsterdam, Rijksmuseum, Waanders Publishers Zwolle, 2002.

Silvio ZAVALA, *El servicio personal de los indios en la Nueva España*, Mexico, El Colegio de México/El Colegio nacional, tome V, 1990.

Carlos Alberto ZERÓN, « Pombeiros e tangomaus, intermediários do tráfico de escravos na Africa », dans Rui Manuel Loureiro et Serge Gruzinski (édit.), *Passar as fronteiras. II Colóquio Internacional sobre mediadores culturais. Séculos XV a XVIII*, Lagos, Centro de Estudos Gil Eanes, 1999, pp. 15-38.

Ines G. ZUPANOV, *Disputed Mission. Jesuit Experiments and Brahmanical Knowledge in Seventeenth Century India*, New Delhi, Oxford India Paperbacks, 1999.

大事年表

	欧洲	美洲
1492		克里斯托弗·哥伦布发现美洲
1494	《托尔德西利亚斯条约》签订	
1500		卡布拉尔发现巴西
1517	路德发起抗议	
1519	查理五世成为神圣罗马帝国皇帝	西班牙入侵墨西哥
1519–1522	麦哲伦环球航行	
1527	菲利普二世出生	
	罗马之劫	
1532		皮萨罗入侵秘鲁
1535		安东尼奥·德·门多萨成为新西班牙总督
1542		多明我会神父巴托洛梅·德·拉斯·卡萨斯草拟"新法"
1545	特伦托主教会议	发现波托西矿藏
1546		耶稣会士来到巴西
1551	塞普尔维达与拉斯·卡萨斯之辩论	利马大学成立
1556	圣依纳爵·德·罗耀拉去世	

	菲利普二世在西班牙登基	
1559	《卡托－康布雷西条约》签订	
1561	马德里成为西班牙首都	
1563	埃斯库里亚修道院奠基	
1566	低地国家发起革命	
1568		弗朗西斯科·德·托莱多成为秘鲁总督
1571	勒班陀战役	
	摩里斯科人起义	
1572	圣巴托罗缪惨案	印加王图帕克·阿马鲁被处死
1576	安特卫普大屠杀	
1578	葡萄牙国王塞巴斯蒂安一世去世	
1579	组建尼德兰联合省	
1580	菲利普二世吞并葡萄牙	
	蒙田《随笔集》首版问世	
1582		利马第三次主教会议
1588	西班牙无敌舰队溃败	
1589	亨利三世遇刺	路易斯·德·维拉斯科成为新西班牙总督
1592		基多起义
1594	亨利四世进入巴黎	
1598	阿尔伯特与伊莎贝尔成为低地国家君主	
	菲利普二世去世	
1603	英格兰女王伊丽莎白一世去世	
1610	亨利四世遇刺	
1611		安第斯地区根除偶像崇拜
1614		弗朗西斯科·德·博尔贾成为秘鲁总督

1624		墨西哥城起义
1630		荷兰人占领伯南布哥
1643	罗克鲁瓦战役	

	亚洲	非洲
1482		葡萄牙人行至刚果河口
1497	瓦斯科·德·加马抵达印度	
1501		黑人奴隶开始被贩往美洲
1503	葡萄牙人占领科钦	
1507	葡萄牙人夺取霍尔木兹岛	阿方索一世成为刚果国王
1510	葡萄牙人占领果阿	
1516		奥斯曼帝国苏丹塞利姆一世征服埃及
1517	葡萄牙人到访广州	
1520		刚果国王之子恩里克成为圣萨尔瓦多主教
1524	巴布尔入侵印度旁遮普	
1526	巴布尔入侵德里，宣布自己成为"印度斯坦皇帝"	
1535		查理五世占领突尼斯
1542	葡萄牙人到访日本	
1548		耶稣会士到达摩洛哥与刚果
1552	圣方济各·沙勿略去世	
1556	阿克巴成为莫卧儿帝国皇帝	
1557	葡萄牙人攫取澳门	
1563		萨尔察·丹格尔成为埃塞俄比亚皇帝
1566	奥斯曼帝国苏丹苏莱曼一世去世	
1573	万历皇帝登基	
1575		葡萄牙人占领安哥拉

年份		
1578		葡萄牙人在摩洛哥的阿尔卡塞尔·吉比尔败北
1582	丰臣秀吉开始其幕府统治	
1587	阿克巴大帝掌控波斯	
1591		桑海帝国崩溃
1598	德川家康执掌日本	
1605	贾汉吉尔开始统治莫卧儿帝国	
	德川秀忠开始其幕府统治	
1621		荷兰人占领塞内加尔的戈雷
1622	阿巴斯一世夺取霍尔木兹岛	
1623	穆拉德四世成为奥斯曼帝国苏丹	
1629	莫卧儿帝国皇帝沙贾汗（波斯语意为"世界之王"）登基	
1644	清军入关	

致 谢

本书中的探究建立于我在如下机构的授课与举办的讲座之基础上：法国高等社会科学研究院（1999—2003）、巴黎第四大学、马恩—拉瓦雷大学、鲁汶天主教大学、那不勒斯费德里克二世大学、利马天主教大学、纽约大学美术学院，特别还有我在巴西的贝伦杜帕拉、阿雷格里港市、贝洛奥里宗特、里约热内卢与圣保罗的讲学。对在这些地方接待我的所有人士深表感谢。在日本的旅行使我发现了一些珍宝，我从中选取若干呈现在本书中。

我的学生马科斯·德·阿尔梅达（Marcos de Almeida）、娜塔莉·奥吉尔·德·穆萨克（Nathalie Augier de Moussac）、玛丽亚·马蒂尔德·本佐尼（Maria Matilde Benzoni）、安东尼奥·卡诺（Antonio Cano）、卡米洛·埃斯科瓦尔（Camilo Escobar）、亚历山德拉·鲁索（Alessandra Russo）、拉斐尔·莫罗（Raffaele Moro）、加布里埃拉·瓦莱霍（Gabriela

Vallejo）的在场、探索与提出的问题都不断地给我带来帮助。艾格尼丝·封丹（Agnès Fontaine）是本书的第一位读者，也是最严厉的一位读者，她同布兰丁·佩鲁德（Blandine Perroud）、莉迪亚·罗宾（Lydia Robin）一起耐心地关注本书的成书过程。最后要感谢的是德西奥·古斯曼（Décio Guzmán），没有他，我永远不会敢于进入葡萄牙语世界、它的语言和历史中探险。在此奉上我的感激与友谊。

塞尔日·格鲁金斯基

人名索引 *

---

* 按西文姓名顺序排列，含中西文对照。

H

译后记

  《世界的四个部分：一部全球化历史》的作者为法国著名历史学家塞尔日·格鲁金斯基，他 1949 年生于法国，系墨西哥后裔，1986 年毕业于法国巴黎第一大学，获得文学与人文科学博士学位。在完成了关于 16 世纪佛兰德斯地区的博士学位论文后，格鲁金斯基转向拉美地区研究。他曾经旅居意大利、西班牙、墨西哥，在那里搜集文献资料，针对历史上西班牙对拉丁美洲的殖民撰写了大量相关著述。其中已出版的中译本有《阿兹特克：太阳与血的民族》（2001）、《鹰与龙——全球化与 16 世纪欧洲在中国和美洲的征服梦》（2018）、《历史何为》（2020）、《梅斯蒂索人的心智：殖民化与全球化的思想动力》（2020）。2015 年，格鲁金斯基获得国际历史学科委员会首次颁发的历史学国际大奖。

  塞尔日·格鲁金斯基在本论著中阐述了 16 世纪末、17 世纪初欧洲的殖民历史。在这一时期，西班牙和葡萄牙联合起来，欲建立一个日不落的世界性帝国。作者专注于在西葡帝国（1580—1640）统治下美洲与亚洲被殖民的历史，展现了这个混合的大帝国的微观政治，它建立起膨胀、松散又逐渐变得牢固的庞大网络，不同文明在早期全球化中建立联系，在相当广阔的领域中发生融合，涵盖医学、地图绘制术、膳食、艺术、哲学、文学、语言、日常生活用品等，这些蛛丝马迹贯穿了西葡帝国的历史脉络。全书主要包含导论、四个主体部分、尾声。在四个主体部分中，第一部分设定了研究方法与研究框架；第二部分专注于被纳入伊比利亚世界中的墨西哥；第三部分围绕移民到世界各地的若干具有代表性的个体展开，关注这些欧洲人对所到之地的认识与兴趣；第四部分阐述了器物、语言与思维方式的全球化。

　　该书在国际学界经常被与法国历史学家费尔南·布罗代尔的名作《十五至十八世纪的物质文明、经济和资本主义》（1979）进行比较，二者均论述全面、参考文献丰富、举例多样。差异是布罗代尔侧重于商业、金融、政治层面的研究，格鲁金斯基则强调对文化产品的分析。格鲁金斯基认为16世纪的全球化在文化方面是一次尝试，美洲是该尝试的试验场，它以墨西哥城为中心，创造了不同世界的融合。这里作者在肯定该探索的价值的同时，并没有回避殖民给当地人造成的痛苦与创伤，谈到殖民者对印第安人的残酷剥削、对拉丁美洲财富的疯狂掠夺。此外，同布罗代尔的著述相比较，格鲁金斯基不再以欧洲为研究内容的中心，而是聚焦这一特殊时段墨西哥在全球化中扮演的核心角色，以及它在人、思想、器物的交流与传播中发挥的重大作用，关注哥伦布发现新大陆以前的美洲同文艺复兴的欧洲之间在表现形式与风格上发生的融合。格鲁金斯基力图避免种族中心主义的片面性，突出了美洲与亚洲的杰出人物对早期全球化的积极参与，他们对西方文化、技艺的习得、融合与运用有时表现出比欧洲艺术家更高的才能。

作者擅于从不同的层面展开论述，从大的历史潮流到一个个小人物的历史，尤其对实现全球化所依靠的"摆渡人"（主要涉及传教士、商人、艺术家、行政官员）的阐述是全书的亮点。从墨西哥到拉普拉塔河地区，从塞维利亚到果阿，从热那亚到中国，这些个体在不同的背景下将不同地区的历史衔接起来，传达了自身的三重身份来源：出发地、定居地、他们认为自身所归属的那个"世界性的帝国"。在这一时期，产生了早期的全球化精英，与地区的混血儿相汇合，他们旅行、书写，在大学中授课，被梵蒂冈或马德里宫廷所召见，他们的生活见证了各个地区对全球化的参与。一方面，全球化使欧洲人的智识、生活方式传播到他处；另一方面欧洲人从异域所带回的器物、知识获得了新的价值。在这场全球化运动中，中国文学与哲学作品的西译、欧洲文学与哲学作品的中译在西方文明与非西方文明的交流上显得格外突出。

综上所述，格鲁金斯基的研究视角独特，对其前辈历史学家的局限性有所突破，同时参阅了大量珍贵的文献资料，值得注意的是，作者所参考的文献资源并不限于欧美学者的相关著述，还参考了很多非西方的学者（如阿兹特克血统的墨西哥土著历史学家多明戈·齐马尔帕赫恩等较不为人所熟知的学者）、作家的著述。使得该书在关于早期现代世界西方与非西方之间关系的当代历史学论著中的重要性毋庸置疑。对于历史研究者与爱好者，尤其对于了解早期全球化情况来说，本书是一本不可或缺的参考书。

本译本根据法国巴黎马蒂尼耶出版社 2004 年出版的法文版原著译出。由于该书中除了法语之外，还使用了大量的葡萄牙语、西班牙语、阿兹特克语等多语种史料，因而在翻译中难免有疏漏之处，敬请专家、读者予以批评和指正。

最后，感谢东方出版社的姚恋老师欣然接受本书的引进，北京外国语大学李雪涛教授的校订与书写的《解说》，以及中央美术学院李军教授、清华大学刘北成教授、山东大学刘家峰教授、北京外国语大学博士后张宇晨老师对本书的审读并提出细致的修改建议，责编杨磊老师的核校与编辑，得益于他们的信任、支持与帮助，本书才能够顺利出版。本人在此深表感谢！

李征

中国社会科学院外国文学研究所

东南欧拉美文学研究室副研究员

2022 年 2 月 11 日于北京

近代早期的伊比利亚全球化

——《世界的四个部分：一部全球化历史》解说 [1]

> 格鲁金斯基以其优雅而清晰的文字，改变了我们对那个时代世界
> 的全部理解。
>
> ——题记

历史学家格鲁金斯基（Serge Gruzinski, 1949—）2004 年的专著
《世界的四个部分：一部全球化历史》（*Les Quatre Parties du monde.
Histoire d'une mondialisation*, 2004）宛如一幅庞大的马赛克拼图——在
他的构思和安排下，看似凌乱的小图片，共同成就了一幅 16—17 世
纪的世界画卷："在西葡帝国的空间，首先表现为全球性的流动与交流。
它通过不同种族、社会与文明之间的混合展开。"[2] 这部具有划时代意义
的著作所描述的是西班牙和葡萄牙王室在菲利普二世的统治下结成伊
比利亚联盟的 60 年，这是一段起伏短暂、迅速、激荡的历史，它代表

1　本书责编杨磊先生嘱我写一篇中文版前言，这些天在阅读的过程中，我越来越感
到这部书的重要以及格鲁金斯基对于中文世界的意义。前言的篇幅大大超出了出版社的
要求，但即便是这样的长篇大论，也不足以全面而恰当地评价这部著作。因此我建议将
"前言"改为"解说"，放在书后。

2　见本书第 40 页。

着西方社会的新挑战以及与其他 3 个遥远的大洲的文化之间建立的联系。在他激动人心的叙事背后，我们看到了另一部慢节奏的历史，即群体与团体的社会史，以及长期过程的重要性，这些过程逐渐改变了现实和我们在世界中看待自己的方式：不仅仅是经济和地理发挥着重要的作用，构建理解工具的意识形态也是如此。

由于伊比利亚天主教君主制与全球化现象的产生具有同时性，新世界似乎也与"世界历史"有机地联系在了一起，其特点正是格鲁金斯基这部著作的主题：混血、西方化和全球化的过程。"混血"意味着不同社会和个人之间激烈接触而产生的混合，"西方化"则将欧洲知识和传统转变为潜在的普遍遗产，而"全球化"则体现着欧洲习惯和思想体系在世界其他地方的模仿性复制，诸如此类的逻辑分析在格鲁金斯基的这部书中被广泛用于四大洲的大量文字和艺术史的文献分析中。至于对这些主题的处理，作者通过图像、人物和文本展示了伊比利亚帝国项目的巨大空间，从而产生了一个新的世界地理，其中出现的地方空间，由于加入了帝国的维度，被投射到全球，同时也通过作者的旅行以及当代电影的演绎而被插入同时代的时间性之中。书中包括多样化体裁的文献，从诗歌和人文主义对话到被征服士兵的报告或有各种专用名词的医药研究，再到混血儿的日记等，可谓应有尽有。

格鲁金斯基带领读者在 16 世纪中叶至 17 世纪前几十年的伊比利亚帝国进行了一次精彩绝伦的旅行："从安第斯山脉地区结冰的高山到菲律宾那令人窒息的密林，一些人承受着地球上的另一个地区的统治，而他们对那个地区直到那时依然是全然未知的。"[1] 他在书中巧妙地运用

1　见本书第 194 页。

了艺术作品、文学文本以及同时代的官方档案（这主要记载了伊比利亚派出的人员在世界各地的遭遇），让读者跟随着这些近代早期的传教士、生意人、探险者、外交家进入之前从未对欧洲开放的新世界，从而了解随之而来的混血和文化的冲撞与融合。

一、格鲁金斯基及其著作

格鲁金斯基是以拉美史研究著称的法国历史学家。1969 年，他进入法国国立文献学校（École Nationale des Chartes），在那里完成了他有关 16 世纪佛兰德斯（Vlaanderen）的论文——这一历史上的国度曾以根特（Ghent）为其首都，包括了今天荷兰、法国以及比利时的部分地区。1970 年，一次去墨西哥的旅行唤起了他对这个"新西班牙"及整个拉丁美洲的兴趣。[1]1973—1975 年，他成为设在梵蒂冈档案馆中的罗马历史研究所（Écolefrançaise de Rome）以及委拉斯开兹之家（Casa de Velázquez）的成员。1983 年，他进入了 1939 年成立的久负盛名的法国国家科学研究中心（Centre national de la recherche scientifique）——这是欧洲最大的基础科研机构，1989 年他开始担任该研究中心的主任一职。自 1993 年起，他任法国社会科学高等研究院（École des hautesétudesen sciences sociales）院长。格鲁金斯基感兴趣的研究方向是美洲和亚洲的殖民化，他的研究领域包括了作为混血及混合空间的诞生地以及作为全球化的最初表现的殖民经验。1999 年格鲁金斯基出版了《梅斯蒂索人的心智》（La Penséeémétisse）一书，呼应了

1　Cf. François Dufay, "Serge Gruzinski: À la conquête de l'Amérique", In: *L'Histoire*. Vol. 236 (1999). Paris: Sophia Publications, pp. 28–29.

他的这一思想，他在 1999 年 2 月 26 日的访谈节目中对此解释说："……由于西班牙和葡萄牙的存在，早在 16 世纪就已经出现了第一个环绕着世界的全球性帝国。"[1]

20 世纪 80 年代末和 90 年代初，格鲁金斯基与法国历史学家、人类学家卡门 - 贝南（Carmen Bernand, 1939—）合作，出版了《偶像崇拜：宗教学考古》（ *De l'idolâtrie: Une archéologie des sciences religieuses*, 1988）和两卷本的《新世界史》（ *Histoire du Nouveau Monde*）：第一卷《从发现到征服》（Tome 1, *De la découverte à la conquête*, 1991）；第二卷《混血》（Tome 2, *Les métissages*, 1993）。此外，格鲁金斯基也是《阿兹特克帝国的破碎命运》（ *Le destinbrisé de l'empireaztèque*, 1988）一书的作者，这是图文并茂的 "伽利玛发现丛书"（Découvertes Gallimard）中的第 33 种，已被翻译成包括英语在内的九种语言。[2]

除了著述之外，格鲁金斯基还是一位优秀的策展人。2004 年，他在巴黎著名的雅克·希拉克 - 凯布朗利博物馆（Musée du Quai Branly - Jacques-Chirac）策划了题为 "梅斯蒂索斯人的星球"（Planète Métisse）的展览，并组织了 "梅斯蒂索斯人的经验"（L' Expérience Métisse）专题研讨会，获得巨大成功。2015 年 8 月，作为研究 16—18 世纪拉丁美洲的专家，格鲁金斯基以其在全球和跨国史新思想中有关 "混血"

1　"Serge Gruzinski, auteur de *la penséemétisse*, historien et sociologue, expose son analyse", sur INA, 26 février 1999.

2　至今格鲁金斯基的著作已经有 4 本被译成了中文：1. 马振聘译《阿兹特克：太阳与血的民族》，上海：汉语大词典出版社，2001 年（译自法文）；2. 崔华杰译《鹰与龙：全球化与 16 世纪欧洲在中国和美洲的征服梦》，北京：中国社会科学出版社，2018 年（译自英文）；3. 卢梦雅译《历史何为》，北京：中国社会科学出版社，2020 年（译自法文）；4. 宋佳凡、季发译《梅斯蒂索人的心智：殖民化与全球化的思想动力》，北京：中国社会科学出版社，2020 年（译自英文）。

（métissage）以及文化跨界"环流"（circulations）的观念，在中国济南举办的第22届国际历史科学大会（ICHS）上获得了国际历史学大奖。

格鲁金斯基在著述方面的成就，包括其创新之特点、提出问题之独创性、提问题的方式，以及通过查阅详尽的档案来确定每一个论断的方法，都令读者对他的作品叹为观止。他的很多历史学著作，一经完成就成为时下的经典。2004年出版的《世界的四个部分》可谓格鲁金斯基著作之集大成者，这是他积累了几十年的成就。他在书中展开了一个全球性场景，带领读者穿越那个时代的世界。在他的笔下，那是遥远的过去，又是跟我们今天紧密相连的当下。

《世界的四个部分》最初由法国的马蒂尼埃出版社（Éditions de la Martinière）于2004年出版，2010年被译成西班牙语，在墨西哥出版（*Historia de una mundialización, Fondo de Cultura Económica*, Mexico, 2010）。我很高兴这部有关第一次"全球化"的发人深省的著作如今有了中文译本。这将有助于中国学者将中国以外的其他世界纳入自己的研究领域，从而经由比较进入真正的跨文化世界史——全球史的研究。事实上，中国在第一次的"全球化"过程中也扮演了一定的角色，有关这些方面格鲁金斯基在他的另一部著作——《鹰与龙》中有更为集中的探讨。

二、《世界的四个部分》之总论

在《世界的四个部分》中，格鲁金斯基利用其早期著作中已经建构起来的知识和学术方法，探索了16世纪和17世纪世界范围内错综复杂的各种文化相遇现象，尤其关注了1580—1640年这一时期，此时正值葡萄牙和西班牙帝国处于同一王室的统治之下——哈布斯堡西班牙国王菲利普二世（Felipe II de España, 1527—1598）兼任葡萄牙王国国王，形成了西班牙—葡萄牙共主邦联：伊比利亚联盟（Unión Ibérica / União Ibérica）从而成为当时世界上海权最大、领土最广的国家。正是从这一时期开始，菲利普二世开始在一个横跨四大洲的全球计划框架内进行了王朝、政治和意识形态的建设，建立了第一个全球反伊斯兰教联盟：当时卡斯蒂利亚和阿拉贡两个王室的联合，加上葡萄牙（1580）及其海外属地，真正形成了一个名副其实的"全球帝国"。格鲁金斯基引用西班牙诗人、剧作家维加（Lope de Vega, 1562—1635）的话："经由菲利普二世之王土，可以走遍世界。"[1]——这仿佛是"溥天之下，莫非王土"的伊比利亚版本：遥远的那不勒斯、意大利大部分地区、荷兰南部、西班牙和葡萄牙的美洲，从加利福尼亚到火地岛，西非海岸，印度和日本的地区，如果以散布在世界各地的城市来看的话，包括了印度的果阿，菲律宾群岛的首都马尼拉，巴西东北巴伊亚的萨尔瓦多，秘鲁首都利马，玻利维亚南部的波托西，欧洲的安特卫普、马德里、米兰、那不勒斯——在这一由菲利普二世、三世和四世掌控之下的巨大空间之中，每半小时都会有一场弥撒举办，一直到1640年随着葡萄牙与西班牙王权的分离，这场伟大的伊比利亚全球计划才告一段落。

"全球化"是一个当代的概念，格鲁金斯基从我们今天对这一概念的理解出发，来考察近代早期的"全球化"：历史被用作"一个奇妙的工具箱，用来理解几个世纪以来在西方化、混血以及全球化之间所

---

1 见本书第 7 页。

发生的各种事件"。[1] 它不仅可以用来重建和重新连接后来的事件，也可以重现由于历史学的时尚所遮蔽的历史现象，正是这些事件和现象将世界的不同部分及居住在其中的人连接在了一起。

"世界的四个部分"（Las Cuatro Partes del Mundo）在 17—18 世纪的拉美是一个非常受欢迎的主题，[2] 所谓的四个部分是当时已知的四个大陆：欧洲、亚洲、非洲和美洲——这是当时天主教君主制（1580—1640）的统治野心，也是混血儿编年史家——齐马尔帕赫恩（Chimalpahin, 1579—1660）对世界的定义。展现这四个大陆，即是世界的全部，因为它完全符合当时的科学认识。在天主教君主制统治下的时代，世界的这四个部分得到了空前的相互联系。格鲁金斯基试图重建不仅发生在欧洲，而且发生在亚洲、美洲和非洲之间的联系和互动，因为伊比利业大主教君主国的行动半径是全球。政治上的统一确保了世界这几大部分的制度性联系，并通过人员、物资和思想的不断流通来加以实现。对此，格鲁金斯基有自己的逻辑，除了"导论"和"尾声"外，他书中的四个部分分别为"伊比利亚全球化"（第 1—3 章）、"世界的连接"（第 4—6 章）、"世间物"（第 7—11 章）以及"水晶球"（第 12—16 章），以期超越单纯的海外扩张概念的单向性和欧洲中心主义的看法。

1　见本书第 6 页。（引文略有改动）

2　墨西哥城的索玛亚博物馆（Museo Soumaya）藏有题为《世界的四个部分》（Las cuatro partes del Mundo, 1660）的油画，作者是一位非洲裔墨西哥人克雷亚（Juan Correa, 1646—1716）。这幅墨西哥巴洛克风格的作品，根据不同大陆的特征绘有当地的城市、居民、动物和植物。相关链接见：https://www.museodelprado.es/coleccion/obra-de-arte/las-cuatro-partes-del-mundo-america/9ec620df-903e-48da-a7d0-423d7d05a57e（访问日期：2022 年 5 月 8 日）。

三、《世界的四个部分》之分论

在"导论"部分，格鲁金斯基以"9·11"事件——2001年9月
11日纽约世界贸易中心的双子大厦遭受袭击——在欧洲和南美洲的不
同反响为契机，来思考全球化的问题。在欧洲，对待这一"罕见的、
无法预料的事件"，"西方只能针对其理性与祛魅性进行反对"。[1]但在
距离纽约数千公里之外的贝伦杜帕拉，两百万巴西人涌上了炎热的街
道，格鲁金斯基亲自见证了这一反对"21世纪的第一次战争"的抗议
活动。他写道：

> 我在旅行中偶然收集的这些蛛丝马迹是本书的出发点。它们
> 使我从欧美之外的一个地方出发，思考全球化，那里作为西方世
> 界的一个外围空间为西方人提供了一个充满异国情调与原始性的
> 取之不尽的宝库。[2]

格鲁金斯基认为，贝伦古老的圣母像礼仪是既非欧洲，亦非美洲
的传统，但它将一个全球事件纳入了一个地方性礼仪，这是地方与全
球的融合。由于"混血"的过程以及"关联史"观念的引入，贝伦杜
帕拉民众的种种反应使格鲁金斯基置身于长久以来全球历史巨大的、
谜一般的印记中，使他产生了撰写这部著作的想法：

> 从墨西哥、巴西以及印度与非洲的沿海地带出发，研究全球

---

1 见本书第4页。
2 见本书第5页。

化；避免落入种族中心主义陷阱，以便使视角偏移；探究全球现象的参与者；最后，将那些被时间所分离的地区、人、观念与想象加以聚合。[1]

正是来自"他者"的视角使历史学家产生一种距离感，从而对欧洲历史采取另外一种看法，进而补足欧洲历史拼图中缺失的部分。

第一部分是对 16—17 世纪"伊比利亚全球化"的概述。如果说这一部分有什么特别之处的话，那就是格鲁金斯基并没有像一般的历史学家那样，对葡萄牙人和西班牙人发现世界的过程进行平铺直叙，而是探讨了如何去认识他们所创造的一个"世界帝国"的事实，以及这一想法对他们来讲究竟意味着什么？正是在这一时期，西班牙人和葡萄牙人学会了统治未知的领土：墨西哥和日本、巴西和非洲海岸、果阿和菲律宾，这些当地"土著"有着对伊比利亚人来讲完全陌生的思想和权力形式。无论是不同民族之间的融合还是当地传统对伊比利亚统治的抵抗，事实是世界的四个部分成为一体。因为仅从有限的欧洲的科学革命或绝对主义的角度来定义现代性，而忽略了欧洲同亚洲、非洲和美洲的新联系及其对塑造现代性的重要意义，这样的单向度"现代性"是没有意义的。

第二部分是有关"世界的连接"的研究，它探讨了这个"世界帝国"是如何在墨西哥和其他殖民中心出现的，墨西哥与伊比利亚帝国在亚洲（菲律宾、果阿、印度尼西亚和中国）、非洲，以及与伊比利亚人的家乡之间的联系。这一部分涉及建立各种洲际文化间联系的具体

1　见本书第6页。

方式，包括通婚、移民、各类报告和新闻的传播、书籍和物资的流通、民间和教会机构的建立等。不同世界的男男女女在广阔无垠的帝国空间之中迁移、混血及各种跨大洲的跨文化交流，城市空间、知识交流、语言混血、政治危机、当地人的叛乱等共同形成了这一时期社会结构的流动性和复杂性的一面。

在这里，作者通过跟踪一些人的人生足迹以及通信来说明这些联系。这些人的职业将他们带到了遥远的帝国前哨。他们的对抗、同化的经验，成为早期现代性的一个重要组成部分。美洲、非洲和亚洲不再仅仅是欧洲现代性的"边缘"，而是成为建构一个前所未有的全球维度的动态和活跃的场景，这个维度赋予了早期现代性以独特性。

第三部分是有关"世间物"的，格鲁金斯基详细研究了与其他三大洲发生联系的欧洲人——他们是负责伊比利亚计划在政治、宗教、科学、经济和艺术上扩张的全球化精英人士，包括政府行政人员及其代理人，还有传教士，盘点了他们征服世界的方法和所取得的成就：地理学、各种资源、动植物、医学和技术知识、文化和历史、艺术创作以及他们在新帝国每个地方的潜在贸易力量。这些来自欧洲或者接受过欧洲知识训练的学者和传教士就像一枚硬币的两面：他们一方面负责在新世界基督教化的民众中传播西方知识，另一方面也接受新世界的知识。如 1556 年在广州被投入监狱的葡萄牙人的书简，在这些人中克鲁斯（Gaspar da Cruz，约 1520—1570）后来出版了他具有划时代意义的《中国情况》。[1] 与此同时，西班牙方济各会传教士、民族志学

1　Gaspar da Cruz, *Tractado em que se côtam muito por estêso as cousas da China, cõ suas particularidades, e assi do reyno dormuz*, em casa de Andre de Burgos, 1569. 加斯巴尔·达·克鲁斯神父著，范维信译《中国情况》，澳门：澳门海事博物馆、澳门贸易投资促进局，1996 年。

者德·萨哈贡（Bernardino de Sahagún，约 1499—1590）参与了新大陆新西班牙殖民地早期的传教活动，他用西班牙语和纳瓦特尔语双语写成的《新西班牙事物通史》，[1] 开创了收集民族志信息和验证其真伪的新方法，这部书也被认为是"有史以来最杰出的非西方文化记录之一"。[2] 同时，葡萄牙医生奥尔塔（Garcia de Orta, 1501—1568）于 1563 年在果阿出版的《印度草药与药理对话录》，[3] 以文艺复兴时代西方的科学方法对该地区的植物进行了系统的调查与研究。方济各会的神父莫利纳（Alonso de Molina, 1513/1514—1579/1585）在墨西哥编写的一部西班牙语/纳瓦特尔语、纳瓦特尔语/西班牙语双语词典，[4] 至今仍被认为是这方面的最佳工具书。作为各个领域的专家，他们在新世界开展了实地工作；他们热衷于发掘新的知识，并将这些知识用于君主政治的服务。反过来，欧洲地区的人们对新世界的了解和熟悉也是必要的，因此，许多来自新世界的科学知识也被传到了欧洲。正是基于伊比利亚全球化，知识的增加使得奥尔塔认识到："今天，得益于葡萄牙人，我们一天学到的东西比罗马人在一百年里学到的东西还要多。"[5]

格鲁金斯基以亚里士多德哲学为基础，重构了欧洲人看待新世界

---

1 Bernardino de Sahagún, translated by Arthur J.O. Anderson and Charles E. Dibble, *The Florentine Codex: General History of the Things of New Spain*, 12 volumes; University of Utah Press, 2002.

2 H.B. Nicholson, "Fray Bernardino De Sahagún: A Spanish Missionary in New Spain, 1529-1590", in: *Representing Aztec Ritual: Performance, Text, and Image in the Work of Sahagún*, ed. Eloise Quiñones Keber, Boulder: University of Colorado Press, 2002.

3 *Aromatumetsimplicium aliquot medicamentorumapud Indiosnascentiumhistoria*, Latin translation by Carolus Clusius. Antwerp: Plantin, 1567. *Colloquies on the Simples and Drugs of India by Garcia da Orta*. English translation by Sir Clements Markham. London, 1913.

4 *Vocabulario en lengua castellana y Mexicana*, 1571.

5 见本书第 303 页。

的格局，并指出了这种观点的局限性。他还描述了由欧洲的皇家行政人员和教会人士组成的新的"天主教精英"如何努力将新世界与王室联系起来，并利用他们的资源来维系欧洲王室与亚洲、美洲这些对手的关系。

这部书的第四部分题为"水晶球"——在某些领域是不能发生"混血"现象的，这是一种维持欧洲智识全球化的机制。一切都可能混血，但作为帝国基础的理论话语和抽象性思维在全球化过程中是不允许有"杂质"的。这些来自欧洲的纯粹知识被严格地保护起来，不受当地思想的影响，不能有任何与当地元素的融合。欧洲文艺复兴时期的"全球化"虽然允许人们使用某些当地技术，但结果必须是无可挑剔的西方式的。教堂和修道院中的绘画常常是"混合式"的，其对象主要是下层的信仰者，而对于大部分当地精英人士和知识分子来讲，原汁原味的欧洲圣像依然是他们的追求。以亚里士多德主义、演绎的伟大原则、基本范畴、自然和灵魂的观念为形式的欧洲思想全球化会以学术的形式，渗透到人们的头脑中，并塑造他们的思想。欧洲思想的强大之处恰恰在于这种思想也在欧洲之外被复制，哲学同样在墨西哥和利马"生产"和输出，这证明智识全球化不仅仅是一个欧洲的现象，它说明了亚里士多德主义和经院哲学是一种普遍性的方式。同样，伊比利亚联盟所使用的语言：拉丁语、卡斯蒂利亚语、意大利语、葡萄牙语都是智识全球化不可分割的载体，尽管在全球化的过程中吸收了不同地区的词汇，但其语言的结构仍然保持不变。在这一部分中，格鲁金斯基对这个新"全球化"世界的艺术、文化和语言如何影响其他部分进行了富有想象力的描述。他着重诠释了文化"混血"这一概念，并举例剖析了混血的过程——"混血在很大程度上构成了西葡帝国本身，它在西葡帝国无处不在。"[1]

以亚里士多德学说和经院哲学为基础的西方思想在美洲和亚洲的传播是非常重要的，因为它意味着通过建立一个标准化的世界知识来实现殖民地精英人士的西方化。这种知识乍看起来似乎是对新的现实开放的，但其实它是不允许有丝毫转变的。尽管在天主教君主制的禁令中并没有这一条，但它却被看作是其基础，是不容改变的一个战略要素，因此官方不会认可任何混血的结果。格鲁金斯基告诉我们，就知识体系本身而言，欧洲与其之外世界的相遇实际上是一次虚假的相遇，因为欧洲的知识大厦是不可渗透的。他写道："智识全球化似乎只从外部借鉴那些它可以将其纳入自己的矩阵的东西，它采用外来元素必须符合一个前提条件，即智识全球化在该元素中可以找到自己的形象。"[2]

格鲁金斯基在最后的两部分中追溯了这一段历史中人类精神表征的变化，语言表达方式的革命，知识跨越陆地和海洋所产生的迁移，以及帝国意识形态对哲学、语言等方面所施加的影响。所有以上的这些现象共同构成了作者定义的在全球范围内出现的梅斯蒂索混血思想，这好比炼金术理论中的雌雄同体概念，它体现了对立面的相遇和回归原点的统一，关闭了对立面：因为所有对立面都倾向于消除自身。正是墨西哥在西班牙入侵后经历的多重蜕变而不是军事征服造成的死亡和废墟激发了历史学家的兴趣；正是欧洲人在新大陆的存在及其与土著世界的相遇，以及在此基础之上产生的意想不到的创新成就了一个全球性的新世界。这也是为什么格鲁金斯基对装饰在普埃布拉市的"德安之家"（Casa del Dean）的壁画特别感兴趣的原因——这些

1　见本书第 40 页。（引文略有改动）

2　见本书第 602 页。

16 世纪的壁画显示了房屋建造者对文艺复兴思想的接受，是土著艺术家对奥古斯都时代的古罗马诗人奥维德（Pūblius Ovidius Nāsō，前 43—17/18）《变形记》（*Metamorfosis*, 1 世纪）的诠释。[1]

　　本书的"尾声"部分很好地呼应了"导论"部分。以贝伦杜帕拉游行的场景为开端的叙事，通过近 700 页（中译本页码）的演绎，重新回到了当代的场景：伊比利亚联盟在世界的四个部分所传播的弥赛亚主义和千禧年主义，最终归结到了《黑客帝国》（*The Matrix*, 1999）。这就像每半小时举办一次的弥撒一样，在伊比利亚君主制统治时期的白天或黑夜的任何时候，太阳从未落下，三个大陆上的人们每天都能看到它。《黑客帝国》虽然在情节中也整合了一些地方特色，对"混血"做出了一定的让步，但这基本上只是一个计策，旨在更准确地传达电影的中心思想：这就是我们今天对机器的依赖，我们根本无法超越它们。

四、近代以来的两次全球化

　　本书的法文正副标题为 Les quatre parties du monde. Histoire d'une mondialisation，中文译文为《世界的四个部分：一部全球化历史》。值得注意的是，作者格鲁金斯基的"全球化"使用了 Mondialisation 而不是 Globalisation， 使 Mondialisation 巧妙地与标题中的 monde（世界）形成了呼应。根据加拿大社会学家罗歇尔（Guy Rocher, 1924—）的说法："Mondialisation 可以被定义为将以前仅限于地区或国家的问题扩展到世界范围。"他认为，"如果我们谈论 Mondialisation， 就

1　见本书第 546 页。

意味着我们要唤起另一个现实，一个当代的现实：这些国际和跨国关系和交流在世界范围内的延伸，这是当代文明中运输和通信速度不断提高的结果。至于 Globalisation——这是一个社会学家喜欢使用的术语——它所指的是一个超越国际关系、超越全球化的世界体系，一个真正意义上的社会事实，其本身就是一个参照物。"[1] 换言之，Mondialisation 所体现的更多的是历史的过程，而 Globalisation 则是今天我们看到的全球化的结果。很多法语的词汇很难在英语中找到恰当的对应译词，而格鲁金斯基常常使用一些社会学、人类学、历史学乃至哲学的法语术语，以此捕捉他正在考虑的非常复杂和多方面的现象：西方化（Occidentalisation）、全球化（Mondialisation）、统一化（Uniformisation）、关联史（Histoires connectées）、混血（Métissages）、流动（Mobilisation）、连接（Chaîne）等。

在格鲁金斯基看来，"全球化"并不仅仅意味着西方的征服与扩张，从全球史的角度来看它意味着一种"流动"（Mobilité），这既是男人和女人的流动，也是机构的流动，传教士、商人和官僚在世界各地——从欧洲到亚洲或美洲——流动。而流动的结果却是要努力调整以适应新的状况，适应另一种文化，同时保持着原有的思想。这是一个新的适应政策的问题，这些最初到达新世界的先行者们就这样不自觉地将各种地方史联系了起来，使它们成了同步的历史。有意思的是，这些从伊比利亚来的"历史学家"的身份便因此有了三重属性：他们出发的地点，他们现在的定居地，以及他们觉得自己所从属的世界视

1　Cf. Daniel Mercure (dir.) et Guy Rocher, *Une société-monde?: Les dynamiques sociales de la mondialisation*, Presses de l'Université Laval, 2001,《La mondialisation: un phénomène pluriel》.

野，即"普世君主制"（Monarchie universelle）。

格鲁金斯基认为，从研究 16 世纪伊比利亚的扩张出发，可以看到全球化是被各种原动力与其他力量所形成的一种整体力量所推动而形成的，这些力量将世界的不同部分连接、整合并组织在了一起。在15—16 世纪，欧洲、非洲、美洲与亚洲逐渐相互连接，这种情况是前所未有的。"与各个帝国各自的原动力不同，这些融合成一体的力量组并非产生于明确的、有意识的政治企图，亦非源于直接可辨的纲领性计划。伊比利亚全球化并不是天主教帝国的国王们派遣哥伦布、麦哲伦去探索世界所导致的结果，也不应将伊比利亚全球化与西班牙、葡萄牙的殖民扩张以及他们的经济、军事动机相混淆。"[1] 格鲁金斯基认识到，当伊比利亚人通过印度、菲律宾与亚洲世界相联系时，是中国、日本、莫卧儿帝国的区域力量将伊比利亚人融入到他们自己的运转与活动之中。"全球化将一直处于分离状态的不同的地缘政治、不同的经济空间连接起来，并使之同步。"[2] 这是具有伊比利亚特色的近代早期的"全球化"。

在格鲁金斯基看来，全球化涉及知识工具、交流代码和表达方式。而这是有别于"西方化"的，后者更多的是通过殖民化、文化适应和"混血"来进行其统治世界的事业。在征服的早期，西方化是先于全球化的——两者始终伴随着伊比利亚全球化，尽管是在不同的维度和规模上展开，但彼此密不可分。"全球化与西化是伊比利亚之鹰的双头。"[3] 圣克鲁斯 - 德 - 特拉特洛尔科学院（Santa Cruz de Tlatelolco）的建立是

1　"致中国读者"，见本书第 iii—iv 页。

2　"致中国读者"，见本书第 iv 页。

3　见本书第 571 页。

西方化动力的一部分，因为它是专门为印第安精英准备的。与此相反，为那些欧洲人和克里奥尔人准备的大学中的全球化知识，则完全没有任何来自美洲的原始元素。全球化使世界的不同部分同步，其做法是在一个水晶球中传播知识，不与当地的"时间性"进行接触。任何偏离全球化模式的东西都被归入异国情调的范畴。

格鲁金斯基此书的标题之所以使用"Mondialisation"来代替"Globalisation"，也是因为发生在近代早期的伊比利亚"全球化"与今天欧美式的"全球化"从本质上来讲是不同的："全球化沿着伊比利亚人的道路从 16 世纪开始发展，在 19 世纪、20 世纪上半叶达到顶峰。伊比利亚全球化转变为欧洲人主导进而为西方人主导的全球化。"[1]不论是 16—17 世纪的伊比利亚的语言（西班牙语、葡萄牙语以及拉丁语），还是今天的英语，都创造了一种所谓"全球化"的通用话语，这种话语自然地构成了世界的一个部分对另一个部分的统治。今天的"America"原本是用来定义美洲大陆的一个地区，而今却成了美洲大陆的代名词，更为重要的是，America 早已被塑造成了文化和进化的典范。而我们今天早已对此习以为常了。当我们耐心地读完了这部长达 700 多页的著作后，会对不同时代的"全球化"有更丰富、更深刻和更充分的理解和认识。

五、对欧洲中心主义叙事的解构

在中文版"致中国读者"的一开始，格鲁金斯基便写道："今天欧

---

1 "致中国读者"，见本书第 ii 页。

洲历史学家已经意识到，将世界史简化为欧洲史不仅不再可能，而且也是不适宜的，即使我们依然是欧洲中心主义（像卡尔·马克思那样具有批评精神与普遍主义精神的人也没能摆脱它）的持有者。"[1]

因此，在格鲁金斯基看来，今天的历史并非仅仅是欧洲历史的发展结果，而是全球交流交融的历史。在16—17世纪伊比利亚联盟时代，世界的四个部分共同参与了这一变化的进程，因此我们今天需要用多元的视角，考察这些部分如何相互接触、碰撞与融合，从而从全球范围内来看待世界，去理解这段历史。

格鲁金斯基认为，西方传统的历史划分方法，亦即将现实分割成经济、政治、宗教与文化不同层面的做法，并不适合16—17世纪"具有如此广度与复杂性的全球化发展过程"。[2]因此他认为布罗代尔（Fernand Braudel, 1902—1985）在阐述基督教的欧洲与伊斯兰教的土耳其之间的联系、伊比利亚半岛与巴尔干半岛之间"文明的连接"时，所提出的"不同文明、文化之间的联系与交流问题"是他处理此类"关联史"案例的方法指南。[3]

为什么从欧洲可以思考世界的其他部分有正当性，难道就不可以从世界的其他部分来思考欧洲吗？墨西哥视角同法国视角、欧洲视角一样具有意义。[4]17世纪初西班牙诗人巴尔布埃纳（Bernardo de Balbuena, 1562—1627）在他的诗作《伟大的墨西哥》（*Grandezamexicana*）中写道：

1　"致中国读者"，见本书第 i 页。
2　"致中国读者"，见本书第 iii 页。
3　见本书第 33 页。
4　见本书第 14 页。

> ……墨西哥城，你将世界平分为二。
>
> 在你那里，西班牙与中国连接起来，
>
> 意大利与日本连接起来，
>
> 总之，整个世界充满联系与规则。[1]

在巴尔布埃纳的诗中，墨西哥城是遍及全球的商人网络中心，是东西世界的分界线。它是世界的四个部分彼此相遇的中枢：东面有信仰天主教的欧洲大片土地，有西班牙与意大利；西面有中国和日本，那里带来了商业与宗教上的惊人前景。诗人在这首诗中用到"连接"（Articulation）、"汇合"（Jonction）、"联系"（Rapports）与"规则"（Règles）这些词语。东方与西方的财富在这个城市汇合，保证了它的奢华与繁荣。[2]

如果仅从伊比利亚的立场来看，整个近代早期的历史就是天主教欧洲对世界的征服与殖民的历史。作为专注于欧洲与拉美地区交流史的历史学家，格鲁金斯基却找到了一个"他者"的立场：

> 我在旅行中偶然收集的这些蛛丝马迹是本书的出发点。它们使我从欧美之外的一个地方出发，思考全球化，那里作为西方世界的一个外围空间为西方人提供了一个充满异国情调与原始性的取之不尽的宝库。[3]

1　见本书第 149 页。

2　见本书第 150 页。

3　见本书第 5 页。

这其实是一个迂回的逻辑（logique de détour），通过一种异质空间（l'hétérotopie）回过头来看西方。在"东风、西风"中，作者提出了印第安人是否可以成为现代人的问题。他举出了曾经用阿兹特克人的语言记述了 1610 年 9 月 8 日法国国王亨利四世遇刺事件的历史学家齐马尔帕赫恩的例子：齐马尔帕赫恩是皈依了基督教的印第安人，在其观察棱镜中混合了各种视角：美洲印第安人、西欧、日本甚至非洲的传统。作为自己所处时代的编年史家，他还记录了长崎的殉教事件（1597）以及日本圣徒遗骨抵达墨西哥时的情景。[1] 有时他也不完全认同来自自己文化传统的解释，对欧洲的解释也予以重新思考。在齐马尔帕赫恩的眼中，世界并没有中心—边缘的划分，他既无视墨西哥边界又无视西印度群岛边界的世界——这是一个向自身四个部分相互开放的体系。格鲁金斯基认为，齐马尔帕赫恩的日记可以看作一种现代性的象征，因为它与先辈对其文化的无知以及欧洲人对这些文化的错误解释保持着双重距离。例如，有关 1611 年 6 月 10 日发生的日食，两者的记载都是错误的。数以十万计的男人和女人从一个大陆流动到另一个大陆，就像书籍、艺术品和奢侈品的流通一样，混血在不知不觉之中就发生了。在异域的见闻，物资和精神的交流，乃至在澳门制作的描绘长崎殉教事件的画作被送至墨西哥：所有这些都被记录在了齐马尔帕赫恩的日记之中。齐马尔帕赫恩所研究的跨边界旅行中的行动者传记故事，今天看来就是全球微观史的一部分。因此，这位阿兹特克人的历史学家的视角和历史叙事就显得格外重要了。

齐马尔帕赫恩所记载的亨利四世遇刺事件与标准版本相去甚远，

1　见本书第 64 页。

但这并不是格鲁金斯基关心的重点："我更愿意将其作为出发点，追问法国国王之死的消息在墨西哥的反响所体现的洲际特征，追问新西班牙与世界的其他地区之间保持的联系。"[1] 这是这位墨西哥历史学家对于格鲁金斯基乃至所有当代历史学家的方法论意义。当然，作为混血儿的齐马尔帕赫恩的历史记述也是多元化的：

> 他（指齐马尔帕赫恩——引者注）的精神与他的笔混合了至少来自两个地区（美洲印第安社会与西欧）的传统、思想与词语；当他探究墨西哥黑人对各种信息的反应时，甚至还涉及第三个地区；当他在文本中使用日本词语与谈及日本服饰时，还涉及第四个地区。他指称西班牙国王的方式反映了这些混合。他在《日记》中将菲利普二世称为"世界之王"。齐马尔帕赫恩习惯运用他的混合思想，结合并循环使用他的纳瓦特尔语词语，这些词语来自过去以及前西班牙的宇宙论，用来阐述一种新颖的权力形式——西班牙国王从统治"世界王国"（即西葡帝国）开始所拥有的权力。[2]

当时尽管已经有了"发展""进步"的观念，齐马尔帕赫恩却以空间的关联性，注重历史事件的同步性，将关注点放在同一时间发生的事件上。因此这样的叙事本身就是对"西方例外论"的一种反动："全球化"缘起于欧洲，之后才逐渐传播到全球其他地区。而在齐马尔帕赫恩的叙事中，"全球化"却是在不同地域的人和文化，以一种循环或网络的互动方式实现的。16 世纪以来的伊比利亚全球化将世界四个部

1　见本书第 16 页。
2　见本书第 26—27 页。

分的所有国家和社会的命运都卷入了全球的网络体系之中。就自己的
研究方法而言，格鲁金斯基指出：

> 我所主张的偏离中心的文化史研究路径专注于世界的不同部
> 分之间的互相影响以及不同文明之间的交叉碰撞，采用这种研究
> 路径可以有大量的发现。该文化史研究扎根于艺术与文化领域，
> 将文化史的研究框架扩展至"共享的历史"之外的更加广阔的空
> 间，阐释世界的不同部分是怎样互相连接起来的。[1]

在格鲁金斯基看来，世界历史的推动力并非仅来自欧洲，也不是
按照时间将欧洲的成就传播到世界其他地方的历史。在奥尔塔看来，
"葡萄牙人的航海"才是真理的来源。[2] 至少从 16 世纪开始，伊比利亚
的欧洲与美洲、非洲和亚洲之间就存在着互动，这在近代社会发展中
扮演着机构性的角色。欧洲的发展从根本上来讲不是某种内部因素作
用的结果，而是与世界的其他部分交流与互动的结果。格鲁金斯基为
我们提供了一部丰富的伊比利亚全球史，一部凸显了天主教西方，却
用美洲、亚洲和非洲的社会生动场景消解了欧洲中心主义的叙事。

六、世界的连接与跨文化历史的书写

"连接"或"关联"并不是全球史流行以后的专用名词。格鲁金
斯基认为，伊比利亚全球化的核心问题是：世界不同部分的人们之间

1　见本书第 34 页。
2　见本书第 577 页。

是如何互相连接在一起的？他举例说：1614 年，古韦亚（Antonio de Gouveia, 约 1505—1566）这位十分了解霍尔木兹海峡与波斯的葡萄牙主教——他也是一位文艺复兴时期的人道主义者，使用了"桥"（Pont）的形象。

而意大利的多明我会修士坎帕内拉（Tommaso Campanella, 1568—1639）也在思考如何使西班牙帝国的各个王国团结起来，他认为应发展三种联系：心灵的联系、身体的联系与财富的联系，因为"这些联系越多，就会使统治得到更好的统一与强化"。从 1495—1521 年在位的葡萄牙国王曼努埃尔一世（Manuel I de Portugal, 1469—1521），到西班牙帝国的国王，伊比利亚全球化在世界的四个部分展现出来，并改变了数万人的存在。[1]

世界的连接当然需要连接者，这些人被格鲁金斯基称作"摆渡人"（Passeurs）。他认为，一些出类拔萃、举世无双的人物充当了世界不同部分之间的摆渡人。他以在印度从事植物学研究的奥尔塔为例："这位葡萄牙医生是欧洲大学传统培养出来的卓越代表。在赴葡属印度之前，他在里斯本大学讲授自然哲学与道德哲学。"[2]

格鲁金斯基引用法国当代历史学家肖努（Pierre Chaunu, 1923—2009）的一句话："一种全球考量……可以估计，在 1600 年，有近 20 万欧洲人居住在欧洲以外，面对着数量上 50 至 100 倍于他们的土著人。"[3]从这一时期开始，人们力图描述当时开始与欧洲建立联系地区的社会和文化，这在很大程度上是一种跨文化的书写。有关当时西葡帝

1　见本书第 194 页。
2　见本书第 576 页。
3　见本书第 345 页。

国世界历史的撰写者，格鲁金斯基写道：

> 无论他们来到的是墨西哥城、库斯科、佛得角还是果阿，无论他们来自西班牙还是意大利，在书写他们所看到的东西时，蒙蒂勒的加尔西拉索·德·拉·维加、罗马的迭戈·瓦拉德斯等人的目的都是相同的——将这些原始民族纳入欧洲知识，使对这些民族的认知成为伊比利亚人对世界的认知的一部分，同时，将世界的不同部分的历史记忆连通起来，使新事物与未知者变得容易接近，使奇特的东西变得熟悉而可征服。新西班牙的西班牙僧侣开始书写古代墨西哥历史时，维加则与果阿的天才、编年史作者兼档案员、印加人库托（Diogo do Couto）一起撰写莫卧儿帝国历史……[1]

尽管这一时期的知识体系和方法以欧洲为主，但这些作者不断以一种跨文化的方式，将欧洲以外的知识"补充"到西方的知识体系之中去。反过来，当地人也努力吸收欧洲的知识。正如格鲁金斯基所引用的葡萄牙哲学家西尔瓦·迪亚斯（J.S. da Silva Dias, 1916—1994）的话："他们将欧洲带走了，将它嵌入到他们的思想中。"[2]

这种跨文化书写并非完全是具有积极意义的，在社会关系中基于某种文化中心主义的观察而对"他者"个体特征予以否定、疏远，这是我们今天称之为社会污名化（Social stigma）的行为。污名化常常来自对一个族群的刻板印象，并迅速贴上相关的标签。以往欧洲历史书

1　见本书第 346 页。
2　见本书第 467 页。

中的例子往往基于欧洲中心主义，谴责西方对其他"土著"的污名化，在本书中，格鲁金斯基却反其道而行之。在其他"土著人"的书写中，欧洲人的形象又是怎样的呢？

奥尔塔提及，在伊斯兰教地区，穆斯林将基督教称为"Franguistam"，称基督教徒为"Frange"。这个词的解释是"鼠疫患者""麻风病人"，它来自法兰克语，指欧洲的十字军战士。而在克鲁斯的著作中，中国人起初称葡萄牙人为"Fancui"（番鬼），意为"魔鬼之人"，即便在宫廷里，中国人也不称呼他们为"葡萄牙人"，而是继续称之为"Fangim"（番人），意为"他处之人"。克鲁斯记载说，他在来中国之前曾在柬埔寨停留，那里的人们认为这位多明我会修士是位巫师。在日本，西班牙传教士被指责吃了麻风病人的身体，"因为他们吃母牛"。传教士称，"日本人认为我们吃人"，是吃他人的食人族。[1]

在所谓的刻板印象中，这些来自远方的他者民族被当地人认作是同一类型的人。由于对这些"侵犯"到自己领地的异族人有一种天然的警惕，当地人会有一种先入为主的负面观感。

正是在一种跨文化的互动之中，在与其他民族的交往之中，长期生活在印度的葡萄牙植物学家奥尔塔感叹自己的同胞缺少好奇心："葡萄牙人在世界的大部分地区四处航行，无论他们去哪里，唯一使他们感兴趣的就是如何获得利益。"[2]这样的反思是仅仅生活在伊比利亚半岛的葡萄牙人很难体会得到的。

1　见本书第 359—360 页。

2　见本书第 367 页。

七、早期世界四个部分的语言接触

生活在西葡帝国内部的不同社会群体互相混血，在整个 16 世纪，美洲印第安人—欧洲白人混血儿群体缓慢壮大，这些人之后又去往非洲、印度、菲律宾与日本，形成新的混血。[1] 不仅仅是人群的混血，语言的混合也是这些相遇带来的产物。文化差异的最主要表征在于语言，伊比利亚联盟与世界其他三个部分的最初关系也是语言接触，这其实归功于西葡帝国语言本来所具有的丰富性：无论是天主教会与法律的拉丁语、诗人的意大利语、还是行政官员的卡斯蒂利亚语与葡萄牙语，所有这些语言都是智识全球化不可或缺的载体。[2] 格鲁金斯基本人对语言的变化特别敏感，他在研究中不断举出语言接触的例子。

格鲁金斯基发现，西班牙语很早就吸收土著词语来丰富自身。首先，西班牙人早在西印度群岛就使用加勒比语的一些词语；墨西哥印第安人的纳瓦特尔语由于西班牙语进入拉丁美洲而发生了巨大的变化。用纳瓦特尔语进行书写的历史学家齐马尔帕赫恩，尽管其语言遵守着墨西哥的传统和习惯，但也在其叙事中引入日文词语 katana（日本刀）、中文词语 Sangreyes（马尼拉的中国商人）。同时，在墨西哥城出现萨比尔语（Sabirs），这是一种由阿拉伯语、法语、西班牙语及意大利语等混合成的一种语言，如同从大西洋彼岸来此的奴隶所讲的非洲化的葡萄牙语一样。在亚洲，葡萄牙语吸收了马来语、中文、日语、印度语的大量词语，这些词语通常也被西班牙语与意大利语所使用。[3] 16 世

1　见本书第 219 页。
2　见本书第 545 页。
3　见本书第 221 页。

纪末葡萄牙人登陆日本群岛成了当时日本画家最喜爱的主题之一，以"大黑船"为中心的"南蛮屏风"不仅在日本，在伊比利亚也大受欢迎：卡斯蒂利亚人与葡萄牙人遂采用日本词语 Byobu（在西班牙语中演变为 Biombo）来指代"屏风"。[1]

16 世纪下半叶，印第安劳动力因传染病的肆虐而日渐稀少，西班牙语在当地呈现出压倒性的优势，大量的西班牙语词汇进入当地的语言之中。格鲁金斯基举出了大量的例子，来说明西班牙语的词语逐渐成为了当地人的日常用语。当地人对新的器物与工具已经熟悉，以至于不需要再像以往那样用加入修饰语"Caxtillan"（卡斯蒂利亚的）来标记它们源于卡斯蒂利亚。而"Amate"显然指代欧洲的纸张，而不局限于过去药典中指代的龙舌兰纤维。大量的西班牙语词语进入土著工匠的语言与当地人的日常语言中：如 Hache（斧头）、Cuchillo（刀）、Escoplo（凿子）、Camisa（衬衫）、Zaragüelles（裤子）、Silla（鞍子）、Chirimía（芦笛）。西班牙语中关于服装的词语也逐渐在墨西哥城传播开来，而印第安人也已开始制作伊比利亚式服装，并开始穿欧式服装，或将传统服饰如男士斗篷（Tilmatli）、女式宽松短袖衫（Huipil）与伊比利亚服饰相结合。同时，印第安人也熟悉了基督教历法的相关词语（年、月……）、伊比利亚半岛的计量单位（干量单位法内加 [Fanègue]、湿量单位阿尔穆德 [Almude]、干量单位里弗尔 [Livre]）、钱币的名称（古银币托明 [Tomín]、古币梅迪欧 [Medio]）。[2]

印第安精英阶层对从伊比利亚接收到的信息做何反应？格鲁金斯基用印第安编年史中的记载予以了说明：他们会用 yancuic / Nueva

---

1　见本书第 432 页。

2　见本书第 123 页。

España 指代"新西班牙",用 yancuic Cemanahuac 指代"新世界",用 yancuic Tlapan 指代"新大陆"。[1] yancuic 在那瓦尔特语（Nahuatl）中表示"新的或最近的东西"。16 世纪中叶,印第安酋长在写给菲利普二世的拉丁文信件中就开始采用新的权力地理范畴。当地的贵族承认他们属于新世界,"属于印第安世界"（in hoc Indiarumorbe）,"属于新西班牙地区"（in partibus Novae Hispaniae）。[2] 也就是说,语言的接触与交融也帮助当地人确立了自己的身份。

在格鲁金斯基看来,当这些在世界不同部分不断迁移的人群将生活方式与主观性相连接的时候,与各种语言接触中出现的新词便有了新的含义。这些词语显示了欧洲人与其他国族群相混合而产生的不同群体:巴西的印第安人—欧洲白人混血儿（Mame / ucos）,在新墨西哥采用西班牙人生活方式的美洲土著混血儿（Genízaros）等。在欧洲以外居住的欧洲人也形成了新的群体:一些人变得非洲化,另一些人变得美洲化,如伊比利亚半岛的卡斯蒂利亚人不无优越感地称自己为印第安诺人（Indianos）。还有一些人变得东方化,如在印度的伊比利亚人被称为卡斯蒂索人（Castiços）,在印度的葡萄牙人被称为印迪亚蒂戈人（Indiáticos）。巴西的欧洲居民变成了布拉西尔人（Brasílicos）,安哥拉的欧洲居民则成了安哥利斯塔人（Angolistas）。[3]

除了语言之外,亚洲和拉美的一些文字对于使用字母文字的欧洲人来讲,也是非常特殊的,这包括:中国的表意文字、墨西哥的象形文字、秘鲁的结绳文字（用打结的绳子记录历史与神话）、在巴西的帕

1　见本书第 187 页。

2　见本书第 187—188 页。

3　见本书第 222 页。

拉伊巴港务管理处发现的奇异符号等。[1]格鲁金斯基在书中除了通过克鲁斯的《中国情况》一书对汉字做了一般性的介绍之外，还附上了非常珍贵的《中国文字与拉丁文对照》（*Ecritures chinoises et latines*），[2]这份出自耶稣会报告集的有关行书汉字（日本汉字）的解说于 1574 年在科隆（Cologne）印制，属于早期在西方传播的有关汉字的文献。

八、埃武拉的玛丽亚的故事——伊比利亚全球化的"魔女"

由于伊比利亚联盟时代的全球化主要是使用拉丁文、西班牙文、葡萄牙文等西方文字记录下来的，因此格鲁金斯基所讲述的很多故事在中文世界中都是闻所未闻的。特别是其中大量从伊比利亚流放到新世界的"坏人"，他们的故事更是很少被记录下来。

格鲁金斯基认为，葡萄牙被流放的罪犯从里斯本被驱逐到巴西、非洲或亚洲，这些人的境遇也并不比非洲奴隶好多少，他们中很多人甚至在航船上就死于坏血病。而有一位名叫玛丽亚·巴尔博萨（Maria Barbosa）的黑白混血儿却得益于宗教裁判所神圣办公室的法庭（Saint-Office de l' Inquisition）带给她的利处，而名留青史。[3]

玛丽亚的生活显示了伊比利亚全球化的另一个方面。这位与圣母同名的女子出生在美丽的白色城市埃武拉（Evora），这是一座以葡萄牙人文学者而著称的城市，城里有一所向葡萄牙及整个帝国鼓吹反宗教改革的耶稣会大学。曾受多明我传教会派遣前往亚洲，并写下了欧

1　见本书第 326 页。
2　见本书第 326、327 页。
3　见本书第 209—212 页。

洲最早关于中国记事的克鲁斯，也是埃武拉人。根据对玛丽亚审判的档案：她在葡萄牙因被控施行巫术，而被放逐到葡属西非的安哥拉。在非洲，她继续"施魔法"、拉皮条，于是被处以鞭笞。后来她穿越大西洋来到巴西北部的伯南布哥（Pernambouc）——这一葡萄牙人与印第安人共同建设的糖业生产基地，并在那里依旧冒着被责罚的危险从事着以往的营生。这位走过了世界上很多地方的混血女子，无论在哪里都遭到驱逐。1610 年，她住在巴伊亚（Bahia）——葡萄牙人于 1500 年就发现的巴西土地，她又一次因被指控犯有同样的一连串罪行而被抓。在那里，她向葡萄牙男性与该城的美洲印第安人—欧洲白人混血儿卖淫，据说这些巴西男子出价相当不错。玛丽亚被指控是"在这个有许多坏女人地区中，显然是最有害、最可耻的女人"，于是她又一次被驱逐，流放到巴西南部更遥远的地方。得益于当地统治者梅内塞斯（Diogo de Meneses, 约 1520—1580）的仁慈，她得以留在巴伊亚，但被投入了当地的监狱。而在那里，她勾搭上一个非洲拜物教巫师，他可以为她提供做法事用的草药。由于她的过分行为，当局将她遣送到里斯本的宗教裁判所神圣办公室的法庭接受审判。

但故事并没有到此结束。在玛丽亚的跨海旅行中，一场新的悲剧事件使其颠沛流离的生活雪上加霜。她乘坐的船只被海盗所截获，这位已经遭受过无数不幸的女人被抛弃在直布罗陀的海滩上，她设法摆脱了困境，经过千难万苦，终于独自到达了里斯本。由于此时的玛丽亚完全没有任何生计来源，她只能向宗教裁判所的法官们求助，她需要一件大衣蔽体，因为自己是一个体面的女人。在宗教裁判所的判决中她的身份是她最喜欢的恶名之———"海妖"（Diablemarin）。宗教裁判所裁决她不可以再进入巴西了，认为对她来讲，穿越大西洋的旅行就像是在葡萄牙乡村的一次远足一般。巫术像基督教一样迅速地在全球传播开来，身心在各大洲之间流浪的女巫们懂得运用在海上迁移的方式来保护自己。

在讲完这一"海妖"跨越三大洲的传奇故事后，格鲁金斯基总结道：

> 玛丽亚所经历的大部分流动迁移都是非自愿的。这个有色人种女性被葡萄牙宗教裁判所的洲际网络所控制。从埃武拉经安哥拉与巴西到达里斯本，玛丽亚与宗教裁判所的法官们玩了猫与老鼠的游戏，体现出伊比利亚全球化的正面与反面。充满悖论的是，玛丽亚正是通过身体与魔幻草药的结合，通过她作为巫婆与老鸨的行为将欧洲、非洲与美洲联系起来，并全然违反了天主教会意欲实行的法则。反面的是，也是得益于玛丽亚及她这类的人，宗教裁判所调整了各种方法与策略，使之有助于它更加有效地在全球范围内发挥作用。[1]

这是一个鲜为人知的故事，通过格鲁金斯基高超的叙事技巧和敏锐的感知能力，在不同地域的史料背后，重构了一个与命运和权力机构不断抗争的女子的命运，尽管她最终没能逃脱宗教裁判所神圣办公室法庭的魔掌。正是通过格鲁金斯基的钩沉，才能使我们透过一幅幅鲜明的图像，进入曾经靠着抽象概念徘徊其间的不同世界的历史。

1　见本书第 212 页。

九、伊比利亚全球化时代中国与世界的互动

中国对于伊比利亚联盟有着无比重要的意义，尽管它从未属于过西葡帝国。格鲁金斯基指出：

> 今天，种种迹象显示全球化的火炬正在来到东方，中国将在全球化中承担起主导作用。对于西方人来说，很难接受西方人所自我建构的这个世界即将结束，也很难放弃西方人在距今 500 年间所建立的霸权。我作为 16 世纪历史的研究专家对这一结果并不感到十分惊讶，因为早在文艺复兴时期伊比利亚人就发现了中华帝国，并为中华帝国的技术成就、城市建设与中华帝国的富庶而感到惊讶与垂涎。在 16 世纪，明朝时期的中国对于当时伊比利亚商人来说是世界上最大的市场，对于天主教传教士来说，则是最大的潜在信众群之所在地。[1]

从明中叶的 1557 年葡萄牙人落脚澳门开始，伊比利亚联盟就开始以澳门为枢纽，与中国进行各种往来。齐马尔帕赫恩在他的书中写道："中国的消息刚到"，信息在当时已经变得异常重要了。"从 16 世纪上半叶开始，表面上看起来不太重要的一些事件却显示出在美洲与亚洲之间的流动已逐渐开始，这种情况是空前的！"[2] 此时在果阿、日本与澳门的耶稣会学院使一些亚洲人接受了西方哲学教育。[3]

1　"致中国读者"，见本书第 ii—iii 页。

2　见本书第 68 页。

3　见本书第 531 页。

　　在"世界的一头到另一头"中，格鲁金斯基以比较大的篇幅详细介绍了克鲁斯有关中国的著作《中国情况》。克鲁斯在书中论述了包括社会生活、物质生活、政治、宗教在内的中华帝国的不同侧面，他的资料来源包括从商人与旅行者那里采集的信息，蹲过中国监狱的葡萄牙同胞提供的手抄本叙述，对当地物产的观察等。他甚至请人翻译了那些与葡萄牙人相关的中文文献。后来蜚声世界的奥斯定会西班牙传教士门多萨（Juan González de Mendoza, 1540—1618）的著作《中华大帝国史》中的很多章节都是根据克鲁斯的这部书改写而来的。[1] 克鲁斯的这部著作之所以引起西方人的极大兴趣，在格鲁金斯基看来有三个重要的原因：一是因为数个世纪以来中国就一直吸引着欧洲人的好奇心；二是由于这部书所传播的新事物全然没有威胁到葡萄牙人在亚洲的霸权；三是这一著述使读者认为中国有望加入罗马基督教，因为"这片土地上的人们完全愿意皈依罗马基督教，他们对他们的诸神及神职人员都看得很低"。[2]

　　除了克鲁斯之外，格鲁金斯基还钩沉出了第一批跟随西班牙船队到达菲律宾，同时也是首位在明政府允准下由福建官方招待踏上中国土地的奥斯定会传教士拉达（Martín de Rada, 1533—1578），以及耶稣会的创始人罗耀拉（Ignatius Loyola, 1491—1556）的侄孙马丁·罗耀拉（Martín Ignacio de Loyola, 约1550—1606）的事迹，后者作为方济各会的修士曾到过广州，并学会了汉语。[3] 马丁后来又去了南美，所到

<hr/>

1　此书的西班牙语原版为：*Historia de las cosas más notables, ritos y costumbres del gran reyno de la China*, Rome, 1585. 中文版：门多萨著，何高济译《中华大帝国史》（中外关系史名著译丛），北京：中华书局，1998。

2　见本书第249页。

3　见本书第381—384页。

之处他不断以中国文明作为尺度来衡量他所遇到的其他文明：在新墨西哥之旅中，马丁在"一个村子里看到笼中的一只喜鹊，像在卡斯蒂利亚一样，还看到女用小阳伞，和中国的一样，伞上画有太阳、月亮与很多星星"。在将西班牙的城市与中国的城市比较时，他有时更偏向中国城市：苏州的面积是塞维利亚的三倍，莫卧儿帝国是仅小于中国的大帝国。他对布宜诺斯艾利斯、马六甲、广州的商业活动同样感兴趣。他计算出"每年从广州向葡属印度群岛输出 3000 公担（1 公担相当于 100 公斤）生丝，向日本出口一些生丝、向菲律宾出口逾 15 艘船生丝"。[1] 这些细节对于中外关系史的研究都是异常重要的史料。

中国广袤的地域，也改变了诸如在欧洲出版的第二部有关中国的图书作者埃斯卡兰特（Bernardino de Escalante, 约 1537—约 1605）的世界观：伊比利亚人在世界各地来来往往，他们"在海上，在岛上，在各个王国……，他们发现不同的人、不同的法律规则、不同的迷信、不同的统治方式、不同的风俗习惯，所有这些都令人叹为观止"。[2] 也就是说，正是出于对于中国的好奇，增加了他们对世界多样性的认识。

西葡帝国扩张的最主要的原因有两个：其一是粉碎天主教的对手伊斯兰教，这是扩张的精神原动力。葡萄牙人在非洲的挺进，部分原因就是为了击败非洲大陆西北部的穆斯林王国。哥伦布的首次航行紧随西班牙驱逐伊斯兰教徒的"光复战争"，正是格林纳达的陷落开启了朝向美洲的探险旅行，引发了向西的伊比利亚流动。[3] 其二

1　见本书第 389 页。

2　见本书第 194—195 页。

3　见本书第 225 页。

是为了获取香料。由于波斯人与阿拉伯人从中国商人手里得到了肉桂，他们并不知道肉桂出自摩鹿加群岛。因此，波斯哲学家伊本·西那（Avicenne，980—1037）与拉杰兹（Rhazès，865—925）赋予肉桂的名称为"Darcine"与"Cinamomo"，前者意为"中国面包"，后者意为"中国的香味面包"。[1]死于果阿的葡萄牙历史学家库托（Diogo do Couto，1542—1616）曾经长期旅居印度，他曾特别强调了古代中国人在航海方面所发挥的作用：

> "在整个东方，是他们最早发明了船舶与航海术"。由于中国人发现了香料岛屿，他们最早展开了亚洲与罗马之间的大宗贸易，"他们用帆船将丁香运至波斯湾与阿拉伯海湾，船上还载着中国的装饰品与宝物，经波斯人与阿拉伯人之手，最终到达希腊人与罗马人那里，激起他们的贪欲，以至罗马的皇帝们力图征服东方。"[2]

中国人除了在航海科技方面的贡献外，在这里特别需要指出的是中国商人的转口贸易，也正因为他们用帆船将香料运到了波斯湾和阿拉伯湾，才使得西方人误认为很多的香料源自中国。奥尔塔医生在他的书中也描述了各种植物通过陆地与海上网络的世界传播，它们将亚洲、西欧与非洲连接在一起。在他的描述中，特别提及了中国在东西洋贸易中的关键角色：400艘帆船乘风破浪到达霍尔木兹港的震撼场面。[3]

1　见本书第337页。
2　见本书第348—349页。
3　见本书第364页。

但整体来讲，即便是在 16 世纪，伊比利亚人也会用近代早期，特别是文艺复兴时期欧洲的水平来看待中国科技的发展。曾在秘鲁传教的耶稣会传教士阿科斯塔（José de Acosta, 1539/1540—1600）写道："他们对自然科学的了解极少，或没有任何方法可言，只有一些孤立的观点。……中国人的所有科学可以全部归结为阅读和书写。"[1] 仰仗于 16 世纪以来"世界之物"的交流，中国的很多东西也为欧洲人所亲见。1581 年 3 月，活跃于文艺复兴时期的法国哲学家蒙田（Michel de Montaigne, 1533—1592）曾去过"梵蒂冈书店"（librerie du Vatican），指出有一本"中国图书"，书里的"字形原始，纸张比欧洲的纸张柔软、透明，因为它无法承受墨汁的着色，只在纸的一侧书写，纸张都是双层的，从外面折叠起来。他们认为这是某种树的薄膜"。[2]

根据格鲁金斯基的研究，当时安特卫普的制图学家奥特利乌斯（Abraham Ortelius, 1527—1598）所制作的地图集《寰宇全图》（*Theatrum Orbis Terrarum*, 1570）是由耶稣会带到了日本，后来又交给了利玛窦（Matteo Ricci, 1552—1610），由这位后来死在中国的传教士献给了万历皇帝。[3] 根据当代研究者的共识，奥特利乌斯的《寰宇全图》也是后来利玛窦《坤舆万国全图》的底本之一，而后者改变了中国乃

1　见本书第 526 页。

2　见本书第 524 页。

3　见本书第 78 页。

至东亚对世界的认识。[1]

有关耶稣会早期在东亚的传教，我们似乎只知道这一天主教修会在中国的传教史：沙勿略（Francis Xavier, 1506—1552）曾在日本传教，他希望能来中国，但最终于 1552 年死在上川岛。利玛窦和罗明坚（Michele Ruggieri, 1543—1607）于 1583 年从澳门进入中国大陆，利玛窦通过南昌、南京于 1600—1601 年到达北京，任在北京的耶稣会会长。而格鲁金斯基则从全球史的角度给我们提供了一个耶稣会早期包括中国在内的整体观：

> 沙勿略于 1542 年到达果阿，3 年后到达马六甲，1549 年到达日本。同期，有另一些耶稣会士到达巴西。20 年后，耶稣会来到秘鲁，3 年后来到新西班牙，进驻各个城市，并占据了位于北方边界的最后的传教场所。[2]

这样，我们再论及耶稣会在中国乃至东亚的活动这一段历史时，就不会再以一种政治或文化单位作为出发点，而更多地将这一议题放在一个更宏大、潜在的全球史的脉络之中。

17 世纪来华耶稣会士接近中国思想的实验，是欧洲人在知识转移

---

1 "从存世的利玛窦世界地图和其他文献资料可以看出，利氏绘制世界地图的主要依据乃是奥特利乌斯的《地球大观》。据利玛窦的通信及回忆录可以知道，他在中国期间，身边就带着多册奥特利乌斯世界地图。前已论及（见第 2 章），1595 年他在南昌将原版的奥特利乌斯《地球大观》送给建安王。他在 1601 年进献给万历皇帝的贡品中也有原版的《地球大观》。直到 1608 年，他还收到新从欧洲寄来的《地球大观》。"见：黄时鉴、龚缨晏著《利玛窦世界地图研究》，上海：上海古籍出版社，2004 年，第 69 页。

2 见本书第 223 页。

和交流方面最具深远意义的尝试，尽管最终以失败告终。格鲁金斯基认为，除了其他方面的问题外，来自罗马的敌意和中国的民族中心主义的矛盾是无法消除的。而南美的情况则完全不同：墨西哥修道院的壁画表明，印第安画家设法建立起一种大胆且具有高质量的知识联系。他们展示了在全球化领域之外，在西方化和福音化的范围内实现了一种混血思想。由于精英们认为，在西方水晶球之外并不存在全球化，这就是为什么这些作品没有被认为是西方遗产的组成部分，没有被纳入艺术史之中的缘故。

格鲁金斯基也提到了中国与伊比利亚关系史上极为重要的一些事件，而这在中文的史料中很少为学者所征引。他提到，文艺复兴时期伊比利亚著名的肖像画家科埃洛（Sánchez Coello, 1532—1588）为献给明朝皇帝而创作的肖像画（包括一幅菲利普二世肖像画、一幅查理五世骑马肖像画）因出使中华帝国的任务被取消而于 1581 年被搁浅在墨西哥城。[1]科埃洛曾经是菲利普二世的宫廷画师。

近代早期尚没有形成世界上只有唯一一种文明标准——欧洲文明的信念，文明标准和文明布道是在 19 世纪出现的。[2]在当时的天主教看来，异教并非总是处于野蛮状态，尤其在亚洲，或在前西班牙时代的古老的美洲，其实异教与文明的各种精致考究的形式相互兼容，其中包含着基督教徒错误地忽视的那些道德原则。凡是与中国打过交道的人，在其著述中往往会欣然提及"中国的伟大"，这个国家在"数千年"中一直处于"强国之巅"。中国人令人着迷，使人好奇："他们的

---

1 见本书第 487 页。

2 Cf. Jürgen Osterhammel, *Die Verwandlung der Welt. Eine Geschichte des 19. Jahrhunderts*. München: C.H. Beck Verlag, 2008. S. 1174.

政治制度、国家统治及日常生活都是文明的、开化的，正如他们在异教的崇拜诸神与偶像崇拜中是兽性的一样。"[1] 因此，在伊比利亚全球化时代，不论是天主教传教士，还是国王的代表们，在对待其他文明形态方面，与 19 世纪的情况还是有所不同的。

十、结语

20 世纪 80 年代格鲁金斯基的研究主要限定在新西班牙总督辖区的墨西哥，但自《梅斯蒂索人的心智》（1999）以来，格鲁金斯基将研究对象扩大到解释全球化与构成人类社会的各阶层混血之间的关系。而到了《世界的四个部分》（2004），他更是把视角扩展到了第一次全球化的整体轮廓上。从方法论上来讲，格鲁金斯基运用了"互动"的观念处理了早期现代性之后产生的全球的关联性问题，包括诸多的主题：分流、合流、跨文化贸易、传教、物种传播与交流、文化冲撞、殖民、移民与离散社群、疾病、艺术交流等。除此之外，他还补充了桑杰·苏布拉曼亚姆（Sanjay Subrahmanyam, 1961—）提出的"关联史"（Connected History）的概念，以天主教君主制作为其分析的单元，从一系列令人眼花缭乱的档案中汲取具有与欧洲文明有关联性的资料。"关联史"意味着能够解开或重新建立世界的多样性和人类社会的多元性之间的联系，以互动的观念来修复以往历史学家所断开的关联性：

乍看来任务是简单的，事实上，它涉及重新挖掘世界的不同

---

[1] 见本书第 356 页。

部分之间、不同的社会之间所发生的各种联系，有些类似于电工
的工作，修复时代与历史学家所分离开的那些东西。[1]

这样格鲁金斯基便走出了中心 vs 边缘对立的二元逻辑，从墨西哥、
马尼拉或佛得角看世界，从而形成一个由多个中心和接触的边界或中
间地带组成的全球互动的景象。

除了"流动"外，格鲁金斯基在书中还运用了"环流"的概念。
发生在 16—17 世纪的这些转变并不限于在美洲、亚洲等地建立起伊比
利亚人的生活方式，同时也包括一个"环流"的运动。全球化的高潮
是这些发生在新空间的转变重新返回到了欧洲。其他大洲的商品、奢
侈品和科学知识通过融入欧洲社会而获得了新的价值。因此，可以毫
不夸张地说，《世界的四个部分》是 16—17 世纪人类文明的知识大纲，
与之前的时代最大的不同在于其跨文化性。

在第一次伊比利亚全球化时代，由于欧洲和世界其他三个部分的
交流才刚刚开始，因此相互之间的理解依然有限。长期致力于中国人
的自然哲学研究的门多萨就曾坦言，尽管他认为中国人在这一方面值
得赞赏，但他的目光仍然是疏远的、外在的，在技术上完全无法进入
他们的思想内部。[2]

《世界的四个部分》是一部真正意义上的全球史研究著作，其覆盖
范围在很多方面都超过了布罗代尔的著作，这不仅仅是在空间上，也
表现在观念方面。格鲁金斯基通过不断的反思，寻求更广阔的学术视
野，避免今天的学科划分所带来的羁绊。他鼓励人们放弃民族国家历

1　见本书第 35 页。
2　见本书第 533 页。

史的狭窄边界，因为民族国家史就像一件紧身衣，将人们的视野限制在单一的民族中心主义和声调之中，而忽略其他地方的声音。他在这部著作中，通过将新开拓的空间西方化，并将其整合到天主教王国的原有的宇宙观之中，伊比利亚的统治同时代表着这一宇宙观对新征服土地的物质和文化特性的适应——"混血"，从而超越"征服者"与"被征服者"、"我们"与"他者"的二元对立。

以对边缘种群的研究而闻名的墨西哥人类学家贝尔特兰（Gonzalo Aguirre Beltrán，1908—1996）对文化适应过程（El proceso de aculturación）的分析为格鲁金斯基的研究开辟了重要的理解途径；[1] 匈牙利裔法国民族学家和心理分析家德维尔（Georges Devereux，1908—1985）的民族无意识和自相矛盾的无意识概念，无疑使格鲁金斯基考虑"行为科学"（人文科学、动物学等）中主体观察者与被观察对象之间的关系问题；德国哲学家斯洛特戴克（Peter Sloterdijk，1947—）用来描绘文明进程的"无限的流动"（movilización infinita）概念，[2] 所有这一切都构成了格鲁金斯基庞大历史叙事的基础，并在此基础之上开创了一种以艺术史审美为根基的史学形式。作为历史学家，格鲁金斯基一直处于一种警觉状态，以免错过任何能够引起他回应的线索。人类历史上一些不易觉察、流动的心理状态，如果不通过对艺术作品和诗歌的分析，是很难觉察到的。

本书最大的特点是格鲁金斯基本人与历史保持的一种非传统的关系，这也可以视作他作品最大的原创性。这不是一部以某一单一观点

1　Cf. Gonzalo Aguirre Beltrán, *Medicina y mágica: El proceso de aculturación*, Mexico City, 1963.

2　见本书第 109 页。

和方法对过去的历史和社会进行统一叙事的著作，也不是一本注重案例研究的普通的全球史著作。格鲁金斯基通过研究人员和机构的转移，以及与之相伴的渗透到人类生活各个方面的实践、技术和信仰的转移，从而认识到了一种关联的历史。他像一位穿越时空者，利用自己高超的历史学手艺，自由进入于16—18世纪全球史材料的迷宫，通过讲故事的方式，追寻隐藏在这些历史叙述背后的蛛丝马迹。在格鲁金斯基的叙述中，我们常常可以看到他的身影：他时常会将自己直接放置到历史的场景之中。他将历史故事写得跌宕起伏，呈现出一个复杂、立体的第一次全球化的图景。格鲁金斯基特别会讲故事，他常常将当代的事件与以往发生的故事联系在一起，他的切入点往往是青年人不久前刚刚看过的电影，而由此论及的又是深入的史学问题。因此，他的著作可以说是雅俗共赏，兼顾了学术研究与通俗性阅读，并且也不乏幽默。通过他生动的笔触，常常会揭示出新的观点与问题意识，为世界史的研究提供了值得深入思考的启发。格鲁金斯基的历史学论著，其结构常常是松散和开放的，他以散文的方式将历史与现实、欧洲与非欧洲有机地联系在一起。在他的笔下，历史不再是明确无疑、单向度发展的，也不是始终如一的。如果用两个汉语的词语来形容格鲁金斯基的这部著作，我想"新颖独创""引人入胜"是最恰当不过的了。对于研究者来讲，可以从这部厚重的历史著作中获得知识论和方法论的各种启发，对于历史爱好者来讲则可以听到那一时代发生在世界四大洲惊心动魄的离奇故事。

本书的一开头，格鲁金斯基使用对贝伦杜帕拉的圣母仪式的场景描述来作为书写这部全球史研究著作的契机，从而使事件与全球同时性之间产生了"关联"。除了他在世界各地所亲身经历的这些宗教仪式外，像《银翼杀手》（*Blade Runner*, 1982）、《黑客帝国》、《春光乍泄》（*Happy Together*, 1997）等影片中的场景也都成了他思考当代全球化问题的出发点。

这是一部图文并茂、深入浅出的读物，配有当代和近代的地图、艺术作品的照片以及很多图书封面和扉页的书影，从中可以看出作者本人所具有的极高的跨文化艺术史的修养。对格鲁金斯基来讲，图像是赋予历史合法性的最根本的史料，它们是创造历史的潜力、来源和象征。格鲁金斯基对伊比利亚帝国与各大洲接触地区的大量图像进行了动态分析。在他看来，图像是表达所有意义的卓越媒介，甚至包含了经济意义，因为艺术贸易是最富有成效的交流方式之一。除了作为档案来源的图像是他研究工作的突出特点之外，其实《世界的四个部分》本身就是一件艺术品。其实我们很难将格鲁金斯基归在年鉴学派或后现代的任何派别之中，因为从他的几部作品来看，他似乎更忠实于他的直觉而不是理论预设。他常常出没于不同时代的不同文献之中，并用今天不同学科的方法来处理这些文献。他不断从多学科乃至当下的电影中获取自己历史研究工作的灵感。

在领土扩张中，士兵和天主教传教士以及王室的代表往往占据着重要的位置，但除了他们的著作和回忆录之外，格鲁金斯基还运用了一些鲜为人知的非欧洲作者的作品，如本文多次提到的齐马尔帕赫恩的日记等珍贵的文献。随着伊比利亚统治的扩大，原始文献也跟着成倍增加：如医学和制图学、食物、各种声音，以及艺术作品和日常生活物品，各种语言和徽章。所有这些都围绕着伊比利亚君主制编织了一个网络，使我们时至今日依然能够追踪这些相互具有关联性的故事。这一切都为格鲁金斯基更好地建构这一时代全球化的全景创造了一个坚实且广泛的史料学基础。

格鲁金斯基在本书第 10 章"地区历史、全球考量"一节中写道:

> 结果令人印象深刻,来自五湖四海的、各种血统的专家经营
> 着混杂的、临时安排的、顽强坚持的不同事业,在知识上,欧洲
> 的知识与土著的知识相混合,西方的知识常常多于土著的知识,
> 但是它们经过了美洲化、非洲化或东方化,这些使得我们不可以
> 将它们与欧洲陈列馆中展示并传播的东西相混同。对于这些探察
> 到的宝藏,西欧即使在今天也远未吸收消化。[1]

我想,这就是作者为什么要撰写这样一部关于近代早期全球化历
史著作的根本原因吧。

李雪涛

北京外国语大学历史学院教授

2022 年 5 月 15 日于北京

1　见本书第 378 页。